Winfried B. Lerg:
Rundfunkpolitik
in der Weimarer Republik

Deutscher
Taschenbuch
Verlag

Redaktion der Reihe:
Trude Pfeiffer
Ansgar Diller
Horst O. Halefeldt
Deutsches Rundfunkarchiv, Frankfurt (Main)

Originalausgabe
November 1980
© Deutscher Taschenbuch Verlag GmbH & Co. KG,
München
Umschlaggestaltung: Celestino Piatti
Gesamtherstellung: C.H. Beck'sche Buchdruckerei,
Nördlingen
Printed in Germany · ISBN 3-423-03183-2

Das Buch

In den Jahren 1923 und 1924 entstehen in Deutschland auf Anregung der Deutschen Reichspost und unter Beteiligung privater Kapitalgeber neun regionale Rundfunkgesellschaften; wenig später kommt eine zehnte, überregionale Rundfunkgesellschaft hinzu. 1925/26 konzentriert die Reichspost Wirtschaft, Technik und sogar maßgebliche Programmfunktionen in einer eigenen Dachgesellschaft, der Reichs-Rundfunk-Gesellschaft mbH. Die Programmaufsicht teilt sich der Reichspostminister mit dem Reichsinnenminister und den Staatsministerien der Länder über besondere Gremien, die politischen Überwachungsausschüsse und die kulturellen Beiräte. Eine national-konservative Rundfunkreform im Jahre 1932 hat die vollständige Verstaatlichung des Rundfunks zur Folge. Deshalb kann im Frühjahr 1933 der Propagandaminister seinem Ressort ein wohlpräpariertes Medium unterstellen lassen.
Dieser Band bietet eine Geschichte der Entstehung des Mediums Rundfunk und seiner Entfaltung in den Jahren 1923 bis 1933. Die Darstellung beschränkt sich nicht auf »Rundfunkpolitik«, sondern sie ordnet die Befunde in die Kommunikationsgeschichte der ersten deutschen Republik ein und erschließt die zugänglichen Quellen und die Literatur.

Der Autor

Winfried B. Lerg, geb. 1932 in Frankfurt am Main, studierte Publizistik, Sozialwissenschaft und Geschichte in Bonn und Münster, promovierte 1964 mit einer Arbeit zur deutschen Rundfunkgeschichte und habilitierte sich 1969 mit einer Untersuchung zur Theorie und Praxis der unvermittelten Kommunikation. Seit 1971 ist er ordentlicher Professor für Publizistik- und Kommunikationswissenschsaft und Direktor des Instituts für Publizistik der Universität Münster.
Bücher: *Die Entstehung des Rundfunks in Deutschland* (1965, ²1970); *Kommunikation der Gesellschaft* (mit H. Prakke, F. W. Dröge, M. Schmolke, 1968); *Massenpresse und Volkszeitung* (mit M. Schmolke, 1968); *Das Gespräch* (1970).
Herausgeber: *Publizistik im Dialog* (mit M. Schmolke und G. E. Stoll, 1965); *Rundfunk und Politik* (mit R. Steininger, 1975); *Presse im Exil* (mit H. Hardt und E. Hilscher, 1979).

Rundfunk in Deutschland
Herausgegeben von Hans Bausch
Band 1

Inhalt

Vorwort des Herausgebers

Wie so manche andere geschichtliche Darstellung verdankt auch die Taschenbuchreihe »Rundfunk in Deutschland« ihr Entstehen dem Versuch, die Gegenwart zu erklären. Das Rundfunksystem in der Bundesrepublik Deutschland läßt sich nur verstehen, wenn man die nunmehr rund sechs Jahrzehnte umspannende Geschichte des Rundfunks in Deutschland kennt. Dieser Einsicht können sich weder diejenigen verschließen, die im oder für den Rundfunk arbeiten oder über ihn reden und schreiben, Parteitagsbeschlüsse herbeiführen, Parlamentsdebatten auslösen oder gar Gesetze beschließen, noch jene Lehrenden und Lernenden, die im akademischen Raum in zahlreichen Fachbereichen den Rundfunk und seine Probleme wissenschaftlich unter die Lupe nehmen.

Wer die historische Dimension geringschätzt, wird einem ausländischen Gast kaum erklären können, warum es in der Bundesrepublik neun unterschiedlich große Landesrundfunkanstalten gibt, die mit zwei Anstalten des Bundesrechts in der ARD zusammengeschlossen sind, und daneben die zentrale Fernsehanstalt ZDF, obwohl doch alle zwölf Rundfunkgebilde gleiche rechtliche Qualität und Form aufweisen: die öffentlich rechtliche Organisation.

Warum beschränkt sich die Kompetenz der Bundesorgane auf Fernmeldehoheit und Technik und auf die legislative Zuständigkeit für die Deutsche Welle und den Deutschlandfunk? Warum tragen im übrigen die Bundesländer im föderalistischen Staatswesen der Bundesrepublik die Verantwortung für Organisation und Finanzierung des Rundfunks? Warum haben im Bundesland Baden-Württemberg zwei Rundfunkanstalten ihren Sitz, während die norddeutschen Länder Niedersachsen, Schleswig-Holstein und Hamburg eine »Drei-Länder-Anstalt« gebildet haben und der in nächster geographischer Nähe gelegene Stadt-Staat Bremen sich eine eigene Rundfunkanstalt leistet? Solche Fragen ließen sich beliebig vermehren, etwa im Hinblick auf das Programmangebot von Hörfunk und Fernsehen, auf die im internationalen Vergleich einmalige Regelung einer zeitlich beschränkten, »kanalisierten« Werbung im Fernsehen, auf die unterschiedlich praktizierte oder gar nicht existierende Hörfunk-Werbung der Landesrundfunkanstalten und die internen Organisationsstrukturen, die nur im historischen Kontext erklärbar sind, was freilich nicht bedeutet, daß die einmal geschaffenen rundfunkpolitischen Bräuche oder Mißbräuche in jedem Fall als sachgerechte Lösungen zu würdigen wären. Im historischen Licht erscheinen vielmehr viele als fortschrittlich gepriesene rundfunkpolitische Entscheidungen als Fehlentwicklungen, legt man das Leitbild eines Rundfunks zugrunde, der als autonomes publizistisches Instrument Medium und Faktor der öffentlichen Meinung in einer freiheitlichen Demokratie zu sein hat, unabhängig von den jeweils Herrschenden in Staat, Gesellschaft und Wirtschaft.

Die in den letzten Jahren sprunghaft angewachsene Fülle von Publikationen, Dissertationen und Magisterarbeiten über spezielle Rundfunkprobleme und -entwicklungen mag für die rundfunkgeschichtliche Forschung erfreulich sein; aber da die Themen immer spezialisierter geworden und die Auflagen der Publikationen immer bescheiden geblieben sind, vermögen – so scheint es zuweilen – nur noch die Spezialisten ein Sachgespräch zu führen, das diesen Namen verdient, während die »General-Diskussionen« in der Regel an der Oberfläche bleiben.

Die Reihe »Rundfunk in Deutschland« möchte eine Brücke schlagen. Die Autoren haben versucht, alle erreichbaren Quellen und Darstellungen in einem umfassenden Überblick zu verarbeiten, jeweils die am leichtesten erreichbare »Quelle« im Anmerkungsapparat nachzuweisen, ohne in den Fußnoten ergänzende, detaillierte Informationen auszubreiten. Wer also nur wissen möchte, wie die rundfunkpolitische Entwicklung verlaufen ist, mag die Fußnoten übersehen. Wer sich jedoch wissenschaftlich oder im Detail mit einem einzelnen Problem befassen oder ein Dokument im Original finden möchte, mag sich des »Kleingedruckten« bedienen.

Aus diesem Hinweis läßt sich ersehen, daß Autoren, Redaktion und Herausgeber einen doppelten Zweck verfolgen: Sie wollen einmal eine Lücke schließen, indem sie eine für jedermann lesbare Darstellung des rundfunkpolitischen Geschehens liefern, zum anderen wollen sie Lücken »aufreißen«, indem sie zu weiteren Forschungen im Detail anregen und dafür alle nötigen Quellenhinweise liefern mit dem zusätzlichen Hinweis, daß sich das Historische Archiv der ARD im Deutschen Rundfunkarchiv zu Frankfurt gern zur Antwort auf jede Frage bereit erklärt.

Selbstverständlich tragen die Autoren ihre Verantwortung für Zuverlässigkeit und Qualität ihrer Arbeit, aber auch für den sprachlichen Stil der gedruckten Bücher. Sie haben sich jedoch zu bedanken bei der Redaktion der Taschenbuchreihe, die in ständigem Kontakt mit dem Herausgeber formale und inhaltliche Maßstäbe entwickelt und diese auf die Manuskripte der Autoren übertragen hat. Rainulf Schmücker trug im Auftrag der ARD die wichtigsten Quellen vor allem für die Zeit nach 1945 zusammen; er und Hans-Joachim Weinbrenner waren auch an den ersten Planungen der Reihe beteiligt. Als Leiter des Deutschen Rundfunkarchivs hat Harald Heckmann seit 1974 jederzeit seine helfende Hand geboten. Über all die Jahre hinweg hat Trude Pfeiffer als Leiterin des Historischen Archivs der ARD unermüdlich mit ihren Mitarbeitern Ansgar Diller und Horst O. Halefeldt die Manuskripte nicht nur »gegengecheckt«, sondern gutachterlich »lektoriert« und bis zur Drucklegung in jene Form gebracht, die sich dem Leser darbietet. Ohne diese gründliche redaktionelle Arbeit wären die Bemühungen des Herausgebers kaum erfolgreich gewesen, das Werk überhaupt zu ermöglichen und das Erscheinen der Bände beharrlich zu verfolgen. Einig waren sich übrigens Redaktion und Herausgeber auch in der Ablehnung von Manuskripten, die den selbstgesetzten Maßstäben nicht entsprachen, womit angedeutet sei, daß niemals die Absicht bestand, ein »Jubelwerk« im Anschluß an das 50jährige Jubiläum des Rundfunks in Deutschland herauszugeben. Zu danken ist schließlich den Intendanten der ARD und den Werbegesellschaften der Landesrundfunkanstalten für die finanziellen Garantien, ohne die das Werk kaum zustandegekommen wäre.

Den Rundfunk haben nicht Politiker oder Publizisten oder Künstler entdeckt oder gar erfunden. Es war vielmehr die Technik, die zunächst für den Hörfunk, dann auch für das Fernsehen ein völlig neues Kommunikationsmittel angeboten und damit zweifellos eine neue kommunikative Dimension geöffnet hat, ohne freilich das »Gutenberg-Zeitalter« zu beenden. Die technische Innovation »Rundfunk« hat sich von Anfang an »an alle« gewandt und deshalb nicht nur fernmelderechtliche, sondern auch politisch-gesellschaftliche Fragen aufgeworfen, die erst im Lauf eines historischen Prozesses in das Bewußtsein der Gesellschaft eingedrungen sind. Ein Mann wie der Staatssekretär und Rundfunk-Kommissar des Reichspostministers, Hans Bredow, sah in den zwanziger Jahren den Rundfunk in erster Linie als neuen Dienstleistungszweig der Reichspost ähnlich dem Telegraphenwesen. Besuche »in Programmangelegenheiten« verbat er sich. Damit konnte der Rundfunk in der Weimarer Republik sich nicht zum selbständigen publizistischen Instrument entwickeln, sondern blieb mehr oder weniger unter der Fuchtel des Staates. Für die Nationalsozialisten war der Rundfunk propagandistisches »Führungsmittel«, selbstverständliches Attribut der Macht, die sie übernommen hatten. Nach 1945 gab es kein kühnes Konzept für den Wiederaufbau des Rundfunks in Deutschland.

Für diesen verworrenen Prozeß in den drei letzten Epochen deutscher Geschichte hat sich inzwischen der Begriff »Rundfunkpolitik« eingebürgert, der ohne Scheu nunmehr auch auf die Entwicklung des Rundfunks vor 1945 angewandt werden darf. Inzwischen sagen uns Kommunikationspropheten seit Jahren im Zeichen des technischen Fortschritts eine »totale Kommunikation« voraus. Soviel ist sicher: Jeder neue technische Schritt in eine massenkommunikative Zukunft wirft neue Probleme auf, die ihrer Bewältigung harren. Die Lehren aus der Vergangenheit können uns helfen, die Zukunft zu meistern, auch wenn das Tempo der technischen Innovationen sich unentwegt steigert. Am Ende bleibt nämlich doch der Mensch, der die von der Technik ausgelöste Informationsflut zu bewältigen hat. Darum ist »Rundfunkpolitik« ein Prozeß der Bändigung technischer Entwicklung im Hinblick auf menschliche Maßstäbe. Und darum ist die Geschichte dieser Rundfunkpolitik nicht unwichtig für Einsichten, über die die Weichensteller unserer medienpolitischen Zukunft Bescheid wissen sollten, um jene »Bescheidenheit« zu gewinnen, die man aus der geschichtlichen Betrachtung erfährt. Rundfunkpolitik ist überdies Bestandteil einer übergreifenden »Medienpolitik«, die eine immer stärkere politische und gesellschaftliche Bedeutung gewinnen wird, wie die schon in das nächste Jahrhundert weisenden öffentlichen Auseinandersetzungen zeigen.

Winfried B. Lerg hat im ersten Band der Reihe die Entstehung des Rundfunks nach dem Ersten Weltkrieg und seine Entfaltung in der Weimarer Republik geschildert. Er hat sich dabei auf »Rundfunkpolitik« im engeren Sinne nicht beschränkt, sondern auch technische, administrative und publizistische Aspekte nicht außer acht gelassen. Lerg konnte sich auf zugängliche Quellen und eine Reihe fundierter Darstellungen stützen. Weitere Forschung mag vergessene Vorgänge und Zusammenhänge bei einzelnen Rundfunkgesellschaften zutage fördern; insgesamt darf die Rundfunkentwicklung in der Weimarer Republik jedoch als erschlossen gelten.

Aus heutiger Sicht könnte man den Rundfunk in der Zeit von 1923 bis 1933 als »gouvernementales System« charakterisieren, das immer im langen Schatten des Staates existierte, vor allem nach der sogenannten »Rundfunkreform« im Sommer 1932, als die erste deutsche Republik nur noch mühsam mit Hilfe von Ausnahmebestimmungen der Reichsverfassung ihr quasi-demokratisches Leben fristete. Die Folgen zeigten sich schon am Tag der »Machtergreifung« Hitlers, der im Rundfunk der Weimarer Republik kein einziges Mal zu Wort gekommen war. Mit der Macht im Staat übernahmen die Nationalsozialisten automatisch die Macht im Rundfunk, weil der Rundfunk an den Staat angekettet war und die staatlichen Vorgänger des Nationalsozialismus ihn längst usurpiert hatten. Im Rundfunk und an den Universitäten, so möchte ich behaupten, hat sich das »Dritte Reich« ein gutes halbes Jahr vor seiner Zeit angekündigt.

Die beiden Autoren für die Rundfunkpolitik des Dritten Reiches und für die Zeit nach 1945 haben Programm, Technik und Administration bewußt nur in Andeutungen erwähnt, weil sie den Autoren der noch zu erwartenden Bände nicht die Butter vom Brot nehmen wollten. Dennoch hat Ansgar Diller im zweiten Band versucht, eine erste zusammenhängende Darstellung der Rundfunkpolitik des Dritten Reiches vorzulegen. Der Autor kann sich jedoch nicht sicher sein, ob nicht eines Tages in den Archiven der Alliierten des Zweiten Weltkriegs Materialien gefunden werden, die bei Kriegsende als »Beutegut« beschlagnahmt und abtransportiert worden sind. Die zur Zeit erreichbaren Quellen und Darstellungen sind jedoch verarbeitet, wobei auf die nicht zugänglichen Akten des Propagandaministeriums, die im Zentralen Staatsarchiv der DDR in Potsdam lagern, und auf die Akten der Reichspost im Ost-Berliner Postministerium verzichtet werden mußte.

Vorbehalte muß auch der Autor des dritten Bandes anmelden, da ihm amerikanische, britische oder französische Aktenbestände verschlossen geblieben sind. Der Vorbehalt erstreckt sich nicht nur auf die Besatzungszeit bis zur Gründung der Bundesrepublik Deutschland 1949, sondern auch auf die Zeit eingeschränkter deutscher Souveränität bis Mai 1955, in der die »Rundfunkhoheit« bei den Hohen Kommissaren der ehemaligen drei westlichen Besatzungsmächte lag. Trotz wiederholter Gesuche mußte das Bundeskanzleramt aufgrund geltender Bestimmungen den Einblick in jene Aktenbestände verweigern, aus denen sich vielleicht neue Einsichten in das »Fernseh-Abenteuer« des Bundeskanzlers Konrad Adenauer (1960) gewinnen ließen. Dennoch darf die Darstellung der Rundfunkpolitik der Jahre 1945 bis 1962 nach dem gegenwärtigen Erkenntnisstand als fundiert gelten, so daß die gesamte »Gründungsphase« des föderalistischen Rundfunksystems in der Bundesrepublik Deutschland überschaubar ist.

Im vierten Band schließlich, der die rundfunkpolitischen Probleme der letzten fast zwei Jahrzehnte zu gliedern versucht, schlummern kaum »Geheimnisse«, die der Historiker von morgen vielleicht einmal entdecken könnte, weil in diesem Zeitabschnitt die Rundfunkpolitik eine derartige »Transparenz« für die Öffentlichkeit gewann, daß bestenfalls nur noch Nuancen und Details, vorwiegend bei dieser oder jener einzelnen Rundfunkanstalt, das gegenwärtig erkennbare Erscheinungsbild verfeinern könnten. Da der Herausgeber selbst Autor der *Rundfunkpolitik nach 1945* ist, schien es ihm nötig, dem dritten Band ein weiteres erklärendes Vorwort voranzustellen. Darauf sei verwiesen.

Im fünften Band zur Geschichte der Hörer- und Zuschauerforschung von Hansjörg Bessler werden die vielfältigen Bemühungen erstmals zusammenfassend dargestellt, Nutzung und Wirkung der seinerzeit »neuen Medien« Hörfunk und Fernsehen zu erforschen. Der historische Befund mag diejenigen ernüchternd informieren, die heute nach »Medienwirkungsforschung« rufen, als sei es nur eine Frage der Einsicht, der Organisation und der Finanzierung, um beispielsweise die Frage zu beantworten, ob das Fernsehen die letzten Bundestagswahlen entschieden habe. Auch auf diesem Feld vermag der Blick in die Geschichte Grenzlinien für die Zukunft zu markieren.

Die Autoren, die allesamt keine Juristen sind, hatten übrigens nicht den Ehrgeiz, eine Rechtsgeschichte des deutschen Rundfunks zu schreiben, wie sie von Ingo Fessmann für die Weimarer Republik[1] und von Günter Herrmann für die Bundesrepublik Deutschland[2] geschrieben worden ist. Höchstrichterliche Urteile sind nur insoweit berücksichtigt, als sie den Gang der Rundfunkgeschichte beeinflußt haben. Über juristische Kon-

---

[1] Ingo Fessmann, *Rundfunk und Rundfunkrecht in der Weimarer Republik.* Frankfurt (Main) 1973.
[2] Günter Herrmann, *Fernsehen und Hörfunk in der Verfassung der Bundesrepublik Deutschland.* Tübingen 1975.

troversen war bestenfalls nach neuestem Stand knapp zu referieren, obwohl sich abzuzeichnen scheint, daß dem Bundesverfassungsgericht zu Karlsruhe ein drittes Fernsehurteil nicht erspart bleibt. Damit wird man bis Ende 1980 oder für 1981 zu rechnen haben.

Autoren, Redaktion und Herausgeber erheben nicht den Anspruch, einen Schlußstrich unter die bisherige Rundfunkgeschichte zu ziehen oder ein letztes gültiges Wort zu sprechen, sondern wagen lediglich den Versuch, erste zusammenhängende Sätze zu formulieren. Sie trösten sich mit einer von Sigmund Freud stammenden Einsicht: »Wir haben keinen anderen Weg, von einem komplizierten Nebeneinander Kenntnis zu geben, als durch das Nacheinander der Beschreibung, und darum sündigen alle unsere Darstellungen zunächst durch einseitige Vereinfachung und warten darauf, ergänzt, überbaut und dabei berichtigt zu werden.«

Stuttgart, Juli 1980   Hans Bausch

Die Rundfunkzukunft wird ohne Zweifel weniger dramatisch auf uns kommen, als die mit Recht engagierte aktuelle Diskussion bisweilen befürchten läßt. Wenn aber die seltenen und meist nur sehr gezielten Blicke über die Landesgrenzen hinweg auf andere Rundfunksysteme schon nicht dazu beitragen, die Elemente der öffentlichen Aufregung über die publizistisch zwar mitnichten einflußreichsten, aber politisch ganz offensichtlich noch immer attraktivsten Rundfunkmedien Hörfunk und Fernsehen freizulegen und zu deuten, dann helfen vielleicht Fragen an die Rundfunkgeschichte weiter.

Der Rundfunk muß, wie auch die übrigen gesellschaftlichen Institutionen, mit seiner Geschichte ins reine kommen, weil er nur auf diese Weise sich selber verstehen lernt und sich allen anderen Institutionen, darunter nicht zuletzt den anderen Medien, auf seinem Weg in die Zukunft verständlich machen kann. Das allfällige Diktum von der Unwiederholbarkeit der Geschichte verliert nämlich einiges von seiner Trivialität, sobald die Kategorie der Erfahrung in dem Verständnis mitgedacht wird, daß eine Freiheit, die gestattet, Fehler zu machen, dieselbe ist, die Fehler zu vermeiden ermöglicht.

Eine bemerkenswerte Duplizität der Entwicklung wird erkennbar, wenn man das erste Jahrzehnt der Rundfunkgeschichte in Deutschland betrachtet, um das es in diesem ersten Band einer ersten Gesamtdarstellung geht. 1923/24 entstanden in neun deutschen Städten unter Beteiligung privater Kapitalgeber Rundfunkgesellschaften, und dies trotz aller sicherheitspolitischen Bedenken, die seit 1922 in einem interministeriellen Gremium erörtert worden waren und die eine zentrale Organisation nahelegten. Zu den neun regionalen Gesellschaften kam nach kurzer Zeit eine zehnte, eine zentrale Rundfunkgesellschaft, hinzu. Freilich, die dezentrale, auf die Region bezogene Urform der deutschen Rundfunkorganisation hatte keine auf föderative publizistische Vielfalt zielende, sondern eher sendertechnische und wirtschaftliche Gründe. Die dezentrale Organisation als eine föderative auszugeben, gewöhnten sich Hans Bredow und die Deutsche Reichspost erst an, als das Interesse der kulturhoheitlich zuständigen deutschen Länder geweckt worden war. Dabei ist es beinahe eine Ironie der Rundfunkgeschichte, daß die Länder erst auf den Geschmack gekommen sind, nachdem Bredow lange genug die Parole vom »Kulturfaktor Rundfunk« ausgegeben hatte, zunächst um nicht nur seinem Minister den neuen Funkdienst als etwas finanziell Einträgliches, sondern um vor allem der Öffentlichkeit das neue Medium als etwas kulturell Wertvolles anzutragen.

Die Folgen jener Werbung für den Rundfunk paßten der Reichspost freilich am Ende nicht mehr ins Konzept. Denn mehr als 90 Städte wollten schließlich einen eigenen Sender haben, wie sich im Januar 1925 herausstellte. Doch derart weitgehende Pläne zur Verdichtung der rundfunkpublizistischen Infrastruktur hatten keine Chance. Die Post machte schon damals sendertechnische und wirtschaftliche Bedenken geltend, die bis heute zu hören sind: Zu viele nah beieinander liegende Sender stören einander, und allzu zahlreiche Rundfunkeinrichtungen bedeuten »wirtschaftliche Zersplitterung« und eine »unerträgliche Senkung des Niveaus des Rundfunks«. Wie zuvor schon beim Film, mußte staatlicher Kulturvorbehalt für die Abwehr publizistischer Ansprüche herhalten. Verwirrt schrieb der Rundfunkpublizist Ludwig Kapeller im Herbst 1925[1]: »Schon in der Wiege ward der Rundfunk auf den Namen ›Kulturfaktor‹ getauft; und nun streiten sich die Leut' herum, was darunter wohl zu verstehen sei.«

Dennoch baute die Reichspost, wenn auch vorwiegend unter technischen Versorgungsgesichtspunkten, in mehr als einem Dutzend Städten sogenannte Zwischensender, von denen einige auch Studios bekamen mit der Möglichkeit, eigene Programmbeiträge für ihre Regionalgesellschaft zu produzieren. Selbständige regionale Rundfunkgesellschaften, neben den neun bis 1924 gegründeten, ließ die Post niemals zu. Bereits Ende der zwanziger Jahre wurden einige dieser Studios schon wieder geschlossen. Auch bestimmte Zwischensender wurden stillgelegt, als die Versorgung der Region durch weniger, aber stärkere Sender der zweiten Generation – sogenannte Großsender – zu Beginn der dreißiger Jahre gewährleistet war.

Diese staatliche Rundfunkpolitik war beinahe ohne störende öffentliche Erörterungen möglich, denn kaum waren die Regionalgesellschaften Ende 1924 gegründet und die spekulativen privaten Kapitalien ein wenig zur Ruhe gekommen, griff die

---

[1] Ludwig Kapeller, *Der Rundfunk am Scheidewege.* Funk Nr. 37 v. 11. 9. 1925, S. 453.

Reichspost zu und zentralisierte 1925/26 Wirtschaft, Technik und schließlich sogar maßgebliche Programmfunktionen in ihrer Reichs-Rundfunk-Gesellschaft mbH. Die Programmaufsicht mußte sich die Reichspost im Verlauf der Entwicklung allerdings mit dem Reichsminister des Innern und den Staatsministerien der Länder – über die Überwachungsausschüsse und die Kulturbeiräte – teilen. Doch diese Zugeständnisse konnten den Reichspostminister und seinen Rundfunkkommissar in ihrem kulturgouvernementalen Fürsorgedenken nur bestärken. Zaghafte und mutige Proben publizistischer Autonomie mochten in einigen Funkhäusern, wie in Frankfurt oder in Köln, vielleicht auch eine Weile in Berlin, manchmal Hoffnungen geweckt haben, doch spätestens im Sommer 1932 sind alle Träume von einer Rundfunkfreiheit, die seit Ende der zwanziger Jahre von nicht wenigen gefordert worden war, mit der Neuordnung des Mediums durch die Regierung von Papens zerschlagen worden. Die staatspublizistische Zentralgewalt drängte die letzten Minderheitsaktionäre aus den Regionalgesellschaften hinaus und vollzog die vollständige Unterwerfung des Mediums. So machte die Rundfunkorganisation dem ersten Reichsminister für Volksaufklärung und Propaganda von allen »Führungsmitteln«, die er sich nur wenige Wochen nach seiner Ernennung unterstellen ließ, die geringsten Sorgen.

Die Entwicklung des deutschen Rundfunksystems verlief in den ersten zehn Jahren von der regionalen, dezentralen und wenn schon nicht publizistisch, so doch wenigstens kulturell noch relativ staatsfreien Gesellschaft zu einer einzigen reichsweiten, zentralen, staatlichen Rundfunkorganisation.

Nach dem Zweiten Weltkrieg bestand offensichtlich keinerlei Anlaß, ungeachtet der Möglichkeiten, jener fatalen Monopoltendenz des Rundfunks (William Emanuel Rappard 1944) bei der Lizenzierung bestimmter Programmträgereinheiten aus dem Weg zu gehen. Immerhin, auf dem Gebiet der heutigen Bundesrepublik mit West-Berlin und ohne das Saarland gab es bis 1933 nur sechs regionale Rundfunkeinheiten; heute sind es neun, allerdings mit dem Saarland, und bald werden es vielleicht zehn sein. Dabei ist zu bedenken, daß bestimmte Konzentrationspläne im Südwesten der Bundesrepublik nicht gelungen sind und daß Radio Bremen sich immer wieder behaupten konnte. Vermiedene Zentralisation hat ebenfalls indikatorische Bedeutung für die Beurteilung eines Kommunikationssystems.

Vor mehr als 40 Jahren hat Rudolf Arnheim schon die kommunikationsgeschichtliche Beobachtung aufgeschrieben, daß der Rundfunk in einer Zeit entstanden sei, in der öffentliche Versorgungseinrichtungen selbstverständlich vom Staat betrieben wurden. Auch der Rundfunk sei, selbst dort, wo zunächst Privatgesellschaften an seinem Aufbau beteiligt waren, schließlich doch unter staatliche Regie gekommen, denn autoritäre Staaten müßten eine antiregionale Politik verfolgen; in Deutschland habe mit zunehmender Zentralgewalt auch der Staatseinfluß auf den Rundfunk ständig zugenommen, bis ein einheitlicher Staatsrundfunk entstand[2].

Der kommunikationstheoretische Befund der Entstehungsgeschichte der Rundfunkorganisation in Deutschland mündet in die These: Je differenzierter und dezentralisierter das Rundfunksystem, desto größer die Bürgernähe und damit die Chance zur gesellschaftspolitisch verantwortbaren Wahrnehmung der rundfunkpublizistischen Aufgaben.

Die vorliegende Darstellung reklamiert Max Liebermanns Ausspruch: »Zeichnen heißt weglassen!« Dennoch kann das Bild von den ersten zehn Jahren Rundfunkgeschichte nicht aufs Detail, auf nur scheinbar unwichtige Namen, Sachverhalte, Daten und Zahlen verzichten. Ihre Auswahl fällt naturgemäß subjektiv aus und läßt sich nur im Ergebnis begründen, welches wiederum am Anspruch zu messen ist. Das Buch behandelt die politischen und sozialen Umstände der Entstehung und ersten Entwicklung der Rundfunkorganisation in der Weimarer Republik, also nur einen Ausschnitt aus der Geschichte des Mediums. Die Wirtschaftsgeschichte, die Technikgeschichte, die Geschichte der Hörerorganisationen und vor allem die Programmgeschichte sind besonderen Untersuchungen vorbehalten. Erst die vollständige Reihe wird daher kommunikationsgeschichtliche Ansprüche einlösen können.

Die Darstellung einer rundfunkgeschichtlichen Periode kann grundsätzlich nicht besser sein als der Stand der entsprechenden kommunikationsgeschichtlichen Grundlagenforschung. So galt es über weite Strecken der Untersuchung hin, historiographische Grundlagen erst zu schaffen: von der Quellenerschließung und Faktenermittlung bis zur Urteilsfindung über einzelne Sachverhalte und Entwicklungen. Danach erst war die belegbare Schilderung in plausiblen Zusammenhängen möglich. So

---

[2] Rudolf Arnheim, *Radio*. London 1936, S. 239 f; deutsche Ausgabe: *Rundfunk als Hörkunst*. München 1979, S. 140 f.

erfreulich die Tatsache auch sein mag, daß in den letzten zehn Jahren das rundfunkgeschichtliche Interesse zugenommen hat – der Rundfunk in der ersten deutschen Republik wurde leider bis jetzt nur selten behandelt[3].

Als Blickwinkel der Untersuchung wurde durchgehend die übergreifende »reichspolitische« Sicht gewählt, um das gesamte Mediensystem und seinen organisatorischen Aufbau begreifbar zu machen. Dennoch wäre es verfehlt, von dieser, auf Forschungsinteresse und Arbeitsauftrag beruhenden Ausrichtung auf eine zwangsläufige Überbewertung der zentralistischen Gesichtspunkte zu schließen. Die Präpotenz der Zentralgewalt, verkörpert im Reichspostministerium, im Reichsinnenministerium und in der Reichs-Rundfunk-Gesellschaft, wird auch in den bisher vorliegenden Untersuchungen über einzelne Rundfunkgesellschaften – über vier von zehn – unübersehbar deutlich.

Für die ersten vier Teile über die Vor- und Frühgeschichte des Mediums bis zur ersten Rundfunkordnung von 1926 konnte der Verfasser auf seine 1965 erstmals erschienene Entwicklungsgeschichte des Rundfunks in Deutschland zurückgreifen und dabei die inzwischen entstandenen Einzelstudien korrigierend und präzisierend einbeziehen. Völlig neu und vollständig aus den Quellen und den wenigen Einzeldarstellungen erarbeitet sind die drei folgenden Teile mit der Geschichte der Reichs-Rundfunk-Gesellschaft, der Überwachungsgremien, einer Schilderung der heillosen Versuche des Mediums, ein publizistisches Selbstverständnis zu finden, bis hin zur zweiten Rundfunkordnung von 1932 mit ihren Ursachen und Folgen.

Neben den konventionellen Quellen und Darstellungen sind, wenn auch in einem noch zu bescheidenen Umfang, die für eine publizistische Historiographie unentbehrlichen Pressequellen herangezogen worden. Die Zitate und Referate aus Zeitungen, Zeitschriften und Diensten – vor allem aus Rundfunkzeitschriften – sollen keineswegs einen »Pressespiegel« ergeben oder gar den geschichtlichen Ablauf nur illustrieren. Vielmehr wurden sie als ehemals aktuelle Zeugnisse des öffentlichen Wissens oder Nichtwissens angeführt und in das geschichtliche Urteil aufgenommen.

Was ich an dieser Stelle noch sagen möchte, ist ein Wort des

---

[3] Wilhelm Treue, *Rundfunkgeschichte nach zehn Jahren*. Studienkreis Rundfunk und Geschichte – Mitteilungen 1979, 3, S. 133–138.

Dankes an alle diejenigen, die mir bei der Vorbereitung und Quellenforschung, der Organisation des Stoffes, der Niederschrift und schließlich bei der Überarbeitung bereitwillig zur Seite gestanden haben.

Der Herausgeber, Hans Bausch, hat mir nicht nur ein Beispiel seiner unverschleißbaren Geduld gegeben, sondern mir mit einer virtuosen Skala von O-Tönen Zuspruch und Drohungen, Ermunterung und Enttäuschung, Verweis und Glückwünsche zuteil werden lassen; das blieb, was immer publizistische Wirkung auch sein mag, schließlich nicht ohne Folgen. Als Rundfunkhistoriker und Rundfunkintendant hat er sich glücklicherweise nicht auf die Richtlinienkompetenz des Herausgebers zurückgezogen, sondern häufig das sachlich-fachliche Detailurteil zur Diskussion gestellt. Von der Redaktion der Reihe im Deutschen Rundfunkarchiv (DRA) in Frankfurt empfing ich unschätzbare Unterstützung durch die beiden Referenten Ansgar Diller und Horst O. Halefeldt, denen ich vor allem für mehrmalige kritische Durchsicht des Manuskripts, für weiterführende rundfunkgeschichtliche Gespräche und für die Überlassung vieler Archivalien und Dokumente zu danken habe. Ebenso danke ich Trude Pfeiffer, die durch ihre kritische Begleitung des Manuskripts von der Planung bis zur Schlußredaktion erst die editorischen Voraussetzungen für die vorliegende Publikation geschaffen hat. Zu danken habe ich Wolf Bierbach für ungezählte Hinweise, Anregungen und Quellenmaterial sowie Arnulf Kutsch, der stets bereit gewesen ist, mir mit seinen Kenntnissen zur Rundfunkbiographie zu Hilfe zu kommen. Die Möglichkeit zum Gespräch mit zeitgenössischen Zeugen wird nach einem halben Jahrhundert naturgemäß geringer. Aufgezeichnete mündliche Überlieferung zur frühen Rundfunkgeschichte, die historisch brauchbar wäre, gibt es nicht. Um so dankbarer bin ich Kurt Wagenführ für die vielen Gespräche, die ich in den vergangenen Jahren mit ihm führen durfte. Zu danken habe ich schließlich meinen Mitarbeiterinnen am Institut für Publizistik der Universität Münster, Gertrud Dolch, Gertamarie Naake, Mechthild Klostermann und Ilse Eckhardt für die Transkription der akustisch wie stilistisch bisweilen nicht unproblematischen Tonbanddiktate sowie Ute Alte-Teigeler für das Fotografieren von Illustrationen aus oft schwierig zu handhabenden Vorlagen.

Münster, Dezember 1979   Winfried B. Lerg

1. Vorgeschichte eines Mediums

1.1. *Das Medium wird zum Begriff*
Kommunikation als öffentliche Dienstleistung

Die gegenwärtige Auseinandersetzung über den Rundfunkbegriff hat keinen etymologischen Grund. Gleichwohl stünden rundfunkpolitischen Leitartiklern und rundfunkrechtlichen Gutachtern bestimmte wortgeschichtliche Kenntnisse und Einsichten bei ihren historisch meist recht unbefangenen Gefechten über die systematische Verortung neuer elektronischer Übermittlungsverfahren wohl an. Noch bis vor 50 Jahren gab es im deutschen Sprachraum dafür überhaupt keine einheitlichen Bezeichnungen. Zwar hatte der Generalpostmeister des Deutschen Reichs, Heinrich von Stephan, in den Jahren 1874 und 1875 etwa 760 Fremdwörter aus dem Postbereich eindeutschen lassen, aber der »Fernschreiber« vermochte den »Telegraphen« noch längst nicht abzulösen. Und so sprach man bei der Reichspost von »Telegraphie ohne Leitungsdrähte« (1892) und von »Funkentelegraphie« (1901). Der Begriff Funkentelegraphie war für ein großes und für seine hohe Qualität der technischen Beiträge bekanntes Lexikon im Jahre 1905 noch nicht verbreitet genug, um als Stichwort für den Sachartikel zu gelten; es wurde auf »Drahtlose Telegraphie« verwiesen[1]. Das Wort »Funkspruch« gab es immerhin schon als »von der deutschen Kriegsmarine eingeführte, von der Reichspost übernommene Bezeichnung für ein mit Apparaten der ›drahtlosen Telegraphie‹ ... befördertes Telegramm«[2]. Die Verwendung des Funken-Begriffs in einem zusammengesetzten Substantiv, an Stelle von »drahtlose Telegraphie«, geht womöglich auf den Physiker Adolf Slaby zurück, der sich dabei auf die ursprüngliche Erzeugungsmethode der Ätherschwingungen durch elektrische Funken bezog. Alsbald kam bei der Post die kürzere Form »Funktelegraphie« in Gebrauch. Die englische und die französische Bezeichnung für diese Form der Zeichenübermittlung aus jener Zeit sind noch heute in Gebrauch: »wireless telegraphy« und »télégraphie sans fil«.

In den Vereinigten Staaten entstand eine andere englische Be-

---

[1] *Meyers Großes Konversations-Lexikon.* Bd. 5. Leipzig, Wien ⁶1905, S. 162 ff.
[2] Ebd., Bd. 7, S. 212.

zeichnung, deren semantische Wurzel nicht die Funkenbildung eines Senders, sondern die Radialwirkung der elektrischen Wellen bildete. Über die internationale Verkehrstätigkeit, vor allem im Schiffsfunk, drang das Wort »radio telegraphy« als »Radiotelegraphie« auch in den deutschen Sprachgebrauch ein. Das technische Merkmal der Rundwirkung elektrischer Wellen, im Jahre 1888 von Heinrich Hertz in Karlsruhe entdeckt, wurde während der Entstehung der funktelegraphischen Dienste für Presse und Wirtschaft unmittelbar nach dem Ersten Weltkrieg bei der Bildung der deutschen Wortschöpfungen »Rundfunk« und »Rundspruch« bestimmend. Beide Begriffe fanden zunächst nacheinander als Namen für funktelefonische Durchsagen (Sprechfunk) an räumlich verstreute Einzelteilnehmer im Wirkungsradius des Senders Eingang in den Sprachgebrauch.

Mit der letzten und bis auf wenige Änderungen noch heute gültigen Gesetzesregelung des Funkwesens in allen seinen Formen im Jahre 1928 wurde für sämtliche elektrischen Kommunikationsmittel der Oberbegriff »Fernmeldeanlagen« geprägt. Er umfaßt:

a. Telegraphenanlagen/über Draht,
b. Fernsprechanlagen/über Draht,
c. Linienfunkanlagen/drahtlos,
d. Rundfunkanlagen/drahtlos und
e. Draht(rund)funkanlagen/über Draht.

Das »Gesetz über Fernmeldeanlagen (F.A.G.)« vom 14. Januar 1928 definiert: Telegraphenanlagen, Fernsprechanlagen und Funkanlagen »sind elektrische Sendeeinrichtungen sowie elektrische Empfangseinrichtungen, bei denen die Übermittlung oder der Empfang von Nachrichten, Zeichen, Bildern oder Tönen ohne Verbindungsleitungen oder unter Verwendung elektrischer, an einem Leiter entlanggeführter Schwingungen stattfinden kann.«[3]

Der Begriff »Rundfunk« wurde zunächst für funktelegraphische, später für funktelefonische Dienste der Post benutzt. Ob bestimmte Personen ihn geprägt haben, kann nicht mit letzter Sicherheit ausgeschlossen werden, obwohl Begriffsschöpfungen von Einzelpersonen sich nur sehr selten im gesellschaftlichen Umlauf halten können, wenn nicht eine mächtige publizistische Unterstützung für solche Sprachregelungen mitläuft; diese wiederum hätte die Post durchaus aufbringen können. Vorläufig

[3] Reichsgesetzblatt 1928 I, S. 8.

spricht vieles für die Annahme, daß der Begriff »Rundfunk« – wiewohl noch nicht in seiner heutigen Bedeutung – im Jahre 1919 in der Funkabteilung des Reichspostministeriums (RPM) entstanden ist. Ganz sicher haben sich der Leiter dieser Abteilung, der damalige Ministerialdirektor Hans Bredow, und der publizistisch sehr emsige Telegrapheninspektor Hermann Thurn für die Durchsetzung des Begriffs besonders stark engagiert[4].

Am 22. Dezember 1919 fand im Reichspostministerium eine Besprechung mit Journalisten und Verlegern statt, auf der Hans Bredow über zwei Pressefunkdienste berichtete, den »Natfunk« und den »Rundfunk«. Bei diesen Diensten wurde das Nachrichtenmaterial telegraphisch »rundgefunkt«, das heißt, die Sendungen waren nicht an einen Empfänger gerichtet, sondern sie wurden in 76 deutschen Städten von Empfangsanlagen der Reichstelegraphenverwaltung (RTV) aufgenommen und von dort als »Rundfunktelegramme« den Empfängern telefonisch oder durch Boten zugestellt; es handelte sich bei diesem Dienst noch um drahtlose Telegraphie, um Zeichenfunk. Für diese Übermittlungsart wurde der Begriff in den Sitzungen der Reichsfunkkommission im Jahre 1920 noch benutzt. Wenige Monate später jedoch, im März 1921, wählte man ihn auch zur Bezeichnung drahtloser Telephonie, also für Sprechfunk. Im November des gleichen Jahres kündigte die Post den späteren Wirtschaftsrundspruchdienst als »drahtlosen Rundspruchdienst« an. Und auf der 21. Sitzung der Reichsfunkkommission am 9. Juni 1922 wurde berichtet, »daß nunmehr auch die von vornherein beabsichtigt gewesene Einrichtung des Rundspruchdienstes, für den der Rundfunkdienst der Vorläufer war, verwirklicht werden konnte«[5]. Von nun an ist in allen Äußerungen von seiten der Post die saubere Trennung der einfacheren Bezeichnung »Rundfunk« für drahtlose Telegraphie und »Rundspruch« für drahtlose Telephonie festzustellen. Am 21. März 1923 noch kündigte der Reichspostminister einen »Vergnügungsrundspruch belehrenden und unterhaltenden Inhalts sowie Musik- und Gesangsvorträge« an[6]. Offenbar gefiel diese komplizierte Formulierung aber nicht, denn es sollte zwar einerseits gespro-

[4] Helmut Drubba, *Zur Etymologie des Wortes Rundfunk.* Publizistik 1978, 3, S. 240–249.
[5] Niederschrift über die 21. Sitzung der Reichsfunkkommission am 9. 6. 1922. PA AA Bonn Post-, Telefon-, Telegramm- und Funkdienst Bd. 1.
[6] Deutsche Verkehrs-Zeitung, Nr. 14 v. 6. 4. 1923, S. 103.

chen, andererseits aber auch musiziert und gesungen werden. Deshalb griff man auf den Namen der inzwischen ohnehin wieder eingestellten telegraphischen »Rundfunk-Dienste« zurück, und aus dem »Vergnügungsrundspruch« wurde ein »Unterhaltungs-Rundfunk«. Die erste den Rundfunk betreffende postamtliche Verfügung mit der Nr. 815 vom 24. Oktober 1923 trug folgerichtig den Titel »Einführung eines Unterhaltungs-Rundfunks in Deutschland«[7]. Die Post scheute keine Mühe bei der Propagierung des neuen Begriffs und machte ihren Einfluß bei der jungen Rundfunkpresse, bei den Verbänden und schließlich sogar bei der Berliner Rundfunkgesellschaft geltend. Schon im Dezember 1923 änderte die erste funkwirtschaftliche Vereinigung ihren Namen und hieß statt »Verband der Radio-Industrie e. V.« von nun an »Verband der Funk-Industrie«. Aus Radioclubs wurden Funkvereine und Rundfunkverbände; nur der sozialistische »Arbeiter-Radio-Club Deutschlands« war Sprachregelungen offenbar nicht zugänglich. Auf einer Sitzung der Reichsfunkkommission am 23. Januar 1924 schloß Bredow sein Referat mit einem Appell an die Anwesenden, »ihn bei der Bekämpfung der Fremdwörter im Funkdienst, insbesondere der Ausdrücke ›Radio‹ und ›Broadcasting‹, zu unterstützen«[8]. Im März 1924 verschickte die »Radio-Stunde AG« Briefe, in denen sie davon Kenntnis gab, daß man sich veranlaßt gesehen habe, den Namen in »Funk-Stunde AG« umzuändern[9].

Mit der Verfügung Nr. 418 vom 4. Juli 1924 gab das Reichspostministerium eine besondere »Zusammenstellung der deutschen Fachausdrücke des Funkdienstes« heraus. Die Kategorie »Rundfunk« wurde definiert als »die funkentelephonische Verbreitung von Nachrichten, musikalischen oder anderen Darbietungen«. Als Subkategorien wurden aufgeführt: Unterhaltungsrundfunk, Wirtschaftsrundspruch, Industrierundspruch, Presserundfunk (telegraphisch), Presserundspruch (telephonisch)[10]. In der ersten Ausgabe des unter Mitwirkung des Reichspostministeriums herausgegebenen *Kalenders für den deutschen Funkverkehr 1924* findet sich ein eigenes Kapitel über »Fachausdrücke des Funkdienstes«. Die Übersicht stimmt mit der Zusammenstellung der Verfügung Nr. 418 überein, und sie hatte

[7] Nachrichtenblatt des RPM, Nr. 117 v. 24. 10. 1923, S. 885.
[8] Niederschrift über die 23. Sitzung der Reichsfunkkommission am 23. 1. 1924. PA AA Bonn Post-, Telefon-, -Telegramm- und Funkdienst, Bd. 2.
[9] Der Deutsche Rundfunk, Nr. 13 v. 30. 3. 1924, S. 553.
[10] Amtsblatt des RPM 1924, 65, S. 441.

keineswegs nur den Zweck, die Begriffe zu erläutern, sondern diente vor allem dem Versuch, nachzuweisen, daß es nicht nötig sei, Fachausdrücke aus fremden Sprachen einfach zu übernehmen[11]. In der Ausgabe des gleichen Kalenders für 1925 wurde eine weitere Liste veröffentlicht mit dem gleichen Hinweis über den Sinn der Zusammenstellung: man habe die Fachausdrücke, die sich bereits eingebürgert hätten, mit Erläuterungen gesammelt, »um zu beweisen, daß es genügend treffende deutsche Bezeichnungen auf diesem Gebiet gibt«[12].

Die offizielle Bezeichnung war auch dann noch das aus dem »Vergnügungsrundspruch« übertragene Wort »Unterhaltungsrundfunk«, als die zweite postamtliche Verfügung, die Verfügung Nr. 419 unter dem Titel »Bekanntmachung über den Unterhaltungsrundfunk« am 26. August 1925 erlassen wurde. Unter den Teilnahmebedingungen war zu lesen, daß »der Inhaber der Anlage ... nur zur Aufnahme des ›Unterhaltungsrundfunks‹ und der ›Nachrichten an Alle‹ sowie zur Aufnahme der Wellen der Versuchssender berechtigt« sei[13]. Endlich, ein Jahr darauf, wurde mit der Verfügung Nr. 393 vom 17. August 1926 »die bisherige Bezeichnung ›Unterhaltungsrundfunk‹ ... durch die Bezeichnung ›Rundfunk‹ ersetzt«. Zur Sparsamkeit mahnend, hieß es im letzten Satz, daß eine Änderung der in Gebrauch befindlichen Formblätter erst bei einer Neuauflage vorzunehmen sei[14].

Dem publizistischen Mittel Rundfunk wird eine notorische Staatsnähe nachgesagt, und bisweilen ist wirkliches oder gespieltes Erstaunen darüber zu hören, was denn die Post mit dem Rundfunk, außer ihrer technischen Fürsorge, zu tun habe. Das eine Problem, nämlich das seiner Organisation als Medium des öffentlichen und aktuellen Austausches, ist zur Zeit noch keineswegs ausgestanden, im Gegenteil, in der Bundesrepublik mehren sich die Stimmen, die das Monopol der bestehenden Rundfunkeinrichtungen zur Disposition stellen wollen, da kommt schon ein anderes Problem, das der Organisation von Rundfunkderivaten wie Kabelrundfunk oder elektronische Textübermittlung, auf. Die gegenwärtigen Auseinandersetzungen über diese neuen Technologien haben bei aller Spannweite ihres argumentativen Rahmens indessen eines gemeinsam: Sie

[11] *Kalender für den deutschen Funkverkehr 1924.* Berlin o. J., S. 137–140.
[12] *Kalender für den deutschen Funkverkehr 1925.* Berlin o. J., S. 309–315.
[13] Amtsblatt des RPM 1925, 81, S. 443.
[14] Amtsblatt des RPM 1926, 70, S. 369.

ziehen sich auf einen beinahe trivialen technischen Determinismus zurück, unter eigensinnigem Verzicht auf kommunikationshistorische Erkenntnisse im allgemeinen und rundfunkgeschichtliche Erfahrungen im besonderen.

Bisweilen lohnt freilich die Erinnerung daran, daß die Beförderung von Wissen zum erstenmal eine Organisationsform bekommen hat, als die Entstehung größerer Gebietsherrschaften eine Erweiterung des politischen und damit des publizistischen Horizonts mit sich brachte. Die fürstlichen Botenanstalten als Trägerorganisationen der laufenden, reitenden und fahrenden Boten stellten bereits allgemeine, »öffentliche« Dienstleistungseinrichtungen dar, die jedermann gegen feste Bezahlung regelmäßig zu festen Zeiten zur Verfügung standen. Die Organisation der Wissensbeförderung macht gleichzeitig die Sicherung der hierzu geschaffenen Einrichtungen erforderlich. Solche Sicherheitsvorkehrungen galten zunächst den beteiligten Personen, den Boten selbst, dann aber auch den mit wachsenden Entfernungen notwendig werdenden Stationen (Posten) am Rande der Botenwege (Postrouten). Bei solchen Organisationen war ein Minimum an Sicherheit durch rechtliche Vorkehrungen seitens der Trägereinrichtung gewährleistet, vor allem durch Herrschaften und Höfe. Aus den fürstlichen Botenorganisationen sind gegen Ende des 15. Jahrhunderts staatliche Postorganisationen entstanden. Gegen Ende des 16. Jahrhunderts schließlich bildete sich die Post als staatliche Beförderungsorganisation für jedermann in der Form eines Regals, eines herrschaftlichen Betriebsmonopols, aus[15].

Die Entstehung neuer politischer Systeme im Zeitalter der Nationalstaaten machte auch die Entstehung von Verwaltungseinrichtungen erforderlich. Neue Kommunikationsaufgaben dieser Verwaltungen konnten nur mit Hilfe neuer Verkehrsmittel bewältigt werden. Waren diese Verkehrsmittel als einfache Transportmittel zur Überwindung räumlicher Entfernungen nur Attribute der Verwaltung, so wurden sie selbst zu Objekten der Verwaltung in dem Augenblick, als ihre politische und wirtschaftliche Bedeutung nicht mehr zu übersehen war. Eine sich differenzierende gesellschaftliche Organisation erforderte zunehmend die genaue Zuordnung verwickelter menschlicher Handlungen. Dazu bedurfte die Verwaltung kostspieliger und ebenso komplexer Einrichtungen, die nun aber vielfach über die

[15] Winfried B. Lerg, *Das Gespräch*. Düsseldorf 1970, S. 23–33.

finanziellen Möglichkeiten privater Unternehmen hinausgingen, sobald man die dort üblichen Rentabilitätsgesichtspunkte zugrunde legte. Deshalb haben fast alle europäischen Staaten sich die Verwaltung ihrer Dienstleistungen auf dem Gebiet des Verkehrs selbst vorbehalten und jedermann gegen feste Zahlung zugänglich gemacht.

So sind öffentliche Monopole entstanden. Gerade die Postverwaltung kann als typisches Beispiel für eine solche Entwicklung gelten, nicht zuletzt deshalb, weil sie die wichtigste Voraussetzung für ein Verkehrsmonopol mitbrachte, eben das Postregal als hoheitliches Beförderungsrecht. Hoheitsverwaltung beruht auf Gesetzen. Als erster deutscher Staat regelte Preußen 1712 sein Postwesen mit Verordnungen. Es brachte seine postgesetzliche Überlieferung in eine Reihe wechselseitiger Verkehrsverträge ein. Ein Jahr nach der Auflösung des Deutschen Bundes übernahm Preußen die gesamte Postorganisation der Fürsten von Thurn und Taxis. Fürst Maximilian Karl von Thurn und Taxis übertrug der Königlich-Preußischen Staatsregierung mit einem Vertrag vom 28. April und 1. Juli 1867 seine Postgerechtsame, die sein Haus seit dem 6. November 1597 als kaiserliches Regal innehatte, gegen eine Entschädigung von 3 Millionen Talern. Schon zum 1. Januar 1868 wurden alle Postverwaltungen des Norddeutschen Bundes, mit Ausnahme der bayerischen, württembergischen und badischen Post, zur Norddeutschen Bundespost vereinigt. Nach der Verfassung des Norddeutschen Bundes wurden die Post- und Telegraphenverwaltungen gegen Rechnung des Bundes als einheitliche Staatsverkehrsanstalten eingerichtet. Hieran änderte grundsätzlich auch die Reichsverfassung vom 16. April 1871 nichts, mit der die Reichspost, nunmehr unter Einschluß Badens, als Verkehrsverwaltungsbehörde entstand. Preußen brachte das modernste Verkehrsmittel, die Telegraphie, mit in die Reichsverwaltung. Seit 1849 Zivilverwaltung unter militärischer Leitung, unterstand die Telegraphie nach der Reichsgründung nur noch wenige Jahre dem Reichskanzleramt. Am 1. Januar 1876 wurde sie endgültig mit der Postverwaltung vereinigt. Während für die hoheitliche Postverwaltung noch im Jahr der Reichsgründung mit dem »Gesetz über das Postwesen des Deutschen Reiches« vom 28. Oktober 1871[16] zum ersten Mal eine für das gesamte deutsche Postgebiet verbindliche Rechtsnorm geschaf-

[16] Reichsgesetzblatt 1871 I, S. 347.

fen wurde, dauerte es noch bis zum Jahre 1892, bis das »Telegraphenregal« gesetzlich formuliert war. Die Integrierung des Funkverkehrs als »drahtlose Telegraphie« im Jahre 1908 war zunächst nicht viel mehr als eine selbstverständliche Anpassung des Rechts an den Stand der Technik. Die nunmehr hoheitlich begründete Verkehrseinheit bedeutete, daß fortan sowohl der Warenverkehr als auch der Nachrichtenverkehr unter staatlicher Verwaltung standen[17].

Die Fernmeldehoheit des Deutschen Reiches war bereits in Artikel 48 der Reichsverfassung von 1871 begründet und schließlich durch das »Gesetz betreffend das Telegraphenwesen des Deutschen Reiches« vom 6. April 1892[18] gesichert worden. § 1 dieses Gesetzes bestimmte: »Das Recht, Telegraphenanlagen für die Vermittlung von Nachrichten zu errichten und zu betreiben, steht ausschließlich dem Reiche zu.« Selbst die Ausfächerung dessen, was zu dieser Zeit zusammen mit anderen elektrischen Kommunikationsmitteln als »Telegraphenanlage« angesehen wurde, änderte an dem Hoheitsanspruch des Reiches nichts. Das Deutsche Reich übertrug durch den Reichskanzler mit zwei Erlassen – von 1892 und von 1902 – außer der Ausübung dieses Hoheitsrechts auch die Verleihung des Rechts für die Errichtung und den Betrieb von Abgabe- und Aufnahmeeinrichtungen dem Reichspostamt. An dessen Spitze stand, wie bei allen übrigen Reichsämtern, ein Staatssekretär. Für den innerdeutschen Betrieb – und dabei handelte es sich ausschließlich um Draht- oder Kabeltelegraphie – galt die Telegraphenordnung vom 9. Juni 1897, während für den Auslandsverkehr der internationale Telegraphenvertrag von St. Petersburg vom 10./12. Juli 1875 in Kraft war.

Als der Stand der technischen Entwicklung im Funkwesen einen Überblick zuließ, wurde das Hoheitsrecht auch auf die drahtlose Nachrichtenübermittlung ausgedehnt. In der Novelle zum Telegraphengesetz – fälschlich oft »Funkgesetznovelle« genannt – vom 7. März 1908, dem »Gesetz zur Abänderung des Telegraphengesetzes«[19], hieß es eindeutig: »Elektrische Telegraphenanlagen, welche ohne metallische Leitungen Nachrichten vermitteln, dürfen nur mit Genehmigung des Reiches errichtet

---

[17] Winfried B. Lerg, *Die Entstehung des Rundfunks in Deutschland.* Frankfurt (Main) ²1970, S. 287–291.
[18] Reichsgesetzblatt 1892 I, S. 467.
[19] Reichsgesetzblatt 1908 I, S. 79.

oder betrieben werden.« Mit diesem Änderungsgesetz und einer Reihe weiterer Verordnungen war die staatliche Aufsicht auf dem Gebiet des Fernmeldewesens begründet und gesetzlich verankert. Sollte freilich der Verkehr auch auf das Ausland ausgedehnt werden, so bedeutete dies Abstimmung mit anderen Hoheitsträgern im Ausland. Beim Funkverkehr kam hinzu, daß eine Übereinkunft getroffen werden mußte mit jenen Staaten, die sich anderer technisch-physikalischer Funksysteme bedienten und alles daransetzten, ihrem System eine bevorzugte Stellung im Weltverkehr zu verschaffen. Diese Fragen konnten nur auf dem Wege internationaler Verhandlungen geregelt werden.

1.2. *Funkpolitik im Kaiserreich*
Imperialismus und technische Innovation

Es war zwar gelungen, die Hoheitsrechte zu konstituieren und durchzusetzen, aber noch dachte die Post nicht daran, dem neuen Verkehrsmittel mehr als nur ein reserviertes technisches Interesse abzugewinnen. Um so intensiver nahm die junge Elektrowirtschaft die Entwicklung in ihren Griff. Es gelang privaten Gesellschaften, die politischen Ambitionen des Reiches im Welthandel und im Kolonialwesen geschickt mit ihren wirtschaftlichen Zielen in Einklang zu bringen. Um die Aufmerksamkeit der Politiker auf ihre Tätigkeit zu lenken, arbeitete die Industrie Pläne aus, welche die Ergebnisse ihrer Forschungen praktisch auswerten und damit sofort rentabel machen sollten. Wenngleich die Industrie durch die Rechtslage in die Rolle des Erfinders, Herstellers und Lieferanten gedrängt war, so versuchte sie dennoch einen Schritt weiterzukommen, und zwar als Lizenznehmer. Hierzu mußte sie versuchen, dem Lizenzgeber gegenüber mit Argumenten aufzutreten, die sein sachliches und finanzielles Interesse zu wecken vermochten. Man hatte schnell begriffen, daß die innerdeutschen Möglichkeiten – der Ausbau eines Funknetzes für die öffentliche Nachrichtenübermittlung – rasch erschöpft sein würden. Die Pläne der Industrie zielten deshalb zur Ergänzung der Kabelwege und zur Überbrückung fehlender Verkehrslinien unmittelbar auf den Bau internationaler Funkverbindungen ab. Ziel dieser Überlegungen sollte ein politisch-wirtschaftlicher Wettbewerb sein. Dem britischen Weltkabelnetz mußte ein deutsches Weltfunknetz gegenübergestellt werden. Tatsächlich machte sich das Reich die

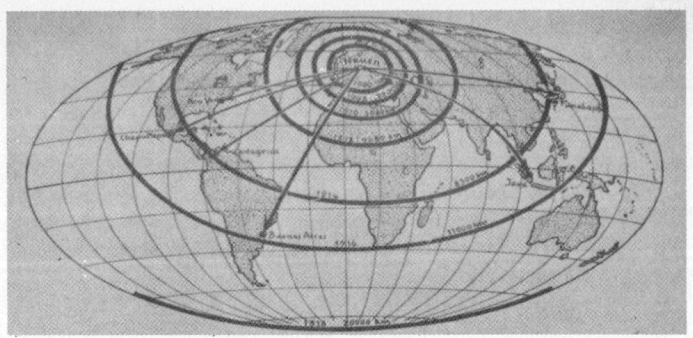

Ein deutsches Weltfunknetz. Entwicklung der Reichweiten (Kreise) und Empfangsstationen (Pfeile) der 1906 errichteten Funkstation Nauen der Gesellschaft für drahtlose Telegraphie, System »Telefunken«

großzügigen Pläne für ein Weltfunknetz der Industrie zu eigen und förderte sie mit Haushaltsmitteln.

Aus wirtschafts- und militärpolitischen Gründen mußten zunächst einmal die technischen Systeme sortiert werden. Die Reichspost hatte anfangs mit einem von dem italienischen Physiker Guglielmo Marconi in England entwickelten Funksystem experimentiert; das Marconi-System wurde im Dezember 1896 auch in Deutschland patentiert. Im Juli 1897 gründete er in London als Verwertungsgesellschaft die »Wireless Telegraph & Signal Company, Ltd.«. In Deutschland wuchsen die kommunikationspolitischen Befürchtungen, Großbritannien würde auch das Weltfunknetz aufbauen und kontrollieren. 1898 wurde in Köln als Verwertungsgesellschaft für das Funksystem des Straßburger Physikers Ferdinand Braun die »Funkentelegraphie-Gesellschaft mbH« gegründet. Im gleichen Jahr richtete die Allgemeine Elektricitäts-Gesellschaft (AEG) in ihrem Kabelwerk Oberspree eine funkentelegraphische Abteilung ein, wo der Berliner Physiker Adolf Slaby und sein Assistent Georg Graf von Arco ein Funksystem entwickelten. 1901 sicherte sich die AG Siemens & Halske das Braunsche Funksystem und gründete die »Gesellschaft für drahtlose Telegraphie, System Professor Braun und Siemens & Halske mbH«[20].

Die physikalisch-technische Rivalität und die einsetzenden Patentstreitigkeiten zwischen AEG und Siemens waren poli-

---

[20] Friedrich Kurylo, *Ferdinand Braun*. München 1965, S. 168–191.

Besuch von Kaiser Wilhelm II. (dritter von rechts) auf dem Gelände der Funkstation Nauen, 7. November 1906

tisch höchst unerwünscht. Kaiser Wilhelm II. drängte auf rasche Einigung, die allerdings erst am 27. Mai 1903 mit der Gründung eines gemeinsamen Unternehmens, der »Gesellschaft für drahtlose Telegraphie mbH«, gelang; das von dieser Firma auszuwertende Funksystem Braun/Slaby/Arco bekam auf Vorschlag von Slaby die Bezeichnung »Telefunken«, die bald als Telegrammanschrift verwendet werden sollte[21].

Drei Jahre später war die technische Entwicklung bereits so weit, daß eine wichtige Innovation international verwertet werden konnte. Es handelte sich um das Funksystem des dänischen Physikers Valdemar Poulsen, zu dessen Auswertung 1906 in London die Firma »Amalgamated Radio Telegraph and Telephone Company, Ltd.« mit einem deutschen Zweigunternehmen in Berlin entstanden war. Die Amalgamated bot zunächst Telefunken das Poulsen-System an, und als man dort kein Interesse zeigte, griff die C. Lorenz AG zu; sie richtete noch 1906 eine eigene Abteilung für drahtlose Telegraphie ein und nahm, in Zusammenarbeit mit der deutschen Amalgamated, die Herstellung von Funkgerät auf[22]. Die Konkurrenz für Telefunken entsprach nun auch Vorstellungen bei Hof.

[21] *Fünfundzwanzig Jahre Telefunken.* Berlin 1928, S. 17ff.
[22] *Fünfzig Jahre Lorenz 1880–1930.* Berlin 1930, S. 197ff.

Noch ein drittes Unternehmen konnte sich im Schatten der beiden Marktführer langsam Geltung verschaffen. Der Ingenieur Erich Franz Huth war 1905 bei Telefunken tätig und trat 1906 als Patentfachmann bei der deutschen Amalgamated ein. Als diese 1908 liquidierte, konnte Huth sich einen ehemaligen Zulieferer, die Klingelfabrik Kuntsch & Jäger OHG, sichern und mit Krediten einer Berliner Bank und der Rütgerswerke AG in eine GmbH umwandeln, die 1910 seinen Namen bekam, weil er wertvollen Patentbesitz eingebracht hatte. Die Firma »Dr. Erich F. Huth, Gesellschaft für Funkentelegraphie mbH« in Berlin, sollte das drittgrößte Funkunternehmen in Deutschland werden. Doch die Aufträge von der Post hielten sich zunächst in Grenzen. Huth baute vor allen Dingen Sender und kam mit der Deutschen Reichspost (DRP) und der Deutschen Reichsbahn nach dem Ersten Weltkrieg mit dem Zugfunk, der drahtlosen Sprechverbindung mit fahrenden Zügen, ins Geschäft. Im Jahr 1927 erwarb die C. Lorenz AG den Patentbesitz der Firma Huth[23].

Die deutsche Funkindustrie lebte zunächst von Militäraufträgen und stellte Geräte für Heer und Marine her. Alsbald wurden auch die ersten interkontinentalen Verbindungen zwischen Europa und den Vereinigten Staaten eingerichtet, außerdem ein Kolonialfunkverkehr für militärische und zivile Verwaltungsdienste. Es ist unbestritten, daß im August 1914, bei Ausbruch des Ersten Weltkrieges, die Leistungen auf den drei wichtigsten Gebieten des Funks: auf dem Gebiet des Militärfunkverkehrs für Heer und Marine, auf dem des Weltfunkverkehrs und des Schiffsfunkverkehrs und schließlich auf dem Gebiet des Kolonialfunkverkehrs teilweise erheblich unter dem internationalen, besonders unter dem britischen Standard lagen. Auf allen drei genannten Gebieten herrschte bis 1914 noch eine Atmosphäre des Experimentierens im Hinblick auf Technik und Organisation und eine abwartende oder zurückhaltende Einstellung bei den politischen und militärischen Stellen. Klare Perspektiven für die Zukunft hatten nur wenige der beteiligten Personen, und es gelang ihnen nicht, ihre Voraussicht selbst mit der Beschwörung bevorstehender kriegerischer Auseinandersetzungen zuständigen Orts wirksam werden zu lassen.

Die Einstellung änderte sich freilich bereits in den ersten Monaten des Ersten Weltkriegs. Unter dem Druck neuer Aufgaben

[23] Ebd., S. 490.

bedeutete das bisher von wenigen mit unterschiedlichem Erfolg Erforschte und Erprobte buchstäblich die erste Hilfe. Allerdings wurde der private Funkverkehr, soweit es ihn bis dahin gegeben hatte, mit dem Tag der Mobilmachung eingestellt. Alle Funkanlagen, die im privaten und öffentlichen Dienst betrieben worden waren, wurden für militärische Zwecke beschlagnahmt. Das Recht der Genehmigung solcher Anlagen ging vom Reichspostamt auf das Kriegsministerium über. Damit war der legitimen Behörde zur Ausübung der Funkhoheit, dem Reichspostamt, das Recht genommen; sie hatte nur noch Amtshilfe zu leisten.

Die privaten Gesellschaften, die den Überseeverkehr als Lizenznehmer betrieben hatten, mußten ihre Sender dem Reich zur Verfügung stellen. Die Stationen in Nauen, Eilvese und Norddeich wurden für kriegspublizistische Zwecke herangezogen. Nauen war betriebsmäßig dem Admiralstab der kaiserlichen Marine unterstellt. Die Auslandsnachrichtenstelle des Auswärtigen Amtes und die Nachrichtenabteilung des Reichsmarineamtes in Zusammenarbeit mit dem Wolff'schen Telegraphen–Bureau (WTB) verbreiteten Pressedienste, manchmal mehrmals täglich, für die Presse der neutralen Länder in Europa und Übersee. Freilich waren Qualität und Wirksamkeit der funkpublizistischen Propaganda des Deutschen Reichs während des Ersten Weltkriegs wenig überzeugend, wenngleich nachträglich gerade zu diesem Thema eine Flut von Rechtfertigungsliteratur erschienen ist. Dagegen wurde die Verwendung der drahtlosen Übermittlung für militärische Zwecke eine Selbstverständlichkeit. Das Funkwesen entwickelte sich buchstäblich zum strategischen und taktischen Kampfmittel. Bei der Flotte, besonders im U-Boot-Krieg, erlangte der Funk keine geringere Bedeutung als beim Heer. Der Luftkrieg war durch das Funkleit- und Funkmeldewesen überhaupt erst möglich geworden.

Die Friedensstärke der Telegraphentruppe betrug 550 Offiziere und 5800 Mann. Bei der Mobilmachung am 2. August 1914 standen insgesamt 800 Offiziere und 25 000 Mann zur Verfügung. Mit einer Verfügung vom 18. Juli 1917 wurde die bis dahin sogenannte Telegraphentruppe in Nachrichtentruppe umbenannt und zu einer selbständigen Waffengattung außerhalb der Verkehrstruppe, zu der sie bis dahin organisatorisch gehörte, erklärt. Am Ende des Ersten Weltkriegs kehrten 4381 Offiziere mit einer Etatstärke von 5700 Mann und 185 000 Mann der Nachrichtentruppe wieder zurück. Es waren diese

Vorführung von Empfangsapparaten während des Ersten Weltkriegs.

Funker der Nachrichtentruppe, die für die weitere Entwicklung des Funks und für die Entstehung des Rundfunks in Deutschland bedeutsam werden sollten.

In den Jahren zwischen der Jahrhundertwende und dem Beginn des Ersten Weltkriegs waren die Weichen für eine deutsche Funkpolitik gestellt worden. Die Richtung war festgelegt, nachdem im nationalen und internationalen Recht die mit dem neuen Medium aufgekommenen Ordnungs- und Organisationsprobleme nacheinander und ohne große Konflikte mit öffentlichen Ansprüchen und Absichten gelöst werden konnten. Der Funk war in seiner Bedeutung für die Publizistik zunächst nicht erkannt worden, und deshalb begegnete man auch keinen Versuchen, gegen die hoheitliche Verwaltung zu opponieren. Die Industrie gab sich zufrieden, wenn ihre Privatunternehmungen für die Entwicklung der Technik und für den Lizenzbetrieb nach staatlichen Vorschriften und Verkehrsbedingungen herangezogen wurden. Sie verstand es auch, ihre Pläne an den wirtschaftlichen und militärischen Zielen des Reiches zu orientieren, und sie suchte Absatzmöglichkeiten und Betriebsaufgaben in genau jenen Bereichen, wo Reichsbehörden als Auftraggeber infrage kommen konnten: beim Heer, bei der Marine und schließlich bei der Kolonialverwaltung.

Als im Ersten Weltkrieg die publizistischen Aufgaben hinzukamen, unterlagen sogar sämtliche Betriebsangelegenheiten der Verfügungsgewalt militärischer Behörden. Privatwirtschaftliche Initiative mußte auf das Feld der Entwicklung sowie auf die Serienproduktion und Lieferung von Funkgeräten beschränkt bleiben. Damit war bis zum Jahre 1914 eine der möglichen Organisationsformen zwischen dem monopolistischen Staatsbetrieb auf der einen Seite und vollkommener Unternehmerfreiheit auf der anderen Seite gefunden. Zweifellos hatte zunächst die Organisation des Telegraphenwesens als öffentliches Kommunikationsmittel für die stufenweise Integration des Funkbetriebs in dieses System normenbildend gewirkt. Ohne die gesetzlichen Voraussetzungen für den Drahtverkehr wäre die Formulierung der Funkhoheit gewiß wesentlich schwieriger gewesen. Auch die Industrie hätte sich womöglich sehr viel stärker durchsetzen und damit auf die Organisationsform und auf größere privatwirtschaftliche Einflüsse hinarbeiten können. Immerhin aber war ein Miteinandergehen von Staat und Wirtschaft, eine Zusammenarbeit der Aufsichtsorgane einerseits und der Techniker und Kaufleute andererseits unausweichlich geworden. Die Funkindustrie hatte ihre Legitimation erwirkt und konnte guten Gewissens behaupten, in ihrem wirtschaftlichen Gebaren im Reichsinteresse zu handeln. Unter diesen Umständen übertrug das Reich oder die Post- und Telegraphenverwaltung ihre Betriebskonzesssionen für öffentliche Aufgaben ohne Bedenken den privaten Unternehmen. Diese Situation war charakteristisch für das Zusammengehen von Reichsinteresse und wirtschaftlichem Interesse auf dem Gebiet der elektrischen Kommunikation. Schließlich fanden sich im Ersten Weltkrieg auf ähnliche Weise auch Funk und Publizistik. Die Organisation des »drahtlosen Kriegsnachrichtendienstes« für publizistische, genauer gesagt für progandistische Zwecke stellte im übrigen eine Offensive gegen die Nachrichtenblockade der Entente über Deutschland dar[24].

[24] Lerg, *Entstehung des Rundfunks*, S. 24–44.

1.3. *Funk und Revolution 1918–1919*
Die politische Herausforderung

Die publizistischen Ereignisse der ersten Novemberwoche des Jahres 1918 sind historisch noch kaum erforscht. Am Vormittag des 9. November 1918 begann in Berlin der Generalstreik in den Großbetrieben, darunter auch in den Betrieben der AEG. Am Nachmittag wurde die Nachricht von der Abdankung des Kaisers zunächst mündlich in der Hauptstadt bekannt, und erst später erfuhr man Genaueres aus den Plakatanschlägen, die an den Postämtern und Zeitungsredaktionen ausgehängt wurden. Dieser Tag gilt als der Tag des Beginns der deutschen Revolution. Schon zuvor war das gesamte öffentliche und amtliche Nachrichtenwesen nicht nur der Kontrolle des Kriegsministeriums, sondern auch dem Reichspostamt entglitten. Soldaten, die zum Schutz der Anlagen bestellt waren, nahmen vielfach den Betrieb in eigene Regie, um sich damit dem Vollzugsrat der Arbeiter- und Soldatenräte zur Verfügung zu stellen.

Auch die halbamtliche deutsche Nachrichtenagentur WTB wurde am 9. November 1918 von einer Abordnung des Berliner Arbeiter- und Soldatenrats besetzt. Bei der Nachrichtentruppe hatte das Personal einzelner Funkstationen die Betriebe in »Selbstverwaltung« genommen und sie den Revolutionsorganen zur Verfügung gestellt. Diese Aktionen koordinierte eine Einrichtung, die die Bezeichnung »Zentralfunkleitung« (ZFL) führte. Diese war ebenfalls am 9. November 1918 von Mitarbeitern der Technischen Abteilung für Funkgerät (Tafunk), die der Inspektion der Technischen Abteilung der Nachrichtentruppe (Itechnach) unterstand, gegründet worden. Über die Station Königs Wusterhausen wandte sich die Zentralfunkleitung an sämtliche Stationen des innerdeutschen Funknetzes mit der Meldung, daß sie als »Zentralsoldatenrat der Funker« die Leitung aller Anlagen übernommen habe. Die Zentralfunkleitung wollte ein von der Postverwaltung unabhängiges Nachrichtennetz aufbauen. Sie forderte in ihren Funksprüchen an die übrigen Stationen die Mannschaften auf, sich der Initiative der Zentralfunkleitung anzuschließen und ihren Weisungen zu folgen. Bald konnte diese Zentralfunkleitung über zahlreiche betriebsfertige Militärstationen mit Reichweiten von mehreren hundert Kilometern verfügen. Auf diese Weise wollte sie auf der einen Seite der akuten Verkehrsnot in der unmittelbaren Nachkriegszeit abhelfen, die zu bewältigen das Reichspostamt nach ihrer

Ansicht nicht in der Lage war; zum anderen beabsichtigte sie, die ehemaligen Militärfunker in einen technischen Zivilberuf zu überführen. Eine Weile schien es, als hätten diese Pläne beim Vollzugsrat der Arbeiter- und Soldatenräte Erfolg.

Allerdings interessierte sich auch bereits der im Rat der Volksbeauftragten für das Presse- und Nachrichtenwesen zuständige Volksbeauftragte Philipp Scheidemann für den Funkbetrieb. Als Vertreter des Vollzugsrats ihm eine Verfügung zur Unterschrift vorlegten, durch die die Regierung der Zentralfunkleitung den gesamten Funkbetrieb im In- und Auslandsverkehr übertragen hätte, verweigerte er seine Unterschrift. Allerdings erteilte der Vollzugsrat der Zentralfunkleitung am Tage der Reichskonferenz der Arbeiter- und Soldatenräte in Berlin, am 25. November 1918, eine eigene Funkbetriebserlaubnis. Schon am darauffolgenden Tag verbreitete die Zentralfunkleitung im Auftrage des Vollzugsrats an alle deutschen Funkstationen ein Telegramm, in dem sie die Weigerung der Regierung durch ihren Vertreter Scheidemann bekanntgab, die neue Funkorganisation anzuerkennen. Gleichzeitig wurde das Personal der Stationen zur Solidarität aufgerufen. Unter Hinweis auf ihre Legitimation durch den Vollzugsrat hieß es sodann in diesem Telegramm, daß die Zentralfunkleitung ein Instrument in der Hand der Arbeiter- und Soldatenräte bleiben müsse, da sie das einzige Kontrollorgan des Vollzugsrats für dessen innere und äußere Politik sei. Auf diese Weise war zum ersten Mal in der Geschichte der drahtlosen Nachrichtenübermittlung in Deutschland ein Anspruch auf das amtliche Nachrichtenwesen außerhalb der bis dahin zuständigen Reichsbehörden geltend gemacht worden.

Wenige Tage später drangen Meldungen über das Tauziehen um die Oberhand im deutschen Funkbetrieb an die Öffentlichkeit. Die Presse berichtete, der gesamte Funkbetrieb sei in den Händen der Unabhängigen Sozialdemokratischen Partei oder der Spartakisten. Demgegenüber gab die Regierung am 2. Dezember 1918 eine Erklärung heraus, in der sie behauptete, keine der deutschen Funkstationen befände sich in den Händen irgendeiner politischen Gruppe. Alle seien sie nach wie vor in den Händen jener Männer, die die technische Verwaltung auch schon während des Krieges innegehabt hätten. Die organisatorische Ausgestaltung des Funkdienstes, so hieß es in dieser Erklärung der Regierung weiter, werde schnellstens zu Ende geführt, und man wolle den Beweis erbringen, daß dieses wichtige Instrument im Verkehr mit dem Ausland der Reichsregierung vollständig zur Verfügung stehe. Die Zentralfunkleitung behalte bis dahin jedoch die Führung des Dienstbetriebs ihrer Funkstationen und auch die aller angegliederten Dienststellen.[25]

Tatsächlich fand am Tage darauf, am 3. Dezember 1918, in der Reichskanzlei eine Sitzung statt, an der Vertreter der Zentralfunkleitung, des Auswärtigen Amtes, des Kriegsministeriums, des Reichspostamtes, des Reichsschatzamtes, des Reichskolonialamtes sowie Vertreter der Reichsregierung und des Vollzugsrates teilnahmen. Sie beschlossen, einen Organisationsausschuß zur Ordnung des Funkwesens einzurichten. Dieser Ausschuß sollte ein Programm entwerfen über Zusammensetzung und Aufgabenbereich einer zu gründenden Zentralstelle für den Funkbetrieb sowie ihre Zusammenarbeit mit anderen Behörden. Mit der Arbeit dieses Organisationsausschusses war das Schicksal der revolutionären Zentralfunkleitung besiegelt. Am 4. Dezember 1918 legte dieser Organisationsausschuß den Gründungsbeschluß für ein neues Gremium vor, das den Namen Reichsfunkkommission (RFK) trug. Die Reichsfunkkommission sollte eine vorläufige Organisation sein und im Auftrag der Regierung unter der Kontrolle des Vollzugsrats alle Fragen der Funktelegraphie im Benehmen mit den beteiligten Behörden und sonstigen Stellen bearbeiten. Vor allem lag dem Vollzugsrat offenbar daran, über die Zentralfunkleitung Einfluß auf die Arbeit der Reichsfunkkommission zu bekommen. Aber dieser Einfluß ging ständig zurück, vor allem als andere Militärfunker für ihre Organisation um Sitz und Stimme bei der Reichsfunkkommission einkamen. Schließlich meldete sich auch die gewerkschaftliche Vertretung der Post- und Telegraphenbeamten und verlangte eine Vertretung in der Kommission. Diese Gruppierungen sowie der aus dem Reichswirtschaftsministerium kommende Vorsitzende und die Vertreter der Industrie verminderten von Sitzung zu Sitzung den Einfluß des Vollzugsrats und stärkten die Position der Regierung und damit der Postverwaltung.

Langsam gewann die Post ihre Sicherheit wieder; sie wagte sich in der Kommission mit Anträgen vor und ertrotzte sich ihre Verwaltungs- und Betriebskompetenzen zurück. Die Teilnehmer der letzten Sitzung der Reichsfunkkommission vom 28. Januar 1919 beschlossen, die Reichsregierung möge eine Er-

[25] Deutscher Reichs-Anzeiger, Nr. 285 v. 3. 12. 1918, ohne Seitenangabe.

klärung über die Neuordnung des Funkwesens veröffentlichen. In dieser hieß es, die Reichsfunkkommission habe ihre Arbeit, die Organisation des deutschen Funkwesens zu vereinheitlichen, nunmehr beendet, es sei eine »Reichsfunkbetriebsverwaltung« (RFBV) gebildet worden, in der auch die gewerkschaftlichen Interessen aller Funker wahrgenommen werden sollten. Schließlich – und das war eine ganz neue Entwicklung – wurde mitgeteilt, daß die Reichspostverwaltung für das bisher in der Abteilung für Telegraphen- und Fernsprechwesen bearbeitete Funkwesen nunmehr eine besondere Abteilung für Funktelegraphie gebildet habe und daß zu ihrer Leitung Herr Ingenieur Bredow als Ministerialdirektor berufen worden sei. Ebenso habe man Herrn Bredow gleichzeitig zum Leiter der Reichsfunkbetriebsverwaltung bestellt. Auf diese Weise sei das gesamte Funkwesen in einer Hand vereinigt, mit Einschluß der Heeres- und Marinestationen, soweit diese nicht zur Aufrechterhaltung des rein militärischen Dienstes unbedingt erforderlich seien. Diese neue Regelung würde am 1. Februar 1919 in Kraft treten und eine freie und neuzeitliche Entwicklung des deutschen Funkwesens gewährleisten. Damit war der erste und wichtigste Schritt zur Rettung der Postansprüche getan.

Die Ansprüche der Post, die Funktechnik zum Ausbau eines besonderen Betriebszweiges heranzuziehen, mußten erst noch formuliert werden. Deswegen verfaßte der Staatssekretär im Reichspostamt noch im Januar 1919 eine *Denkschrift über die Entwicklung und umfassende Ausgestaltung der drahtlosen Telegraphie für den allgemeinen Nachrichtenverkehr*[26]. Diese Denkschrift ist einerseits als Rechtfertigungsschrift des Reichspostamtes zur Abwehr eines von der Post unabhängigen »Reichsfunkamtes« zu verstehen; auf der anderen Seite enthält sie alles, was sich zu Beginn des Jahres 1919 die Post und ihre Berater aus der Funkindustrie als Zukunft des neuen Funkbetriebs vorgestellt haben mögen. Die beiden ersten Abschnitte galten der Entwicklung des zivilen Funkbetriebs bis in die Jahre des Weltkriegs. Wichtig für die Bestimmung des politischen Stellenwerts ist freilich ihr dritter Teil, überschrieben mit »Übergangs- und Friedenszeit«. Hier wird ein 15-Punkte-Programm für die erweiterte Nutzbarmachung des Funkwesens für den öffentlichen Verkehr entwickelt. Es ging um die Lösung

[26] *Die weitere Entwicklung der drahtlosen Telegraphie in Deutschland.* Archiv für Post und Telegraphie 1919, 7, S. 245-252.

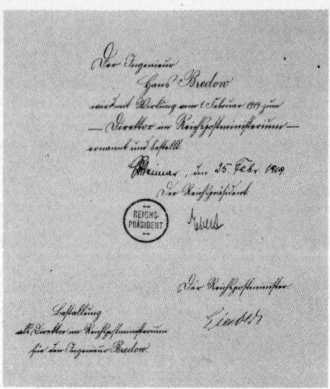

aktueller Probleme, beispielsweise die Verwertung des militärischen Funkgeräts und die Übernahme der während des Kriegs im Funkwesen beschäftigten Personen – »unter Wahrnehmung der gewerkschaftlichen Wünsche, soweit sie mit einer guten Durchführung des Funktelegraphendienstes vereinbar sind«. Als weitergehende Ziele wurden genannt: Der Ausbau inländischer, europäischer und überseeischer Funknetze, darunter Seefunkanlagen, ein Notfunknetz für Katastrophenfälle, ein Funknetz für die allgemeine Nachrichtengebung, das der Wirtschaft und der Publizistik zur Verfügung stehen sollte, ein Funknetz für den Luftverkehr, ein Funknetz für den Eisenbahnverkehr. Auch die Gründung eines Versuchsamts als zentraler Funkforschungsstelle und eine Ausbildungsstätte für Funkbetriebsbeamte wurde in den Katalog der geplanten Maßnahmen aufgenommen. Alles dies, so hieß es am Schluß, könne nur erreicht werden, wenn das neue Verkehrsmittel mit dem ihm untrennbar verbundenen Fernmeldewesen auch weiterhin von der Post verwaltet würde. Neben der Abteilung II (Telegraphen- und Fernsprechwesen) solle im Reichspostamt eine besondere Abteilung für Funktelegraphie unter der Leitung eines erfahrenen und energischen Fachmanns eingerichtet werden. Es bedurfte keiner großen Phantasie zu erkennen, daß mit dieser Persönlichkeit kein anderer als Hans Bredow gemeint war.

Der damals 40jährige Ingenieur Hans Bredow war 1903 bei der Allgemeinen Elektricitäts-Gesellschaft (AEG) eingetreten

Hans Bredow (1879–1959) wurde am 1. Februar 1919 in den Reichsdienst berufen.

und 1908 zum kaufmännischen Direktor der Gesellschaft für drahtlose Telegraphie (Telefunken) ernannt worden. Er nahm das Angebot des Reichspostamtes, die neue Abteilung für Funktelegraphie aufzubauen und zu leiten, an, nicht zuletzt, weil er hier aufs beste seine wirtschaftspolitischen und seine verkehrspolitischen Vorstellungen verwirklichen konnte.

Durch Erlaß vom 29. Januar 1919 unterstellte sich die Reichsregierung unmittelbar die Reichsfunkbetriebsverwaltung. Schon eine Woche zuvor war jene in der Denkschrift angekündigte Abteilung für Funk und Telegraphie im Reichspostamt eingerichtet worden, das seit dem 19. Februar 1919 die Bezeichnung »Reichspostministerium« führte. Zu dessen Chef ernannte Ministerpräsident Philipp Scheidemann den Zentrumsabgeordneten Johann Giesberts. Am 1. Februar 1919 trat Bredow als Ministerialdirektor in den Reichsdienst und übernahm die zwei Tage später als Abteilung V dem Geschäftsverteilungsplan des Reichspostministeriums angegliederte neu eingerichtete Funkabteilung. Zwei Dienststellen beschäftigten sich also im März 1919 mit dem Funkwesen, doch beide Dienststellen leitete der gleiche Reichsbeamte. Zwar gab es noch unterschiedliche Zuständigkeiten, denn die Reichsfunkbetriebsverwaltung unterstand nach wie vor der Reichskanzlei, die Funkabteilung jedoch dem Reichspostministerium; Bredow bezog seine Anweisungen freilich vom Reichspostminister. Auf diese Weise hatte sich die Reichspost ihre Kompetenz für das Funkwesen praktisch be-

43

Sturm!

Deutsche Funker!

Organisation ist die Forderung der Zeit!

Schließt Euch fest zusammen! Tretet dem

Deutschen Funkerbund

(Verwaltungssitz Hamburg)

bei, der die Gesamtheit der deutschen Funker auf das Tatkräftigste vertritt.

Eure Zukunft ist in größter Gefahr! Hab Acht auf die Zeichen der Zeit! Bei der Uebernahme und Neueinrichtung der Stationen durch Reichs- und Privatwirtschaft gilt es, für Euch einzutreten, insbesondere für diejenigen, welche jahrelang im Dienste des Vaterlandes uneigennützig den schweren Dienst ausgeübt haben, jetzt das wohlverdiente Anstellungsvorrecht zu erkämpfen und weiterhin durch eine nachdrückliche, zielbewußte Gewerkschaftspolitik allen Berufsangehörigen ein menschenwürdiges Dasein durch Gewährung ausreichender Gehälter zu ermöglichen. Diese Ziele können wir nur durch geschlossen organisatorischen Zusammenschluß verwirklichen.

Ein Werbesturm für unsere große Sache muß daher durch das Lande gehen! Ein jeder Kamerad muß, wenn er nicht Verräter an unserm Stande sein will, zur gemeinsamen Arbeit bereit sein. Nur die Einigkeit und das feste Beieinanderstehen werden uns die bitternotwendige Verbesserung unserer Lage bringen und uns eine gesicherte Zukunft verheißen.

Kollegen! Sorgt dafür, daß unser Bund recht bald den letzten Kameraden erfaßt! Der einheitliche Organisationsgedanke ist in unsern Kreisen mächtig aufgelodert, aber noch fester und enger als bisher soll und muß der Zusammenschluß unserer Standesgenossen werden!

Eine einheitliche Front müssen wir errichten, in einer geschlossenen Phalanx wollen wir kämpfen für Arbeits- und Lebensfreudigkeit in unsern Reihen!

Um aber unsere großen Ziele zu erreichen, ist es durchaus notwendig, daß die gesamte Funkerschaft sich in unserer Organisation zusammenfindet und kein Berufsangehöriger

Werbeflugblatt des Deutschen Funkerbundes, der am 4. Juli 1919 in Berlin gegründeten Vereinigung ehemaliger Heeres- und Marinefunker.

reits gesichert, wenngleich der amtliche Vollzug erst knapp vier Wochen später erfolgte. Am 2. April 1919 schrieb Bredow in seiner Eigenschaft als Leiter der Reichsfunkbetriebsverwaltung an die Reichskanzlei, es habe sich gezeigt, daß beim Ineinandergreifen der Arbeitsgebiete zweier Behörden – nämlich der Reichsfunkbetriebsverwaltung auf der einen Seite und der Abteilung V des Reichspostministeriums auf der anderen Seite – in Einzelfragen Kompetenzschwierigkeiten aufgetaucht seien, die zu unwirtschaftlicher Doppelarbeit führten. Eine Zusammenarbeit könne dadurch erreicht werden, daß man die Reichsfunkbetriebsverwaltung nunmehr dem Reichspostministerium unterstelle. So würde das Reichspostministerium die Zentralbehörde für das gesamte Gebiet des deutschen Funkwesens werden, während die Reichsfunkbetriebsverwaltung als Organ der Telegraphenverwaltung seitens des Reichspostministeriums mit der Bearbeitung von technischen und organisatorischen Fragen beauftragt sei[27].

Wenige Tage später ergingen zwei entscheidende Verfügungen der Reichsregierung, entscheidend für die weitere Geschichte des deutschen Funkwesens und damit auch für die Geschichte des Rundfunks in Deutschland. Am 9. April 1919 unterzeichnete Regierungschef Scheidemann zwei Verfügungen: die eine ermächtigte das Reichspostministerium, die Reichsfunkbetriebsverwaltung in sein Ressort zu übernehmen, die andere erklärte das Reichspostministerium zur Zentralbehörde für das gesamte Funkwesen[28]. Damit waren auf den Tag genau fünf Monate nach der Entstehung jener Zentralfunkleitung alle revolutionären Spuren im deutschen Funkwesen beseitigt.

1.4. *Funk für die Presse*
Die verpaßte Chance

In Weimar beriet die Nationalversammlung darüber, wie das neue Staatsgebilde, das künftig die »Weimarer Republik« genannt werden sollte, auszusehen hätte, als das Reichspostministerium daran ging, die Pläne der Funkdenkschrift vom Januar 1919 aufzugreifen. Man hatte inzwischen erkannt, daß es die

[27] Brief Reichs-Funk-Betriebsverwaltung an Reichskanzlei, 2. 4. 1919. BA Kblz R 43 I/ 1999.
[28] Lerg, *Die Entstehung des Rundfunks*, S. 81.

Funktelegraphie mit der Drahttelegraphie im innerdeutschen Postverkehr zwischen einem bestimmten Absender und einem bestimmten Empfänger technisch würde aufnehmen können. Die entscheidende Erkenntnis, im Funk eine Übermittlungsmöglichkeit in der Hand zu haben, deren wirtschaftliche Nutzung einer reinen Verkehrsverwaltungsbehörde wie der Post in kurzer Zeit über den Kopf wachsen könnte, hatte sich allerdings noch nicht eingestellt. Hans Bredow, kaum im Amt, wandte sich sofort an jene Kreise, die sich für schnellere Übermittlungsmöglichkeiten interessieren mußten: an die Presse. Die Funkdenkschrift hatte vorgeschlagen, die »zur funktelegraphischen Verbreitung allgemeiner Nachrichten in Deutschland (Politische Nachrichten, Handelsnachrichten, Börsenkurse, Wetterberichte, Zeitsignale, Propaganda usw.) erforderlichen Sendestationen« bereitzustellen und »möglichst einfache Empfangsanlagen in den Geschäftsräumen von Behörden, Zeitungen, Banken, Börsen, Industrieunternehmungen usw.« einzurichten. Bereits Ende März 1919 war im Reichspostministerium zu hören, diese Nachrichten sollten über eine große Funkstation im ganzen Reichsgebiet verbreitet werden. Außerdem plane man in den Postämtern und bei Privatleuten eine Reihe von Empfangsstellen. Zu klären seien noch deren Aufstellungsorte, die Frage der Gebühren sowie die Frage der Beschaffung und Verbreitung des Nachrichtenmaterials. Dieses letzte Problem sollte nicht so rasch eine Lösung finden, denn hier ging es tatsächlich um publizistische Dinge.

Für die Post stellte sich diese Angelegenheit indessen zunächst als ein Betriebsproblem. Weder die Postbeamten noch die bald hinzugezogenen Vertreter von Nachrichtenagenturen und vom Verein Deutscher Zeitungs-Verleger (VDZV) vermochten sich vorzustellen, welche kommunikationspolitischen Fragen hier auf sie zukommen würden. Im Organ des VDZV hieß es damals, das Reichspostministerium plane die Einrichtung eines »allgemeinen funkentelegraphischen Pressedienstes«; in jeder Zeitungsredaktion würde durch die Post ein Empfänger aufgestellt werden, der die Nachrichten eines Zentralsenders aufnehmen solle[29]. Der Leiter der Funkabteilung im Reichspostministerium ging mit seinen Plänen, wie er es aus der Industrie gewohnt war, auch an die Öffentlichkeit. Im August 1919 erschien in der Presse ein Bericht über die drahtlose Telegraphie

---

[29] *Zeitungsdienst.* Zeitungs-Verlag, Nr. 16 v. 18. 4. 1919, Sp. 646.

in Deutschland, in dem die Ziele der Funkabteilung näher beschrieben wurden. Wirtschaftlicher als für den einfachen Telegrammverkehr könne das innerdeutsche Funknetz für einen Verkehr »gleichlautender Nachrichten an viele Empfänger« ausgenutzt werden. Es sei deshalb die nächste Aufgabe der Verwaltung, die Verbreitung von Pressemeldungen, Börsennachrichten, Wetterberichten und ähnlichen Mitteilungen mit Hilfe der drahtlosen Telegraphie dadurch zu ermöglichen, »daß der zu verbreitende Text von einer Sendestelle aus einmal abtelegraphiert wird und dann von beliebig vielen einfachen Empfangsstationen aufgenommen werden kann«. Das Gerät für diesen Dienst sei größtenteils schon vorhanden. Die Empfänger würden am besten in den Telegraphenämtern aufgestellt werden. Ähnlich wie Fernsprechanschlüsse vergeben würden, so sollten in absehbarer Zeit auch an Privatpersonen Empfangsgeräte ausgehändigt werden, die allerdings nur auf ganz bestimmte Wellenlängen abgestimmt sein dürften, um das Telegraphengeheimnis zu wahren. Um allzu großem Optimismus vorzubeugen, hieß es dann weiter: »Dagegen hat eine allgemeine Freigabe der Benutzung von Empfangsapparaten zur Aufnahme beliebiger Nachrichten, wie sie in einzelnen Ländern erfolgt ist, in denen der Staat sich mit der Beförderung drahtloser Nachrichten im inneren Verkehr nicht befaßt, seine großen Bedenken, denn es würde damit Jedermann technisch möglich sein, alle in der Luft befindlichen Nachrichten abzuhören.«[30]

Nicht nur durch Pressemitteilungen suchte die Reichspost ihre Vorstellungen publik zu machen, sondern auch durch eine Reihe von Vorträgen, an denen sich auch der Leiter der Abteilung V, Hans Bredow, beteiligte. Er hielt in einem für technisch-physikalische Vorführungen bekannten Berliner Versammlungssaal, der »Urania«, am Abend des 17. November 1919 jenen von ihm immer wieder gern erwähnten Experimentalvortrag *Die Bedeutung der Funktelegraphie für Presse und Nachrichtenwesen*. Mag sich tatsächlich für ihn an diesem Abend ein Mosaik von Vorstellungen zu einem mehr oder minder klaren Bild dessen, was heute das Kommunikationsmittel Rundfunk geworden ist, zusammengeschoben haben; mag es deshalb auch für ihn und für alle diejenigen, die die Geschichte des Rundfunks beschreiben, erlaubt sein, hier eine Kostümprobe auf dem Weg bis zur Premiere am 29. Oktober 1923

---

[30] *Der Reichs-Funkdienst*. Zeitungs-Verlag, Nr. 34 v. 22. 8. 1919, Sp. 1412 f.

anzusetzen, so wenig sollte indessen übersehen werden, um was es an diesem Abend in der »Urania« zunächst ging. Tatsächlich war der Zweck dieser Veranstaltung, die Möglichkeiten eines neuen Funkdienstes zu erläutern und an einem Experiment zu verdeutlichen, wie über eine Funkverbindung von einer Stelle aus eben jene »gleichlautenden Nachrichten an viele Empfänger« verbreitet werden könnten. Ein Blick in die Morgenpresse des nächsten Tages, wo über diesen Vortrag – außer im sozialdemokratischen *Vorwärts* – recht ausführlich berichtet wurde, ließ erkennen, daß der neue Ministerialdirektor aus dem Reichspostministerium den Behördenvertretern, den Gästen aus der Wirtschaft und nicht zuletzt den Vertretern der Nachrichtenagenturen und der Presseverlage ein »Schnellnachrichtenmittel« nahebringen wollte. Er nannte auch diejenigen mit Namen, die nach seiner Meinung diesen neuen Funkdienst zu organisieren hätten, die Presse nämlich, während die Post nur die Funkanlagen, also das Beförderungsmittel, zur Verfügung stellen würde. Hans Dominik schrieb als Berichterstatter des *Berliner Lokal-Anzeigers* jenen vielzitierten Satz über »gelegentliche Zukunftsperspektiven von Jules Vernescher Kühnheit«, die der Vortragende entworfen habe. Unmißverständlich habe der Ministerialdirektor gefordert, es sei Aufgabe der Presse und Nachrichtenagenturen, daß dieses neue Medium bestmöglich genutzt werden und einer breiten Öffentlichkeit zur Verfügung stehen könne[31].

Einen Monat später, am 22. Dezember 1919, lud das Reichspostministerium Vertreter von Nachbarbehörden, von Nachrichtenagenturen, sowie Vertreter der Verleger- und Journalistenverbände zu einer Besprechung ein über »Die Verwendung der Funktelegraphie für Zwecke der Presse«[32]. Zu Beginn dieser Sitzung wurde über die ersten Erfahrungen mit drei Pressefunkdiensten im Versuchsstadium referiert. Seit Anfang 1919 verbreitete das Wolffsche Telegraphen-Bureau über den Sender Königs Wusterhausen Sammelberichte über die Verhandlungen der Nationalversammlung. Sie wurden von rund 80 Postämtern aufgenommen und durch Fernsprecher oder Boten den örtlichen Zeitungen zugestellt; der Dienst trug den Namen »Natfunk«. Seit dem 1. November 1919 lief über den gleichen Postsender mehrmals am Tag zu festen Zeiten ein Dienst des Wolff'-

---

[31] H.[ans] Dominik, *Funkentelegraphie und Presse.* Berliner Lokal-Anzeiger Nr. 554 v. 18. 11. 1919.
[32] Protokoll der Besprechung im Reichspostministerium am 22. 12. 1919. PA AA Bonn Funkdienst Bd. 2.

Hans Dominik (1872–1945), technischer Publizist und Mitarbeiter des *Berliner Lokal-Anzeigers* mit Familie.

schen Telegraphen-Bureaus und des Hollandsch Nieuwsbureau; die Meldungen (Telegramme von 200 bis 300 Wörtern) waren in sechzehn deutschen Städten von Einrichtungen der Reichstelegraphenverwaltung zu empfangen und wurden von dort unmittelbar an Agenturen oder Zeitungen weitergeleitet. Dieser Dienst wurde »Rundfunk«, die Telegramme »Rundfunktelegramme« genannt. Auch für die Verbreitung von Wirtschaftsnachrichten an die Handelskammern durch die Außenhandelsstelle des Auswärtigen Amts, des sogenannten »Eildienstes«, war ein besonderer Funkdienst eingerichtet worden. Als erste Erfahrung wurde die wortgetreue Übermittlung allerdings bei noch zu langer Beförderungsdauer hervorgehoben. Es habe sich gezeigt, daß gut ausgebildetes Funkpersonal notwendig sei und daß nach dem derzeitigen Stand der Technik die Nachrichtenagenturen noch nicht völlig auf die Drahtwege verzichten könnten. Aus Kostengründen würden eigene Empfangsanlagen den Verlagen wahrscheinlich zu teuer sein. Nach diesen allgemeinen Einführungen und Berichten kam der Leiter der Sitzung, der Ministerialdirektor Hans Bredow, endlich zu seinem eigentlichen Thema. Nicht jeder, der einen Funkdienst für seine eigenen Zwecke errichtet haben wollte, könne in Frage kommen, da die technischen Möglichkeiten, genauer gesagt die Frequenzen dafür nicht vorhanden seien. Deshalb müsse eine zentrale Einrichtung geschaffen werden, die für die Presse und die Nachrichtenagenturen den Funkbetrieb durchführte. Wörtlich sagte Bredow: »Es liegt deshalb der Gedanke nahe, daß die einzelnen Nachrichtenagenturen neben ihrem bisherigen Betrieb ein gemeinschaftliches Funkpressebüro gründen und dieses mit der Aussendung der für eine funktelegraphische Verbreitung geeigneten Nachrichten betrauen.«[33]

Bei der sich anschließenden Aussprache zeigte sich, wie die Interessen verteilt und wo die Einsichten in die publizistische Neuerung vorhanden waren. Sowohl die Vertreter der Nachrichtenagenturen als auch die Vertreter der Presseverlage und der Journalistenverbände verhielten sich dem Plan gegenüber außerordentlich kritisch. Es sah so aus, als fürchteten die Teilnehmer dieser Sitzung, das Reichspostministerium wolle eine staatliche Funkpresseagentur errichten.

Das Reichspostministerium war über den Ausgang dieser Besprechung kurz vor Weihnachten 1919 etwas enttäuscht. In der nächsten Zeit suchten ausschließlich die Nachrichtenagenturen noch einmal Kontakt mit dem Ministerium. Die Verlage hielten sich zurück. Jeder hatte eine etwas andere Vorstellung über die beste Verwendung des Funks. Die Nachrichtenagenturen dachten daran, einen Dienst für die Verbreitung ihres Materials an ihre einzelnen Bezieher, in erster Linie Presseunternehmen, aufzubauen. Dagegen hatten die Zeitungsverleger und die Journalisten ihre Kunden im Sinn. Sie wollten den Dienst als eine Art gefunkter Zeitung eingerichtet sehen. In der Form eines Nachrichtendienstes zu bestimmten Zeiten, wie ihn heute der Rundfunk kennt, sollten die Abonnenten ihrer Blätter die Zeitung zu hören bekommen. Abgesehen von der Unmöglichkeit, auf so vielen Wellen zu arbeiten wie Interessenten für einen solchen Betrieb vorhanden waren, hatte das Reichspostministerium selbstverständlich gegen solche Pläne alle politischen und wirtschaftlichen Bedenken.

Die Zurückhaltung auf seiten der Agenturen und der Verlage hatte indessen auch technische Gründe, denn zunächst ging es um funktelegraphische und nicht um funktelefonische Betriebsformen. Einen funktelefonischen Versuchsdienst begann die Post erst am 18. August 1920, ein halbes Jahr nach der ersten Kontaktaufnahme mit möglicherweise interessierten publizistischen Unternehmen. Vor allen Dingen die Nachrichtenagentu-

[33] Ebd.

ren wollten zunächst die Ergebnisse neuer Versuche abwarten. Als einzige Gesellschaft meldete sich die im Juni 1920 gegründete »Studiengesellschaft für Drahtlos-Nachrichtenrundspruch mbH«, eine Tochtergründung der Wirtschaftsnachrichtenagentur Deutsche Überseedienst GmbH, die, ebenso wie die gleichfalls beteiligte Telegraphen-Union (TU), zu den publizistischen Unternehmen von Alfred Hugenberg gehörte. Als Zweck der Gesellschaft wurde angegeben, daß sie sich sowohl um den technischen wie um den publizistischen Betrieb kümmern wolle. Die Post verhielt sich ihr gegenüber sehr reserviert; auch die übrigen interessierten Nachrichtengesellschaften und Presseorganisationen zeigten kein Interesse an einer engen Zusammenarbeit mit diesem neugegründeten Unternehmen. Schließlich zogen sich die Agenturen sogar von dem von der Post betriebenen Versuchsbetrieb zurück. Damit ruhte die gesamte Tätigkeit auf dem Gebiet des Pressefunks. Für ihre eigenen Zwecke benutzte die Presse den Funkweg vom Februar 1921 ab zunächst nicht mehr. Zwar unternahm die Post noch Sprechfunkversuche im zweiten Halbjahr 1920 und im Sommer 1921, aber weder das WTB noch die TU zeigten sich an einem regelmäßigen Dienst interessiert.

Die Agenturen fürchteten um die Exklusivität ihrer Nachrichten und brachen die Verhandlungen ab, sobald der Kreis der Interessenten an einer gemeinsamen Einrichtung, auf der das Reichspostministerium noch immer bestand, sich allzu sehr auszuweiten drohte. Außerdem konnte sich die Post nicht entschließen, jeder Agentur ein eigenes Empfangsgerät ins Haus zu stellen, zumindest nicht zu einem Zeitpunkt, zu dem sie technisch bereits dazu in der Lage gewesen wäre. Während der Verhandlungen mit dem WTB zeigte auch die Konkurrenz, die Telegraphen-Union, Interesse; bald darauf kamen der Verein Deutscher Zeitungs-Verleger und schließlich auch die Berliner Vereinigung Großstädtischer Zeitungsverleger mit den drei Großverlagen Mosse, Scherl und Ullstein hinzu. Kam das Reichspostministerium einem Unternehmen entgegen, weil es alle Voraussetzungen für einen planmäßigen Betrieb zu bieten schien, dann ließ das Wort »Monopol« in den Diskussionen nicht mehr lange auf sich warten. Im übrigen scheute die Presse vor den Gebühren für den angebotenen Dienst zurück. Bis in den Sommer 1923 gingen die Versuchsdienste mit Sprechfunk, an denen das WTB und die TU beteiligt waren, weiter. Allen Presseunternehmen und auch den Verlegerverbänden, die im

Postministerium vorsprachen, wurde die Frage gestellt, wie es mit der Gebührenzahlung stünde, sofern die Post bereit sei, einen Pressefunkdienst als regelmäßigen Fernmeldedienst einzurichten. Bis 1924 liefen die Verhandlungen.

Im Jahr darauf schrieb Hans Bredow rückblickend in einem Aktenvortrag, Anfang 1922 sei die technische Entwicklung so weit fortgeschritten gewesen, daß ein öffentlicher Rundfunkdienst hätte gewagt werden können. Die zuerst der Presse gemachten Vorschläge seien jedoch teils wegen des großen Risikos, teils wegen des Mangels an Vertrauen in die neue Technik nicht ausgeführt worden[34]. Welche Chance die Nachrichtenunternehmen und die Presseverlage dadurch versäumt hätten, daß ihnen niemals die Gründung einer korporativen Gesellschaft gelungen sei, deutete Bredow einige Jahre später (1929) rückblickend an mit den allerdings sehr kühnen Worten: »Die Presse konnte sich nicht über ein gemeinsames Vorgehen verständigen, wenn auch einige Zeitungen für sich allein das Unternehmen durchgeführt haben würden. Wenn diese Verhandlungen damals zum Ziel geführt hätten, würde der Rundfunk heute wahrscheinlich ein Unternehmen der deutschen Presse sein.«[35] Tatsächlich hatte die Presse zwar durch ihre Insistenz in der Frage der Empfangsanlagen in ihren Häusern allen zuständigen Behörden, darunter dem Auswärtigen Amt mit der Vereinigten Presseabteilung der Reichsregierung, der obersten publizistischen Behörde im Reich, aber auch in Fragen der allgemeinen Sicherheit dem Reichswehrministerium Anlaß zum Durchdenken der mannigfaltigen Probleme gegeben, die später bei der Organisation des Rundfunks erneut auftauchten. Mit ihren höchst unterschiedlichen Interessen bot sie sich aber nicht als eine geschlossene Interessengruppe dar, die allein aktions- und entschlußfreudig genug gewesen wäre, um in ständigem Kontakt mit der Post den Aufbau eines ganz neuen publizistischen Mittels voranzutreiben. Die Post hingegen arrangierte sich sehr schnell und erfolgreich mit einem Unternehmen, das zunächst nur bedingtes Interesse am Funk gezeigt hatte, schließlich aber mit seiner ganzen Entwicklung zu einer Art Prototyp für die nachfolgende, erste Rundfunkorganisation in Deutschland werden sollte.

[34] Aktenvortrag über die Vorgeschichte des Rundfunks. DRA Ffm RRG-Akten.
[35] Hans Bredow, *Wie der Rundfunk wurde*. In: *Rundfunk. Ein Handbuch 1930.* Berlin 1929, S. 60.

1.5. *Funk für die Wirtschaft*
Das publizistische Vorbild

Der deutsche Rundfunk hat eine wirtschaftspublizistische Wurzel, die im Auswärtigen Amt liegt. Seine Nachrichtenabteilung war unter allen staatlichen publizistischen Einrichtungen die traditionsreichste. Sie war zwar in der »Vereinigten Presseabteilung der Reichsregierung« aufgegangen, blieb jedoch als Abteilung P unter der Leitung des Pressechefs der Reichsregierung dem Auswärtigen Amt erhalten. Pressechef und Auswärtiges Amt nahmen regen Anteil an den Vorbereitungen zur Entstehung des Rundfunks in Deutschland, soweit die Reichsbehörden sie beeinflußten.

Eine weitere Abteilung des Auswärtigen Amtes, die Außenhandelsstelle, hatte ebenfalls besondere publizistische Aufgaben. Ihre Gründer waren die Ministerialdirektoren Friedrich Edmund Schüler und vor allem Kurt Wiedenfeld. An ihrem Aufbau beteiligte sich maßgeblich der Legationsrat Ernst Ludwig Voss. Mit der Außenhandelsstelle versuchte das Auswärtige

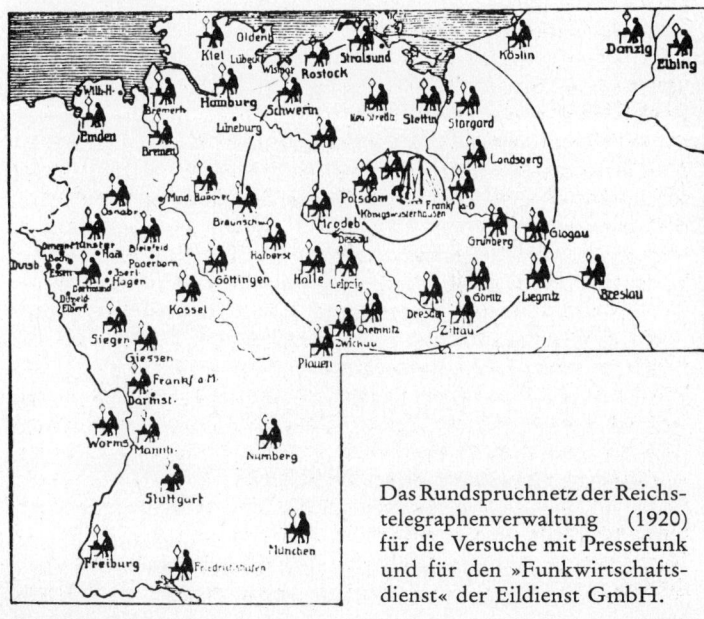

Das Rundspruchnetz der Reichstelegraphenverwaltung (1920) für die Versuche mit Pressefunk und für den »Funkwirtschaftsdienst« der Eildienst GmbH.

53

Links: Der bremische Kaufmann und Wirtschaftspolitiker Ludwig Roselius (1874–1934) erkannte die publizistische Chance des Funks.

Rechts: Ernst Ludwig Voss (1880–1961), Legationsrat im Auswärtigen Amt, Gründer der »Eildienst GmbH«, der »Deutschen Stunde, Gesellschaft für drahtlose Belehrung und Unterhaltung mbH.« und der »Deutschen Welle GmbH.«.

Amt der deutschen Nachkriegswirtschaft zu helfen, möglichst rasch wieder Geschäftsverbindungen mit dem Ausland anzuknüpfen; sie stellte die diplomatischen Vertretungen in den Dienst der Wirtschaftspublizistik. Im Mai 1919 richtete man in der Außenhandelsstelle als eigenes Referat den sogenannten »Eildienst des Auswärtigen Amtes« ein. In diesem »Eildienst« wurden die im Ausland gesammelten oder von den auswärtigen Vertretungen eingegangenen und überarbeiteten Meldungen meist schon am gleichen Tage telegraphisch oder durch Eilbriefe an etwa 4000 Unternehmen verschickt, die die Handelskammern des Reichs als vertrauenswürdig bezeichnet hatten. Mit der Zeit wurde die Übermittlung von Preis- und Kursmeldungen, von eiligen Angeboten und Nachfragen zu einer der wichtigsten Tätigkeiten dieses Eildienstreferates. Bereits im Mai 1920, als die Zeichenfunkversuche nach einer dreimonatigen Unterbrechung wieder aufgenommen wurden, zeigte neben den Nachrichtenagenturen auch die Außenhandelsstelle für ihren Eildienst Interesse. Schon im Juni verbreitete sie ihr Material auf dem Funkweg und machte dabei außerordentlich gute Erfahrungen.

Die Verbreitung von Waren- und Devisennotierungen konnte auf Dauer jedoch nicht Aufgabe einer Zentralbehörde sein, so daß man an die Privatisierung dieser Einrichtung ging. Mit dem Gesellschaftsvertrag vom 13. Juli 1920 entstand aus dem Eildienstreferat die »Eildienst für amtliche und private Handelsnachrichten GmbH«. Zweck des Unternehmens war die »Übermittlung wirtschaftlicher Nachrichten auf drahtlosem Wege durch Entgegennahme von amtlichen und die Beschaffung von privaten Handelsnachrichten und wirtschaftlichen Mitteilungen an die deutsche Handelswelt [...] sowie die Vermittlung und Förderung von Handelsbeziehungen zwischen der deutschen Handelswelt und dem Ausland.«[36] Das Stammkapital betrug 50000 Mark. Gegründet hatten das Unternehmen Ernst Ludwig Voss (Berlin) und Ludwig Roselius (Bremen). Als Hauptgeschäftsführer wurde der Legationsrat im Auswärtigen Amt, Ernst Ludwig Voss, bestellt. Weitere Geschäftsführer waren Oberst a. D. Viktor Keller, Arthur Rawitzki und Heinrich Horstmann. Tatsächlich befanden sich jedoch die Stimmanteile im Reichsbesitz, und Treuhänder für das Reich, vertreten durch das Auswärtige Amt, war Generalkonsul Ludwig Roselius. Im Organ des Vereins Deutscher Zeitungs-Verleger hieß es zur Privatisierung des »Eildienstes«, man habe ihn in eine GmbH umgewandelt, wobei »aber der amtliche Einfluß durchaus gewahrt wurde, um zu verhindern, daß private Einflüsse und Rücksichten ihn auf eine Bahn drängten, die von dem Dienst am Allgemeininteresse der deutschen Wirtschaft abführen könnte«[37]. Die eigentliche Leitung des Unternehmens hatte freilich der aus dem Reichsdienst beurlaubte Hauptgeschäftsführer Ernst Ludwig Voss, der von da an für die Entstehung des Rundfunks bedeutsam werden sollte. Die Außenhandelsstelle im Auswärtigen Amt fiel auseinander; ihre Auflösung begann am 1. Oktober 1921. Andere Stellen, vor allem die im ganzen Reichsgebiet verteilten Zweigstellen des Auswärtigen Amtes für Außenhandel und die Nachrichtenstellen für Außenhandel, übernahmen ihre Aufgaben. Vorsitzer und Treuhänder des Ver-

---

[36] R. (obert) Ohse, *Chronik vom wirtschaftlichen Aufbau des deutschen Rundfunks.* Frankfurt (Main) 1971, S. 120 f.
[37] *Unser wirtschaftlicher Nachrichtendienst.* Zeitungs-Verlag, Nr. 46 v. 18. 11. 1921, Sp. 1599.

waltungsrates dieser Zweigstellen war jedoch wiederum Generalkonsul Ludwig Roselius, so daß sich die Verbindung des neuen Eildienstes zum Auswärtigen Amt auch personell eng gestaltete.

Die Nachrichtenagenturen hatten davon abgesehen, der Reichspost für die laufenden Versuchsdienste Gebühren zu zahlen. Demgegenüber erklärte sich der Eildienst bereit, als Beitrag zu den der Reichstelegraphenverwaltung entstehenden Kosten eine Gebühr zu zahlen, und dies schon drei Tage nach der Gründung dieser Gesellschaft, vom 15. Juli 1920 an. Der funktelegraphische Dienst erhielt den Namen »Funkwirtschaftsdienst«. Der Eildienst war eine Zeitlang das einzige Nachrichtenunternehmen, mit dem das Reichspostministerium ins Geschäft kam. Aus der aufgelösten Außenhandelsstelle konnte sich Voss eine Anzahl fachkundiger Mitarbeiter in sein Unternehmen hinüberziehen; im Herbst 1921 waren dort 250 Personen beschäftigt.

Wegen der historischen Pilotfunktion des Eildienstes sei auf das umfangreiche wirtschaftspublizistische Programm dieser Einrichtung kurz hingewiesen. Der Eildienst erbrachte an Dienstleistungen die mündliche und individuelle Beantwortung von Sonderfragen, die Veröffentlichung regelmäßiger Markt- und Preisberichte, die Vermittlung von Vertreterbesuchen, Angeboten und Nachfragen des Auslandes, Lieferungsausschreibungen, Bezugsquellennachweise für deutsche und ausländische Firmen sowie allgemeine Wochenberichte, die an sämtliche Bezieher verschickt wurden. Es entstand ein dichtes Korrespondentennetz im Reich und im Ausland. Der Dienst im Umfang von rund 2000 Worten lief ab Juli 1920 täglich von 7.00 bis 22.00 Uhr und wurde in den Telegraphenämtern von 26 deutschen und fünf ausländischen Städten aufgenommen, gegebenenfalls vervielfältigt und von dort aus den Beziehern individuell zugestellt. Das Material bestand aus allgemeinen Wirtschaftsnachrichten, vor allen Dingen aber aus den Notierungen acht ausländischer Börsen, sowohl für Devisen als auch für acht Warengruppen. Für die Beförderung kassierte die Deutsche Reichspost die gesetzlichen Telegraphengebühren und eine Gebühr für die Vervielfältigung an mehrere Bezieher am selben Ort. Auf der 18. Sitzung der Reichsfunkkommission am 4. März 1921 kündigte der Vertreter des Reichspostministeriums eine »Ausdehnung des Dienstes extensiv (durch Einbeziehung weiterer Orte) und intensiv (durch Vermehrung der

Wortzahl)« an[38]. Bei der Aussprache auf dieser Sitzung erkundigte sich Voss nach den letzten Ergebnissen der postalischen Sprechfunkversuche. Hermann Thurn von der Post antwortete, die Versuche von Königs Wusterhausen hätten sich bisher durchaus bewährt. Sie seien, wie aus ausländischen Stimmen zu schließen sei, zweifellos augenblicklich »als die beste drahtlose Telefonie« zu betrachten. Voss legte anschließend dem Ministerium einen Plan vor, nach dem der Funkwirtschaftsdienst seines Eildienstes unmittelbar durch Sprechfunk an die einzelnen Bezieher geliefert werden sollte. Er beantragte für diesen Zweck einen eigenen Sender. »Da nach Auskunft des Auswärtigen Amtes die Eildienst-Gesellschaft aus der Wirtschaftsabteilung des Auswärtigen Amtes entstanden war und alle Überschüsse dem Reich zukommen sollten, da ferner der Eildienst sich bereit erklärte, das erhebliche finanzielle Risiko zu tragen und der Reichspost hohe Gebühren zu zahlen, wurde mit Eifer an die Durchführung des Unternehmens herangegangen«, notierte Bredow in dem erwähnten Aktenvortrag aus dem Jahre 1925[39].

In einem vorläufigen Abkommen mit dem Reichspostministerium vom 21. und 27. Juni 1921 erklärte sich der Eildienst bereit, alle Betriebskosten sowie die Verzinsung und Amortisation für einen zentralen Sender zu übernehmen. Außerdem garantierte er auch eine Mindestzahl von rund 1000 Teilnehmern. Das Reichspostministerium freilich ließ sich ein wichtiges Zugeständnis bei den Verhandlungen über jenes Abkommen abringen. Der Eildienst konnte sich ein Monopol für die wirtschaftliche Funkpublizistik sichern und verlangte, daß während der ersten fünf Jahre weitere Nachrichtenzubringer nur mit seiner Zustimmung hinzukommen sollten. Außerdem wünschte er ein Optionsrecht für die Dauer von zehn Jahren für den Wirtschaftsfunk. In ein von anderer Seite an die Reichstelegraphenverwaltung herangetragenes, günstigeres Angebot wollte er zu den gleichen Bedingungen eintreten können[40]. Diese Ansprüche bedeuteten nichts Geringeres als einen Eingriff in das Telegraphenregal.

Die Betriebsorganisation des neuen Dienstes bereitete noch

[38] Protokoll über die 18. Sitzung der Reichsfunkkommission vom 4. 3. 1921. PA AA Bonn Funkdienst, Bd. 3.
[39] Aktenvortrag über die Vorgeschichte des Rundfunks. DRA Ffm RRG-Akten.
[40] Hertha Stohl, *Der drahtlose Nachrichtendienst für Wirtschaft und Politik.* Berlin 1931, S. 17.

Schwierigkeiten, die zu erheblichen Verzögerungen führten. Die Post wollte den für sie finanziell günstigeren Weg gehen und ein Privatunternehmen mit dem Betrieb beauftragen, nicht jedoch den im Grunde von ihr kontrollierten Eildienst. Im Frühjahr 1921 hatte die Funkindustrie einen Musterempfänger entwickelt, der Sicherheiten genug bot, ihn auch bei privaten Interessenten aufstellen zu können. Jedoch sollte die »Deutsche Betriebsgesellschaft für drahtlose Telegraphie« (Debeg) den Bau, die Vermietung und den Kundendienst übernehmen. Zwar waren die Vorzüge dieser Gesellschaft in allen Einzelheiten geschildert worden, aber die Post änderte ihren Standpunkt wieder, hatte sie doch die Möglichkeiten der Debeg, die vornehmlich für den Schiffsfunk arbeitete, offensichtlich überschätzt. Außerdem war das Mißtrauen gegen eine private Betriebsorganisation allemal stärker als jede finanzielle Überlegung. Der politische Vorbehalt siegte über den wirtschaftlichen. Die Debeg verschwand wieder aus den wirtschaftspublizistischen Planungen des Reichspostministeriums. Auf der 21. Sitzung der Reichsfunkkommission am 9. Juni 1922 erläuterte der Postvertreter etwas umständlich: »Die nächste Frage, die entschieden werden mußte, war die, ob die Organisation des Rundspruchdienstes einer privaten Firma bzw. einem Firmenkonzern überlassen werden, oder ob die Reichstelegraphenverwaltung selbst die Einrichtung ausführen sollte. Wenn man sich zu letzterem entschlossen hat, so war der Grund hierfür mit darin zu suchen, daß die Reichstelegraphenverwaltung wegen der über das ganze Reich verteilten Telegraphenanstalten nicht nur in der Lage ist, durch geschultes Personal überall die Einrichtungen selbst zu treffen, sondern namentlich auch späterhin bei Störungen und dergl. überallhin schnell Personal zur Beseitigung der Störungen zu entsenden vermag.«[41]

Die Funkindustrie, die sogenannte »Drei Funkfirmen-Vereinigung«, die Firmen Telefunken, Lorenz und Huth, die den Musterempfänger entwickelt hatte, verpflichtete sich im Juli 1921 vertraglich, zunächst 1000 Geräte zu liefern. Als Termin für den Betriebsbeginn war der 1. Oktober 1921 vorgesehen; der Termin mußte jedoch mehrmals verschoben werden. Allerdings kündigte die Post den Dienst bereits am 1. November

[41] Protokoll über die 21. Sitzung der Reichsfunkkommission vom 9. 6. 1922. PA AA Bonn Post-, Telefon-, Telegramm- und Funkdienst, Bd. 1.

Der Zeitungsbote ...   *... kommt viel zu spät*

Medienwettbewerb 1923

1921 an[42]. Es dauerte noch fast ein ganzes Jahr, bis dieser Dienst endlich aufgenommen werden konnte. Inzwischen versuchte das Reichspostministerium, die unangenehmen Punkte aus der vorläufigen Vereinbarung des vorangegangenen Jahres wieder herauszubekommen. Es gelang auch tatsächlich, mit Zustimmung des Auswärtigen Amtes bereits im März 1922 die monopolartige Stellung der Eildienst GmbH wieder auf eine Meistbegünstigung zu reduzieren. In dem endgültigen »Vertrag über die Einrichtung und Wahrnehmung eines vorläufigen drahtlosen Wirtschafts-Rundspruchdienstes im Deutschen Reiche« vom 30. Dezember 1922 hieß der betreffende Passus bezeichnenderweise: »Die Reichs-Telegraphenverwaltung wird ... einen gleichartigen Wirtschafts-Rundspruchdienst für ein anderes Nachrichtenunternehmen nicht zu günstigeren Bedingungen zulassen als für die Eildienst GmbH. Die Vereinbarungen erstreckten sich nicht auf einen etwa einzurichtenden Presse-Rundspruchdienst, also einen Dienst, der zur Veröffentlichung von Zeitungen usw. gehen soll, und von den Wirtschaftsnachrichten der gedachten Art nicht ausgeschlossen werden können. Wegen dieses Dienstes behält sich die Reichs-Telegraphenverwaltung freie Hand vor.«[43]

[42] Nachrichtenblatt des RPM, Nr. 81 v. 1. 11. 1921, S. 534.
[43] Stohl, *Der drahtlose Nachrichtendienst*, S. 23 f.

Im Juni 1922 zählte der Eildienst für seine Funkdienste trotz der hohen Gebühren bereits in etwa 100 Orten rund 400 Kunden. Am 15. August 1922 begannen Versuchssendungen, um die Reichweite des 10 kW-Röhrensenders in Königs Wusterhausen zu erproben. Sie waren so erfolgreich, daß der alte funktelegraphische Dienst am 31. August eingestellt werden konnte. Am 1. September 1922 nahm der »Wirtschaftsrundspruch« in vollem Umfang seine Tätigkeit auf. Vom 15. Oktober an erhob die Post eigene Gebühren. Die bei den jeweiligen Kunden – vorwiegend Banken und große Geschäftshäuser – stehenden Empfänger waren mit einer Plombe gegen Eingriffe geschützt. Am 30. Dezember 1922 ergingen die »Bestimmungen über den drahtlosen Wirtschafts-Rundspruchverkehr«[44], die im wesentlichen Vorschriften über die Gebühren enthielten. Wichtig war jedoch, daß die Post die Teilnehmer nicht als Inhaber einer Funkanlage, sondern als Fernsprechteilnehmer ansah. Sie bedurften demnach nicht, wie später die Rundfunkteilnehmer, einer eigenen Empfangsgenehmigung. Damit war ein wichtiges Modell für die weitere Entwicklung der öffentlichen Funkdienste entstanden. In seinem Aktenvortrag von 1925 berichtete Hans Bredow, der Wirtschaftsrundspruch habe nach den Feststellungen einer unparteiischen Sachverständigenkommission der Wirtschaft erhebliche Dienste geleistet. Wörtlich schrieb Bredow: »Auch die Reichspost hat große Vorteile aus ihm ziehen können, denn ganz abgesehen von den finanziellen Erträgnissen, bot er die gewünschte Möglichkeit, ein neues Nachrichtenmittel in größerem Maßstabe zu erproben und die technische Grundlage für den der Öffentlichkeit versprochenen Unterhaltungsrundfunk zu schaffen.«[45]

[44] Amtsblatt des RPM 1923, 1, S. 1.
[45] Aktenvortrag über die Vorgeschichte des Rundfunks. DRA Ffm RRG-Akten.

2. Die Entstehung des Mediums

2.1. *Funk für die Öffentlichkeit*
Das Mediensystem nimmt Gestalt an

Die Geschichte des Rundfunks in Deutschland beginnt im Jahre 1922. Seine Vorgeschichte mag dieser Rundfunk mit einer Reihe anderer Funkdienste, die als Übertragungsmittel für vielerlei Nachrichten infrage kamen, gemeinsam haben. Seine Entstehung beginnt – noch im Rahmen dieser Funkdienste – mit einer mehr als vagen Vorstellung seiner öffentlichen Möglichkeiten und seiner Eigenschaften als publizistisches Mittel. Damals versuchte die Post, die Nachrichtenunternehmen und Presseverlage für eine neue Form der Nachrichtenübermittlung zu interessieren. Wären diese für die Funkpläne gewonnen worden, so wäre die Post der Organisationssorgen im wesentlichen ledig gewesen und hätte im übrigen wirtschaftliche Erträge aus ihren hoheitlich verwalteten Betriebsmitteln schöpfen können.

Möglichst wirtschaftliche Verwaltung im eigenen Hause und wirtschaftliche Nutzung der Betriebsmittel, selbstverständlich im öffentlichen Dienst, dies waren nach dem Ende des Ersten Weltkriegs die Aufgaben der Post im Blick auf Wiederaufbau und Modernisierung der Verkehrs- und Übermittlungswege. Im Dezember 1921 bat der Reichstag aus Anlaß der Verabschiedung neuer Gebührengesetze die Reichsregierung um eine Denkschrift über Rationalisierungsmöglichkeiten bei der Post, die der Reichspostminister am 21. Februar 1922 vorlegte. Die *Denkschrift über die Vereinfachung und Verbilligung von Verwaltung und Betrieb der Reichs- Post- und Telegraphenverwaltung*[1], gibt manchen wertvollen Hinweis auf die Beweggründe der Post zur Vorbereitung der Rundfunkorganisation. Sie habe sich vom Grundgedanken der Rationalisierung und der Übernahme privatwirtschaftlicher Grundsätze in die gesamte Wirtschaftsführung, in Verwaltung und Betrieb, leiten lassen; sie habe neben den wirtschaftlichen Aufgaben wichtige volkswirtschaftliche, kulturelle und soziale Zwecke zu erfüllen, während ein privates, auf den Gewinn ausgerichtetes Unternehmen sich nie in dem Maß der Allgemeinheit verpflichtet fühlen könne wie ein Reichsbetrieb. Nur sie sei durch Gesetz mit dem ausschließ-

[1] Archiv für Post und Telegraphie 1922, 5, S. 138.

lichen Recht auf die Ausführung bestimmter Dienstleistungen ausgestattet.

Die Auffassung, monopolistisch im öffentlichen Interesse zu wirtschaften, erfuhr allerdings in bezug auf die technischen Betriebe des Telegraphen- und Fernsprechwesens eine etwas freiere Deutung. Bereits zum 1. April 1921 hatte das Postministerium ein besonderes Staatssekretariat eingerichtet, um alle technischen Neuerungen und Verbesserungen sofort aufgreifen und in dem am 1. Oktober 1920 gegründeten Telegraphentechnischen Reichsamt »gemeinsam mit der einschlägigen Industrie« weiterentwickeln zu können. Vor allem galt das Interesse den Funkdiensten, denn hier lagen die wirklichen Chancen für alle erfolgversprechenden Anwendungsmöglichkeiten. Eine Anzahl zeitgenössischer Äußerungen lassen erkennen, daß die Post offenbar einen Mittelweg zwischen einer herkömmlichen Verwaltungsbehörde und einem »entpolitisierten«, das heißt in der Sprache der Zeit, einem von der Staatshoheit und der Aufsicht des Parlaments losgelösten Staatsbetrieb mit privatwirtschaftlichem Mantel suchte. Gerade für den zweiten Weg fanden sich damals in der Privatwirtschaft zahlreiche Fürsprecher. Sie forderten, »wenn der Staat sich wirtschaftlich so ausgiebig betätigt, dann sollte er es auf kaufmännische, unbürokratische Art tun«[2]. In einem Klima also, in dem sich die Post bedrängt fühlte durch ihre Abhängigkeit vom Finanzminister, von der Legislative und vom Rechnungshof, entstanden die Rundfunkpläne. Hinzu kam das unausgesprochene Mißbehagen an der Wachsamkeit der Parteien und an der parlamentarischen Kontrolle. Eben daher rührte dann offenbar die plötzliche Sehnsucht nach einer Idealbehörde mit staatlicher Rückendeckung auf der einen und privatem Unternehmergeist auf der anderen Seite. Man wollte einerseits hoheitliche Rechte beanspruchen, andererseits waren demokratische Konsequenzen jedoch offenbar ein wenig lästig. Diesen Zwiespalt spürte Bredow möglicherweise sein Leben lang. Er machte ihm persönlich um so mehr zu schaffen, als er beides aus persönlicher Erfahrung kannte: die Privatindustrie und den Staatsbetrieb. Gleichzeitig vermochte er jedoch aufgrund dieser doppelten Erfahrung mancher Idiosynkrasie seiner Behörde gegen die Kochtopfguckerei der demokratischen Institutionen besser zu widerstehen. Völlig immun war aber auch er nicht. In Zweifelsfällen ging er recht

[2] Richard Lewinsohn, *Das Geld in der Politik*. Berlin 1930, S. 236.

gern den Weg des industriellen Managers, wenn er glaubte, auf dem behördlichen Weg würden ihm zu viele Leute begegnen. Im Fall des Funks und des Rundfunks gelang es ihm einige Male, doch der erste Schritt führte nicht allzu weit. Denn zu viele wollten ihre Ansprüche und Absichten geltend machen. Mit wenigen wäre er sicher übereingekommen.

Seit 1919 hatte Bredow in seinen zahlreichen öffentlichen Äußerungen immer wieder Hoffnungen auf einen Funkdienst »für die Allgemeinheit« geweckt. Seine Vorstellungen waren aber keineswegs so präzise, als daß sie unmittelbar auf eine publizistische Einrichtung eigener Art hinzielten; vielmehr dachte man bei der Post zunächst an nichts anderes als an eine Übermittlungsmöglichkeit im öffentlichen Dienst, wie es sie als Telegraph und Fernsprecher schon einige Jahre gab. Aber auch für publizistische Zwecke würde ein öffentlicher Funkdienst geeignet sein. Schließlich hatte man zu seiner Planung ja die publizistischen Fachleute herangezogen, ohne freilich zu einem gemeinsamen Ziel gekommen zu sein. Auch fanden die Postpläne aktive Unterstützung bei dem phantasievollen und organisationsbegabten Leiter des Eildienstes, Ernst Ludwig Voss, der sich für seine wirtschaftspublizistischen Aufgaben des Funks in seiner jeweils neuesten technischen Ausgestaltung bediente. Er sei als erster auf den Gedanken gekommen, »den Rundfunk auch für kulturelle Zwecke auszunutzen« und »sei an die Reichspost herangetreten, ihm das Monopol für den Rundfunk zu übertragen«[3]. Diese stark vereinfachende und vor allen Dingen die Aktivitäten der Funkindustrie vernachlässigende Schilderung läßt immerhin erkennen, daß Voss tatsächlich ein Mann der ersten Stunde gewesen sein muß und an der Entstehung des Rundfunks in Deutschland maßgebend beteiligt war. Er beantragte zwar nicht die erste Rundfunkkonzession – hier schlug ihn die Industrie um wenige Tage –, doch er gründete die erste Rundfunkgesellschaft. Aus den Erfahrungen seines Eildienstes konnte die Funkabteilung des Reichspostministeriums wichtige weiterführende Schlüsse ziehen: Eigentümerin der Sender und Empfangsanlagen blieb die Post; sie also hatte die Übermittlung in der Hand. Für den Betrieb und die Beschaffung des zu Übermittelnden konzessionierte sie ein privatwirtschaftliches Unternehmen.

[3] Brief Adolf Wurst an Otto Hugo, 8. 9. 1924. In: Wolfgang Schütte (Bearb.), *Die Westdeutsche Funkstunde*. Köln-Berlin 1973, S. 16 f.

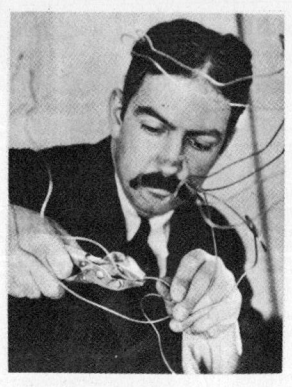

»Bastler in Nöten«. Titelfoto für die Zeitschrift *Der Deutsche Rundfunk* (1930) von dem Dephot-Fotografen Umbo (Otto Umbehr).

Mit dieser Lösung, der Spaltung einer publizistischen Aufgabe in einen Träger des technischen Mittels und einen Träger der publizistischen Leistung, war im Prinzip nichts Neues gefunden worden. Die Publizistik kannte damals sehr wohl schon diese getrennte Organisation. In der für den Funk entwickelten Form war einer dieser Träger das Reich oder eine seiner Behörden. Dennoch brachte die neue, bis dahin weder im Bewußtsein der meisten Beteiligten, geschweige denn im Bewußtsein der Öffentlichkeit vorstellbare publizistische Möglichkeit des Funks Schwierigkeiten mit sich. Sie konnten am Ende nur mit einem politisch virtuos gehandhabten rechtlichen und wirtschaftlichen Instrumentarium gemeistert werden. Zur Dramatisierung dieser Vorgänge trugen die Wirtschaftstieflage und der anhaltende politische Gärungsprozeß der jungen Republik nicht unwesentlich bei. Hinzu kam, daß sich niemand auf feststehende und abgesicherte technische Normen zurückziehen konnte, um von dort aus Fundamente für eine rechtliche und wirtschaftliche Ordnung zu legen. Ein technischer Bezugspunkt fehlte offenbar; die Industrie ging häufig ihre eigenen Wege. Ihre Forschung entsprang vorwiegend wirtschaftlichen Überlegungen und nicht, wie immerhin noch vor dem Krieg, auch einem Interesse an der Sache. Man mag dies mit der allgemeinen politischen Situation in der Weimarer Republik in Zusammenhang bringen, und es wird auch der Grund dafür gewesen sein, daß sich das Postministerium zur Grundlagenforschung und zur Koordinierung der Entwicklungs- und Bautätigkeit das »Telegraphentechnische Reichsamt« (TRA) eingerichtet hatte. Dieses Amt sollte die Gewähr dafür bieten, daß die Post technisch festen Boden zur Ausführung ihres Verfassungsauftrages auf dem Gebiet der Kommunikation unter die Füße bekam.

Man darf Hans Bredow und seinen Mitarbeitern für die Jahre 1920 bis 1922 gewiß mehr als nur eine blasse Ahnung dessen zugestehen, was künftig das Medium Rundfunk werden sollte. Es fehlte nicht an Anregungen durch zahlreiche einfallsreiche Funkbeamte, zum Beispiel in der Funkstation Königs Wusterhausen, die zwischen den Post- und Industrieversuchen Texte verlasen, musizierten und Schallplattenmusik übertrugen. Anregungen gingen sicher auch von den außerordentlichen Aktivitäten der Funkamateure aus, die, nur zum geringen Teil mit postalischen Genehmigungen, meist stillschweigend geduldet, mitunter polizeilich »ausgehoben« und bestraft, in ihren technischen Fachorganen und Klubmitteilungen begeisterte Schilderungen der »Freedom of the air« in den Vereinigten Staaten veröffentlichten.

Hans Bredow hatte in seinem eigenen Ministerium mit Widerständen zu kämpfen, und es ist am Ende nur mit seinem Erfolgsdenken zu erklären, daß eine Verkehrsverwaltungsbehörde in der damaligen finanziellen Situation des Reiches dazu gebracht werden konnte, sich neben der Verwendung der Funktelegraphie für den allgemeinen öffentlichen Verkehr noch den Funksonderdiensten, wie sie damals genannt wurden, das heißt der Verbreitung von unterhaltenden Beiträgen in Wort und Musik, zuzuwenden. Hierzu bedurfte es schon gewichtiger Argumente. Der Staatssekretär vermochte seinen Minister mit dem Versprechen zu überzeugen, die Reichspost werde eine einheitliche Organisation ohne Zuschüsse durchsetzen und sogar eine neue Einnahmequelle erschließen können. Die Erfahrungen mit der neuen Freizeitbeschäftigung funktechnischer Bastelei zeigten, daß sich die Sache sogar für die beteiligten Industrien zu lohnen schien. Ausländische Berichte und die Sendungen benachbarter Stationen enthusiasmierten die Amateure, die sich keineswegs durch die hohen Mauern des Funkregals der Post aufhalten ließen, ihre »geheimen Funkanlagen« zu betreiben; ihre Legalisierung hätte das Problem mit einem Mal beseitigt.

2.2. Die ersten Rundfunkgesellschaften
Organisationsentwürfe des Protoradio

Im Zeichen einer solchen Konzeption waren es im Grunde nur zwei Probleme, die zu ihrer Lösung freilich überdurchschnittliche Anforderungen stellten und in der Tat bisweilen ein unorthodoxes Vorgehen forderten: 1. das wirtschaftliche und 2. das gesetzgeberische Konzept. Beide Aufgaben fielen dem »Leiter der Reichstelegraphie«, wie Bredow mitunter auch genannt wurde, zu. Beide Aufgaben haben er und seine Mitarbeiter am Ende trotz zahlreichen Rückschlägen und manchem Lehrgeld gelöst.

Technisch-wirtschaftliche Entwicklungen sind ganz selten rein nationale Erscheinungen, immer wirken sie sich auch international aus. In den Vereinigten Staaten war am 2. November 1920 ein Sendebetrieb – ausgestattet mit der ersten ordentlichen Lizenz des amerikanischen Bundeswirtschaftsministeriums – eröffnet worden[4]. In England hatte am 14. Januar 1922 ein Funkunternehmen mit Genehmigung der Postbehörde wöchentliche Versuchssendungen mit einer Viertelstunde Wort- und Musikübertragungen für Mitglieder der Funkamateurvereine begonnen. Schließlich beantragten im März 1922 einige englische Funkfirmen beim britischen Postministerium eine Sendeerlaubnis[5]. Selbstverständlich blieben diese Vorgänge der deutschen Funkindustrie nicht verborgen. Die Folge war, daß die ältesten Unternehmen dieser Branche, Telefunken und Lorenz, am 16. Mai 1922 der Reichstelegraphenverwaltung einen Konzessionsantrag einreichten. Mit einem deutlichen Bezug auf England ließen die Firmen die Telegraphenbehörde wissen, sie hielten es »für ihre Pflicht, keine Zeit zu verlieren, um in Deutschland die Vorbedingungen zu schaffen, die es dem Publikum ermöglichen sollten, von den Vorteilen eines Broadcasting-Dienstes Gebrauch zu machen«[6]. Das Konsortium erbot sich – nach englischem Muster – in mehreren Orten des Reichsgebiets Sender zu errichten und zu betreiben sowie Empfänger herzustellen und zu verkaufen. Der Empfang sollte für die Käufer der Geräte kostenlos sein.

[4] Erik Barnouw, *A Tower in Babel.* New York 1966, S. 91 ff.
[5] Asa Briggs, *The Birth of Broadcasting.* London 1961, S. 93 ff.
[6] Hertha Stohl, *Der drahtlose Nachrichtendienst für Wirtschaft und Politik.* Berlin 1931, S. 94.

Während der erste Antrag um eine Sendeerlaubnis von der Industrie kam, stellte den zweiten eine behördennahe Gesellschaft. Knapp eine Woche nach dem Telefunken-Lorenz-Antrag wurde am 22. Mai 1922 als Tochterunternehmen des Eildienstes die »Deutsche Stunde, Gesellschaft für drahtlose Belehrung und Unterhaltung mbH« in Berlin gegründet. Die Idee für dieses Unternehmen, das durch seinen Namen bereits eindeutig auf eine wirkliche Rundfunkgesellschaft hinwies, kam von Voss; ihm, der auch allein den Vorstand übernahm, gelang es, auch seinen Treuhänder Roselius für seine Pläne zu gewinnen. Beide traten als Gesellschafter ein und steuerten je 50000 Mark zum Stammkapital bei. Aufgrund eines besonderen Vertrages erhielten Roselius und die Post je 50 Prozent der Stimmanteile. Letztere sollte zu einem späteren Zeitpunkt auch die Roselius-Anteile übernehmen, um den Reichseinfluß im Falle einer erfolgreichen Entwicklung der Deutschen Stunde zu sichern. § 2 des Gesellschaftsvertrages beschrieb die Aufgabe des am 8. Juli 1922 eingetragenen Unternehmens: »Die gemeinnützige Veranstaltung von öffentlichen Konzerten und Vorträgen, belehrenden, unterhaltenden sowie alle weitere Kreise der Bevölkerung interessierenden Darbietungen auf drahtlosem Wege im Deutschen Reiche.«[7]

Noch im Mai 1922 bat die neue Gesellschaft in einem Gesuch das Reichspostministerium um das alleinige und ausschließliche Recht, solche Darbietungen »auf drahtlosem Wege unter Benutzung einer reichseigenen Sendestelle – Königs Wusterhausen – zu verbreiten und dem Publikum an öffentlichen Orten durch lautsprechende Telefone zu vermitteln«[8]. Diese Art der geplanten, zentral ausgestrahlten Sendungen wurde »Zentralfunk« genannt. Schließlich setzte sich die Bezeichnung »Saalfunk« durch, da man die Darbietungen – ähnlich dem Film – in Kinos, Theatern und Schulen mit großen Lautsprechern einer versammelten Zuhörerschaft gegen ein geringes Eintrittsgeld zur Deckung der Kosten vorführen wollte.

Im Gegensatz zu der damals noch gleichlaufenden Entwicklung in England, wo die Diskussion um die Funkdienste sich durch alle demokratischen Institutionen zog, vom Parlament bis in die Fachzeitschriftenpresse, blieben in Deutschland alle

[7] Amtsgericht Charlottenburg. Handelsregister. Abt. B 92 HRB 25097/36.
[8] Protokoll über die 21. Sitzung der Reichsfunkkommission vom 9. 6. 1922. PA AA Bonn Post-, Telefon-, Telegramm- und Funkdienst, Bd. 1.

1.	2.	3.	4.	5.	6.
Nummer der Eintragung.	Firma und Sitz	Gegenstand des Unternehmens.	Grund- oder Stammkapital.	Vorstand; persönlich haftende Gesellschafter; Geschäftsführer; Liquidatoren.	Prokura.
1	Die deutsche Künste-Gesellschaft für kraftlose Belehrung und Unterhaltung mit beschränkter Haftung Berlin	Die gemeinnützige Veranstaltung von öffentlichen Konzerten und Vorträgen, belehrenden, unterhaltenden sowie alle weiteren Kreise der Bevölkerung interessierenden Darbietungen und kraftlosen etwa im deutschen Reiche.	100 000 M.	Dr. Ernst Ludwig Voß zu Berlin.	
2.		Reichs⸗ ... den 18. von ... unter ... Stellung ... Reiches am 1918 27 ten ROM.		... ... Stellung Pieregge Berlin	
		2	673-7-14		

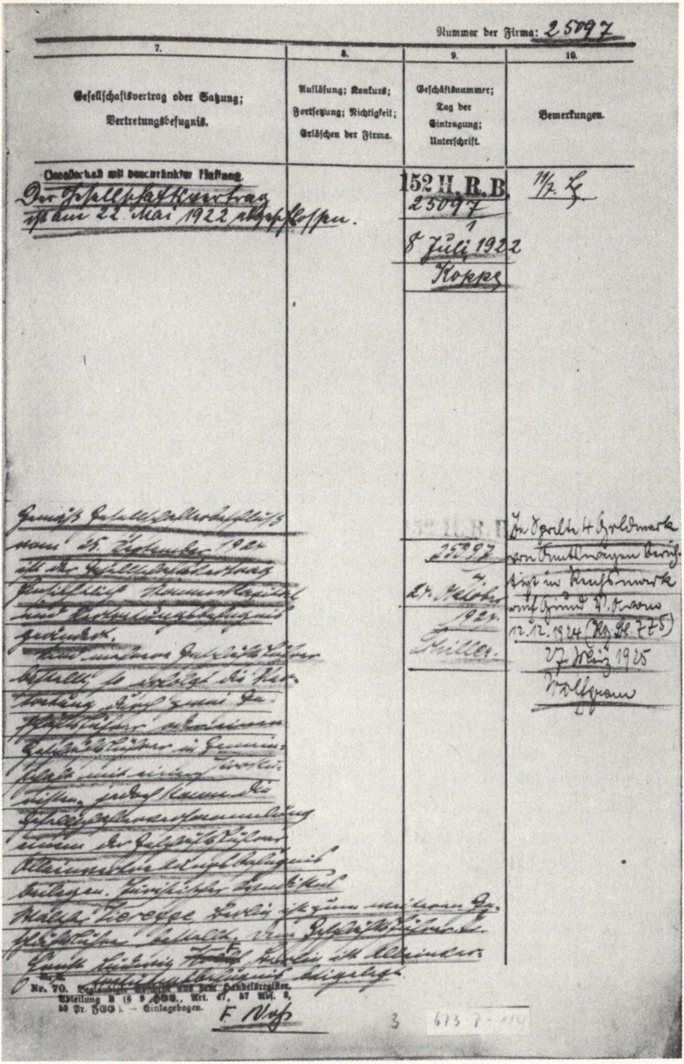

Nummer der Firma: 25097

7. Gesellschaftsvertrag oder Satzung; Vertretungsbefugnis.	8. Auflösung; Konkurs; Fortsetzung; Nichtigkeit; Erlöschen der Firma.	9. Geschäftsnummer; Tag der Eintragung; Unterschrift.	10. Bemerkungen.
Gesellschaft mit beschränkter Haftung. Der Gesellschaftsvertrag ist am 22. Mai 1922 abgeschlossen.		152 H.R.B. 25097 8. Juli 1922 Koppe	11/7.

Nr. 70. Beglaubigte Abschrift aus dem Handelsregister. Abteilung B — Einlagebogen.

Gründungseintragung der »Deutschen Stunde« im Handelsregister beim Amtsgericht Charlottenburg vom 8. Juli 1922.

Verhandlungen und Entscheidungen zunächst hinter dem parteisicheren Vorhang der Ministerialbürokratie verborgen. Das zweite Konzessionsgesuch veranlaßte den Reichspostminister aber immerhin, eine Sitzung der Reichsfunkkommission einzuberufen und auf die Tagesordnung als Punkt 1 die »Zulassung privater drahtloser Sende- und Empfangsstellen besonderer Art für die Verbreitung von Vorträgen, Gesang und Musikübertragungen und dergleichen« zu setzen. Dem Einladungsschreiben legte das Ministerium einen informatorischen Bericht bei über die »drahtlose Telephonie in Nordamerika« und über die inzwischen in Deutschland gestellten »Anträge auf Freigabe der drahtlosen Telephonie«, zu denen die Reichsbehörden Stellung nehmen müßten[9]. Damit unterrichtete das Reichspostministerium erstmals einen ausgewählten Personenkreis außerhalb des eigenen Geschäftsbereichs. An der Sitzung der Reichsfunkkommission am 9. Juni 1922 nahmen neben Beamten aus Reichspostministerium und Telegraphentechnischem Reichsamt auch Vertreter des Auswärtigen Amts, des Reichswehrministeriums, der Reichsministerien der Finanzen und des Inneren sowie aus der Dienststelle des Reichskommissars für die Überwachung der öffentlichen Ordnung teil.

Zunächst berichtete der Abteilungsdirektor im Telegraphentechnischen Reichsamt, Karl Willy Wagner, über seine Amerikareise. Dann gab der Vorsitzende, Hans Bredow, zu Punkt 1 der Tagesordnung eine längere Erklärung ab. Er begann: »Wir stehen heute auf dem Gebiete der Funktelegraphie am Anfang einer Entwicklung, deren Verlauf wir noch nicht übersehen können, die wir aber scharf beobachten müssen. Manches mag uns heute noch etwas sonderbar erscheinen, aber es ist nicht zu verkennen, daß die Angelegenheit einen ernsthaften Kern enthält. Wir befinden uns heute in der Lage wie etwa unsere Vorfahren bei Beginn des Eisenbahnwesens, denen man oft den Vorwurf der Kurzsichtigkeit gemacht hat. Um uns vor einem solchen Vorwurf zu bewahren, habe ich Sie heute zur Erörterung dieser Fragen hierher gebeten.«

Alsdann schilderte der Vorsitzende noch einmal die Situation des jungen Rundfunks in den Vereinigten Staaten. Man habe dort alle übrigen Länder inzwischen weit überholt. Dagegen sei

[9] Brief Reichspostministerium an Presseabteilung der Reichsregierung, 31. 5. 1922. Anlage 1. PA AA Bonn Post-, Telefon-, Telegramm-und Funkdienst, Bd. 1.

*In der Presse - namentlich der des Auslandes - mehren
sich neuerdings die Nachrichten über eine ganz ungewöhnliche
Ausbreitung einer Abart der drahtlosen Telephonie in Nordamerika in der Form, dass von einer oder mehrerer Sendestellen funk-
telephonisch allgemein interessierende Vorträge, Gesang- und
Musikübertragungen usw. verbreitet und von jedermann, der in
der Lage ist, sich die - verhältnismässig nicht grosse - Ausgabe
für einen einfachen Empfangsapparat zu leisten, in seinem
eigenen Heim mitgehört werden. Die betreffenden Sendestationen
geben nur mit geringer Energie und niedriger Welle, sodass
sich die Wirkung meist auf einen kleineren Umkreis (Bezirk)
beschränkt. Die Inhaber der Empfangsapparate hören die Vorträge usw. mit, ohne hinsichtlich des Bezugs der Mitteilungen
in irgend welchem Vertragsverhältnis zu der Sendestelle zu
stehen. Die Leistungen der Sendestationen (in technischer Hinsicht und bezüglich des Inhalts) machen sich für deren Inhaber
(grosse private Funkgesellschaften) dadurch bezahlt, dass
recht viele Personen Empfangsapparate bei denselben Funkfirmen
bestellen. Die Entwicklung dieser neuen Einrichtung, der in
Amerika mangels gesetzlicher Vorschriften keinerlei Hemmungen
im Wege stehen und die denn auch schon zu chaotischen Zuständen
geführt hat, greift jetzt auf Europa über und man wird mit
ihr auch in Deutschland zu rechnen haben.*

Beginn der Rundfunkorganisation in Deutschland. Bericht des Reichspostministers zur 21. Sitzung der Reichsfunkkommission am 9. Juni
1922 (Einleitung).

in Deutschland von Anfang an das Telegraphenregal sehr streng ausgelegt und der Privatinitiative nur dort die notwendige Freiheit gewährt worden, wo es dem Reich erwünscht war. Besonders in der Frage der Empfangsanlagen habe man immer auf eine Genehmigungspflicht hingewiesen. »Der Öffentlichkeit gegenüber«, so bemerkte der Vorsitzende, »ist als Grund für die Beschränkung der Zahl der Empfangsanlagen angegeben worden, daß eine zu große Anzahl solcher Anlagen das Telegraphengeheimnis gefährden würde, zu dessen Wahrung das Reich international verpflichtet sei. Anträge auf Errichtung von Sendeanlagen sind mit der Begründung abgelehnt worden, daß durch sie der Betrieb der reichseigenen Anlagen beeinträchtigt werden könne«. In den anschließenden Ausführungen des Vorsitzenden wurde deutlich, weshalb das Reichspostministerium »der Öffentlichkeit gegenüber« mit zwar überzeugend klingenden, doch den wahren Grund verschweigenden Argumenten alle von privater Seite herangetragenen Wünsche abgewehrt hat. Es war nämlich die rechtliche Situation – das Gesetz betreffend das Telegraphenwesen des Deutschen Reiches mit seinem Abänderungsgesetz –, die noch nicht geklärt war. Vor allen Dingen war sich die Rechtsprechung noch nicht einig darüber, ob Empfangsanlagen bereits als Übertragungsanlagen gelten sollten, ob rechtlich gesehen Empfänger ebenso zu behandeln seien wie Sender. Wörtlich hieß es: »Ob aber auch Anlagen, die lediglich zum Empfang von Nachrichten bestimmt sind, Anlagen zur Vermittlung von Nachrichten sind, und ob ferner auch Versuchsanlagen der Genehmigung unterliegen, kommt im Gesetz nicht klar zum Ausdruck.« Eine weitere Gesetzeslücke war die unklare Formulierung des Telegraphengeheimnisses. Dieses Telegraphengeheimnis verpflichtete im Grunde nur die Postbeamten, nicht für sie bestimmte Nachrichten nicht aus dem Äther aufzunehmen. Hans Bredow empfahl deswegen größte Vorsicht in allen Fragen der Genehmigung von Empfangsanlagen mit dem Hinweis, zwar sei gerade in letzter Zeit in Deutschland häufiger als früher der Wunsch nach Freigabe des Empfangs vorgebracht worden, aber »da diese Entwicklung sich nicht aufhalten lassen wird, so kommt es darauf an, sie in Bahnen zu lenken, die geeignet sind, die Entwicklung der Funktelegraphie zu fördern, ohne daß dadurch bei uns Zustände wie in den Vereinigten Staaten herbeigeführt werden«. Diese ein wenig resignierende Formulierung war keineswegs nur rhetorisch gemeint, etwa um den Vertretern der übrigen Reichsbehörden ein unabwendbares Schicksal vorzugaukeln. Tatsächlich lagen ja bereits zwei Konzessionsanträge vor. Das Reichspostministerium mußte mit der Reichsfunkkommission irgendeine Entscheidung treffen. Schon in dem der Einladung beigefügten Bericht des Reichspostministers war auf die beiden vorliegenden Anträge hingewiesen worden. Zum Antrag der Deutschen Stunde hatte es in diesem Bericht vorab geheißen: »Das Gebiet, dessen Eröffnung das erste Gesuch bezweckt, ist nach diesseitigem Ermessen verhältnismäßig ungefährlich, da hier die Sendestelle unter Aufsicht des Reiches arbeitet und die einzelnen Empfangsstellen ohne größere Schwierigkeiten überwacht werden können.« Zu dem Antrag des Konsortiums Telefunken-Lorenz war vermerkt worden: »Das zweite Gesuch muß dagegen als unerwünscht bezeichnet werden, wegen der Gefahren, die eine ausgedehnte Verbreitung von Empfangsanlagen, die entweder überhaupt nicht oder doch nur mit erheblichen Schwierigkeiten kontrolliert werden können, für die Abwicklung des normalen Nachrichtenverkehrs bringt.«

Die eigentliche Diskussion bei dieser Sitzung gibt ein plastisches Bild von den Vorstellungen, die damals geäußert wurden über einen rein staatlichen oder einen privatwirtschaftlichen Rundfunkbetrieb. So wies Hans Bredow darauf hin, daß der Plan der Deutschen Stunde offensichtlich auf rein publizistischen Überlegungen beruhe; es handele sich hier um den »Vertrieb von Nachrichten«, wie er das nannte, während der Industrieplan aus wirtschaftlichen Spekulationen entstanden sei, denn er würde von den Firmen gefördert, denen es darauf ankomme, möglichst viele Empfänger zu verkaufen. Die Stellungnahme des Reichspostministeriums zum Antrag der Deutschen Stunde blieb auch bei der Sitzung positiv. Man habe keine Bedenken, vor allem, wenn die Gesellschaft ihr Versprechen, das Unternehmen auf gemeinnütziger Grundlage aufzubauen, einhalten werde. Sie dürfe allerdings kein Monopol erhalten, und es müsse dafür gesorgt werden, daß sie nicht »einseitig für Parteizwecke ausgenützt« würde. Dagegen blieb das Reichspostministerium dem Industrieplan gegenüber sehr kritisch eingestellt. Eine Kontrolle der Empfangsgeräte bei Privatleuten sei nicht möglich. Die Verwendung von Geräten, die nur den Empfang bestimmter Frequenzen gestatteten, sei kein sicheres Mittel, um jeden Mißbrauch auszuschließen. Mit geringen technischen Kenntnissen und wenigen technischen Zusatzteilen könnten Empfänger für größere Wellenbereiche ausgebaut werden. Allein mit scharfen Strafbedingungen in einem künftigen Gesetz sei wahrscheinlich kein wirksamer Schutz des Telegraphengeheimnisses zu gewährleisten. Die einzige Möglichkeit, in der von den beiden Funkfirmen vorgeschlagenen Richtung etwas zu unternehmen, sah Bredow in dem britischen Vorbild, wie es sich in jenen Wochen zunächst abzuzeichnen begann. Man möge nur eine beschränkte Anzahl von Funkfirmen, und zwar die, die bereits auf dem Gebiet der Funktechnik etwas geleistet hätten und seit der Vorkriegszeit Lieferanten des Reichs seien, für den Funkbetrieb heranziehen. Dies waren nur drei Firmen: Telefunken, Lorenz und Huth. Sie erschienen dem Reichspostministerium vertrauenswürdig genug. Man befürchtete allerdings schon damals, daß sich, wie in den Vereinigten Staaten, zahlreiche neue Firmen die Konjunktur im Funkgeschäft zunutze machen, bald der harten Konkurrenz weichen und dadurch der Wirtschaft erheblichen Schaden zufügen würden. Bei drei Firmen sei die Gefahr des Monopols nicht sehr groß, die technische Normierung überschaubar und in der Hand zu behalten, denn: »Um aus der Bewegung auch für das Reich Vorteile zu ziehen, müßte für jeden zu liefernden Apparat eine bestimmte Gebühr dem Reich zugeführt werden.«

Nach dem einführenden Referat des Vorsitzenden meldete sich bezeichnenderweise als erster der Sachbearbeiter für den Posthaushalt im Reichsfinanzministerium zu Wort und erkundigte sich, ob denn die Reichstelegraphenverwaltung den Betrieb des neuen Dienstes wirklich selbst übernehmen wolle. Schließlich handele es sich doch nicht um »Lebensnotwendigkeiten für den Staat«. Er als Vertreter des Reichsfinanzministeriums spreche sich gegen den Reichsbetrieb aus, vor allem, weil eine solche Aufgabenvermehrung nicht den Richtlinien des Kabinetts – vom Oktober 1920 – entspräche. Im übrigen dürften der Personalstand der Beamten nicht erweitert und keine Räumlichkeiten beansprucht werden. Der Vertreter der Presseabteilung der Reichsregierung äußerte gegen den Konzessionsantrag der Deutschen Stunde keine Bedenken. Er wußte offenbar sehr wohl, daß eine Entscheidung über die Genehmigung von Einzelempfängern bei Privatleuten schon getroffen war, und zwar im Zusammenhang mit dem Wirtschaftsrundspruchdienst, der ja in engster Verbindung mit der Tochtergesellschaft der Deutschen Stunde einerseits, nämlich mit dem Eildienst, und mit den Außenhandelsstellen des Auswärtigen Amts auf der anderen Seite entstanden war. Da war also wieder das schon aus der frühen Funkgeschichte bekannte Zögern der Behörde bei der Übernahme von Neuerungen, in diesem Zusammenhang verbunden mit einer Verbeugung vor dem skeptischen Vertreter des Reichsfinanzministeriums. Daneben wurde auch die Angst vor der Übernahme der öffentlichen Verantwortung in diesen Worten deutlich. Auch der Vertreter des Reichsministeriums des Innern erkundigte sich nach den Möglichkeiten zur Plombierung der Geräte. Er wollte vor allem wissen, ob die Sendeanlagen bei Unruhen genügend geschützt werden könnten, damit sich nicht Dritte ihrer bemächtigten. Zweckmäßig sei doch, sie in Gebäuden unterzubringen, die in solchen Fällen ohnehin unter dem Schutz der Reichswehr stehen würden.

Zum Schluß kam die Diskussion noch einmal auf den Konzessionsantrag der Funkfirmen zurück. Der Vertreter des Innenministeriums äußerte Befürchtungen, daß die drei großen Unternehmen der Branche dem Bedarf an Empfängern nicht gewachsen sein könnten. Die neu hinzukommenden, interessierten Firmen würden dann aber ihre Teilnahme am Rundfunkbetrieb erzwingen können. Vom Finanzminister kam der Einwand, die alleinige Zulassung der drei Firmen bedeute doch wohl nichts anderes als ihre Monopolisierung. Der Vertreter des Telegraphentechnischen Reichsamtes, Wagner, warf darauf ein, nur die wirklich leistungsfähigen Firmen könnten den strengen Maßstäben der Reichstelegraphenverwaltung entsprechen. Erst wenn neue Unternehmen diesen technischen Stand erreicht hätten, könnte man über ihre Zulassung entscheiden. Bredow fügte schließlich eine Zusammenfassung an und forderte die Unterstützung aller drei großen Funkfirmen. Damit wurde aber gleichzeitig deutlich, daß der Konzessionsantrag schon nicht mehr zur Debatte stand. Sendebetrieb und Programm verursachten hohe Kosten, die von den drei Unternehmen getragen würden, denn ihre Ausgaben gliche der Geräteabsatz wieder aus. Umgekehrt aber gelte auch, daß jeder Gerätehersteller, der sich am Markt beteiligen möchte, den Nachweis erbringen müßte, daß er in der Lage und bereit sei, auf eigene Kosten ein Programm zu gestalten. Die Folge würde aber sein, daß schließlich nicht genügend Frequenzen für alle Interessenten zur Verfügung stünden. Deshalb sei noch einmal zu überlegen, ob es nicht zweckmäßig sei, die drei großen Firmen zu einer Gruppe zusammenzufassen und dieser eine Genehmigung zu erteilen. Hier war wieder das englische Vorbild im Spiel. Die Gruppe sollte sich verpflichten, später hinzukommende Firmen oder Gruppen zu beteiligen.

Interessant ist vielleicht der Hinweis, daß am Schluß der Besprechung dieses Punktes der Tagesordnung der Vertreter des Reichsinnenministeriums einen Vorschlag einbrachte, der mit nur geringen Änderungen zum festen Bestandteil der Rundfunkorganisation in Deutschland werden sollte. Und zwar sollten nicht die Firmen den von ihnen gelieferten Empfängern die Genehmigungsurkunden beifügen, denn dadurch würde das Reich ja erst nach dem Verkauf der Geräte erfahren können, bei welchen Personen sie aufgestellt worden seien. Wörtlich hieß es in der Sitzungsniederschrift zu diesem Punkt: »Es fragt sich daher, ob es nicht besser sei, die Genehmigung den Oberpostdirektionen oder den Fernsprechämtern zu übertragen, da man mit einer zu straffen Zentralisierung vielleicht einer ungesetzlichen Beschaffung von Apparaten Vorschub leisten werde.« Der Vorsitzende, Bredow, schloß sich übrigens dieser Forderung an. Und damit war dieser Punkt der Tagesordnung auf dieser entscheidenden RFK-Sitzung abgeschlossen[10].

Über die in der Reichsfunkkommission diskutierten Rundfunkfragen informierte Bredow am 29. Juni 1922 auch die Postverwaltungen in München und Stuttgart. Ihnen standen aufgrund der Weimarer Reichsverfassung und eines Staatsvertrags zwischen Bayern bzw. zwischen Württemberg und dem Reich seit dem 1. April 1920 Mitwirkungsrechte an allgemeinen Postangelegenheiten zu[11]. Bredow wiederholte, gegen das Gesuch der Deutschen Stunde bestünden keine Bedenken, zum Antrag des Industriekonsortiums formulierte er schärfer als vor der Reichsfunkkommission: »Die Entwicklung dieses neuen Zweiges der Funktelephonie ist in mancher Hinsicht unerwünscht, sie wird sich aber, angesichts ihrer raschen Verbreitung in der ganzen Welt, auch in Deutschland nicht völlig unterbinden lassen. Man wird daher von vornherein dafür sorgen müssen, die Sache in der Hand zu behalten, damit zu krasse Formen wie in den Vereinigten Staaten vermieden werden. Eine staatliche Organisation paßt in jeder Beziehung für diese Neueinrichtung sehr schlecht. Auch sollen bekanntlich von den einzelnen Reichsverwaltungen neue Betriebszweige nicht mehr eingerich-

[10] Winfried B. Lerg, *Die Entstehung des Rundfunks in Deutschland*. Frankfurt (Main) ²1970, S. 126–130.
[11] Reichsgesetzblatt 1920 I, S. 634–650.

tet werden. Man wird nach allem – unter Aufrechterhaltung des Telegraphenregals – der Privatindustrie einen mit besonderen Vorsichtsmaßregeln umgrenzten Spielraum zugestehen müssen.«[12]

Angesichts dieses noch ungeklärten Zustandes entschloß sich die Funkindustrie doch noch zu einem Zusammenschluß, obwohl sich einzelne Firmen in Patentfragen bislang nur bei Gericht zu begegnen schienen. Unter Führung von Telefunken mit 75 Prozent und der Erich F. Huth mit 25 Prozent der Geschäftsanteile wurde durch einen Gesellschaftsvertrag vom 28. Oktober 1922 in Berlin die »Rundfunk-Gesellschaft mit beschränkter Haftung« gegründet. Unternehmensziel war »der Erwerb und die Verwertung aller von den Gesellschaftern oder der Gesellschaft oder Dritten hergestellten Rundfunk-Sende- und Empfangsanlagen in Deutschland für Inlandzwecke, sowie Erwerb und Auswertung entsprechender Konzessionen und Betreibung aller damit zusammenhängenden Geschäfte.«[13] Als Geschäftsführer bestellten die Gründer Hermann Joseph Behner von der Deutschen Betriebsgesellschaft für drahtlose Telegraphie mbH (Debeg), einer Telefunken-Tochter, und Ernst Ludwig Voss von der Eildienst GmbH. Fünf Wochen später, am 4. Dezember 1922, trat auch die C. Lorenz AG dem Unternehmen bei und erhielt von Telefunken 25 Prozent der Anteile übertragen; die handelsgerichtliche Eintragung der Rundfunk-GmbH erfolgte am 26. Januar 1923. Die neue Gesellschaft reichte umgehend ein Konzessionsgesuch bei der Reichstelegraphenverwaltung ein, das sich inhaltlich verblüffend eng an den Plan der englischen Funkfirmen anlehnte.

[12] Brief Reichspostministerium an Abt. VII [München] Reichspostministerium, 29. 6. 1922. AOPD Mch FIV1, Bd. 1.
[13] Gesellschaftsvertrag über die Gründung der Rundfunk-Gesellschaft mit beschränkter Haftung vom 28. Oktober 1922. Akten der Rundfunk-GmbH (Z.V.I. A 18). A AEG-Telefunken Braunschweig.

2.3. Medientopographische Konzeptionen
Das föderalistische Gebot

Bis zum Jahresende 1922 verfolgte das Reichspostministerium die Pläne der Deutschen Stunde und der Rundfunk-Gesellschaft, obwohl die kritische Einstellung dem Vorhaben der Funkindustrie gegenüber langsam wuchs. Trotzdem ließen sich der neue Reichspostminister Karl Stingl und sein Staatssekretär Bredow am 2. Dezember von beiden Gesellschaften eine Sendefolge vorführen. Für beide wurden noch im Laufe des Dezember Vertragsentwürfe vorbereitet. Noch aber standen technische Schwierigkeiten einer raschen Entwicklung im Wege. Der Sender Königs Wusterhausen, der als Zentralsender für die Darbietungen der Deutschen Stunde vorgesehen war, konnte auch nach einer Verstärkung nicht im ganzen Reichsgebiet mit einfachen Geräten empfangen werden. Außerdem ließ die Qualität der Saallautsprecher – besonders für Musikübertragungen – sehr zu wünschen übrig. Die Liefermöglichkeiten der Funkfirmen waren im übrigen noch recht bescheiden.

Nicht nur die technisch bisher noch unausgereiften Planungen hatten verhindert, daß es auch am Ende des Jahres 1922 noch keinen Programmdienst gab; auch Rücksicht auf den deutschen Regionalismus spielte bereits eine Rolle. Darauf deutet ein Mitte Dezember in einer dem Reichspostministerium nahestehenden Beamtenzeitschrift erschienener Aufsatz hin. Darin war die Rede von »Funkgesellschaften«, worunter man sich wohl Bezirksgesellschaften oder Filialen der Deutschen Stunde vorzustellen hatte, die eigene Sender bauen und betreiben sollten. Die Rundfunk-Gesellschaft stelle in Verbindung mit der Deutschen Stunde das Programm zusammen; sie würde dessen Ausstrahlung übernehmen und den Teilnehmern Empfänger zur Verfügung stellen[14]. Am Ende des Jahres 1922 war zumindest klar, daß die in den einzelnen Reichsteilen vorhandenen oder neu zu errichtenden Sender nicht nur als Verstärker für ein vom Berliner Sender geliefertes Einheitsprogramm dienen, sondern daß sie in Verbindung mit eigenen Programmgesellschaften auch ein durch die jeweilige Landschaft bestimmtes Regionalprogramm ausstrahlen sollten.

[14] *Verbreitung von Musik- und Gesangsvorträgen durch den Rundfunkdienst.* Deutsche Verkehrs-Zeitung, Nr. 50 v. 15. 12. 1922, S. 355 f.
[15] Hans Bausch, *Der Rundfunk im politischen Kräftespiel der Weimarer Republik 1923–1933.* Tübingen 1956, S. 17.

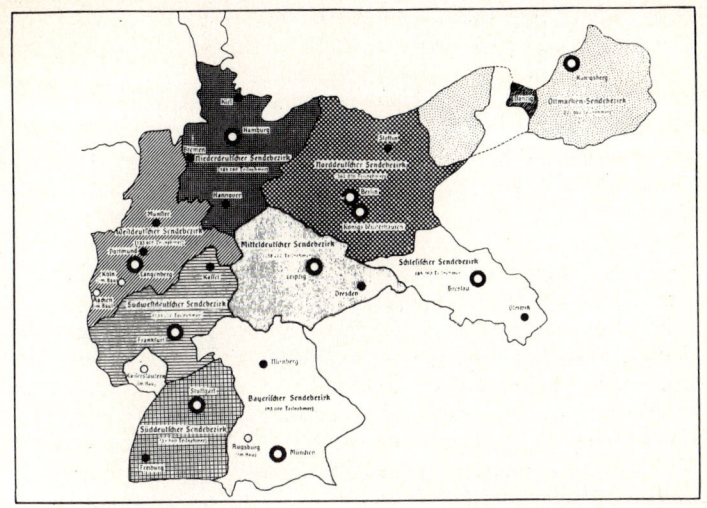

Die Sendebezirke des deutschen Rundfunks mit den Hauptsendern
(Doppelkreise) und den Nebensendern (Kreise), 1927.

Mit der Hinwendung zur Dezentralisation leitete das Reichspostministerium eine Entwicklung ein, die den deutschen
Rundfunk bis heute geprägt hat. Hans Bausch charakterisierte
sie treffend, als er schrieb, Bredow habe aus einer technischen
Notwendigkeit eine kulturpolitische Tugend gemacht[15]. Ohne
eine solche Änderung der Organisationspläne bereits im Spät-
sommer 1922 wäre mit Sicherheit spätestens bei der offiziellen
Eröffnung des Programms von irgendeinem der deutschen Länder wenigstens das föderative Veto lautgeworden, wie es drei
Jahre später, unter etwas anderen Voraussetzungen, tatsächlich
auch geschah. Ernst Ludwig Voss jedenfalls wußte nur allzugut,
daß sein Plan bei der Post zwar kritisch, doch keineswegs un-
günstig aufgenommen worden war; mit der stillen Einwilligung
Bredows begann er, Filialen der Deutschen Stunde zu gründen.
Sehr entgegen kamen ihm bei der Suche nach geeigneten Geldgebern seine Verbindungen zum Auswärtigen Amt und zum
Verwaltungsrat der Zweigstellen und Nachrichtenstellen für
Außenhandel. Er hielt sich an die Art von »Reichsteilung« in
neun Bezirke, die ungefähr der Bezirksaufteilung der Zweigstellen und Nachrichtenstellen für Außenhandel des Auswärtigen
Amts entsprach:

1. Norddeutscher Bezirk mit einem Sender Berlin,
2. Schlesischer Bezirk mit einem Sender Breslau,
3. Südwestdeutscher Bezirk mit einem Sender Frankfurt a. M.,
4. Niederdeutscher Bezirk mit einem Sender Hamburg,
5. Ostmarkenbezirk mit einem Sender Königsberg,
6. Mitteldeutscher Bezirk mit einem Sender Leipzig,
7. Westdeutscher Bezirk mit einem Sender Münster, später Köln,
8. Bayerischer Bezirk mit einem Sender München,
9. Süddeutscher Bezirk mit einem Sender Stuttgart.

Diese Einteilung bezog sich auf die einzelnen Bezirkssender des Saalfunks und ihre Standorte, aber noch keineswegs auf die erst 1923/24 entstehenden regionalen Rundfunkgesellschaften. In einem Bericht aus dem Postministerium im November 1922 hieß es noch sehr deutlich, vom Berliner Fernsprechsender und in einigen anderen Großstädten von einer Besprechungsstelle aus sollten die über das ganze Reich verbreiteten Fernsprechapparate bedient werden. An mehreren Tagen der Woche würde von der Hauptfunkstation Königs Wusterhausen für das ganze Reichsgebiet, an den übrigen Tagen von den Bezirkssendern für die einzelnen Länder und Bezirke gesprochen werden[16]. Bei seinen Reisen in die einzelnen Städte handelte Voss selbstverständlich nicht im formellen Auftrag der Reichstelegraphenverwaltung, sondern Hans Bredow will mit ihm auf eigene Verantwortung vertrauliche Vereinbarungen getroffen haben, deren zwei wichtigste Punkte er später aus der Erinnerung aufzeichnete: »Die Deutsche Stunde soll als Rahmen für die zukünftige Programm-Organisation in jedem Rundfunkbezirk eine Programmgesellschaft ins Leben rufen. Die Kapitalsmehrheit soll die Deutsche Stunde für sich sichern, damit sie als Dachgesellschaft ihren Einfluß auf alle Gesellschaften ausüben kann. Die Reichspost soll das Recht haben, jederzeit durch Übernahme von Anteilen sich überwiegenden Einfluß in der Dachgesellschaft zu verschaffen. Bei der Gründung von Bezirksgesellschaften können angesehene Geldgeber beteiligt werden, die parteipolitisch unabhängig sind. Sie müssen zuverlässig deutsch und bereit sein, ihre persönliche Mitarbeit für die Einführung des Rundfunks in dem Bezirk zur Verfügung zu stellen. Solange die Reichspost nicht formell an der Rundfunkorganisation be-

---

[16] Wolfgang Schütte, *Regionalität und Föderalismus im Rundfunk*. Frankfurt (Main) 1971, S. 20 ff.

teiligt ist, soll die Deutsche Stunde ihren Einfluß auf die Bezirksgesellschaften nur im Einvernehmen mit dem Leiter der Funkabteilung des Reichspostministeriums ausüben.«[17]

Nach dieser Absprache konnte Voss mit der Gründung der Bezirksgesellschaften beginnen. Für sein erstes Zweigunternehmen fand er in München die Geldgeber, den Großhändler Hermann Klöpfer, dem er auch seine Vollmacht erteilte, den Bankdirektor Josef Böhm und den Industriellen Robert Riemerschmid. Alle vier Herren gründeten am 18. September 1922 ein Unternehmen mit dem Namen »Deutsche Stunde in Bayern, Gesellschaft für drahtlose Belehrung und Unterhaltung mbH« zur »gemeinnützigen Veranstaltung von öffentlichen Konzerten und Vorträgen belehrenden, unterhaltenden sowie alle weitere Kreise der Bevölkerung interessierenden Darbietungen auf drahtlosem Wege« sowie zum Zwecke des Verkaufs und der Vermietung von Empfangsapparaten an Privatpersonen.

Also auch Empfangsapparate an Privatpersonen wollte die Gesellschaft verkaufen und vermieten. Das sofort in bar und in voller Höhe eingezahlte Stammkapital von 50 000 Mark übernahmen Voss zu zwei und Klöpfer, Böhm und Riemerschmid zu je einem Fünftel. Voss wurde zum allein vertretungsberechtigten Geschäftsführer der Gesellschaft bestellt, die noch am 18. September bei der Abteilung München des Reichspostministeriums das alleinige Recht beantragte, innerhalb Bayerns Veranstaltungen auf drahtlosem Wege zu verbreiten[18]. Die Aushandlung des Konzessionsvertrages zog sich bis ins nächste Jahr hin. Während dieser Zeit fragte die Münchener Postverwaltung bei einigen bayerischen Staatsministern an, ob irgendwelche Bedenken gegen eine Konzessionierung der Gesellschaft bestünden. Die zeitweilige Skepsis der bayerischen Behörden, denen natürlich nicht verborgen geblieben war, daß die Münchener Gesellschaft keine rein bayerische Gründung war, sowie die grundsätzliche Zustimmung, trotz einiger polizeilicher und sogar sozialer Bedenken von seiten des bayerischen Staatsministeriums des Innern[19], zeigte sich wenig später formal ähnlich, doch im Ablauf bei weitem dramatischer auf der Berliner Ebene.

[17] Hans Bredow, *Rundfunkerinnerungen.* Manuskript 1938. Bd. 1, S. 101. DRA Ffm Bredow-Nachlaß.

[18] Lerg, *Die Entstehung des Rundfunks,* S. 136 f.

[19] Heinrich Hartmann, *Vorgeschichte und Beginn des Rundfunks in Bayern.* Archiv für Postgeschichte in Bayern 1961, 2, S. 59 f.

2.4. *Der Ruf nach politischer Aufsicht*
Preisgabe publizistischer Verantwortung

Wider Erwarten vieler Beteiligter und entgegen der Ankündigung Hans Bredows wurde der neue Funkdienst im Winter 1922 noch nicht eröffnet. Zwar lagen die Konzessionsanträge vor, aber die Betriebsverträge wurden entworfen, beraten und wieder abgeändert. Die Techniker von Post und Funkindustrie konferierten zu jener Zeit hauptsächlich über einen produktionsreifen Empfänger, der preiswert und in genügender Stückzahl auf den Markt gebracht werden konnte; außerdem operierten sie für den Saalrundfunk an einem leistungsfähigen und klangtreuen Lautsprecher.

Die Deutsche Stunde und die Rundfunk-Gesellschaft waren bereits mit wohlwollendem Einverständnis des Reichspostministeriums übereingekommen, sich die Aufgaben zu teilen. Die Deutsche Stunde begann sich als das zu verstehen, was heute eine reine Programmgesellschaft genannt würde. Sie selbst wollte ihr Programm im norddeutschen Bezirk über den reichseigenen Sender Königs Wusterhausen ausstrahlen, während die Filialgesellschaften in den übrigen acht Bezirken dieses Programm teilweise übernehmen und zusätzlich ein eigenes Programm herstellen und senden sollten. Die Rundfunk-Gesellschaft hingegen wollte jene acht Bezirkssender finanzieren, bauen und betreiben, vor allen Dingen aber als Monopolgesellschaft Rundfunkempfänger für den Einzelhörer konstruieren, verkaufen oder vermieten. Ihre Programmpläne verfolgte sie nicht weiter; das überließ sie gern der Deutschen Stunde. Beide Gesellschaften investierten verhältnismäßig hohe Summen in ihre Vorarbeiten und drängten die Post, ihnen endlich die Verleihungsurkunden und die Verträge auszuhändigen.

Inzwischen hatte die Funkabteilung des Reichspostministeriums immer deutlicher erkannt, daß nicht wieder irgendein neuer Funkdienst vorbereitet wurde, für dessen Betrieb nach inzwischen bewährter Art ein Teil des Telegraphenregals an private oder halbstaatliche Unternehmen delegiert werden konnte. Vielmehr scheinen die Beamten völlig nüchtern und ohne sich in fantasievolle Zukunftsbilder zu verlieren zum ersten Mal gespürt zu haben, was hier entstand. Man dürfte zum ersten Mal jenes Phänomen erkannt haben, das ein Kommunikationsmittel erst publizistisch bedeutsam macht, nämlich die Qualität der Öffentlichkeit, der Publizität. Funk für alle – in

Gruppen, als versammelte Vielheiten oder als viele einzelne – bedeutet ein öffentliches Wirken und eine öffentliche Wirksamkeit. Es bedeutet zugleich aber öffentliche Ansprüche und öffentliche Absichten. Die Frage war, ob das Reichspostministerium noch bereit sein würde, die Verantwortung für die Technik des neuen Dienstes selbst zu tragen. Man wurde dort um so unsicherer, je deutlicher sich die Frage nach der Verantwortung für das Programm oder, wie es damals hieß, für den »Nachrichtenstoff«, stellte. Selbst Bredow, knapp vier Jahre im Staatsdienst, konnte sich der nach seiner persönlichen Auffassung und nach traditionellem Verwaltungsdenken einzig möglichen Antwort nicht entziehen. Am 20. Dezember 1922 ließ er durch seinen Mitarbeiter, den Ministerialrat Hans Buntkirchen, seine Pläne der von Amts wegen für öffentliche Angelegenheiten zuständigen Behörde, dem Reichsministerium des Innern, vortragen. Bezeichnenderweise geriet der Brief, den der Reichspostminister an den Reichsinnenminister richtete[20], um ihn in seine Pläne einzuweihen, in die Abteilung I für Verfassung, Verwaltung und Beamtentum. »Die neue Einrichtung«, so erläuterte das Schreiben, »ermöglicht und bezweckt eine Verbreitung des Nachrichtenstoffes, wie sie keine gedruckte Zeitung erreichen wird.« Sie sei kostspielig für die beteiligten Unternehmen, die deshalb schon selbst darauf achten würden, ihr zahlendes Publikum nicht zu vergrämen. Bedenken bestünden jedoch bei politischen Programmen, die erhebliche Wirkung haben könnten, denn über politische Dinge könnte man ja unterschiedlicher Auffassung sein. Für diese Art von Sendungen die Verantwortung zu übernehmen, lehnte der Reichspostminister ab.

Den Zusammenhang zwischen dem neuen Funkdienst und dem klassischen Medium Presse hatte man zwar erkannt, doch schien es keiner Betrachtung wert, dem neuen Medium die Freiheiten des Artikels 118 der Weimarer Reichsverfassung, die »Pressefreiheit«, zuzugestehen. Vielmehr verband sich die Frage der Zensur sofort mit dem Suchen nach der bestmöglichen Form ihrer Praktizierbarkeit. »Es entsteht die Frage, ob und in welcher Form eine öffentliche Prüfung des auszusendenden Nachrichtenstoffes vorgesehen werden soll. Die Entscheidungen in dieser Frage dürfte zur Zuständigkeit der inneren Verwaltung, insbesondere der Polizei gehören. Jedenfalls kann

[20] Brief Reichspostminister an Reichsinnenminister, 20. 12. 1922. AOPD München.

meine Verwaltung auch die Prüfung des Nachrichtenstoffes nicht übernehmen«, meinte der Reichspostminister, der auch bereits drei Möglichkeiten einer Überwachung darlegte: 1. vor der Sendung am Ort der Sendung, 2. während der Sendung am Ort der Sendung und 3. am Empfangsort. Während der Diskussion um diese drei Möglichkeiten zeigte sich, wie mißtrauisch die Post immer noch gegen das Vorhaben der Rundfunk-Gesellschaft eingestellt war, bei Privatpersonen Empfänger aufzustellen, denn hier sei eine nachträgliche Überwachung nicht möglich. Diese, so gab der Brief aus dem Reichspostministerium zu bedenken, könnten schließlich die Landesverwaltungen für ihre Gebiete fordern. In Ansätzen ließen sich bereits die Auseinandersetzungen zwischen Reich und Ländern um den Rundfunk erkennen.

Bevor sich das Reichsinnenministerium zu einer Stellungnahme bereit fand, forderte es zunächst einmal die inzwischen ausgehandelten Konzessionsverträge an, die das Reichspostministerium mittlerweile beträchtlich zu seinen Gunsten gestaltet hatte; denn nachdem sich herausgestellt hatte, daß ein Zentralsender für das ganze Reichsgebiet nicht ausreichen würde und daß man aus technischen Gründen weitere Sender benötigte, fügte sich die Deutsche Stunde der Forderung der Post, ihr die Eigentums- und Betriebsrechte an den regionalen Sendeanlagen zu übertragen. So konnte auch dem amtlichen Bedürfnis nach Überwachung entgegengekommen werden, das die Post aus dem Telegraphenregal ableitete. Zweifellos war dieses verwaltungsbedingte Motiv stärker als die bei Hans Bredow ebenfalls mitspielende Überzeugung, der neue Funkdienst könne nur auf diese Weise aus dem Netz politischer und wirtschaftlicher Ansprüche und Absichten herausgehalten werden. Auch Ernst Ludwig Voss konnte dieser Entschluß der Post, die Sender selbst zu bauen und zu betreiben, wirtschaftlich gesehen nur recht sein, doch begann hier bereits eine Kette von Ereignissen, die den Fortgang der Vorgeschichte des Rundfunks noch auf Jahre hinaus bestimmen sollte. Auf den Sitzungen der Reichsfunkkommission war immer wieder von seiten des Finanzreferenten des Reichspostministeriums und vom Vertreter des Reichsfinanzministeriums mit aller Deutlichkeit gefordert worden, daß sich die Post jedes finanziellen Engagements zu enthalten habe. Die allgemeine volkswirtschafliche Lage, im besonderen aber die Haushaltslage der Post seien keinesfalls imstande, solche Investitionen ohne genügende Sicherheit auf baldigen

Gewinn zu tragen. Bredows Organisationstalent und die Initiative von Voss müssen als Gründe dafür angesehen werden, daß die wirtschaftlichen Probleme doch noch gelöst wurden. Die Deutsche Stunde akzeptierte die Auflagen der Post sowie die Forderung, falls sie selbst keine Mittel zum Senderbau habe, ihr mit Baukostenzuschüssen und Darlehen auszuhelfen. Aufgrund dieser Absprachen lagen Ende April 1923 neue Entwürfe vor für einen Vertrag über die »drahtlose Verbreitung von Nachrichten« sowie für eine Betriebsgenehmigung zur Errichtung und zum Betrieb von Empfangseinrichtungen. Die Bestimmungen enthielten bereits präzise Sicherheits- und Aufsichtsklauseln sowie finanzielle Abmachungen, die durchaus das amtliche Interesse wahrten[21].

Das Reichsinnenministerium erhob dennoch im Mai 1923 Einspruch. Die Innenbehörde argumentierte, es genüge nicht, daß nur die Sendeseite des neuen Dienstes im Besitz des Reichs sei, auch die Programmseite dürfe nicht Sache einer Privatgesellschaft sein. Zumindest müßte sich das Reich die Mehrheit der Geschäftsanteile der Sendegesellschaft sichern. Um diese Anteile zu erwerben, bot sich das Innenministerium im übrigen gleich selbst an, denn es bestünde ein Interesse, »zum Zwecke der Propaganda für den neutralen Staatsgedanken und zur Wahrnehmung von Reichsinteressen an einer derartigen Gesellschaft beteiligt«[22] zu sein. Wie sich später zeigen sollte, hatte das Reichsinnenministerium tatsächlich eine Organisation an der Hand, die es für diese Zwecke der Post benennen wollte.

2.5. Ein staatliches Nachrichtenbüro
Beginn ministerieller Medienpolitik

Im Frühjahr 1923 stellten das Reichsinnenministerium, aber auch der Preußische Landtag Überlegungen an, wie für den republikanischen Staatsgedanken geworben werden könne. Man dachte daran, möglichst unauffällig und ohne als Behörde in Erscheinung treten zu müssen, auf Wirtschaftsunternehmen politischen Einfluß zu gewinnen. Auch die Pläne für ein privatwirtschaftlich organisiertes publizistisches Unternehmen, das jedoch den Wünschen und Weisungen der Reichsregierung zu-

---

[21] Stohl, *Der drahtlose Nachrichtendienst*, S. 98 f.
[22] Ebd., S. 100.

gänglich sein müßte, lagen bald vor. Eine Gruppe von Persönlichkeiten aus den Koalitionsparteien fand sich schließlich zur Gründung eines solchen publizistischen Unternehmens zusammen: Der Arbeitersekretär und preußische Landtagsabgeordnete Walter Bubert (SPD); der Geschäftsführer der Vorwärts-Druckerei, Richard Fischer (SPD); der Reichstagsabgeordnete des Zentrums, Paul Fleischer, der aus der Katholischen Arbeiterbewegung kam; der erste Vorsitzende der Eisenbahnergewerkschaft und Reichstagsabgeordnete Otto Schuldt von der Deutschen Demokratischen Partei und schließlich die Regierungsrätin Hedwig Wachenheim (SPD). Sie gründeten am 16. Mai 1923 die gemeinnützige »Aktiengesellschaft für Buch und Presse«. Der Gesellschaftsvertrag bestimmte als Aufgabe: »Verlagsunternehmungen, Presseberichterstattung sowie der Erwerb der hierzu erforderlichen und geeigneten Anlagen«[23]. Dem Aufsichtsrat gehörten zunächst an Josef Buchhorn, Mitglied des Preußischen Landtags für die Deutsche Volkspartei, Oberregierungsrat Hans Goslar, Pressechef der Preußischen Staatsregierung, der Leiter der Abteilung I im Reichsinnenministerium, Ministerialrat Kurt Haentzschel, und die beiden Reichstagsabgeordneten Joseph Joos (Zentrum) und Otto Wels (SPD). Den Vorsitz übernahm der Jurist und Pressefachmann Haentzschel. Zum geschäftsführenden Direktor der Gesellschaft wurde der 41jährige Berliner Publizist und Fraktionsvorsitzende der SPD im Preußischen Landtag Ernst Heilmann bestimmt.

Haentzschel und Heilmann waren die treibenden Kräfte bei der Gründung von »Buch und Presse«. Das Gründungskapital betrug 20 Millionen Papiermark. Eingezahlt aus privaten Mitteln wurden jedoch zunächst nur 25 Prozent dieser Summe (5 Millionen Papiermark im Goldwert von 380 Mark), während die übrigen 75 Prozent erst später hinzukamen. Die Gesellschaft gab keine Aktien aus, sondern sogenannte Interimsscheine im Wert von je 4 Millionen Papiermark.Diese Interimsscheine, die in den nächsten Monaten noch eine rundfunkpolitische Rolle spielen sollten, befanden sich im Besitz von Heil-

[23] *Handbuch der deutschen Aktiengesellschaften 1923/24.* Leipzig 1924, S. 2029. – Aufzeichnung über Entstehung und Aufgabe der Aktiengesellschaft Buch und Presse. Anlage zum Brief Reichsinnenminister an Reichskanzlei, 4. 10. 1924; Zum Rundfunkwesen. Anlage zum Brief Reichsinnenminister an Reichspräsident, 7. 3. 1925. BA Kblz R 43 I Reichskanzlei. Post und Telegraphie 4. Funkerwesen, Bd. 1.

Links: Ernst Heilmann (1881–1940), sozialdemokratischer Abgeordneter im preußischen Landtag, Vorstand der »Aktiengesellschaft für Buch und Presse« und Mitglied mehrerer Aufsichtsräte und Gremien von Rundfunkgesellschaften in Preußen.

Rechts: Kurt Haentzschel (1889–1941), Ministerialrat im Reichsinnenministerium und Geschäftsführer der »Aktiengesellschaft für Buch und Presse«, der späteren *Dradag.*

mann und Haentzschel. Zwei Wochen nach ihrer Gründung stellte sich die neue Gesellschaft am 30. Mai dem Reichsinnenministerium vor und beantragte für die »Organisation und Verbesserung der parlamentarischen Berichterstattung eines Nachrichtenschnelldienstes durch telephonischen Rundspruch« eine Summe von 100 Millionen Mark (Papiermark) aus dem Fonds zum Schutz der Republik. Die Mittel wurden eine Woche später bewilligt und überwiesen; sie entsprachen etwa einem Goldmarkwert von 6180 Mark[24].

Diese neue Unternehmung hatte das Reichsinnenministerium also zur Hand, als dort der Brief eintraf, mit dem das Reichspostministerium bat, zur Konzessionierung »funktelephonischer« Einrichtungen Stellung zu nehmen. Gegen die auf die »Aktiengesellschaft für Buch und Presse« gegründete Forderung des Reichsinnenministeriums auf Beteiligung setzte

[24] Ebd.

sich die Post selbstverständlich zur Wehr. Noch ehe überhaupt der Programmdienst eröffnet worden war, hatte damit der erste Rundfunkstreit begonnen. Es dauerte viele Monate, bis Hans Bredow das Reichsinnenministerium zufriedenzustellen und sich über den Kopf des zuständigen Referenten Kurt Haentzschel hinweg mit seinem gleichrangigen Kollegen, dem Staatssekretär Erich Zweigert, zu einigen vermochte.

So sehr Hans Bredow davon überzeugt war, »daß politische Betätigung Zusammenbruch des Rundfunks bedeutete«, so wenig vermochte er sich vorzustellen, daß der neue Funkdienst als publizistisches Mittel eine öffentliche Aufgabe zu übernehmen habe. Nach seiner Ansicht mußte ein solches Medium früher oder später zwangsläufig zu einem »Instrument der Politik« werden und damit zu einem Spielball und Zankapfel der Parteien[25]. Seine Vorstellung ging dahin, daß Darbietungen an alle und für alle, in der Öffentlichkeit und für die Öffentlichkeit, eben die Qualität des Rundfunks als publizistisches Mittel, von seiner Funkabteilung gerade noch zu verantworten sei. Doch den zweiten Schritt, für ein publizistisches Unternehmen ebenso unerläßlich, den Schritt zur Aktualität, zum Wirken in der Zeit und für die Zeit, glaubte er sich und seiner Behörde nicht zumuten zu können. Finanzielle Schwierigkeiten seines Ressorts waren nur zum Teil bestimmend für diese Zurückhaltung. Eine wichtige Rolle spielten auch die äußerst labilen politischen Verhältnisse, von denen er befürchtete, sie würden mit ihrer aktuellen Dynamik alle Kontrolleinrichtungen beiseite schieben, sobald der Funkdienst sich nicht mehr allein in der Hand seines Ministeriums befände. Wenn ein politisches Ministerium wie das Reichsinnenministerium durch Beteiligung ein Mitspracherecht verlangte, so mußte es nicht unbedingt auch Mitverantwortung tragen. Bredows Auffassungen standen denen von Haentzschel diametral entgegen. Die Beurteilung seiner und Heilmanns Pläne durch Bredow ist immer eine politische geblieben, genauer gesagt eine parteipolitische. Haentzschel galt als Linksdemokrat und Ernst Heilmanns Parteizugehörigkeit war sein Beruf. Was Hans Bredow, damals Mitglied der Deutschen Volkspartei, von ihrem Vorhaben halten mußte, bedarf keiner weiteren Erläuterung. Selbst wenn Bredows Tätigkeit ganz sicher niemals an einem Parteiprogramm zu messen

[25] Aktenvortrag über die Vorgeschichte des Rundfunks. DRA Ffm RRG-Akten, S. 9.

gewesen ist, so wußte er dennoch rechts und links im öffentlichen Leben gut zu unterscheiden, allerdings in einem Sinn, den Ernst Troeltsch meinte, als er von Beamten sprach, »die sich für unpolitisch halten, wenn sie keine Unterschiede zwischen den bürgerlichen Parteien machen und nur Sozial- und andere Demokraten verwerfen«[26]. Die Motive Haentzschels und Heilmanns sind heute nicht mehr ganz aufzuklären. Jedenfalls darf man sie sicher nicht einfach als eine Art linke Verschwörung ansehen. Immerhin spricht vieles für die Vermutung, daß sie ein staatliches Instrument für überparteiliche politische Öffentlichkeitsarbeit aus der Aktiengesellschaft für Buch und Presse machen wollten. Der Funk bot sich für ihre Pläne als ein neuer, attraktiver Übermittlungsweg an.

In der rundfunkgeschichtlichen Forschung wurde die Auseinandersetzung zwischen Haentzschel und Bredow in neuerer Zeit noch einmal aufgegriffen. Ingo Fessmann meinte, daß sich eine Zeitlang ein äußerst erbitterter Kampf zwischen zwei Männern abgespielt habe, deren jeweilige Vorstellungen über die Organisation der Programmgestaltung des neuen Rundfunks kaum gegensätzlicher hätten sein können, und die doch beide auf jenen heute als dominierend erkannten Punkt der Rundfunkordnung zielten, und ihn dennoch beide verfehlten, nämlich für die Rundfunkprogrammgestaltung eine Rechtsform zu finden, die ihr die Unabhängigkeit von der Einflußnahme der staatlichen Exekutive gewährte[27].

Während sich Post- und Innenministerium im Sommer 1923 ihre erste Auseinandersetzung über den Rundfunk lieferten, gingen die Verhandlungen zwischen der Post und den beiden Programmgesellschaften weiter. Die ersten Äußerungen aus der Nachbarbehörde brachten die Funkabteilung des Postministeriums so weit, es mit einem politisch völlig abstinenten Programm zu versuchen und nur das ins Programm aufzunehmen, was im Firmennamen der Deutschen Stunde mit »Unterhaltung und Belehrung« bezeichnet worden war. Es sollte also auf aktuelle Programme, auf Nachrichten, Berichte und Kommentare zum Zeitgeschehen verzichtet werden. Während die Rundfunk-GmbH der Funkindustrie auseinanderzufallen begann, stiegen für Voss vorübergehend die Chancen, für die

[26] Ernst Troeltsch, *Spektator-Briefe*. Tübingen 1924, S. 222.
[27] Ingo Fessmann, *Rundfunk und Rundfunkrecht in der Weimarer Republik*. Frankfurt (Main) 1973, S. 52.

Deutsche Stunde von der Post die Konzessionsverträge endlich zu bekommen.

An der Auflösung der Rundfunk-GmbH war der am 30. Mai 1923 in Berlin gegründete »Verband der Radio-Industrie« durch die zumeist illegal bauenden kleinen Funkfirmen nicht ganz unschuldig. Sie wandten sich gegen das monopolverdächtige Konsortium der Großen Drei der Funkgerätebranche und bezeichneten sich in ihrer Satzung als »eine Vereinigung von Hersteller- und Großhändler-Firmen aus dem Gebiet der Radiotechnik«[28]. Der Verband wollte die Interessen der Mitglieder gegenüber Behörden und gesetzgebenden Körperschaften vertreten. Ein erster Erfolg gegen die Monopolisierungsbestrebungen der Rundfunk-GmbH zeichnete sich bereits im September 1923 ab. Mit der Post, so war auf einer Mitgliederversammlung zu hören, habe man eine enge Zusammenarbeit vereinbart. Aus der Sicht eines Telefunken-Syndikus las sich das allerdings so: »Das in dem gedachten Ausbau des deutschen Rundfunks liegende Ziel ließ sich aber, wie alsbald erkennbar wurde und wie auch die weitere Entwicklung erwiesen hat, nicht in dem engen Rahmen der Rundfunk-GmbH erreichen.« Die Pläne der Post und Bredows seien so weit gespannt gewesen, daß die Herstellung und der Vertrieb von Empfängern »auf eine breitere organisatorische und fabrikatorische Basis gestellt werden mußten«. Auf seiten von Telefunken habe man volles Verständnis für den geplanten Ausbau der Rundfunkorganisation des Reichs gezeigt und nicht auf sein Monopol gepocht, sondern die Rundfunk-GmbH – durch Beschlüsse der Muttergesellschaften vom 24. und 27. November 1923 – aufgelöst[29]. Im Sinne der Vorstellungen des jungen Verbandes der Radio-Industrie entschloß sich die Post, jeden Gerätehersteller zuzulassen, der die Bedingungen der Reichstelegraphenverwaltung erfüllte und zudem die Sender selbst bauen und betreiben wollte.

Die Deutsche Stunde war als einzige zu konzessionierende Programmgesellschaft übrig geblieben. Das jedenfalls meinte Voss, als er im Juni/Juli des Jahres 1923 die technischen Vorbereitungen zur Eröffnung des Programms vorantrieb und gleichzeitig im Reichspostministerium nachfragte, wie es um die Un-

[28] Gustav Lucae, *Vierzig Jahre Rundfunkwirtschaft in Deutschland 1923-1963*. Düsseldorf o. J. (1963), S. 72.

[29] Fritz Creite, *Die Telefunken-Bauerlaubnis*. In: *Fünfundzwanzig Jahre Telefunken*. Berlin 1928, S. 182.

terzeichnung der Konzessionsverträge stünde. Hier hatte man sich entschlossen, wegen des schwebenden Einspruchs des Reichsinnenministeriums zunächst »einen reinen Unterhaltungsrundfunk unter Ausschluß von Pressemeldungen und Verbreitung politischer Nachrichten zu eröffnen«[30]. Gegen dieses Vorgehen erhob Haentzschel im Auftrag seines Ministers in aller Form Einspruch. Nichts dürfe ohne das Reichsinnenministerium unternommen werden, denn der gesamte Komplex sei ein Politikum. In diesem Zusammenhang erwähnte das Reichsinnenministerium erstmals, daß man sehr wohl eine Gesellschaft zur Vertretung der Reichsinteressen auf dem Gebiet des Rundfunks zur Hand hätte. Wenn das Postministerium sich entschließen könne, diesem Unternehmen die gleichen Rechte für den aktuellen Programmteil zuzugestehen, wie sie der Deutschen Stunde für das Unterhaltungsprogramm zugestanden werden sollten, dann wolle man seinen Einspruch gegen die Konzessionierung der Privatgesellschaften zurückziehen. Der Post konnte nur recht sein, wenn sich auch eine zweite Gesellschaft bei der Rundfunkorganisation betätigen würde, denn so könnte man dem in der Öffentlichkeit sicher zu erwartenden Vorwurf einer Privilegierung und Monopolisierung der Deutschen Stunde aus dem Wege gehen. Das Reichspostministerium gab seine Verständigungsbereitschaft zu erkennen, wenn das Reich eine Gesellschaft vorweisen könne. Allerdings gefielen Andeutungen des Reichsinnenministeriums, das politische Programm in den Dienst der Werbung für die Republik zu stellen, den Postleuten gar nicht. Haentzschel wußte derlei Befürchtungen zu zerstreuen mit dem Hinweis, im Anfang wolle man damit sehr zurückhaltend sein und später auch nur ganz vorsichtig vorgehen, um die Hörer nicht zu verärgern.

Am 10. Juli 1923 kündigte der Innenminister an, seinen Einspruch gegen die Konzessionierung der Deutschen Stunde zurückzuziehen, sobald folgende Bedingungen erfüllt seien: 1. Eine entsprechende Konzession soll auch an eine Gesellschaft erteilt werden, bei der dem Reichsinnenminister die Möglichkeit gegeben ist, Interessen seines Ressorts sicherzustellen. 2. Die Post soll die Deutsche Stunde zwingen, sich mit dieser neuen Gesellschaft durch einen Vertrag zu verständigen. 3. Die vom Reichsinnenminister zu benennende Gesellschaft soll für

[30] Aktenvortrag über die Vorgeschichte des Rundfunks. DRA Ffm RRG-Akten.

die Verbreitung eines aktuellen Programms ein Monopol erhalten. 4. Die Reichspost soll alles tun, um dieser politischen Nachrichtengesellschaft auch in Bayern den Weg zu ebnen[31]. Vor allem gegen den dritten Punkt der Forderungen des Reichsinnenministeriums wollte sich die Post absichern, denn jede Art politischer Publizistik war zunächst einmal eine Angelegenheit der Vereinigten Presseabteilung der Reichsregierung. Der damalige Pressechef der Reichsregierung, Friedrich Heilbron, äußerte sich eindeutig gegen die Absichten des Reichsinnenministeriums und erklärte nun seine eigene Behörde als allein zuständig.

Nach dem Regierungswechsel erklärte sich die Vereinigte Presseabteilung der Reichsregierung in Spitzengesprächen der Minister und Staatssekretäre und in einem Briefwechsel mit der Auffassung des Reichsinnenministeriums einverstanden. Die Verträge wurden erneut durchgesprochen und die Aktiengesellschaft für Buch und Presse neben der Deutschen Stunde als Konzessionsempfänger anerkannt. Beide Gesellschaften stimmten zu, einen Vertrag zur Unterzeichnung vorzubereiten, der erheblich über alle früheren Entwürfe hinausging[32]. Die Reichstelegraphenverwaltung behielt sich nicht nur die Technik – mit Ausnahme der Übertragung des Programms auf den Sender –, sondern auch grundsätzlich jeden Ausbau der Organisation sowie die gesamte Kontrolle der Programmgesellschaften vor. Voss erreichte, daß der Vertrag vorerst nur für Berlin und Umgebung gelten sollte und ähnliche Verträge mit Bezirksgesellschaften zunächst nur in Aussicht standen. Buch und Presse und Deutsche Stunde schlossen anschließend miteinander einen Durchführungsvertrag und teilten das Programm unter sich auf: Buch und Presse übernahm die Herstellung und Verbreitung des eigentlichen publizistischen Programms, das heißt der »Tagesnachrichten und Darbietungen politischen Inhalts«; während die Deutsche Stunde den vorwiegend nicht-aktuellen Programmteil, das heißt die »musikalischen und literarischen Darbietungen« beisteuern wollte. Am 16. Oktober 1923 änderte die Nachrichtengesellschaft ihren Namen in »Drahtloser Dienst. Aktiengesellschaft für Buch und Presse«, später kurz »Dradag« genannt. Am 29. Oktober 1923 begann aber eine ganz andere, inzwischen von einem Schallplattenunternehmen, der »Vox AG«,

[31] Ebd.
[32] Stohl, *Der drahtlose Nachrichtendienst*, S. 102 f.

beinahe unbemerkt, organisierte Programmgesellschaft mit dem regelmäßigen Programmdienst. Erst vier Wochen später, am 24. November 1923, schlossen Deutsche Stunde und Drahtloser Dienst ihre Verträge mit dem Reichspostministerium ab, so, als sei nichts geschehen. Voss hoffte offenbar noch immer, mit seiner Deutschen Stunde ein zweistündiges Reichsprogramm anbieten zu können, für das die Dradag ihm den Nachrichtendienst liefern würde.

2.6. *Funk und innere Sicherheit*
Auf dem Weg zum Rundfunkrecht

Die Organisation von Technik und Programm war keineswegs das einzige Problem, das vom Reichspostministerium im Kontakt mit anderen Reichsbehörden gelöst werden mußte. Hinzu kamen die Verhandlungen über die »Freigabe des Funkempfangs«. Dieses Schlagwort erweckt den Eindruck, als sei zu irgendeinem Zeitpunkt durch Verordnung, Gesetz oder auch nur durch einen Verwaltungsakt das Rundfunkhören für jedermann freigegeben worden. Eine solche Regelung hat es offenbar nie gegeben, denn die Post brauchte die Bestimmungen des alten Telegraphengesetzes von 1892 nur so zu lockern, daß sie als Trägerin des Funkregals einen Teil ihres Hoheitsrechtes auf dem Wege der Verleihung an Dritte übertragen konnte. Erörtert wurde das Problem bereits, ehe der Rundfunk überhaupt zur Diskussion stand. Grundsätzlich sah das Telegraphengesetz von 1892 mit der Novelle von 1908 eine solche Verleihung zwar vor, aber niemand konnte damit rechnen, daß in absehbarer Zeit jeder Staatsbürger dafür in Frage kommen könnte. Schließlich wurde die Situation noch durch die Erfahrungen aus der unmittelbaren Nachkriegszeit erschwert, als es darum ging, einer nicht mehr kontrollierbaren Vielzahl von Personen den Funkempfang zu genehmigen. Ehemalige Nachrichtensoldaten und bastelfreudige Zeitgenossen hatten – mitunter nicht ohne wirtschaftliche Absichten – mit dazu beigetragen, daß das Reichspostministerium schon 1920 Schritte unternahm, das Funkempfangswesen in der Hand zu behalten. Jene »Freigabe des Funkempfangs« war daher kein unvermitteltes Ereignis, sondern ein ganzer Komplex rechtlicher und politischer Probleme, insbesondere sicherheitspolitischer Fragen, die langsam mit dem Aufbau aller publizistisch bedeutsamen Funkdienste gelöst werden mußten. Im Zusammenhang mit der staatsanwaltschaftlichen Ermittlung gegen »geheime Funkanlagen« in Berliner Zeitungsverlagen und als Folge der sicherheitspolitischen Besprechungen dürfte sich im Reichspostministerium die Einsicht durchgesetzt haben, eine rechtliche Klärung herbeiführen zu müssen[33]. Auch das Reichsinnenministerium, so war zu vermuten, würde aus Gründen der inneren Sicherheit auf einer Revision der geltenden telegraphenrechtlichen Bestimmungen bestehen. In der Vereinigten Presseabteilung hingegen würde man eher mit verständnisvollem Entgegenkommen rechnen können. Eine rechtliche Ordnung – das zeichnete sich bereits im Winter 1922/23 ab – sollte durch eine besondere gesetzliche Regelung erreicht werden. Am 21. März 1923 kündigte Reichspostminister Karl Stingl im Plenum des Reichstags ein »Gesetz zum Schutz des funkentelegraphischen Verkehrs« an[34]. Das angekündigte Gesetz ließ jedoch vorerst auf sich warten. Erst im Oktober 1923 war in einem Zeitschriftenbeitrag öffentlich wieder davon die Rede. Die staatlichen Verhältnisse in Deutschland, so klagte der Autor, seien nicht mit denen anderer Länder zu vergleichen. Die wichtigsten Landesteile seien vom Gegner besetzt, die Wirtschaft zerrüttet, Umsturzbewegungen bedrohten Ruhe und Ordnung, und es sei noch nicht abzusehen, wann wieder geordnete Verhältnisse in Deutschland einkehren würden. Es sei daher durchaus erklärlich, wenn eine Aufhebung der Kontrolle des Funkempfangs auch bei denjenigen Stellen Bedenken errege, die für die innere und äußere Sicherheit des Reiches verantwortlich seien, und wenn die Absicht verfolgt würde, die das Telegraphenregal schützenden Gesetze zu verschärfen[35]. Statt eines Gesetzes erzwang das Reichsinnenministerium als vorläufige Regelung, eine Verordnung nach Artikel 48 der Reichsverfassung vorzusehen. Man war nämlich der Ansicht, daß auch Empfangsanlagen mit nur geringen Veränderungen zu Sendern umgebaut werden könnten. Auf diese Weise könnte ein der Staatsgewalt entzogenes, geheimes Nachrichtennetz entstehen. Die Reichstelegraphenverwaltung erklärte sich einverstanden, konnte doch durch eine solche Verordnung der Schutz der Telegraphen- und Fernsprechgeheimnisse besser ge-

[33] Fessmann, *Rundfunk und Rundfunkrecht,* S. 52
[34] Deutsche Verkehrs-Zeitung, Nr. 14 v. 6. 4. 1923. S. 103
[35] Alfred Hartig, *Das deutsche Funkwesen.* Der Deutsche Rundfunk, Nr. 1 v. 14. 10. 1923, S. 3.

währleistet werden. Ende Juli 1923 dürfte während einer Besprechung zwischen Reichskanzler Wilhelm Cuno und Hans Bredow die Entscheidung über die erweiterten Verleihungsmöglichkeiten des Funkregals gefallen sein. Die vorläufige Regelung durch eine Notverordnung sollte nicht mehr länger hinausgezögert werden. Als Bredow auf einer Pressekonferenz am 15. Oktober 1923 die Eröffnung des Programmdienstes ankündigte, behandelte er vor allem Fragen der Empfangsgenehmigung und der Gebührenregelung. Aufgrund der in Aussicht genommenen Regelung über die »Freigabe des Funkempfangs« durfte am 29. Oktober 1923 jedermann, der eine Genehmigungsurkunde erworben hatte, das erste Programm des deutschen Rundfunks empfangen[36].

Die Rechtsgeschichte des deutschen Rundfunks beginnt nicht mit einem Gesetz, sondern mit jener bloßen Verfügung Nr. 815 des Reichspostministers, die wenige Tage vor Programmeröffnung, am 24. Oktober 1923, unter dem Titel »Einführung eines Unterhaltungs-Rundfunks in Deutschland« mit den entsprechenden Durchführungsbestimmungen an alle Postagenturen ging[37]. In vier Punkten wurden darin Erläuterungen gegeben, wie eine Genehmigung zur Errichtung und zum Betrieb einer Rundfunkempfangsanlage zu erteilen sei. Die Anträge mußten an das zuständige Fernsprechamt oder Verkehrsamt mit Fernsprechvermittlungsstelle gerichtet werden. Die Oberpostdirektionen hatten die Vordrucke für die Genehmigungsurkunden sofort mit den Merkblättern an diese Ämter zu überweisen. Ausländer konnten nur bei den zuständigen Oberpostdirektionen eine Genehmigung beantragen. Die Beschaffung der Empfangsgeräte erklärte die Verfügung zur ausschließlichen Sache der Empfänger, bei der eine Mitwirkung der Reichstelegraphenverwaltung – im Gegensatz zum Wirtschaftsrundspruch – nicht in Frage kam. Mit ihren Verfahrensanleitungen war die Verfügung Nr. 815 also keine Rechtsverordnung im eigentlichen Sinne, wohl auch keine Anstaltsnutzungsordnung, sondern vielmehr eine interne Verwaltungsordnung. Dennoch kam ihr, jedenfalls in der praktischen Handhabung, Rechtssatzcharakter und Außenwirkung zu[38]. Die Anlage 1 hielt die Bedingungen

---

[36] (Hans) Bredow, *Dem »Deutschen Rundfunk« zum Geleit!* Der Deutsche Rundfunk, Nr. 1 v. 14. 10. 1923, S. 1.

[37] Nachrichtenblatt des RPM, Nr. 117 v. 24. 10. 1923, S. 885 f.

[38] Fessmann, *Rundfunk und Rundfunkrecht*, S. 41.

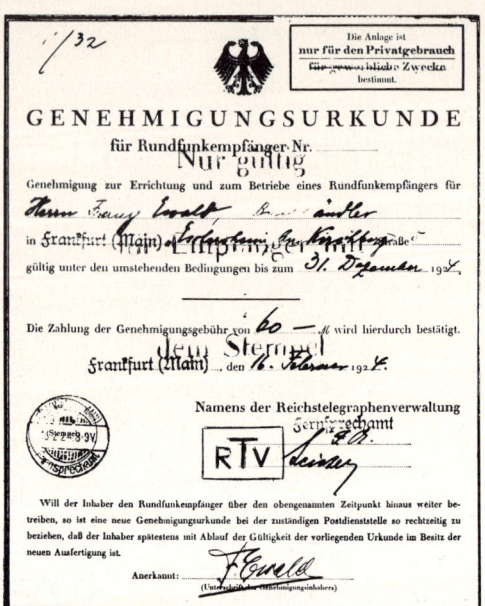

GENEHMIGUNGSURKUNDE

für Rundfunkempfänger Nr.

Nur gültig

Genehmigung zur Errichtung und zum Betriebe eines Rundfunkempfängers für

Herrn Franz Ewald, Buchhändler

in Frankfurt (Main) *Eppstein, Gartnerstraße*

gültig unter den umstehenden Bedingungen bis zum *31. Dezember* 192*4*.

Die Zahlung der Genehmigungsgebühr von *60 —* ℳ wird hierdurch bestätigt.

Frankfurt (Main) , den *16. Februar* 192*4*.

Namens der Reichstelegraphenverwaltung

Fernsprechamt

R T V

Will der Inhaber den Rundfunkempfänger über den obengenannten Zeitpunkt hinaus weiter betreiben, so ist eine neue Genehmigungsurkunde bei der zuständigen Postdienststelle so rechtzeitig zu
beziehen, daß der Inhaber spätestens mit Ablauf der Gültigkeit der vorliegenden Urkunde im Besitz der
neuen Ausfertigung ist.

Anerkannt: *F. Ewald*

(Unterschrift des Genehmigungsinhabers)

fest, unter denen Rundfunkempfangsanlagen errichtet und be-
trieben werden durften. Die Reichstelegraphenverwaltung behielt sich dieses Recht weiterhin ausdrücklich vor und gestattete
den Betrieb nur »für den besonderen Zweck des Rundfunks«[39].
Neun Bestimmungen knüpften allerdings ein dichtes Netz von
Verboten, die das verliehene Recht sofort wieder einschränkten.
Die rechtswissenschaftliche Einschätzung der Verfügung
Nr. 815 führte zu der Auffassung, daß diese erste Maßnahme
auf dem Gebiet der rundfunkrechtlichen Ordnung sich in der
Praxis als nicht wenig problematisch erwiesen hat. Nicht etwa
wegen der rechtlichen Anfechtbarkeit, die sie im Hinblick auf
ihre unzureichenden gesetzlichen Grundlagen besessen hat.
Ihre eigentliche Problematik hat vielmehr in dem tatsächlichen
Umstand gelegen, daß die Reichspost offensichtlich die Reaktion der Öffentlichkeit auf die Einführung des neuen Funkdienstes falsch eingeschätzt hatte, indem sie davon ausgegangen war,

[39] Bedingungen der Genehmigung zur Errichtung und zum Betriebe eines
Rundfunkempfängers. Anlage 1 zur Verfügung 815 v. 24. 10. 1923. Nachrichtenblatt des RPM Nr. 117 v. 24. 10. 1923.

Bedingungen

Die Benutzung und der Betrieb drahtloser Empfangsanlagen in Deutschland ist alleiniges Recht der Reichstelegraphenverwaltung (RTV) und daher für jeden anderen verboten. Für den besondere Zweck des Rundfunks wird jedoch der Betrieb einer Empfangsanlage unter den nachstehenden Bedingungen gestattet:

1. Die Übertragung der Genehmigung an einen Dritten ist unzulässig.
2. Für den Rundfunkempfang dürfen nur Gerät und Ersatzteile einschl. Röhren verwendet werden, die mit dem Stempel der RTV nach nebenstehendem Muster versehen sind.

Die vorliegende Urkunde ist nur gültig für den Empfangsapparat, der an der Vorderseite die gleiche Nummer wie die Urkunde selbst trägt.

3. Änderungen am Gerät und seinem Zubehör, Lösung etwaiger Bleiverschlüsse, Zuschaltung irgendwelcher Teile, die geeignet sind, die Einstellung der Empfangswelle zu ändern, sind verboten.
4. Durch die Rundfunkempfangsanlage dürfen die öffentlichen Telegraphen- und Fernsprechanlagen nicht gestört werden.
5. Die für den Empfänger zu errichtende Antenne darf höchstens 50 m lang sein.
6. Der Rundfunkempfänger soll nur benutzt werden zur Aufnahme der allgemeinen Nachrichten, die durch die von der RTV bezeichneten Funksendeanlagen ausgesandt werden. Eine Gewähr für die Belieferung der Rundfunkempfänger mit Nachrichten übernimmt die RTV nicht.

Die Aufnahme von Nachrichten anderer Funkstellen ist nicht gestattet.

Mitgehörter fremder Funkverkehr darf weder niedergeschrieben noch mitgeteilt oder irgendwie verwertet werden.

Der Inhaber der Urkunde hat seine Empfangsanlage bei Benutzung durch andere daraufhin zu überwachen und ihre Benutzung durch Unbefugte zu verhindern

7. Beauftragte der RTV haben das Recht, zur Prüfung die Räume und Grundstücksteile, in denen der Rundfunkempfänger und sein Zubehör sich befinden, zu betreten.
8. Wird die Genehmigungsurkunde nicht erneuert, so ist die Empfangsanlage zu beseitigen; die abgelaufene Urkunde ist dem Verkehrsamt, das sie ausgestellt hat, zurückzugeben.

Die Weiterbenutzung ohne gültige Genehmigungsurkunde ist strafbar (Tel.-Ges. vom 6. April 1892 mit Abänderungsgesetz vom 7. März 1908).

9. Zuwiderhandlungen gegen die Bedingungen haben Entziehung der Genehmigung zur Folge. Die entrichtete Gebühr wird in diesem Falle nicht zurückgezahlt.

Die Benutzung der Rundfunkanlagen kann allgemein von der RTV eingeschränkt werden.

Auf das beiliegende Merkblatt wird besonders hingewiesen.

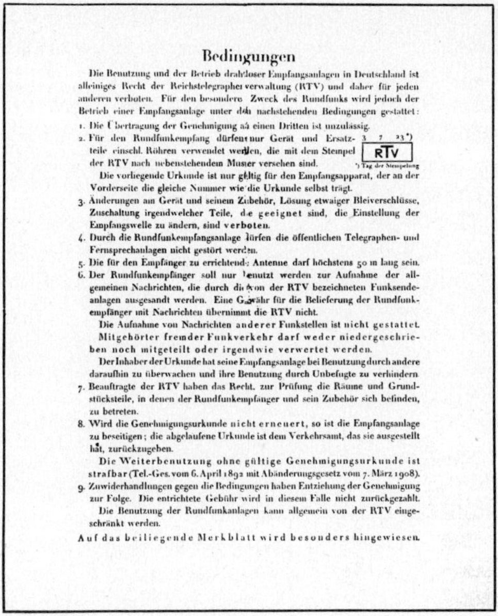

Rückseite der Genehmigungsurkunde

der Rundfunk werde einer längeren Anlaufzeit bedürfen, weshalb nicht nur der Erlaß einer bloßen »Verfügung« genügte, sondern weshalb auch fest damit gerechnet werden mußte, daß die Bevölkerung die hier für den Rundfunkempfang bestimmte strenge Reglementierung anstandslos akzeptieren werde[40].

Die Verfügung stieß bei den rundfunkbegeisterten ersten Teilnehmern, vor allem aber bei den zahlreichen Funkamateuren und Bastlern auf erheblichen Widerstand. Auch die Händler und Hersteller von Einzelteilen und Geräten und nicht zuletzt die großen Funkunternehmen haben sich an der Haltung des Reichspostministeriums und der Reichstelegraphenverwaltung nicht wenig gerieben und alsbald gemeinsame Maßnahmen getroffen, von denen noch die Rede sein wird. Jedenfalls war die Zahl der sogenannten »Zaungäste«, der Schwarzhörer, während der ersten Monate unverhältnismäßig hoch, selbst wenn man in Rechnung stellt, daß ein gewisses Trägheitsmoment auch bei gutwilligen Teilnehmern vorgelegen haben mag.

[40] Fessmann, *Rundfunk und Rundfunkrecht*, S. 42.

Die als notwendig erkannten sicherheitspolitischen Maßnahmen trieb das Reichsinnenministerium verstärkt voran und entwarf eine Verordnung zum »Schutz der Funkentelegraphie«. Der Reichspräsident erklärte sich Anfang November grundsätzlich mit einer solchen rechtlichen Ordnungsmaßnahme einverstanden. Der Entwurf zu einer solchen Verordnung lag bereits Mitte November 1923 vor.

Im Winter 1923/24 wurde das Rundfunkhören nachgerade zur Mode. Allerdings machten sich die wenigsten Hörer die Mühe, eine Genehmigung einzuholen. Das Reichspostministerium mußte befürchten, daß die Entwicklung ihm aus den Händen gleiten und die anderen Ministerien Vorwürfe erheben würden. Bredow lud deshalb zu einer Sitzung der Reichsfunkkommission ein, um die Lage nach der Eröffnung des Programmdienstes und insbesondere die geplante Notverordnung zu erörtern. Die Probleme hatte er schon zuvor in einem Brief an die Münchener Abteilung des Reichspostministeriums umrissen: »Das Rundfunkwesen beginnt, wenn auch vielleicht nur vorübergehend, sehr große Dimensionen anzunehmen. Die Durchführung einer straffen Regelung, die Überwachung der an Zahl immer mehr zunehmenden Fabrikanten und Wiederverkäufer bringt gewaltige Arbeit für die Verwaltung mit sich und verschlingt wieder einen Teil der einkommenden Gebühren.« Wer aber die Leute waren, die nun Schwierigkeiten bereiteten, sprach er deutlich aus. Nicht die einfachen Hörer, sondern niemand anders als die Amateurfunker würden sich die noch ungeregelte rechtliche Situation zunutze machen. Doch die gesetzliche Grundlage zur Lösung der von ihm so genannten »Amateurfrage« – die Funksportler wollten keine Gebühren zahlen –, sollte die geplante Verordnung schaffen. »Dies erscheint mir eine dringende Notwendigkeit«, schrieb Bredow, »da wir sonst der immer mehr sich ausbreitenden Bewegung nicht mehr Herr werden können«. Nach der neuen Verordnung sollten wie bisher außer den ausdrücklich genehmigten Rundfunkempfängern alle Funkanlagen verboten werden. Nur wenigen Ausgewählten wollte Bredow eine besondere Erlaubnis erteilt wissen. Zwar dachte er keineswegs daran, das ganze Rundfunkexperiment wieder rückgängig zu machen. Er glaube nicht, schrieb er, »daß ein Unterdrückungssystem Erfolg haben würde, und ich persönlich möchte aus vaterländischen Gründen es auch nicht vertreten, daß die technische Entwicklung des deutschen Volkes im Gegensatz zum Ausland behindert wird«. Doch der Standpunkt, daß der Funkempfang nicht regellos freigegeben werden könne, müsse unbedingt aufrechterhalten bleiben[41].

Die Sitzung der Reichsfunkkommission, es war die 23. Zusammenkunft seit 1918, fand am 23. Januar 1924 statt. Über den zweiten Punkt der Tagesordnung, die Notverordnung, berichtete zunächst der Rechtssachverständige des Reichspostministeriums, der Ministerialrat Eberhard Neugebauer. In wenigen Sätzen beschrieb er die Rechtslage und erläuterte vor allen Dingen, weshalb zunächst eine Notverordnung erlassen werden sollte und keine Novelle zum Telegraphengesetz: »Die Verfolgung verbotener Funkanlagen hat gezeigt, daß die jetzigen Bestimmungen vielfach nicht mehr ausreichen. Die Bestimmung des Begriffs ›Funkanlage‹ genügt nicht mehr. Des weiteren haben sich bei der Einziehung verbotener Anlagen Schwierigkeiten ergeben. Ferner ist auch das Zusammenwirken mit der Polizei nicht mehr zeitgemäß. Diese Mängel haben dazu geführt, an eine baldige Änderung des Telegraphengesetzes im Gesetzeswege heranzutreten. Da hierbei aber auch die Frage einer Regelung des Verkehrs mit Funkanlagen und Funkgerät geregelt werden müßte, diese Frage aber noch nicht spruchreif ist, erschien es geboten, die wichtigsten Grundvorschriften durch Notverordnungen aus Artikel 48 der Reichsverfassung zu erlassen. Daraus ergab sich von vornherein ein enger Rahmen.«[42]

Nach kurzer Diskussion einigte sich die Reichsfunkkommission, keine Änderung des Entwurfs vorzunehmen. Die Begründung des Reichspostministers, die dem Text der Notverordnung beigefügt wurde, hatte folgenden Wortlaut: »Die Zahl geheimer Funkanlagen ist in steter Zunahme begriffen. Das Bestehen solcher Anlagen gefährdet ernstlich die Sicherheit des Staates und der öffentlichen Ordnung, da sie für staatsumstürzlerische Kreise die Möglichkeit bieten, sich ein umfassendes geheimes Nachrichtennetz zu schaffen, das in Fällen von Gefahr die Durchführung von Maßnahmen der verfassungsmäßigen Regierung ernstlich gefährden kann. Die beteiligten Ressorts sind übereinstimmend der Überzeugung, daß die gegenwärtigen gesetzlichen Bestimmungen zum notwendigen Schutz der

[41] Brief Reichspostministerium an Abt. VII [München] Reichspostministerium, 11. 1. 1924. PA AA Bonn Post-, Telefon-, Telegramm- und Funkdienst, Bd. 2.

[42] Protokoll über die 23. Sitzung der Reichsfunkkommission vom 23. 1. 1924. PA AA Bonn Post-, Telefon-, Telegramm- und Funkdienst, Bd. 2.

Funkanlagen nicht ausreichen. Der Herr Reichspostminister ist der Meinung, daß schon der zur Zeit im Funkwesen bestehende Zustand eine Störung und Gefährdung der öffentlichen Sicherheit und Ordnung darstellt. Der Herr Reichspostminister beabsichtigt, im Laufe des Jahres einen Gesetzentwurf zur Regelung des Funkverkehrs vorzulegen. Bis dahin kann jedoch aus Gründen der Staatssicherheit mit dem Schutz des Funkverkehrs nicht gewartet werden, und es ergibt sich somit die Notwendigkeit einer einstweiligen Regelung nach Artikel 48 der Reichsverfassung.«[43]

Merkblatt für die Genehmigung von Rundfunkempfangsanlagen

(Dieses Merkblatt gilt als ein Teil der von der Reichstelegraphenverwaltung (RTV) für die Benutzung und für den Betrieb drahtloser Empfangsanlagen aufgestellten Bedingungen)

a) Der Antragsteller muß deutscher Reichsangehöriger sein. Ausnahmsweise können auch Angehörige solcher Länder zugelassen werden, die in der Zulassung zu ähnlichen Einrichtungen Gegenseitigkeit üben. Der Antragsteller muß ferner dem Verkehrsamt zuverlässig bekannt sein, andernfalls hat er sich über seine Person auszuweisen.

Die Genehmigung wird versagt, wenn begründeter Verdacht besteht, daß mit der Anlage Mißbrauch getrieben werden soll.

b) Genehmigungsurkunden für Minderjährige oder andere nicht vollgeschäftsfähige Personen werden **nicht** ausgestellt.

c) Die Genehmigungsurkunde wird erst nach Zahlung der festgesetzten Genehmigungsgebühr ausgehändigt.

d) Die Genehmigungsurkunde hat eine Gültigkeitsdauer von 1 Jahr, jedoch mit der Maßgabe, daß die Gültigkeitsdauer bei Genehmigungen, die im Laufe eines Vierteljahrs erteilt werden, vom Beginn dieses Vierteljahrs an läuft. Die Genehmigung erlischt also, wenn die Genehmigungsurkunde ausgestellt ist in der Zeit

    vom 1. 1. bis 31. 3., am 31. 12. desselben Jahres,
    „ 1. 4., „ 30. 6., „ 31. 3. des folgenden Jahres,
    „ 1. 7., „ 30. 9., „ 30. 6. „ „ „
    „ 1. 10., „ 31. 12., „ 30. 9. „ „ „

Die Genehmigungsurkunden über Erneuerung erloschener Genehmigungen werden durchgängig auf ein Jahr, und zwar vom Beginn eines Vierteljahrs an gerechnet, ausgestellt. Bei jeder Erneuerung der Genehmigung wird eine neue Genehmigungsurkunde ausgestellt.

e) Die Aufstellung der für Rundfunkempfänger zu errichtenden Antennen und die Einholung der hierzu erforderlichen Zustimmung der Grundstücks- oder Gebäudeeigentümer oder der an der überkreuzten oder benutzten Fläche sonst Beteiligten ist ausschließlich Sache des Inhabers einer Genehmigungsurkunde.

f) Die Antennen sind, wenn durch sie die vorhandenen öffentlichen Telegraphen- oder Fernsprechanlagen gestört werden oder der weitere Ausbau dieser Anlagen behindert wird, auf Verlangen der RTV auf Kosten der Inhaber der Genehmigungsurkunde zu verlegen.

g) Durch die Erteilung der Genehmigung zur Errichtung und zum Betriebe eines Rundfunkempfängers übernimmt die RTV keinerlei Gewähr für Belieferung der Anlage mit Nachrichten oder für das gute Arbeiten des Dienstes.

h) Durch die Stempelung der von der RTV für den Rundfunkempfang zugelassenen Geräte und Ersatzteile wird die Frage, ob bei der Herstellung dieser Geräte und Ersatzteile von der Lieferfirma irgendwelche ihr nicht gehörende Patente verletzt worden sind, in keiner Weise berührt. Der Inhaber einer Rundfunkempfangsanlage hat sich wegen aller aus etwa vorgekommenen Patentverletzungen für ihn sich ergebenden Folgen ausschließlich an die Lieferfirma zu halten.

[43] Brief Reichsinnenminister an Reichskanzlei, 3. 3. 1924. BA Kblz R 43 I Reichskanzlei. Post und Telegraphie 4. Funkerwesen, Bd. 1.

Auf Grund des Artikel 48 der Reichsverfassung verordne ich zur Wiederherstellung der öffentlichen Sicherheit und Ordnung für das Reichsgebiet folgendes:

§ 1

Sendeeinrichtungen und Empfangseinrichtungen jeder Art, die geeignet sind, Nachrichten, Zeichen, Bilder oder Töne auf elektrischem Wege ohne Verbindungsleitungen oder mit elektrischen, an einem Leiter geführten Schwingungen zu übermitteln oder zu empfangen (Funkanlagen), dürfen, soweit es sich nicht um Einrichtungen der Reichswehr handelt, nur mit Genehmigung der Reichstelegraphenverwaltung errichtet oder betrieben werden. Für die Genehmigung gelten die Vorschriften des § 2 des Gesetzes über das Telegraphenwesen vom 6. April 1892/7. März 1908 (Reichsgesetzbl. 1892 S. 467/1908 S. 79) mit der Maßgabe, daß ein Recht auf Erteilung der Genehmigung nicht besteht.

§ 2

Wer vorsätzlich entgegen den Bestimmungen dieser Verordnung eine Funkanlage (§ 1) errichtet oder betreibt, wird mit Gefängnis bestraft. Der Versuch ist strafbar.

§ 3

Wer eine elektrische Telegraphenanlage, die ohne metallische Verbindungsleitungen Nachrichten vermittelt (§§ 1, 3 Abs. 2 des Gesetzes über das Telegraphenwesen vom 6. April 1892/7. März 1908, Reichsgesetzbl. 1892 S. 467/1908 S. 79) oder eine Funkanlage im Sinne des § 1 dieser Verordnung ohne Genehmigung der Reichstelegraphenverwaltung errichtet hat oder sie ohne diese Genehmigung betreibt und binnen 4 Wochen seit dem Inkrafttreten dieser Verordnung bei der Reichstelegraphenverwaltung die Genehmigung beantragt, bleibt straflos, soweit die nach § 9 des Gesetzes über das Telegraphenwesen oder nach § 2 dieser Verordnung strafbaren Handlungen vor der Stellung des Antrags begangen sind.

§ 4

(1) Gegenstände, die zur Begehung eines Vergehens gegen die Bestimmungen des § 9 des Gesetzes über das Telegraphenwesen vom 6. April 1892/7. März 1908 und des § 2 dieser Verordnung gebraucht oder bestimmt waren, sind für das Reich (Reichstelegraphenverwaltung) einzuziehen, gleichviel wem die Gegenstände gehören und ob gegen eine bestimmte Person ein Strafverfahren eingeleitet wird.

101

(2) Die Einziehung ist durch Urteil auszusprechen. Mit der Rechtskraft des Urteils geht das Eigentum an den eingezogenen Gegenständen auf das Reich (Reichstelegraphenverwaltung) über. Rechte Dritter erlöschen. Für einen Rechtserwerb, der nach der Rechtskraft des Urteils eintritt, gelten die Vorschriften des bürgerlichen Rechts zugunsten derer, die Rechte von einem Nichtberechtigten herleiten.

§ 5

(1) Die Beamten der Staatsanwaltschaft und der Polizei können Räume, in denen sich Funkanlagen (§ 1) befinden oder vermutet werden, zur Prüfung der Anlagen und zur Durchsuchung der Räume jederzeit betreten, wenn der Verdacht einer strafbaren Handlung nach § 2 besteht. Einer Anordnung der Durchsuchung durch den Richter bedarf es nicht. Die Bestimmungen der Strafprozeßordnung über die Durchsuchung von Räumen in militärischen Dienstgebäuden bleiben unberührt.

(2) Beauftragte der Reichstelegraphenverwaltung sind berechtigt, sich an den nach Abs. 1 Satz 1 vorgenommenen Prüfungen und Durchsuchungen zu beteiligen.

§ 6

(1) Die Polizei hat unbefugt errichtete oder unbefugt betriebene Telegraphenanlagen (§ 1 des Gesetzes über das Telegraphenwesen des Deutschen Reichs vom 6. April 1892/7. März 1908) sowie unbefugt errichtete oder unbefugt betriebene Funkanlagen (§ 1 dieser Verordnung) außer Betrieb zu setzen oder zu beseitigen. Einer vorherigen Androhung bedarf es nicht. Im übrigen gelten für die Anwendung polizeilicher Zwangsmittel sowie für die Rechtsmittel gegen diese die Vorschriften der Landesgesetzgebung. Wird die Genehmigung zur Errichtung oder zum Betrieb der Anlagen nachträglich nachgesucht, so kann die Polizei mit Einwilligung der Reichstelegraphenverwaltung bis zur Entscheidung über den Antrag auf Genehmigung davon absehen, die Anlagen außer Betrieb zu setzen oder zu beseitigen.

(2) Die Polizei kann alle oder einzelne Teile einer nach dem vorstehenden Absatz außer Betrieb gesetzten oder beseitigten Anlage in amtliche Verwahrung nehmen oder sonst sicherstellen. Die Beschlagnahme tritt außer Kraft, wenn im Rechtsmittelverfahren (Abs. 1 Satz 3) die Außerbetriebsetzung oder Beseitigung der Anlage rechtskräftig aufgehoben wird. Die Bestimmungen der Strafprozeßordnung über Beschlagnahme sowie des § 4 über Einziehung bleiben unberührt.

(3) Die Bestimmungen der vorstehenden Absätze gelten auch für Anlagen, die genehmigt worden sind, jedoch binnen der von der Reichstelegraphenverwaltung bestimmten Frist nach Zurücknahme der Genehmigung nicht außer Betrieb gesetzt oder beseitigt sind.

§ 7

(1) Wer in öffentlichen Bekanntmachungen oder in Mitteilungen, die für einen größeren Kreis von Personen bestimmt sind, Sendeeinrichtungen oder Empfangseinrichtungen (§ 1) sowie für solche Einrichtungen bestimmte Einzelteile ankündigt, anpreist oder anzeigt, hat den deutlichen und ausdrücklichen Hinweis zuzufügen, daß die Errichtung und der Betrieb von Funksende- oder Funkempfangseinrichtungen im Inland ohne Genehmigung der Reichstelegraphenverwaltung verboten und strafbar ist. Bei Ankündigungen, Anpreisungen und Anzeigen in Zeitungen, Zeitschriften und Schriftwerken muß jede einzelne Ankündigung, Anpreisung oder Anzeige diesen Hinweis enthalten.

(2) Wer vorsätzlich oder fahrlässig gegen die Vorschriften des vorstehenden Absatzes verstößt, wird mit Geldstrafe oder mit Gefängnis bestraft.

§ 8

Die Vorschriften des Gesetzes über das Telegraphenwesen des Deutschen Reichs vom 6. April 1892 in der Fassung des Gesetzes vom 7. März 1908 bleiben unberührt, soweit nicht in dieser Verordnung etwas anderes bestimmt ist.

§ 9

Diese Verordnung tritt mit der Verkündung in Kraft.

Die »Verordnung zum Schutze des Funkverkehrs« vom 8. März 1924 trat am 4. April 1924 in Kraft[44]. Die Ausführungsbestimmungen wiesen eingehend auf die Verschärfung der nun ergangenen Verbote und Gebote hin. Geldstrafen konnten bis zur Höhe von 100 000 Goldmark verhängt werden. Die Durchsuchungsbestimmungen waren besonders hart formuliert. Postbeamten wurde das gleiche Recht wie Polizeibeamten zuerkannt und auch der gleiche Rechtsschutz. Damit waren zum ersten Mal seit der Einführung des Rundfunks vorübergehend notgesetzliche Bestimmungen über den Funkverkehr verkündet worden. Es wäre verfehlt, die Entstehung dieser Funknotverordnung nur mit dem Bemühen der Post zu erklären, den Funkempfang für die Öffentlichkeit gegen Genehmigung freizugeben. Die technische Entwicklung der drahtlosen Telegraphie und das wachsende Interesse der Reichstelegraphenverwaltung, für die Möglichkeiten der Telephonie neue Verkehrsaufgaben

[44] Reichsgesetzblatt 1924 I, S. 273 ff. mit Ausführungsbestimmungen im Amtsblatt des RPM, Nr. 46 v. 15. 5. 1925, S. 252.

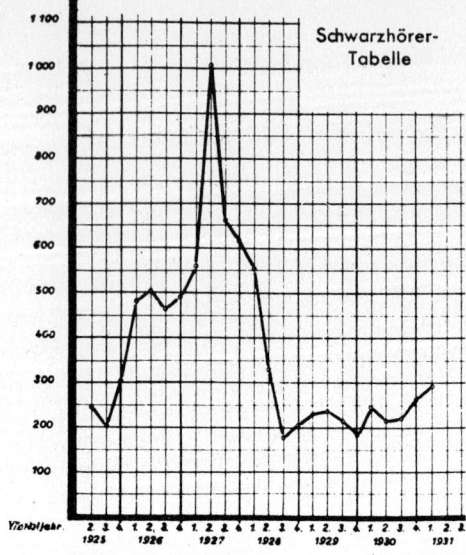

Rundfunkhören zum Nulltarif war ein verbreiteter Sport, dem die Post mit Strafanzeigen begegnete.

zu finden, hatte eine Fülle neuer Rechtsfragen mit sich gebracht. Diese Probleme ließen sich kaum noch mit den fast 30 Jahre alten Gesetzen lösen. Immerhin hat die Eröffnung des Rundfunks die Klärung wichtiger gesetzgeberischer Fragen durch diese Notverordnung nicht unwesentlich beschleunigt. Andererseits ist später von der verfassungsrechtlichen Einschätzung dieser Notverordnung her eingewandt worden, die Funkverordnung sei einer jener typischen Fälle gewesen, in welchem der Artikel 48 der Weimarer Verfassung mißbräuchlich, sogar verfassungswidrig angewandt worden sei[45]. Auf jeden Fall ist die Verordnung bereits unmittelbar nach ihrem Inkrafttreten heftiger öffentlicher Kritik ausgesetzt gewesen, vor allen Dingen von seiten der Funkamateure. Die Amateure hatten in ihren Blättern, verstärkt nach dem ersten Zusammenschluß zahlreicher kleiner Vereinigungen im »Deutschen Radio-Club« am 6. April 1923 und in dessen Zeitschrift *Der Radio-Amateur,* das Funkregal offen angefochten. Allerdings interessierte sich der größte

[45] Fessmann, *Rundfunk und Rundfunkrecht,* S. 206 mit Anm. 13a.

Teil dieser Amateure für den bloßen Rundfunkempfang, für den inzwischen besondere Bestimmungen erlassen worden waren. Entgegenkommenderweise durften die »Funkfreunde« – wie die Bezeichnung »Radio-Amateure« im amtlichen Sprachgebrauch lautete – nun auch selbstgebaute oder fertig gekaufte, ungestempelte Detektorempfänger ohne Röhren mit einer besonderen Genehmigungsurkunde (»Detektor-Versuchserlaubnis«) benutzen. Wer genügend technische Kenntnisse besaß, konnte sich einen Röhrenempfänger auch selbst bauen; hierzu erteilte die Deutsche Reichspost eine Genehmigung als »Audion-Versuchserlaubnis« in enger Zusammenarbeit mit den Funkvereinen. Auf diese Weise gewann der Rundfunk viele technisch interessierte Einzelhörer. Seit Januar 1924 standen die Amateurvereine in Verhandlung mit der Post über Erleichterungen bei der Vergabe von Genehmigungen. Sie fühlten sich durch die Funkverordnung mit ihren harten Strafandrohungen hintergangen. In ihren Blättern bezweifelten sie grundsätzlich die Notwendigkeit der Notverordnungsregelung und prangerten einzelne Bestimmungen und die Rigorosität einzelner Verbote und Gebote an.

Die Hersteller von Empfängern und Selbstbauteilen waren nicht so schnell zu befriedigen wie die Amateure. Hier waren es vor allem die im »Verband der Radio-Industrie« vereinigten kleinen Hersteller und Händler, die in ihrem Organ *Radio* gegen die Privilegierung der Großen Drei (Telefunken, Lorenz, Huth) opponierten. Sie forderten ebenfalls Baulizenzen, und einige mochten sogar schon mit der Herstellung von Empfängern und Selbstbausätzen begonnen haben; wenngleich diese Geräte gewiß nicht in allen Fällen den harten Normbestimmungen der Reichstelegraphenverwaltung entsprochen haben mögen. Jedenfalls versuchte die Rundfunkgeräteindustrie, die gestiegene Nachfrage auszunutzen und möglichst schnell ihre Geräte und Bauteile auf den Markt zu werfen. Zwar griff die Reichstelegraphenverwaltung vermittelnd in den Lizenzstreit zwischen der Industriegruppe Telefunken-Lorenz-Huth und den im Verband der Radio-Industrie zusammenarbeitenden Unternehmen ein. Doch die Goldgräberstimmung am Markt des jungen Mediums fand keine Gegenliebe bei der Post, die auf jeden Fall Ordnung in die Verhältnisse bringen wollte.

Um einerseits den Liberalisierungsparolen der Amateure und andererseits dem einen Boom für Funkgeräte witternden Verband der Radio-Industrie entgegenzutreten, hatte das Reichspostministerium bei der Planung der Notverordnung für die Aufnahme strenger Bestimmungen plädiert. Die Kritik konzentrierte sich besonders auf den § 7 der Funknotverordnung, der die Anzeigenwerbung für Funk- und Rundfunkgeräte besonderen Geboten unterwarf. Die Fachpresse nahm aufgebracht Stellung. Sie forderte im Interesse der deutschen Rundfunkindustrie eine ersatzlose Streichung dieses Paragraphen; er wirke in seiner jetzigen Fassung zugleich aufreizend und lächerlich; ein schlimmeres Produkt habe der grüne Tisch selten hervorgebracht[46].

Fünf Wochen nach dem Inkrafttreten der Funkverordnung, Mitte Mai 1924, reagierte das Reichspostministerium auf die öffentlichen Anwürfe und faßte in Briefen an den Reichsinnenminister und an den Reichsjustizminister noch einmal die Gründe zusammen, die zur Notverordnung vom April geführt hatten. Durch die Haltung der Funkfachpresse seien bereits vor dem Erlaß Unklarheiten und Irrtümer im Publikum entstanden über den Umfang des Hoheitsrechts, seine Notwendigkeit und seine Zweckmäßigkeit; auch seien die Fachzeitschriften schuld daran, daß sich im Publikum die Ansicht verbreitet habe, die Errichtung und der Betrieb von Funkanlagen stünde jedermann frei[47]. Offensichtlich hatte die Verordnung eine gewisse abschreckende Wirkung ausgeübt, und der unkontrollierte Empfang mit unkontrolliert gebauten Geräten war abgewendet worden. Deshalb entschloß sich das Reichspostministerium Ende Juli 1924, den § 7 der Funkverordnung wieder aufzuheben, denn die Gründe dafür seien »durch die inzwischen veränderte Haltung der Presse und der öffentlichen Meinung gegenüber dem Funkhoheitsrecht der Deutschen Reichspost in Wegfall gekommen ...«[48]

Der weitere gesetzliche Ausbau des Funkwesens nahm doch einen längeren Zeitraum in Anspruch. Es galt Schwierigkeiten bei der inneren Organisation des Rundfunkwesens zu überwinden, insbesondere einen Streit zwischen Reich und Ländern zu schlichten sowie eine ungeheure Fülle von Erfahrungen sowohl im öffentlichen als auch im privaten Recht zu sammeln. Erst

[46] *Die neue Verordnung zum Schutze des Funkverkehrs.* Radio für alle, Nr. 3 v. Mai 1924, S. 122.
[47] Brief Reichspostminister an Reichsinnenminister, 13. 5. 1924. BA Kblz R 43 I Reichskanzlei. Post und Telegraphie 4. Funkerwesen, Bd. 1.
[48] Ebd.

nach über einem Jahr ließen die verwaltungsrechtlichen Erfahrungen eine »Bekanntmachung über den Unterhaltungsrundfunk« durch das Reichspostministerium zu, die am 1. September 1925 in Kraft trat und die die Verfügung vom Oktober 1923 ablöste[49]. In fünf Artikeln und in eingehenden Ausführungsbestimmungen wurden auf der Grundlage der geltenden Gesetze die Bestimmungen über den Rundfunkempfang in wesentlichen Punkten gelockert.

Erst viele Jahre später kam das schon im November 1923 versprochene neue Gesetz. Es trat an die Stelle der beiden alten Gesetze und der Funknotverordnung. Am 19. Oktober 1927 legte der Reichspostminister dem Reichstag den Entwurf eines Gesetzes zur Änderung des Telegraphengesetzes mit Begründung und Gegenüberstellung des noch geltenden und des neuen Wortlauts des Gesetzes nach der Zustimmung des Reichsrates zur Beschlußfassung vor[50]. In der Begründung gab er einen kurzen Überblick über die Entwicklung auf dem Gebiet des Telegraphenrechts. Mit der Funkverordnung von 1924 sei versucht worden, zur Verhütung schwerer Schädigung des Staates und der Allgemeinheit durch geheime Funkanlagen einen Teil der wichtigsten Fragen vorläufig zu regeln. Die Erfahrung habe aber gezeigt, daß die Grundgedanken richtig gewesen seien. Die Notverordnung müßte nun durch ein Gesetz abgelöst werden. Den bisherigen Begriff »Telegraphenanlagen« löste das bis heute gebräuchliche Wort »Fernmeldeanlagen« ab; es stellte im übrigen nur eine Eindeutschung dar und änderte an der Bedeutungssubstanz nichts. Das Telegraphenregal hieß nun Fernmeldehoheit, und dieses Recht behielt sich im § 1 wieder ausdrücklich das Reich vor, seine Ausübung wurde dem Reichspostministerium oder im Bereich des Verteidigungswesens dem Reichswehrministerium übertragen. Der § 2 regelte das Recht der Verleihung und der § 6 das der Überwachung der auf Grund von Verleihungen (bisher: Genehmigungen) errichteten und betriebenen Fernmeldeanlagen. Als Gesetz über Fernmeldeanlagen vom 3. Dezember 1927 (FAG) trat das neue Recht am 1. Januar 1928 in Kraft[51]. Damit war eine lange Entwicklung abgeschlossen, wenn auch die Diskussion selbstverständlich bis in die Gegenwart weitergegangen ist.

[49] Amtsblatt des RPM, Nr. 81 v. 26. 8. 1925, S. 443 f.
[50] Archiv für Funkrecht 1928, 1, S. 52.
[51] Reichsgesetzblatt 1928 I, S. 8.

2.7. Die Deutsche Reichspost bekommt Gebühren
Ein wirtschaftliches Fundament

Die Freigabe des Rundfunkempfangs für alle hatte zwei Aspekte: auf der einen Seite die sicherheitsrechtlichen oder hoheitsrechtlichen, auf der anderen Seite finanzielle und wirtschaftliche. Die Konstruktion, die schließlich entstand, berücksichtigte tatsächlich beide Gesichtspunkte, die Wahrung der sicherheitspolitischen Interessen des Reichspostministeriums und anderer Ressorts und die Sicherung der finanzrechtlichen und wirtschaftlichen Chancen, die im Rundfunk gesehen wurden. So galten einige der wichtigsten Überlegungen der Post bei ihren Forderungen nach rechtlichem Schutz des Funkverkehrs solchen Bestimmungen, die wirtschaftliche Forderungen an die künftigen Teilnehmer legitimieren sollten. Nur wenn sich das Prinzip »Leistung/Gegenleistung« durchsetzen ließ, konnten die finanziellen Bedenken gegen einen neuen Funkdienst beim Post- und beim Finanzministerium zerstreut werden. Man argumentierte, nur wenn die Teilnehmer bereit seien, für die Empfangsgenehmigung etwas zu bezahlen, könnte sich diese neue Einrichtung das Vertrauen der Öffentlichkeit erwerben. Allerdings legten die Postjuristen von Anfang an Wert auf die Feststellung, nicht für das Programm sei zu zahlen, sondern lediglich für die Verleihung des Empfangsrechts. Eine vertragliche Bindung gegenüber den Rundfunkteilnehmern, aus der sich womöglich Ansprüche auf ein Programm hätten ableiten lassen, vermied die Post seit Bestehen der funktelephonischen Dienste.

Wie bereits dargestellt, herrschte während des Heranreifens der Pläne für die verschiedenen Funkdienste bei der Reichspost und Telegraphenverwaltung ein bestimmtes wirtschaftspolitisches Klima. Die Pläne für eine umfassende Rationalisierung von Betrieb und Verwaltung aus der Denkschrift vom 21. Februar 1922 waren inzwischen weiterverfolgt worden. Ein besonderer Sparkommissar beim Reichspostministerium überwachte die neuen Maßnahmen und war unmittelbar dem Minister unterstellt. Beraten wurde er von einem Vereinfachungsausschuß. Den Schlußstein der ganzen Entwicklung bildete dann das Reichspostfinanzgesetz vom 18. März 1924[52]. Durch dieses Gesetz wurde der Posthaushalt aus dem Reichshaushalt

---

[52] Reichsgesetzblatt 1924 I, S. 287.

gelöst. Der Post- und Telegraphenbetrieb bildete ein eigenes Unternehmen mit der Bezeichnung Deutsche Reichspost (DRP), das nach kaufmännisch-wirtschaftlichen Grundsätzen zu verwalten war. Sein Vermögen wurde ein Sondervermögen des Reichs. Es galt nun der auch von Hans Bredow häufig zitierte Grundsatz: Keine Ausgabe ohne Deckung. Nach den Beschlüssen eines Verwaltungsrats konnte der Reichspostminister Verordnungen über die Bedingungen und Gebühren für die Benutzung der Verkehrseinrichtungen erlassen. Allerdings wurde die Deutsche Reichspost deshalb noch keine Monopolverwaltung, sondern sie blieb Hoheitsverwaltung.

In der Inkubationszeit dieses Gesetzes entstand der Rundfunk. Die Erfahrungen bei den Organisationsvorbereitungen, nicht zuletzt seine erste Wirtschaftsform und die Gebührenregelung standen unter dem Eindruck der kommenden finanziellen Unabhängigkeitserklärung des Post- und Fernmeldewesens. So ergab sich das wirtschaftliche Konzept folgerichtig aus dem rechtlichen. Das Leitbild war eine Wirtschaftsführung ohne die als störend empfundene, allzusehr ins einzelne gehende parlamentarische Kontrolle. Wie die Funknotverordnung ohne Kabinettsberatung erlassen wurde und sogar die Freigabe des Empfangs lediglich durch Ressortbesprechungen erwirkt wurde, so blieben auch die finanziellen Organisationsvorbereitungen für den Rundfunk zunächst aus der breiten politischen Diskussion heraus. Es lag auf der Hand, daß unter diesen Umständen die Erschließung des Funks für Verkehrszwecke auf erhebliche Schwierigkeiten stieß. Es galt Neuland zu betreten, sowohl verwaltungsmäßig als auch wirtschaftlich, ganz abgesehen von den technischen Überraschungen, Erfolgen und Rückschlägen, mit denen ständig gerechnet werden mußte. Man mußte sich privatwirtschaftlicher Methoden bedienen, mitunter improvisieren und eigene Initiative entfalten – eigentlich keine typischen Merkmale staatsverwaltungsmäßigen Vorgehens. Stattdessen bedurfte es einer bestimmten Handlungsfreiheit innerhalb des Reichspostministeriums selbst. So unabhängig der technische Staatssekretär, wie Hans Bredow bisweilen genannt wurde, kraft seiner Stellung auch war, so sehr mußte er doch darauf bedacht sein, mit seinen Ministern – es waren immerhin drei in den entscheidenden Jahren – prinzipiell einer Meinung über die Ausgestaltung des Funkwesens zu sein. Die Funkabteilung mußte dem Minister schon finanziell einträgliche Projekte anbieten, um Mittel zu erhalten, wenn der zuständige Staatssekretär sich hier seiner privatwirtschaftlichen Vergangenheit erinnerte und auf seine Verantwortung bereits eine Garantie für den künftigen Ertrag mitlieferte.

Schon beim ersten Versuch, die Funktelephonie für einen regelmäßigen Dienst auszunutzen, wurden die wirtschaftlichen Hoffnungen nicht enttäuscht. Der »Wirtschaftsrundspruch« erwies sich als eine lohnende Einrichtung. Ähnlich wie später beim Rundfunk wurden auch hier die wesentlichen wirtschaftlichen Verhältnisse erst nach der Eröffnung des Dienstes geregelt. Die auf die Teilnehmer bezogenen Vorschriften dienten wenig später als Vorlage für die Rundfunkbestimmungen, obwohl die rechtliche Basis eine andere war und die Gebührenordnung zwangsläufig in wesentlichen Punkten anders aussah. Jene erste Regelung für einen Funkdienst blieb nicht ohne Einfluß auf die Bewältigung der gerade während der Inflation sich ständig neu stellenden Gebührenprobleme in einem völlig neuen Verwaltungsbereich. Bredow bezeichnete deshalb den Wirtschaftsrundspruch auch als den ersten, auf Leistung und Gegenleistung beruhenden und auf die Minute pünktlichen Telephonrundspruch[53]. Sein Erfolg war gleichzeitig ein bezeichnendes Merkmal für die trotz der wirtschaftlichen Not organisatorisch geschickte Haushaltspolitik des Reichspostministeriums.

Als die Pläne für die Einrichtung des Funks für alle als Saalrundfunk zur Diskussion standen, schien das Modell Wirtschaftsrundspruch für die Organisation noch durchaus geeignet. Man war sogar bereit, interessierten Firmen eine gewisse Selbständigkeit zu gewähren, denn die Kosten waren auf jeden Fall höher anzuschlagen als beim Wirtschaftsdienst mit seinem kleinen Teilnehmerkreis. Die Modellkonstruktion konnte freilich am Ende doch nicht perfekt auf den Rundfunkdienst übertragen werden, denn der Einspruch des Reichsinnen- und des Reichswehrministeriums warf alle früheren Konzeptionen der Reichstelegraphenverwaltung über den Haufen. Die Freigabe des Empfangs auf der Grundlage des Telegraphengesetzes mit verschärften, exekutiven Bestimmungen sowie die Forderung, die Reichstelegraphenverwaltung möge die Sender selbst bauen und in der Hand behalten, die Aufteilung der Sender auf neun Bezirke des Reichs – all dies brachte die Post am Ende doch noch in Bedrängnis. Ein neuer, über den »Wirtschaftsdienst«

[53] Bredow, *Rundfunkerinnerungen,* Bd. 1, S. 38. DRA Ffm Histo; Hans Bredow, *Im Banne der Ätherwellen.* Bd. 2. Stuttgart 1956, S. 167.

hinausgehender Weg mußte gefunden werden. Zwar ließen die amerikanischen Erfahrungen, das englische Beispiel und schließlich die vielversprechenden Argumente der drängenden Unternehmen der Funkindustrie für die Zukunft auf Ertrag hoffen, aber der nun von der Reichstelegraphenverwaltung selbst zu leistende Einsatz war beträchtlich. Ein Licht auf diesen Stand der Entwicklung im Frühjahr des Jahres 1923 wirft eine kurze Debatte in der Plenarsitzung des Reichstags bei der Diskussion des Posthaushalts für 1923. Ein Abgeordneter und Postbeamter, der Abgeordnete Carl Delius von der Deutschen Demokratischen Partei, kritisierte die zögernde Haltung der Post auf dem Gebiet des Funks: »Notwendig bleibt aber vor allen Dingen die Ausnutzung der Verkehrsmittel selbst, und da komme ich auf ein Verkehrsmittel, das nach meiner Meinung nicht genügend ausgenutzt wird: das ist das Funkwesen. Das Funkwesen hat in letzter Zeit einen bedeutenden Aufschwung genommen. Erhebliche Einnahmen werden aus ihm noch herausgeholt. Diese Einnahmen könnten aber unseres Erachtens noch größer sein, wenn die Monopolisierung des Reichs nicht manchmal hinderlich wäre. Ich kann mir sehr wohl denken, daß noch eine erkleckliche Summe herausgeholt werden könnte, wenn man zu demselben Verfahren wie in England, Amerika und anderen Staaten überginge, nämlich, daß eine Übertragung von Musik, Vorträgen usw. möglich wäre ... Ich glaube, die Reichspostverwaltung sollte hier ihre Zurückhaltung aufgeben.«[54]

In seiner ausführlichen Entgegnung ging der Postminister auch auf diesen gelinden Vorwurf ein: »Was den Funkverkehr anbelangt, so hat der Herr Abgeordnete Delius gemeint, man solle die Privaten mehr in Konkurrenz treten lassen. Das ist ja nun bis zu einem gewissen Grade berechtigt. Ich darf den Damen und Herren über den Funkverkehr einiges mitteilen: Deutschland bedient sich der Funktelegraphie mit Rücksicht auf seine besondere Wirtschafts- und Verkehrslage neuerdings in einem viel ausgedehnteren Maße als irgendein anderes Land. Der Funkverkehr, der sich auf fast alle europäischen Länder und auf Übersee erstreckt, hat bereits einen Umfang angenommen, den man früher nicht für möglich gehalten hätte. Deutschland ist das einzige Land, das auf Grund dieses Monopols grö-

[54] *Der Posthaushalt im Reichstag.* Deutsche Verkehrs-Zeitung, Nr. 14 v. 6. 4. 1923, S. 99.

ßere Einnahmen aus dem Funkverkehr erzielt ... Der Umfang dieses Verkehrs hat sich innerhalb eines Jahres vervielfacht.«[55]

Das Ziel des Reichspostministeriums war im Prinzip klar, während der Weg im Fall des Rundfunks ganz sicher noch Möglichkeiten offen ließ. Im Geleitwort für die Zeitschrift *Der Deutsche Rundfunk* hielt sich Bredow zurück; dennoch flocht er in die werbenden Worte über die neue Einrichtung die Sätze ein: »Zahlung von Gebühren für das Gehörte ist die selbstverständliche Voraussetzung für die Einführung des Rundfunks. Von der Zahl der Rundfunkteilnehmer wird die Höhe der Einzelgebühren abhängig sein, und von der Summe der eingehenden Gebühren die Güte der Programme und letzten Endes das Schicksal des Rundfunks. Deshalb sollte jeder, dem an dem Aufbau eines deutschen Rundfunks gelegen ist, ihn nach Kräften unterstützen und alle Bestrebungen zurückweisen, die geeignet sind, das Zustandekommen zu gefährden.«[56]

Welcher Art diese Gefährdung war, geht aus einem Artikel in der gleichen Ausgabe der gleichen Zeitschrift hervor, wo es beinahe überdeutlich hieß: »Eine allgemeine Freigabe des drahtlosen Empfanges würde bei dem heutigen Stande der Technik zweifellos eine starke Beeinträchtigung des öffentlichen Funkverkehrs und damit eine Schmälerung der Reichseinnahmen mit sich bringen ... Da der Funkverkehr der Volkswirtschaft jedoch große Vorteile bietet und dem Reich viele Billionen einbringt, wird man sich zu einem derartigen Schritt erst entschließen können, wenn ... das Telegraphengeheimnis besser gesichert ist, als dies zur Zeit der Fall ist. Es ist daher nicht zu verwundern, daß bei der Einrichtung eines deutschen Rundfunks vor allen Dingen der Wunsch berücksichtigt werden mußte, die aus dem schon vorhandenden Reichsrundfunkdienst sich ergebende Gebühreneinnahme dem Reich nicht nur zu erhalten, sondern darüber hinaus auch den neu einzuführenden Rundfunk für das geldbedürftige Reich auszubeuten.«[57]

Mit so freimütigen Argumenten wurde für die Zahlung der Gebühren um Verständnis geworben. Die Hervorhebung der Gebührenzahlung als einer Selbstverständlichkeit überrascht. Tatsächlich sahen aber einige frühe Rundfunkpläne die Gebüh-

[55] Ebd., S. 103.
[56] Bredow, *Dem »Deutschen Rundfunk« zum Geleit!* A. a. O., S. 1.
[57] Alfred Hartig, *Das deutsche Funkwesen.* Der Deutsche Rundfunk, Nr. 1 v. 14. 10. 1923, S. 3.

renfreiheit vor; im übrigen forderten ja auch die Amateure sehr prononciert einen kostenlosen Rundfunkempfang. Die Verfügung Nr. 815 vom 24. Oktober 1923 bestimmte auch erstmals eingehende Richtlinien für den Gebühreneinzug: »Für die Ermittlung einer Genehmigung für Rundfunkempfänger ist von dem Rundfunkempfänger vor Aushändigung der Genehmigungsurkunde eine Gebühr von 25 Mark Grundwert, vervielfacht mit der am Tage der Zahlung gültigen Verhältniszahl für die Berechnung der Telegraphengebühren im Verkehr mit dem Ausland, einzuziehen. In diesem Betrag ist die Gebühr für die Beschaffung und Übermittlung der Rundfunknachrichten, Musikvorführungen usw. bereits enthalten, sie wird der betreffenden Nachrichtengesellschaft von hier überwiesen werden. Irgendeine Gewähr für die Belieferung der Anlage mit Nachrichten usw. kann die RTV angesichts der Neuheit der Einrichtung nicht übernehmen.«[58]

Die Gebühr galt als Genehmigung für die Dauer eines Jahres. Die Verhältniszahlen, genannt Schlüsselzahlen, konnte der Reichspostminister selbständig und ohne Mitwirkung seines Verkehrsbeirats, des Reichsrats oder des Verkehrsausschusses des Reichstags festsetzen. Am Tage der Eröffnung des Programmdienstes lautete die Schlüsselzahl für die Berechnung der Rundfunkgebühr 14 Milliarden. Wer sich am 29. Oktober 1923 eine Genehmigung als Rundfunkteilnehmer einholte, hatte demnach 350 Milliarden Mark zu bezahlen. Nach der Währungsreform vom 21. November 1923 bestimmte eine Verordnung, daß als Schlüsselzahl vom 1. Dezember 1923 an der Goldumrechnungssatz für Reichssteuern (Steuermark) gelten sollte[59]. Für Privatteilnehmer und gewerbliche Teilnehmer galten unterschiedliche Gebührensätze. Am 1. Januar 1924 wurden die Genehmigungsgebühren erhöht. Die tastenden Versuche zu einer Ordnung des Gebührenwesens hatten zunächst kaum Erfolg. Die Erhöhung des Grundwertes von 25 auf 60 Mark für Privatteilnehmer bedeutete für manche eine bittere Enttäuschung. Bei den Amateuren ging außerdem noch das Gerücht um, eine abermalige Erhöhung auf 100 Mark stünde bevor. In einer Rundfunkzeitschrift hieß es: »Die RTV scheint sich bei diesen Erhöhungen von dem Gedanken leiten zu lassen, der augenblickliche Andrang neuer Teilnehmer, der besonders in Berlin ziemlich

[58] Nachrichtenblatt des RPM, Nr. 117 v. 24. 10. 1923, S. 885.
[59] Reichsgesetzblatt 1923 I, S. 1104.

stark sein soll, werde dauernd anhalten, und es sei Pflicht der Verwaltung, daraus sogleich den größtmöglichen Nutzen zu ziehen. Dabei wird jedoch vergessen, daß der deutsche Rundfunk noch viel zu jung ist, um heute schon Grundlage einer sicheren Kalkulation zu sein, daß es vielmehr notwendig ist, zunächst einmal den Gedanken an Verdienst zurückzustellen und dafür aus allen Kräften an einer technischen Verbesserung des Verkehrs selbst zu arbeiten.«[60]

Tatsächlich verhielt sich das Reichspostministerium von jetzt an etwas vorsichtiger bei der Gebührenbemessung. Zwar hatten neben dem Berliner Sender im Vox-Haus im März 1924 drei weitere Sender in Leipzig, München und Frankfurt am Main ihren Betrieb aufgenommen, aber die Zahl der angemeldeten Teilnehmer im gesamten Reichsgebiet betrug am 1. April 1924 noch keine 10 000. Freilich rechnete man damals offiziell mit mindestens der gleichen Anzahl Schwarzhörer. Erst als mit der Funknotverordnung vom 8. März 1924 eine rechtliche Basis mit sehr scharfen Strafbestimmungen zum Einschreiten gegen ungenehmigte Empfangsanlagen gegeben war und man gleichzeitig eine Amnestie für Schwarzhörer erlassen hatte, versuchte es die Reichstelegraphenverwaltung mit einer Gebührensenkung. Mit der Verfügung Nr. 273 vom 14. Mai 1924 galten rückwirkend ab 1. April 1924 für die verschiedenen Arten von Empfangsanlagen wieder neue, nun monatlich berechenbare Gebührensätze:

1. für Privatteilnehmer	2,00 RM
2. für Audion-Versuchserlaubnis durch	
a. Vermittlung der Funkvereine	2,00 RM
b. Vermittlung der DRP für wissenschaftliche Zwecke	2,00 RM
3. für gewerbliche Teilnehmer	
a. Händlervorführung	30,00 RM
b. Öffentliche Vorführung	30,00 RM
c. einmalige öffentliche Vorführung (pro Tag)[61]	10,00 RM

Für die monatliche Rundfunkgebühr von 2 Mark mußte 1925 ein gelernter Arbeiter gut zwei Stunden, ein ungelernter Arbei-

---

[60] Hanns Günther (d. i. Walter de Haas), *Zur Erhöhung der deutschen Rundfunkgebühren.* Radio für alle, Nr. 1 v. März 1924, S. 51.
[61] Amtsblatt des RPM, Nr. 46 v. 14. 5. 1924, S. 271.

Die Teilnahme
am
RUNDFUNK
kostet
monatlich

nur 2 REICHS MARK

45 Jahre lang kostete Rundfunkhören in Deutschland 2
Mark im Monat. Anzeige in einer Broschüre der Reichs-
Rundfunk-Gesellschaft, 1929.

ter knapp vier Stunden arbeiten. Der Durchschnittslohn eines
gelernten Arbeiters, verheiratet und zwei Kinder, in der höchsten tarifmäßigen Altersklasse und in der günstigsten Orts-
klasse, betrug 88 Pfennig; ein ungelernter Arbeiter bekam
61 Pfennig die Stunde. Zur gleichen Zeit etwa verdiente ein kleiner Angestellter im Schnitt monatlich brutto 162 Mark; ein
mittlerer Angestellter kam auf 267 Mark, ein höherer Angestellter auf 372 Mark.

Die monatlichen Kosten für andere publizistische Angebote
lagen allerdings nicht selten noch über der 2-Mark-Grenze. Unter den Tageszeitungen kostete ein Monatsabonnement für Ullsteins *Berliner Morgenpost* 2,50 Mark, das KPD-Organ *Die
Rote Fahne* 2,60 Mark; zweimal täglich erscheinende Blätter,
wie das SPD-Organ *Vorwärts,* kosteten 3 Mark und Scherls
Berliner Lokal-Anzeiger 3,75 Mark. Sowohl die *Berliner Illustrirte Zeitung* als auch die *Arbeiter-Illustrierte Zeitung* waren
für 2 Mark im Monat zu haben. Wer die Rundfunkzeitschrift
Der Deutsche Rundfunk beziehen wollte, mußte noch einmal
2 Mark im Monat anlegen; allerdings waren der *Arbeiterfunk*
und *Die Sendung* oder auch die funkeigene *Funk-Stunde* we-

sentlich billiger: sie kosteten nur 90 Pfennig im Monat. Die
Berliner und die Hamburger gingen fast jeden Monat einmal ins
Kino; die Deutschen sahen sich im Schnitt beinahe jeden zwei-
ten Monat einen Spielfilm an. In Berlin betrugen damals die
Eintrittspreise durchschnittlich 86 Pfennig, im übrigen Reichs-
gebiet 69 Pfennig. Das Kinovergnügen kam den Berlinern im
Monat also um mehr als die Hälfte billiger als das Radiover-
gnügen.

Ein rasches Anwachsen der Rundfunkhörerschaft war zunächst nur in den Großstädten, besonders in Berlin, zu verzeichnen[62].

TABELLE 1: RUNDFUNKTEILNEHMER 1923–1926

Datum	OPD Berlin	Reichsgebiet
1. 12. 1923	253	467
1. 4. 1924	601	9 895
1. 7. 1924	74 406	99 011
1. 10. 1924	107 327	279 257
1. 4. 1925	316 238	778 868
1. 4. 1926	522 461	1 205 310

Das Publikum, aber auch Handel und Industrie sollten im
Sinne der neuen Bestimmungen in jeder Weise umworben und
mit dosierten Zugeständnissen als Rundfunkteilnehmer gewonnen werden. Bereits bei dieser ersten wirtschaftlichen Neuordnung war zum 1. April 1924 der bis zum 31. Dezember 1969
gültige Gebührensatz von 2 Mark monatlich gefunden worden.
Das Geld wurde durch den Postboten im voraus eingezogen –
eine Regelung, die noch bis zum Jahre 1975 galt. Auch Gebüh-
renerlasse waren nach dieser Neuordnung möglich; durch das
Reichspostministerium konnten beispielsweise die Gebühren
zu Werbezwecken der Funkindustrie erlassen werden, durch
die Postämter für Blinde, Schwerbeschädigte, Krankenhäuser
und Heime sowie für Beamte der Post oder auch für einzelne
Wissenschaftler, wenn besonderes Interesse an deren Arbeit
bestand.

[62] (Hermann) Thurn, *Der Rundfunk in Berlin.* Archiv für Post und Telegraphie 1926, 6, S. 125.

Die Hersteller hatten eine besondere Genehmigung einzuholen, wenn sie Rundfunkgeräte vorführen wollten. Sie hatten in ihren Anträgen an das Reichspostministerium die deutsche Staatsangehörigkeit nachzuweisen, ferner, daß Kapital und Leitung überwiegend in deutscher Hand lagen. Sie mußten im Firmenregister eingetragen sein und persönlich sowie finanziell die Vorbedingungen erfüllen, die für eine einwandfreie Produktion die nötige Gewähr boten. Unternehmen, die noch nicht auf elektrotechnischem Gebiet gearbeitet hatten und nur die günstige Marktlage ausnützen wollten, sollten für eine Genehmigung im allgemeinen nicht in Frage kommen. Bis Ende November 1923 hatten insgesamt 41 Firmen, davon 28 in Berlin und dreizehn im übrigen Reichsgebiet, eine Zulassung erworben. Ihre Namen mußten in zwei Fachzeitschriften veröffentlicht werden. Die Firmen mußten sich ihr Gerät und auch fertige Empfänger beim Telegraphentechnischen Reichsamt mit einem Prüfungsstempel versehen lassen. Die Gebühren für Stempelung und Prüfung von Geräten und Ersatzteilen waren relativ hoch. Sie staffelten sich nach der Art des Geräts. Neben Einzelgebühren hatte jede Firma für ihre Zulassung eine einmalige Pauschale zu entrichten, die ausdrücklich als Zuschuß für die Kosten der von der Post zu errichtenden und zu betreibenden Sender verstanden wurde. Diese Pauschale betrug 2500 Mark. Die laufende Gebühr für eine Vorführgenehmigung betrug 30 Mark monatlich.

Wenngleich die Post keine Verantwortung für die technische Güte oder Sicherheit der Empfangsanlagen übernehmen wollte, suchte sie dennoch sehr bald den Kontakt mit den hierfür zuständigen Einrichtungen, vor allem mit dem Verein Deutscher Elektrotechniker (VDE). Mitte Februar 1924 fand eine erste Besprechung über die Ausarbeitung von Richtlinien durch besondere Kommissionen des Vereins statt. Die Kommissionen hatten über Vorschriften für den Bau von Außenantennen, für die Errichtung von Innenanlagen sowie für die Herstellung von Empfängern und Einzelteilen zu beraten, und schließlich sollten sie Störungsursachen erforschen[63].

Die Gebühren bildeten von Anfang an die wirtschaftliche Grundlage des Mediums. Die Einnahmen aus der Rundfunkwerbung sollten nur eine geringe Rolle spielen. Die Post kas-

[63] *Der Rundfunk und der Verein Deutscher Elektrotechniker.* Der Deutsche Rundfunk, Nr. 9 v. 2. 3. 1924, S. 286.

sierte die Gebühren und überwies sie den einzelnen Rundfunkgesellschaften anteilmäßig für deren Ausgaben. Hierzu gehörten einmal die Kosten für den technischen Betrieb, darunter die an die Post rückzuvergütenden Senderbau- und betriebskosten, sowie Leitungskosten; ferner die Verwaltungs- und Programmkosten, die Steuern und Versicherungen, die Rückstellungen und Überschüsse und nicht zuletzt die Abgaben an die gemeinschaftliche Dachorganisation, die Reichs-Rundfunk-Gesellschaft mbH (RRG). Nach Artikel 10 ihrer Betriebsgenehmigung bekam jede Rundfunkgesellschaft von der Deutschen Reichspost 60 Prozent der in ihrem Sendegebiet aufkommenden Gebühren, solange die Teilnehmerzahl die 100000 nicht überstieg. Diesem Grenzwert konnten für jede neue Sendeanlage im Bereich einer Rundfunkgesellschaft 50000 Teilnehmer zuaddiert werden. Von den Gebühren weiterer Teilnehmer jenseits dieser Grenzwerte bekam die Gesellschaft jeweils die Hälfte zugewiesen. Dieser Verteilerschlüssel sollte von der Deutschen Reichspost ohne weitere Diskussionen noch mehrfach geändert werden: zum 1. Oktober 1929, zum 1. Januar 1930 und zum 1. Januar 1932[64].

Die Bestimmung ihrer Sendegebiete war deshalb für die Rundfunkgesellschaften schon früh eine existentielle Frage und für die Funkabteilung im Reichspostministerium nicht ohne Prestigewert, denn sie wollte mit dem neuen Funkdienst möglichst rasch verdienen. Die normale Reichweite eines 1 kW-Senders im Umkreis von 150 km und die eines Nebensenders (0,25–0,5 kW) von 100 km war eine erste sendertechnische und bauwirtschaftliche Bestimmungsgröße für die Aufteilung in die Rundfunkbezirke. Hinzu kamen aus der postalischen Verwaltungsstruktur die Gebietseinheiten der Postscheckamtsbezirke und vor allem der Oberpostdirektionsbezirke. Bei der Bildung der ersten Gebühreneinzugsgebiete oder »Sendebezirke«, wie sie damals meist genannt worden sind, wurden die 45 OPD-Bezirke freilich oft noch einmal halbiert, in einem Fall sogar gedrittelt. Bereits im Jahr 1924 stand die Organisation dieser Sendebezirke[65], zu deren Vorbild zweifellos auch das Organisationskonzept von Ernst Ludwig Voss für seinen Saalfunk aus dem Jahr 1922 gedient hatte, wie folgt fest.

---

[64] Gerhard Laurisch, *Der Rundfunk als Arbeitgeber.* Jena 1933, S. 84 ff.
[65] Nach: *Übersichtskarte über das Deutsche Rundfunknetz.* In: *Das Deutsche Telegraphen-, Fernsprech- und Funkwesen 1899–1924.* Berlin 1925, S. 103.

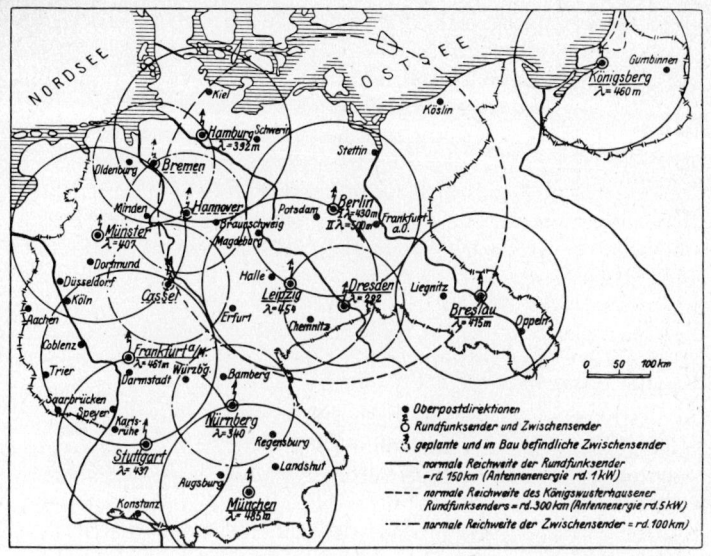

Die Reichweite eines 1 kW-Senders von rund 150 km war die Bestimmungsgröße für die Abgrenzung der Sendebezirke und der Gebühreneinzugsgebiete. Karte von 1924.

Norddeutscher Sendebezirk

Das Gebühreneinzugsgebiet setzte sich zusammen aus den preußischen und mecklenburgischen OPD-Bezirken Berlin, Potsdam und je der Hälfte der OPD-Bezirke Magdeburg, hier dem preußischen Regierungsbezirk Magdeburg entsprechend, Schwerin, Stettin und Frankfurt an der Oder. Ab 1926 gehörten die Bezirke Stettin und Frankfurt an der Oder ganz zum Norddeutschen Sendebezirk. Die Hälfte von Schwerin ging 1928 an den Niederdeutschen Sendebezirk (Hamburg). Sitz der Rundfunkgesellschaft war Berlin.

Ostmarken-Sendebezirk

Das Gebühreneinzugsgebiet setzte sich zu Anfang nur zusammen aus den preußischen OPD-Bezirken Königsberg und Gumbinnen. Im Hinblick auf die erwünschte und erhoffte Verbesserung der Fernmeldeverbindungen zur Post- und Telegraphenverwaltung der seit 1920 vom Reich abgetrennten Freien Stadt Danzig sowie zur Versorgung der Bevölkerung im polnischen Korridor zur Ostsee, war offenbar einmal daran gedacht worden, in Köslin eine Rundfunkgesellschaft zu gründen mit dem OPD-Bezirk Köslin, dem halben Bezirk Stettin und dem Bezirk Danzig. Dieser politisch illusionäre Plan geriet bald in Vergessenheit. Der Bezirk Köslin wurde dem Ostmarken-Sendebezirk zugeteilt; die Hälfte von Stettin ging an den Norddeutschen Sendebezirk (Berlin). Sitz der Rundfunkgesellschaft war Königsberg.

Das Problem der Rundfunkversorgung von Danzig wurde erst im Jahr 1926 gelöst. Durch Vermittlung des Rundfunk-Kommissars kam es am 1. Juli 1926 zu einem ersten Vertrag zwischen der Post- und Telegraphenverwaltung (PTV) Danzig und der Königsberger Rundfunkgesellschaft (Orag). Danach erhielt die PTV Danzig von der RTV einen betriebsfertigen Sender zunächst leihweise zur Verfügung gestellt, der am 20. September 1926 feierlich eröffnet wurde. Die PTV war berechtigt, mit diesem Sender Programme der Orag zu verbreiten. Als Sendebezirk wurde das Staatsgebiet der Freien Stadt Danzig bestimmt. Die dort aufkommenden Teilnehmergebühren sind offenbar unmittelbar von der PTV Danzig an die Orag in Königsberg überwiesen worden, und zwar 0,75 Reichsmark je Danziger Teilnehmer[66].

Schlesischer Sendebezirk
Das Gebühreneinzugsgebiet setzte sich zusammen aus den preußischen OPD-Bezirken Breslau, Liegnitz und Oppeln. Sitz der Rundfunkgesellschaft war Breslau.

Mitteldeutscher Sendebezirk
Das Gebühreneinzugsgebiet setzte sich zusammen aus den preußischen, sächsischen, thüringischen, anhaltischen und braunschweigischen OPD-Bezirken Leipzig, Dresden, Chemnitz, Erfurt und Halle, der Hälfte des OPD-Bezirks Magdeburg, entsprechend dem Land Anhalt, sowie einem Drittel des OPD-Bezirks Braunschweig; dieses Drittel ging 1928 an den Niederdeutschen Sendebezirk (Hamburg). Sitz der Rundfunkgesellschaft war Berlin.

[66] (Hans Bredow), »... *angeschlossen der Landessender Danzig*«. Welt-Rundfunk 1939, 4, S. 4ff.

Bayerischer Sendebezirk

Das Gebühreneinzugsgebiet setzte sich zusammen aus den bayerischen OPD-Bezirken München, Landshut, Augsburg, Regensburg und Nürnberg; zunächst war offenbar einmal vorgesehen gewesen, Würzburg dem Südwestdeutschen Sendebezirk (Frankfurt) zu überlassen, was jedoch durch den ersten, von der Abteilung München des RPM in Nürnberg gebauten Nebensender überholt wurde. Bayern mußte zunächst auch auf seinen dem bayerischen Regierungsbezirk Pfalz entsprechenden OPD-Bezirk Speyer verzichten, doch konnte die bayerische Regierung der französischen Militärregierung die Zustimmung für den Bau eines Senders in der besetzten Pfalz bei Kaiserslautern abringen, der am 1. Mai 1928 als »Pfalzsender« offiziell eröffnet wurde. Die DRP hatte der Deutschen Stunde in Bayern am 30. Dezember 1927 bereits eine neue Genehmigung zur Benutzung der Sender in München, Nürnberg, Augsburg und Kaiserslautern ausgestellt. In diesem Zusammenhang bekam Bayern je eine Hälfte des OPD-Bezirks Speyer vom Süddeutschen und vom Südwestdeutschen Sendebezirk zurück. Sitz der Rundfunkgesellschaft war München.

Süddeutscher Sendebezirk

Das Gebühreneinzugsgebiet setzte sich zusammen aus der württembergischen OPD Stuttgart, dem badischen OPD-Bezirk Konstanz und zunächst jeweils der Hälfte des badischen OPD-Bezirks Karlsruhe und des bayerischen OPD-Bezirks Speyer. Die zweite Hälfte des Bezirks Karlsruhe bekam Stuttgart zum 1. Januar 1929 zugeteilt, während der halbe Bezirk Speyer bereits ein Jahr zuvor dem Bayerischen Sendebezirk zugeschlagen worden war[67]. Sitz der Rundfunk-Gesellschaft war Stuttgart.

Südwestdeutscher Sendebezirk

Das Gebühreneinzugsgebiet setzte sich anfangs zusammen aus den preußischen, hessischen, waldeckischen (bis zum 1. April 1929) und badischen OPD-Bezirken Frankfurt, Darmstadt, Koblenz und Trier, jeweils einer Hälfte der Bezirke Karlsruhe und Köln sowie zwei Dritteln des Bezirks Kassel und einem Drittel des Bezirks Dortmund; geplant war noch die Hinzu-

[67] Sibylle Grube, *Rundfunkpolitik in Baden und Württemberg 1924 bis 1933*. Berlin 1976, S. 20f.

nahme des Bezirks Würzburg und des halben Bezirks Speyer. Sitz der Rundfunkgesellschaft war Frankfurt am Main.

Die geographische Qualität des Südwestdeutschen Sendebezirks war immer problematisch. Entsprechend lange dauerte es, bis die Grenzbestimmung für das Gebühreneinzugsgebiet der Frankfurter Rundfunkgesellschaft zu einem gewissen Abschluß kommen konnte. Würzburg blieb wohl von Anfang an beim Bayerischen Sendebezirk. Das eine Drittel des OPD-Bezirks Dortmund wurde möglicherweise gegen das fehlende Drittel des Bezirks Kassel vom Westdeutschen Sendebezirk im Zusammenhang mit dem Nebensenderbau in Kassel und in Dortmund in Jahre 1925 eingetauscht. 1928 ging die Hälfte vom OPD-Bezirk Speyer an den Bayerischen Sendebezirk, und zum 1. Januar 1929 die nördliche Hälfte des OPD-Bezirks Karlsruhe an den Süddeutschen Sendebezirk. Den Südwestdeutschen Sendebezirk bildeten also nach 1929 die OPD-Bezirke Frankfurt, Kassel, Darmstadt, Koblenz und Trier[68].

Westdeutscher Sendebezirk

Das Gebühreneinzugsgebiet setzte sich zusammen aus den preußischen, oldenburgischen, braunschweigischen und lippischen OPD-Bezirken Münster, Minden, Oldenburg und zwei Dritteln des Bezirks Dortmund, jeweils einem Drittel der Bezirke Braunschweig und Kassel sowie der Hälfte des OPD-Bezirks Köln. Das fehlende Drittel des OPD-Bezirks Dortmund wurde gegen das eine Drittel des OPD-Bezirks Kassel im Zusammenhang mit den Nebensenderbauten in Dortmund (»Ruhrsender«) und Kassel im März 1925 mit Frankfurt getauscht. Nach dem Abzug der französischen Besatzung aus der Kölner Zone und der Verlegung des Gesellschaftssitzes von Münster nach Köln kam noch der OPD-Bezirk Aachen zum Westdeutschen Sendebezirk. Frankfurt gab 1927 seine Hälfte des Kölner OPD-Bezirks an Köln ab. Im folgenden Jahr mußte sich Köln vom OPD-Bezirk Oldenburg und von seinem Drittel am OPD-Bezirk Braunschweig trennen; die Gebiete wurden dem Niederdeutschen Sendebezirk (Hamburg) zugesprochen[69].

[68] Ansgar Diller, *Der Frankfurter Rundfunk 1923–1945 unter besonderer Berücksichtigung der Zeit des Nationalsozialismus.* Frankfurt (Main) 1975, S. 178 ff.
[69] Wolf Bierbach, *Rundfunk zwischen Wirtschaftsinteressen und Politik.* Phil. Diss. Münster 1980, S. 432 ff.

Sitz der Rundfunkgesellschaft war, solange das besetzte Gebiet, der Brückenkopf Köln mit einer 30 km-Zone auf der rechten Rheinseite, nicht zugänglich war, Münster.

Niederdeutscher Sendebezirk

Das Gebühreneinzugsgebiet setzte sich zusammen aus dem preußischen, hamburgischen, bremischen, lübeckischen und den mecklenburgischen, braunschweigischen OPD-Bezirken Hamburg, Bremen, Hannover, Kiel, dem halben Bezirk Schwerin und einem Drittel des Bezirks Braunschweig. Sitz der Rundfunkgesellschaft war Hamburg.

Exemplarisch für eine Reihe ähnlicher Fälle sei hier kurz geschildert, wie es im Jahre 1928 zu einer Reorganisation der norddeutschen Sendebezirke kam. Mit einem Brief vom 5. Januar 1928 wandte sich der Aufsichtsratsvorsitzende der Nordischen Rundfunk AG (Norag), Friedrich Blonck, in Hamburg an den Rundfunk-Kommissar des RPM und bat, »die Abgrenzung des Norag-Sendebereichs einer erneuten Prüfung zu unterziehen«[70]. Blonck brachte Verständnis dafür auf, daß während der Rheinlandbesetzung die Rundfunkgesellschaft in Münster nicht lebensfähig gewesen wäre, »wenn man ihr nicht nach Norden einen gewissen Spielraum gegeben hätte«. Das sei eine »freundschaftliche Vereinbarung« gewesen. Der Nebensender Bremen sei freilich dadurch unrentabel geworden. Hamburg habe auch anderen Bezirken Mittel für die Unterstützung Bremens abziehen müssen. Blonck bat deshalb, den OPD-Bezirk Oldenburg ganz dem Norag-Bezirk zuzuschreiben; ferner möge man die Halbierung der Gebühren aus dem OPD-Bezirk Schwerin (die andere Hälfte der Gebühren ging nach Berlin) und die Drittelung der Gebühren aus dem OPD-Bezirk Braunschweig (ein Drittel ging nach Münster-Köln, ein Drittel nach Leipzig) aufheben und die Bezirke Schwerin und Braunschweig ebenfalls ganz dem Norag-Bezirk zuteilen. Eine Reihe kulturpolitischer und programmorganisatorischer Gründe wurde zur Illustration dieser Wünsche angeführt. Die Angelegenheit war aber offensichtlich längst perfekt, und die Korrespondenz hatte nur förmlichen Charakter, denn der Rundfunk-Kommissar ant-

---

[70] Brief Nordische Rundfunk AG (Blonck) an Rundfunk-Kommissar RPM (Bredow), 5. 1. 1928. BA Kblz R 78/609.

wortete schon nach gut einer Woche, er sei bereit, sich dafür einzusetzen, »daß die Bezirke der OPD Oldenburg, Braunschweig und Schwerin ungeteilt dem Bezirk der Norag hinzugefügt werden.«[71] Im letzten Satz des 6-Zeilen-Briefs vom 16. Januar 1928 wies Bredow jedoch darauf hin, daß sich die Abgaben an die RRG als die zentrale Dachorganisation der Rundfunkgesellschaften, gleichzeitig jedoch eine Art Finanzvogtei der DRP für den Rundfunk, entsprechend erhöhen würden. Die Arrondierungsaktion gelang tatsächlich mit Wirkung vom 1. April 1928. Durch die Gebühren der Oldenburger Teilnehmer wurde die ständige Alimentierung des Nebensenders Bremen durch die Norag beendet.

Die zehnte Rundfunkgesellschaft, die Deutsche Welle GmbH als zentrale Rundfunkgesellschaft, zunächst für Preußen, schließlich für das gesamte Reichsgebiet gedacht, deren Sendeanlagen auf preußischem Gebiet, in Königs Wusterhausen, bald auch in Zeesen, lagen, gehörte bei Programmeröffnung im Januar 1926 zu 70 Prozent ihres Gesellschaftskapitals dem Reich, treuhänderisch verwaltet durch die RRG, zu 30 Prozent dem Land Preußen. Deshalb wurde dieses Rundfunkunternehmen über die RRG mit Beiträgen finanziert, die anfangs 5 Prozent der Gebühren betrugen, die bei den auf preußischem Gebiet ansässigen regionalen Rundfunkgesellschaften anfielen; später wurde der Prozentsatz wiederholt erhöht[72]. Sitz der Rundfunkgesellschaft war Berlin.

Die Deutsche Reichspost behielt vom Gebührenaufkommen als Entgelt für die Betriebsgenehmigungen und für ihre Inkassoverwaltung stetig wachsende Anteile ein. Die Anteile wuchsen von 40 Prozent (1924/25) auf 42,9 Prozent (1925/26 und 1926/27), dann auf 47,9 Prozent (1927) und blieben wieder zwei Jahre (1928 und 1929) gleichbleibend bei 45,8 Prozent. Im Jahre 1930 behielt die Deutsche Reichspost erstmals mehr als die Hälfte (52,6 Prozent) der Gebühren ein, der Anteil wuchs später auf 60,5 Prozent (1931) und 57,0 Prozent (1932) an. Die Rundfunkgesellschaften bekamen also ab 1930 nicht einmal mehr die Hälfte der Gebühren auf ihre Konten überwiesen und mußten

[71] Brief Rundfunk-Kommissar RPM (Bredow) an Friedrich Blonck, 16. 1. 1928. BA Kblz R 78/609.
[72] Kurt Magnus, *Die Organisation der Deutschen Welle*. In: *Jahrbuch der Deutschen Welle G. m. b. H. 1928*. Berlin o. J., S. 26–28, sowie *Bericht des Rundfunk-Kommissars des RPM über die Wirtschaftslage des deutschen Rundfunks am 31. März 1927*. Berlin o. J., S. 20.

außerdem noch die RRG mitfinanzieren. In den ersten neun Jahren seines Bestehens, von 1924 bis 1932, brachte der Rundfunk der Deutschen Reichspost von den gut 500 Mio RM, die von Hörerinnen und Hörern eingezahlt wurden, allein 261 Mio RM ein; die Rundfunkgesellschaften bekamen im gleichen Zeitraum insgesamt 246 Mio RM zugeteilt[73].

Wegen dieser Abhängigkeit vom Gebührenaufkommen, die die Zuteilungspolitik der Reichspost noch verschärfte, lag den Rundfunkgesellschaften die Qualität ihrer Märkte – als solche können ihre Gebühreneinzugsgebiete durchaus verstanden werden – sehr am Herzen. Aufgrund der unterschiedlichen Teilnehmerdichte sowie der unterschiedlichen sozialen und wirtschaftlichen Lage der Sendegebiete entstanden finanziell kräftige und finanziell schwache Unternehmen. Das Konzept des Finanzausgleichs zwischen armen und reichen Gesellschaften, bis heute ein unverzichtbares Merkmal des deutschen Rundfunks, wurde damals entwickelt. Die Teilnehmer- oder Hörerzahlen, die Streuungs- und Ballungsverhältnisse sowie die gesellschaftliche Struktur der Hörerschaft wurden zu Leitdaten der finanz- und wirtschaftspolitischen Entscheidungen. Da die Post den Gebühreneinzug verwaltete, besaß sie über ihre Oberpostdirektionen jeweils die früheste und zuverlässigste Kenntnis über die Teilnehmerbewegungen; sogar für diese Information blieben die Rundfunkgesellschaften auf die Post angewiesen. Die Teilnehmerdichte, hier ausgedrückt als die Anzahl der Rundfunkteilnehmer auf 100 Einwohner, betrug Ende 1926 im Deutschen Reich 1,5. Fünf Jahre später, Ende 1931, kamen 4,6 Teilnehmer auf 100 Einwohner. In der Bundesrepublik Deutschland kamen Ende 1976 rund 34 Teilnehmer auf 100 Einwohner. Im einzelnen gab es und gibt es bis heute sehr große gebiets- und gesellschaftsbedingte Unterschiede[74].

Die Berliner Rundfunkgesellschaft blieb während der Weimarer Republik das Unternehmen mit der größten Teilnehmerdichte. Die Reihenfolge der Gründung und Betriebseröffnung spielte für die Rangordnung nur eine untergeordnete Rolle. Für Münsters Rangplatz mag die Lage im besetzten Ruhrgebiet und

---

[73] Berechnungen nach Hans Bredow, *Vergleichende Betrachtungen über Rundfunk und Fernsehen.* Heidelberg 1951, S. 51.
[74] Berechnungen nach (Hans) Bredow, *Vier Jahre deutscher Rundfunk.* Berlin o. J. (1927), S. 131, sowie Erich Glässer, *Die Rundfunkreklame in Deutschland.* Augsburg 1933, S. 38 f.

im Rheinland ausschlaggebend gewesen sein. Nicht unwichtig war die Verteilung der vorwiegend städtischen und vorwiegend ländlichen Oberpostdirektionen in einzelnen Sendebezirken für deren Teilnehmerdichte und damit für die Wirtschaftskraft des einzelnen Rundfunkunternehmens. Ende 1931 hatte sich das Bild aber schon in charakteristischer Weise geändert. Die Rangordnung war für die Wirtschaftsstruktur des Rundfunks bis fast Ende der dreißiger Jahre typisch: Die drei großen Reichssender waren in Berlin, Köln und Hamburg, die mittleren in Leipzig, Breslau und Frankfurt, die drei kleinen in München, Stuttgart und Königsberg.

TABELLE 2: TEILNEHMERDICHTE IM DEUTSCHEN REICH 1926 UND 1931
(Rundfunkteilnehmer auf 100 Einwohner)

Rundfunk-gesellschaft	Stand OPD[*] 1926		Rundfunk-gesellschaft	Stand OPD[*] 1931	
Funk-Stunde			Funk-Stunde		
Berlin	3.0	(11.2)	Berlin	7.0	(14.8)
Norag Hamburg	2.0	(4.8)	Norag Hamburg	5.8	(12.4)
Schlesische Funkstunde Breslau	1.5	(2.8)	Schlesische Funkstunde Breslau	3.7	(5.5)
Mirag Leipzig	1.4	(3.5)	Mirag Leipzig	5.2	(8.9)
Deutsche Stunde in Bayern München	1.1	(3.2)	Deutsche Stunde in Bayern München	2.9	(7.3)
S.W.R. Frankfurt	1.0	(3.5)	S.W.R. Frankfurt	3.7	(7.2)
Wefag Münster	0.7	(1.1)	Werag Köln	6.3	(8.9)
Sürag Stuttgart	0.5	(0.9)	Südfunk Stuttgart	2.7	(3.1)
Orag Königsberg	0.5	(1.0)	Ostfunk Königsberg	2.1	(3.3)
Reichsgebiet ∅	1.5		Reichsgebiet ∅	4.6	

[*] Dichte im OPD-Bezirk am Sitz der Rundfunkgesellschaft.

2.8. Rundfunkwirtschaftliche Verbandspolitik
Die Organisation des Markts

Der Handel mit Geräten und Zubehör hatte schon wenige Wochen nach der Eröffnung des Programmdienstes sich auszudehnen begonnen. Elektrogeschäfte und Musikalienhandlungen, die inzwischen auch Plattenspieler führten, waren die ersten Zwischenhändler. Am 10. Dezember 1923 organisierten sie in Berlin eine Vereinigung, den Verband Deutscher Radiohändler e. V. Als Zweck wurde angegeben:

1. Zusammenschluß der Händler und Grossisten zur Wahrnehmung der sich aus dem Empfängerhandel ergebenden kaufmännischen und technischen Fragen;
2. Ausbau des Sendeprogramms zur Erweiterung der Vorführmöglichkeiten;
3. Interessenvertretung gegenüber Behörden, Fabrikanten und Kollegen;
4. Mitwirkung bei der Veranstaltung von technischen und belehrenden Vorträgen[75].

Aus dieser Übersicht wird deutlich, daß der Verband auch an eine Einflußnahme auf das Rundfunkprogramm dachte. Außerdem hatte er sich zur Aufgabe gemacht, die Rundfunkgeräte aus den Luxussteuerbestimmungen herauszuhalten; er forderte, die Empfänger als Bedarfsartikel anzuerkennen. Tatsächlich entschied der Reichsfinanzminister wenig später in diesem Sinne[76].

Anfang 1924 bestanden schon vier Verbände im Bereich der Rundfunkwirtschaft: Die Großindustrie hatte im Zentralverband der deutschen elektrotechnischen Industrie eine eigene Fachgruppe »Radio« gegründet; die kleinen Hersteller ließen sich durch den Verband der Radio-Industrie und die Einzelhändler durch den Verband Deutscher Radiohändler vertreten, während eine Gruppe von Großhändlern Mitte Februar 1924 einen eigenen Verband gründete. Alle Verbände bemühten sich darum, auf dem Markt etwas Ordnung zu schaffen. So distanzierte sich der Händlerverband am 11. März 1924 ausdrücklich von solchen Kollegen, die – in Anlehnung an die Bezeichnung »Schwarzhörer« – mit dem Namen »Schwarzhändler« belegt worden waren. Die von der Reichstelegraphenverwaltung nicht zugelassenen Händler sollten von der Reichspost aufgespürt werden[77].

Die Preise für Rundfunkgeräte hatten keinen geringen Einfluß auf die Ausbreitung des Rundfunks, selbst wenn es als sicher gelten kann, daß anfangs ein sehr hoher Prozentsatz der Apparate selbst gebastelt worden ist. Ein damals als hochwertig geltendes Empfangsgerät mit vier Röhren kostete soviel wie etwa ein hochwertiger Fotoapparat oder eine Spiegelreflexkamera, daß heißt zwischen 400 und 500 Mark. Für Arbeiter und

---

[75] *Verband deutscher Radiohändler e. V.* Berliner Börsen-Courier, Nr. 602 v. 24. 12. 1923.
[76] (Walther) Vieregge, *Der besteuerte Rundfunk.* Funk, Nr. 10 v. 4. 7. 1924, S. 187 f.
[77] *Aus der Radioindustrie.* Radio für alle, Nr. 3 v. Mai 1924, S. 176 ff.

Angestellte waren diese Geräte demnach zunächst nicht erschwinglich. Ein einfacher Detektorempfänger galt als preiswert, wenn er 70 Mark kostete. Nachdem die Beschränkungen für den Selbstbau von Detektorempfängern aufgehoben worden waren, kosteten sie plötzlich nur noch die Hälfte des ursprünglichen Preises. Im Januar 1925 fiel dieser Preis wiederum, und zwar auf etwa 15 bis 20 Mark. Im selben Monat kostete ein Einröhrenempfänger 35 bis 40 Mark, ein Zweiröhrenempfänger 60 bis 90 Mark, ein Dreiröhrenempfänger 130 bis 230 Mark; Vierröhrenempfänger gab es ab 200 Mark. Bei alldem darf man nicht vergessen, daß entweder ein Kopfhörerpaar (Preise zwischen 7 und 14 Mark) oder ein Lautsprecher (Preise zwischen 65 und 100 Mark) hinzukommen mußten, wenn die Teilnehmer etwas hören wollten[78].

Die Mai-Reform von 1924 brachte für die Händler bedeutsame Erleichterungen, sowohl was das Verfahren als auch, was die Höhe der Gebührensätze anging. Der nächste Monatsanfang nach dieser ersten gründlichen Neuregelung, der 1. Juni 1924, brachte im Vergleich zum 1. April eine etwa doppelt so hohe Teilnehmerzahl, nämlich rund 27000. Inzwischen waren allerdings zwei weitere Sender, in Stuttgart und in Breslau, in Betrieb genommen worden. Doch noch immer vermutete die Post, daß sich eine große Anzahl von Rundfunkfreunden über die amtlichen Bestimmungen hinwegsetzte; die Schwarzhörer betrachteten die Gebührenhinterziehung noch immer als ein reines Kavaliersdelikt. In Wort und Schrift, über die Sender und in den Rundfunkzeitschriften, mahnte die Post zur Vernunft und Ehrlichkeit.

Als die treibenden Kräfte dieser wirtschaftlich bedrohlichen Situation, die sich auch auf die schnelle Herausgabe der Funknotverordnung ausgewirkt hatte, betrachtete das Reichspostministerium die Amateurfunker. Für ihre Freizeitbeschäftigung sollten sie von der Reichstelegraphenverwaltung zur Kasse gebeten und ihnen schwierig zu durchschauende Bestimmungen auferlegt werden. Die Proteste der Funk-»Sportler«, denen sich bald die Hersteller ihrer technischen Einzelteile und Bastelelemente sowie die Verleger ihrer Fachzeitschriften und funktechnischen Literatur anschlossen, wollten nicht verstummen. Schon im Dezember 1923, kaum vier Wochen nach der Eröff-

---

[78] Preisvergleiche nach den Anzeigenteilen der Rundfunkpresse und der Tagespresse vom Januar 1925.

Der Zentrums-Politiker Anton Höfle (1882–1925) leitete das Reichspostministerium 1923/24.

nung des Programmdienstes, hatte der Reichspostminister zu einer recht drastischen Maßnahme gegriffen, um sich dieser Stimmen zu erwehren. Er schrieb einen Brief an die obersten Reichsbehörden, an sämtliche Reichs- und Preußischen Ministerien, an die Oberpostdirektionen und das Telegraphentechnische Reichsamt[79]. In diesem Brief klagte der Reichspostminister, es sei eine Bewegung entstanden, die gegen das Regal des Reichs planmäßig vorgehe. Sie würde von Leuten geleitet, die am Massenabsatz von Funkgeräten interessiert seien und erreichen wollten, daß der Funkempfang ganz allgemein zu beliebigen Zwecken freigegeben würde. Hierdurch würde nicht nur die Einnahmequelle für das Reich zerstört, sondern auch das öffentliche Telegraphengeheimnis gefährdet; außerdem bestehe die Gefahr des Mißbrauchs bei Putschen und Unruhen.

Der Minister scheute auch nicht vor einer Art Boykott zurück. Er warnte vor einer Fachzeitschrift für Funkamateure sowie vor einem Handbuch für diesen Interessentenkreis. Außerdem erwähnte er ein Buch, das, abgesehen von einer Reihe von Unrichtigkeiten, zur Gesetzesübertretung auffordere. Gleichzeitig empfahl er zwei Zeitschriften, die man unterstützen möge, den *Deutschen Rundfunk* in Berlin und die *Illustrierte Radio-Zeitung* in München.

[79] Brief Reichspostminister an Büro des Reichspräsidenten, die Reichskanzlei, sämtliche Reichsministerien . . ., 20. 12. 1923. BA Kblz R 43 I Reichskanzlei. Post und Telegraphie 4. Funkerwesen, Bd. 1; abgedruckt bei Lerg, *Die Entstehung des Rundfunks*, S. 188 f.

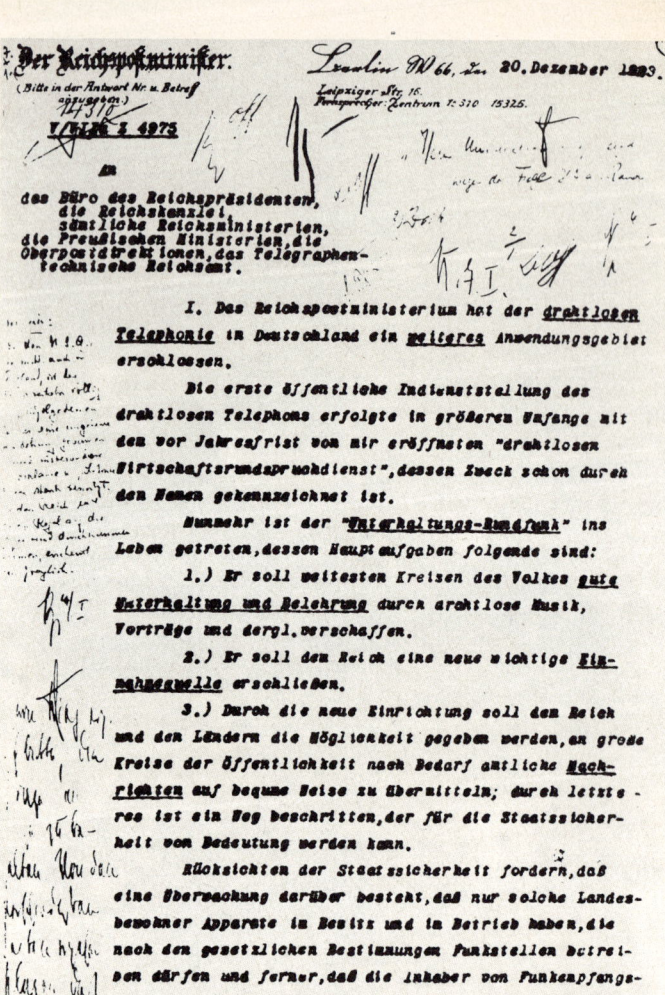

Am 20. Dezember 1923 unterrichtete der Reichspostminister die obersten Reichsbehörden über die Eröffnung des »Unterhaltungs-Rundfunks« als »weiteres Anwendungsgebiet« der drahtlosen Telephonie.

Zur Förderung des Aufbaus und der Erhaltung eines derartigen Rundfunks auf gesetzlicher Grundlage sind neuerdings 2 Zeitschriften gegründet worden, nämlich "Der Deutsche Rundfunk" (Verlag Rothgiesser und Diesing in Berlin) und "Illustrierte Radio-Zeitung" (Radio-Verlag-A.G. in München).

II. Ausserhalb dieser ordnungsmäßigen Verkehrseinrichtung ist eine Bewegung entstanden, die gegen das Regal des Reichs planmäßig vorgeht; sie wird von Leuten geleitet, die am Massenabsatz von Funkgerät unmittelbar oder mittelbar interessiert sind und die erreichen wollen, daß der Funkempfang ganz allgemein zu beliebigen Zwecken freigegeben wird. Hierdurch würde - neben sonstigen Nachteilen - nicht nur die Einnahmequelle für das Reich zerstört, sondern auch die Gefährdung des öffentlichen Telegraphengeheimnisses sowie die Gefahr des Mißbrauchs bei Putschen und Unruhen gegeben sein. Die Vorkämpfer dieser neuen Bewegung heben besonders hervor, daß viele Menschen an technischen Spielereien Vergnügen finden und daß man es ihnen nicht verwehren dürfe, sich solche Funkempfangsgeräte zu beschaffen usw. Es wird ganz offen dafür Propaganda gemacht; es werden ganze Funkempfangsapparate sowie auch Einzelteile angeboten; es wird gezeigt, wie man sich solche Einrichtung selbst herstellen kann, und wie man sie durch die Art des Aufbaues verbirgt und der Überwachung entzieht. Alles das geschieht in einer Form, gegen die gesetzlich einstweilen nur sehr schwer und nur unter Bekämpfung jedes Einzelfalls eingeschritten werden könnte.

Im Sinne dieser bedenklichen Bewegung wird seit einigen Wochen eine neue Zeitschrift "Der Radio-Amateur" herausgegeben, und zwar hat sich der bekannte Verlag von Julius Springer in Berlin in den Dienst der Sache ge-

stellt

stellt und sie finanziert.Ich habe den Inhaber des Verlags rechtzeitig darauf aufmerksam gemacht,daß sich das Unternehmen gegen wichtige Reichsinteressen richtet,und ihm dabei vollen Einblick in die Absichten der Verwaltung gegeben.Ich habe alsdann an ihn das Verlangen gestellt,die neue Zeitschrift so zu verwenden,daß sie nicht eine Bewegung fördert,die gegen die Interessen des Reichs gerichtet ist und auf einer gesetzlich so unsicheren Unterlage beruht.Der Verlag hat ein Zusammengehen mit dem Reichspostministerium in diesem Sinne indes abgelehnt und beharrt auf seiner Haltung,die in den ersten Nummern des "Radio-Amateur" sowie in den im gleichen Verlage erschienenen "Handbuch für den Radio-Amateur" unverhüllt in Erscheinung tritt.Die gleichen Bestrebungen vertritt das vor kurzem in Franckschen Verlag in Stuttgart erschienene Buch von Hanns Günther und Dr.Franz Fuchs,das - abgesehen von einer Reihe reichlicher Unrichtigkeiten über die Stellungnahme der Reichstelegraphenverwaltung - zur Gesetzübertretung anreizt.

Ich möchte nicht verfehlen,von der vorstehenden Sachlage Kenntnis zu geben,und spreche die Bitte aus,einerseits dem neuen Verkehrszweig und den Zeitschriften "Der Deutsche Rundfunk" und Illustrierte Radio-Zeitung"euch das dortige Interesse zuzuwenden,sowie andererseits auf die zu II geschilderten Bestrebungen mit zu achten und jedenfalls dem "Radio-Amateur" und seinen Hintermännern sowie den Büchern von Günther und Fuchs keinerlei Unterstützung angedeihen zu lassen.

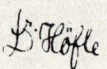

Der Einladung zu einer Sitzung der Reichsfunkkommission im Januar 1924 lag ein Bericht über den Stand des Rundfunkwesens bei, in dem es hieß, »unverantwortliche Kreise« bestritten die Notwendigkeit behördlicher Regelung auf diesem Gebiet, aber das Reichspostministerium würde in Anbetracht seiner Verantwortung für die gesamten Nachrichtenmittel auch den Rundfunk weiterhin fest in der Hand behalten. Man wolle eine freie Entwicklung zulassen und habe hierzu bereits die beteiligten Fachkreise beratend hinzugezogen. Einige hätten sich schon zu Verbänden zusammengeschlossen. Das Ministerium hoffe, daß sich diese Verbände zu Selbstverwaltungskörpern entwickelten, denen man einen Teil der Aufgaben auf dem Gebiet des Rundfunks übertragen könne. Vier Verbandstypen stelle man sich im Reichspostministerium vor: Industrieverbände, Händlerverbände, Amateurvereine und schließlich einen »Verband der Unterhaltungsgesellschaften«[80].

Was die Industrie- und Händlerverbände anging, so zeichnete sich bereits eine dem Reichspostministerium angenehme Entwicklung ab. Der als Verband der Unterhaltungsgesellschaften angeführte Organisationsträger war unter dem Namen »Reichsfunkverband« ebenfalls schon entstanden. Nur die Amateurvereine mußten noch, den Vorstellungen der Post entsprechend, organisiert und domestiziert werden. Zur behördlichen Anerkennung sollten sie eine Reihe von Bedingungen der Reichstelegraphenverwaltung erfüllen. Im Gegenzug wurde ihnen dafür das Recht in Aussicht gestellt, jedem ihrer ordentlichen Mitglieder eine Versuchslizenz zu erteilen. Auch zu den Industrie- und Wirtschaftsverbänden entwickelte die Post über ihre Reichstelegraphenverwaltung ein angenehmes Verhältnis. Die Reichstelegraphenverwaltung vermittelte beispielsweise bei den Auseinandersetzungen zwischen dem Verband der Radio-Industrie und den großen Patenthaltern, die sich die junge Konkurrenz so lange wie möglich vom Leibe halten wollten. Dieser Streit endete mit zwei Verträgen zwischen den im Verband vertretenen Herstellern und Telefunken, die Ende Januar 1924 unterzeichnet wurden. Der »Verbandsvertrag« regelte die Abwicklung der Lizenzabmachungen, und im »Firmen-Bauerlaubnisvertrag« räumte Telefunken den Mitgliedern des Verbandes der Radio-

[80] Anlage »Rundfunk« zum Brief Reichspostminister an Presseabteilung der Reichsregierung, 16. 1. 1924. BA Kblz R 43 I Reichskanzlei, Post und Telegraphie 4. Funkerwesen, Bd. 1.

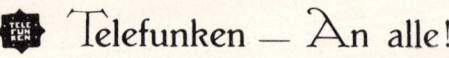

Warnanzeige an alle Patentverletzer in einer Rundfunkzeitschrift. Erst unter dem Druck der Post gaben die großen Hersteller ihre Schutzrechte frei.

Industrie das Recht zur Auswertung bestimmter eigener und ausländischer Patente ein. Dieses Recht galt allerdings ausschließlich für den Bau von Rundfunkempfängern. Erst nach dieser Freigabe der Rundfunkpatentrechte unter der Bezeichnung »System der Bauerlaubnis« entstand in Deutschland die Rundfunkindustrie. Es darf angenommen werden, daß Telefunken weniger aus wirtschaftlichen Grundsätzen des freien Wettbewerbs gehandelt hat, als vielmehr unter dem Druck der Reichstelegraphenverwaltung. Jedenfalls wurde die Rundfunk-GmbH aufgelöst und immerhin auf ein Monopol verzichtet. Wie die Post gegen Schwarzhörer, so mußte der Herstellerverband gegen Schwarzbauer von Rundfunkgeräten vorgehen. Aus einem Teil der Lizenzzahlungen wurden Anzeigenkampagnen gegen die gewerbsmäßige Auswertung funktechnischer Patente ohne Baulizenz finanziert[81].

Auch die Befriedung der Funkvereine forderte Geduld. Bredow selbst ging mit einem Plädoyer für die Ordnung im Äther in die Presse. Er meinte, die Ausgestaltung des Rundfunks sei nur dann möglich, wenn die Verwaltung und die Programmgesellschaften für ihre Aufwendungen auch entschädigt würden. Eine zahlende Gemeinde von Rundfunkteilnehmern und die bekannten Zulassungs- und Kontrollbestimmungen seien nicht nur im Interesse der Veranstalter, sondern auch der Hörer wegen berechtigt. Man dürfe nicht ungerecht sein und einfach die

---

[81] Peter Czada, *Die Berliner Elektroindustrie in der Weimarer Republik.* Berlin 1969, S. 244 ff.

Ordnungsmaßnahmen auf dem Gebiet des Rundfunks rückständig und bürokratisch nennen. Jede neue Einrichtung bedürfe einer Anlaufzeit; die Amateure müßten dies einsehen und ihre Ziele den Interessen des öffentlichen Verkehrs anpassen[82].

Die Reichspost bereitete Richtlinien für die Regelung des Amateurwesens vor, gegen das nach Meinung der Reichstelegraphenverwaltung vom militärischen und politischen Standpunkt aus eine Reihe nicht unwesentlicher Bedenken erhoben werden konnten. Dennoch habe man zu einem solchen Mittel greifen müssen, da die Überwachung der inzwischen von den Amateuren geschaffenen Anlagen »einfach undurchführbar« sei. Die einzige Möglichkeit bestünde darin, die Vereine selbst zur Überwachung heranzuziehen. Auf diese Weise könnten wenigstens die Aktivitäten ihrer Mitglieder kontrolliert werden. Die Industrie habe im übrigen gegen diese Bestimmungen nichts einzuwenden, vielmehr erwarte sie, daß sich aus der Bau- und Versuchstätigkeit der Vereine eine geschäftlich günstige Bewegung entwickeln werde[83].

Am 23. Januar 1924 schlossen sich die Funkvereinigungen zu einem Dachverband, dem »Deutschen Funk-Kartell e. V.«, zusammen. Vertreter der zu dieser Gründung in Berlin zusammengekommenen Vereine empfing Bredow am nächsten Tag. Es kam zu ersten Absprachen über eine Versöhnung zwischen den Amateuren und dem Reichspostministerium. Bredow kündigte bei dieser Zusammenkunft die neuen Bestimmungen zwar an, aber deren Veröffentlichung ließ noch bis Mai 1924 auf sich warten.

Die Zahl der Schwarzhörer ging allerdings nicht zurück, während die Teilnehmerzahlen nur langsam stiegen – trotz der Gebührensenkung auf 2 Mark monatlich. Im April 1924 wurde die 10000er Grenze, im Juli endlich die 100000er Grenze überschritten. Dieses Wachstum hielt jedoch nicht an. Am 1. August hatten rund 160000, am 1. September erst 220000 und am 1. Oktober knapp 280000 Hörer ihr Gerät angemeldet. Inzwischen war auch die Amnestie nach § 3 der Funknotverordnung abgelaufen. Mitte Oktober wurden die Postdienststellen erneut angewiesen, gegen Schwarzhörer vorzugehen. Unkenntnis der

---

[82] Hans Bredow, *Die Aufgaben des deutschen Funkwesens.* Berliner Börsen-Courier, Nr. 32 v. 19. 1. 1924.
[83] Protokoll über die 23. Sitzung der Reichsfunkkommission vom 23. 1. 1924. PA AA Bonn Post-, Telefon-, Telegramm- und Funkdienst, Bd. 2.

Bestimmungen könne kein Entschuldigungs- oder Milderungsgrund mehr sein. Obwohl die Gebühren niedrig seien, habe man mit dem Versuch, dem Treiben der Zaungäste ein Ende zu bereiten, keinen Erfolg gehabt. Die Deutsche Reichspost verschärfte ihren Ton. Sie wollte keine Nachsicht mehr mit unwissenden, lediglich technisch interessierten Zeitgenossen üben. Wer entdeckt wurde, mußte sofort mit einer Strafanzeige rechnen und nach einer rechtskräftigen Verurteilung zur Abschreckung mit der Veröffentlichung seines Namens. Der Grund für diese Verfügung mag in einer Erscheinung zu suchen sein, über die man im Reichspostministerium noch keine Erfahrung hatte sammeln können. Der in späteren Jahren statistisch nachweisbare und als selbstverständlich angesehene Rückgang der Anträge auf Genehmigung während der Sommermonate verband sich mit einer Zunahme der Abmeldungen in dieser Zeit. Dieses während des Sommers 1924 zum ersten Mal beobachtete Phänomen wirkte begreiflicherweise alarmierend auf die Postbehörden. Man fürchtete um den wirtschaftlichen Fortbestand des jüngsten Funkdienstes. Die Hörer scheinen zu dieser Zeit schon anspruchsvoller geworden zu sein; sie ärgerten sich über die Mängel im Programm und über jede technische Unzulänglichkeit, ganz gleich, ob durch die Sender oder durch Empfangsstörungen verursacht.

2.9. Die Post erlaubt Rundfunkwerbung
Ein finanzielles Zubrot

Unter wirtschaftlichem Aspekt war es kein Wunder mehr, daß der Rundfunk sich eine publizistische Eigenschaft erworben hatte, die ihm zwar Einnahmen, doch nicht die freudige Zustimmung der Hörer einbrachte – die Rundfunkwerbung. Hier mußten sich die Rundfunkgesellschaften, aber auch die Deutsche Reichspost schwere Vorwürfe, schließlich auch von der publizistischen Konkurrenz, von der Presse, gefallen lassen. Schon wenige Monate nach der Eröffnung der Programmdienste gelang es den ersten Regionalgesellschaften, der Post ihre grundsätzliche Zustimmung zur Verbreitung von Werbesendungen abzuringen. Bereits im Mai 1924 erhob sich Kritik im Fachorgan der Zeitungsverleger, die zu jener Zeit mit wachsendem Mißtrauen die Ausbreitung des Rundfunks verfolgten. Man forderte die frühzeitige Bekämpfung des »Radio-Inserats«, denn der Rundfunk sei nur mit einer Konzert- und Unterhaltungsveranstaltung oder mit wissenschaftlichen Vortragsabenden zu vergleichen, die man nicht mit Werbung eröffnen, schließen oder durchsetzen dürfe[84]. Noch im gleichen Monat aber gab die Post ihre Zustimmung zur Aufnahme des Werbefunks in das Rundfunkprogramm der einzelnen Gesellschaften. Er sollte »in mäßigem Umfange und allervorsichtigster Form« gehalten sein[85]. Auf seiner außerordentlichen Mitgliederversammlung am 3. Juni 1924 im Berliner Vox-Haus beschloß der Reichsrundfunkverband, die Vereinigung der Regionalgesellschaften, »demnächst in maßvoller Weise mit einem Funkreklamedienst« zu beginnen, um damit »einer alten Forderung wirtschaftlicher Kreise« nachzukommen[86]. Die Aufgabe des Werbemittlers wurde der posteigenen Agentur, der Deutschen Reichs-Postreklame GmbH, übertragen. Dieses erst am 1. September 1920 gegründete und im Februar 1924 reorganisierte Unternehmen besaß bei jeder Oberpostdirektion eine Zweigstelle. Die Gesellschaft hatte das Recht, alle Einrichtungen der Post – also auch deren Sender – für Werbezwecke zu nutzen. Die Postreklame schloß mit den einzelnen Rundfunkgesellschaften teilweise recht unterschiedliche Vereinbarungen über den Werbefunk ab, was nicht gerade dazu beitrug, dieser neuen Einrichtung Verständnis und Vertrauen entgegenzubringen.

Kulturkritiker wie Interessenten nahmen die Rundfunkwerbung schon zeitig aufs Korn. So mußten sich Post und Rundfunkgesellschaften Einschränkungen gefallen lassen. Allgemeine Richtlinien verboten politische und religiöse Werbung sowie Werbung für Vergnügungsstätten und für alkoholische Getränke. Auch für Rundfunkgeräte und für die Erzeugnisse ausländischer Firmen durfte nicht geworben werden. Die Vertreter des Vereins Deutscher Zeitungs-Verleger und die Verleger der Rundfunkzeitschriften setzten ein Verbot der Werbung für Tageszeitungen und Rundfunkzeitschriften durch. Ebenso waren alle für die Hörer nicht eindeutig als Werbung erkennbaren Programme nicht zugelassen. Die Verantwortung für alle Einschaltungen hatte die Reichspostreklame.

Bei den einzelnen Rundfunkgesellschaften gab es drei ver-

[84] Marcel Lyon, *Radio Reklame.* Zeitungs-Verlag, Nr. 18 v. 2. 5. 1924, Sp. 649.
[85] (Hans) Bredow, *Vier Jahre deutscher Rundfunk.* Berlin o. J. (1928), S. 115.
[86] *Die Tagung des Reichsfunkverbandes.* Funk, Nr. 8 v. 20. 6. 1924, Programmteil S. 18.

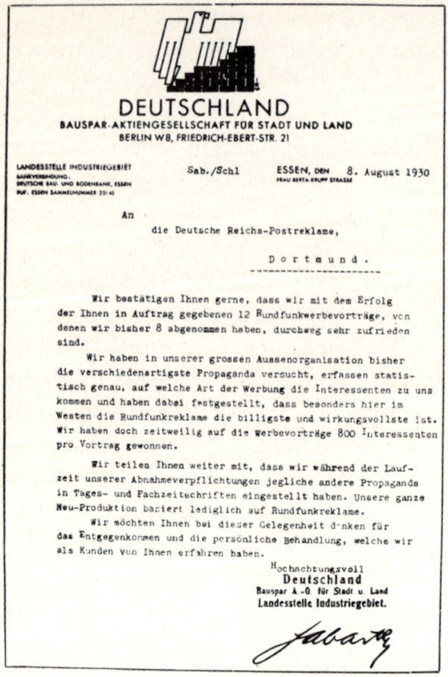

DEUTSCHLAND
BAUSPAR-AKTIENGESELLSCHAFT FÜR STADT UND LAND
BERLIN W8, FRIEDRICH-EBERT-STR. 21

LANDESSTELLE INDUSTRIEGEBIET
BANKVERBINDUNG:
DEUTSCHE BAU- UND BODENBANK, ESSEN
RUF: ESSEN SAMMELNUMMER 25141

Sab./Schl

ESSEN, DEN 8. August 1930
FRAU BERTA-KRUPP STRASSE

An

die Deutsche Reichs-Postreklame,

Dortmund.

Wir bestätigen Ihnen gerne, dass wir mit dem Erfolg der Ihnen in Auftrag gegebenen 12 Rundfunkwerbevorträge, von denen wir bisher 8 abgenommen haben, durchweg sehr zufrieden sind.

Wir haben in unserer grossen Aussenorganisation bisher die verschiedenartigste Propaganda versucht, erfassen statistisch genau, auf welche Art der Werbung die Interessenten zu uns kommen und haben dabei festgestellt, dass besonders hier im Westen die Rundfunkreklame die billigste und wirkungsvollste ist. Wir haben doch zeitweilig auf die Werbevorträge 800 Interessenten pro Vortrag gewonnen.

Wir teilen Ihnen weiter mit, dass wir während der Laufzeit unserer Abnahmeverpflichtungen jegliche andere Propaganda in Tages- und Fachzeitschriften eingestellt haben. Unsere ganze Neu-Produktion basiert lediglich auf Rundfunkreklame.

Wir möchten Ihnen bei dieser Gelegenheit danken für das Entgegenkommen und die persönliche Behandlung, welche wir als Kunden von Ihnen erfahren haben.

Hochachtungsvoll
Deutschland
Bauspar A.-G. für Stadt u. Land
Landesstelle Industriegebiet.

Werbung für die Werbung im Rundfunk. Testimonial-Anzeige der Deutschen Reichs-Postreklame 1930

schiedene Werbemöglichkeiten innerhalb der Programme: 1. Kurzsendungen, die sogenannten »Reklame-Rundsprüche«, 2. Werbevorträge und 3. Werbekonzerte. 1925 gab es bei sämtlichen Rundfunkgesellschaften Werbefunkprogramme; auch im Programm des Langwellensenders Königs Wusterhausen, der kurze Zeit später das Programm der Deutschen Welle GmbH übertrug, wurde ein Werbeprogramm eingerichtet[87].

Eine einheitliche Regelung des Werbefunks war jedoch erst möglich, nachdem mit der Gründung der Reichs-Rundfunk-Gesellschaft im Mai 1925 eine Dachorganisation ins Leben gerufen worden war, die alle Aufgaben des Werbefunks in den Geschäftsbereich ihrer Verwaltungsabteilung hineinnahm. Die RRG vertrat die Regionalgesellschaften gegenüber der Reichspostreklame und schloß mit ihr im Jahre 1926 einen Mantelvertrag ab. Für die Ausstrahlung der Funkwerbung hatten sich die Gesellschaften an folgende Richtlinien zu halten:

[87] Winfried B. Lerg, *Die Anfänge der Rundfunkwerbung in Deutschland.* Publizistik 1963, 4, S. 296ff.

1. Es muß unter allen Umständen vermieden werden, daß die kulturelle Bedeutung des Rundfunks durch die Ausübung der Reklame beeinträchtigt wird.
2. Für die Verbreitung der Reklame ist eine zusammenhängende, hinsichtlich der Dauer beschränkte Zeit vorzusehen.
3. Die Reklamebekanntmachungen müssen im Programm ausdrücklich als solche bezeichnet und vom Hauptprogramm getrennt werden.
4. Durch die Abfassung der Reklamewortlaute darf nicht der Eindruck entstehen, daß die Rundfunkgesellschaften etwa die empfehlenden Stellen sind. Die Bekanntmachungen müssen vielmehr unzweifelhaft erkennen lassen, daß es der Auftraggeber ist, der seine Erzeugnisse anpreist[88].

Über die Einnahmen aus der Funkwerbung verhielten sich später sowohl die Post als auch die RRG in ihren offiziellen Verlautbarungen immer sehr zurückhaltend. Eine Postdenkschrift bezeichnete 1927 die Einnahmen der Rundfunkgesellschaften aus der Rundfunkreklame als »recht gering«[89]. In einem Rechenschaftsbericht von 1931 wies die RRG darauf hin, daß der Ertrag aus der Rundfunkreklame der Reichspostreklame zufließe und die Rundfunkgesellschaften aus ihr also keinen Vorteil zögen[90]. Die Einnahmen aus dem Werbefunk aller zehn Gesellschaften wurden erstmals 1926 mit insgesamt 31 324,65 RM ausgewiesen. Das waren 0,19 Prozent der Gesamteinnahmen aller Rundfunkgesellschaften[91]. Vier Jahre später (1930) war dieser Betrag auf 108 093,65 RM angestiegen, entsprechend 0,27 Prozent der Gesamteinnahmen der Rundfunkgesellschaften[92].

2.10. *Die Große Deutsche Funk-Ausstellung Berlin*
Das Medium ist ein Wirtschaftsfaktor

Der Gedanke zur »Ersten Großen Deutschen Funkausstellung« kam vom »Verband der Radio-Industrie«. Die Leipziger Messe im Frühjahr 1924, auf der einzelne Unternehmen der Rund-

---

[88] Bredow, *Vier Jahre deutscher Rundfunk*, S. 115.
[89] Ebd.
[90] *Fünf Jahre Reichs-Rundfunk-Gesellschaft*. O. O. J. (Berlin 1931), S. 16.
[91] *Bericht des Rundfunk-Kommissars des RPM über die Wirtschaftslage des deutschen Rundfunks am 31. März 1927*, Berlin o. J. S. 5.
[92] Ebd., S. 19.

funkwirtschaft mit einer Sonderschau aufgetreten waren, hatte einiges Aufsehen erregt. Der Verband der Radio-Industrie dagegen wollte diese Aktivität einzelner Mitglieder als verbandsunfreundliches Verhalten ansehen und ließ erklären, man möge keine Messen anderer Branchen mehr beschicken. Der Verband selbst gedenke in Berlin mit einer Ausstellung für die gesamte Funk- und Rundfunkwirtschaft hervorzutreten. Ende April 1924 beschloß die Mitgliederversammlung des Verbandes der Radio-Industrie, im Herbst des gleichen Jahres eine Ausstellung in Berlin zu veranstalten. Der Handel legte besonderen Wert auf gute Vorführmöglichkeiten. Diese waren freilich nur in einem ganz neuen Gebäude zu schaffen, dessen Bauweise einen störungsfreien Empfang gewährleisten würde. Es wurde beschlossen, hierzu mit dem Messeamt der Stadt Berlin in Verbindung zu treten, denn der Verband »war sich darüber klar, daß eine größere Ausstellung sich heutzutage nur auf einer sicheren örtlichen Grundlage aufbauen läßt. Nur ein mit dem städtischen Gemeinwesen in engstem Zusammenhang arbeitendes Unternehmen mit bewährter Verwaltung kann als Förderer einer solchen Veranstaltung in Frage kommen.«[93] Zwar zeigten auch andere Messestädte Interesse an einer regelmäßigen Funkausstellung, nicht zuletzt Leipzig und Königsberg, wo die kommunalen Messeunternehmen an den Rundfunkgesellschaften finanziell beteiligt waren, doch der Verband der Radio-Industrie beschloß, mit der »Gemeinnützigen Berliner Messe-Aufbau-Gesellschaft mbH« zusammenzuarbeiten. Die Stadt Berlin gewährte der Messegesellschaft ein Darlehen von 2,5 Millionen RM zum Bau einer Ausstellungshalle auf dem Messegelände am Kaiserdamm, und der Verband verpflichtete sich, die großen Funkausstellungen jährlich im Herbst nur in Berlin zu veranstalten[94].

Auf der Grundlage eines Gutachtens der technischen Kommission des Verbandes der Radio-Industrie veranstaltete die Berliner Messegesellschaft ein Preisausschreiben für den Bau der Ausstellungshalle. Anfang Juli 1924 begannen die Arbeiten nach einem Entwurf von Heinrich Straumer. In vier Monaten entstand mit einem Kostenaufwand von 1,9 Millionen RM eine

[93] Erwin Michel, *Die [1.] Große Deutsche Radio-Ausstellung 1924 in Berlin*. Der Deutsche Rundfunk, Nr. 28 v. 13. 7. 1924, S. 1553.
[94] Bertold Cohn, *Das Haus der deutschen Funk-Industrie*. Der Deutsche Rundfunk, Nr. 30 v. 27. 7. 1924, S. 1663.

Erwin Michel (links) und Bertold Cohn, die Geschäftsführer des Verbandes der Funk-Industrie, organisierten seit 1924 die Große Deutsche Funk-Ausstellung in Berlin.

Halle von beachtlichen Ausmaßen. Die Reichstelegraphenverwaltung unterstützte die Bemühungen der Veranstalter, die Ausstellung auch technisch attraktiv zu machen. Für die Dauer der Messe stellte sie einen 1,5 kW-Sender hinter hohen Glaswänden auf, so daß die Besucher den technischen Sendebetrieb besichtigen konnten. Über das Antennenproblem war lange diskutiert worden. Zunächst hatte man drei kleine Antennenmaste vorgesehen. Schließlich aber setzte sich der Plan eines einzigen hohen Funkturms durch. Zwar lagen Ende Juli 1924 die Pläne dazu fertig vor, doch bis zur Ausstellung im Dezember wurde der Turm selbstverständlich nicht fertig; ein 84 m hoher Hilfsmast diente als vorläufige Antenne. Die wichtigste technische Neuerung aus dieser ersten Fachmesse, an der sich 268 Aussteller beteiligten und für die 114 109 Eintrittskarten verkauft wurden, war der erste brauchbare Trichterlautsprecher. Wirtschaftlich gab die Messe dem Inlandgeschäft der Zubehörindustrie Auftrieb, denn die Preise für fertige Geräte waren noch immer recht hoch[95].

---

[95] Heinz Vollmann, *Rechtlich-wirtschaftlich-soziologische Grundlagen der deutschen Rundfunkentwicklung.* Borna 1936, S. 188.

Der Berliner Funkturm, errichtet 1924–1926, wurde zum Wahrzeichen der Funkausstellungen. Anzeige für die 6. Große Deutsche Funk-Ausstellung 1929

Die Weihnachtszeit des Jahres 1925 brachte bereits die erste Million Rundfunkteilnehmer. Das wirtschaftliche Konzept der Post hatte sich offenbar als richtig erwiesen, und eine Form der Anwendung privatwirtschaftlicher Methoden in der Verkehrsverwaltung hatte den hohen Einsatz gelohnt. Auch die Skeptiker, die sich aufgrund ihrer Beamtentreue zur Warnung verpflichtet glaubten und die durch scharfe Kritik und unter ständigen Hinweisen auf die finanzielle Not der Postverwaltung den Pionieren von dem Risiko eines Funkdienstes für alle abzuraten versuchten, konnten nun angesichts der steigenden Einnahmen guten Gewissens in das Hohelied vom kulturellen Fortschritt durch den Rundfunk einstimmen. Nur selten noch wurden die wirtschaftlichen Sorgen der Funkindustrie erwähnt, die nach dem Krieg nach neuen Aufgaben Ausschau gehalten hatte und sich bei Hans Bredow manches Mal in Erinnerung gebracht haben mochte.

Im Jahre 1926 wurden die einzelnen Funkdienste der Post untersucht, vor allen Dingen im Hinblick auf ihre wirtschaftliche Bedeutung. Über den an einen größeren Empfängerkreis gerichteten Funkdienst war zu lesen, durch die Organisation einer »drahtlosen Unterhaltungs- und Belehrungssendung« sei eine große Zahl von Teilnehmern und damit auch eine bessere Einnahmequelle zu erwarten gewesen. Dieser Funksonderdienst, bei dem Musik und Sprache durch Radiotelephonie verbreitet würden, sei unter dem Namen »Rundfunk« allgemein bekannt geworden. Dann hieß es wörtlich: »Die Ausbreitung des Rundfunks hat auch der Industrie ein neues Tätigkeitsfeld erschlossen, dessen sie nach der Umstellung von der Kriegs- auf Friedensproduktion dringend bedurfte. Die Einführung des Rundfunks in Deutschland war also sowohl in den wirtschaftlichen Interessen der DRP wie auch in denen der Industrie begründet. Der kulturelle und pädagogische Wert des Rundfunks, von dem später soviel geredet und geschrieben wurde, hat damals jedenfalls keine nennenswerte Rolle gespielt. In der Tat hat der Rundfunk für die DRP und für die Industrie beträchtliche Einnahmen gebracht.«[96] Mag diese These auch schon bald nach der Entstehung des Rundfunks bei seinen Pionieren und Organisatoren in der Fülle hochgestimmter Zukunftsbilder und stolzer Rückschau untergegangen sein, so darf dieser Aspekt keinesfalls bei der Entstehungsgeschichte des deutschen Rundfunks übersehen werden. Es war schon immer ein Merkmal behördlicher Verwaltung, daß den Angelegenheiten der Wirtschaftsführung eine nur äußerst dürftige Publizität zuteil wird. Nur aus diesem Verhalten ist die spätere Verdrängung der finanziellen Erwartungen der Post aus der Rundfunkgeschichte zu erklären.

Dagegen hat die Post seinerzeit die binnen- und außenwirtschaftlichen Entwicklungen offensichtlich mit großer Aufmerksamkeit verfolgt. Als Ernst Wagemann, der Präsident des Statistischen Reichsamts und Direktor des Instituts für Konjunkturforschung, im September 1929 in der Gesellschaft für deutsche Wirtschaftspropaganda in Berlin einen Vortrag über die deutsche Funkindustrie gehalten hatte, ließ das Reichspostministerium den Text bereits im Oktoberheft seiner Zeitschrift abdrucken[97].

Die Post hörte es offenbar sehr gern, daß die Konjunkturforschung der Funkindustrie – einem Industriezweig an der Grenze zwischen Verbrauchs- und Produktionsgütererzeugung – langfristig eine glänzende Zukunft voraussagte. Was

[96] Georg Reininger, *Der deutsche Funkverkehr*. Halle 1926, S. 38 f.
[97] Ernst Wagemann, *Die deutsche Funkindustrie im internationalen Wettbewerb*. Archiv für Post und Telegraphie 1929, 10, S. 249 ff.

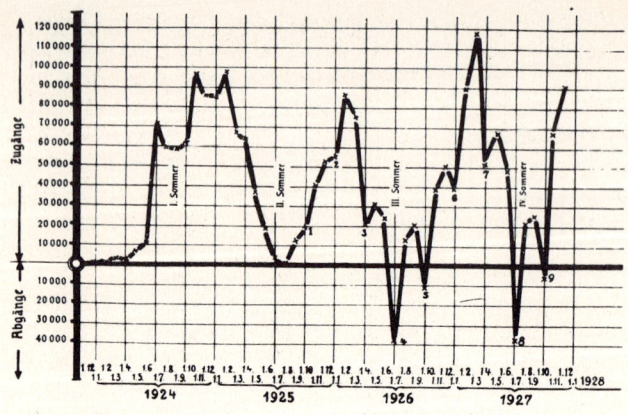

Monatliche Zu- und Abgänge von Rundfunkteilnehmern 1923 bis 1927

Wertschöpfung und Umsätze anging, so wurde sie mit der Musikinstrumenten- und Spielwarenindustrie oder der Uhren- und optischen Industrie verglichen. Das auf vorläufigen Rohschätzungen beruhende volkswirtschaftliche Tableau, das bei dieser Gelegenheit entworfen worden ist, gibt einen plastischen Eindruck vom Umsatzvolumen der Rundfunkwirtschaft im Jahre 1928.

Die Rundfunkteilnehmer kauften 626 000 Rundfunkgeräte deutscher Hersteller als Neuanschaffung, davon 186 000 Detektorempfänger in der Preislage zwischen 25 und 30 Mark; ferner 440 000 Röhrenempfänger, davon 293 000 Nahempfänger zu 110 Mark und 147 000 Fernempfänger zu 380 Mark. Günstige Preise führten dazu, daß weite Kreise der Hörer vom Detektorempfang mit Kopfhörer zum Röhrenempfang mit Lautsprecher übergingen. Die technischen Verbesserungen an den Empfangsgeräten, vor allem aber der Lautsprecher führten in zahlreichen Fällen zu Neuanschaffungen. An Ersatzanschaffungen dieser Art kauften die Rundfunkteilnehmer 180 000 Geräte, davon 120 000 Nahempfänger und 60 000 Fernempfänger. Außerdem fanden noch ausländische Rundfunkgeräte im Wert von 14 Millionen RM in Deutschland ihre Käufer. Insgesamt gaben die deutschen Rundfunkhörer für ihre Geräte 143 Millionen RM aus. Bedienungsvereinfachungen führten dazu, daß das Rund-

144

Die zweite Million Rundfunkteilnehmer war um den Jahreswechsel 1927/28 erreicht.

funkgerät zum ersten Mal in der Entwicklung des Mediums den Charakter eines Haushaltsgegenstandes annahm, der von jedem, auch von technisch ungeschulten Personen bedient werden konnte. Zu den Kosten für die Geräte kamen die Betriebskosten. Von den rund 2,3 Millionen Rundfunkteilnehmern, die es am 1. Juni 1928 gab und die als Mittelwert für das Jahr angenommen wurden, hatten rund 10 Prozent Netzgeräte, 30 Prozent ein Detektorgerät und 60 Prozent ein Batteriegerät. Das bedeutete, daß 1 380 000 Batterien zehnmal jährlich für 50 Pfennig zu laden waren, was rund 7 Millionen RM kostete. Die Batteriegerätebesitzer benötigten zwei Batterien jährlich, das Stück zu 10 RM; ein Kostenaufwand von weiteren 28 Millionen RM. Insgesamt machten die Betriebskosten der Hörerschaft rund 35 Millionen RM aus. Der Umsatz von Einzelhandel und Rundfunkhandwerk belief sich 1928 entsprechend auf 178 Millionen RM.

Zu diesen Ausgaben der Hörerschaft kamen rund 2 Millionen Jahresabonnements zu 10 Mark für Funk- und Rundfunkzeitschriften, zusammen 20 Millionen RM; hinzu kamen nicht zuletzt die Teilnehmergebühren, die bei 2,3 Millionen Genehmigungen im Jahresdurchschnitt 1928 zu 24 Mark die Summe von 55 Millionen RM ergaben. Dieser Betrag läßt sich halbieren unter Berücksichtigung der Tatsache, daß nur die Hälfte der Gebühren unmittelbar der Leistung des Mediums, nämlich dem Programm zugute kam, die andere Hälfte aber der Reichspost zufloß; insofern zahlten die Hörer als Nettopreis 17,9 Millionen RM für die Rundfunkprogramme. Die deutsche Rundfunkteilnehmerschaft, die im Jahr 1928 um mehr als eine halbe Million, um 625725 angewachsen war, hat für Rundfunkzwecke insgesamt rund 253 Millionen RM ausgegeben.

Die Rundfunkindustrie produzierte im Jahr 1928 für 110 Millionen RM Rundfunkgeräte, davon für 60 Millionen RM allein für den deutschen Markt. Die Lager waren 18 bis 22 Millionen RM wert, und das investierte Kapital wurde mit 30 bis 40 Millionen RM beziffert, ohne den Kapitalwert der Sendeanlagen in Höhe von rund 20 Millionen RM.

Der Rundfunkhandel setzte für 143 Millionen RM Geräte um, davon für 129 Millionen RM deutsche Geräte. Für 35 Millionen RM wurden handwerkliche Leistungen erbracht. Handel und Handwerk setzten zusammen 178 Millionen RM um. Die Lager waren 25 bis 35 Millionen RM wert. Der Gesamtumsatz der Rundfunkwirtschaft betrug 1928 rund 405 Millionen RM.

Der Autor dieser frühen Analyse des Rundfunkgerätemarktes mochte für die nächsten Monate keine günstigen Vorhersagen wagen. Schon zum Zeitpunkt, als der Präsident des Statistischen Reichsamts die Zahlen bekanntgab, im Herbst 1929, setzte in der Rundfunkwirtschaft ein Konjunkturrückgang ein, der in den folgenden Jahren anhalten sollte. Bereits 1929 erkannte der Herstellerverband verstärkte Konzentrationsbewegungen in seinen Reihen, die zweifellos eine Folge der allgemeinen wirtschaftlichen Probleme waren. Der Verband der Radio-Industrie hatte 1929 nur noch 33 ordentliche Mitglieder, von denen allein vier die Hälfte des Gesamtumsatzes der Hersteller bestritten; weitere acht Unternehmen teilten sich noch einmal ein Viertel der restlichen Markthälfte, so daß für die übrigen 21 Hersteller nur noch das letzte Marktviertel übrigblieb[98].

[98] Gustav Lucae, *Vierzig Jahre Rundfunkwirtschaft in Deutschland 1923 bis 1963.* Düsseldorf o. J. (1963), S. 104.

TABELLE 3: DIE RUNDFUNKWIRTSCHAFT 1928

	Mio RM	Mio RM
Ausgaben der Rundfunkteilnehmer		
1. Neuanschaffungen 626 000 Empfänger	96	
2. Ersatzanschaffungen 180 000	36	
3. Ausländische Empfänger	7	143
4. Betriebskosten	35	
5. Rundfunkzeitschriften	20	
6. Teilnehmergebühren	55	110
Insgesamt		253
Rundfunkindustrie		
1. Empfängerproduktion	110	
2. Senderkapitalwert	20	
3. Lager	22	
4. Investitionen	40	
Insgesamt		192
Rundfunkhandel und -handwerk		
1. Empfängerumsatz	143	
2. Handwerksleistungen	35	
3. Lager	35	213
Insgesamt		405
Rundfunkwirtschaft (Übersicht)		
1. Produktion	110	
2. Einfuhr	7	
3. Zeitschriften	20	
4. Gebühren	55	
5. Handel u. Handwerk, Nettoumsätze	110	
Insgesamt		302

3. Die Gründung der Rundfunkgesellschaften

3.1. *Die Regionalgesellschaften*
Föderalistisches Selbstbewußtsein

Zwei Kerngesichtspunkte charakterisierten seinerzeit das Grundmuster des Rundfunks in Deutschland, einerseits die rechtliche und wirtschaftliche Zentralisierung und andererseits die politische und publizistische Dezentralisierung. Hans Bredow resümierte im Jahre 1925 die Situation: »Die Öffentlichkeit war infolge der Nachrichten aus Amerika und England über die Einführung des Rundfunks aufgeregt, die Presse schob die Schuld an der Verzögerung auf die Reichspost und verlangte Aufhebung des Funkmonopols und völlige Freigabe für Sender und Empfänger, und von den Amateuren und Fabrikanten, die sich von einem ungeregelten Zustand Nutzen versprachen, wurde verlangt, daß die Reichspost dieses Gebiet der freien Entwicklung überlassen und sich zurückziehen sollte. Die Funkabteilung vertrat demgegenüber den Standpunkt, der sich später auch als richtig herausgestellt hat, daß eine straffe Regelung unter Führung der Reichspost besonders im Anfang der Entwicklung unerläßlich sei, aber die mußte sich jetzt unter dem Druck der öffentlichen Meinung entschließen, die erste sich bietende Möglichkeit, einen Rundfunkdienst zu eröffnen, zu ergreifen.«[1] Zur Eröffnung eines solchen Dienstes bedurfte es der Programmgesellschaften. Die Deutsche Stunde wollte ursprünglich nur beim zentralen Saalfunk als überregionale Gesellschaft hervortreten. Im übrigen wollte und sollte sie nach den Vereinbarungen zwischen ihr und der Reichstelegraphenverwaltung in den einzelnen Bezirken als Muttergesellschaft für die Gründung der regionalen Gesellschaft tätig werden, sich jedoch die Mehrheit (51 Prozent) der Geschäftsanteile sichern. Diese Dachgesellschaft aber hielt unter der Verwaltung von Ludwig Roselius die Hälfte ihrer eigenen Geschäftsanteile für die Post bereit. Auf diese Weise reichte der Arm der Post von Anfang an bis in alle Filialgründungen. Dafür vermochte Ludwig Voss über seinen Partner Roselius und seine Verbindungen über das Auswärtige Amt und dessen Zweigstellen für Außen-

---

[1] Aktenvortrag über die Vorgeschichte des Rundfunks. DRA Ffm RRG-Akten, S. 5.

Ministerialrat Hermann Thurn (1877–1932), Funk- und Rundfunkreferent im Reichspostministerium und später Mitglied des Verwaltungsrats der Reichs-Rundfunk-Gesellschaft, gehörte zu den engsten und publizistisch eifrigsten Mitarbeitern Hans Bredows.

handel im ganzen Reichsgebiet zur Finanzierung der Bezirksgesellschaften interessierte Persönlichkeiten und Einrichtungen ausfindig zu machen. Nicht selten konnte er dabei in einzelnen Städten auf den Personenkreis rechnen, der schon zu den Kunden des Eildienstes zählte. Häufig reiste er auch selbst zu einer ersten Kontaktaufnahme zu möglichen Interessenten. Wo er nicht auftrat, schickte die Post ihren Verbindungsmann hin, meist den damaligen Postrat und Rundfunkreferenten in der Abteilung IV (Funkwesen) des Telegraphentechnischen Reichsamtes, Hermann Thurn.

Die in der damaligen wirtschaftlichen Situation notwendige, bisweilen sogar maßgebliche Beteiligung von Privatkapital an der Gründung der Rundfunkunternehmen geschah örtlich auf unterschiedliche Weise. Dennoch lassen sich zwei Grundmuster erkennen: Entweder trat eine führende Kapitalgruppe auf, der sich dann kleinere Kapitalgeber mit Blick auf die Bonität des finanziellen Anführers zugesellten, wie beispielsweise in Berlin, Frankfurt, Hamburg und Leipzig; oder eine Persönlichkeit brachte unter mehr oder minder starker finanzieller Eigenbeteiligung Kapitalgeber aus unterschiedlichen Wirtschaftsbereichen zusammen, wie beispielsweise in München, Königsberg, Stuttgart, Breslau und in gewisser Weise auch in Münster.

Das Privatkapital kam bei den einzelnen Gesellschaften mehrheitlich aus folgenden Bereichen:

149

München: Deutsche Bank München, Industrie- und Handels-
unternehmen, Voss;
Berlin: Schallplattenindustrie, Gruppe Voss-Magnus;
Frankfurt: Fotoindustrie, Gruppe Schleußner;
Königsberg: Elektrohandel und die Stadt Königsberg, Gruppe
Zabel;
Hamburg: Getreidehandel, Gruppe Blonck;
Leipzig: Zeitungsverlag und die Stadt Leipzig, Gruppe Her-
furth-Köhler;
Stuttgart: Banken, Industrie- und Handelsunternehmen,
Gruppe Wanner;
Breslau: Industrie- und Handelsunternehmen, Darmstädter
Nationalbank, Breslau, Gruppe Lummer-Zorek;
Münster: Rheinisch-Westfälische Industrie- und Handelskam-
mern, Gruppe Tormin.

Die Post behielt alle diese Entwicklungen im Auge. Wenn es
galt, Einzelheiten über Organisation und Technik auszuhan-
deln, schickte Hans Bredow entweder den Rundfunkreferenten
Heinrich Giesecke aus seiner eigenen Abteilung oder Hermann
Thurn vom Telegraphentechnischen Reichsamt. Ludwig Voss
oder sein Geschäftsführer Walther Vieregge führten meist die

Die Vox Schallplatten- und Sprechmaschinen AG war die Mutterfirma
der Berliner Rundfunkgesellschaft, der Funk-Stunde AG.

wirtschaftlichen Besprechungen. Nach den Bedingungen des Reichspostministeriums hatten die Gründer 51 Prozent der Aktienanteile und drei Aufsichtsratsstellen an das Reichspostministerium, vertreten durch Giesecke, an das Reichsinnenministerium, vertreten durch den Landtagsabgeordneten Ernst Heilmann als alleinigen Vorstand von Buch und Presse, und an die Deutsche Stunde, vertreten durch Voss, abzugeben. Das Triumvirat Giesecke, Heilmann und Voss erhielt in den Bezirksgesellschaften selbstverständlich die gewünschten Aufsichtsratssitze, ausgenommen in Stuttgart und München. Für das Protokoll des notariellen Gründungsaktes und für den Gesellschaftsvertrag hatte das Reichspostministerium Entwürfe ausgearbeitet, deren möglichst unveränderte Übernahme den Gründern empfohlen wurde. Die Post forderte ein Stammkapital von mindestens 60 000 Goldmark. Als Einnahmen wurden den Gesellschaften drei Fünftel der zwei Mark je Teilnehmer in den betreffenden Gebühreneinzugsgebieten, also 1,20 Mark je Teilnehmer, zugesprochen. Über den Zweck einer jeden Neugründung sollte es im § 2 der Gesellschaftsverträge heißen: »Gegenstand des Unternehmens ist die Veranstaltung und drahtlose Verbreitung von Vorträgen, Nachrichten und Darbietungen künstlerischen, belehrenden, unterhaltenden, wirtschaftlichen sowie sonst weitere Kreise der Bevölkerung interessierenden Inhalts in ... und weiterem Umkreise.«[2]

Die Funk-Stunde AG, Berlin

Einen geeigneten Partner für die in Berlin geplante Gesellschaft fand Voss bereits, als er sich noch für das Programm seines Saalfunks bei den großen Schallplattenunternehmen um Zusammenarbeit bemühte. Es war dies die am 30. Dezember 1920 gegründete Berliner »Vox-Schallplatten- und Sprechmaschinen AG«. Sie wurde geleitet von dem gebürtigen Leipziger Apotheker Walter Vogelsang. Mit ihm kam auch Wilhelm Hadert zum Rundfunk, der später bei mehreren Gesellschaften als Verwaltungsmann tätig werden sollte. Dem Unternehmen gehörten auch der Wirtschaftsjurist Kurt Magnus, der Techniker Curt Stille, der Fachmann für Urheberrechtsfragen Wilhelm Wagner und der Prokurist Friedrich Georg Knöpfke an. Wirtschaftlich

[2] Mustervertrag bei den Akten betr. Westdeutsche Funkstunde AG 1924–1926. RWWA Köln Abt. 5 Nr. 8 Fasz. 60 Industrie- und Handelskammer für den Regierungsbezirk Münster.

Das Vox-Haus in der Potsdamer Straße 4 in Berlin war Sitz der Funk-Stunde, der Deutschen Welle, der Reichs-Rundfunk-Gesellschaft und des Rundfunkkommissariats bis 1931.

Die oberen Stockwerke des Vox-Hauses mit den Studioeinrichtungen.

ging die Vox in einer am 1. März 1923 gegründeten Holding-Gesellschaft mit dem Namen »Hauptverwaltung für Industrie GmbH«, Berlin, auf, in der der Kolonialkaufmann August Stauch sein Vermögen angelegt hatte. Die meisten Unternehmen dieser Hauptverwaltung waren in einem großen Geschäftshaus im Potsdamer Tor-Bezirk, Potsdamer Str. 4, untergebracht. Stauch zeigte sich an den Rundfunkplänen interessiert und stellte Räume im vierten Stock seines Vox-Hauses zur Verfügung. Die Oberpostdirektion Berlin erhielt schon Anfang April 1923 die Anweisung, auf dem Dach dieses Hauses in Zusammenarbeit mit der Reichstelegraphenverwaltung eine Sendeantenne zu errichten, die zu jener Zeit allerdings noch für Versuchssendungen der Rundfunk-GmbH, die damals noch die Bezirkssender selbst bauen und betreiben wollte, gedacht war.

Stauch hinterließ den Direktoren der Vox vor Antritt einer Auslandsreise seine grundsätzliche Zustimmung, sich an der Gründung einer Berliner Programmgesellschaft durch die Deutsche Stunde zu beteiligen. Als die Verhandlungen zwischen der Reichstelegraphenverwaltung und der AG für Buch und Presse (Dradag) erwarten ließen, daß die Verträge gesichert schienen, kam Voss auf das Angebot August Stauchs zurück. Kurt Magnus, der Generalbevollmächtigte der Stauch-Unternehmungen, führte die Verhandlungen mit Voss und der

Reichstelegraphenverwaltung, vor allem aber mit Hermann Giesecke und Hans Buntkirchen. Die Post forderte zunächst 1000, später sogar 3000 englische Pfund als Sicherheit für die Beteiligung an der neu zu gründenden Berliner Rundfunkgesellschaft. Magnus stimmte eigenmächtig der geforderten Erhöhung des Gesellschaftskapitals zu und sicherte damit der Vox den Zuschlag.

Noch bevor die neue Rundfunkgesellschaft formell gegründet war, erteilte die Reichstelegraphenverwaltung dem Telegraphentechnischen Reichsamt am 20. September 1923 den Auftrag, für die Deutsche Stunde einen Sender zu bauen. In zehn Tagen entstand im Dachgeschoß des Vox-Hauses eine Anlage, die aus Laboratoriumsbeständen zusammengebaut wurde, und auch die Studios waren im gleichen Stockwerk untergebracht. Am 15. Oktober veranstalteten der Reichspostminister und sein Staatssekretär zusammen mit Vertretern der Deutschen Stunde eine Pressevorführung; am 18. Oktober begannen die Versuchssendungen; am 29. Oktober 1923 lief von 20.00 bis 21.00 Uhr das erste Abendprogramm des ersten regelmäßigen öffentlichen Sendedienstes. Als Organisator wurde übrigens damals noch immer die Deutsche Stunde bezeichnet. Erst 14 Tage später, am 10. Dezember 1923, erfolgte die Gründung der Radio-Stunde AG, die am 29. März 1924, und zwar mit ihrem neuen Namen Funk-Stunde AG, in das Handelsregister eingetragen wurde. Die Namensänderung soll am 18. März auf ausdrücklichen Wunsch der Reichstelegraphenverwaltung erfolgt sein. Der Vertrag gab die »Veranstaltung und drahtlose Verbreitung von Vorträgen, Nachrichten und Darbietungen künstlerischen, belehrenden und unterhaltenden Inhalts« als Zweck der Gesellschaft an[3].

Als Gründer traten fünf Herren aus der Hauptverwaltung für Industrie auf: Walter Vogelsang, Carl Roesler, Heinrich Pfeiffer, Hermann Mütschele und Richard Boedecker. Der Aufsichtsrat setzte sich zusammen aus Voss (Deutsche Stunde), Heilmann (Dradag), Curt Stille und Kurt Magnus (von der Vox) sowie Emil Haentzschel (Preußisches Innenministerium) und Heinrich Giesecke (Reichspostministerium). Direktor war zunächst Knöpfke; kurze Zeit später wurden Wilhelm Wagner und der Redakteur Theodor Weldert, letzterer als Beauftragter

[3] *Handbuch der Deutschen Aktien-Gesellschaften 1923/24.* Bd. II b. Berlin, Leipzig 1924, S. 3359.

der Dradag, in den Vorstand aufgenommen. Das Stammkapital von nominell 120 000 Mark wurde zunächst in Papiermark bestimmt, dann aber auf 60 000 Goldmark festgesetzt – dies auch im Hinblick auf die ursprüngliche Sicherheitssumme von 3000 englische Pfund. Die Summe wurde jedoch niemals eingezahlt. Vielmehr trug die Vox den gesamten Betrieb der Radio-Stunde; sie zahlte durch ihre Leistungen, die allerdings erst viel später verrechnet wurden. Die Gesellschaft erwarb das Vox-Haus im Juni 1925.

Die Südwestdeutsche Rundfunkdienst AG (SWR), Frankfurt am Main

In Frankfurt interessierte sich bereits im Sommer 1923 der ehemalige Flieger-Funker des Ersten Weltkriegs und Mitinhaber der C. Schleussner AG für Fotoartikel, Carl Adolf Schleussner, für die wirtschaftlichen Möglichkeiten des Rundfunks, besonders für den Empfängerbau und -handel. Er gehörte auch zu den Teilnehmern einer Zusammenkunft der Frankfurter Mitglieder des Deutschen Radio-Clubs, die am 20. November 1923 die Gründung eines eigenen Vereins besprachen. Unter Leitung von Geheimrat Professor Richard Wachsmuth schlossen sich am 14. Dezember 1923 im Physikalischen Institut der Universi-

---

GESELLSCHAFT VON FREUNDEN DER RADIO-TELEPHONIE U.-TELEGRAPHIE IN FRANKFURT-M.
(*SÜDWESTDEUTSCHER RADIOCLUB*) *GEGRÜNDET 1923*

MITGLIEDSKARTE 1924 Nr. **11**

FÜR DEN UMSTEHEND GENANNTEN INHABER

Diese Karte gilt als Ausweis bei allen Veranstaltungen der Gesellschaft und ist nicht übertragbar. / Zugleich wird mit Ausgabe dieser Karte der Empfang des Eintrittsgeldes und des Beitrages für das 1. Vierteljahr 1924 bestätigt. Für die späteren Zahlungen gelten die jeweiligen Bekanntmachungen in der **Radio-Umschau**. *Als Quittung gilt die Postquittung.*

DER VORSTAND
I. A.: *Wilh. Breidenstein, Kassenführer*

Mitgliedskarte von Peter Lertes für den Gründungsverein der Frankfurter Rundfunkgesellschaft.

tät Frankfurt eine Reihe von Persönlichkeiten zur Gesellschaft von Freunden der Radio-Telephonie und -Telegraphie (Südwestdeutscher Radio-Club) zusammen. Neben Wachsmuths Assistent Peter Lertes wurden auch Schleussner und dessen Freund Fritz von Opel Mitglieder des Clubs.

Der Initiative dieser technisch begeisterten und wirtschaftlich hoffnungsvollen Vereinsgründer war es zu verdanken, daß Frankfurt – und nicht Kassel, wie es der Oberbürgermeister dieser Stadt, Philipp Scheidemann, gern gesehen hätte – Sitz einer Rundfunkgesellschaft wurde. Sie waren es auch, die eine Woche zuvor, am 7. Dezember 1923, zusammen mit dem Diplomingenieur Ernst Meyer aus Darmstadt und dem Kaufmann Paul Wanderey aus Frankfurt die Südwestdeutsche Rundfunkdienst AG gegründet hatten. In den Aufsichtsrat der Gesellschaft, die erst am 2. Februar 1924 in das Handelsregister eingetragen wurde, traten ein: Aus der Schleussner-Familie Carl Schleussner als Vorsitzer und sein Sohn Carl Adolf, Fritz von Opel, der Frankfurter Rechtsanwalt Ernst Boesebeck, Generalkonsul Karl Meyer aus Darmstadt, der damalige Stadtrat und spätere Oberbürgermeister von Frankfurt, Ludwig Landmann, und – selbstverständlich – Ernst Ludwig Voss. Den Vorstand übernahm der damalige Gerichtsassessor Wilhelm Schüller, ein Schwager der Familie Schleussner. Am 18. Juli 1924 trat der Röntgenarzt Hans Flesch, seit der Programmeröffnung künstlerischer Leiter des Südwestdeutschen Rundfunkdienstes, in den Vorstand ein. Das Gründungskapital von 100 Billionen Papiermark wurde am 7. Oktober 1924 auf 20000, am 31. Dezember 1924 schließlich auf 60000 Goldmark umgestellt, analog der Verfahrensweise bei den übrigen Gesellschaften. An der Aufbringung des Kapitals beteiligte sich in erster Linie die Familie Schleussner. Außerdem hatten nennenswerte Anteile Fritz von Opel und Karl Meyer eingebracht, während geringe Beteiligungen auf den künstlerisch und technisch interessierten Ernst Boesebeck und Paul Wanderey entfielen. Ludwig Landmann vertrat die Stadt Frankfurt, die von den Gründern unentgeltlich einen kleinen Prozentsatz ihrer Anteile erhalten hatte. Das Konsortium war aufgrund privater oder geschäftlicher Verbindungen zum Hause Schleussner zusammengekommen. Über Fritz von Opel verlief ein Interessenfaden zu einem Frankfurter Funkunternehmen, der am 4. Januar 1924 gegründeten Radio-Werke Schneider-Opel AG, deren Vorstand Peter Lertes angehörte und die auch die von Lertes konstruierten Empfänger herstellte.

Der Sender Frankfurt I mit einer Telephonieleistung von 0,7 kW strahlte vom 9. bis zum 18. März 1924 Versuchssendungen aus. Am Abend des 31. März fand die Feierstunde zur Eröffnung des Betriebes statt, während am 1. April 1924 eine Feier in Anwesenheit von Staatssekretär Hans Bredow anläßlich der Aufnahme eines regelmäßigen Programmdienstes ausgerichtet wurde. Sender, Studio und Verwaltung befanden sich im 5. Stock des neu errichteten Postscheckamtes in der Frankfurter Elbestraße.

Die Ostmarken-Rundfunk AG, Königsberg i. Pr. (Orag)
In Königsberg betrieb der Ingenieur Walter Zabel zusammen mit seinen beiden Schwägern Wilhelm Groß und Max Boy ein Elektro-Installations-Unternehmen. Zabel, seine beiden Schwäger, der Funktechniker Bruno Ebel, gleichfalls aus der Firma Zabel, sowie der Gutsbesitzer Wilhelm Bitzer gründeten am 2. Januar 1924 die »Ostmarken-Rundfunk AG«, die am 28. Februar eingetragen wurde. Die Aktien, die auf Reichsmark lauteten, wurden mit 29 000 Mark von Bitzer, mit 28 000 Mark von Zabel und mit je 1000 Mark von Groß, Boy und Ebel übernommen. Abweichend von dem späteren Normalvertrag lautete der § 2 des Gesellschaftsvertrags über den Zweck des Unternehmens. »Errichtung einer Sendestation und die Wiedergabe von Konzerten und Vorträgen jeglicher Art auf drahtlosem Wege«[4]. Dem Vorstand gehörten Max Boy als Verwaltungsdirektor und Bruno Ebel als technischer Direktor an. Als künstlerischen Leiter verpflichteten sie am 26. März den gebürtigen Wiener Joseph Christean mit einem Gehalt von monatlich 800 Mark; Christean war vorher beim Königsberger Stadttheater tätig gewesen. Von der Firma Huth, die den Sender geliefert hatte, kam als technischer Leiter der Oberingenieur Erich Geissler hinzu. Dieser baute im April auf dem Zabelschen Fabrikgelände den Sender Königsberg I mit einer Telephonieleistung von 1 kW, der am 14. Juni 1924 den Betrieb aufnahm. Am darauffolgenden Tag fand die feierliche Programmeröffnung statt. Als Studio diente zunächst der große Chorprobensaal des Königlichen Opernhauses im Stadttheater.

Das Zabelsche Familienunternehmen geriet schon nach zwei Monaten in Finanzschwierigkeiten, als der Gründer die von der

---

[4] Ebd. sowie *Handbuch der Deutschen Aktien-Gesellschaften 1925.* Bd. I. Berlin, Leipzig 1925, S. 6892 f.

Reichstelegraphenverwaltung geforderten 60 000 Mark Gründungskapital wieder in seine Elektrofirma zurückholen mußte. Hinzu kam, daß die Teilnehmerzahl im Gebühreneinzugsbereich von Königsberg, vor allem auf dem Lande, nur sehr langsam angestiegen war. Im Juli 1924 schätzte man rund 5000 Teilnehmer. Im Auftrag der Stadt Königsberg griff die städtische Ausstellungsgesellschaft ein. Die von Konsul Erich Wiegand geleitete »Messeamt Königsberg i. Pr. GmbH« übernahm das gesamte Stammkapital der Orag. Der Aufsichtsrat setzte sich nun zusammen aus dem Oberbürgermeister Hans Lohmeyer, dem Stadtkämmerer Karl Alexander Lehmann, dem Messeamtsdirektor Erich Wiegand und seinem Dezernenten, dem Stadtrat Fritz Beyse; hinzu kamen die drei genannten Berliner. Christean blieb als künstlerischer Leiter mit Prokura. Zum alleinigen Vorstand bestellte man den Direktor des »Osteuropa-Verlags«, einem Tochterunternehmen der Messegesellschaft, Friedrich Wilhelm Odendahl.

Die Nordische Rundfunk AG, Hamburg (Norag)

Im Gegensatz zu Königsberg entwickelte sich die wirtschaftliche Lage der Hamburger Rundfunkgesellschaft ausgezeichnet; die wirtschaftliche Situation war vorzüglich, denn die Zahl der Hörer stieg von 600 im Mai des Jahres 1924 auf nicht weniger als 81 150 im Dezember 1924. An den Gründungsvorbereitungen waren die beiden Kaufleute Friedrich Julius Christian Blonck und sein Mitgesellschafter Alfred Bernhard Lipkat maßgeblich beteiligt. Als wichtigsten Geldgeber fanden sie einen Großunternehmer amerikanischen Zuschnitts, den Bankier Peter Kruse. Lipkat und der Harburger Ölkaufmann Walther Richers, der Generalmajor a. D. Carl Oehme sowie die beiden Brüder Julius Alexander und Carl Eugen Grossmann, wahrscheinlich die Strohmänner von Kruse, gründeten am 16. Januar 1924 die »Nordische Rundfunk AG«; sie wurde bereits am 29. Januar in das Handelsregister eingetragen. Im Aufsichtsrat übernahm Blonck den Vorsitz neben Kruse und dem Berliner Triumvirat. Zum Vorstand bestimmten die Gründer den Lübecker Landmaschinenhändler Alban Patzschger, der mit Voss bekannt war, sowie den Journalisten Hans Bodenstedt von den *Hamburger Nachrichten*, der sich bereits für die ersten Rundfunkversuche interessiert hatte. Er brachte den damals gerade 25 Jahre alten Kollegen Kurt Stapelfeldt mit.

Mit dem Sender Hamburg I mit einer Telephonieleistung von

0,7 kW begann die Norag am 2. Mai 1924 ihren regelmäßigen Programmdienst. Nach einigen Schwierigkeiten konnten Sender und Studio im dritten Stock des Hauptfernsprechamtes in der Binderstraße untergebracht werden. Als Geschäftsräume wurden Zimmer in der Großen Bäckerstraße ausfindig gemacht.

Die Mitteldeutsche Rundfunk AG, Leipzig (Mirag)

Am 2. März 1924, rechtzeitig zum Beginn der Leipziger Frühjahrsmesse, konnte die Leipziger Rundfunkgesellschaft ihren regelmäßigen Programmdienst aufnehmen. Auf dieser Messe trat die Rundfunkwirtschaft zum ersten Mal organisiert mit mehr als 200 Ständen in Erscheinung. Die Schlüsselfigur bei diesem Zusammengehen von Rundfunk und Wirtschaft war der Direktor des Leipziger Messeamts, Raimund Köhler. Sein städtisches Unternehmen war auch der wichtigste Geldgeber für den »Meßamtssender«, wie die am 22. Januar 1924 gegründete und am 23. Februar eingetragene »Mitteldeutsche Rundfunk AG« von der Hörerschaft anfangs genannt wurde. Die Aktien wurden in Form von Namensaktien ausgegeben und von dem Presseverlag Edgar Herfurth und Co. KG (42 000 Goldmark), dem Direktor des Verkehrsvereins, Bodo Ronnefeld (15 000 GM), dem Rechtsanwalt Georg Walter Niedenführ (6000 GM), von Professor Friedrich Roth (1000 GM) und von Fritz Kohl (16 000 GM) übernommen. Zum Vorstand wurde Erwin Jaeger berufen, der eine Firma für elektromedizinische und elektrophysikalische Geräte besaß und mit Huth zusammenarbeitete. Köhler präsidierte dem Aufsichtsrat, dem neben den drei Berlinern der Leipziger Oberpostdirektor Paul Weigel, der Bankdirektor Friedrich Otto Bittrich sowie der Rechtsanwalt Hans Otto angehörten. Otto hatte eine Praxis für Gründungssachen und galt als Fachmann für Urheber- und Zivilrecht; er löste Köhler bald im Vorsitz der Mirag ab. Außerdem trat später auch der Generaldirektor der Riebeck-Brauerei in Leipzig, Wilhelm Reinhardt, in den Aufsichtsrat ein. Dem Direktor Erwin Jaeger standen als weitere Direktoren für das Wortprogramm Julius Witte und für das Musikprogramm der Kapellmeister der Leipziger Oper Alfred Szendrei zur Seite. Sender und Studio waren im Messeamt in der »Alten Waage« untergebracht.

Die Süddeutsche Rundfunk-AG, Stuttgart (Sürag)

Im »Reinsburger Kreis«, genannt nach dem Stuttgarter Café Reinsburg, trafen sich Schauspieler, Literaten, Kunstliebhaber und Journalisten, die sich für den Rundfunk interessierten. Ihre Pläne, ein Rundfunkunternehmen zu gründen, scheiterten an Geldmangel. Erfolgreicher war dagegen der Direktor des Deutschen Auslands-Instituts, der schwedische Generalkonsul und königlich-württembergische Kommerzienrat Theodor Gustav Wanner. Auf einer Reise durch die Vereinigten Staaten, die ihn im Winter 1922/23 mit dem Rundfunk bekannt machte, gewann er die Vorstellung, das neue Medium Rundfunk als grenzüberschreitendes Bindemittel zur Ansprache im Ausland lebender Deutscher zu nutzen. Er stellte offenbar die entscheidenden Verbindungen mit den Behörden in Berlin und in Stuttgart her; auch gelang es ihm anscheinend mühelos, die finanziellen Voraussetzungen für die Gründung einer Rundfunkgesellschaft zu schaffen. Wanner hatte als Mitglied des Verwaltungsrats der Zweigstellen für Außenhandel des Auswärtigen Amts und als ehrenamtliches Mitglied des Wirtschaftsnachrichtendienstes Verbindung zu Voss. Bereits seit Herbst 1923 suchte er nach Geldgebern für die Rundfunkgesellschaft in Stuttgart, fand den Kontakt zu Bredow und nahm Verbindung zur Stuttgarter Oberpostdirektion auf.

Nach einem Vortrag von Voss im Deutschen Auslands-Institut gelang es Wanner, 33 Gesellschafter zum Zeichnen von Aktien von insgesamt 60000 Mark zu bewegen. Zur Verringerung des Risikos sollten die einzelnen Anteile nicht zu groß sein. Die Privataktionäre verlangten offenbar Sicherheiten gegen einen allzu starken Einfluß aus der Reichshauptstadt. Auf ihr Drängen, dem sich Wanner anschloß, schaltete man anstelle des Reichspostministeriums die Oberpostdirektion Stuttgart ein, die die Anteile der Post vertreten und ihren Aufsichtsratsposten einnehmen sollte. Auch das Württembergische Staatsministerium, dessen Pressereferent Joseph Vögele durch Zufall von diesen Plänen erfahren hatte, schaltete sich ein. Er informierte den Leiter des Wirtschaftsreferats im Arbeits- und Ernährungsministerium, das für Post- und Verkehrsangelegenheiten in Württemberg zuständig war. Dieser Referatsleiter sorgte schließlich dafür, daß Vögele sowie zwei Angehörige des Arbeits- und Ernährungsministeriums zur Gründungsversammlung zugelassen wurden. Am 3. März 1924 trafen sich die fünf Gründer vor einem Stuttgarter Notar. Unter der Firma »Süddeutsche Rundfunk AG« wurde eine Gesellschaft mit Sitz in Stuttgart errichtet, deren 31 Aktien zu je 1000 Mark und 160 Aktien zu je 250 Mark von den Anwesenden nach folgen-

Eröffnungs-Feier

der

Süddeutschen Rundfunk A. G. Stuttgart

(Welle 437)

VORTRAGSFOLGE:

Eröffnungs-Ansprache des Präsidenten der Oberpostdirektion **v. Metzger,** und des
Vorsitzenden des Aufsichtsrats der Südd. Rundfunk A. G.
Generalkonsul Kommerzienrat **Dr. Wanner**

1. **Priester-Chor** aus „Zauberflöte" . . . . **Mozart**
   Herren: Zwicky — Garth — Michaelis — Achterberg — Stölzel
   Zimmermann — Müller
   Solist: Sarastro: Kammersänger **Reinhold Fritz**

2. **Botenrede** aus **Oedipus** . . . . **Sophokles**
   Fritz Wisten

3. II. Satz aus dem **Streichquartett** B-Dur op. 18 Nr. 6 . . . . . **Beethoven**
   Stuttgarter Streichquartett
   (Kleemann — Reichhardt — Köhler — Münch)

4. **Klavier-Vortrag** . . . . **Brahms**
   (**Walter Rehberg,** Mannheim)
   (Konzertflügel: C. Bechstein aus dem Lager B. Klinckerfuß)

5. I. Satz aus dem **Sextett** f. Klavier, Flöte, Oboe, Clarinette, Horn u. Fagott **Thuille**
   Collegium musicum Stuttgart
   Dittrich (Flöte), **Riedel** (Oboe), **Rauschert** (Clarinette), **Bartzsch**
   (Horn), **Bartholomes** (Fagott)
   Klavier: **Willy Bergmann**

6. a) **Die Fahrt zum Hades** . . . . **Schubert**
   b) **Hidalgo** . . . . **Schumann**
   c) **Ich liebe dich** . . . . **Strauss**
   Heinrich Rehkemper (Bariton)
   Am Flügel: Staatskapellmeister **E. Band**

7. **Vorspiel** III. Akt „**Meistersinger**" . . . . **Wagner**
   Walter Kuron auf dem **Schiedmayer**-Meisterharmonium

8. **Hymne** . . . . **Herzog Ernst**
   Stuttgarter Waldhorn-Quartett
   (Bühl — Bürgermeister — Bartzsch — Naue)

·· Unvorhergesehene Änderungen vorbehalten ··

Das Eröffnungsprogramm der Süddeutschen Rundfunk AG in Stuttgart am 11. Mai 1924.

dem Schlüssel übernommen wurden: Oberregierungsrat Julius Kümmerlen zeichnete Aktien im Wert von 46 000 Mark, worin die Anteile der Post, der Deutschen Stunde und der Dradag enthalten sein sollten; der Konzertagent Leon Hauser Aktien im Werte von 8500 Mark; Paul Demcker Aktien im Werte von 5000 Mark und der Kanzleirat August Frey für das Arbeits- und Ernährungsministerium sowie der Ingenieur Walter Reisser je eine Aktie im Wert von 250 Mark. Dem ersten Aufsichtsrat gehörten zunächst nur drei Herren an, Voss, Wanner und – als Vertreter der Oberpostdirektion Stuttgart – der Telegraphendirektor Walter Feucht. Zum Vorstand bestellten die Gründer den Dramaturgen und Schriftsteller aus dem Reinsburger Kreis, Alfred Bofinger, der als geschäftsführender Direktor bezeichnet wurde, während Hauser die Stelle eines Programmdirektors antrat.

Der württembergische Vertreter hatte bereits in der Gründungsversammlung einen Sitz im Aufsichtsrat verlangt. Zunächst hatte man ihm jedoch zu verstehen gegeben, daß der einzige noch verfügbare Aufsichtsratsposten für die Dradag reserviert sei. Die Vertreter des Staatsministeriums, vor allem der Leiter der Pressestelle, Joseph Vögele, ließen aber nicht locker. So erhielt Vögele als publizistischer Vertreter vorerst die Wahrnehmung des Aufsichtsratssitzes der Dradag übertragen.

Die geographische Lage Stuttgarts bedeutete für den Senderbau ein schwieriges Problem. Schließlich mietete man einige Räume in Feuerbach, also außerhalb des Stuttgarter Talkessels. In Feuerbach sowie in der Innenstadt wurden Studios eingerichtet. Der Programmdienst mit dem Sender Stuttgart I mit einer Telephonieleistung von 0,7 kW wurde am Vormittag des 11. Mai 1924 feierlich eröffnet; er begann bereits am darauffolgenden Tag mit regelmäßigen Darbietungen.

Die Schlesische Funkstunde AG, Breslau

Nachdem Hermann Thurn am 1. März 1924 im Physikalischen Institut der Schlesischen Friedrich-Wilhelms Universität in Breslau seinen Standardvortrag gehalten hatte, soll es bereits zur Gründung einer »Schlesischen Rundfunk-Betriebs-AG« gekommen sein. Die förmliche Gründung der »Schlesischen Funkstunde AG« folgte freilich erst am 4. April 1924 und vier Wochen später die Eintragung ins Handelsregister. Den Gesellschaftsvertrag unterzeichneten als Gründer der Breslauer Ordinarius für Physik, Professor Otto Lummer, der Hutfabrikant und Vorsitzende des Breslauischen Orchestervereins, Franz Schneiderhan, der Schallplattenhändler Ludwig Abthoff, der Direktor der Mikeska-Lehner Werke AG für elektrotechnisches Isoliermateriel, Kraftfahrzeuge und Zubehör, Hermann Mikeska, und schließlich der Major a.D. Alexander Vogt. Sie übernahmen Aktien für 60 000 Mark in zehn Namensaktien zu je 200 Mark und 58 Namensaktien zu je 1000 Mark. Dem Aufsichtsrat gehörten Professor Lummer als Vorsitzender bis zu seinem Tode im Juli 1925 an und sein Nachfolger und zweiter Vorsitzender, Hermann Zimmer, der Oberpräsident der Provinz Schlesien. Hinzu kamen Schneiderhan und der Stadtschulrat Ernst Zillmer, außerdem die drei genannten Berliner. Zum alleinigen Vorstand bestellten die Gründer Alexander Vogt. Dieser engagierte sich für die »literarisch-wissenschaftliche Abteilung« den Journalisten Fritz Ernst Bettauer und den Kapellmeister am Breslauer Stadttheater Ernst Mehlisch, der freilich nach wenigen Wochen schon durch den Musikkritiker der *Breslauer Morgenzeitung* und Kapellmeister an den Vereinigten Theatern von Breslau, Edmund Nick, abgelöst wurde. Am 4. Mai 1924 war der Aufbau des Senders abgeschlossen, so daß die Versuchssendungen beginnen konnten; die technische Leitung übernahm der Telegrapheninspektor Paul Steiner. Am Abend des 26. Mai wurde der Programmdienst über den Sender Breslau I mit einer Telephonieleistung von 0,7 kW feierlich eröffnet. Sender und Studio waren in den drei obersten Etagen des Oberbergamts in der Hohenzollernstraße am Reichspräsidentenplatz untergebracht.

Die Westdeutsche Funkstunde AG, Münster (Wefag)
Am schwierigsten gestaltete sich die Gründungsphase im westdeutschen Sendebezirk. Die Interalliierte Rheinland-Kommission hatte durch die Verordnung Nr. 71 über Spionageabwehr vom 26. Januar 1921 den Empfang und die Sendung von Funkdarbietungen allen Bewohnern des Rheinlandes verboten[5]. Ohne schriftliche Genehmigung dieser Kommission, einer Besatzungsbehörde, durfte niemand drahtloses Nachrichtengerät

[5] Ordonnance No 71 relative aux actes d'espionage et autres analogues. In: Bulletin Officiel de la Haute Commission Interalliée des Territoires Rhénans, No. 13–14 Janvier-Février 1921, S. 20; Übersetzung bei Hermann Giess, *Die Einführung des Rundfunks in den ehemals besetzten Gebieten des Rheinlandes 1925.* Archiv für Post und Telegraphie 1935, 5, S. 125.

oder Teile davon herstellen, kaufen, verkaufen oder besitzen. Die Bemühungen um die Zulassung des Wirtschaftsrundspruchs blieben ebenso erfolglos wie die Verhandlungen über einen Rundfunkdienst. Deshalb entschied sich die Reichstelegraphenverwaltung für Münster in Westfalen als vorläufigen Standort einer ursprünglich in Köln vorgesehenen Rundfunkgesellschaft. Auch die rheinischen Handelskammern setzten sich für Münster ein, weil nur so möglich war, den Rundfunkdienst für ihre Kammerbezirke zu organisieren. Auf Einladung der Industrie- und Handelskammer Münster trafen sich am 29. August 1924 Vertreter der Nachbarkammern Bielefeld, Bochum, Dortmund, Duisburg, Essen und Osnabrück zu einer Besprechung über die Gründung einer Rundfunkgesellschaft im Büro des Generaldirektors der städtischen Betriebsverwaltung in Münster. Außer dem Leiter dieser städtischen Behörde und den Delegierten der Kammern nahm an der Verhandlung auch der Geschäftsführer der Deutschen Stunde, Walther Vieregge, teil. Zur Sprache kamen die Gründungsbedingungen der Post, die Höhe des Gesellschaftskapitals, die Verteilung der Aufsichtsratssitze und die zu erwartenden Einnahmen.

Am 15. September 1924 trafen sich der Oberbürgermeister der Stadt Münster, Georg Sperlich, der Abteilungsdirigent der Oberpostdirektion Münster, August Köstermann, und als Strohmänner der beteiligten Kammern der Direktor der Münsteraner Filiale der Deutschen Bank AG, Josef Dortants, als stellvertretender Vorsitzender der Industrie- und Handelskammer Münster, sowie die Kammermitglieder Theodor Althoff, Vorstandsmitglied der Rudolf Karstadt AG, und Ferdinand Revermann, Mitinhaber einer Kolonialwarengroßhandlung; diese Gruppe gründete die »Westdeutsche Funkstunde AG«. Der erste Aufsichtsrat setzte sich zusammen aus den drei Berlinern Giesecke, Heilmann und Voss, dem Vertreter der Stadt Münster, Baurat Richard Tormin, und den Vertretern der sieben Kammern. Für die beiden Kammern Bielefeld und Osnabrück wurde der Textilfabrikant Carl Baumhöfener aus Bielefeld aufgenommen; die übrigen fünf Kammern mußten sich zwei Sitze teilen, die aus praktischen Gründen mit dem Münsteraner Syndikus der Industrie- und Handelskammer, Adolf Wurst, und aus politischen Gründen mit dem ersten Syndikus der Niederrheinischen Industrie- und Handelskammer Duisburg-Ruhrort, dem Oberbürgermeister a. D. Otto Most, besetzt wurden. Tormin übernahm den Vorsitz, Wurst seine Vertretung. Zum alleinigen Vorstand bestellten die Gründer vorläufig den Oberst a. D. Hermann Krome. Das Gründungskapital von 60 000 Mark war eingeteilt in 31 Inhaberaktien zu je 1000 Mark und 58 Namensaktien zu je 500 Mark. Die 31 Inhaberaktien mußten für die Berliner Interessen bereit gehalten werden; die Zeichner der 58 Namensaktien, die Stadt Münster und die sieben Kammern, hatten sie freilich mitzubezahlen. Auch die Gründungs- und Eintragungskosten gingen zu Lasten dieser Zeichner, die schließlich je 2285 Mark pro 500-Mark-Aktie einzuzahlen hatten. Die sieben Industrie- und Handelskammern hatten demnach 15 925 Mark aufzubringen.

Wegen der Besonderheit einer Beteiligung von Industrie- und Handelskammern an der Rundfunkgründung sei darauf hingewiesen, daß für den Entschluß dieser Kammern, als Rundfunkgründer aufzutreten, folgende aufschlußreiche Begründung auf der Sitzung des Ständigen Ausschusses dieser Kammern vom 10. September 1924 gefunden worden war: »Mit Rücksicht auf das ganz hervorragende, öffentliche, insbesondere auch wirtschaftliche Interesse, welches der Rundfunk hat, ist angeregt worden, daß die Handelskammer Münster und die benachbarten Handelskammern die 500-Mark-Aktien übernehmen, damit private Interessen von der Einwirkung auf die Geschäftsführung und Verwaltung der Funkstunde möglichst ausgeschaltet werden. Es soll den Handelskammern allerdings überlassen bleiben, ihre Aktien weiter zu veräußern, jedoch nur an Personen, die die nötige Gewähr gegen eine ungünstige, dem öffentlichen Interesse nicht entsprechende Beeinflussung der Gesellschaft durch ihren Aktienbesitz bieten. Insbesondere sollen dabei Empfangsapparate herstellende oder vertreibende Firmen ausgeschlossen sein.«[6] Aus diesem Grunde, so hieß es weiter, seien die 500-Mark-Aktien auch zu Namensaktien gemacht worden, wodurch ihre Weitergabe an die Genehmigung der Generalversammlung gebunden sei. Die Münsteraner Rundfunkgesellschaft wurde erst am 12. Dezember 1924 ins Handelsregister eingetragen.

Schon zwei Monate vor der eigentlichen Gründung war der Sender Münster I mit einer Telephonieleistung von 0,7 kW fer-

---

[6] Protokoll der Sitzung des Ständigen Ausschusses [der Rheinisch-Westfälischen Industrie- und Handelskammern] vom 10. 9. 1924 betr. Bildung der »Westdeutschen Funkstunde AG«. In: Wolfgang Schütte (Bearb.), *Die Westdeutsche Funkstunde*. Köln, Berlin 1973, S. 22.

Stellenanzeige in der Kölnischen Zeitung, 6. Januar 1925

tiggestellt, seit dem 17. Juli 1924 strahlte er bereits Versuchssendungen aus. Am 10. Oktober 1924 kam Staatssekretär Hans Bredow in die westfälische Provinzialhauptstadt und eröffnete auch dort feierlich den Programmdienst der letzten deutschen Regionalgesellschaft nach dem inzwischen wohlbekannten Ritus. Der Sender und ein Studio waren in einem ehemaligen Generatorenhaus am Albersloher Weg untergebracht. Man verpflichtete als Leiter der Musikabteilung den Kapellmeister Waldemar Woehl, der allerdings schon Anfang 1925 von Kapellmeister Wilhelm Nebe abgelöst wurde. Heinz Bisping war der Ansager und Sprecher.

Nachdem im Herbst 1926 die Räumung der ersten besetzten Rheinland-Zone (Köln) begonnen hatte, setzten die Vorbereitungen zum Umzug der Rundfunkgesellschaft an den Rhein ein. Am 17. November 1926 wurde durch Erlaß der Rheinlandkommission die Überwachung von Rundfunkempfangsanlagen neu geregelt und ihr Betrieb bedingt freigegeben. Während der Handel mit Empfängern in belgisch und englisch besetzten Gebieten ungehindert einsetzte, zögerten die französischen Behörden die endgültige Freigabe noch bis kurz vor Weihnachten hinaus. Rundfunksender konnten sogar erst ab 2. April 1926 mit Genehmigung des kommandierenden Heeresgenerals errichtet werden. Die Entscheidung des Reichspostministeriums, den Sitz der seit dem 29. Oktober 1926 als »Westdeutsche

Rundfunk AG« (Werag), Köln, firmierenden Gesellschaft nach Köln zu verlegen, war übrigens nicht leicht gefallen, denn auch Düsseldorf hatte Interesse angemeldet. Auf einer Besprechung des Aufsichtsrats am 11. Oktober 1926 in Essen wurden als neue Vorstandsmitglieder der ehemalige Intendant des Kölner Schauspielhauses, Ernst Hardt, zum Programmdirektor und der vorübergehend in Breslau wirkende Wilhelm Hadert zum Verwaltungsdirektor ernannt.

Die Deutsche Stunde in Bayern GmbH, München

Die älteste Regionalgesellschaft, die »Deutsche Stunde in Bayern, Gesellschaft für drahtlose Belehrung und Unterhaltung mbH« in München, bestand schon über ein Jahr, als in Berlin im Oktober 1923 mit den regelmäßigen Sendungen begonnen wurde. Man rechnete damit, wenigstens im darauffolgenden Monat den eigenen Programmdienst eröffnen zu können. Einen mit den Vereinbarungen zwischen Dachgesellschaft und Post fast wörtlich übereinstimmenden Vertrag schlossen die Münchener Abteilung des Reichspostministeriums und die Münchner Gesellschaft am 21. November 1923 ab.

Zwar konnte der damalige Chef dieser Abteilung VII und spätere Reichspostminister, Georg Schätzel, schon am 16. Oktober eine Rundfunkvorführung vor geladenen Gästen aus Politik und Wirtschaft im Beisein der Presse veranstalten – also einen Tag nach der Berliner Pressevorführung von Bredow –, doch die politische Lage in Bayern, aber auch rein technische Hindernisse brachten eine Verzögerung von fast einem halben Jahr mit sich.

Am Sonntag, dem 30. März 1924, um 17.00 Uhr begann die Gesellschaft über den Sender München I mit der Telephonieleistung von 0,7 kW mit einem Festakt im Auditorium Maximum der Universität ihren regelmäßigen Programmdienst. Der Sender, ein Studio und die Verwaltung waren im Dachgeschoß des Bayerischen Verkehrsministeriums untergebracht. Die im § 2 des Gesellschaftsvertrags genannte Absicht, Empfänger an Privatpersonen zu verkaufen und zu vermieten, wurde wahr gemacht. Die Gesellschaft bekam von der Post eine Zulassung zum Zwischenhandel und richtete eine Geschäftsstelle in der Karlstraße als Rundfunkhandlung ein. In die Leitung der Gesellschaft teilten sich der kaufmännische Direktor Mariel Savern, den dann per 23. April 1924 der Kaufmann Ernst Bissinger ablöste; technischer Direktor wurde Otto Griessing, später einer der Väter des »Volksempfängers«, während zum künstlerischen Direktor der Komponist und Kapellmeister Franz Adam berufen wurde. Im Juni 1925 schied Voss als Gesellschafter aus, während die Deutsche Reichspost und die Bayerische Regierung hinzutraten. Gleichzeitig änderte sich die Firmenbezeichnung in »Deutsche Stunde in Bayern GmbH«; die Münchner Rundfunkgesellschaft war also die einzige Regionalgesellschaft, die als GmbH organisiert war.

Zu einer Zusammenarbeit mit der Rundfunknachrichtenagentur Dradag kam es nicht, obgleich das Reichsinnenministerium in den Bedingungen an das Reichspostministerium vom Juli 1923 eigens gefordert hatte, die Post möge alles tun, um dieser Gesellschaft eine Tätigkeit auch in Bayern zu ermöglichen. In durchaus föderativem Selbstbewußtsein hielt man sich in Bayern an das eigene Staatsministerium des Innern. Ihm, aber auch der Abteilung VII des Reichspostministeriums, sollten einige Tage vor der Veröffentlichung die Programme vorgelegt werden.

3.2. Die Deutsche Welle
Kulturrepräsentation statt Gemeinderundfunk

Solange Ernst Ludwig Voss sich mit Rundfunkplänen beschäftigte, solange nahm ihn auch die Idee eines »Zentralfunks« oder »Saalfunks« gefangen. Ein starker, zentral gelegener Sender sollte ein repräsentatives, einheitliches Programm über das gesamte Reichsgebiet ausstrahlen, das Empfänger vor öffentlich versammeltem Publikum wiedergeben sollten. Obgleich die Entwicklung in eine andere Richtung ging, hielt Voss an seinem ursprünglichen Plan fest; er modifizierte ihn lediglich nach der jeweiligen rundfunkpolitischen und organisationsrechtlichen Lage. Kurz vor der Eröffnung des Programmdienstes schrieb er, die »Deutsche Stunde«, seine Gesellschaft, arbeite seit Anfang 1922 mit der Post zusammen an der Rundfunkorganisation, um »den weitesten deutschen Kreisen die drahtlose Telephonie für die Zwecke [der Belehrung und Unterhaltung] zur Verfügung zu stellen, und zwar nicht nur den Kreisen, die in der Lage seien, sich einen eigenen drahtlosen Telephonempfänger in die Wohnung zu stellen ..., sondern auch dergestalt, daß den weniger bemittelten Kreisen in großen Sälen gegen mäßiges

Eintrittsgeld durch Lautsprecher Konzerte, Vorträge usw. übermittelt wurden«[7].

Das waren noch immer die gleichen Vorstellungen, wie er sie genau ein Jahr vorher bei der Eröffnung des Wirtschaftsrund-spruchs geäußert hatte. Gegenüber dem »Heimrundfunk« ge-riet dieser »Saalrundfunk« allerdings ins Hintertreffen. Ein Grund dafür war die Zurückhaltung der Reichstelegraphenver-waltung. Sie wollte ihr Startzeichen nicht eher geben, bis die Gewähr für eine einwandfreie Übertragungstechnik auch in großen Sälen gegeben war, also bis es einen Lautsprecher geben würde, der eine einwandfreie Übertragung gewährleisten konnte. Noch Anfang März 1924 meinte eine Zeitung, der Saal-rundfunk sei deshalb noch nicht eingeführt worden, weil es tatsächlich noch keinen Lautsprecher gebe, der allen Anforde-rungen genüge, und zwar einen Lautsprecher für ein Publikum von 3000 Personen. Der Artikelschreiber fuhr fort: »Mit Recht fragen Tausende aus den Kreisen der Besitzlosen, ob der Rund-funk ein Vorrecht für diejenigen bleiben soll, die ohne weiteres 300 oder 500 Mark auf den Ladentisch eines Radiohändlers le-gen können. Mit dieser Bevorrechtigung Schluß zu machen, liegt in der Hand der Techniker.«[8]

Weniger problematisch stellte sich die Lage für Bau und Wei-terentwicklung der Sender dar. Seit Jahren schon hatten die Reichweitenversuche der Post und der Industrie mit einem Sen-der des Telephonielaboratoriums im Berliner Funk-Betriebsamt der Reichstelegraphenverwaltung und mit dem Sender Königs Wusterhausen auf langer Welle unter der Leitung von Hans Gerlach und Erich Schwarzkopff gute Ergebnisse erbracht. Man sendete Schallplattenmusik und zwischendurch Wortbei-träge, die aus dem Verlesen von Zeitungstexten bestanden; mit-unter brachte man sogar Originalkonzerte. Am 22. Dezember 1920 wurden ein Weihnachtskonzert, am 23. März 1921 ein Osterkonzert und am 8. Juni 1921 eine Aufführung der Oper *Madame Butterfly* aus der Staatsoper Berlin übertragen. Die Technik der Musikübertragung aus Theater- und Konzertsälen hatte vor allem der Postrat Wilhelm Hahn, ein Referent in der Abteilung IV (Funkwesen) im Telegraphentechnischen Reichs-

---

[7] Ernst Ludwig Voß, »*Die Deutsche Stunde*«. Der Deutsche Rundfunk, Nr. 1 v. 14. 10. 1923, S. 9.
[8] *Auf dem Wege zum Saalrundfunk*. Berliner Börsen-Courier, Nr. 105 v. 2. 3. 1924.

amt, entwickelt. Diese recht populären Versuchssendungen feierten die beteiligten Funkbeamten später in zahlreichen kleinen Erinnerungsbeiträgen als deutsche Rundfunkpremieren. Am 13. Mai 1923 begannen Übertragungen regelmäßiger Sonntagskonzerte aus Königs Wusterhausen. Sie wurden zunächst in liebenswürdigem Dilettantismus von der Stationsbesatzung zusammengestellt und hatten ein außerordentlich interessiertes, treues und weit über Europa verstreutes, im übrigen nichtzahlendes Publikum von Funkbastlern. Nach der Eröffnung des ordentlichen Programmdienstes bestanden die Sonntagskonzerte aus Übernahmen des Programms einer der Regionalgesellschaften. Das letzte dieser beliebten Konzerte fand am 24. Januar 1926 statt, knapp zwei Wochen nachdem eine neue Gesellschaft einen regelmäßigen Programmdienst auf der Langwelle eröffnet hatte, eine Rundfunkgesellschaft, die den Namen »Deutsche Welle« trug.

Der Gründer dieses Unternehmens war wiederum Ernst Ludwig Voss. Er hatte 1921 ein Unternehmen mit dem Namen Handels- und Lagergesellschaft Ostpreußen mbH in Berlin gegründet. Eine Umfirmierung dieses Unternehmens fand am 29. August 1924 statt. Die neue Firma, eine Gemeinschaftseinrichtung aller Regionalgesellschaften mit einem Stammkapital von 100 000 Mark, bekam den Namen »Deutsche Welle GmbH« mit Sitz Berlin; sie wurde am 17. November 1924 handelsgerichtlich eingetragen. Zweck des Unternehmens war laut Gesellschaftsvertrag die »Veranstaltung von Unterricht, Vorträgen und Darbietungen auf drahtlosem Wege im Deutschen Reiche«[9].

Auf einer Tagung zum Thema »Rundfunk und Schule«, die vom 6. bis 8. Oktober 1924 in Berlin stattfand, erregte ein Vortrag von Voss besonderes Aufsehen. Er habe angeregt, so hieß es in einem Zeitschriftenbeitrag, dem Rundfunk ein neues Arbeitsfeld zu erschließen, das er als Gemeinde-Rundfunk bezeichnet habe. Die Ministerien, selbst die Post, der Deutsche Städtetag und andere Kommunalverbände hätten dem Plan schon zugestimmt. »Man sieht sogleich«, so meinte der Artikelschreiber, »daß es sich bei diesem Plan um einen ganz ähnlichen Gedanken wie den schon vor längerer Zeit angekündigten, bis heute aber nicht verwirklichten Saal-Rundfunk handelt, der

[9] *Handbuch der Deutschen GmbH.* 7. Ausgabe. Berlin, Leipzig 1932, S. 266.

gleichfalls von einem einzigen Zentralsender gespeist werden sollte.«[10]

Noch im Oktober 1924 gab Voss über seine neuen Rundfunkpläne einen Prospekt heraus: »Die Deutsche Welle GmbH beabsichtigt«, so hieß es dort, »im Anschluß an die Veranstaltungen der Rundfunkgesellschaften und im engsten Zusammenarbeiten mit diesen einen neuen Dienst einzurichten, der den Gedanken des Rundfunks auf besondere Gebiete überträgt und dadurch der Bevölkerung neben den bisherigen eine Reihe von neuen Darbietungen bringt. Es soll versucht werden, diesen Rundfunk als Gemeinde-Rundfunk ins Leben zu rufen, d. h. dergestalt, daß möglichst neben Einzelempfangsanlagen auch in jeder Gemeinde oder in mehreren öffentlichen Sälen Empfangsgeräte mit gutem Lautsprecher aufgestellt und hier sämtlichen Interessenten Gelegenheit geboten wird, die Darbietungen entgegenzunehmen.«[11] Noch präziser umschrieb Voss seinen Plan in einem zweiten Prospekt, den er im November 1924 herausgab. In dieser Schrift hieß es, es sei nun an der Zeit, den »Unterhaltungsrundfunk auszubauen und ihn als Volksbildungsmittel ersten Ranges der ganzen Nation zugänglich zu machen ... Es handelt sich nicht um ein rein geschäftliches Unternehmen, sondern das Vorgehen der Deutschen Welle ist getragen von sozialem Geist. Die Deutsche Welle will das Volk in Stadt und Land wirschaftlich fördern und will mit Hilfe der besten Kräfte, der tüchtigsten Köpfe, edelste Volksbildungsarbeit leisten.«[12] Mit dem Stichwort »Volksbildungsarbeit« war freilich nur ein ganz bestimmter Programmschwerpunkt gemeint – der einer Rundfunk-Volkshochschule. Ein anderer Teil des Programms sollte aus Wirtschaftsnachrichten und -berichten, aus Stellenanzeigen und amtlichen Bekanntmachungen der Gemeinde sowie aus einem Wetterdienst bestehen. Die Empfänger standen für die Gemeinden bereit; den Dienst hoffte man zu Beginn des Jahres 1925 aufnehmen zu können. Noch am 20. Februar 1925 gab Hans Bredow bekannt, die Deutsche Reichspost beabsichtige, einen starken Langwellensender zu errichten, der von den

[10] H.(anns) G.(ünther d. i. Walter de Haas), *Der Gemeinde-Rundfunk*. Radio für alle, Nr. 13. v. Okt. 1924, S. 219.
[11] *Der Gemeinde-Rundfunk (Deutsche Welle)*. Hrsg. von der Deutschen Welle GmbH Berlin im Oktober 1924, S. 1. Privatarchiv Dr. Kurt Wagenführ, Gauting.
[12] Ernst Ludwig Voß, *Der Gemeinde-Rundfunk (Deutsche Welle)*. Berlin, im November 1924, S. 1. Privatarchiv Dr. Kurt Wagenführ, Gauting.

Rundfunkgesellschaften betrieben würde. Das Programm beschränke sich zunächst auf Vorträge und allgemeine Nachrichten für Stadt- und Landgemeinden sowie landwirtschaftliche Nachrichten. Die Teilnahme koste wie üblich 2 Mark im Monat, und Teilnehmer des Unterhaltungsrundfunks brauchten keine besondere Genehmigung mehr, um diesen Gemeinderundfunk aufzunehmen. Allerdings benötige man zum Empfang dieser Langwellenprogramme besondere Empfänger[13].

DER GEMEINDE-RUNDFUNK
(Deutsche Welle)

Fast alle technischen Errungenschaften der letzten Jahrzehnte kamen durchweg der Stadt und ihrer Bevölkerung zugute; das Land nahm an ihnen nicht teil, es ging leer aus. Nun kommt eine Erfindung, die offenbar berufen ist, ihren Segen in erster Linie der Landbevölkerung zu bringen: der *Rundfunk*. Wer wußte etwas von ihm vor zehn Jahren? Im Kriege hörten wir mit Staunen zum ersten Male von den Leistungen der drahtlosen Telegraphie. Als uns nach dem Kriege die Kabel genommen wurden, da stellte die drahtlose Telegraphie für unser Wirtschaftsleben die Verbindung mit fernen Ländern her. Und vor etwa einem Jahre hat sodann die Deutsche Reichspost den *Unterhaltungsrundfunk* der Allgemeinheit übergeben. Nach bedeutenden technischen Vervollkommnungen ist nunmehr die Zeit gekommen, diesen Unterhaltungsrundfunk auszubauen und ihn als *Volksbildungsmittel* ersten Ranges der ganzen Nation zugänglich zu machen. Welche Bedeutung dieser Rundfunk schon in wenigen Jahren für unser ganzes Volk gewinnen wird, ist heute kaum auszudenken. Jedenfalls ist die »Deutsche Welle« mit ihrem Sender und ihren vervollkommneten Empfangsapparaten in der Lage, den entferntesten Bewohnern des Reiches, von der ostpreußischen Küste bis zum oberbayerischen Dorf hin, den unmittelbaren Kontakt mit dem geistigen Leben unseres Volkes fortan zu vermitteln.

Wer längere Zeit auf dem Lande gelebt hat, wird die geistige Not und den geistigen Hunger, namentlich in den langen Wintermonaten, zur Genüge kennengelernt haben. Doppelt schmerzlich empfindet der geistig Interessierte diesen Mangel beim Hinblick auf die Stadt mit ihren reichen Bildungsmöglichkeiten, mit Vorträgen, Theater und mit anderen künstlerischen Genüssen. Hier liegt ohne Zweifel mit der Hauptgrund für die vielbeklagte Landflucht. So mancher tüchtige Lehrer, Beamte und Landwirt hat dem Lande den Rücken gekehrt, weil sein geistiger Hunger keine genügende Nahrung fand.

[13] *Neuerungen im Rundfunk*. Der Deutsche Rundfunk, Nr. 9 v. 28. 2. 1925, S. 546.

»Die Deutsche Welle«

In kluger Weitsicht hat die Reichspostverwaltung durch behördliche Bestimmungen Sorge getragen, daß diese neue wunderbare Erfindung dem gesamten Volke zugute kommt. Sie hat sich bewußt auf den Standpunkt gestellt, daß im Gegensatz zum Kino diese Errungenschaft von vornherein ausschließlich in den Dienst der wirtschaftlichen Förderung und der Volksbildung gestellt wird. Die Gesellschaft »Deutsche Welle« hat sich das Ziel gesetzt, in Verbindung mit Ministerien, Behörden und großen Körperschaften den *Gemeinde-Rundfunk für Stadt und Land* durchzuführen. Es handelt sich nicht um ein rein *geschäftliches* Unternehmen, sondern das Vorgehen der »Deutschen Welle« ist getragen von sozialem Geist. Die »Deutsche Welle« will das Volk in Stadt und Land wirtschaftlich fördern und will mit Hilfe der besten Kräfte, der tüchtigsten Köpfe edelste Volksbildungsarbeit leisten.(...)

III. Die Organisation des Gemeinde-Rundfunks

Auf den Gemeinde-Rundfunk kann bei der Gesellschaft »Deutsche Welle« eine *Stadtverwaltung, Gemeinde, Schule*, ein *Verein*, irgendeine *Körperschaft* abonnieren. Es werden sodann leihweise seitens der Gesellschaft allerbeste Empfangsapparate und gute Lautsprecher geliefert. Aufbau und Anlage erfolgt durch besondere Ingenieure und Mechaniker, denen auch die dauernde Revision der Apparate übertragen wird. Die Gesellschaft »Deutsche Welle«, die mit einer Wellenstärke von 1800 Meter mit Hilfe ihrer neuerbauten Sendestation arbeitet, übernimmt volle Garantie dafür, daß auch in ferngelegenen Grenzorten die Darbietungen aufs beste gehört werden können. Eine endgültige Programmaufstellung wird erst erfolgen, wenn die Wünsche der Teilnehmer, namentlich die Wünsche der großen Verbände, vorliegen.

Einstweilen werden die Darbietungen in folgender Reihenfolge geboten werden:

Morgens zwischen 8 und 10 Uhr. Fremdsprachige Kurse in Englisch, Spanisch und Französisch für Anfänger und Fortgeschrittene. An ihnen können vorwiegend ganze Klassen von höheren und mittleren Knaben- und Mädchenschulen, ebenso Gruppen von Fortbildungsschülern und Handelsschülern teilnehmen. Sicherlich wird auch manche Volksschule diese Gelegenheit begrüßen und benutzen, ihren tüchtigen Schülern der beiden letzten Jahrgänge die Möglichkeit zu bieten, wenigstens die Grundlagen in einer fremden Sprache zu erwerben, auf denen sie später im Leben weiterbauen können.

Zwischen 10 und 3 Uhr nachmittags werden Wirtschaftsmeldungen, Preisnotierungen, Nachrichten über den Arbeitsmarkt, Wettermeldungen und Erläuterungen über neue Verordnungen und Bestimmungen vermittelt.

Nachmittags von 3 bis 5 Uhr gehört die Zeit allen Pädagogen und Pädagoginnen im weitesten Sinne. An drei Tagen der Woche werden Fragen der allgemeinen Pädagogik und Methodik durch Universitätsprofessoren und Fachleute der verschiedenen Landesteile behandelt.

Ein Tag ist der Weiterbildung der Landwirtschaftslehrer, ein Tag allen Berufslehrern an gewerblichen und kaufmännischen Fortbildungsschulen und der letzte Tag allen in der sozialen Arbeit stehenden Damen und Herren gewidmet.

Die Stunde von 5 bis 6 Uhr täglich gehört der Hausfrau und Mutter. Mit ganz besonderer Liebe wird diese Stunde ausgebaut. Führende Frauen – Vorsitzende der Hausfrauenverbände, Leiterinnen von sozialen Frauenschulen, tüchtige Wirtschafterinnen – sollen in dieser Stunde Frauen und Müttern und der heranwachsenden weiblichen Jugend wertvolle Winke geben. Säuglingspflege, Behandlung des gesunden und kranken Kindes, seine Ernährung, Erziehung, Kinderspielzeug, Kinderkleid, Kinderlied usw. sind Themen, die in den ersten Monaten behandelt werden. Daneben werden Belehrungen für die hauswirtschaftliche Arbeit, namentlich in der Küche, erteilt.

Nachmittags von 6 bis 8 Uhr abends sind Unterrichtskurse für die in der praktischen Arbeit stehenden Mitbürger vorgesehen. Lehrlinge, Gesellen und Meister, Landwirte, Kaufleute und Handwerker werden in dieser Zeit reichliche Möglichkeit für ihre Weiterbildung erhalten.

Abends von 8 bis 10 Uhr. Die beiden letzten Tagesstunden dienen edler Unterhaltung und Weiterbildung. In dieser Zeit wird Gelegenheit geboten, bedeutende Schriftsteller zu hören, die über ihr Leben und ihre Werke sprechen oder aus diesen vorlesen. Museumsdirektoren werden ihre Hörer mit den bedeutendsten Kunstwerken unserer Museen bekannt machen, wobei für die Hörer billige Reproduktionen geliefert werden, die sie rechtzeitig in der Hand haben werden.

Der Sonntagnachmittag und -abend dient ausschließlich edler Unterhaltung. Verständnis für musikalische Meisterwerke soll geweckt und vertieft werden, in das Leben und die Werke unserer großen Musiker soll unser Volk eingeführt werden. Später sollen geschlossene musikalische Programme allsonntäglich den Abschluß der Wochenarbeit bilden.

Auf der Ersten Deutschen Rundfunktagung im Auditorium maximum der Berliner Universität priesen am 6. Oktober dieses Jahres die Staatssekretäre des Ministeriums für Wissenschaft, Kunst und Volksbildung Dr. Becker und des Reichspostministeriums Dr. Bredow an dem Siegeszug des Rundfunks vor allem ein Moment: Beide Herren sahen klar, daß der Rundfunk ein gewaltiges neues Instrument bildet, um den Gemeinschaftsgedanken in unserem Volk zu fördern. Durch Vorträge auf allen Gebieten der Kunst, der Technik und Wissenschaft würde der Rundfunk nicht nur an der Volksbildung mithelfen, sondern auch das verlorengegangene deutsche Volksbewußtsein wiederherstellen.

Möge dem Gemeinde-Rundfunk die hohe Aufgabe gelingen, den Gemeinschaftsgedanken in unserem Volke durch richtige Anwendung des Rundfunks an seinem Teile zu fördern!

Berlin, im November 1924

Ernst Ludwig Voß.

Im Februar 1925 legte der Vorstand der Stiftung für Erziehung und Unterricht in Berlin als Trägerin des Zentralinstituts für Erziehung und Unterricht einen Vertrag mit der Deutschen Welle vor. Darin verpflichteten sich die beiden Einrichtungen gegenseitig zu gemeinsamen Veranstaltungen von Rundfunkdarbietungen auf den Gebieten der Erziehung, des Unterrichts und der Wohlfahrtspflege für Beamte, Lehrer, Schüler und Studenten. Die gemeinsamen Veranstaltungen sollten wochentags zwischen 15.00 und 17.00 Uhr stattfinden. Das Zentralinstitut wollte die Programme zur Verfügung stellen, während die Deutsche Welle sie ausstrahlen sollte. Außerdem hatte die Deutsche Welle dem Zentralinstitut die Kosten für die Programmlieferung zu erstatten. Den Vertrag unterzeichnete Voss am 8. September 1925[14].

Eine zweite Vereinbarung der Deutschen Welle, dieses Mal mit der Reichs-Rundfunk-Gesellschaft, trägt das Datum vom 3. Juli 1925. Mit diesem Vertrag verpflichtete sich die Deutsche Welle, einen Sonderdienst einzurichten, der vom Sender in Königs Wusterhausen ausgestrahlt werden sollte. Für den Beginn des Programmdienstes war der 1. September oder der 1. Oktober 1925 vorgesehen. Das Programm sollte auf eine in kultureller Beziehung denkbar hohe Stufe gebracht werden. Es hatte in erster Linie allgemeinbildende Themen jeder Art zu behandeln sowie Fachvorträge und Unterrichtskurse zu bringen. Unterhaltungsprogramme blieben den Regionalgesellschaften vorbehalten und durften von der Deutschen Welle nur von Fall zu Fall nach vorheriger Verständigung ausgestrahlt werden. Vermittlungsorgan zwischen den Regionalgesellschaften und der Deutschen Welle sollte in allen Fragen die Reichs-Rundfunk-Gesellschaft sein. Aus 5 Prozent der Gebühreneinnahmen aller der RRG angeschlossenen Regionalgesellschaften sollte sich die Deutsche Welle finanzieren[15].

Trotz der detaillierten Vorbereitungen verlor Voss auch diesen seinen letzten Rundfunkplan an mächtigere Institutionen. In einem Notariatsvertrag vom 15. September 1925 erklärte er, seine sämtlichen Geschäftsanteile der Deutschen Welle an die

---

[14] Vertrag zwischen der Gesellschaft »Die Deutsche Welle« GmbH ... und dem Zentralinstitut für Erziehung und Unterricht ..., 19. 2. 1925. Nachdruck in: *Deutschlandfunk-Jahrbuch 1965/66*. Köln 1966, S. I–II.
[15] Vertrag zwischen der Reichs-Rundfunk-Gesellschaft mbH ... und »Die Deutsche Welle» GmbH ..., 3. 7. 1925. Nachdruck in: *Deutschlandfunk-Jahrbuch 1965/66*. Köln 1966, S. III–V.

Rundfunkunternehmer, Postbeamte, preußische Kultusbeamte und
Lehrer eröffneten am 7. Januar 1926 den Programmdienst der »Deut-
schen Welle«. Sitzend v. l.: Hans Bredow, Anna Marie Pallat, Ludwig
Pallat. Stehend v. l.: Friedrich Georg Knöpfke, Carl von Treu, Fritz
Westermann, Ernst Ludwig Voss, Heinrich Giesecke, Felix Lampe,
Rosemarie Pallat, Franz Joseph Niemann, Walter Schäffer, Curt Stille,
Friedrich Mueller, Wilhelm Wagner.

RRG abzutreten. Man übertrug den Vorsitz einer Persönlichkeit, die auf Vorschlag Preußens aus den in den Aufsichtsrat der
Deutschen Welle zu entsendenden preußischen Vertretern entnommen wurde. Am 7. Januar 1926 eröffnete dieser überregionale Rundfunkdienst sein Programm. Die preußische Staatsregierung nominierte als Geschäftsführer der Deutschen Welle
den Referenten in der Hochschulabteilung des Ministeriums für
Wissenschaft, Kunst und Volksbildung, Professor Hermann
Schubotz. Ihm übertrug die RRG am 25. August 1926 die Geschäftsführung, während Voss zurücktrat. Nach langen Verhandlungen übernahm Preußen mit einem Notariatsakt vom
21. Februar 1927 30 Prozent der Stammanteile der Deutschen
Welle, 70 Prozent blieben bei der RRG.

3.3. *Programmversorgung der Provinz*
Rundfunkpublizistische Infrastrukturen

Schon bald bewahrheitete sich, was Techniker bereits vorhergesagt hatten, als über den Saalfunk diskutiert wurde. Mit den neun Hauptsendern würde sich das gesamte Reichsgebiet nicht hinreichend versorgen lassen. Das Reichspostministerium entwickelte eine Reihe von Plänen zur Verdichtung des Rundfunksendernetzes. Ursprünglich war angenommen worden, daß die Reichweite von rund 150 km pro Regionalsender genügen würde, um die meisten Hörer erreichen zu können. Hermann Thurn schrieb dazu später, daß auf diese Weise insgesamt etwa zwei Zehntel des Reichsgebiets in den Empfangsbereich eines Bezirkssenders gekommen wären, wenn es nicht in der Praxis aus noch ungeklärten Gründen eine Anzahl von toten Gebieten gegeben hätte, die trotz ihrer Lage im Reichweitenkreis eines Senders nur sehr schwachen Empfang aufwiesen. Ein weiterer Mangel habe darin bestanden, daß in stark bevölkerten Sendebezirken auf ziemlich geringe Entfernung vom Sender sich größere wichtige Orte befunden hätten, nach denen die Ausstrahlung nicht so ungestört gedrungen wäre, wie in einen Bezirk von geringerer Bevölkerungsdichte, mit Städten ohne Industrie. Wenn schließlich in einem solchen Fall, wo der Sendebezirk mehrere Großstädte umfaßte, auch noch Kunst- und Kulturwettbewerb bestanden habe, so sei es begreiflich gewesen, daß ein Ort dem anderen gern den Vorrang streitig gemacht habe, einen eigenen Sender zu haben[16].

Schon Anfang 1924 erhoben sich in einigen Städten Stimmen, die beklagten, daß man keine Gelegenheit hätte, ein eigenes Programm durch den Rundfunk zu übertragen. Um diesen Wünschen entgegenzukommen sei, so hieß es in einer Fachzeitschrift, an die Errichtung von »Zwischensendestellen« gedacht, die zwar den Hauptteil des Programms von den Hauptsendern übernehmen, an einzelnen Tagen jedoch die Möglichkeit haben sollten, ihr eigenes lokal abgestimmtes Programm zu senden[17]. Diese Gesichtspunkte spielten für die Post allerdings nur eine nachgeordnete Rolle. Sie verfolgte vielmehr das Ziel, den Rund-

---

[16] (Hermann) Thurn, *Fünf Jahre Rundfunk in Deutschland.* Archiv für Post und Telegraphie 1928, 10, S. 274.
[17] *Die Verteilung der Rundfunksendestellen in Deutschland.* Funk, Nr. 4 v. 23. 5. 1924, S. 57

funkempfang, auch für einfache Empfänger, zu verbessern. Dieser Zwang der Technik hatte auch noch einen wirtschaftlichen Aspekt, denn bessere Empfangsmöglichkeiten bedeuteten neue Teilnehmer, und neue Teilnehmer brachten höhere Gebühreneinnahmen. Noch hatte das Reichspostministerium keine klaren Vorstellungen, wie die Verdichtung des Sendernetzes aussehen sollte und welche Auswirkungen dies auf die Organisation der Rundfunkgesellschaften haben würde. Als in den einzelnen Rundfunkregionen bekannt wurde, daß das Reichspostministerium zusätzliche Sender errichten wolle, begann ein Ansturm von fast 100 mittleren und großen Städten im Reich, die jeweils einen Sender für sich beanspruchten. Die Erfüllung dieser Wünsche war freilich sowohl technisch als auch wirtschaftlich unmöglich. Die wenigen zusätzlichen Sender, die die Post nacheinander in den folgenden Jahren baute, dienten vor allem dazu, die Empfangsverhältnisse zu verbessern und nicht dazu, einigen Städten eigene Sender zu geben oder gar die Zahl der Programme zu vermehren[18]. Im übrigen hat das Bestreben, die Programmherstellung unter Kontrolle zu halten, sicher auch eine Rolle gespielt bei der Entscheidung, die Zahl der programmproduzierenden Rundfunkeinheiten im Reichsgebiet möglichst niedrig zu halten.

Im Herbst 1923 hatte sich bereits die Bremer Bürgerschaft um eine Zusage des Reichspostministeriums für den Bau eines Senders in ihrer Stadt bemüht. Und im November 1923 war im Stadtverkehrsamt von Erfurt mit der dortigen Handelskammer die Errichtung eines eigenen Senders erwogen worden. In Freiburg, in Karlsruhe, in Heidelberg und Kassel wollte man einen eigenen Sender haben. In Flensburg benutzte man bereits ein grenzpolitisches Argument, um einen Sender zu bekommen. Mitglieder der »Welfenbewegung« in Hannover versuchten, den Nebensender Hannover aus dem Verband der Norag herauszulösen. In Dresden interessierte sich die Industrie- und Handelskammer für eine eigene Rundfunkeinrichtung. Auch in Augsburg und in Würzburg ging es im Herbst 1924 um die Errichtung eigener Zwischensender. In Süddeutschland waren die Bemühungen zuerst von Erfolg gekrönt.

Nürnberg, im Sendegebiet der Deutschen Stunde in Bayern, erhielt als erste Stadt in Deutschland einen Nebensender. Die

---

[18] Hans Bredow, *Gedanken über den Rundfunk.* In: *Funk-Almanach 1926.* Berlin 1926, S. 11.

Einweihung fand am 2. August 1924 statt. Anfang Oktober des gleichen Jahres kam aus Nürnberg der erste eigene Programmbeitrag. Weitere Nebensender in diesem Sendegebiet kamen erst nach ein paar Jahren hinzu; im September 1927 nahm der Regionalsender Augsburg, im Februar 1928 der Regionalsender Kaiserslautern seinen Betrieb auf. Im Bereich der Norag erhielt Bremen einen eigenen Sender, der im November 1924 in Anwesenheit von Staatssekretär Bredow den Programmdienst eröff-

Mißverständnis
„Mensch Orje, jetzt kriegen wa endlich unsern eigenen Bezirksender.“
Zeichnung von Leßer

nete[19]. Einen Monat später wurden auch in Hannover Sender und Studio in Betrieb genommen. Kiel folgte im März 1926, Flensburg erst Ende Dezember 1928. Im Sendegebiet der Mirag in Leipzig mußten zunächst technische Schwierigkeiten mit dem Hauptsender überwunden werden, bevor man daran denken konnte, Nebensender zu errichten. Doch im Februar 1925 konnte Hans Bredow auch in Dresden eine Rundfunkeinrichtung der Öffentlichkeit übergeben. Als Studios ohne eigene Programmherstellung kamen im Frühjahr 1925 noch Chemnitz, Erfurt, Weimar und später Studios in Dessau, Eisenach, Gera, Halle, Jena und Sondershausen hinzu.

[19] Liselotte von Reinken, *Rundfunk in Bremen 1924–1975*. Bremen 1975, S. 1–11 a–b.

Im Westen des Reiches hatte das Reichspostministerium Rücksicht auf die Bestimmungen der Interalliierten Rheinlandkommission zu nehmen. Doch war die Industrie- und Handelskammer in Dortmund bereits tätig geworden, als der Hauptsender in Münster formell noch gar nicht in Betrieb genommen worden war. Sie hatte in einer Denkschrift darauf hingewiesen, daß die Übermittlung der Darbietungen aus Münster den besonderen Gegebenheiten des Industriegebiets nicht immer Rechnung tragen könne. Aus diesem Grunde sollte schleunigst der Bau eines Nebensenders vorgesehen werden. Alle Großstädte des Ruhrgebiets meldeten ihre Ansprüche an. Auch Düsseldorf und vor allen Dingen Köln unter seinem Oberbürgermeister Konrad Adenauer schalteten sich in den Wettlauf um einen eigenen Sender ein. Hans Bredow mußte Ende Januar 1925 in Dortmund mit Vertretern von 93 größeren Städten verhandeln. Dabei konnte er der Dortmunder Stadtverwaltung immerhin mitteilen, daß ihrem Wunsch nach Errichtung eines Senders entsprochen werden solle[20]. Studios sollten auch noch in Essen, Bochum, Duisburg und Köln eröffnet werden. Außerdem begann die Post mit dem Bau eines Senders mit Studio in Elberfeld. Am 18. September 1925 wurden Sender und Programm in Dortmund und am darauffolgenden Tag in Elberfeld eröffnet; an beiden Tagen war Hans Bredow zugegen. Da der Sitz der Werag am 1. Januar 1927 nach Köln verlegt worden war, mußte nicht nur ein neuer Hauptsender geschaffen, sondern auch für die provisorischen Anlagen in Dortmund und Elberfeld eine andere Lösung gefunden werden[21]. Wegen der noch immer nicht abgeklungenen Wettbewerbssituation vieler Städte im Revier beschloß die Reichstelegraphenverwaltung einen Großsender auf der grünen Wiese, in Langenberg im Rheinland, zu errichten. Mit einer Telephonieleistung von immerhin 40 kW war dieser Sender damals bei seiner Fertigstellung die stärkste Strahlungsanlage des deutschen Rundfunks. Nach zweimonatiger Versuchszeit konnte Langenberg am 15. Januar 1927 seinen Sendedienst aufnehmen; die Anlagen in Dortmund und Elberfeld wurden stillgelegt. Der Sender in Münster blieb bestehen und war damit der einzige Sender in

---

[20] Wolf Bierbach, *Rundfunk zwischen Wirtschaftsinteressen und Politik*. Phil. Diss. Münster 1980, S. 252 ff.
[21] Wolfgang Schütte, *Regionalität und Föderalismus im Rundfunk*. Frankfurt (Main) 1971, S. 57.

Westfalen; er wurde allerdings zu einem Nebensender degradiert und mit den Studios in Dortmund und Elberfeld, die als Zulieferer weiterarbeiteten, einer gemeinsamen Leitung mit Sitz in Dortmund unterstellt. Wegen der ungünstigen Versorgungslage im Ballungsgebiet Köln/Aachen wurden hier zwei neue Nebensender erforderlich, die Ende 1927 ihren Betrieb aufnahmen und ab 6. März 1928 offiziell das Programm aus Köln übertrugen.

Im oberschlesischen Industriegebiet war die Situation ebenfalls kritisch. Das Programm der Schlesischen Funkstunde konnte in einzelnen Teilen nur schwer empfangen werden. Aus diesen, aber auch aus grenzpolitischen Gründen fiel die Entscheidung der Reichstelegraphenverwaltung für Gleiwitz als Standort für einen Nebensender. Dieser Sender und das Studio wurden Mitte November 1925 eröffnet. In diesem Gebiet fand wohl zum ersten Mal so etwas wie ein Ätherkrieg statt. Zumindest die Sendeenergie von Gleiwitz war an der Sendeenergie des polnischen Senders in Kattowitz orientiert[22].

Im südwestdeutschen Raum kam es zu Verhandlungen mit der Stadt Freiburg und mit der Badischen Regierung in Karlsruhe. Das Ergebnis dieser Verhandlungen war, daß in Stuttgart ein neuer Großsender, ein Sender in Freiburg sowie Studios in Karlsruhe, Freiburg und Mannheim entstanden, die zusammen am 28. November 1926 eingeweiht wurden. Versuche der Stadt Heidelberg, ebenfalls ein Studio zu bekommen, mißlangen; stattdessen wurden an mehreren Stellen der Stadt Übertragungsmikrophone mit Leitungen fest installiert. Im Bereich der Funkfurter Rundfunkgesellschaft gelang es Kassel, einen Sender mit Studio zu bekommen, die Ende Januar 1925 eröffnet wurden. Erst 1928 kam ein Studio in Mainz hinzu, während der ebenfalls in diesem Jahr in Kaiserslautern in Betrieb genommene Sender der »Deutschen Stunde in Bayern« zugesprochen wurde.

Im Bereich der Funk-Stunde in Berlin, ein Gebiet, das die Bezeichnung »Norddeutsches Rundfunksystem« bekam – im Gegensatz zum »Niederdeutschen System« der Norag –, wurden zunächst die Strahlungsanlagen in Berlin selbst verbessert und ausgebaut. 1925 baute man einen Sender in Stettin, der Anfang Januar 1926 eröffnet werden konnte. Aber als im Dezember 1928 in Magdeburg ein Sender seinen Betrieb aufnahm,

[22] Ebd. S. 60 f.

mußte der Sender Stettin mit Studio wieder schließen[23]. Im Bereich der ostpreußischen Rundfunkgesellschaft in Königsberg wurde erst später ein Großsender, und zwar bei Heilsberg, errichtet.

3.4. *Drahtloser Dienst AG*
Reichspräsenz im Aktuellen

Die Rundfunknachrichtenagentur »Drahtloser Dienst« entwickelte sich zu den einzelnen Gesellschaften im Interessenquadrat Reichsministerium des Innern – Dradag und Reichspostministerium – Deutsche Stunde; die Regelung ihrer Beziehungen sollte noch viele Monate erfordern. Was für die Berliner Rundfunkgesellschaft zwischen Dradag, Deutscher Stunde und Post bereits praktisch und vertraglich vereinbart war, die Genehmigung zur Benutzung einer Funksendeanlage (Konzession) und die Richtlinien für den aktuellen Programmteil (Überwachung), galt noch keineswegs für die neueröffneten Gesellschaften in Frankfurt und Königsberg, Hamburg und Leipzig, Stuttgart, Breslau und Münster. Grundsätzlich beharrte das Reichspostministerium auf seinem Standpunkt, das aktuelle Tagesgeschehen aus den Programmen der einzelnen Rundfunkgesellschaften vorläufig fernzuhalten. Es wollte zunächst die auch von ihm als notwendig angesehenen Kontrollinstanzen schaffen. Hierbei sollten zwar die Wünsche des Reichspostministeriums berücksichtigt und in die Genehmigungen aufgenommen werden, dieser Behörde sollte aber keinerlei eigene Überwachungskompetenz zukommen. Jede andere Lösung betrachtete die Post als Eingriff in ihre Pläne vom Rundfunk als einer großen Volkshochschule. Das Kulturinstrument habe sich nicht mit aktueller Berichterstattung zu befassen, denn dadurch würde es unweigerlich in die Niederungen der tagespolitischen Auseinandersetzungen hineingezogen.

Die Pläne der Gründer und Eigentümer der Dradag waren unter dem breiten Schild des Reichsministeriums des Innern durchaus publizistischer Natur. Sie wurden notwendigerweise staatspolitisch begründet, da sie mit der Autorität des Reichsinnenministeriums versehen waren. Wären Hans Bredow und seine Mitarbeiter in der Funkabteilung des Reichspostministe-

---

[23] Ebd, S. 65f.

riums ihrer politischen Veranlagung nach nicht so weit von einer wirklichen publizistischen Konzeption des Rundfunks entfernt gewesen und hätten sie nicht Erfahrungen wie die mit der Zentralfunkleitung hinter sich gehabt, dann wäre womöglich eine Organisation nach englischem Vorbild entstanden. So aber erschienen der Post, was angesichts der politisch nicht eben vertrauenswürdigen Umstände jener Zeit sicher als verständlich anzusehen ist, die Entwicklungsschritte Publizistik-Politik-Parteipolitik als zwangsläufig, ihren Anfängen galt es mit allen Mitteln zu wehren. Wie eine Bestätigung der Richtigkeit dieser Auffassung mußte es deshalb wirken, als anläßlich der notariellen Verhandlung über die Namensänderung von AG für Buch und Presse in Drahtloser Dienst (Dradag) am 16. Oktober 1923 Haentzschel und Heilmann sich als die alleinigen Aktionäre des Unternehmens identifizierten. Als auf diese Weise bekannt wurde, daß die Dradag zwar mit dem Einverständnis des damaligen Reichsinnenministers, aber ohne direkte Beteiligung seines Amtes gegründet worden war, witterte die Post einen geschickten Vorstoß jener Parteikreise, die Heilmann vertrat und denen Haentzschel nahe stand. Sie hatten sich schon bei der Formulierung der Konzessionen für die Tätigkeit der Funk-Stunde AG vorgesehen und die Konzessionsträger auf das Sendegebiet dieser Berliner Gesellschaft beschränkt. Die Verträge für die übrigen Gesellschaften waren, wie berichtet, bis dahin nur in Aussicht gestellt worden.

Als Voss für seine Deutsche Stunde im Reichsgebiet die Gründungen der regionalen Programmgesellschaften einleitete, hielten sich Haentzschel und Heilmann selbstverständlich nicht zurück, sondern traten als Mitgründer auf. Sie erklärten den Privataktionären, es stünden ihnen genügend Mittel zur Beteiligung zur Verfügung, und sie hätten sich mit der Deutschen Stunde geeinigt, zum Programm den publizistischen Teil beizutragen. Die Post, zunächst zurückhaltend, reagierte sofort, als sie erfuhr, daß sich die beiden Mitgründer in den einzelnen Gesellschaften je 25,5 Prozent, zusammen also 51 Prozent und damit die Bestimmungsmehrheit, jeweils hatten zusagen lassen, und zwar in der Form von Gratisaktien. Was die Post für die Deutsche Stunde mit der Begründung gelten ließ, diese Gesellschaft habe während des Jahres 1923 die Vorversuche finanziert und die ganzen Vorverhandlungen geführt, kreidete sie der Dradag mit dem Argument als unlauter an: »Buch und Presse« habe überhaupt keine Vorarbeit geleistet und nutze lediglich das ihr vom Reichsministerium des Innern gegebene politische Vorrecht aus, um die Bezirksgesellschaften zum Entgegenkommen zu zwingen. Die Reichspost gewann den Eindruck, daß auf diese Weise der Versuch gemacht wurde, sich Einnahmen ohne Gegenleistung zu verschaffen[24]. Allerdings operierten die Dradag-Vertreter nicht allein mit ihrer Berufung auf die hinter ihnen stehende Reichsbehörde. Vielmehr mag bei den Gesellschaften für die Bereitwilligkeit der Gedanke maßgebend gewesen sein, über die beiden Berliner Muttergesellschaften, die bis dahin allein eine Konzession erhalten hatten, ebenfalls automatisch die postalische Genehmigung zum Betrieb ihrer Sender einzuhandeln. Der Hinweis auf diese Möglichkeit war vielleicht ein viel wirksameres Druckmittel als die Versicherung, im Auftrag des Reichsinnenministeriums zu handeln.

Jedenfalls antwortete die Post mit der Forderung nach einem Drittel der ausgegebenen Gratisaktien. Demnach sollten die Post, die Deutsche Stunde und die Dradag zu je 17 Prozent an den Bezirksgesellschaften beteiligt werden. Die Dradag versuchte sich Mitte Januar 1924 mit einem Veto gegen eine solche Dreiteilung zur Wehr zu setzen, mußte jedoch einlenken, als sie die entschiedene Haltung der Post spürte. Diese Haltung äußerte sich in einer recht wirksamen Entscheidung der Reichstelegraphenverwaltung zum passiven Widerstand. Die Behörde beschloß nämlich, die Verträge mit der Deutschen Stunde und mit der Dradag für die Programmgesellschaften außer Berlin – in München hatte die Dradag ohnehin noch nicht Fuß fassen können – vorläufig nicht abzuschließen. Die Reichstelegraphenverwaltung sollte von den beiden Gesellschaften 17 Prozent der Anteile kostenlos übereignet bekommen; sie bestellte einen Treuhänder, um nicht selbst als Eigentümerin der Anteile auftreten zu müssen. Die Weise, in der die Dradag ihren Vertrag für Berlin auszulegen begann, erregte den heftigen Unwillen der Post. Hinzu kam die Vereinbarung zwischen der Dradag und der Vereinigten Presseabteilung der Reichsregierung, nach der jener Presseabteilung ein Mitspracherecht bei der Besetzung der aktuellen Abteilungen der Programmgesellschaften zustehen sollte[25].

[24] Aktenvortrag über die Vorgeschichte des Rundfunks. DRA Ffm RRG-Akten, S. 13.
[25] Brief Reichsinnenminister an Reichskanzlei, 4. 10. 1924. BA Kblz R 43 I Reichskanzlei. Post und Telegraphie 4. Funkerwesen, Bd. 1.

Eine von der Dradag nach Anhörung der örtlichen Gesellschaft und nach Abstimmung mit der Presseabteilung zu bestimmende Persönlichkeit sollte als »Leiter des Pressedienstes und Träger jedes etwa sonst in das politische Gebiet übergreifenden Sendedienstes« – also aller aktuellen Redaktionen – in den Vorstand einer jeden Gesellschaft aufgenommen werden. Die Gesellschaften sollten durch ihre Verträge gegenüber der Dradag und diese wiederum gegenüber der Reichsregierung verpflichtet werden, diese Persönlichkeit abzuberufen, sobald sie wiederholt den durch die Dradag übermittelten Anweisungen der Reichsregierung zuwider gehandelt habe. In der Berliner Funk-Stunde gelang es, auf Vorschlag von Ernst Heilmann, den Redakteur Theodor Weldert einzusetzen. Aus Frankfurt, Leipzig und Hamburg wurden mündlich vorgetragene Klagen laut, die dort vorgeschlagenen Herren seien nicht geeignet. Diese Herren, darunter auch der Sohn des Reichspräsidenten, der SPD-Reichstagsabgeordnete Fritz Ebert, hätten »die öffentliche Meinung« gegen sich und schädigten dadurch den Rundfunk[26]. Das Reichspostministerium konnte jedoch nichts weiter tun als erklären, für diese Personalbesetzungen seien die politischen Ressorts zuständig. Im übrigen erhielten örtliche Programmgesellschaften am 17. März 1924 die Auflage, bis auf weiteres ohne Verträge und nach den Weisungen des Reichspostministeriums weiterzuarbeiten, jedoch auf keinen Fall Aktien herauszugeben, weder an die Deutsche Stunde noch an die Dradag[27]. Mit diesem Schachzug war die weitere Tätigkeit der Dradag blockiert. Der einzige Ausweg war eine genaue Untersuchung der Gesellschaft und ihrer Beziehungen zum Reichsinnenministerium. Eine solche Feststellung bot schon allein deshalb Aussicht auf Erfolg, weil inzwischen mit dem neuen Kabinett Wilhelm Marx der Volksparteiler Karl Jarres am 12. November 1923 den Sozialdemokraten Wilhelm Sollmann als Reichsinnenminister abgelöst hatte. Womöglich hätte dieses Revirement allein noch nicht genügt für eine von der Post zwar gewünschte, doch formell nicht geforderte Klärung, wenn sich nicht das ganze in einem Wahlkampfklima abgespielt hätte, un-

<hr />

[26] Aktenvortrag über die Vorgeschichte des Rundfunks. DRA Ffm RRG-Akten, S.15.
[27] Denkschrift über den Rundfunk des Reichsinnenministers und des Reichspostministers v. 14. 10. 1925. BA Kblz R 43 I Reichskanzlei. Post und Telegraphie 4. Funkerwesen, Bd. 1.

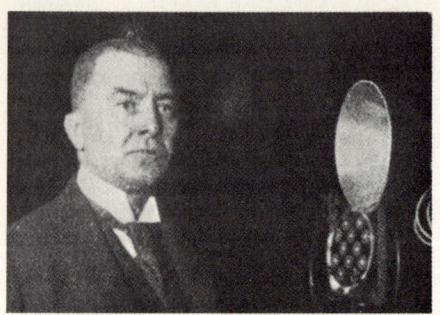

Reichsinnenminister Karl Jarres (DVP) setzte die politische Überwachung des Rundfunks bei den Ländern durch.

ter dem gerade die sozialdemokratische Partei einiges auszustehen hatte. Überdies gerieten in jener gespannten Atmosphäre die beiden Kontrahenten im Postministerium und im Innenministerium in einen persönlichen Streit[28].

Nach Bredows Weigerung, Verträge mit der Dradag abzuschließen, und aufgrund persönlicher Auseinandersetzungen zwischen Bredow und Haentzschel ergaben ministerielle Besprechungen auch offiziell, daß die Dradag tatsächlich ein Unternehmen Haentzschels und Heilmanns war, zu dem das Reichsinnenministerium weder eine finanzielle Bindung noch ein vertragliches Recht auf irgendwelche Mitsprachen besaß. Die bestehenden Vereinbarungen zwischen Reichsinnenministerium und Dradag genügten der Post nicht. Eine Weile überlegte die Post, die Dradag-Verträge vom 24. November 1923 anzufechten und mit allen Konsequenzen von ihr abzurücken. Schließlich fand sich jedoch der Reichsinnenminister bereit, im wesentlichen vier Bedingungen anzunehmen:

1. Das Reichsinnenministerium verschafft sich den nötigen Einfluß in der Dradag und benutzt
2. diesen Einfluß nicht zu politischen Zwecken.
3. Das Reichsinnenministerium erhält über die Dradag ein Überwachungsrecht in den Rundfunkgesellschaften, um politischen Mißbrauch zu verhüten, doch soll

[28] Winfried B. Lerg, *Die Entstehung des Rundfunks in Deutschland*. Frankfurt (Main) ²1970, S. 232ff.

4. dieses Überwachungsrecht nur von parteipolitisch neutralen Persönlichkeiten ausgeübt werden[29].

Auf der Kabinettsitzung am 24. April 1924 teilte Reichsinnenminister Karl Jarres außerhalb der Tagesordnung mit, daß eine grundlegende Neuregelung des Rundfunkwesens in nächster Zeit notwendig sei. Er halte es darum für erforderlich, daß im Kabinett eingehend über die Bedeutung des Rundfunkwesens, »besonders auch in politischer Hinsicht«, Bericht erstattet würde, und er empfahl, dies bald zu tun. Hans Bredow teilte dazu mit, die Verlängerung der laufenden Verträge um einen Monat sei noch möglich, doch das Kabinett stellte die Angelegenheit bis nach den Wahlen zurück[30]. Aber erst im Herbst bzw. Anfang Oktober 1924 beantragte der Reichsinnenminister in der Reichskanzlei, die »politische Überwachung des Rundfunks« auf die Tagesordnung der nächsten Kabinettsitzung zu setzen. Diesem Antrag lag eine Aufzeichnung über Entstehung und Aufgaben der Aktiengesellschaft für Buch und Presse, also der Dradag, bei. In einem Begleitbrief gab der Reichsinnenminister einen Überblick über die Rundfunkpolitik der vergangenen zwölf Monate aus seiner Sicht[31]. Zur Begründung führte er vor allem an, daß die Verschiedenartigkeit der Darbietungen des Rundfunks, besonders aber die »Möglichkeit, ihn auch zur politischen Beeinflussung breitester Kreise der Bevölkerung zu benutzen« eine Regelung erfordere, die Mißbrauch ausschließe. Zwar befänden sich die Sender in Reichsbesitz, doch die Bedingungen zur Benutzung der Sender stünden noch aus. Solche Bedingungen müßten auf jeden Fall formuliert werden, denn ein über reichseigene und vom Personal der Reichstelegraphenverwaltung betriebene Sender ausgestrahltes Programm würde bei den Hörern notwendigerweise immer einen offiziösen Anstrich haben. Die bisherigen Abmachungen zwischen Post, Innenministerium und den beiden allein konzessionierten Gesellschaften Deutsche Stunde und Dradag genügten nicht. Diese Regelung, die das Reich zu einer indirekten Einflußnahme auf den Rundfunk zwar berechtige, nicht aber verpflichte, erscheine auf jeden Fall noch ergänzungsbedürftig. Diese Korrektur sah

[29] Aktenvortrag über die Vorgeschichte des Rundfunks. DRA Ffm RRG-Akten, S. 18.
[30] Auszug aus dem Protokoll der Sitzung des Reichsministeriums vom 24. 4. 1924. BA Kblz R 43 I Reichskanzlei. Post und Telegraphie 4. Funkerwesen, Bd. 1.
[31] Brief Reichsinnenminister an StSekr Reichskanzlei, 4. 10. 1924. Ebd.

der Minister in der Forderung der Post, sich als Reichsbehörde einen rechtsverbindlichen Einfluß auf die Dradag zu sichern. Er bot drei Maßnahmen an, die mit der Dradag abgestimmt seien und dem Kabinett zur Billigung vorgelegt werden sollten. Die Dradag sollte Aktien ausgeben und die Mehrheit einem vom Reichsinnenministerium zu bestimmenden Treuhänder übertragen. Dieser sollte notariell verpflichtet werden, die Aktienrechte nur im Einvernehmen mit der Reichsregierung auszuüben und sie jederzeit einem anderen Treuhänder auszuliefern. Auf diese Weise hatte das Reichsinnenministerium seinen Einfluß gesichert, ohne selbst Aktionär sein zu müssen mit der Verantwortung für mögliche politische Entgleisungen. Im übrigen habe sich der augenblickliche Vorstand, Ernst Heilmann, zurückzuziehen, damit, wie es hieß, »wenigstens der Vorstand der Gesellschaft jeden parteipolitischen Anstrich vermissen läßt«. Als sein Nachfolger wurde der Justizrat Friedrich Wilhelm Erlinghagen vorgesehen, »eine Persönlichkeit ..., die dem Parteileben fernsteht und auch nach jeder Richtung die von der Reichsregierung zu fordernden Garantien für eine rein sachliche Leitung des Unternehmens bieten dürfte«[32]. Schließlich sollte mit Zustimmung der Dradag, der Presseabteilung der Reichsregierung und der örtlichen Programmgesellschaften ein weisungsgebundener Redakteur für das aktuelle Programm eingestellt werden. Damit sei eine direkte Einflußnahme oder gar eine Vorzensur nur in Ausnahmefällen nötig oder erforderlich. Um so mehr habe man freilich darauf zu achten, daß dieser Redakteur eine Vertrauensperson der Dradag sei und in der vorgesehenen Weise in ständiger Abhängigkeit vom Reich gehalten werde. Dieser Lösung stimmte das Kabinett am 23. Oktober 1924 zu und übertrug die Federführung in allen Angelegenheiten der politischen Überwachung des Rundfunks dem Reichsministerium des Innern, das auch die politischen Redakteure ernannte. Für die Überwachung sollte Einvernehmen mit der Vereinigten Presseabteilung der Reichsregierung und mit dem Reichspostministerium bestehen.

Doch dieser Kabinettsbeschluß brachte noch immer nicht die erhoffte Bereinigung der Verhältnisse zwischen Post, Innenministerium und Programmgesellschaften. Weder die Frage der Konzessionierung noch die der Überwachung erschien dem Reichspostministerium zufriedenstellend gelöst. Noch regelte

[32] Ebd.

sich alles durch die Praxis und nichts war verwaltungsrechtlich abgesichert. Anfang 1925 schrieb Hans Bredow: »Die Funkabteilung kann auch heute noch nicht empfehlen, die Verträge zu vollziehen, da die nach erfolgtem Kabinettsbeschluß in der Gesellschaft Drahtloser Dienst getroffenen Maßnahmen noch nicht die Gewähr dafür bieten, daß die Presse nicht schwere Angriffe gegen das Reichskabinett und die Reichspost erhebt. ... Die in die Bezirksgesellschaften ... hineingetragene Beunruhigung besteht daher nach wie vor und beginnt allmählich Formen anzunehmen, die den weiteren Ausbau der Rundfunkorganisation lähmen.«[33]

Indes, jene Beunruhigung bei den Regionalgesellschaften kam der Funkabteilung zugute. Die Post ließ sie ruhig ihren Aufbauarbeiten nachgehen und gestattete ihnen sogar ohne Genehmigung den Sendebetrieb; während sie inzwischen beim Reichsinnenministerium die Kastanien aus dem Feuer holte, band sie durch diese Haltung die Regionalgesellschaften nur um so fester an sich. Diese wiederum blieben selbstverständlich lieber in der Nähe jener Behörde, die ihnen die ordentlichen Betriebsgenehmigungen versprach, statt sich einem Ressort zuzuwenden, welches mit Personalauflagen und Überwachungsmaßnahmen an sie herantrat. Die Kontaktpflege mit dem Reichspostministerium machte allerdings alsbald eine besondere Organisation notwendig.

3.5. Post- und Innenminister teilen und herrschen
Ohne Kontrollsystem keine Konzessionen

Bredows Vorschlag, die Rundfunkinteressenten sollten sich zu Verbänden zusammenschließen und einen »Verband der Unterhaltungsgesellschaften« gründen, setzten im Januar 1924 bereits sechs Funk- und Rundfunkgesellschaften in die Tat um: die Eildienst für amtliche und private Handelsnachrichten GmbH, die Drahtloser Europa-Wirtschafts-Rundfunkdienst Europradio GmbH, die Deutsche Stunde – Gesellschaft für drahtlose Belehrung und Unterhaltung mbH, die Drahtloser Dienst AG für Buch und Presse, die Radio-Stunde AG und die Nordische Rundfunk AG. Sie bildeten den »Reichsfunkverband e. V.« mit

---

[33] Aktenvortrag über die Vorgeschichte des Rundfunks. DRA Ffm RRG-Akten, S. 19.

einer Geschäftsstelle in Berlin im Vox-Haus. Dem Vorstand gehörten an Voss (Eildienst, Europradio, Deutsche Stunde) als erster Vorsitzender, Haentzschel (Drahtloser Dienst) als stellvertretender Vorsitzender und Magnus (Radio-Stunde) als zweiter Vorsitzender. Den Ehrenvorsitz bekam Hans Bredow übertragen. Walther Vieregge, der Geschäftsführer der Deutschen Stunde, übernahm auch die Geschäftsführung des neuen Verbandes. Mit diesem Reichsfunkverband wollten die Gründer ihre eigenen Interessen gegenüber Behörden und Öffentlichkeit vertreten und einen Fonds zur Förderung der drahtlosen Telegraphie und Telephonie schaffen. Der Verband war ein Organ sowohl der Funkgesellschaften als auch der beiden bis dahin allein konzessionierten Rundfunkgesellschaften, und diese versuchten, sich als Muttergesellschaften der regionalen Gründungen durch einen wirkungsvollen Zusammenschluß zu bestätigen.

Ihre ständigen Nachfragen nach den Genehmigungen für die Tochterunternehmen mag der Reichstelegraphenverwaltung sicher mitunter unangenehm gewesen sein. Im übrigen hat sich auch die Rivalität zwischen Bredow und seinen Beamten auf der einen Seite und Haentzschel und Heilmann von der Dradag auf der anderen Seite in diesem Verband besonders deutlich abgezeichnet. Der Verband beschäftigte sich im übrigen mit einer Reihe von Gemeinschaftsaufgaben, darunter beispielsweise die Frage der Zusammenarbeit der Rundfunkgesellschaften mit dem Wirtschaftsfunk oder mit dem Problem der Regelung der Funkwerbung.

Obwohl im Oktober 1924 das Kabinett den Beschluß gefaßt hatte, dem Reichsinnenministerium die Federführung in allen Fragen der politischen Überwachung des Rundfunks zu übertragen, blieb die Post bei ihrer vorsichtigen Haltung und entschloß sich noch immer nicht zur Konzessionierung der Regionalgesellschaften. Zwar trat Heilmann im November 1924, dem Kabinettsbeschluß folgend, vom Vorstand der Dradag zurück, und der Treuhänder für das Reichsinnenministerium, Erlinghagen, wurde zum alleinigen Vorstand und Geschäftsführer bestellt. Heilmann war jedoch vorsichtig und schloß mit seinem Nachfolger im Dezember 1924 einen Vertrag ab, der die Treuhänderschaft wieder rückgängig machte, wenn nicht innerhalb von drei Monaten die Konzessionsverträge zwischen der Post und den Rundfunkgesellschaften zustandegekommen sein sollten. Ernst Heilmann aber auch Kurt Haentzschel hatten sich noch immer die Prokura für die Geschäftsführung der Dradag vorbehalten. Nun stellte sich überdies heraus, daß die restlichen 49 Prozent der Anteile an der Dradag offenbar persönlicher Besitz von Ernst Heilmann waren. Die Verfügungsberechtigung übertrug er dem »Reichsverband der Deutschen Presse«, indem er im Februar 1925 diese Anteile an diesen Journalistenverband verkaufte. Dadurch verblüffte er sowohl das Reichspostministerium als auch das Reichsministerium des Innern, denn beide bezeichneten die Situation in ihrem Schriftwechsel als unübersichtlich und verworren. Das Reichsinnenministerium wollte auf jeden Fall klare Verhältnisse schaffen, denn es war noch immer keine Gewähr dafür geboten, daß in der Dradag das Reich den ausschlaggebenden Einfluß auch wirklich besaß. Das Innenministerium war damit ein Opfer seiner eigenen Vorsicht geworden, als es seinerzeit bei der Gründung der Dradag sich möglichst weit im Hintergrund gehalten und recht gern dabei zugesehen hatte, daß die neue Gesellschaft sich ein möglichst unauffälliges, privatwirtschaftliches Mäntelchen umhing. Um endlich Licht in die Angelegenheit zu bringen, beauftragte das Reichsinnenministerium zwei Sachverständige mit der Prüfung der Geschäftsverhältnisse der Nachrichtengesellschaft. Die Prüfungen ergaben unabhängig voneinander, daß tatsächlich Ernst Heilmann Eigentümer der Aktien war und darüber auch persönlich verfügen konnte.

Auch in der Deutschen Stunde setzte eine Bewegung innerhalb der Beteiligungen ein. Ernst Roselius, der seine Hälfte als Treuhänder des Verwaltungsrates der Zweigstellen des Auswärtigen Amtes und der Reichsnachrichtenstellen ausübte, hatte der Post weitere Anteile zugesagt, damit deren Einfluß in dieser Gesellschaft verstärkt würde. Als Voss mit der Post bezüglich seiner Anteile einen Vertrag darüber abgeschlossen hatte, seine Stimmrechte in den örtlichen Rundfunkgesellschaften nur im Einvernehmen mit der Post auszuüben, diese seine Geschäftsanteile nur mit ihrer Zustimmung zu veräußern und sie zu gegebener Zeit an eine von ihr, der Post, zu bezeichnende Gesellschaft zu übertragen, konnte der Bevollmächtigte von Roselius sich mit Hilfe der Presseabteilung der Reichsregierung nur noch dazu entschließen, einen anderen Weg zu suchen, um in der Deutschen Stunde außer der Post auch anderen amtlichen Stellen Geltung zu verschaffen. Freilich fand sich als Interessent dann der gleiche Verband, der bereits Minderheitsaktionär bei der Dradag war, der Reichsverband der Deutschen Presse.

Deutsche Stunde	17%
davon 50% Voss mit Stimmrecht der DRP	
davon 50% Reichsverband der Deutschen Presse	

Drahtloser Dienst	17%
davon 51% Reichsministerium des Innern	
davon 49% Reichsverband der Deutschen Presse	

Deutsche Reichspost	17%
Örtliche Rundfunkgesellschaften	49%

Das Reichspostministerium fand sich schließlich mit dieser Lage ab, ohne allerdings zu diesem Zeitpunkt weitere amtliche und private Ansprüche im Bereich des Rundfunks zu dulden. Mit der Kontrolle der Dradag als Nachrichtengesellschaft durch das Reichsinnenministerium fand sich die Post ebenfalls ab. Ihrerseits erweiterte sie vor allem den wirtschaftlichen Einfluß in der Muttergesellschaft, der Deutschen Stunde, aber auch in allen Regionalunternehmen. Ihre Maßnahmen entsprachen völlig dem wirtschaftlichen Konzept, mit dem Hoheitsrecht auch das Recht der Wirtschaftskontrolle auszuüben. Die Zeit des Aufbaus war also vorüber. Die Gebühren begannen reichlicher zu fließen. Der neue Funkdienst hatte öffentliche Geltung und im allgemeinen auch politische Zustimmung gefunden. Nun galt es, die finanzielle Verantwortung als Reichsbehörde zu übernehmen.

Als im Februar 1925 bekannt wurde, daß sich die Post die ihr zustehenden 17 Prozent Beteiligung an allen regionalen Rundfunkunternehmen als Vorzugsaktien mit dreifachem Stimmrecht ausstatten lassen wollte, klagte die Presseabteilung der Reichsregierung, dagegen würde wohl auch ein Einspruch der beiden Muttergesellschaften, Dradag und Deutsche Stunde, wirkungslos bleiben. Die Privataktionäre in den Rundfunkstädten hatten sich bereits zur Honorierung der Postwünsche bereiterklärt. Besorgt hieß es in einer Aktennotiz aus der Presseabteilung der Reichsregierung: »Es dürfte aber doch die Frage aufzuwerfen sein, ob nicht durch den Besitz der Aktienmehrheit für das Reichspostministerium eine solche Vormachtstellung auf dem doch hochpolitischen Gebiete des Rundfunkwesens geschaffen wird, daß die eigentlich politischen Behörden

---

[34] Lerg, *Die Entstehung des Rundfunks,* S. 240.

(Reichsministerium des Innern sowie Auswärtiges Amt und Reichspresseabteilung) gänzlich in den Hintergrund gedrängt werden.«[35] Genau dies geschah, zumindest was die wirtschaftliche Vorherrschaft im neuen Medium betraf, während das Reichsinnenministerium immerhin ein politisches Überwachungssystem ausarbeitete, das die publizistischen Möglichkeiten des Rundfunks auf ein Mindestmaß einschränkte. Das war aber ebenfalls durchaus im Sinne des politikfeindlichen Staatssekretärs im Reichspostministerium.

Die Grundlage eines solchen Überwachungssystems bildete ein vom Reichspostministerium ausgearbeitetes Vertragsbündel. Es enthielt:

1. die Genehmigung zur Benutzung einer Funksendeanlage der Deutschen Reichspost (DRP) für die Zwecke des Unterhaltungsfunks;

2. die Richtlinien für den Nachrichten- und Vortragsdienst der Gesellschaft;

3. den Ausführungsvertrag zur Genehmigung;

4. die Abmachungen zwischen Post und Reichsinnenministerium zur Wahrnehmung der Belange der am Unterhaltungsfunk interessierten Reichsressorts.

Am 12. März 1925 bat das Reichsinnenministerium das Reichspostministerium dringend, bis zum 19. März die Konzessionen zu erteilen und forderte den Minister auf, alle Vorarbeiten mit Nachdruck zu betreiben. Nach schwierigen Verhandlungen, an denen der neue Referent im Reichsinnenministerium, Oberregierungsrat Erich Scholz, beteiligt war, wurde aus der Reichskanzlei am 17. März 1925 mitgeteilt: »Dem Vorschlag des Reichspostministers zur Neuordnung des Rechtsverhältnisses zu den Unterhaltungsrundfunk-Sendegesellschaften wird zugestimmt.«[36] Damit waren die wichtigen vier Abmachungen durchaus im Sinne der Entwürfe des Reichspostministeriums durchgezogen. Dennoch erhielten die Gesellschaften ihre Konzessionen noch immer nicht und auch die Dradag wurde noch nicht als Nachrichtengesellschaft anerkannt. Die »Genehmigungen« und die »Richtlinien« bedurften einer nochmaligen Überarbeitung im Zusammenhang mit den Verhand-

[35] Zum Rundfunkwesen, Februar 1925. Anlage zum Brief Reichsinnenminister an Reichspräsident, 7. 3. 1925. BA Kblz R 43 I Reichskanzlei. Post und Telegraphie 4. Funkerwesen, Bd. 1.
[36] Brief Reichskanzlei an Reichspostminister, 17. 3. 1925. Ebd.

lungen mit den Ländern, die nun endlich, unmittelbar nach dem Beschluß vom 17. März, ihre Ansprüche anmeldeten. Die Abmachungen zwischen DRP und RMI zur Wahrnehmung der Belange der am Unterhaltungsrundfunk beteiligten Reichsressorts bedeuteten mehr oder weniger eine Grenzbestimmung der Zuständigkeiten dieser beiden Ministerien in dem Sinn, wie sie bereits einmal im Oktober 1923 zwischen der Deutschen Stunde und der Dradag vorgenommen worden waren. Zwischen Post und Reichsinnenministerium wurde folgendes abgesprochen:

1. Die auf dem Gebiete des Unterhaltungsrundfunks entstehenden technischen, organisatorischen und wirtschaftlichen Aufgaben werden von der DRP bearbeitet.

2. Die sich auf politischem Gebiet aus dem Unterhaltungsrundfunk ergebenden Fragen werden vom Reichsministerium des Innern bearbeitet, das erforderlichenfalls die Reichspressestelle des Auswärtigen Amts (= Vereinigte Presseabteilung der Reichsregierung, d. V.) und die Länder beteiligt. Das Reichsinnenministerium wird in politischen Angelegenheiten mit den Sendegesellschaften durch Vermittlung einer von ihm bestimmten Nachrichtenstelle verkehren und von wichtigen Maßnahmen die Reichspost unterrichten. In etwaigen sonstigen Angelegenheiten wird das Reichsinnenministerium nur durch Vermittlung des Reichspostministeriums mit den Sendegesellschaften verkehren.[37]

Wichtig war in dieser interministeriell beschlossenen Abmachung vor allem der erste Absatz, wonach die Post für die wirtschaftlichen Aufgaben des Rundfunks allein zuständig sein sollte. Diese Aufgaben fanden in den nächsten Wochen das besondere Interesse der Post. Ihre Lösung stellte einen ihrer wichtigsten Organisationserfolge in der Gründungsgeschichte des deutschen Rundfunks dar. Sie führte nämlich zur Gründung einer Dachgesellschaft für alle Regionalgesellschaften.

3.6. Die Reichs-Rundfunk-Gesellschaft
Keine Genehmigung ohne staatliche Wirtschaftskontrolle

Zu Beginn des Jahres 1929 hatte die technische und organisatorische Dezentralisation des Rundfunks ihre größte Ausdeh-

---

[37] Vorlage des Reichspostministers vom 14. 3. 1925. Ebd.

nung. Zu dieser Zeit waren 27 Haupt- und Nebensender in Betrieb mit 17 Studios[38]. Die Entwicklung kam dem Konzept des Staatssekretärs im Reichspostministerium entgegen. Schon auf einem Presseempfang am 30. Januar 1925 hatte er seine Erfolge in der Rundfunkorganisation aufgezählt: staatlicher Sendebetrieb, private Programmgesellschaften, die nach föderalistischen Gesichtspunkten gegründet worden waren, aber unabhängig voneinander arbeiteten. Das bringe jedoch, so sagte er, die Gefahr mit sich, »daß der ursprüngliche Gedanke, einen einheitlichen deutschen Rundfunk zu schaffen, allmählich verloren« gehe. Dies sei nicht nur im kulturellen, sondern auch im wirtschaftlichen Sinn zu verstehen. Dieser Zusatz mag für Uneingeweihte damals recht harmlos geklungen haben, doch Bredow fuhr fort: »Eine vernünftige ›zentralisierte Dezentralisation‹ durch Zusammenfassung der einzelnen Bezirkssender ... würde daher den größten Nutzen bringen können.« Wie zur Entschuldigung fügte er hinzu, der Rundfunk sei kein Erwerbsunternehmen, und er meinte wohl damit, daß jene »Zusammenfassung« zwar wirtschaftliche Gründe habe, die jedoch nicht mit einer Ertragssteigerung in Zusammenhang gebracht werden dürften. Jedenfalls versprach er, daß die Rechte der Gründer der Privatgesellschaften gewahrt bleiben sollten, denn sie hätten in wirtschaftlich schwerer Zeit das Risiko übernommen. Deshalb brauchten sie aber auch nicht gleich übermütig zu werden, denn »die Tatsache, daß sie aufgrund einer Konzession der Reichspost unter dem Schutz des Telegraphenregals arbeiten, gibt ihnen einen öffentlich-rechtlichen Charakter«[39]. Dies bedeute aber, daß die Regionalgesellschaften Rechte und Pflichten gegenüber der Öffentlichkeit hätten. Da die Post nie Schwierigkeiten kannte, wenn es galt, sich mit der Öffentlichkeit unmittelbar zu identifizieren, konnte der Hinweis auf den gesetzlichen Schutz durch das Telegraphenregal nur heißen, daß jene Rechte und Pflichten zunächst einmal gegenüber der Post bestanden. Die Betriebsgenehmigungen wurden den Gesellschaften nun endlich angeboten, doch verlangte die Post zuerst die Erfüllung eines dazugehörigen »Ausführungsvertrags«[40].

[38] Schütte, *Regionalität und Föderalismus*, S. 68.
[39] (Hans) Bredow, *Rundfunk, Reichspost und Presse*. Der Deutsche Rundfunk, Nr. 6 vom 8. 2. 1925, S. 333 f.
[40] Vorlage des Reichspostministers vom 14. 3. 1925. BA Kblz R 43 I Reichskanzlei. Post und Telegraphie 4. Funkerwesen Bd. 1.

Zwischen der Deutschen Reichspost (DRP), vertreten durch den Reichspostminister, und der ... nachstehend Gesellschaft genannt, wird in Ausführung der Genehmigung zur Benutzung einer Funksendeanlage für die Zwecke des Unterhaltungsrundfunks folgender Vertrag abgeschlossen:

§ 1

(1) Das Aktienkapital der Gesellschaft muß mindestens 60 000 RM betragen.

(2) Eine Kapitalserhöhung über das Doppelte des Grundkapitals hinaus darf nicht ohne Genehmigung der DRP erfolgen.

(3) Sämtliche Aktien haben auf Namen zu lauten und dürfen nur mit schriftlicher Zustimmung der Generalversammlung übertragen werden.

§ 2

(1) Die Gesellschaft ist verpflichtet, dafür Sorge zu tragen, daß 51 v. H. ihrer Aktien – auch bei etwaigen Kapitalserhöhungen – ohne besondere Gegenleistungen einem von der DRP zu bestimmenden Treuhänder übergeben werden.

(2) Von diesen Aktien sind 17 v. H. für die DRP selbst bestimmt. Mit den übrigen 34 v. H. wird die DRP nach näherer Prüfung der Sachlage die etwaigen Ansprüche sonstiger Stellen auf Herausgabe dieser Aktien befriedigen, und zwar auch insoweit, als derartige Ansprüche etwa unmittelbar gegenüber der Gesellschaft etwa bestehen. Die Gesellschaft ist damit einverstanden, daß unter Umständen auch diese 34 v. H. Aktien ganz oder zum Teil in den Besitz der DRP übergehen.

(3) Die Gesellschaft verpflichtet sich unter der Voraussetzung des § 3 Ziffer 3, dafür Sorge zu tragen, daß die DRP Aktien erhält, mit denen ein Stimmrecht von mindestens 51 v. H. aller Stimmen verbunden ist. Soweit die von der DRP auf Grund der vorstehenden Ziffer 2 endgültig erworbenen Aktien hierzu nicht ausreichen, wird die Gesellschaft dahin wirken, daß die der DRP zustehenden Aktien mit mehrfachem Stimmrecht ausgerüstet werden.

§ 3

(1) Die Gesellschaft gründet und finanziert zusammen mit den übrigen von der DRP konzessionierten Unterhaltungsrundfunk-Sendegesellschaften die »Deutsche Reichs-Rundfunk-Gesellschaft mbH«. – nachstehend RRG bezeichnet –

(2) Die RRG ist eine Gesellschaft mit gemeinnützigen Zielen: Ihre Aufgabe ist die Vermittlung zwischen DRP und den einzelnen Sendegesellschaften, die Wahrnehmung der gemeinsamen Interessen der Sendegesellschaften, die Förderung aller den Unterhaltungsrundfunk betreffenden technischen und wirtschaftlichen Fragen, z. B. Finanzausgleich zwischen den Gesellschaften, Finanzierung und Verwaltung der Verbindungslinien und gemeinschaftlichen Anlagen, Aufnahme der Be-

ziehungen zu den ausländischen Rundfunkgesellschaften, Vertretung auf internationalen Kongressen und dergl.

(3) Die DRP wird die RRG zum Treuhänder für die ihr nach § 2 Ziffer 2 zustehenden Aktien der Gesellschaft bestimmen.

(4) Die RRG hat als Treuhänder das Stimmrecht für die der DRP gehörenden Aktien der Gesellschaft nur nach vorheriger Zustimmung der DRP auszuüben. Kann diese Zustimmung nicht rechtzeitig eingeholt werden, so hat sie für Vertagung zu stimmen. Die Erträge aus diesen Aktien sind an die DRP abzuführen.

(5) Die Gesellschaft verpflichtet sich unter der Voraussetzung der Ziffer 3 dafür Sorge zu tragen,

a) daß der DRP 51 v.H. der Anteile der RRG – auch bei etwaigen Kapitalserhöhungen – übertragen werden,

b) daß ein Aufsichtsratsmitglied der RRG zugleich in den Aufsichtsrat der Gesellschaft aufgenommen und mit der Überwachung der laufenden Geschäftsführung der Gesellschaft zusammen mit dem Vorsitzenden ihres Aufsichtsrats sowie mit dessen Stellvertretung beauftragt wird.

§ 4

(1) Erzielt die Gesellschaft nach Abzug der Forderungen der DRP (§§ 6, 7) und nach Vornahme der erforderlichen Abschreibungen, Rückstellungen usw. einen Überschuß, so wird die Gesellschaft dafür Sorge tragen, daß die Dividende einen mit der DRP zu vereinbarenden Höchstbetrag nicht überschreitet. Bis zum Abschluß dieser Vereinbarung gelten 10 v.H. als Höchstbetrag.

(2) Der hiernach verbleibende Überschuß der Gesellschaft ist unverzüglich an die DRP abzuführen.

(3) Die RRG soll keine Dividende ausschütten. Von dem nach Erfüllung ihrer Aufgabe (§ 3 Ziffer 2) verbleibenden Überschuß darf sie 10 v.H. zur Einrichtung eines Reservefonds zurückbehalten. Der Rest ist zur Hälfte für die allgemeine Förderung des Rundfunks, zur Hälfte für die technische Weiterentwicklung der Funktechnik, beides im Einvernehmen mit der DRP, zu verwenden.

§ 5

(1) Die Gesellschaft erhält von der DRP 60 v.H. der in ihrem Bereich (Artikel 7 der Genehmigung) aufkommenden Gebühren für Empfangsanlagen für den Unterhaltungsrundfunk zum Privatgebrauch, zu öffentlichen Vorführungen und auf Grund der Audionversuchserlaubnis, sofern die Teilnehmerzahl in ihrem Bereich 100 000 nicht übersteigt. Befinden sich mehrere Sender in verschiedenen Teilen ihres Sendebereichs, so erhöht sich diese Zahl um 50 000 für jeden weiteren Sender. Von den Gebühren etwaiger weiterer Teilnehmer erhält die Gesellschaft 50 v.H.

(2) Die DRP wird der Gesellschaft im Laufe jeden Monats ihren Anteil an den im verflossenen Monat eingegangenen Gebühren überweisen und hierbei ihre Forderungen nach § 6 und die Sendegebühren für den verflossenen Monat (§ 7) absetzen.

§ 6

Die Gesellschaft trägt hinsichtlich ihres Bezirkssenders und der sonstigen Rundfunksender in ihrem Bereich die Kosten.

a) für die Bereitstellung von Grundstücken und Räumen sowie für die Herstellung, Herrichtung, Instandhaltung, Beleuchtung und Heizung für die Sende- und Besprechungseinrichtungen [= Studios, d.V.] nebst allem Zubehör;

b) für die Besprechungseinrichtungen und die Benutzung der Besprechungsleitungen [= Kabelverbindung vom Funkhaus zum Sender, d.V.] nach näherer Bestimmung der DRP;

c) für den Stromverbrauch.

§ 7

Für die Benutzung der von der DRP zur Verfügung gestellten Sendeeinrichtungen hat die Gesellschaft an die DRP eine monatliche Pauschgebühr und außerdem für jede Betriebsstunde eine Stundengebühr zu zahlen; die Höhe der Gebühren wird von der DRP festgesetzt und enthält die Kosten für den Personal- und Materialaufwand, die Verzinsung und Tilgung des Anlagekapitals der Sendeanlage und einen Anteil an den allgemeinen Verwaltungskosten. Bei der Berechnung der Stundengebühr wird die Gesamtbetriebsstundenzahl jedes Tages auf volle Viertelstunden nach oben abgerundet.

§ 8

(1) Dieser Vertrag erlischt bei Zurückziehung der Genehmigung.

(2) Der Vertrag kann vorbehaltlich Ziffer 3 von der DRP oder von der Gesellschaft vom 1. Januar 1937 ab zum 31. Dezember 1939 gekündigt werden. Bei einer Kündigung durch die Gesellschaft ist die DRP berechtigt und auf Wunsch der Gesellschaft auch verpflichtet, zu den gleichen Fristen auch die Genehmigung zurückzuziehen.

(3) Die DRP behält sich vor, den Vertrag jederzeit zurückzuziehen oder abzuändern:

a) wenn die technische Entwicklung oder das öffentliche Interesse, z.B. internationale Verpflichtungen es zwingend erfordern;

b) wenn trotz Mahnung der DRP wiederholt gegen die Bestimmungen dieses Vertrages verstoßen wird.

(4) Bei einer Neuorganisation des Unterhaltungsrundfunks auf Grund der Bestimmung in Ziffer 3 a wird die DRP die Belange der Gesellschaft nach Möglichkeit berücksichtigen.

Alle durch den Vertragsabschluß oder die Genehmigung entstehenden Stempel- und sonstigen Kosten trägt die Gesellschaft.

Dieses Vertragswerk zeigt deutlich, daß Bredow und das Reichspostministerium ihr Ziel erreicht hatten. Es war nun beschlossene Sache, daß weder die Deutsche Stunde noch die ihr verbundene Dradag die wirtschaftliche Oberhand im Rundfunk erhalten sollten. Dem Staatssekretär im Reichspostministerium war es mit Hilfe von zwei konservativen Innenministern gelungen, das von Ministerialrat Haentzschel sorgfältig erworbene Vertrauensverhältnis der Dradag zu seinem Ministerium auszuhöhlen. Die Deutsche Stunde hingegen, zunächst von der Post ermuntert, sich der vom Reichsinnenministerium vorgeschobenen Gesellschaft zu nähern und sich ihr sogar zu verbinden, ereilte ihr Schicksal schließlich, gerade weil sie sich mit der inzwischen inkriminierten Dradag zu weitgehend eingelassen hatte. Die Aufgabe dieser ersten deutschen Rundfunkgesellschaft war in den Augen der Post erfüllt; ihre privatwirtschaftlichen Töchter, die Regionalgesellschaften, sagten sich von ihr los und begaben sich unter den Schutz einer Reichsbehörde, die es plötzlich mit ihrem Sorgerecht sehr ernst nahm.

Tatsächlich hat Bredow es verstanden, den Regionalgesellschaften zwar keine goldenen Berge zu versprechen, ihnen aber immerhin ein Zusammengehen mit der Post als die Chance darzustellen, die ihnen größtmögliche politische Ruhe und gesündeste wirtschaftliche Entfaltung sichern würde. Die Vorteile sollten jedoch mit einer wirtschaftlichen Zentralisation erkauft werden, für die die Unterhändler der Post zunächst überall dort, wo die wirtschaftlichen Verhältnisse inzwischen nicht eben schlecht – wie z. B. in Frankfurt – oder die politische Situation schwierig war – wie etwa in München – zunächst auf taube Ohren stießen. Jedoch mußte man damit rechnen, daß die Post mit ihren Möglichkeiten, die Konzession zu verweigern oder die Bedingungen zu verschärfen, am Ende doch am längeren Hebel sitzen würde. Es genügte nicht mehr, einem mehr oder minder losen Verband für die gemeinsamen Aufgaben anzugehören; harte wirtschaftliche Aufgaben, so entschied man sich bei der Post mit unternehmerischer Logik, erforderten eine nach wirtschaftlichen Gesichtspunkten organisierte Dachgesellschaft, eine nicht der Publizitätspflicht unterliegende Gesellschaft mit beschränkter Haftung, die seit jeher den besten organisatorischen Mantel für öffentliche Unternehmen abgab.

Als den Rundfunkgesellschaften nun endlich die Genehmigungsbedingungen »angeboten« wurden, enthielt der Ausführungsvertrag neben der allgemeinen Auflage, das Kapital der Post zu übertragen, auch die Verpflichtung zur Gründung einer gemeinsamen Gesellschaft, der »Deutschen Reichs-Rundfunk-Gesellschaft mbH«, kurz RRG genannt (§ 3, Ziff. 1). Zwar hatte der Reichsfunkverband noch am 30. Oktober 1924 eine neue Satzung beschlossen, in der in § 1 festgelegt worden war,

»diejenigen deutschen Gesellschaften und Unternehmungen, welche einen Dienst auf drahtlosem Wege verbreiten, zu vereinigen und ihre Interessen gegenüber den Behörden und der Öffentlichkeit zu vertreten.« Auf der Mitgliederversammlung vom 10. Februar 1925 traten die Gesellschaften in Berlin, Hamburg, Frankfurt, Leipzig, Stuttgart, Königsberg, Breslau und Münster jedoch aus dem Reichsfunkverband wieder aus[41]. Sie waren also mit einem Blick auf die bereitliegenden Genehmigungen zu einer Vorleistung bereit.

Am 5. Mai 1925 trafen sich der Berliner Rechtsanwalt und Notar August Heinroth und fünf Herren im Vox-Haus: Erwin Jaeger als Vorstandsmitglied der Mirag (Leipzig), Friedrich Blonck als Vertreter der Norag (Hamburg), Alexander Vogt als Vorstandsmitglied der Schlesischen Funkstunde (Breslau), Wilhelm Schüller als Vertreter der SWR (Frankfurt am Main) und Friedrich Odendahl als Vertreter der Orag (Königsberg). Sie gründeten, wie von der Post verlangt, die Firma »Reichs-Rundfunk-Gesellschaft mit beschränkter Haftung« mit Sitz in Berlin. Eine Satzung hatten die Herren bereits vorbereitet, deren § 2 lautete:

»Der Gegenstand des Unternehmens ist die Unterstützung der notleidenden Sendegesellschaften, die Erledigung von allgemeinen Verwaltungsarbeiten im Interesse der beteiligten Sendegesellschaften, die Finanzierung des Ausbaues der Sender und des Leitungsnetzes, die Unterstützung von technischen Versuchen und wissenschaftlichen Arbeiten mit dem Ziel der Vervollkommnung des Funkwesens und der Abschluß aller Art von Geschäften, welche mittelbar oder unmittelbar hiermit zusammenhängen. Ausgeschlossen ist eigener Funkbetrieb und drahtlose Nachrichtenverbreitung jeder Art.«[42]

§ 3 legte das Stammkapital auf 100000 Mark fest.

Die Gesellschaften in Leipzig, Hamburg oder Breslau beteiligten sich jeweils mit 25000 Mark, die Gesellschaften in Frankfurt und Königsberg mit je 12500 Mark. Nach § 7 sollte der erste Aufsichtsrat aus sieben von der Post und den Rundfunkgesellschaften vorzuschlagenden Mitgliedern bestehen. Die Post bekam Vorschlagsrecht für stets eines mehr als die Hälfte der

---

[41] Kurt Vaessen, *Zur Neuorganisation in der deutschen Rundfunkleitung.* Zeitungswissenschaft 1937, 6, S. 421.
[42] [1.] Satzung der RRG. Anlage zum Gründungsprotokoll vom 15. 5. 1925. Nr. 54 Notariatsregister 1925. DRA Ffm RRG-Akten.

Mitglieder. Zum Geschäftsführer bestellten die Gründer Kurt Magnus von der Funk-Stunde AG. Die RRG wurde am 20. Juli 1925 ins Handelsregister beim Amtsgericht in Berlin-Mitte eingetragen[43]. Die Rundfunkgesellschaften in Berlin, Münster und Stuttgart schlossen sich nach mitunter langwierigen Verhandlungen ebenfalls der RRG an, während die bayerische Gesellschaft zunächst nicht beitrat.

Die Satzung der RRG wurde mehrfach geändert. Am 26. Februar 1926 faßte die Gesellschafterversammlung den § 2 (Gegenstand der Unternehmung) völlig neu. Der erste Satz handelte nun nicht mehr von der »Unterstützung der notleidenden Sendegesellschaften«, sondern lautete eindeutig: »Der Gegenstand des Unternehmens ist die zentrale Leitung der angeschlossenen Rundfunkgesellschaften ...«.[44] Der Ministerialrat aus dem Reichspostministerium Heinrich Giesecke wurde zum zweiten Geschäftsführer bestellt.

Schon am 7. September 1925, während der Zweiten Großen Deutschen Funk-Ausstellung in Berlin, fand eine Gesellschafterversammlung statt, an der alle Vertreter der Regionalgesellschaften – außer der Deutschen Stunde in Bayern – teilnahmen. Es wurde beschlossen, die Satzungen der einzelnen Gesellschaften so zu ändern, daß man den Verpflichtungen aus dem »Ausführungsvertrag« mit der Post nachkommen könne, und im übrigen das Kapital der einzelnen Gesellschaften zu erhöhen, um die RRG besser ausstatten zu können[45]. Die Satzungsänderungen betrafen zunächst drei Maßnahmen, von denen das Reichspostministerium seine Zustimmung zu den Kapitalerhöhungen abhängig gemacht hatte. Sämtliche Aktien der Regionalgesellschaften sollten in Namensaktien umgewandelt werden; die Gesellschaften hatten sich zu verpflichten, den über zehn Prozent hinausgehenden Reinerlös an die RRG abzutreten. Vorsorglich hielt man fest, daß die Regionalgesellschaften 51 Prozent der »vorläufig völlig in ihrem Besitz befindlichen Reichs-Rundfunk-Gesellschaft« an die Post übertragen, »sobald die Konzes-

---

[43] Amtsgericht Berlin-Mitte. 93. Al. 279/33. Beglaubigte Abschrift aus dem Handelsregister. Abt. B Nr. 36602. DRA Ffm RRG-Akten.
[44] *Satzungen der Reichs-Rundfunk-Gesellschaft mit beschränkter Haftung.* Berlin 1926, S. 3.
[45] Brief (Abschrift) RRG an Westdeutsche Funkstunde, 10. 9. 1925. RWWA Köln Abt. 5 Nr. 8 Fasz. 60 Industrie- und Handelskammer für den Regierungsbezirk Münster.

sion erteilt wird«[46]. Erst danach sollte die RRG der Dradag und der Deutschen Stunde je 17 Prozent ihrer Aktien übergeben. Die Gesellschafter der RRG verpflichteten sich, dafür zu sorgen, daß der verbleibende Aktienanteil die Stimmenmehrheit auf sich vereinigte; nötigenfalls würden diese Aktien mit Mehrfachstimmrecht ausgestattet werden. Auch wurde der Modus einer Kapitalerhöhung bei den Regionalgesellschaften (auf 300 000 Mark) besprochen, nach der die Aktienverteilung so aussehen sollte, daß auf die bisherigen Aktionäre Aktien im Wert von 147 000 Mark, entsprechend 49 Prozent, auf die RRG Aktien für 153 000 RM, entsprechend 51 Prozent, entfielen. Da die meisten Regionalgesellschaften zu jener Zeit über ein Aktienkapital von 120 000 RM verfügten, mußten für 180 000 RM neue Aktien ausgegeben werden. Von diesen neuen Aktien sollten die Aktionäre der Regionalgesellschaften 27 000 RM und die RRG ihren Anteil von 153 000 RM übernehmen. Den Aktionären der Regionalgesellschaften wollte man empfehlen, ihren Barzahlungsverpflichtungen mit einem Bonus ihres Unternehmens nachzukommen. Für die RRG wollte man diese Verpflichtung zur Bareinzahlung von 153 000 RM umgehen, indem sie sich auf den Betrag eine Verpflichtung zu bestimmten Leistungen in gleicher Höhe anrechnen lassen konnte. Diese Leistungen entsprachen im wesentlichen ihren satzungsgemäßen Aufgaben. Folgende »Verpflichtungserklärung« hielt die von der RRG zu erbringenden Leistungen fest[47].

Die Abwicklung von Kapitalerhöhungen und Satzungsänderungen bei den Regionalgesellschaften dauerte, einschließlich der Umtragungsvorgänge im Handelsregister, einige Monate. Für die Deutsche Stunde in Bayern erhielt Ernst Ludwig Voss die Zustimmung der Post, sein Stimmrecht in dieser Gesellschaft in der Weise auszuüben, daß seine 40 Prozent Geschäftsanteile an die Münchener Postabteilung übertragen wurden. Die Privatgesellschafter der Münchner Rundfunkgesellschaft fügten freiwillig zusammen noch 11 Prozent hinzu; von diesem 51prozentigen Anteil erhielt die bayerische Regierung eine Minderheitsbeteiligung von 25 Prozent übertragen. Der Münchner Gesellschaft stand der Beitritt zur RRG jederzeit offen. Es entwickelte sich aber für die nächsten Jahre vorerst nur eine Zusammenarbeit bei gemeinschaftlichen Aufgaben.

[46] Ebd.
[47] Ebd., Anlage.

Die Reichs-Rundfunk-Gesellschaft mbH, welcher die über 10 Prozent Reingewinn hinausgehenden Überschüsse sämtlicher deutschen Unterhaltungsrundfunk-Gesellschaften mit einziger Ausnahme der Deutschen Stunde in Bayern zufließen, übernimmt folgende Verpflichtung:

1. Die Reichs-Rundfunk-Gesellschaft mbH wird die . . ., soweit diese notleidend ist, finanziell soweit unterstützen, daß die . . . in der Lage ist, ein künstlerisch einwandfreies Programm durchzuführen. Ob bzw. in welchem Umfang die . . . notleidend und nicht in der Lage ist, ein künstlerisch einwandfreies Programm mit eigenen Mitteln zur Durchführung zu bringen, unterliegt der Bestimmung des Aufsichtsrats der Reichs-Rundfunk-Gesellschaft mbH. Eine Verpflichtung der Reichs-Rundfunk-Gesellschaft mbH besteht nur, soweit sie dazu selbst finanziell in der Lage ist.

2. Die Reichs-Rundfunk-Gesellschaft mbH verpflichtet sich, mit eigenen Mitteln technische Versuche und wissenschaftliche Arbeiten mit dem Ziel der Vervollkommnung des deutschen Funkwesens durchzuführen. Die Erfolge dieser Arbeit wird die Reichs-Rundfunk-Gesellschaft mbH den ihr angeschlossenen Unterhaltungsrundfunk-Gesellschaften kostenlos zur Verfügung stellen.

3. Die Reichs-Rundfunk-Gesellschaft mbH erstrebt den Ausbau eines besonderen, den Rundfunkzwecken angepaßten und über ganz Deutschland reichenden drahtlichen (!) Leitungsnetzes an und wird diese Anlage nach ihrer Fertigstellung den ihr angeschlossenen Unterhaltungsrundfunk-Gesellschaften   kostenlos   zur   Verfügung stellen.

4. Die Reichs-Rundfunk-Gesellschaft mbH verpflichtet sich, für die Unterhaltungsrundfunk-Gesellschaften kostenlos
a. allgemeine Verwaltungsarbeiten, z. B. Verhandlungen mit Behörden und Privatorganisationen, Erteilung von Auskünften usw. durchzuführen,
b. Rechts- und Steuerfragen, z. B. Informierung bei Rechtsstreitigkeiten, Abschluß von Tarifverträgen, Einflußnahme auf Schaffung neuer Gesetze usw., zu erarbeiten.

5. Die Reichs-Rundfunk-Gesellschaft mbH verpflichtet sich, die Interessen sämtlicher deutschen Unterhaltungsrundfunk-Gesellschaften im Ausland und dem Ausland gegenüber, z. B. auf internationalen Kongressen, zu übernehmen und kostenlos durchzuführen.

6. Die Reichs-Rundfunk-Gesellschaft mbH verpflichtet sich, ein großes deutsches Funkarchiv zu schaffen, in welchem alle einschlägigen Zeitschriften der Welt gehalten und bearbeitet werden, und das Ergebnis der Bearbeitung sämtlichen deutschen Unterhaltungsrundfunk-Gesellschaften kostenlos zur Verfügung zu stellen.

Berlin, den 10. September 1925.   Reichs-Rundfunk-Gesellschaft mbH.

Mit der Gründung der RRG als eines vorläufigen Verwaltungsorgans war das breite Dach der Post über die erste deutsche Rundfunkorganisation im Rohbau fertiggestellt. Der Reichsfunkverband konnte liquidiert werden, während es über die Deutsche Stunde im Sommer 1925 hieß, man beabsichtige sie aufzulösen, da ihre Aufgabe mit der Einführung des Rundfunks erledigt sei. Ernst Ludwig Voss hatte sich schon Ende Januar 1925 von seiner Geschäftsführung zurückgezogen. Sein Mitarbeiter Walther Vieregge folgte zum Jahresende 1925. Ende Januar 1926 wurde die Deutsche Stunde aufgelöst und am 14. Januar 1927 gelöscht; die Liquidation zog sich übrigens bis ins Jahr 1936 hin. Das war das stille Ende der ersten deutschen Rundfunkgesellschaft und damit auch das Ende der Rundfunkaktivität von Ernst Ludwig Voss. Es blieb nun nur noch der Drahtlose Dienst, die Dradag, um deren Neuorganisation sich das Reichsinnenministerium als Mehrheitsaktionär fortan selbst zu bemühen hatte.

3.7. Die Rundfunkpresse entsteht
Vom Amateurblatt zur Programmzeitschrift

Die Entstehung des Rundfunks blieb auch für das Nachbarmedium Presse nicht ohne Folgen. Die gesellschaftliche und wirtschaftliche Aneignung physikalisch-technischer Innovation geht immer einher mit einer Organisation von Interessen, und dies geschieht wiederum mit publizistischen Mitteln. Nachrichten und Berichte über die dem neuen Medium zugrundeliegenden technischen Bedingungen, über die damit verbundenen wirtschaftlichen Möglichkeiten sowie über die zu erwartenden politischen Folgen sind zunächst in Fachzeitschriften der Technik, des Verkehrs und der Wirtschaft erschienen; über sie gelangten sie zum Teil in die Publikumszeitschriften und in die Tagespresse[48]. In den vom Reichspostministerium herausgegebenen und ihm nahestehenden Fachblättern, wie dem *Archiv für Post und Telegraphie* (bestehend seit 1873), der *Deutschen Verkehrszeitung* (seit 1876), der *Elektrotechnischen Zeitschrift* (seit 1880) oder dem *Jahrbuch der drahtlosen Telegraphie und Telephonie/Zeitschrift für Hochfrequenztechnik* (seit 1907), er-

[48] Hans Traub, *Funk- und Rundfunk-Zeitschriften*. Die Reklame, Nr. 15 September 1932, S. 526–530.

schien nach dem Ersten Weltkrieg die ersten fachkundlichen Beiträge von Hans Bredow und Hermann Thurn; ebenso in naturkundlichen Publikumszeitschriften wie der *Umschau* (seit 1897), in der Monatsschrift des Vereins Deutscher Ingenieure *Technik und Wirtschaft* (seit 1908) oder in dem Blatt der Deutschen Weltwirtschaftlichen Gesellschaft, der *Weltwirtschaft* (seit 1910).

Die Werbung des Reichspostministeriums für seine Funksonderdienste und die Rundfunkpläne der Funkindustrie hatten die Hersteller als erste an eine Organisation denken lassen, die sich ihren Platz am neuen Markt auch publizistisch erkämpfen wollte, und zwar gegen die großen Patenthalter. Am 30. Mai 1923 konstituierte sich der Herstellerverband (Verband der Radio-Industrie), am 10. Juni 1923 erschien die erste Ausgabe seines Organs *Radio;* als Verlag hatte man die Rothgießer & Diesing AG in Berlin gewonnen, wo bereits die *Phonographische Zeitschrift* herauskam. Bereits am 6. April war auch die erste Vereinsgründung der Amateure in Berlin erfolgt (Deutscher Radio-Club), der das im August 1923 im angesehenen Zeitschriftenverlag Julius Springer von Eugen Nesper gegründete Blatt *Der Radio-Amateur* als sein Organ betrachtete. Damit war auf dem Sektor Rundfunk der Genotyp der Gruppen- oder Fachzeitschrift geboren. Als der Reichspostminister am 15. Oktober 1923 eine Pressekonferenz zur bevorstehenden Eröffnung des Rundfunkprogramms in Berlin ausrichtete, lag die erste Nummer einer weiteren Zeitschrift vor, die als genotypisch für die illustrierte Rundfunkzeitschrift, als Publikums- oder Freizeit-Zeitschrift gelten kann, das Wochenblatt *Der Deutsche Rundfunk;* es erschien ebenfalls im Verlag Rothgießer & Diesing AG[49].

Die beiden Grundtypen differenzierten sich sehr rasch[50]. Bei den Gruppenzeitschriften kamen schon früh die Fachblätter der übrigen Wirtschaftsverbände hinzu, wie die beiden in Berlin entstandenen Blätter *Der Radiohändler* (1924) und *Der Funkhandel* (1925) sowie die aus den Amateurzeitschriften sich bildenden Fachblätter der Selbstbauer und Bastler als Organe der Funkvereine wie *Radio für alle* (1924) in der Franckh'schen

[49] Verfügung Nr. 914. Zeitschrift »Der Deutsche Rundfunk«. Nachrichtenblatt des RPM, Nr. 132 v. 17. 11. 1923, S. 996.
[50] Kurt Vaessen, *Die Entwicklung der deutschen Rundfunkpresse.* Zeitungswissenschaft 1937, 7, S. 474f.

Das erste, als illustrierte Rundfunkzeitschrift konzipierte Blatt *Der Deutsche Rundfunk* erschien von 1923 bis 1941 in Berlin, anfangs geleitet von Alfred Hartig (1881–1926), seit 1924 von Hans Siebert von Heister (1888–1967) und Walther H. Fritze für die technische Beilage.

Verlagshandlung in Stuttgart und die von Peter Lertes redigierte *Radio-Umschau* (1924) in der H. Bechhold Verlagsbuchhandlung in Frankfurt; beide Zeitschriften erschienen in Verlagen, in denen traditionsreiche naturkundlich-technische Monatsblätter herauskamen. In dem Berliner Fachverlag für wissenschaftliche und pädagogische Zeitschriften, der Weidmannschen Buchhandlung, wurde 1924 der *Funk* unter der Redaktion von Ludwig Kapeller begonnen, ein Blatt, das viele Jahre als Mischtyp sowohl ein Bastlerorgan als auch eine Programmzeitschrift darstellte, sich nach 1933 aber zu einem rein technischen Blatt entwickelte[51]. Ebenfalls ein Mischtyp war die im April 1924 kulturell sehr anspruchsvoll geplante Zeitschrift *Die Sendung* im Berliner Verlag Hermann Reckendorf GmbH; sie entwickelte sich unter Leitung von Otto Nairz zu einem rundfunkpublizistisch und selbstbautechnisch einflußreichen Blatt. Diese Zeitschriften waren charakteristisch für die erste Form der Rundfunkprogrammzeitschrift, gerade weil sie auf der einen Seite fachliche Anleitung und Verbandsberichterstattung miteinander verbanden, andererseits jedoch mit Berichten und Kommentaren zum Programm den Kern des Inhalts einer publikumsorientierten Rundfunkzeitschrift erkannt hatten. Sie wurden deshalb ohne Zweifel auch Vorbilder für die Gruppe der Zeitschriften, die sich als »offizielle Organe« der Rundfunkgesellschaften bezeichnen durften.

[51] Hermann Thurn, *Wesen und Bedeutung der Funkfachpresse.* Funk, Nr. 13 v. 28. 3. 1930, S. 54 f.

Zwei Prototypen der allgemeinen Rundfunkpresse: *Funk* erschien von 1924 bis 1944, geleitet von Ludwig Kapeller, später von Lothar Band; *Die Sendung* erschien von 1924 bis 1941, geleitet von Otto Nairz.

Die Gründe für das Entstehen eigener Blätter der Rundfunkgesellschaften waren nicht in erster Linie bei der gewiß vereinzelt vorkommenden Weigerung von Tageszeitungen zu suchen, die Programme kostenlos abzudrucken, und der daraus resultierenden Notwendigkeit der Gesellschaften, sich selbst eine Publikationsmöglichkeit zu schaffen. Gewiß war ein eigenes Blatt das beste Werbemittel für das jeweilige Rundfunkunternehmen, vor allem zur Propagierung des Programmangebots; nicht zuletzt dienten diese Publikationen dem örtlichen Rundfunkhandel. Die Rundfunkgesellschaften entschieden sich mit Eröffnung ihres Programms alle für die Herausgabe irgendeines Publikationsmittels, wobei sie jedoch nicht unmittelbar als Verleger auftreten wollten, sondern oft einen ortsansässigen interessierten Verlag für ihre Ziele gewinnen konnten; einige mußten auf diesem medienwirtschaftlich für sie ungewohnten Gebiet der Presse ebenso Lehrgeld zahlen wie auf dem Gebiet des Rundfunks, auf das sie sich eben erst gewagt hatten. Mit einer Ausnahme (Münster) erschienen im Jahre 1924 bei allen Regionalgesellschaften Programmblätter[52].

[52] Friedemann Enke, *Programmzeitschriften*. Rufer und Hörer 1950–51, 12, S. 556–562.

Die von Nebenfirmen der örtlichen Rundfunkgesellschaften herausgegebenen »offiziellen« Programmzeitschriften 1932.

Berlin: *Der Deutsche Rundfunk, Funk-Stunde*
In den ersten Monaten mochte sich die Berliner Rundfunkge-
sellschaft mit der ihr postalisch empfohlenen Zeitschrift *Der
Deutsche Rundfunk* zufriedengeben. So kam es, daß erst nach
einem Jahr, am 18. Oktober 1924, die Hauptverwaltung für In-
dustrie GmbH (mit 49 Prozent Anteil), die aus der Berliner
Rundfunkgesellschaft verdrängte Gruppe Voss-Roselius (34
Prozent) und Ernst Heilmann (17 Prozent) den Verlag Funk-
Dienst GmbH gründeten, der wiederum vier Wochen später die
Programmzeitschrift die *Funk-Stunde* herausbrachte. Das Blatt
wurde bis zu seinem Tod im Jahre 1929 von Max Chop, dann
von Walter Israel redigiert; gedruckt wurde es bei J. S. Preuß,
Werkstätten für Buch- und Kunstdruck in Berlin.

Leipzig: *Radio-Rundschau, Die Mirag*
Am 28. Januar 1924 erschien die erste Nummer der von Erwin
Jaeger herausgegebenen *Radio-Rundschau,* die sich im Untertitel auch als amtliches Organ der Mirag bezeichnete. Das Blatt
kam zunächst zweiwöchentlich, ab 1. März 1924 dann wöchentlich heraus. Nach mehreren Titeländerungen erlosch die
Zeitschrift unter dem Titel *Auf Wiederhören* mit Heft 38 am
26. November 1924, denn inzwischen hatte Jaeger seinen Zeit-
schriftenplan der Verlagsanstalt der Leipziger Meßamt GmbH
verkaufen können, wo ab November 1924 als offizielle Programmzeitschrift *Die Mirag* herausgegeben wurde; das Blatt
wurde anfangs geleitet von Johannes Koll, später von Wilhelm
Grimm. Ab 1926 erschien als Ausgabe für den Bereich des Studios Dresden *Die Dresdner Mirag.*

München: *Illustrierte Radio-Zeitung, Süddeutscher Rundfunk*
(Ausgabe A), *Bayerische Radio-Zeitung*
Bereits am 9. August 1923 war in München die Radio-Verlag
AG entstanden, die vom 10. November an die *Illustrierte Radio-Zeitung* herausgab, die das Reichspostministerium im Dezember 1923 ausdrücklich – neben dem *Deutschen Rundfunk* –
als ein gesetzestreues Blatt empfahl. Der Verlag mußte jedoch
am 24. Juli 1924, ein Vierteljahr nach Programmeröffnung,
Konkurs anmelden. Als Ersatz erschien bereits am 3. August
1924 die *Bayerische Radio-Zeitung;* ein Verlag dieses Namens
wurde unter Beteiligung der Deutschen Stunde in Bayern am
4. September 1924 gegründet. Das Blatt änderte seinen Titel in
Süddeutscher Rundfunk, dessen Ausgabe A nun als offizielles

Organ der Münchner Rundfunkgesellschaft herauskam. 1927 traten finanzielle Schwierigkeiten auf; das Verlagsunternehmen wurde von der G. Franz'schen Hofbuchdruckerei (G. Emil Maier) aufgefangen, indem diese Firma zu ihren bisherigen Anteilen auch die Anteile der Deutschen Stunde in Bayern in Höhe von 60000 RM übernahm. Ab 1928 erschien das Blatt wieder unter seinem ursprünglichen Titel *Bayerische Radio-Zeitung*. Redigiert wurde es anfangs von einem Mitgesellschafter, Hans Micheler. Sein Nachfolger war 1927 Rudolf von Scholtz. Ihm folgte 1930 Richard Kolb, der 1932 nach Berlin berufen wurde, wo er von Februar bis April 1933 Intendant der Funk-Stunde werden sollte, doch bereits im April 1933 nach München zurückkehrte, um dort bis Dezember 1933 Intendant zu sein. Sein Vorgänger, von Scholtz, sollte seine Chance erst sehr viel später haben: er leitete von Dezember 1947 bis zu seinem Tode im Jahre 1956 den Bayerischen Rundfunk.

Frankfurt: *Radio-Umschau, S. R. Z. Südwestdeutsche Rundfunk-Zeitung*

Die Verlagsbuchhandlung Heinrich Bechhold und H. L. Brönner's Druckerei – F. W. Breidenstein brachte die bereits erwähnte populär-wissenschaftliche Zeitschrift *Die Umschau* heraus, der mit der Ausgabe vom 12. Januar 1924 die wöchentliche *Radio-Umschau* hinzugefügt wurde. Das vorwiegend technisch orientierte Blatt, redigiert von Peter Lertes, diente als Mitgliedszeitschrift für den Südwestdeutschen Radio-Club und als Hausblatt der Frankfurter Rundfunkgesellschaft. Von Oktober 1924 an gab es eine ständige Programmbeilage unter dem Titel *Die Besprechung*. Mit Datum vom 3. Oktober 1925 kam das Blatt dann unter dem Titel *S. R. Z. Südwestdeutsche Rundfunk-Zeitung* als illustrierte Programmzeitschrift heraus, redigiert anfangs von Adolf Hemberger, dann von Albin Eckhardt und schließlich lange Jahre von Werner Wolfgang Knoeckel. 1927 wurde die Verbindung zur Bechhold-Verlagsbuchhandlung gelöst; die Privataktionäre der Frankfurter Rundfunkgesellschaft gründeten unter Einschaltung ihrer seit 1926 bestehenden Nebengesellschaft, der Rundfunk-Organisation-GmbH (Orga), die Südwestdeutsche Funk-Verlag GmbH als Herausgeberin der *S. R. Z.* mit der Anschrift der Bechhold-Verlagsbuchhandlung. Wilhelm Breidenstein wurde 1928 Geschäftsführer des Unternehmens der Frankfurter Programmzeitschrift.

Hamburg: *Die Funkwelt, Die Norag*
Zur Programmeröffnung am 2. Mai 1924 lagen die ersten Ausgaben eines schon seit dem 15. März erscheinenden, zweiwöchentlichen Blattes auf unter dem Titel *Die Funkwelt* aus dem Verlags- und Anzeigenmittlungsunternehmen William Wilkens, geleitet von Adolf Wasmus; es durfte sich im Untertitel noch als Organ der Hamburger Amateurvereine und als »Mitteilungen der Nordischen Rundfunk AG« bezeichnen. Die Zeitschrift erschien bis zur Nummer 5 vom 31. Januar 1925 als selbständige Publikation; ab Februar 1925 wurde sie als technische Beilage der schon 1924 von einem Privataktionär der Rundfunkgesellschaft in einem Verlag seines Namens, der Friedrich-Blonck-Verlagsgesellschaft mbH, herausgebrachten Zeitschrift *Die Norag* weitergeführt. Am 27. Oktober 1925 gründeten Privataktionäre der Norag die Rufu-Verlagsgesellschaft mbH; in diesem Verlag kam nun *Die Norag* heraus[53]. Gedruckt wurde beim Hamburger Acht-Uhr-Abendblatt. Die Redaktion hatte anfangs noch Adolf Wasmus, später Kurt Esmarch. Die Rufu engagierte sich bald bei mehreren hauseigenen Zeitschriften, so in Köln, Breslau und in Stuttgart.

Stuttgart: *Stuttgarter Kunst und Rundfunk, Süddeutscher Rundfunk* (Ausgabe B), *Südfunk*
Der Stuttgarter Verlag Berthold & Schwerdtner, der seit 1923 ein kirchenmusikalisches Blatt herausbrachte, hatte von Mai bis Juni 1924 ein Blatt mit dem Titel *Stuttgarter Kunst und Rundfunk* angeboten. Die Rundfunkgesellschaft einigte sich jedoch mit dem Stuttgarter Vertreter des Verlags Bayerische Radio-Zeitung GmbH, München, dem Mitbegründer der Süddeutschen Rundfunk AG., Leon Hauser, daß der Titel ihrer Programmzeitschrift in *Süddeutscher Rundfunk* umgeändert und sie in mehreren Ausgaben herausgegeben werden sollte: Ausgabe A für die Münchener Rundfunkgesellschaft, Ausgabe B ab dem 5. Oktober 1924 als Organ der Stuttgarter Rundfunkgesellschaft. Diese publizistische Lage lockte offenbar Mitbewerber an. Im Juli 1926 brachte der Verleger Wilhelm Herget in Stuttgart die *Funk-Illustrierte für Süddeutschland* heraus. Im März 1927 folgte der Verleger Franz Burda in Offenburg mit der von

---

[53] *Schutz der Bezeichnung »Offizielle Norag-Programme« durch Urteil des Hanseatischen Oberlandesgerichts v. 20. 11. 1931.* Archiv für Funkrecht 1933, S. 188–194.

seinem gleichnamigen Sohn redigierten *Südwestdeutschen Radio-Zeitung,* die zu allem noch den Titel *Sürag* beanspruchte, die Kurzbezeichnung der Süddeutschen Rundfunk AG, ohne jedoch deren offizielles Blatt zu sein. In dieser Situation beschloß die Stuttgarter Rundfunkgesellschaft, zusammen mit der Stuttgarter Niederlassung der Deutschen Reichspost-Reklame GmbH, einen eigenen Verlag zu gründen. Die am 15. November 1927 gegründete Verlag Südfunk GmbH wurde am 15. Dezember 1927 in das Handelsregister eingetragen mit dem Zweck der Herausgabe einer neuen offiziellen Rundfunkprogrammzeitschrift mit dem Titel *Südfunk.* Das Blatt erschien vom 18. Dezember 1927 an als offizielle Programmzeitschrift der Süddeutschen Rundfunk AG, redigiert von Max Heidler. Doch bereits nach einem Jahr, am 28. Dezember 1928, mußte der Verlag Südfunk vom Kölner Rufu-Verlag aufgefangen werden. Die ehemalige offizielle Programmzeitschrift *Süddeutscher Rundfunk* erschien weiter in Stuttgart, bis die Rundfunkgesellschaft ihr die Führung des Titels durch ein Urteil des Stuttgarter Oberlandesgerichts vom 21. Januar 1929 verbieten ließ[54]. Möglicherweise kam es jedoch zu Beginn der 30er Jahre zu einer Einigung zwischen der Kölner Rufu-Verlag GmbH und der Stuttgarter Verlagsfiliale der Bayerischen Radio-Zeitung GmbH (G. Franz'sche Hofbuchdruckerei), denn 1933 erschien der *Südfunk* schließlich, redigiert von Karl Kanig, mit dem Untertitel *Süddeutsche Radio-Zeitung* in der G. Franz'schen Hofbuchdruckerei, Filiale Stuttgart, im Hochhaus des *Stuttgarter Neuen Tagblatts.*

Breslau: *Schlesische Funkstunde*
Der von dem Journalisten und Rundfunkmitarbeiter der ersten Stunde, von Fritz Ernst Bettauer gegründete Verlag Ostdeutsche Funkliteratur GmbH mit dem Verlag Theodor Schatzky AG als Drucker gab vom 17. Oktober 1924 an, knapp ein halbes Jahr nach der Programmeröffnung, die offizielle Programmzeitschrift mit dem Namen der Breslauer Rundfunkgesellschaft als Titel, die *Schlesische Funkstunde,* heraus. Schon früh kam es zu Meinungsverschiedenheiten zwischen Bettauer und der Rundfunkgesellschaft, besonders über die Erträge aus der Zeitschrift. Die Privataktionäre der Rundfunkgesellschaft nahmen deshalb Verbindung zur Hamburger Rufu auf und gründeten

---

[54] Ebd. 1929, S. 485–494.

mit ihr zusammen am 5. Mai 1927 die Schlesische Funkverlag GmbH, in der schon am 27. Mai ein neues, von Ewald Fröhlich redigiertes Blatt mit dem Titel *Schlesische Funkwoche* erschien; die dritte Ausgabe kam als *Schlesische Funkstimme* heraus und erst die Nummer 20 vom 7. Oktober 1927 konnte wieder mit dem alten Titel als *Schlesische Funkstunde* ausgeliefert werden. Vorangegangen war ein Rechtsstreit mit Bettauer, der die von ihm gegründete *Schlesische Funkstunde* bis zum 24. Juni 1927 fortgesetzt hatte. Bettauer titulierte sein Blatt ab 1. Juli 1927 *Ostdeutsche Illustrierte Funkstunde;* nach einem weiteren Titelprozeß *Ostdeutsche Illustrierte Funkwoche.*

Königsberg: *Ost-Rundfunk-Zeitschrift, Der Königsberger Rundfunk, Königsberger und Danziger Rundfunk*
Ein erster Versuch des Verlags Karg & Manneck, der eine *Ost-Rundfunk-Zeitschrift* anbot, scheiterte, als die Städtische Messegesellschaft das Rundfunkunternehmen auffangen mußte und ihren eigenen Verlag mitbrachte. So konnte erst eineinhalb Monate nach der Programmeröffnung, am 3. August 1924, in der Ost-Europa-Verlagsgesellschaft mbH, einer Tochter der Meß-Amt-Verlag Königsberg i.Pr. GmbH, der Mehrheitseignerin der Ostmarken-Rundfunk AG, die offizielle Programmzeitschrift *Der Königsberger Rundfunk* erscheinen; sie wurde anfangs von Alfred Lau, dann von Rudolf Skuin redigiert. Mit der Programmgemeinschaft zwischen Königsberg und Danzig entstand auch eine Zusammenarbeit auf dem Gebiet der Programmpresse. Ab September 1926 erschien als besondere Ausgabe des Königsberger Blatts *Der Danziger Rundfunk.* Die Zeitschrift war das amtliche Programm- und Nachrichtenorgan des Sendebetriebs der Post- und Telegraphenverwaltung der Freien Stadt Danzig und des Vereins Danziger Funkfreunde, redigiert von Otto Normann. Gedruckt wurde im Verlag der *Königsberger Allgemeinen Zeitung,* der sich ebenfalls über den Meß-Amts-Verlag im Besitz der Stadt Königsberg befand. Im Jahre 1932 wurde das Danziger Blatt mit dem Mutterblatt vereinigt als *Königsberger und Danziger Rundfunk.*

Münster-Köln: *Westdeutsche Funkstunde, Werag*
In Münster hat es offenbar ein volles Jahr gedauert, bis nach der Programmeröffnung schließlich am 25. Oktober 1925 ein Programmblatt mit dem Titel *Westdeutsche Funkstunde* erscheinen konnte, redigiert von Willy Wittig, später von Paul Wemer im

Verlag von W. J. Schüßler in Münster. Auch die aus politischen Gründen erfolgten Senderbauten in Dortmund und Elberfeld haben dort einige Rundfunkzeitschriften entstehen lassen, die freilich niemals den erhofften Status eines offiziellen Programmblatts bekommen haben. Die *Westdeutsche Funkstunde* wurde 1928 von der zunächst in Dortmund im Mai 1926 gegründeten und 1928 vom Verlag der *Kamener Zeitung* in Kamen (Kreis Hamm) übernommenen Rundfunkzeitschrift *Der Horchfunk* fortgeführt. Mit der Verlegung der seit dem 29. Oktober 1926 als Westdeutscher Rundfunk AG (Werag) firmierenden Gesellschaft von Münster nach Köln zum 1. November 1926 wurde auch eine Lösung für das Problem der eigenen Programmzeitschrift gefunden. Die Hamburger Rufu hatte schon am 21. Oktober 1926 eine Zweigfirma gegründet, den Rufu-Verlag GmbH, Köln. In diesem Verlag erschien ab 3. Dezember 1926 die *Werag,* redigiert von Franz Peter Brückner; den Druckauftrag hatte der Kölner Verlag J. P Bachem bekommen.

Berlin: *Z. I. Funk, D. W. Funk, Deutsche Welle*
Als die Deutsche Welle GmbH 1925 mit dem Zentralinstitut für Erziehung und Unterricht einen Vertrag über die Organisation eines landesweit zu verbreitenden Bildungsprogramms abgeschlossen hatte, entstand 1925 auch ein Programmblatt mit dem Titel *Z. I. Funk* (Z. I. für: Zentralinstitut); es erschien bei Julius Beltz, Pädagogischer Verlag in Langensalza. Das Programm wurde erst Anfang Januar 1926 formell eröffnet. Die Zeitschrift änderte im September 1926 ihren Titel und hieß nun *D. W. Funk* (D. W. für: Deutsche Welle). Sie wurde von Mitarbeitern der Rundfunkgesellschaft redigiert, anfangs von Hans Roeseler, später von Karl Würzburger. Im April 1928 war es dem erwähnten Verlag Funk-Dienst GmbH gelungen, das Blatt an sich zu ziehen. Als die finanziellen Erwartungen aber nicht erfüllt wurden, trennte sich die Deutsche Welle nach wenigen Monaten wieder von diesem Verlag. Es wurde der Verlag Hermann Reckendorf GmbH in Berlin gewonnen, der, wie erwähnt, seit April 1924 *Die Sendung* herausbrachte und nun ab 1929 auch die *Deutsche Welle;* im darauffolgenden Jahr kam übrigens eine Zeitschrift mit dem zukunftsträchtigen Titel *Fernsehen* in sein Verlagsprogramm.

In einigen Städten mit Nebensendern haben Verlage die örtlichen Initiativen für eine eigene Rundfunkgesellschaft aufgegriffen und vorsorglich von sich aus eine Rundfunkzeitschrift auf den Markt gebracht. So erschien in Bremen im Kamerad-Verlag Curt Güldner von Januar bis März 1924 eine *Radiowelt* mit einer Beilage *Bremer Rundfunk,* redigiert von August Hildener. Im August 1924 hatten in Dresden die Industrie- und Handelskammer, der Verkehrsverein, der Funkverein und andere Gruppen eine Rundfunkgesellschaft gegründet, um einen eigenen Sachsen-Sender zu bekommen. Dazu erschien im Verlag Hugo Redlin von 1924 bis 1930 die Zeitschrift *Der Sächsische Funk,* redigiert von Heinz von Plato. In Elberfeld brachte Egon Droz von September 1925 an seine *Rheinische Radio-Rundschau* heraus, die später in der im Mai 1926 in Dortmund gegründeten Zeitschrift *Der Horchfunk* aufging. In Köln erschien vom Dezember 1925 bis August 1927 ein *West-Funk.* In Stettin kam ab 1926 die *Pommersche Rundfunk-Zeitung* heraus, die 1929, nach der Schließung des Studios Stettin, wieder eingestellt wurde.

Unter den Gruppenzeitschriften (den Rundfunkzeitschriften der Funkvereine) sind einige Organe von politischen Hörerorganisationen besonders hervorgetreten. Das erste Blatt dieser Art, noch stark technisch ausgerichtet, war das Organ des Arbeiter-Radio-Klubs *Der Neue Rundfunk,* der von April 1926 bis September 1927 im Verlag Carl Janiszewski erschien, dann mit dem Wechsel in den Verlag der Neuen Gesellschaft (Alma Baumeister) den Haupttitel *Arbeiterfunk* bekam; die Redaktion übernahm Albert Baumeister[55]. 1928 war im selben Verlag bereits eine kleine illustrierte Rundfunkbeilage erschienen mit dem Titel *Volksfunk.* Das ältere Blatt ging im März 1931 im *Volksfunk* auf; damit hatte sich auch hier das Illustriertenkonzept durchgesetzt. Als Organ des kommunistischen Freien Radio-Bundes galt ab September 1929 das Wochenblatt *Unser Sender,* das von Januar 1930 an den Titel *Arbeitersender* trug, redigiert anfangs von Rudolf Scheffel, schließlich von Klaus Neukrantz[56]. Als Organ des rechtskonservativen Reichsverbandes Deutscher Rundfunkteilnehmer erschien von Oktober 1930 an *Der Deutsche Sender* im Berliner Widder-Verlag GmbH von Willi Bischoff; redigiert wurde das Blatt von Rudolf Ableiter

---

[55] Richard Voß, *Rundfunkpresse und Industrie.* Arbeiterfunk, Nr. 27 v. 29. 6. 1928, S. 417–420.
[56] Kurt Smettan, *Am »Arbeiter-Sender« ohne Mikrophon.* Beiträge zur Geschichte des Rundfunks 1973, 1, S. 4–31.

Die Zeitschrift *Deutsche Welle* erschien von April 1928 bis August 1932, geleitet von Karl Würzburger. *Der Sächsische Funk* erschien von 1924 bis 1930 als Organ mit der Forderung nach einem eigenen Sachsen-Sender in Dresden.

und Eberhard Moes. Als die Nationalsozialisten 1932 den Verband in die Hand bekamen, bildeten sich Splittergruppen, die eigene Rundfunkzeitschriften herausgaben, im April 1932 den *Stahlhelm-Sender,* redigiert von Curt Hotzel, und einen *Nationalfunk* des DNVP-Rundfunkverbandes.

Streng national, doch ohne einer parteipolitischen Linie zu folgen, gab sich die Berliner Rundfunkzeitschrift, die im April 1926 gegründete und von 1927 bis 1933 von Reinhold Scharnke geleitete *Funk-Woche.* Mit diesem kritischen Blatt und mit einem Anfang 1932 veröffentlichten Schlüsselroman (*Wir schalten um*) versuchte Scharnke, die Rundfunkszene Berlins gegen Ende der Weimarer Republik auszuleuchten.

Die konfessionellen Verbände organisierten sich zunächst regional. Reichsweite Bedeutung begann die katholische Rundfunkorganisation erst ab 1927 zu gewinnen; sie verfügte zwar nicht über eine eigene Zeitschrift, gleichwohl richtete die 1929 neu gegründete Zeitschrift für Erwachsenenbildung in Mönchengladbach, *Volkstum und Volksbildung,* eine regelmäßige Spalte für rundfunkpublizistische Nachrichten und Berichte ein. 1927 entstand auch eine reichsweite evangelische Rund-

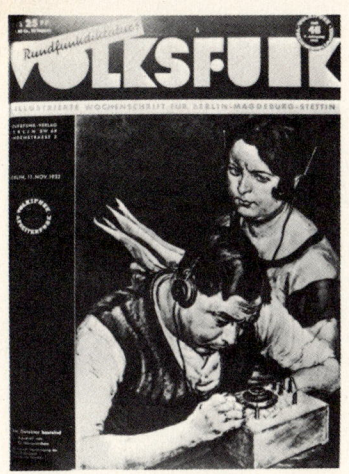

Bis Mitte 1933 konnte die sozialdemokratische Rundfunkzeitschrift *Arbeiterfunk* unter dem Titel *Volksfunk* erscheinen. Die *Funk-Woche* wurde als linke Kritik von rechts in den Funkhäusern zwar geschmäht, aber sorgfältig gelesen.

funkorganisation, die über einen eigenen Informationsdienst *Evangelischer Rundfunk/ERU,* vor allem aber über eine Zeitschrift verfügen konnte, wenn auch nur für einige Jahre. Es handelte sich um die 1924 in Hamburg von der Inneren Mission gegründete *Noru, Norddeutsche Rundschau für Funk und Film,* die 1926 vom Evangelischen Preßverband für Deutschland unter dem Titel *Der Rundfunkhörer* fortgesetzt, 1932 jedoch von dem nationalsozialistischen Verleger Willi Bischoff aufgefangen und nach Berlin verlegt wurde; als Chefredakteur zeichnete ab Juni 1932 Alexander de la Croix, der ebenfalls den erwähnten *Deutschen Sender* leitete, das Organ des mittlerweile nationalsozialistischen Reichsverbandes Deutscher Rundfunkteilnehmer.

Jede Organisation, die ein bestimmtes gesellschaftliches Gewicht und eine bestimmte wirtschaftliche Größenordnung erreicht hat, schafft sich sowohl für die aktuelle publizistische Vermittlung als auch für die normative Selbstdarstellung besondere Kommunikationskanäle. So brachte auch die Dachgesellschaft der Rundfunkunternehmen, die RRG, einen Pressespiegel als wöchentlichen Informationsdienst heraus, die *Nachrich-*

ten der RRG, die 1927 durch die wöchentlichen *Mitteilungen der RRG* ergänzt wurden. Schon nach einem Jahr des Bestehens der RRG zeigte sich, daß die rechtlichen Probleme nur mit publizistischer Unterstützung die gewünschte Lösung erwarten ließen. 1926 begannen deshalb die *Blätter für Funkrecht* zu erscheinen, herausgegeben im Auftrag der RRG von dem Leipziger Rechtsanwalt Willy Hoffmann; von Januar 1928 an gab dieser das Blatt dann sechsmal im Jahr unter dem Titel *Archiv für Funkrecht* im Fachzeitschriftenverlag Julius Springer, Berlin, heraus. Die RRG legte auch Wert auf ein rundfunkkundliches Blatt. Der vormalige Generaldirektor des Bühnenvolksbundes in Berlin, Theodor Hüpgens, gab vom Mai 1931 an für die RRG das Monatsblatt *Rufer und Hörer* im Deutschen Kunstverlag GmbH heraus, wo bereits die Zeitschrift *Die Denkmalpflege* erschien. Schließlich kam es zu einer Zusammenarbeit des Preußischen Ministeriums für Wissenschaft, Kunst und Volksbildung und der RRG in einer 1930 gegründeten Zentralstelle für Schulfunk, die gleichfalls eines Berichtsorgans bedurfte. Die Norag mußte ihre 1929 gegründete Schulfunkzeitschrift *Kulturfunk und Schule* mit dem 1927 im Verlag Julius Beltz, Langensalza, gegründeten Blatt *Der Schulfunk* zum 1. Oktober 1930 vereinigen. Redigiert wurde *Der Schulfunk* vom Geschäftsführer der Zentralstelle für Schulfunk, Karl Friebel. Gute Verbindungen unterhielt die RRG zu einem 1927 gegründeten Informationsdienst, dem *Funk-Express,* der zweimal wöchentlich erschien, redigiert von Werner Menzel. Der Dienst gelangte wahrscheinlich 1931 in den Verlag Funk-Dienst GmbH.

Gegen Ende der zwanziger Jahre kam schließlich ein Typ von Rundfunkzeitschrift auf, der sich in seinen charakteristischen Merkmalen bis heute hat halten können, weil er offensichtlich in seiner formalen und inhaltlichen Konzeption den Publikumserwartungen besonders entgegenkommt: Die Rundfunkillustrierte. Mit dem ausführlichen, typografisch vielspaltig und auf engem Raum wiedergegebenen Programm einer Woche; mit kurzen, aber reich bebilderten programmbezogenen Berichten sowie mit einem ausführlichen Unterhaltungsteil in Wort und Bild, der keineswegs rundfunkbezogen sein mußte – mit diesen typischen Illustriertenelementen war der Anschluß an die aktuellen illustrierten Wochenzeitschriften gefunden, die in jenen Jahren ebenfalls eine neue typische und wirtschaftlich erfolgreiche Ausprägung suchten. Das Bild wurde von den Schöpfern der Rundfunkzeitschriften bewußt bevorzugt als Kompensationselement eingesetzt, mit dem Blick auf das noch rein akustische Medium, zu dessen publizistischer Flankierung die Blätter gedacht waren. Die Bild- und Klischeearchive dieser Rundfunkzeitschriften stellten daher bei Verlagsverhandlungen im Zusammenhang mit Käufen und Fusionen bezeichnenderweise handfeste Wertobjekte dar.

An Titeln dieses Typs wurden schon erwähnt die *Funk-Illustrierte für Süddeutschland* in Stuttgart (seit 1926), *Die Sürag* in Offenburg (seit 1927) und Bettauers *Ostdeutsche Illustrierte Funkwoche* (seit 1927). 1926 entstand im Hamburger Heinrich-Bauer-Verlag die *Funk-Wacht;* 1928 in Berlin im Ost-Europa-Verlag die *Europa-Stunde,* die 1932 von der Verkehrs-Verlagsgesellschaft mbH erworben wurde und damit in den Hugenberg-Konzern kam. Im selben Jahr war in dieser publizistischen Unternehmensgruppe, und zwar im Verlag August Scherl GmbH, die Rundfunkillustrierte *Berlin hört und sieht* entstanden, die wenige Jahre später 1 Million Auflage erreichen sollte. Den gleichen Erfolg hatte nur noch die ebenfalls schon 1932 gegründete *Deutsche Radio-Illustrierte* im Berliner Verlag Erich Zander. Dabei hatte von den Berliner Großverlagen als erster die Ullstein AG schon ab März 1931 ihre Rundfunkillustrierte *Sieben Tage* erscheinen lassen und als Redakteur Ludwig Kapeller gewonnen.

Die hochgestimmte Gründerzeit am Markt der Rundfunkzeitschriften wurde im Lesesaal der Deutschen Bücherei in Leipzig von Hans Praesent registriert. Er sollte auch der erste Bibliograph der Rundfunkpresse werden. Nach seiner Zählung entstanden 1923 bereits zehn Blätter, 1924 waren es elf, 1925 dagegen nur noch acht; im selben Jahr erloschen 25 Zeitschriften, 1926 kamen aber schon wieder fünfzehn neue Rundfunkzeitschriften hinzu. Im Februar 1927 zählte Hans Praesent 115 deutschsprachige Rundfunkzeitschriften, davon erschienen jedoch zu diesem Zeitpunkt nur noch 83. Von diesen wiederum kamen 20 im deutschsprachigen Ausland heraus, zehn waren unselbständige Beilagen zu anderen Publikationen. Insgesamt betrug die Zahl der wirklichen Rundfunkzeitschriften 53. Hierzu zählten allerdings alle genannten Typen der Rundfunkpresse, ferner Beilagen und Jahrbücher[57]. Deshalb ergibt die

[57] E.(rnst) A.(lbert) Pariser, *1 Million Funkzeitschriften auf 1 1/2 Millionen Hörer.* Berliner Tageblatt, Nr. 85 v. 19. 2. 1927.

statistische Darstellung nach Titeln nur ein sehr ungenaues Bild, das allenfalls auf die Attraktivität des Themas »Rundfunk« schließen läßt. Ähnlich schwierig wird die Auflagenbestimmung, nicht zuletzt deshalb, weil nur wenige Verlage Auflagenzahlen veröffentlicht haben und die notarielle Beglaubigung von Auflagenzahlen damals nur vereinzelt üblich war.

Im Februar 1927 wurde für die erwähnten 53 Titel eine Gesamtauflage von 1 Million Exemplaren genannt. Die RRG schätzte 1929 für 61 Titel eine Auflage von 2,5 Millionen. Die Vereinigung Deutscher Funkzeitschriften reklamierte im September 1932 in einer Eigenanzeige eine Auflage von »weit über 2 Millionen«, und die RRG wiederum bezifferte die Gesamtauflage 1933 mit 4 Millionen[58].

TABELLE 5: ENTWICKLUNG DER PROGRAMMZEITSCHRIFTEN 1929–1931

| Titel | Auflagen | |
	1929	1931
Funk-Stunde	303 000	304 000
Mirag	72 000	105 000
Bayr. RZ	125 000	126 000
S.R.Z.	60 000	65 000
Norag	150 000	156 000
Schles. FS	22 000	20 000
Südfunk	37 000	65 000
Königsberger R	18 000	28 000
Werag	254 000	268 000
Deutsche Welle	3 000	15 000
Gesamtauflage	1 044 000	1 152 000
Rundfunkteilnehmer	2 918 000	3 822 000

Von den Rundfunkgesellschaften sind die beiden ältesten Unternehmen, in Berlin und München, sowie die beiden Gründungen, die unter Mitwirkung der Städtischen Messegesellschaften in Königsberg und in Leipzig erfolgt waren, mit der Gründung eigener Verlage für Programmzeitschriften (1924) noch am ehesten zurechtgekommen. In Hamburg geschah die Verlagsgründung 1925, in Köln 1926, in Frankfurt, Breslau und in Stuttgart im Jahre 1927. Die Verlagsgründungen erfolgten meist unter Beteiligung von privaten Anteilseignern oder Geschäftsführern

[58] F.(riedrich)-W.(ilhelm) Oenro, *Die deutsche Rundfunkpresse in den letzten zehn Jahren.* Zeitungswissenschaft 1934, 2, S. 62–65.

der Rundfunkgesellschaften. Dennoch achteten das Reichspostministerium und die RRG darauf, daß keine Kapitalverbindun-
gen zwischen den Rundfunkgesellschaften und den Zeitschrif-
tenverlagen geknüpft wurden. Wo dies der Fall war – beispielsweise in München –, mußte die Bindung gelöst werden. Der
Mehrheitseigner, über Post und RRG das Reich, duldete keine
Tochtergesellschaften der Rundfunkunternehmen, allenfalls
Nebengesellschaften. Naturgemäß versuchten Post und RRG
die finanziellen Beziehungen, die sehr wohl zwischen Rundfunkunternehmen und Zeitschriftenunternehmen bestanden,
unter Kontrolle zu halten. Sie forderten z.B. die Rundfunkgesellschaften auf, mit ihren Nebenfirmen ordentliche Verträge
abzuschließen. In diesen Verträgen wurde die Privilegierung des
jeweiligen Blattes als offizielle Programmzeitschrift im jeweiligen Sendegebiet durch die Rundfunkgesellschaft, wurden die
Rechte am Programm und an anderen Texten, an Bildern und
Klischees, und es wurde schließlich die Verpflichtung der Nebengesellschaft geregelt, das Rundfunkunternehmen mit 10
Prozent am Reinerlös zu beteiligen. Die Verlagsunternehmen
sind auch als Werbemittler für die Funkwerbung tätig geworden. Zumindest die Mittlungsprovisionen von 10 bis 15 Prozent
der Einschaltpreise für Werbedurchsagen hatte die Nebenfirma
an die Rundfunkgesellschaft abzuführen[59].

Die Veröffentlichung der Programme war ein wichtiges Problem für die Rundfunkgesellschaften. Die RRG verhandelte mit
dem Verein Deutscher Zeitungs-Verleger, dessen Mitglieder
noch 1926 da und dort den Abdruck der Rundfunkprogramme
vergütet haben wollten. Sie riet den Gesellschaften unter Hinweis auf einen Ratsbeschluß des Weltrundfunkvereins vom
5. Juli 1926, nichts zu zahlen[60]. Ein Monopol für die Programme konnte dagegen den offiziellen Blättern nicht gewährt
werden. Der Programmrat der deutschen Rundfunkgesellschaften hatte jedoch einen Verpflichtungsschein entworfen, mit dem
jeder Verlag einer Zeitung oder Zeitschrift sich bereit erklären
mußte, die Programme unverändert, vor allem ungekürzt, zu
veröffentlichen und nicht an Dritte weiterzugeben. Schwierigkeiten machten die Verleger von Gratispublikationen. Die RRG

[59] R.(obert) Ohse, *Chronik vom wirtschaftlichen Aufbau des deutschen Rundfunks.* Frankfurt (Main) 1971, S. 284 ff.
[60] Protokoll über die Sitzung des Verwaltungsrats der RRG am 29. 7. 1926.
DRA Ffm RRG-Akten.

mochte die Streuweite dieser kostenlosen Werbung fürs Programm nicht missen, andererseits konnte durch sie den örtlichen Programmzeitschriften schädliche Konkurrenz entstehen, in erster Linie auf dem Anzeigenmarkt. Die Rundfunkpresse forderte mit einem Schreiben an den Rundfunk-Kommissar vom 5. September 1930 ihre ausdrückliche Bevorzugung bei der Belieferung mit Programmen; allgemeine Publikumszeitschriften (Illustrierte, Frauenzeitschriften), Gratisblätter und Informationsdienste sollten von der Belieferung ausgeschlossen werden. Auf der Intendantenkonferenz am 23. September 1930 wurden diese Bitten jedoch abschlägig beschieden. Ein Belieferungsverbot sei nicht möglich, und im übrigen, so hieß es, gehe »hierdurch unter Umständen ein wertvolles Werbemittel für den Rundfunk verloren«. Die RRG sah offenbar streng darauf, daß sie sich nicht Angriffen wegen Gefährdung des publizistischen Wettbewerbs aussetzte. Man empfahl den Rundfunkgesellschaften die Einzelfallprüfung bei allgemeinen Zeitschriften und Diensten; neue Anträge von Gratisblättern sollten nicht mehr berücksichtigt werden[61]. Das Thema blieb aktuell, denn ein RRG-Direktor berichtete auf der Intendantensitzung am 27. Juni 1932 von der Gründung einer neuen Vereinigung Deutscher Funkzeitschriften, die voraussichtlich Wünsche hinsichtlich der Belieferung von Gratisblättern mit den Rundfunkprogrammen vortragen werde[62]. Diese Verbandsgründung wurde möglicherweise konterkariert durch eine Arbeitsgemeinschaft von Verlegern offizieller Funkzeitschriften, die, zusammen mit der RRG, dann als Herausgeberin und Verlegerin des Rundfunk-Jahrbuchs 1933 auftrat.

Unterdessen lief bereits ein Rechtsstreit zwischen der Funk-Stunde AG und sieben weiteren Rundfunkgesellschaften und dem Verlag einer Kundenzeitschrift. Die Berliner Rundfunkgesellschaft beanspruchte Urheberrechtsschutz für Rundfunkprogramme, scheiterte jedoch mit ihrer Klage. In seinem Urteil vom 18. März 1933 stellte das Reichsgericht fest, daß kein Anspruch auf urheberrechtlichen Schutz bei Rundfunkprogrammen besteht[63].

---

[61] Sitzungsbericht der Besprechung mit Leitern der deutschen Rundfunkgesellschaften am 23. 9. 1930 in Wien. BA Kblz R 78/893.

[62] Sitzungsbericht der Besprechung mit Leitern der deutschen Rundfunkgesellschaften am 27. 6. 1932 in Köln. BA Kblz R 78/898.

[63] *Urheberrechtlicher Schutz der Rundfunkprogramme?* Archiv für Funkrecht 1933, S. 286–292.

4. Die erste Rundfunkordnung 1926

4.1. *Die Länder stellen Forderungen*
Kommunikation unter Kulturhoheit

Für die Post erwies sich die RRG nicht nur als eine zentrale Einrichtung zur Koordinierung gemeinschaftlicher Verwaltungsaufgaben. Vielmehr mußte sie schon bald die Aufgabe eines Instruments des Reichspostministeriums zur Durchsetzung des innenpolitischen Willens mit wirtschaftlichen Mitteln übernehmen. Bredow hatte schon früh eingesehen, daß eine zentrale Programmgestaltung früher oder später mit der argwöhnisch gehüteten Kulturhoheit der Länder in Konflikt kommen mußte. Aus diesem Grunde gab er zunächst der dezentralistischen Organisationsform den Vorzug vor der Voss'schen Lösung eines »Zentralfunks«. Die Verhandlungen in der Reichsfunkkommission hatten gleichfalls keine Zweifel darüber entstehen lassen, daß die polizeilich zuständigen Länder eines Tages auch bei der Programmüberwachung ein Mitspracherecht fordern würden.

Hier überließ die Post dem Reichsinnenministerium mit der Dradag das Feld. Was aber die Länder schließlich nicht weniger am Rundfunk interessieren mußte, war ein wirtschaftlicher Einfluß auf die in ihrem Bereich liegenden Regionalgesellschaften. Diesen Einfluß sicherte sich die Post jedoch durch die RRG, und zwar im ganzen Reichsgebiet mit der einen Ausnahme der Deutschen Stunde in Bayern, bei der sie ihre Rechte unmittelbar wahrnahm. In diesem Sinne war mit der Gründung der RRG die durch die Dezentralisierung bedrohlich nahe gerückte Gefahr von »Länderrundfunken« wieder beseitigt.

Die Post und das Reichsinnenministerium konnten Verhandlungen und auch Auseinandersetzungen mit den Ländern nicht vermeiden. Proteste kamen besonders aus Preußen, Bayern und Württemberg. Die erwähnte Kabinettsvorlage des Reichsinnenministeriums vom 14. März 1925, der am 17. März auf dem Beschlußwege zugestimmt worden war, stand am 25. März im Verwaltungsrat der Post zur Diskussion. Hier wurde als Bedingung für die Konzessionierung der Rundfunkgesellschaften gefordert, daß eine Verständigung zwischen Reichsregierung und Ländern über alle Fragen der Programmüberwachung herbeigeführt werden müsse. In Württemberg erhob das Arbeits- und Ernährungsministerium gegen die Kabinettsvorlage »erhebliche

politische Bedenken«, weil das gesamte politische Nachrichtenwesen des Rundfunks der Landesregierung vollständig entzogen werde. Der zuständige Referent im Staatsministerium bezeichnete die Vorschläge als »politisch völlig unannehmbar«.
Das württembergische Staatsministerium verlangte in einem
Fernschreiben an das Reichsinnenministerium eine Rücksprache mit den Ländern oder eine Aussprache im Reichsrat, bevor
die Vorlage im Post-Verwaltungsrat behandelt würde. Auf die
Rücksprache könne nur dann verzichtet werden, wenn die für
das Reichsinnenministerium vorgesehenen Rechte gewährt
würden. Im einzelnen wollte Württemberg an der Süddeutschen Rundfunk AG in Stuttgart anstelle der Gesellschaft Buch
und Presse beteiligt werden. Ferner forderte das Land die Übertragung der in den neuen Bestimmungen für das Reichsinnenministerium vorgesehenen Rechte an seine Regierung, soweit
die Rundfunkgesellschaft in Stuttgart berührt sei. Schließlich
sollte eine Nachrichtenstelle in Württemberg nur mit Zustimmung der Württembergischen Regierung eingerichtet werden[1].
Es ist offenbar auf die Verhandlungen des württembergischen
Bevollmächtigten zum Reichsrat, Hans Drück, zurückzuführen, die er noch vor jener Verwaltungsratssitzung in Berlin mit
den Staatssekretären von Post- und Reichsinneministerium
führte, daß die Schwierigkeiten mit Württemberg beigelegt
wurden. Die beiden Staatssekretäre hatten ihm versichert, sie
wollten verhindern, daß in der Sitzung des Verwaltungsrats die
politische Seite der Rundfunkangelegenheiten eigens zur Sprache käme.

Auch der bayerische Protest konnte beigelegt werden. Die
Note des Bayerischen Ministers für Unterricht und Kultus vom
25. März 1925 an das Staatsministerium des Äußeren in München hob ausdrücklich die kulturhoheitlichen Probleme hervor[2]. Eine programmgestaltende Tätigkeit unterliege, soweit ein
staatlicher, hoheitlicher Einfluß dabei in Betracht komme, der
Zuständigkeit jener Behörden, die in Angelegenheiten »der geistigen Beeinflussung des Volkes verfassungsmäßig allein berufen« seien, also den Landesbehörden. Dem Reich sei eine solche
Zuständigkeit nirgends übertragen worden. Die Post müsse sich

[1] Sibylle Grube, *Rundfunkpolitik in Baden und Württemberg 1924 bis 1933.*
Berlin 1976, S. 33 ff.
[2] Hans Bausch, *Der Rundfunk im politischen Kräftespiel der Weimarer Republik 1923–1933.* Tübingen 1956, S. 42.

also mindestens mit den Landesregierungen ins Benehmen setzen, ehe sie Konzessionen dergestalt erteile, »daß eine Privatgesellschaft das Gebiet dieses Landes in geistigen Dingen drahtlos in ihre Herrschaft nimmt«. Er, der Kultusminister, halte es deshalb für eine vordringliche Aufgabe der Einzelstaaten, beim Reich ungesäumt auf eine Klärung der Zuständigkeiten hinzuwirken und dafür zu sorgen, daß die Verträge und Richtlinien nicht bindende Kraft erhielten, daß vielmehr den geschilderten Interessen der Kultusverwaltungen der Länder hinreichend Rechnung getragen würde. Zum Schluß drohte der Minister, daß er sich eine andere gesetzliche Regelung vorbehalte, die im Interesse der Selbsterhaltung Bayerns das bayerische Staatsgebiet vor unerwünschten Einwirkungen auf seine Bevölkerung und auch gegen gemischtwirtschaftliche Unternehmungen mit Reichsbeteiligung zu schützen hätte, sofern die Verhandlungen nicht zu einem für Bayern befriedigenden Ergebnis führen sollten.

Entschiedener noch als Württemberg und Bayern freilich ging Preußen vor. Der sozialdemokratische Ministerpräsident Otto Braun formulierte massive Forderungen. Am 15. April 1925 richtete er an den Reichsinnenminister Martin Schiele (DNVP) einen Brief mit der Bitte um eine Reichsratssitzung. Als selbst nach einer Mahnung vom 4. Mai noch immer nichts geschehen war, schrieb er zehn Tage später einen recht drohenden Brief an den Reichskanzler: »Auf den ihm zukommenden Einfluß auf den Rundfunk kann und wird Preußen ebenso wenig verzichten«, so hieß es, »wie es Bayern tun konnte, und es kann wohl mit Sicherheit angenommen werden, daß die anderen Länder auf dem gleichen Standpunkt stehen.«[3]

Dieser Bemerkung ist zu entnehmen, daß wahrscheinlich eine Absprache zwischen den Ländern erfolgt war, was die Stellung zum Reichsinnenministerium betraf. Der preußische Ministerpräsident beantragte noch einmal die Einberufung des Reichsrats oder seiner Ausschüsse in der nach der Geschäftsordnung vorgesehenen Frist. Andernfalls sei er genötigt, in der nächsten öffentlichen Reichsratssitzung die gesamte Sachlage zur Erörterung zu bringen. Dieser Brief ging dem Reichspost- und dem Reichsinnenminister abschriftlich zu. Der Brief des preußischen Ministerpräsidenten hatte sich mit einem Brief des Reichsinnen-

[3] Brief Preußischer Ministerpräsident an Reichskanzler, 14. 5. 1925, zit. nach Bausch, *Der Rundfunk im politischen Kräftespiel*, S. 199.

ministers gekreuzt, denn am 14. Mai schrieb auch Schiele an Braun: »Es lag von vornherein in der Absicht der Reichsregierung, die Länder bei der endgültigen Regelung der Verbreitung von politischen, kulturellen und wirtschaftlichen Nachrichten durch den Rundfunk zu beteiligen und ihnen durch die zu treffende Regelung an der Kontrolle des Rundfunkdienstes ein weitgehendes Mitwirkungsrecht zu sichern. Die von der Reichsregierung bisher geleisteten Vorarbeiten bewegen sich durchaus in dieser Richtung.«[4] Der Reichsinnenminister entschuldigte sich für die Verzögerung und nannte die Neuorganisation der seinem Geschäftsbereich zugehörigen Dradag als Grund.

Die Verhandlungen stünden nun vor dem Abschluß und böten dann eine gute Grundlage für Verhandlungen mit den Ländern. Als die Kopie des resoluten Schreibens an den Reichskanzler hinzukam, wartete der Reichsinnenminister noch die Generalversammlung der Dradag am folgenden Tag (15. Mai 1925) ab und schrieb dann am 22. Mai, diese Generalversammlung habe die Lage geklärt. Die Beziehungen zwischen dem Reich und dieser Gesellschaft – der Dradag – seien nunmehr mit einer neuen Satzung geregelt. Ihrer Anerkennung als »zentrale Stelle für die Vermittlung von Nachrichten durch den Rundfunk« stünde demnach nichts mehr im Wege. Die Verhandlungen mit den Ländern könnten nun endlich beginnen, und er habe zu einer Besprechung der zuständigen Ausschüsse des Reichsrats eingeladen[5].

Die Sitzung fand am 25. Mai 1925 unter Beteiligung der Ausschüsse für innere Verwaltung, für Verkehrswesen und für Rechtspflege statt. Den Vorsitz führte Schiele. Bayern warnte vor einer Vermischung der Kompetenzen zwischen Reich und Ländern. Seine Forderungen waren zu dieser Zeit immerhin schon zum Teil erfüllt, und im übrigen hatte der bayerische Vertreter, Konrad von Preger, seine Stellungnahme schriftlich vorgelegt. Die Vertreter Württembergs und Badens verlangten, daß die Nachrichtenhoheit Sache der Länder bleibe, wobei offenbar mit Begriff »Nachrichtenhoheit« die Überwachung des Programms gemeint war. Der Vertreter des Preußischen Mini-

[4] Brief Reichsinnenminister an Preußischen Ministerpräsident, 14. 5. 1925. BA Kblz R 43 I Reichskanzlei. Post und Telegraphie 4. Funkerwesen, Bd. 1.
[5] Brief Reichsinnenminister an Preußischen Ministerpräsident, 22. 5. 1925. Ebd.

sterpräsidenten, Staatssekretär Robert Weismann, forderte Kapitalbeteiligungen bei der Dradag und bei allen zentralen Rundfunkeinrichtungen (25,5 Prozent) sowie bei den Regionalgesellschaften auf preußischem Gebiet, ferner personelle Beteiligungen in der Geschäftsführung der Dradag und in den Verwaltungsräten der in Preußen errichteten Regionalgesellschaften. Bei diesen Gesellschaften wünschte er außerdem das Recht auf Ernennung und Entlassung der verantwortlichen Redakteure sowie ein Mitwirkungsrecht in den jeweiligen Nachrichtenredaktionen. In sämtlichen Regionalgesellschaften sollten nach seiner Vorstellung Überschüsse aus dem Rundfunkbetrieb den Ländern für kulturelle Zwecke zur Verfügung gestellt werden[6].

Nach der Erinnerung Bredows soll Weismann gedroht haben, Preußen werde den Betrieb der Berliner Funk-Stunde aufgrund des Theatergesetzes polizeilich schließen lassen, falls die preußischen Forderungen nicht erfüllt würden. Als er, Bredow, entgegnet habe, dann würde der Programmbetrieb ins Reichspostministerium verlegt werden, habe Weismann geantwortet: »Dann würden wir die betreffenden Räume des Ministeriums besetzen!«[7] Otto Braun schrieb in diesem Zusammenhang in seinen Erinnerungen: »Der Reichsinnenminister fügte sich schließlich, da ich auf meiner Forderung beharrte und im Verlauf der Auseinandersetzung hatte durchblicken lassen, daß ich durch preußische Polizei die Sendestellen würde sperren lassen, wenn der preußische Anspruch nicht anerkannt würde. Im Ernstfalle hätte ich das ja nicht durchführen können, da die Reichsregierung am längeren Hebel saß.«[8] Jedenfalls wurde Preußen das Recht zugebilligt, in die Aufsichtsräte der in Preußen errichteten Rundfunkgesellschaften zwei oder drei Mitglieder zu entsenden. Dieser Absicht stimmte der Ministerpräsident zu und erklärte sich auch mit dem Vorschlag einverstanden, den Erwerb von 25,5 Prozent der Aktienanteile der preußischen Rundfunkgesellschaften auf dem Wege der Kapitalerhöhung zu verwirklichen.

Der Reichsinnenminister kündigte auf jener Sitzung der Reichsratsausschüsse vom 25. Mai 1925 für die allernächste Zeit eine Denkschrift an. Im Hinblick auf diese sehr wichtige Ausar-

[6] Bericht der Hamburgischen Gesandtschaft in Berlin Nr. 2825 vom 25. 5. 1925, zit. nach Bausch, *Der Rundfunk im politischen Kräftespiel*, S. 44.
[7] Hans Bredow, *Im Banne der Ätherwellen*. Bd. 2. Stuttgart 1956, S. 260.
[8] Otto Braun, *Von Weimar zu Hitler*. Hamburg 1949, S. 86.

beitung verdeutlichte der preußische Ministerpräsident kaum vier Wochen später in einem Schreiben an den Reichsinnenminister noch einmal die Position Preußens. Da vom Reich gegenüber den Forderungen Preußens anscheinend noch Schwierigkeiten gemacht würden, erkläre er noch einmal, »daß die preußische Regierung unter allen Umständen entschlossen ist, diese von ihr als absolut notwendig für die Vertretung der preußischen Rechte und Interessen erkannte Bedingung aufrechtzuerhalten und mit allen Mitteln durchzusetzen«. Bayern habe bereits mehr Rechte im Rundfunk, als Bredow zugeben wolle, und er halte die bayerischen Ansprüche für legitim. Das Reich dürfe sich mit seinem rein technischen Betriebsmonopol nicht über alle Verfassungsgrundsätze hinwegsetzen; Braun spielte dabei auf die Kulturhoheit der Länder an. Er beendete seinen Brief mit den selbstbewußten und Auseinandersetzungen androhenden Sätzen: »Alle Wahrscheinlichkeit spricht dafür, daß das im Rundfunkwesen liegende Beeinflussungsmittel sehr bald eine solche Bedeutung gewinnen wird, daß eine Regierung, die darauf keinen maßgebenden Einfluß hat, überhaupt den Boden unter den Füßen verloren hat. Die preußische Regierung als die Regierung eines Staates mit 35–40 Millionen Seelen kann und wird sich einer solchen Eventualität nicht aussetzen ... Deshalb müssen, wenn nicht ein innenpolitischer Konflikt entstehen soll, die preußischen Forderungen entweder angenommen oder durch andere Vorschläge ersetzt werden, die der Preußischen Regierung den gleichen Erfolg sichern.«[9]

Im Zusammenhang mit den Forderungen Preußens, an allen, auch an den zentralen Rundfunkgesellschaften auf dem Gebiet von Preußen mit 25,5 Prozent beteiligt zu sein, kam es auch zur Reorganisation der Deutschen Welle zugunsten Preußens. Der preußische Staat sollte 30 Prozent des Gesellschaftskapitals von 100000 RM der Deutschen Welle erhalten, den stellvertretenden Vorsitzenden und prozentual so viel weitere Mitglieder des Aufsichtsrats stellen, wie es seinem Aktienbesitz entsprach. Der Leiter des Programmdienstes war gemäß den preußischen Vorschlägen zu ernennen. Seine Befugnisse waren im Gesellschaftsvertrag so genau festzulegen, daß der ihm beigeordnete kaufmännische Geschäftsführer nicht in die Rechte des Programmleiters und damit in die Festsetzung und Ausführung des kul-

[9] Brief Preußischer Ministerpräsident an Reichsinnenminister, 25. 6. 1925, zit. nach Bausch, *Der Rundfunk im politischen Kräftespiel*, S. 199 f.

turpolitischen und sonstigen Programmauftrags hineinwirken konnte. Tatsächlich erhielt Preußen den stellvertretenden Vorsitz im Aufsichtsrat der Deutschen Welle GmbH, und es schickte den Ministerialrat Carl Haslinde in dieses Amt. Außerdem kamen noch fünf weitere hohe preußische Beamte in den Aufsichtsrat, darunter der Leiter der Pressestelle des preußischen Staatsministeriums, Hans Goslar, der Leiter der Pressestelle des preußischen Innenministeriums, Hans Hirschfeld, ferner zwei weitere Beamte aus dem Ministerium für Wissenschaft, Kunst und Volksbildung sowie zwei Mitglieder des preußischen Landtags.

In einem Schreiben vom 23. August 1925 an das Reichspostministerium zeigte sich der preußische Ministerpräsident sehr zufrieden mit dieser Einigung und war nun bereit, folgende Erklärung im Reichsrat abzugeben: »Preußen ist durch seine mit der Reichspost getroffenen Vereinbarungen befriedigt und erhebt daher gegen die Organisation des Rundfunks, soweit der Geschäftsbereich der Deutschen Reichspost in Frage kommt, keine Einwendungen. Demzufolge werden auch die Vertreter Preußens im Verwaltungsrat der Deutschen Reichspost angewiesen werden, der Erteilung von Genehmigungen an die Sendegesellschaften in der Fassung zuzustimmen, auf die sich Preußen mit der Deutschen Reichspost geeinigt hat.«[10]

In dem von Staatssekretär Robert Weismann unterzeichneten Schreiben hieß es jedoch, davon werde in keiner Weise die Stellung berührt, welche die preußische Staatsregierung im Reichsrat schon aufgrund staatsrechtlicher Erwägungen gegenüber der Überspannung des Monopolgedankens beim Rundfunk eingenommen habe. Diese Stellungnahme gehe im wesentlichen davon aus, daß es sich hier lediglich um ein technisches Betriebsmonopol handele, das aber in keiner Weise dem Reich das Recht gebe, durch Verbreitung politischer und kulturpolitischer Nachrichten, Vorträge u. a. ohne angemessene Beteiligung der Länder die Bevölkerung der einzelnen deutschen Länder politisch und kulturpolitisch zu beeinflussen. Ausgenommen von dieser Einigung wurde jedoch ausdrücklich das Problem der Dradag.

Ein Punkt jener Forderungen vom 25. Mai 1925 hatte sich auf etwaige Überschüsse aus dem Rundfunkbetrieb der Länderge-

[10] Brief Preußischer Ministerpräsident an Reichspostminister, 23. 8. 1925, zit. ebd., S. 46.

sellschaften bezogen; sie sollten den Ländern für kulturelle Zwecke zur Verfügung gestellt werden. Um die »Kulturabgabe« verhandelten in vor den anderen Ländern sorgsam geheimgehaltenen Besprechungen der Reichspostminister und der preußische Ministerpräsident. Kultusminister Becker hatte ursprünglich 10 Prozent aller in Preußen eingehenden Teilnehmergebühren verlangt. Am 30. Oktober 1925 einigte man sich schließlich auf eine sechsprozentige Abgabe an den preußischen Staat.

Über die bayerischen Wünsche hatte Bredow persönlich mit dem bayerischen Ministerpräsidenten Heinrich Held gesprochen. Auf diese Weise sollte gewährleistet sein, daß aus Bayern keine Schwierigkeiten mehr zu erwarten sein würden. Zunächst übernahm die Abteilung München des Reichspostministeriums als weiterer Gesellschafter der Deutschen Stunde in Bayern GmbH die Anteile von Voss. Von den 40 Prozent Anteilen gab Voss 17 Prozent kostenlos ab, während er die übrigen 23 Prozent im Austausch mit den Anteilen der Post an die Werbetochter der Funk-Stunde AG, die Funkdienst GmbH, abgab. Auch das Staatsministerium für Kultus und Unterricht in München meldete sich bei der Post und wollte beteiligt werden. Hierzu mußten die privaten Gesellschafter im Oktober 1925 einen Teil ihrer Anteile abgeben. Schließlich war das Gesamtkapital der Deutschen Stunde in Bayern so verteilt, daß die Post über 26 Prozent, das Land Bayern über 25 Prozent verfügte, während jeder der drei noch aktiven Privataktionäre jeweils über 16 $\frac{1}{3}$ Prozent der Anteile verfügen konnte. Die Beteiligten an dieser Transaktion versicherten sich gegenseitig der Unterstützung bei den anstehenden Abstimmungen. Die Post wollte in kulturellen und politischen Fragen mit dem bayerischen Staat stimmen, während dieser sich verpflichtete, in wirtschaftlichen und organisatorischen Fragen in Übereinstimmung mit der Post zu votieren. Auf diese Weise war in allen Fällen eine 51prozentige Mehrheit gewährleistet. Die Post war dabei im Vorteil, denn Programmfragen waren nicht Angelegenheit des Aufsichtsrats[11].

[11] Heinrich Hartmann, *Vorgeschichte und Beginn des Rundfunks in Bayern.* Archiv für Postgeschichte in Bayern 1961, 2, S. 66.

4.2. Die Denkschrift des Reichsinnenministers
Reich und Länder teilen und herrschen

Inzwischen war im Reichsinnenministerium eines der wichtigsten Dokumente der deutschen Rundfunkgeschichte, die 60 Blatt umfassende *Denkschrift über den Rundfunk*, fertiggestellt worden. Ihr Verfasser war der damalige Oberregierungsrat im Politischen Büro des Reichsinnenministers, Erich Scholz. Sämtliche Landesregierungen und vier preußische Ministerien erhielten das Dokument mit einem gemeinsamen Anschreiben des Reichsinnenministeriums und des Reichspostministeriums vom 14. Oktober 1925 mit der Bitte um vertrauliche Behandlung zugeschickt[12]. Gleichzeitig luden die beiden Minister zu einer Aussprache der an der Sitzung vom 25. Mai beteiligten Vereinigten Ausschüsse des Reichsrats am 6. November 1925 ein. Die Denkschrift selbst kann als ein erster amtlicher Bericht über die Entstehung und Organisation des Rundfunks in Deutschland angesehen werden. Das Papier gab die Ansichten sowohl der Post als auch des Reichsinnenministeriums wieder. Seine Entstehung im Reichsministerium des Innern ist im Grunde schon aus der Tatsache zu erkennen, daß die Geschichte und Neuorganisation der Dradag recht ausführlich behandelt wird, eine Angelegenheit, über die der Verfasser Scholz nur allzu gut Bescheid wußte und die dem Reichsinnenministerium lange genug Sorge bereitet hatte. Selbstverständlich war es notwendig, die Länder über diese Gesellschaft gründlich zu informieren, denn sie sollte immerhin nach dem Willen des Reichsinnenministeriums Aufgaben übernehmen, die auch die Länder beanspruchten. Unmittelbar an diese Empfänger der Denkschrift gerichtet waren das siebte (G) und das achte (H) Kapitel mit den Überschriften: »Mitwirkung der Länder bei der Überwachung des Nachrichten- und Vortragsdienstes der Sendegesellschaften« und »Mitwirkung der Länder bei der Überwachung der kulturellen Darbietungen des Rundfunks«.

Das Angebot des Reichs an die Länder im Kapitel G bezog sich auf die Kontrolle des »politischen«, das heißt des aktuellen Programms durch einen dreiköpfigen, sogenannten »Überwachungsausschuß«, zu dessen Anerkennung die einzelnen Ge-

---

[12] Brief Reichsinnenminister an Reichspostminister, 28. 8. 1925 mit Anlage: »Denkschrift über den Rundfunk«. BA Kbzl R 43 I Reichskanzlei. Post und Telegraphie 4. Funkerwesen, Bd. 1.

sellschaften verpflichtet sein sollten. Die Länder sollten zwei von diesen Mitgliedern vorschlagen. Eine Kapitalbeteiligung an der Dradag sei dagegen nicht zu empfehlen, weil dadurch eine zu große Zersplitterung des Aktienbesitzes entstünde und ihre Geschäftstätigkeit erheblich eingeschränkt würde. Dagegen könnten die Länder im Aufsichtsrat der in ihrem Gebiet liegenden Rundfunkgesellschaft Sitz und Stimme erhalten. Die Aufsicht über das übrige Programm, das war schon in den allerersten Konzessionsentwürfen für die Deutsche Stunde und die Dradag enthalten, würde ein sogenannter »Beirat« übernehmen, über dessen Berufung sich das Reich und das jeweils zuständige Land miteinander abstimmen könnten. Die Aufgaben eines solchen Beirats sollten vom Reichsinnenminister im Einvernehmen mit dem Reichsrat festgelegt werden.

Zur allgemeinen politischen Beurteilung dieser Denkschrift sei noch ein Aktenvermerk für den Staatssekretär der Reichskanzlei erwähnt. Grundsätzlich war man dort mit dem Schriftstück einverstanden. Bedenken rief lediglich jene breite Darstellung der Geschichte der Dradag hervor, die als eine »sehr heikle Angelegenheit« bezeichnet wurde. Die Denkschrift sollte dem Reichsrat und wahrscheinlich dem Reichstag vorgelegt werden. Dort würde man sicher über die Beteiligungsverhältnisse der Länder und die parteipolitischen Fragen eingehend sprechen. Die Länder müßten nun eigentlich zufrieden sein; von ihnen seien im Reichsrat wohl keine Schwierigkeiten mehr zu befürchten[13].

Die rundfunkpolitischen Verhandlungen jener Wochen fielen in die Monate, in denen es wegen außenpolitischer Kontroversen um die Locarno-Verträge im Parteigefüge des Deutschen Reichs zu erheblichen Spannungen gekommen war. Am 25. Oktober traten die deutsch-nationalen Minister unter dem Druck ihrer Parteibasis aus dem Reichskabinett aus. Die im Amt verbleibenden Minister übernahmen die Vertretung und bildeten ein Rumpfkabinett. Der geschäftsführende Reichsminister im Rumpfkabinett, der Reichswehrminister Otto Geßler, kümmerte sich freilich nicht um die rundfunkpolitischen Probleme. Wie so oft rettete auch diesmal das Regiment eines Staatssekretärs, in diesem Falle Erich Zweigert, Staatssekretär im Reichsinnenministerium, die Situation. Er leitete die Sitzung

[13] Aktenvermerk [Wienstein] für StSekr Reichskanzlei [Kempner] vom 16. 9. 1925. Ebd.

Erich Scholz, Oberregierungsrat im Reichsinnenministerium,
der 1925 die *Denkschrift über
den Rundfunk* zur Ordnung
der medienpolitischen Beziehungen zwischen Reich und
Ländern verfaßte.

der Vereinigten Ausschüsse des Reichsrats vom 6. November 1925[14]. Zu Beginn erklärte er, der Inhalt der Denkschrift beruhe teils auf Beschlüssen früherer Regierungen, teils auf Plänen des zurückgetretenen Reichsinnenministers Martin Schiele. Die endgültige Entscheidung müsse ohnedies der neuen Reichsre-gierung vorbehalten bleiben. Im Namen seines Ressorts erklärte Staatssekretär Bredow, die Post halte sich aufgrund der Gesetze für befugt, in dieser rundfunkpolitischen Diskussion die Feder-führung zu übernehmen und jede weitere Aktivität auf dem Gebiet des Rundfunks von einer durch sie zu erteilenden Ge-nehmigung abhängig zu machen. Zwar habe man zunächst nur die Verantwortung für den technischen Teil übernehmen kön-nen, nicht jedoch für die politische und kulturelle Überwa-chung. Die Post habe mit der Entwicklung des neuen Mediums allerdings nicht so lange warten können, bis diese Frage endgül-tig geregelt worden sei. Im übrigen habe auch die Reichsregie-rung von Anfang an auf die Länder Rücksicht genommen, und, so beteuerte Bredow, es habe niemals in der Absicht der Post gelegen, die Rechte der Länder auszuschalten. Wichtig sei aber, daß der Rundfunk nicht an die Grenzen eines Landes gebunden sei. Aus diesem Grunde würde es auch dem Ansehen des Rund-funks schaden, wenn jedes Land sich eigene Richtlinien für den Programmbetrieb geben wollte. Tatsächlich müsse sich das

---

[14] Bausch, *Der Rundfunk im politischen Kräftespiel*, S. 49f.

Reich eine Mitwirkung in den Aufsichtsgremien der Ländergesellschaften sichern, denn der Rundfunk wirke auch über die Reichsgrenzen hinaus. Er, Bredow, müsse namens der Reichspost darauf dringen, daß dem derzeitigen rechtlosen Zustand, in dem sich die Rundfunkgesellschaften befänden, sobald wie möglich ein Ende gemacht werde.

Sämtliche Länder stimmten an jenem 6. November 1925 den Plänen für die Ernennung von Beiräten (Artikel 3, Ziffer 2 des Genehmigungsentwurfs) und von Überwachungsausschüssen (Artikel 3, Ziffer 1) zu. Lediglich mit der Formulierung der Ziffer 2 in Artikel 2: »Der Nachrichten- und Vortragsdienst ist nach allgemeinen ›Richtlinien‹ auszuführen, die vom Reichsministerium des Innern im Benehmen mit dem Reichsrat erlassen werden«, erklärten sich Preußen und Bayern nicht einverstanden. Der Erlaß der Richtlinien müsse Sache der Länder sein. Staatssekretär Weismann stellte dazu eine eigene Denkschrift Preußens über die Rundfunkpolitik in Aussicht. Das wichtigste Argument Preußens war die Behauptung, wenn die Länder in dieser Angelegenheit zurückwichen, würden sie ihre wichtigsten Hoheitsrechte aufgeben. Bayern war derselben Ansicht und polemisierte gegen das Bestreben der Reichsregierung, den Rundfunk zu zentralisieren. Selbstverständlich war die Berlin-Orientierung hier das wichtigste Gegenargument gegen die Pläne des Reichs. Zwar sei die Post aufgrund des Telegraphengesetzes zur Erteilung der Genehmigungen befugt, doch die nächste Zuständigkeit liege bei den Ländern. Die Vertreter Badens und Württembergs stellten sich auf die Seite Preußens, während sich die Vertreter der Länder Sachsen, Thüringen, Oldenburg, Hamburg, Mecklenburg-Schwerin, Mecklenburg-Strelitz, Braunschweig, Anhalt, Bremen und – mit dem Vorbehalt der Beteiligung an der politischen Überwachung – auch Hessen mit der Denkschrift der Reichsregierung am Ende einverstanden erklären mußten.

Zum ersten und nicht zum letzten Mal in der deutschen Rundfunkgeschichte trat ein Konflikt zweier Verfassungsrechte hervor: der Funkhoheit des Reichs und der Kulturhoheit der Länder. Hinter der Funkhoheit verschanzte sich das Reichsinnenministerium mit seinen Ansprüchen auf zentrale Überwachung des Rundfunks, durchaus im Einvernehmen mit deren eigentlichem Träger, dem Reichspostministerium. Die weiteren Verhandlungen zogen sich über den Monat November hin, in dem die Regierungskrise im Reich ihrem Höhepunkt zusteuerte. Immerhin brachte die Reichsregierung die Locarno-Verträge und den Eintritt des Deutschen Reichs in den Völkerbund am 23. November 1925 vor den Reichstag, der beide politischen Schritte mit großer Mehrheit billigte. Für die Einschätzung der rundfunkpolitischen Situation ist ein Blick auf die parteipolitischen Fronten innerhalb des Parlaments aufschlußreich. Gegen die Verträge stimmten die Deutschnationalen, die Völkischen, die Wirtschaftspartei und die Kommunisten. Für sie votierten neben Zentrum und Deutscher Volkspartei auch die nicht der Regierung angehörenden Demokraten und Sozialdemokraten, die im übrigen dem Kanzler Luther durchaus ablehnend gegenüberstanden.

Weil angenommen werden muß, daß Staatssekretär Zweigert auch noch andere Dinge zu erledigen hatte, überrascht doch die Aktivität, die er bei den rundfunkpolitischen Verhandlungen an den Tag legte. Nicht zuletzt lag ihm offenbar daran, die Vereinbarungen zwischen Reich und Ländern in den Ausschüssen des Reichsrats, also nicht öffentlich, zustande zu bringen. Der Reichstag hätte in öffentlicher Verhandlung auf jeden Fall dem Lauf der Dinge eine andere Wendung geben können. Außerdem stand, wie gesagt, ein neues Kabinett ins Haus. Das Interesse des Reichstags war bereits im Frühjahr 1925 im Haushaltsausschuß anläßlich der Beratung des Posthaushalts für das Rechnungsjahr 1924 und 1925 deutlich geworden. Eine Entschließung ersuchte die Reichsregierung, dafür Sorge zu tragen, daß erstens die Überparteilichkeit des Rundfunks unter allen Umständen sichergestellt werde und daß zweitens die Zulassung des Rundfunks im besetzten Gebiet mit allen Mitteln anzustreben sei[15]. Auch hatte Reichspostminister Stingl im Plenum des Reichstags Ende April 1925 erklärt, die Forderung nach Überparteilichkeit im Rundfunk werde durch die vom Reichskabinett ja bereits gebilligten »Richtlinien für den Nachrichten- und Vortragsdienst« erfüllt, die einen wesentlichen Bestandteil der Konzessionen bildeten[16]. Genau diese Richtlinien waren es freilich, um die es im November und Dezember des Jahres 1925 noch ging.

[15] Deutscher Reichstag. III. Wahlperiode 1924/28. Drucksache Nr. 769 v. 2. 4. 1925, angenommen am 22. 1. 1926. RTV 388, S. 5108 B.
[16] Rede Reichspostminister Karl Stingl im Deutschen Reichstag am 29. 4. 1925. RTV 385, S. 1451 B.

Die Länder erreichten am Ende tatsächlich wesentlich mehr, als ihnen in der Denkschrift des Reichsinnenministeriums angeboten worden war. Es gelang ihnen, ihre Rechte in allen Fragen der Zusammensetzung der verschiedenen Kontrollorgane in den einzelnen Rundfunkgesellschaften durchzusetzen. Dagegen blieben sie weniger erfolgreich mit den meisten Forderungen nach wirtschaftlicher Beteiligung, mit Ausnahme der beiden zähesten Verhandlungspartner, Preußen und Bayern. Das Reich mußte in der Frage der Zusammensetzung sowohl der Kulturbeiräte als auch der politischen Überwachungsausschüsse nachgeben. Die Mitglieder der Kulturbeiräte wurden von den Landesregierungen im Benehmen mit dem Reichsinnenministerium, nicht umgekehrt, wie ursprünglich geplant, ernannt. In den dreiköpfigen politischen Überwachungsausschüssen bestand das Reich nur noch auf einem einzigen Delegierten, während die Länder immerhin zwei Vertreter für jede Rundfunkgesellschaft benennen sollten.

In einem persönlich gehaltenen Briefwechsel nahm Zweigert mit seinem Kollegen, dem Staatssekretär in der Reichskanzlei, Franz Kempner, Kontakt auf, um die ganze Angelegenheit voran zu treiben[17]. Die auf der Sitzung am 6. November hervorgetretenen Meinungsverschiedenheiten hätten sich inzwischen im wesentlichen überbrücken lassen, schrieb Zweigert. Das Reich habe Preußen die Erfüllung von Sonderwünschen zugesagt. Eine neuerliche Sitzung könne zu einer »Einigung zwischen Reich und Ländern auf einer mittleren Linie« führen. Zudem befürchte Bayern bei der künftigen Regierung weniger Entgegenkommen in der Rundfunkfrage zu finden, ein Standpunkt, den im übrigen auch Württemberg vertreten hat. Zweigert bat um ein klares Wort, ob das Reichskabinett in seiner augenblicklichen Zusammensetzung – als Rumpfkabinett – grundsätzlich geneigt sei, einer Verständigung mit den Ländern seine Zustimmung zu geben, um damit das Verhältnis Reich und Länder auf dem Gebiet des Rundfunks in politischer und kultureller Hinsicht auf viele Jahre hinaus zu bestimmen. Er sei ihm, Kempner, sehr dankbar, wenn er darüber eine Entscheidung des Reichskanzlers herbeiführen würde. Sollte dieser zustimmen, dann würde sofort eine Vorlage ausgearbeitet. Im üb-

---

[17] Brief (persönlich) StSekr Reichsinnenministerium [Zweigert] an StSekr Reichskanzlei [Kempner], 25. 11. 1925. BA Kblz R 43 I Reichskanzlei. Post und Telegraphie 4. Funkerwesen Bd. 1.

rigen werde ihn Bredow am nächsten Tag in dieser Angelegenheit noch einmal aufsuchen. Kempner hat dem Kanzler die Sache offenbar umgehend vorgetragen. Doch dieser ließ antworten, er wolle, wenn irgend möglich, auch in dieser Frage die von ihm eingenommene Haltung beibehalten, nach der dieses Kabinett außer der Locarno-Frage nur noch unumgängliche Dinge erledige. Am gleichen Tag, an dem der Reichspräsident das Vertragswerk von Locarno unterzeichnete – am 28. November 1925 –, äußerte sich das Kabinett außerhalb der Tagesordnung dann doch noch zum Rundfunkproblem.

Noch am Morgen hielt sich der preußische Staatssekretär Weismann in der Reichskanzlei auf und gab dem Ministerialdirektor Hermann Pünder und Regierungsrat Adalbert Wienstein die Zusage, die SPD werde bei den vorgesehenen Vereinbarungen zur Rundfunkpolitik keine Schwierigkeiten bereiten. Im übrigen versprach Weismann, über die demokratischen Mitglieder des preußischen Kabinetts auf die demokratische Reichstagsfraktion einzuwirken, sich den Abmachungen nicht zu widersetzen. Gegen Mittag unterrichtete Weismann die Reichskanzlei noch zusätzlich telefonisch über ein Gespräch mit seinem Ministerpräsidenten Otto Braun, daß dieser mit der geplanten Vereinbarung einverstanden sei. Sollte die SPD im Reichstag Schwierigkeiten machen, so wolle er, Braun, erklären, die Regelung sei auf ausdrücklichen Wunsch Preußens erfolgt. Tatsächlich hatte sich der Reichskanzler auch bei Braun rückversichert, indem er ihn gebeten hatte, und zwar nicht als Ministerpräsident, sondern als Mitglied der SPD, sich dafür einzusetzen, daß bei der vorgesehenen Regelung der Rundfunkprobleme später keine parteipolitischen Schwierigkeiten entstünden. Der Kanzler hatte nämlich Einwände von links befürchtet, weil der Entwurf für die verschiedenen Verträge noch von Martin Schiele erstellt worden war[18]. Das Reichskabinett erklärte sich mit den weiteren Verhandlungen einverstanden[19].

Auf einer erneuten Sitzung der Vereinigten Ausschüsse des Reichsrats standen am 7. Dezember 1925 folgende Punkte auf der Tagesordnung:

---

[18] Aktenvermerk [Wienstein] für StSekr Reichskanzlei [Kempner] vom 28. 11. 1925 (sofort) mit Auszug aus dem Protokoll der Sitzung des Reichsministeriums vom 28. 11. 1925. Ebd.
[19] Aktenvermerk [Wienstein] für StSekr Reichskanzlei [Kempner] vom 2. 12. 1925. Ebd.

1. Entwurf zur Neufassung des Artikel 2, Ziffer 2 und des Artikel 3 der »Genehmigung«: Das aktuelle Programm muß nach bestimmten »Richtlinien« gestaltet werden.
2. Neufassung dieser »Richtlinien«: Zur Kontrolle des aktuellen Programms und zur Durchsetzung der Richtlinien wird ein »Überwachungsausschuß« eingesetzt.
3. Entwurf von Bestimmungen über diesen »Überwachungsausschuß«: Er besteht aus drei Mitgliedern, von denen das eine vom Reich, die beiden anderen von den beteiligten Ländern bestimmt werden. Die drei Mitglieder des Überwachungsausschusses müssen in den Aufsichtsrat der Gesellschaft gewählt werden.
4. Entwurf von Bestimmungen über den »kulturellen Beirat«: Er wird von der zuständigen Landesregierung nach Anhören der betroffenen Gesellschaft im Einvernehmen mit dem Reichsinnenministerium bestellt.
5. Entwurf einer Vereinbarung zwischen Reich und Ländern über die Regelung der Zuständigkeit: Grundsätzlich ist das Land zuständig, in dessen Gebiet sich der Sitz der betroffenen Rundfunkgesellschaft befindet.
6. Vorschlag für die Vertretung der Länder im Aufsichtsrat der Drahtloser Dienst AG[20].

Entgegen der Bitte Zweigerts, die Länder möchten ihre Vertreter mit Weisungen versehen, stellte sich zu Beginn dieser Sitzung am 7. Dezember heraus, daß der Vertreter des Hamburger Senats keine Vollmachten mitgebracht hatte; er bat deshalb um eine Vertagung. Zweigert, der die Sitzung leitete, widersprach sehr eindringlich. Die Sache sei eilig, da den Rundfunkgesellschaften die Konzession nun endlich am 1. Januar 1926 erteilt werden solle. Die Sitzung ging weiter, denn ein Aufschub wurde von keiner Seite unterstützt. Thüringen fragte zunächst, ob man unterstellen könne, daß bei einer möglichen Änderung der »Richtlinien« die Reichsregierung vorher die Länder um ihre Zustimmung fragen würde. Zweigert erwiderte, eine Regelung würde nach Artikel 67 der Reichsverfassung erfolgen, hier werde zunächst nicht beschlossen, sondern nur beraten. Selbstverständlich, so räumte der Vorsitzende ein, kämen Änderungen künftig nur im Einvernehmen mit den Ländern in Frage. Bayern wollte die Kompetenzen des Überwachungausschusses

[20] Brief Reichsinnenminister an sämtliche Landesregierungen, 1. 12. 1925 mit 6 Anlagen. Ebd.

– nach der neuen Regelung immerhin eine Domäne der Länder-
mitsprache – erheblich erweitert sehen. Neben einer Kontrolle
des »politischen« Programmteils müsse der Überwachungsausschuß seinen Einfluß auch in den anderen Programmen geltend
machen und Anweisungen geben können. Zweigert parierte
sehr geschickt, indem er darauf hinwies, daß mit einer solchen
Erweiterung der Aufgaben der Überwachungsausschuß praktisch dem Beirat übergeordnet würde; da aber die Beiräte sich
wahrscheinlich aus Persönlichkeiten aus Kunst, Wissenschaft
und Volksbildung zusammensetzen würden, sei ihnen eine Un-
terordnung unter ein politisches Organ nicht zuzumuten. Im
übrigen sei der Beirat verpflichtet, sich bei politisch bedenklichen Beiträgen mit dem Überwachungsausschuß in Verbindung
zu setzen. Bezeichnenderweise schloß sich Preußen dem Standpunkt des Reichs in diesem Punkt an mit der Bemerkung, nach
dem Vorschlag Bayerns würde wohl keine prominente Persönlichkeit zu bewegen sein, einem kulturellen Beirat beizutreten.
Der Vorschlag Bayerns fand daher keine Unterstützung, ebensowenig der Versuch des Hamburger Vertreters, der vorschlug,
die Überwachungsausschüsse als »Überorganisationen« grundsätzlich fallen zu lassen.

Alle übrigen Länder waren sich nämlich einig, daß auf diese
Ausschüsse nicht verzichtet werden könne. Eine weitere sogenannte »Überorganisation« sah der Vertreter Hamburgs in der
»Nachrichtenstelle«, jener Einrichtung, deren Aufgabe die Dradag übernehmen sollte. Er schlug vor, diese Aufgaben der Presseabteilung der Reichsregierung zu übertragen. Zweigert antwortete zu diesem gewiß praktischen, aber nach allem, was das
Reichsinnenministerium um der Dradag willen bereits durchge-
standen hatte, unrealistischen Vorschlag, diese Sache möge man
doch den Verhandlungen der Reichsressorts untereinander
überlassen. Dann folgte eine Verhandlungsphase, in der der
Vertreter Württembergs mit einer Anzahl kleiner Änderungs-
wünsche offenbar den Aufschub der Entscheidung betrieb.
Zweigert, der zur Eile mahnte, warnte eindringlich vor einer
Vertagung und wies abermals darauf hin, es handele sich nicht
darum, hier Reichsratsbeschlüsse zu fassen; vielmehr sei das
Reich durchaus in der Lage, von sich aus eine Entscheidung zu
treffen, selbst wenn einzelne Länder der vorgesehenen Regelung in dem einen oder anderen Punkt nicht zustimmen würden. Die württembergischen Vorbehalte konnten auf dieser Sitzung jedoch nicht ausgeräumt werden.

Eingehend diskutiert wurde die Frage der Zuständigkeit der einzelnen Länder bei der Bildung und der Tätigkeit der Kontrollorgane und bei der Übermittlung von Auflagenachrichten, wenn mehrere Länder sich einen Sendebezirk teilten. Preußen war selbstverständlich daran interessiert, daß nur der Sitz der Rundfunkgesellschaft ausschlaggebend sein sollte; jede Beteiligung eines anderen Landes bedeutete nach seiner Auffassung einen Eingriff in die Landeshoheit. Eine Einigung ließ sich nicht erzielen. Dennoch erklärte Staatssekretär Zweigert am Schluß der Sitzung, daß die noch offenen Fragen einer Erteilung der Genehmigungen an die Rundfunkgesellschaften nicht im Wege stünden. Mit Ausnahme Württembergs erklärten sich alle Länder damit einverstanden, daß die Gesellschaften nun konzessioniert werden könnten. Drei Tage später, am 10. Dezember 1925, schickte der Reichsinnenminister dem Reichspostminister ein Ergebnisprotokoll der Reichsratssitzung, die Neufassung des Artikels 2, Ziffer 2 und des Artikels 3 der Genehmigung, die Richtlinien für den Nachrichten- und Vortragsdienst, die Bestimmungen über den Überwachungsausschuß und über den kulturellen Beirat der Sendegesellschaften[21].

Von seiten des Reichsinnenministeriums war gegen die Konzessionierung der Rundfunkgesellschaften nichts mehr einzuwenden. Alles, was auf der jüngsten Sitzung noch offen geblieben war, war unmittelbar Sache der Post. So konnten die einzelnen »Genehmigungen« in der Fassung vom 7. Dezember 1925 ausgefertigt werden. Damit hatte die Post endlich ein wirksames Mittel zur Beschleunigung der Verhandlungen mit den einzelnen Rundfunkgesellschaften in der Hand.

4.3. *Rundfunk unter Wirtschaftskuratel der Reichspost Teilnehmergebühren und bescheidenes Privatrisiko*

Am 5. Dezember 1925 waren der Reichskanzler Hans Luther und sein Rumpfkabinett zurückgetreten. Doch bis zur Bildung einer neuen Regierung führten die Reichsminister die Regierungsgeschäfte weiter. Am 9. Dezember schrieb Reichspostminister Stingl einen Brief an die Vorsitzenden der Aufsichtsräte

---

[21] Brief Reichsinnenminister an Reichspostminister, 10. 12. 1925 mit Anlage I: Niederschrift über das Ergebnis der Sitzung der Vereinigten Ausschüsse des Reichsrats vom 7. 12. 1925. Ebd.

der Rundfunkgesellschaften. Er teilte lapidar mit, daß am 1. Januar 1926 den Rundfunkgesellschaften unter der Voraussetzung der Erfüllung von Vorbedingungen eine Betriebskonzession auf zwölf Jahre erteilt werden solle. Im Hinblick darauf, daß mit diesem Termin der bisherige, rein private Charakter der Gesellschaften und ihre Stellung zur Deutschen Reichspost und den zuständigen Landesregierungen sich wesentlich ändere, lege er, Stingl, Wert darauf, unmittelbar mit den Vorsitzenden der Aufsichtsräte Fühlung zu nehmen. Deshalb lade er sie oder einen Stellvertreter zu einer Besprechung am 18. Dezember 1925 in sein Ministerium nach Berlin ein. Staatssekretär Bredow eröffnete die Sitzung und legte noch einmal die rechtliche Stellung der Rundfunkgesellschaften aus der Sicht des Reichspostministeriums dar: »Wenn die DRP bei der Führung des Rundfunks einen anderen Kurs als den von ihr seither verfolgten eingeschlagen hätte, wären die Rundfunkgesellschaften leicht in die größten Schwierigkeiten geraten, und der bisherige Aufbau des Rundfunks vielleicht vernichtet worden. Es bestand die dringende Notwendigkeit, das bisher Erreichte zu sichern und das Rechtsverhältnis der Rundfunkgesellschaften zum Reich und den Ländern zu regeln. Der Rundfunk stellt ein wichtiges Volksbeeinflussungsmittel dar, und es kann deshalb dem Reich und den Ländern nicht verdacht werden, wenn sie eine solche Einrichtung nicht ohne besondere behördliche Kontrolle in den Händen von Privaten lassen wollen.« Die Rundfunkunternehmen, so erläuterte er den zwölf anwesenden Rundfunkaktionären und Vorständen, seien »gemischtwirtschaftliche Gesellschaften unter Führung der im Besitz des Telegraphenmonopols befindlichen Behörde.« Ein auf rein privatwirtschaftlicher Grundlage aufgebauter, dem Erwerb dienender Rundfunk sei »ganz unmöglich«. Anschließend verlas Bredow dann den folgenden Auszug aus einem Gutachten zur Frage der Gebühren, das sich die Post hatte anfertigen lassen. Das Gutachten, wahrscheinlich verfaßt vom Referenten für Funkgesetzgebung im Reichspostministerium, Eberhard Neugebauer, kann im übrigen als eine der ersten amtlichen Äußerungen zur damaligen Definition der Rundfunkgebühr gelten. »Grundsätzlich wird man davon ausgehen müssen, daß die Gebühren mindestens so hoch anzusetzen sind, daß die Selbstkosten der Reichspost und der Gesellschaft [gemeint ist die Rundfunkgesellschaft] gedeckt werden. Dabei wird man der Reichspost das Recht zugestehen müssen, die Wirtschaft der Gesellschaften so lange zu überwachen, als diese mit einem Teil der von der Reichspost kraft ihres Hoheitsrechts eingezogenen Gebühren arbeiten. Wollte man dieses Überwachungsrecht beseitigen oder einschränken, dann müßte die Gesellschaft ihre Beiträge aufgrund eines privatrechtlichen Vertrags mit den Teilnehmern erheben und der Reichspost die von dieser festgesetzten Sendegebühren, die mindestens die Selbstkosten zu ersetzen hätten, bezahlen. Aber selbst dann hätte die Reichspost eine gewisse Verpflichtung, die Wirtschaft der Gesellschaft zu überwachen, da sie aufgrund ihres Hoheitsrechts der Gesellschaft ein Monopol verliehen hat und daher verantwortlich ist dafür, welche Verwendung die Gesellschaft dem Erträgnis des Monopols gibt. Frei von dieser Verantwortung würde die Reichspost nur dann, wenn die Zulassung der Gesellschaft zum Betrieb kraft Gesetzes den Landesregierungen übertragen würde, die dann auch die Verantwortung für die Wirtschaft der Gesellschaft zu tragen hätten. Jede Regelung aber, die das Verhältnis zwischen Gesellschaft und Teilnehmer dem Vertrag überläßt, sei es, daß die Gesellschaft von der Reichspost oder einem Lande zugelassen ist, ist unmöglich. Es würde ein ungeheurer Apparat für die Einhebung des Entgelts der Teilnehmer nötig werden, und bei Nichtbezahlung müßte im Zivilrechtsweg vorgegangen werden. Möglich ist daher nur die Einhebung von Gebühren aufgrund des Hoheitsrechts der Reichspost und als Folge ein Überwachungsrecht der Reichspost hinsichtlich der Wirtschaft der Gesellschaft. Können die Gebühren, die von der Reichspost erhoben werden, aus sozialen Gründen nicht in der Höhe erhoben werden, daß die Selbstkosten der Reichspost und der Gesellschaft gedeckt werden, so muß ein Ausgleich zwischen den Interessen der Reichspost und der Gesellschaft gefunden werden. Das Verfahren der Reichspost, den Gesellschaften, um ihnen eine gewisse Bewegungsfreiheit bei der Programmgestaltung zu geben, einen sehr erheblichen Teil der Gebühren – 60 Prozent – zu überlassen, etwaige Überschüsse der Gesellschaft aber – die noch keine Überschüsse des Unterhaltungsrundfunks sind – wieder für Zwecke der Post zu verwenden, ist unter diesen Umständen nicht zu beanstanden. Der Reichspost ist vielmehr zuzugestehen, daß sie unter diesen Umständen ein besonderes Interesse an der Wirtschaft der Gesellschaften hat.«

Mit diesem Gutachten, bei dem Bredow hinzufügte, daß es sich der Herr Reichspostminister persönlich ebenfalls zu eigen gemacht habe, erklärte er den Aufsichtsratsvorsitzenden der

Rundfunkgesellschaften ihre Position. Er sagte ihnen, ihre Gesellschaften seien Unternehmen, die auf der Grundlage eines Hoheitsrechts unter der Führung der Deutschen Reichspost arbeiteten und die deshalb so verwaltet werden müßten, damit der Herr Reichspostminister gegenüber der Öffentlichkeit und dem Reichstag die Verantwortung dafür übernehmen könne, daß die aufkommenden Gelder tatsächlich auch für den Zweck, für den sie bestimmt seien, verwendet würden. Aber die Wirtschaftsführung sollte nicht die Post allein kontrollieren, sie sollte vielmehr unter der Mitwirkung und Mitverantwortlichkeit der Aufsichtsräte der Rundfunkgesellschaften geschehen. Und nun kam die Rede auf etwas, das den anwesenden Vertretern der Rundfunkgesellschaften gewiß schon bekannt war, was ihnen aber noch einmal in aller Deutlichkeit vor Augen geführt werden sollte. Diese »Mitwirkung und Mitverantwortlichkeit« solle dadurch erreicht werden, daß die Post durch die Reichs-Rundfunk-Gesellschaft die Majorität bei den einzelnen Regionalgesellschaften besitze. Deshalb müsse die Post in der Reichs-Rundfunk-Gesellschaft die Mehrheit der Anteile und damit die Führung und endgültige Entscheidung beanspruchen[22].

Bereits auf der Gesellschafterversammlung der Reichs-Rundfunk-Gesellschaft während der Funkausstellung im September 1925 war festgestellt worden, daß diese Gesellschaft sich vorläufig noch völlig im Besitz der Regionalgesellschaften befinde. Dies würde sich aber ändern, sobald die Genehmigung zum Betrieb erteilt sei. Auf derselben Sitzung ist die Rolle der Reichs-Rundfunk-Gesellschaft noch einmal genau definiert worden. Sie sollte ein »gemeinschaftliches Zentral-Verwaltungsorgan der DRP und der an den Rundfunkgesellschaften beteiligten Privataktionäre« sein. Ferner habe die Reichs-Rundfunk-Gesellschaft dafür zu sorgen, daß in den Regionalgesellschaften nach einheitlichen Richtlinien gearbeitet wird. Sie müsse ihren Einfluß geltend machen, welche etwaigen Überschüsse bei den Gesellschaften verbleiben oder an die Reichs-Rundfunk-Gesellschaft abgeführt werden sollten. Schließlich wurde noch einmal auf die wichtige Aufgabe des Finanzausgleichs zwischen den einzelnen Gesellschaften hingewiesen. Wenn hiervon noch etwas übrig bleibe, so könne dies für die

[22] Protokoll über die Besprechung im Reichspostministerium·mit den Vorsitzenden der Aufsichtsräte der Rundfunkgesellschaften am 18. 12. 1925. WWA Dortmund K 2/417 Industrie- und Handelskammer Bochum. Akten Rundfunk.

allgemeine »Hebung des Rundfunks« verwendet werden. Die Post habe außerdem zugestanden, nach voller Befriedigung ihrer eigenen Ansprüche (Sendebetriebsgebühren, anteilige Verwaltungskosten) die bei den Gesellschaften etwa vorhandenen Überschüsse durch die Reichs-Rundfunk-Gesellschaft wieder für den Rundfunk zu verwenden. Mit dieser komplizierten Prozedur brachte Bredow den Finanzierungsmodus der Reichs-Rundfunk-Gesellschaft zum Ausdruck. Dennoch wurde noch einmal eigens darauf hingewiesen, ihr Übergewicht würde die Post keineswegs dazu benutzen, den Rundfunk zu bürokratisieren oder gar die Bearbeitung aller auftauchenden Fragen an sich zu ziehen und über den Kopf der Gesellschaften hinweg zu entscheiden. Im Gegenteil, es sollten möglichst viele Fragen außerhalb der Post gemeinsam mit den Rundfunkgesellschaften bearbeitet werden. Natürlich würde die letzte Entscheidung, wenn eine Verständigung in der Reichs-Rundfunk-Gesellschaft nicht erzielt werde, das Reichspostministerium treffen müssen, denn dieses sei eben die der Öffentlichkeit gegenüber verantwortliche Stelle.

Anschließend reflektierte Bredow noch einmal über das Management der Reichs-Rundfunk-Gesellschaft. Er stellte sich die Leitung dieser Gesellschaft so vor, daß eine Persönlichkeit, die das Vertrauen der Privataktionäre, und eine weitere Persönlichkeit, die das Vertrauen des Reichspostministers besitze, als Geschäftsführer die Gesellschaft leiten sollten. Was die Tätigkeit der Reichs-Rundfunk-Gesellschaft betreffe, so sei vom Minister beabsichtigt, ihr über die bereits bezeichneten Aufgaben hinaus die Bearbeitung eines großen Teiles der bisher im Reichspostministerium erledigten Arbeiten zuzuweisen. Bei der Post werde dann im wesentlichen die Oberaufsicht für die Erledigung der gesetzgeberischen Arbeiten liegen, die Festsetzung der Gebühren, die Regelung des Sendebetriebes und die Behandlung der technischen Fragen.

Bei dieser Gelegenheit teilte Bredow auch die Vorstellungen des Reichspostministeriums über die Zusammensetzung des Verwaltungsrats der RRG mit. Seiner Meinung nach müsse man den Verwaltungsrat möglichst klein halten. Er dachte an elf Personen; fünf Personen vom Reichspostministerium, ein Vertreter der Deutschen Welle und vier Vertreter der Rundfunkgesellschaften; für diese vier Vertreter – er nannte sie Vertreter der Privataktionäre – sei ein jährlicher Wechsel vorzusehen, damit alle Gesellschaften in kürzeren Abständen an die Reihe kämen.

Reichspostminister Karl Stingl
(1854–1936), Mitglied der BVP,
war für die erste Rundfunkordnung
von 1926 verantwortlich.

Er, Bredow, stelle sich die Tätigkeit im Verwaltungsrat der
RRG als eine ehrenamtliche vor, wobei eine mäßige Aufwands-
entschädigung gewährt werde. Für Beamte dachte er als
Höchstsatz an 600 RM jährlich, für die privaten Vertreter
könne man vielleicht etwas darüber hinausgehen und 800 bis
höchstens 1200 RM jährlich ausgeben. Die Bildung des ersten
Verwaltungsrats könnte in der Weise erfolgen, daß die vier ältesten Rundfunkgesellschaften – ausgenommen Berlin – die Vertreter stellen sollten. Das wären Frankfurt, Hamburg, Leipzig
und Stuttgart; im nächsten Jahre kämen dann die übrigen Gesellschaften an die Reihe. Die Deutsche Welle sollte einen Sitz
erhalten, weil diese Gesellschaft als Zentralgesellschaft eine gewisse Ausnahmestellung einnehme.

Bredow schloß seinen Vortrag mit der Bemerkung, der
Reichspostminister werde als seinen Vertrauensmann den Vorsitzenden der RRG benennen und ihn mit besonderen Vollmachten ausstatten.

Nach seinem Staatssekretär gab Reichspostminister Stingl
eine Erklärung zur Neuregelung des Rundfunks ab und begann
mit dem tatsächlich aktuellen Hinweis, daß die rechtlichen Verhältnisse der Rundfunkgesellschaften zu Reich und Ländern
nun endlich geklärt seien. Dadurch sei es nun möglich geworden, den bisher vertragslosen Zustand zu beenden und den Ge-

sellschaften durch eine »Reichskonzession« auf vorläufig zwölf Jahre eine sichere Grundlage für ihre Weiterarbeit zu geben. Wörtlich führte der Minister dann aus: »In den vergangenen zwei Jahren, die ich als Probejahre des Rundfunks bezeichnen möchte, ist die allgemeine, kulturelle und politische Bedeutung des Rundfunks klar zutage getreten. Reich und Länder vertreten den Standpunkt, daß in der Ausübung des Rundfunks die Möglichkeit einer Volksbeeinflussung in so weitgehendem Maße vorliegt, daß er nicht ohne weitgehende Sicherungen privaten Unternehmen überlassen bleiben kann. Die Öffentlichkeit hat die durchaus berechtigte Anschauung, daß der Rundfunk der Allgemeinheit gehört und nach Grundsätzen bewirtschaftet werden muß, die für öffentliche Unternehmen maßgebend sind.« Schließlich bedankte sich der Minister auch bei den anwesenden Vertretern der Rundfunkgesellschaften für ihre stets loyale Haltung gegenüber seiner Verwaltung und schloß mit dem Wunsch, »daß die Neuordnung, getragen von dem Geiste gegenseitigen Vertrauens, für alle Teile nur Gutes bringen möge«[23].

Die folgende kurze Dankesansprache von Theodor Wanner als Sprecher der Rundfunkgesellschaften und Vorsitzer des Aufsichtsrats der Sürag in Stuttgart und das Schlußwort von Minister Stingl enthielten nicht bloß höfliche Zusicherungen gegenseitigen Wohlwollens. Vielmehr meinte Wanner noch einmal ausdrücklich, man sei froh darüber, daß die Verhandlungen über die Regelung des Rundfunks nunmehr abgeschlossen seien. Die Gesellschaften wüßten von den schwierigen Verhandlungen und wie sehr der Reichspostminister stets seine ganze Kraft für das Ziel eingesetzt habe. Der beste Beweis dafür sei die Tatsache, daß die deutsche Rundfunkorganisation von allen Ländern als vorbildlich anerkannt werde. Mit Freude habe man die Erklärung des Ministers zur Kenntnis genommen, »daß die Organisation des Rundfunks durch die Neuregelung auf eine festere Grundlage gestellt werden solle und von dem Versprechen, daß der freie Zug im Rundfunk, der ihn groß gemacht hat, auch fernerhin erhalten bleiben soll«. Emphatisch führte Wanner aus: Die Rundfunkgesellschaften hätten die RRG stets für notwendig gehalten und legten nun größten Wert auf die Zusammenarbeit in der RRG, ja, sie betrachteten diese Organisation »als Krönung des Werks der letzten zwei Jahre«. Am

[23] Ebd.

Schluß seiner kurzen Rede bat Wanner den Reichspostminister, »auch unter den veränderten Verhältnissen dem Rundfunk die bisherigen so ausgezeichneten Führer erhalten zu wollen«. Der Postminister, der sich zuvor schon bei Bredow bedankt hatte, antwortete kurz und schob noch ein Wort des Dankes an Ministerialrat Heinrich Giesecke nach. Dies dürfte er nicht von ungefähr getan haben, denn Giesecke sollte den verlängerten Arm der Post in der Geschäftsführung der RRG darstellen.

4.4. *Die Genehmigungen vom 7. Dezember 1925*
Oktroi der Betriebsbedingungen

Die Besprechung der Beamten des Reichspostministeriums mit den Vorsitzenden der Aufsichtsräte der Rundfunkgesellschaften hatte noch einen wichtigeren Grund als den Austausch von rhetorischen Artigkeiten. Es wurde nämlich auch der Text der »Genehmigung zur Benutzung einer Funksendeanlage der DRP für die Zwecke des Unterhaltungsrundfunks«, die Betriebskonzession, besprochen.

Zum Ausdruck »Literarischer und bildlicher Art« in Artikel 2.1 wurde erklärt, daß damit die im Rundfunk in absehbarer Zeit vielleicht mögliche Übertragung von bildlichen Darbietungen (»Drahtloser Film«) gemeint sei – also ein Hinweis aufs Fernsehen. Als Erläuterungen zu Art. 3.1 über die Anstellung des für die Programmgestaltung verantwortlichen Vorstandsmitglieds hieß es, hierfür bedürfe es praktisch der Genehmigung der Landesregierung. Das Recht des Überwachungsausschusses, die Abberufung der betreffenden Persönlichkeit verfügen zu können, würde so vor sich gehen können, daß der Überwachungsausschuß diese Abberufung beim Aufsichtsrat beantrage, und nur wenn dieser sich weigere, müsse der Ausschuß, also die entsprechende Landesregierung, damit befaßt werden. Der Überwachungsausschuß würde sich nicht unmittelbar an einen Redakteur, sondern im Interesse der Disziplin in der Gesellschaft, wie es bedeutungsvoll hieß, an das zuständige Vorstandsmitglied halten. Die Bestimmung, daß die Mitglieder des Überwachungsausschusses in den Aufsichtsrat der Gesellschaft zu wählen seien, würde für die Gesellschaft nur vorteilhaft sein können. Die Mitglieder des Ausschusses kämen dadurch in eine ständige lebendige Fühlungnahme mit der Gesellschaft.

Bredow gab den Vertretern der Rundfunkgesellschaften

ebenfalls Einzelheiten aus den Verhandlungen seines Hauses über die »Richtlinien« sowie über die Überwachungsausschüsse und die Kulturbeiräte bekannt. Dem Reichspostministerium sei es in den letzten Verhandlungen mit den beteiligten Stellen gelungen, einen Absatz in die Richtlinien zu bringen, wonach die Gesellschaften für die Verbreitung nicht-politischer Nachrichten nicht an die Nachrichtenstelle gebunden seien. Die frühere Fassung der Richtlinien habe für die einzelnen Gesellschaften eine große Gefahr bedeutet, da vorgesehen gewesen sei, daß sie an die Nachrichtenstelle jeden geforderten Preis für das gelieferte Material hätten zahlen sollen. Auf Anregung des Reichspostministeriums sei dieses geändert worden.

Anschließend wurden die Bestimmungen für den Überwachungsausschuß und für den Kulturbeirat durchgesprochen. Zu Ziffer 2, wonach der Überwachungsausschuß sich über die Darbietungen der Gesellschaft zu unterrichten hat und vom Personal jede ihm erforderlich erscheinende Auskunft verlangen und selbst Bücher und Schriften einsehen kann, wurde erklärt, dies beziehe sich ausdrücklich nur auf die Programmgestaltungen, nicht etwa auf die Geschäftsbücher. Aus den Bestimmungen über den Kulturbeirat wurde die Ziffer 5 erörtert, wie die Verpflichtung der Gesellschaften auszulegen sei, den Beirat zu allen grundlegenden Sitzungen über die Programmgestaltung einzuladen. Bei den meisten bestünde eine vierteljährliche oder halbjährliche Sitzung, auf der das Sommer- oder Winterprogramm in groben Zügen festgelegt würde. Wo es einen solchen Sitzungstyp noch nicht gebe, müsse er eingeführt werden. Nach Ziffer 6 der Bestimmungen über den Kulturbeirat hat die Rundfunkgesellschaft das Programm der Darbietungen laufend den Mitgliedern des Beirats einzureichen und dem Vorsitzenden, soweit es sich auf Darbietungen auf dem Gebiet der Kunst, Wissenschaft und Volksbildung bezieht, auf Anforderung auch Inhaltsangabe und Wortlaut der Darbietungen auszuhändigen und ihn von wesentlichen Programmänderungen in Kenntnis zu setzen. Die Mitwirkung des Beirats werde im allgemeinen wohl so erfolgen, daß er Anregungen gebe, das Programm nach dieser oder jener Richtung zu ergänzen. Die Einrichtung des Beirats, so wurde fast tröstend hinzugefügt, werde im übrigen für die Gesellschaft einen guten Schutz darstellen gegen Proteste aus dem Publikum über die Programmgestaltung.

Damit waren die Diskussionen über den Wortlaut der Genehmigung, der Richtlinien sowie der Bestimmungen über Überwachungsausschuß und Kulturbeirat abgeschlossen. Es folgte eine allgemeine Aussprache über die Referate Bredows und des Ministers. Dabei ging es in erster Linie um die Zusammensetzung des Verwaltungsrats der RRG. Der Vertreter der Schlesischen Funkstunde Breslau, gleichzeitig Oberpräsident der Provinz Niederschlesien, Hermann Zimmer, sowie der Oberbürgermeister von Königsberg, Hans Lohmeyer, als Vertreter der Orag, baten darum, daß der Osten des Reichs im ersten Verwaltungsrat der RRG ebenfalls vertreten sein sollte, dem Wunsch wurde grundsätzlich zugestimmt. Außerdem wurde beschlossen, alljährlich immer nur die Hälfte der Verwaltungsratsmitglieder ausscheiden zu lassen.

Bredow erklärte dazu, daß die Post mit dem Wahlmodus einverstanden sei und in der Generalversammlung entsprechend stimmen werde. Die Entsendung von Vertretern der Post habe sich sein Minister vorbehalten. Zur Frage des Verwaltungsrats der RRG kamen übrigens am Abend des 18. Dezember 1925 die Vorsitzenden der Aufsichtsräte noch einmal mit Bredow und Giesecke zusammen und einigten sich zusätzlich über folgende Punkte:

Die von den Privataktionären in den Verwaltungsrat der RRG zu entsendenden vier Mitglieder sind zur Vertretung der Gesamtinteressen und nicht der Sonderinteressen ihrer eigenen Gesellschaften bestimmt. Die jeweils nicht vertretenen Gesellschaften werden sich mit ihrer Nachbargesellschaft zwecks Instruktion des gemeinschaftlichen Vertreters von Fall zu Fall verständigen. – Als Vertreter im Verwaltungsrat der RRG kommen im Hinblick auf die Stellung der Gesellschaft gegenüber den Behörden und der Öffentlichkeit nur Mitglieder der Aufsichtsräte (möglichst die Vorsitzenden) der Gesellschaften in Betracht. – In der RRG schlägt die Post den Vorsitzenden und schlagen die Privataktionäre den stellvertretenden Vorsitzenden vor; während in den Gesellschaften die Privataktionäre den Vorsitz bekommen und die RRG die Stellvertretung erhält[24].

Auf der Sitzung am Mittag hatte Bredow schon darauf hingewiesen, daß die Verhandlungen als streng vertraulich zu betrachten seien. In den nächsten Tagen würde eine offiziöse Bekanntmachung über die Neuregelung des Rundfunks durch die Presse erfolgen. Die Verhandlungen seien rein interner Natur, und über die Verständigung zwischen der Post und den Rund-

[24] Ebd.

funkgesellschaften solle von keiner anderen Stelle als vom Reichspostministerium etwas veröffentlicht werden.

Auch RRG-Geschäftsführer Kurt Magnus erhielt das Wort und zählte noch einmal die vier Bedingungen auf, die die Post an die Erteilung der Konzession knüpfte:

1. Sämtliche Rundfunkgesellschaften sollen der von ihnen gegründeten Dachgesellschaft, der Reichs-Rundfunk-Gesellschaft, beitreten.

2. Sie sollen der Reichs-Rundfunk-Gesellschaft die Majorität ihrer Aktien kostenlos übertragen.

3. Sie sollen in ihre Statuten folgende Bestimmungen aufnehmen: Sämtliche Aktien der Rundfunkgesellschaften müssen Namensaktien werden und ihre Übertragung soll an die Genehmigung der Generalversammlung gebunden sein. Derjenige Teil des Reingewinns, welcher über die verteilten 10 Prozent an Dividende hinausgehe, muß an die RRG abgeführt werden.

4. Die Rundfunkgesellschaften sollen 51 Prozent ihrer Anteile an der RRG kostenlos auf die Post übertragen[25].

Von diesen Bedingungen war ein Teil von sämtlichen Gesellschaften bereits im Laufe des Sommers 1925 erfüllt worden. Was nun noch zu tun bleibe, fragte Magnus rhetorisch. Zunächst, so führte er aus, müßten die Rundfunkgesellschaften 51 Prozent der in ihrem Besitz befindlichen Anteile an die RRG kostenlos auf die Post übertragen. Die Gesellschaften hätten zur Zeit je 12 500 RM Geschäftsanteile, das bedeute für 6375 RM an die Post zu übertragende Geschäftsanteile. Demnach behalte jede Gesellschaft 6125 RM Geschäftsanteil und die Post wäre im Besitz von 8 × 6375 RM entsprechend 51 000 RM = 51 Prozent des 100 000 RM betragenden Gesellschaftskapitals der RRG. Wie so oft, mußte sich Magnus um Einzelheiten kümmern. Er erklärte, daß die Übertragung in notarieller Form erfolgen müsse. Doch es genüge, wenn der Vorstand jeder Gesellschaft vor einem Notar seines Ortes die Abtretung erkläre und die Urkunde nach Berlin schicke. Die Abtretung könne dann in einem zweiten notariellen Akt von der Post angenommen werden. Weiter bemerkte er, die Post habe zur Bedingung gemacht, daß die RRG in den Besitz sämtlicher Majoritäten komme. Die RRG sei heute im Besitz der Majorität und habe, abgesehen von zwei Ausnahmen, nun 51 Prozent der Aktien aller Gesellschaften inne. Nun sei die RRG aber verpflichtet, von ihren 51 Pro-

[25] Ebd.

zent Aktien noch 17 Prozent an die Dradag und möglicherweise weitere 17 Prozent an die Deutsche Stunde abzugeben. Damit nun dennoch der RRG die Majorität erhalten bleibe, sei es erforderlich, daß die der RRG verbleibenden 17 Prozent mit einem Mehrfachstimmrecht ausgestattet würden. Magnus meinte, dieses Stimmrecht müsse ein fünffaches sein. Zur Zeit stehe man noch in erfolgversprechenden Verhandlungen mit Persönlichkeiten der Deutschen Stunde über die Verfügung von Aktien, welche eigentlich an die Deutsche Stunde oder deren Gesellschafter abgeführt werden müßten. Bei günstigem Abschluß dieser Verhandlungen würde ein vierfaches oder ein dreifaches Stimmrecht genügen.

Schließlich legte Magnus den Vertretern der Rundfunkgesellschaften noch auseinander, was sie zu tun hätten. Zunächst müßten außerordentliche Generalversammlungen einberufen werden mit dem Ziel, die Erhöhung des Stimmrechts zu beschließen. Hierzu wie für die Zuwahl in den Aufsichtsrat seien Satzungsänderungen notwendig. Bei der gleichen Gelegenheit könne auch die Wahl der von Reich und Ländern vorgeschlagenen neuen Aufsichtsratsmitglieder erfolgen. Ob freilich die Vorschläge rechtzeitig einträfen, stehe noch nicht fest. Außerdem müsse die RRG eine Gesellschafterversammlung einberufen und ihren Aufsichtsrat wählen, der sich anschließend konstituieren werde.

Mit dem Datum 22. Dezember 1925, gewissermaßen als Weihnachtsgeschenk, schickte der Reichspostminister den Vorsitzenden der Aufsichtsräte der Rundfunkgesellschaften das Protokoll der soeben beschriebenen Besprechung zu und schrieb dazu folgenden kurzen aber bedeutungsvollen Brief: »Beiliegend überreiche ich Ihnen die Niederschrift der Besprechung am 18. 12. 1925 und erkläre mich aufgrund der erzielten Übereinstimmung bereit, Ihrer Gesellschaft die Genehmigung aufgrund der Ihnen bekannten Bedingungen zu erteilen. Die Urkunden werden Ihnen ausgehändigt, sobald die in der Niederschrift aufgeführten Maßnahmen durchgeführt sind. Ich stelle anheim, die hierzu erforderlichen Generalversammlungen baldigst stattfinden zu lassen.«[26]

Damit waren offenbar alle Probleme, die es bis dahin zwi-

[26] Brief Reichspostminister an die Vorsitzenden der Aufsichtsräte der Rundfunkgesellschaften, 22. 12. 1925. WWA Dortmund K 2/417 Industrie- und Handelskammer Bochum. Akten Rundfunk.

Der Stuttgarter Industrielle Theodor Gustav Wanner (1875–1955), Mitgründer und Aufsichtsratsvorsitzender der Süddeutschen Rundfunk AG, vertrat die Interessen der Privataktionäre im Verwaltungsrat der Reichs-Rundfunk-Gesellschaft.

schen dem Reichspostministerium und den Rundfunkgesellschaften über die wirtschaftliche und politische Organisation des neuen Mediums gegeben hatte, bereinigt. Die erforderlichen außerordentlichen Generalversammlungen der Rundfunkgesellschaften fanden durchweg im Laufe des Januar 1926 statt. Die Gesellschafterversammlung der RRG berief Theodor Wanner auf den 26. Februar 1926 in die württembergische Landeshauptstadt Stuttgart; sie fand im »Haus des Deutschtums«, dem Sitz des Auslandsinstituts und des Süddeutschen Rundfunks, statt.

4.5. *Das Dach wird aufgesetzt*
Konstituierung der Reichs-Rundfunk-Gesellschaft

Die Tagung der RRG wurde zu einem rundfunkpolitischen Ereignis stilisiert; Wolff's Telegraphisches Bureau, die halbamtliche deutsche Nachrichtenagentur, verbreitete 80 Zeilen mit der Überschrift »Die Organisation des deutschen Rundfunkwesens«. In Stuttgart selbst begann diese Tagung mit einer öffentlichen Sitzung, wozu der württembergische Innenminister Eugen Bolz erschienen war, ferner der Präsident der Oberpostdirek-

Teilnehmer an der Tagung der Reichs-Rundfunk-Gesellschaft mbH am 26./27. Februar 1926 im »Haus des Deutschtums« in Stuttgart.

tion, der Stuttgarter Bürgermeister, der Rektor der Technischen Hochschule, außerdem als Gäste der Generaldirektor der Österreichischen Rundfunkgesellschaft, Oskar Czeija, mit seinem Technischen Direktor Gustav Schwaiger. Nach den ausgiebigen Begrüßungsworten und einer Einleitung von Ernst Ludwig Voss hielten Hans Bredow, Heinrich Giesecke, Hans Flesch und Hans Harbich programmatische Ansprachen. Am Nachmittag fand die konstituierende Gesellschafterversammlung der RRG statt, auf der nun die Post als Gesellschafterin auftreten konnte. Die Versammlung genehmigte die wirtschaftlichen Aktionen der letzten Wochen und nahm Heinrich Giesecke neben Magnus als zweiten Geschäftsführer in den Vorstand auf. Der gewählte Verwaltungsrat setzte sich – wie am 18. Dezember des Vorjahres besprochen – aus sechs Vertretern der Post, den Vorsitzenden mitgerechnet, und vier Vertretern der Rundfunkgesellschaften zusammen; der zunächst vorgesehene Sitz für einen Vertreter der Deutschen Welle war inzwischen gestrichen worden. Dem Verwaltungsrat gehörten an: Der Vorsitzende, Hans Bredow, von der Post ferner Ministerialdirektor Max Andersch, Professor Karl Willy Wagner, der Präsident des Telegraphentechnischen Reichsamts, Oberpostrat

253

Der Wirtschaftsjurist Kurt Magnus (1887–1962) (rechts), seit 1925, und der Ministerialrat aus dem Reichspostministerium Heinrich Giesecke (1872–1957), seit 1926, führten die Geschäfte der Reichs-Rundfunk-Gesellschaft bis 1933.

Hans Harbich, Abteilungsleiter im Telegraphentechnischen Reichsamt, Postrat Hermann Thurn, Postbaurat Walter Feucht von der Oberpostdirektion Stuttgart, ferner als Vertreter der Rundfunkgesellschaften als stellvertretender Vorsitzender Theodor Wanner von der Sürag Stuttgart, Oberbürgermeister Hans Lohmeyer von der Orag Königsberg, Rechtsanwalt Hans Otto von der Mirag Leipzig und Friedrich Blonck von der No-rag Hamburg.

Auf der konstituierenden Sitzung des Verwaltungsrats wurde die neue Satzung beschlossen. Das Unternehmen RRG erhielt die »zentrale Leitung der angeschlossenen Rundfunkgesell-schaften« (§ 2) zugesprochen. Die Gesellschafter waren (§ 4) die Post mit Stammeinlagen im Wert von 51 200 RM und acht Rundfunkgesellschaften mit Stammeinlagen im Wert von je-weils 6100 RM[27]. Die RRG besaß nun in den Gesellschaften mit mehrfachem Stimmrecht ausgestattete sogenannte Vorzugsak-tien. Da die Post maßgeblich an der RRG beteiligt war, verfügte

[27] *Satzungen der Reichs-Rundfunk-Gesellschaft mit beschränkter Haftung.* Berlin 1926, S. 3f.

Reichspoftminifter.
<small>(Dativ in der Amnwort
Nummer und Betreff angeben.)</small>

III Z 618.

Berlin W 66, den ... 4. März 1926.
<small>Leipziger Straße 15
Fernfprecher: Zentrum 9300-9316</small>

Gesdichte

An

die Nordische Rundfunk A.G.

in

Hamburg.

Der Nordischen Rundfunk A.G.
überreiche ich in der Anlage die Genehmigungsurkunde
zur Benutzung einer Funksendeanlage für die Zwecke des
Unterhaltungsrundfunks, deren Inhalt mit dem 1.März d.J.
in Kraft getreten ist.

Um Empfangsbescheinigung wird gebeten.

J.V.

Dr. Bredow

Genehmigung
----

zur Benutzung einer Funksendeanlage der Deutschen
Reichspost (DRP) für die Zwecke des Unterhaltungsrundfunks erteilt hierdurch die DRP der ....
..........Nordische Rundfunk A. G., Hamburg.......
- nachstehend Gesellschaft genannt - unter den folgenden Bedingungen:

Artikel 1

1) Die DRP stellt der Gesellschaft zur Verbreitung von Darbietungen eine Funksendeanlage nach Massgabe
dieser Genehmigung zur Verfügung.

2) Die Zeiten, zu denen die Sendeanlage für den
obenbezeichneten Zweck bereit steht, werden von der DRP unter tunlicher Berücksichtigung der Wünsche der Gesellschaft
bestimmt.

Artikel 2

1) Als Darbietungen im Sinne dieser Genehmigung
gelten Vorführungen musikalischer, wissenschaftlicher, literarischer und bildlicher Art sowie Vorträge und Nachrichten.

2) Der Nachrichten- und Vortragsdienst ist nach
beiliegenden 'Richtlinien' auszuführen.

3) Die Beschaffung der Darbietungen ist Sache
der Gesellschaft, soweit die Richtlinien nichts anderes ergeben.

4) Die Uebermittlung von Reklame in irgendwelcher Form ist nur mit ausdrücklicher Genehmigung der DRP zulässig und auf Verlangen durchzuführen.

Der Reichspostminister schickte den Rundfunkgesellschaften die langerwartete Betriebsgenehmigung, gültig vom 1. März 1926 an.

sie auch bei den einzelnen Gesellschaften allein über die Mehrheit, und zwar über 53,3 Prozent aller Stimmen.

Die Genehmigungen in der Fassung und mit dem Datum der Zustimmung der Vereinigten Ausschüsse des Reichsrats vom 7. November 1925 wurden den einzelnen Rundfunkgesellschaften vom Reichspostministerium mit Schreiben vom 4. März 1926 zugestellt; sie traten rückwirkend mit dem 1. März 1926 in Kraft. Der Reichstag selbst hatte bis zu diesem Tag noch keine Kenntnis von diesem wichtigen rundfunkpolitischen Ereignis erhalten. Er hatte allerdings in einem anderen Zusammenhang, nämlich bei der Beratung der fortdauernden Ausgaben des Haushalts des Reichsinnenministeriums am 22. Januar 1926, in einer Entschließung die Reichsregierung ersucht, die Richtlinien über die Regelung des Rundfunks dem Reichstag vorzulegen. Es sollte noch fast ein Jahr dauern, bis dieses geschah.

Schon bei den ersten Verhandlungen Bredows über eine Dachgesellschaft war in Besprechungen mit den Reichsministern Stingl und Schiele die Frage behandelt worden, wer in einer solchen Gesellschaft die Deutsche Reichspost vertreten sollte, um einen ständigen Einfluß durch eine fachlich und sachlich qualifizierte Persönlichkeit bei dieser staatlichen Holding-Gesellschaft zu erhalten. Wie nicht anders zu erwarten, erhielt Bredow den Vorsitz im Verwaltungsrat der RRG übertragen. Er berichtete selbst dazu, daß eine derartige Personalunion – Staatssekretär im Reichspostministerium und Verwaltungsratsvorsitzender in einem privatrechtlich organisierten Unternehmen – durchaus nichts Ungewöhnliches gewesen sei.

Nach seiner Wahl zum RRG-Verwaltungsratsvorsitzenden wurde Bredow vor die Wahl Rundfunk oder Staatsdienst gestellt. Er entschied sich für den Rundfunk und schloß am 26. März 1926 mit der RRG einen Privatdienstvertrag ab über seine Tätigkeit als Vorsitzender des Verwaltungsrats. Am 8. Mai reichte er sein Entlassungsgesuch beim Reichspostminister ein, dem am 21. Mai entsprochen wurde. Zum 1. Juni 1926 wurde er mit der Bezeichnung »Rundfunk-Kommissar des Reichspostministers« als Vertreter der Post in die Gesellschafterversammlung der RRG delegiert, um in ihr sowie in den angeschlossenen Unternehmen den Einfluß der Post geltend zu machen. Die Aufgaben als Postdelegierter wurden in einem besonderen Vertrag zwischen Bredow und der Post vom 4. Juni 1926 festgelegt. Zwar war seine Tätigkeit keine Vertretung hoheitlicher Ansprüche, vielmehr war sie jenseits aller Beamtenaufgaben rein privat-

Staatssekretär Hans Bredow (1879–1959) verließ 1926 das Reichspostministerium und übernahm als »Rundfunk-Kommissar des Reichspostministers« die wirtschaftlich-technische Aufsicht über den deutschen
Rundfunk.

rechtlich bestimmt, doch in Wirklichkeit mag der gewichtige Titel seine Wirkung nicht verfehlt haben. Bredow hatte die Belange der Post in der RRG zu vertreten und darüber zu wachen, daß die RRG und die einzelnen Rundfunkgesellschaften ihren Verpflichtungen gegenüber der Post nachkamen und die Belange der Rundfunkteilnehmer wahrnahmen. Außerdem überwachte er die laufende Geschäftsführung der RRG sowie die der ihr angeschlossenen Rundfunkgesellschaften. Er hatte schriftliche Berichte über wichtige Angelegenheiten der RRG und der Rundfunkgesellschaften im Reichspostministerium vorzulegen und bei besonderen Anlässen sogar mündlich Vortrag zu halten. Bei den dem Verwaltungsrat satzungsgemäß vorzulegenden Angelegenheiten, wie der Prüfung von Jahresbilanz und Haushaltsplan, dem Grundstücksan- und -verkauf, der finanziellen Unterstützung von Rundfunkgesellschaften, wissenschaftlichen Instituten und Erfindern, soweit sie 500 RM im Einzelfall überstiegen, dem Abschluß von Verträgen über eine Dauer von länger als einem Jahr sowie bei der Bestellung und Abberufung von Prokuristen, führte der Rundfunk-Kommissar eine einheitliche Stellungnahme der vom Reichspostminister ernannten Mitglieder herbei. Wenn eine solche Verständigung nicht gelang, so legte der Reichspostminister fest, in welcher Weise abgestimmt werden sollte. Der Versammlung der Gesellschafter blieb unter anderem die Entlastung des Geschäftsführers und des Verwaltungsrats sowie die Bestellung und Abberufung von Geschäftsführern vorbehalten. Der Reichspostminister entschied, wie die Stimmen der Reichspost in der Versammlung der Gesellschafter abgegeben werden sollten. Der Rundfunk-Kommissar hatte nach jeder Sitzung des Verwaltungsrats und nach jeder Versammlung der Gesellschafter dem Reichspostminister ein Protokoll einzureichen[28].

So verließ Hans Bredow nach sechs Jahren Staatsdienst als Staatssekretär a.D. das Reichspostministerium und bezog ein neues Dienstzimmer im Haus der Funk-Stunde. Zu seinem Nachfolger bei der Post wurde Staatssekretär Ernst Feyerabend ernannt, zum neuen Leiter der Abteilung III, dem auch das Rundfunkwesen unterstand, der Ministerialdirektor Paul Craemer. Der Reichspräsident, der Reichskanzler[29] und der Reichs-

[28] (Hans) Bredow, *Vier Jahre deutscher Rundfunk*. Berlin o.J. (1928), S. 42 f.
[29] Brief Reichskanzler Wilhelm Marx (Zentrum) an Hans Bredow, o.D. Funk, Nr. 23 v. 4. 6. 1926, S. 179.

postminister ließen Bredow Dank- und Anerkennungsschreiben zugehen. Mit der Ernennung Bredows war für die Post der Aufbau des Rundfunks zunächst abgeschlossen. Drei weitere Aufgabenbereiche hatte sie sich eröffnet, ausgearbeitet und gegen Ansprüche und Absichten von außen verteidigt. Für alle technischen, rechtlichen und wirtschaftlichen Fragen war nun die Post oder der Reichspostminister allein federführend. Die Post brauchte ihre Kompetenzen auf diesen Gebieten mit niemandem mehr zu teilen.

4.6. *Der Ländereinfluß ist gesichert*
Errichtung des Drahtlosen Dienstes

Das Reichsinnenministerium mußte sich über die publizistischen Probleme beim Rundfunk noch bis in den Herbst 1926 mit den Ländern auseinandersetzen. Zu beraten war zunächst noch die sogenannte »Beteiligung« der Länder an den einzelnen Gesellschaften sowie die Vertretung der Länder im Aufsichtsrat der Dradag. Diese beiden Punkte standen auch auf der Sitzung der Vereinigten Ausschüsse des Reichsrats zur Debatte, die am 22. Januar 1926 unter dem Vorsitz des Leiters des Politischen Büros und Reichs-Kommissars für Überwachung der öffentlichen Ordnung, Hermann Kuenzer, stattgefunden hatte. Die Frage der Beteiligung, eine reine Zuständigkeitsangelegenheit der Länder untereinander, wurde für acht der neun Gesellschaften gelöst. Die Beteiligung stellte das Recht dar, einen stimmberechtigten Vertreter in den Überwachungsausschuß zu entsenden, an den Sitzungen des kulturellen Beirats teilzunehmen, Auflagenachrichten und Vorträge zuzuteilen und bei der Ernennung der Mitglieder der Beiräte von der zuständigen Landesregierung gefragt zu werden. Uneinigkeit herrschte über die Lage in Leipzig, wo Thüringen mit Recht – wie es hieß –, aber auch Preußen »Beteiligungen« forderte. Hierzu sollte das Reich weitere Verhandlungen einleiten. Im übrigen wurde Mecklenburg zugestanden, einen Vertreter zu den Sitzungen des Beirats in Berlin zu entsenden. Schließlich beanspruchten Braunschweig und Lübeck das gleiche für Hamburg. Hamburg wehrte sich gegen diese Forderung. Die beiden Städte wollten ihre Ansprüche unmittelbar dem Hamburger Senat vortragen.

Damit war grundsätzlich auch dem Reichsinnenministerium für seine Rundfunkaufgaben der Weg geebnet. Die Neuorganisation der als »Nachrichtenstelle« für alle Gesellschaften ausersehenen Dradag hatte inzwischen Erfolg gezeigt. Doch Sorgen bereiteten dem Reichsinnenminister noch jene 49 v. H. der Anteile, die der Reichsverband der Deutschen Presse im Februar 1925 von Heilmann erworben hatte. Es konnte dem Ministerium nämlich nicht gleichgültig sein, wer die Mitbesitzer sein würden. Man hätte gern gesehen, wenn diese Anteile breiter verteilt gewesen wären, um vor Angriffen durch die Parteien sicher zu sein und um die Überparteilichkeit nachweisen zu können. Das Reichsinnenministerium teilte dem Journalistenverband diese Überlegungen mit, obgleich man wußte, daß jener die Anteile rechtmäßig erworben hatte und allein darüber entscheiden konnte, ob und an wen er sie möglicherweise abzugeben gedenke. Der Verband zeigte sich indessen den ministeriellen Wünschen gegenüber durchaus zugänglich. Mit einem Vertrag vom 25. April 1925 übertrug der Journalistenverband von seinen insgesamt 147 Aktien 110 an andere Unternehmen, und zwar an Wolff's Telegraphisches Bureau 36, an die Telegraphen-Union 36, an Rechtsanwalt Martin Carbe 19 und an Direktor Otto Scheuer 19 Aktien. Carbe und Scheuer, beide Direktoren in zwei Berliner Großverlagen, erklärten in diesem Vertrag, ihn »zwar im eigenen Namen, aber im inneren Verhältnis im Auftrage, für Rechnung und als Treuhänder der Firmen Rudolf Mosse (Carbe) und August Scherl (Scheuer)« abzuschließen[30]. Sie übernahmen gleichzeitig für ihre Verlage die Verpflichtung, ihre Anteile zum Einkaufspreis dem Verein Deutscher Zeitungs-Verleger anzubieten. Dieser zeigte sich jedoch nicht interessiert, so daß die Aktien schließlich bei den beiden Treuhändern blieben.

[30] Vermerk auf Brief Reichsinnenminister [Kuenzer] an StSekr Reichskanzlei, Reichspostminister, Reichswirtschaftsminister, Auswärtiges Amt, AA/Presseabteilung der Reichsregierung, 26. 1. 1926. BA Kblz R 43 I Reichskanzlei. Post 4. Funkwesen, Bd. 2.

Aktionäre	RM	Anzahl d. Aktien	Prozent Anteil
Reichsministerium des Innern	76 500	153	51,0
Reichsverband der Deutschen Presse	18 500	37	12,4
Wolffs' Telegraphisches Bureau	18 000	36	12,0
Telegraphen-Union	18 000	36	12,0
Martin Carbe (Mosse)	9 500	19	6,3
Otto Scheuer (Scherl)	9 500	19	6,3
Grundkapital	150 000	300	100,0

Dies war die Situation im Sommer 1925, als Scholz seine Rundfunk-Denkschrift verfaßte. So hieß es dort denn auch, daß das Reichsinnenministerium die Gesellschaft als Nachrichtenstelle im Sinne der erwähnten »Richtlinien« anzuerkennen gedenke, sobald die Zusammensetzung des Aufsichtsrats geregelt wäre. Dies aber sei erst nach der Einigung über die Mitwirkung der Länder im Rundfunk möglich. Das Reichsinnenministerium zeige sich zu keiner Konzession in der Frage der Kapitalbeteiligung der Länder an der Dradag bereit. Man könne nicht auch noch die 51 Prozent Anteile des Reichs mit den Ländern teilen. Eine solche Zersplitterung des Kapitals würde die Geschäftstätigkeit dieser Gesellschaft erheblich einschränken. Da die Gesellschaft durch ihren Aufsichtsrat kontrolliert werde, sollten sich die Länder dort Einfluß sichern. Das Reichsinnenministerium versprach die Zahl der Aufsichtsratssitze zugunsten der Länder zu erhöhen. Auch in einem geschäftsführenden Unterausschuß des Aufsichtsrats sollten die Länder vertreten sein. Näheres müsse noch geregelt werden[31]. Außerdem forderte Preußen neben dem alleinigen Vorstand (Erlinghagen) ein weiteres von ihm zu ernennendes Vorstandsmitglied, ferner das Verbleiben des von ihm bestimmten Aufsichtsratsvorsitzenden und schließlich eine Sicherheit, daß Satzungsänderungen nur mit seiner Zustimmung vorgenommen werden dürften. Preußen erhielt die Zusagen.

[31] Denkschrift über den Rundfunk des Reichsinnenministers und des Reichspostministers vom 14. 10. 1925, Blatt 48. BA Kblz R 43 I Reichskanzlei. Post und Telegraphie 4. Funkerwesen, Bd. 1.

Diese Aktivitäten nahm der Pressechef der Reichsregierung, Otto Kiep, zum Anlaß für eine Warnung, denn er glaubte durch die starke Beteiligung Preußens publizistische Reichsinteressen gefährdet. Er schrieb an den Staatssekretär in der Reichskanzlei, man müsse bei der Organisation der Nachrichtenstelle darauf Bedacht nehmen, daß hier nicht eine unzulässige Beeinträchtigung der Stellung und des Aufgabenkreises der Vereinigten Presseabteilung der Reichsregierung entstehe oder eine neue Pressestelle für den Funkdienst unter Leitung des Reichsinnenministeriums geschaffen werde[32].

Der zu der Sitzung des Reichsrates am 7. Dezember 1925 eingebrachte »Vorschlag für die Vertretung der Länder im Aufsichtsrat der Drahtloser Dienst AG des Reichs« sah vor: Die Länder sollten sieben Vertreter in den Aufsichtsrat entsenden, was der damaligen Zahl politischer Parteien im Aufsichtsrat entsprach. Bei einer Erhöhung der Mitgliederzahl des Aufsichtsrats sollte entsprechend auch die Zahl der durch den Reichsrat zu wählenden Ländervertreter erhöht werden. In dem vorgesehenen geschäftsführenden Unterausschuß von vier Mitgliedern wollte die Reichsregierung einen Sitz einem Vertreter der Länder einräumen. Die übrigen drei Sitze würden je ein Vertreter des Reichs, der Parteien und der Minderheitsaktionäre erhalten. Bayern schlug hierzu vor, für den geschäftsführenden Unterausschuß sieben Mitglieder vorzusehen, von denen eines Preußen und das zweite ein »süddeutsches Land« ernennen sollten.

Auf weiteren Sitzungen der Vereinigten Reichsratsausschüsse, am 22. und 28. Januar 1926, stimmten die Länder dem Vorschlag der Reichsregierung in der beschriebenen Fassung zu. Bayern nahm seinen Antrag zurück und erhielt die Zusage, daß die Aufgaben des geschäftsführenden Unterausschusses des Aufsichtsrats, der inzwischen in »Präsidium« umbenannt worden war, in besondere Richtlinien gefaßt würden[33]. So entstand ein Aufsichtsrat, der zweifellos Züge einer »Überorganisation« aufwies, wie der Hamburger Vertreter die vorgesehene Struktur der Dradag seinerzeit bezeichnet hatte. Den Vorsitz übernahm Oberregierungsrat Erich Scholz.

[32] Brief AA/Presseabteilung der Reichsregierung [Kiep] an StSekr Reichskanzlei [Kempner], 5. 12. 1925. Ebd.
[33] Protokoll über das Ergebnis der Sitzung der Vereinigten Ausschüsse des Reichsrats vom 28. 1. 1926. BA Kblz R 43 I Reichskanzlei. Post 4. Funkwesen, Bd. 2.

AUFSICHTSRAT DER DRADAG, FEBRUAR 1926

I. Reichsvertreter: Oberregierungsrat Erich Scholz (RMI), Legationsrat Wolfgang Dittler (Presseabteilung der Reichsregierung).

II. Ländervertreter: Oberregierungsrat Hans Goslar (Pressechef des Preußischen Staatsministeriums und stellvertretender Vorsitzender), Ministerialrat Kurt Schönner (Preußisches Ministerium des Innern), Ministerialrat Robert Sommer (Preußisches Ministerium für Handel und Gewerbe), Ministerialrat Hans Freiherr von Imhoff (Stellvertretendes Mitglied des Landes Bayern im Reichsrat), Ministerialdirektor Friedrich Poetzsch-Heffter (Sächsische Gesandtschaft bei der Reichsregierung), Oberregierungsrat Hans Drück (Stellv. Mitglied des Landes Württemberg im Reichsrat), Ministerialrat Hermann Fecht (Stellv. Mitglied des Landes Baden im Reichsrat), Staatsrat Alexander Zinn (Vortragender Rat beim Senat der Freien und Hansestadt Hamburg).

III. Parteienvertreter: Reichstagsabgeordneter Hans-Erdmann von Lindeiner-Wildau (DNVP), Landtagsabgeordneter Joseph Buchhorn (DVP), Reichstagsabgeordneter Professor Johann Victor Bredt (Wirtschaftspartei d. dt. Mittelstandes), Reichstagsabgeordneter Martin Loibl (Bayerische VP), Reichstagsabgeordneter Joseph Joos (Zentrum), Landtagsabgeordneter Otto Nuschke (DDP), Reichstagsabgeordneter Otto Wels (SPD).

IV. Vertreter der Minderheitsaktionäre: Chefredakteur Paul Baecker (Reichsverband der Deutschen Presse), Direktor Gustav Richter (Reichsverband der Deutschen Presse), Direktor Otto Scheuer (Verlag Scherl), Martin Carbe (Verlag Mosse), Direktor Hermann Diez (WTB), Heinrich Mantler (WTB), Direktor Otto Mejer (TU), Direktor Alfred Günthel (TU).

V. Vertreter der Rundfunkgesellschaften: Kurt Magnus (Reichs-Rundfunk-Gesellschaft).

Der Aufsichtsrat beschloß in seiner Sitzung vom 18. Februar 1926, die Gesellschaft so zu organisieren, daß sie nach den »Richtlinien« als Nachrichtenbüro (»Nachrichtenstelle«) des Rundfunks vom Reichsinnenministerium anerkannt würde. Der am gleichen Tag gewählte achtköpfige »Organisationsausschuß« beriet während vier Monaten in sieben Sitzungen seine Aufgaben mit folgendem Ergebnis: Die Arbeit des Nachrichtenbüros soll gekennzeichnet sein durch »strenge Überparteilichkeit«. Eine enge Fühlungnahme mit den Redakteuren bei den örtlichen Gesellschaften ist unentbehrlich. Der Umfang des Dienstes soll sich zunächst in den Grenzen des dort Üblichen halten. Das Material soll in erster Linie aus Nachrichten bestehen; Meinungen werden nur zugelassen, wenn sie zum

Verständnis der Nachrichten unbedingt erforderlich sind. Als Personal sind vorgesehen ein verantwortlicher Chefredakteur und die notwendigen Hilfskräfte. Als Quellen sollen die großen Agenturen WTB und TU, aber auch Pressedienste (Parteikorrespondenzen) herangezogen werden. Die Auflagenachrichten sollen zwar als solche gekennzeichnet sein, jedoch nicht, wie es der Vertreter des Journalistenverbandes gefordert hatte, als amtliche Durchsagen angekündigt werden. Zur Steigerung der Aktionsfähigkeit und zur Beschleunigung und Vereinfachung der Geschäftsführung ist ein »Arbeitsausschuß« einzusetzen, für den besondere Bestimmungen gelten sollen. Er wird aus acht Mitgliedern des Aufsichtsrats bestehen. Seine Aufgaben sind hinsichtlich der Programmüberwachung die gleichen wie die des gesamten Aufsichtsrats.

Mit einem Brief vom 29. März 1926 unterrichtete der Organisationsausschuß den Reichsinnenminister über seine Aufbaupläne und stellte gleichzeitig formell den Antrag, die Dradag als »Nachrichtenstelle des deutschen Rundfunks« anzuerkennen. Der neue Reichsinnenminister im Kabinett Marx, Wilhelm Külz (Demokratische Partei), antwortete am 8. April 1926: Ich beabsichtige die Drahtloser Dienst AG als Nachrichtenstelle im Sinne der Richtlinien für den Nachrichtendienst und Vortragsdienst der Sendegesellschaften (Artikel 2, Ziffer 2 der Genehmigung zur Benutzung einer Funksendeanlage der Deutschen Reichspost für die Zwecke des Unterhaltungsfunks) unter folgenden Bedingungen anzuerkennen:

1. Die Tätigkeit der Nachrichtenstelle wird durch die Richtlinien bestimmt, die für den Nachrichten- und Vortragsdienst der Sendegesellschaften gelten und in Zukunft etwa noch erlassen werden. Oberster Grundsatz muß die Wahrung strenger Überparteilichkeit sein. Er ist in gleicher Weise bei der Auswahl des Personals der Nachrichtenstelle, bei der Heranziehung des Nachrichtenmaterials und bei der Zusammenstellung der Nachrichten für die Sendegesellschaften zu beachten.
2. Zum Leiter der Nachrichtenstelle ist ein den persönlichen wie sachlichen Erfordernissen gewachsener Redakteur als Vorstandsmitglied der Gesellschaft zu bestellen. Er trägt für die Innehaltung der Richtlinien die Verantwortung.
3. Die Anstellung und Entlassung des Redakteurs und seiner etwaigen redaktionellen Hilfskräfte sowie die mit ihnen abzuschließenden Verträge bedürfen meiner Genehmigung.

4. Die Redaktion der Nachrichtenstelle hat sich bei Ausübung ihrer Tätigkeit in enger Fühlung mit der Presseabteilung der Reichsregierung zu halten.

5. Die Nachrichtenstelle hat Auflage-Nachrichten, die ihr von amtlichen noch näher zu bezeichnenden Stellen als solche zugehen, unverzüglich, unverkürzt und unverändert an die Sendegesellschaften weiterzugeben.

6. Vorstandsmitglieder und Angestellte der Gesellschaft, die im Betrieb der Gesellschaft durch Vertrauensmißbrauch oder in sonstiger Weise den Interessen des Reichs zuwider handeln, müssen auf meinen Wunsch von jeder Arbeit für die Gesellschaft ganz oder in den Grenzen ausgeschlossen werden, in denen ich dies verlange.

7. Die Gesellschaft verpflichtet sich, ihren Geschäftsbetrieb nach Maßgabe der anliegenden Richtlinien durch eine vom Aufsichtsrat beauftragte, mir genehme Treuhandgesellschaft prüfen zu lassen.

8. Diese Anerkennung kann ferner jederzeit mit sofortiger Wirkung zurückgezogen oder geändert werden,

a. wenn die technische Entwicklung des Rundfunks oder das öffentliche Interesse es zwingend erfordern,

b. wenn trotz meiner Mahnung wiederholt gröblich gegen die vorstehenden Bedingungen der Anerkennung verstoßen wird[34].

Der Reichsinnenminister bat, die Annahme dieser Bedingungen durch den Aufsichtsrat zu bestätigen, bevor er die Anerkennung ausspreche. Das Vorschlagsrecht für die Berufung des Redakteurs (Ziffer 1 und 3) behielt sich der Reichsinnenminister vor. In seiner Sitzung am 24. Juli 1926 beschloß der Aufsichtsrat der Dradag, die acht Bedingungen anzunehmen und den Arbeitsausschuß einzusetzen; außerdem wählte er dessen Mitglieder. Am gleichen Tag bestimmte der Reichsinnenminister die Dradag zur Nachrichtenstelle. Damit war die letzte an der Organisation des Rundfunks in Deutschland unmittelbar beteiligte Gesellschaft mit behördlichem Patent auf ihren Platz gewiesen worden.

Nach einer heftigen Auseinandersetzung mit dem preußischen Staatsministerium verzichtete der Reichsinnenminister

[34] Brief Reichsinnenminister an Dradag, 8. 4. 1926. Ebd.; Auszug bei Bausch, *Der Rundfunk im politischen Kräftespiel*, S. 77.

Josef Räuscher (1889–1937) leitete den »Drahtlosen Dienst« als Chefredakteur von 1926 bis 1932.

auf die Unterstützung seines Kandidaten, des Legationssekretärs Fritz von Twardowski von der Presseabteilung der Reichsregierung für die Stelle des Dradag-Chefredakteurs zugunsten des von Preußen unterstützten Josef Räuscher. Er schlug der Dradag am 10. Juni 1926 diesen von der Nachrichtenagentur Telegraphen-Union (TU) kommenden Journalisten vor, doch während der Aufsichtsratssitzung vom 24. Juli erhob ein Teil des Aufsichtsrats noch einmal Einspruch. Endlich, am 12. August 1926, stimmte das Kabinett der Wahl Räuschers zu. Nur mit einer geschickten Arithmetik gelang in der Aufsichtsratssitzung vom 14. Oktober 1926 seine Wahl zum Chefredakteur, nachdem sich sogar der Reichskanzler selbst für ihn ausgesprochen hatte.

Die Wahl erfolgte einstimmig, wie es in einer handschriftlichen Aktennotiz heißt, mit den Stimmen von Otto Wels (SPD) und von Hans-Erdmann von Lindeiner-Wildau (DNVP). Der Reichstagsabgeordnete und Verleger des *Neuburger Anzeigeblatt,* Martin Loibl (Bayerische Volkspartei), enthielt sich der Stimme »aus grundsätzlicher Gegnerschaft gegen den Aufbau des Rundfunks«[35]. Der Stellvertreter von Räuscher wurde Wolfgang Peters, vormals Redakteur bei der Berliner Tageszeitung *Der Tag.* Räuscher und Peters traten ihren Dienst am 1. Dezember 1926 an; Räuscher teilte dies drei Tage später immerhin auch dem Reichskanzler selbst mit.

[35] Aktenvermerk [Wienstein] für den StSekr Reichskanzlei [Pünder] vom 15. 1o. 1926. BA Kblz R 43 I Reichskanzlei. Post 4. Funkwesen, Bd. 2.

4.7. Die »Richtlinien über die Regelung des Rundfunks«
Das Parlament wird informiert: Zwischenbilanz

Erst am 2. Dezember 1926 kam der Reichsinnenminister jener Entschließung des Reichstags vom 22. Januar des Jahres nach, in der die Reichsregierung ersucht worden war, die Richtlinien über die Regelung des Rundfunks vorzulegen. Erst mit der Reichstagsdrucksache Nr. 2776, die am 7. Dezember 1926 ausgegeben wurde, erhielt die Volksvertretung in aller Form Kenntnis von der Entstehung des Rundfunks in Deutschland und von seiner Organisation, immerhin mehr als drei Jahre nach der Eröffnung des Programmdienstes. Die Reichstagsdrucksache informierte unter dem Titel *Richtlinien über die Regelung des Rundfunk* über die politische Überwachung des Rundfunks, die Richtlinien für den Nachrichten- und Vortragsdienst der Gesellschaften, die Bestimmungen für den Überwachungsausschuß der Sendegesellschaften und die Bestimmungen für den kulturellen Beirat der Sendegesellschaften.«[36]

Damit konnte die Deutsche Reichspost die erste Rundfunkordnung als abgeschlossen ansehen. Unter eifersüchtiger Wahrung ihrer hoheitlichen Ansprüche hatte sich die Post um die Gesetzgebung, die Erteilung der Genehmigungen, die Gebührenfestsetzung und Gebührenerhebung, sogar um die Errichtung der Sender und ihren Betrieb und schließlich um die Überwachung der gesamten Wirtschaftsführung des neuen Mediums gekümmert. Was die Programme anging, so konnte sie sich auf das Reichsministerium des Innern und auf die für die einzelnen Rundfunkbezirke zuständigen Landesregierungen verlassen. Als Programmträger wurden elf Gesellschaften errichtet, neun regionale Programmhersteller und zwei Zentralgesellschaften. Nach den bestehenden fernmelderechtlichen Bestimmungen bekamen zehn dieser Gesellschaften eine Genehmigung zur Benutzung von Sendeanlagen der Post zur Verbreitung ihrer Programme erteilt. Die elfte Gesellschaft arbeitete als zentrales Nachrichtenunternehmen, als Zulieferagentur für allgemeines aktuelles Material, das von sämtlichen Programmgesellschaften abgenommen werden mußte. Die Genehmigungen der Post regelten die wirtschaftlichen Beziehungen zwischen den Programmgesellschaften und der Post, besonders die Verteilung der von ihr bei den Rundfunkteilnehmern eingenommenen Gebüh-

---

[36] Deutscher Reichstag. III. Wahlperiode 1924/26. Drucksache Nr. 2776.

Nr. 2776

Der Reichsminister des Innern
Nr. P 8133

Berlin, den 2. Dezember 1926.

Der Reichstag hat anläßlich der Beratung der Anlage V Kapitel 1 Titel 1 der fortdauernden Ausgaben des Haushalts des Reichsministeriums des Innern — Reichstagsdrucksache Nr. 1178, III. Wahlperiode 1924/25 S. 16 — eine Entschließung angenommen, in der die Reichsregierung ersucht wird, die Richtlinien über die Regelung des Rundfunks dem Reichstag vorzulegen. In der Anlage beehre ich mich diese Richtlinien vorzulegen.

Dr. Külz

An
den Herrn Präsidenten des Reichstags.

Richtlinien über die Regelung des Rundfunks

Mit der fortschreitenden Entwicklung des Rundfunks ergab sich die staatspolitische Notwendigkeit, Maßnahmen zu treffen, um eine politisch oder kulturell mißbräuchliche Ausnutzung der rundfunktechnischen Möglichkeiten zu verhindern.

Die rechtliche Handhabe hierzu bot das Gesetz über das Telegraphenwesen des Deutschen Reichs vom 6. April 1892 (Reichsgesetzbl. S. 467) in Verbindung mit dem Gesetz, betreffend die Abänderung dieses Gesetzes, vom 7. März 1908 (Reichsgesetzbl. S. 79) und der Verordnung zum Schutze des Rundfunkverkehrs vom 8. März 1924 (Reichsgesetzbl. I S. 273). Hiernach dürfen Funkanlagen nur mit Genehmigung der Reichstelegraphenverwaltung errichtet oder betrieben werden. Die Reichsregierung war damit in der Lage, die Zulassung des Rundfunkbetriebes von Bedingungen abhängig zu machen, die sie zur Wahrung politischer und kultureller Belange für zweckmäßig und erforderlich hielt. Am Rahmen dieser Bedingungen wurde im Zusammenwirken mit den Ländern zur politischen und kulturellen Überwachung der Rundfunkdarbietungen folgende Regelung getroffen:

I. Die politische Überwachung des Rundfunks

1. Nach Artikel 2 Ziffer 2 der Rundfunkgesellschaften erteilten Genehmigung ist der Nachrichten- und Vortragsdienst der Rundfunkgesellschaften nach bestimmten "Richtlinien" auszuführen (Anlage 1). An der Spitze der Richtlinien steht der Satz, daß der Rundfunk keiner Partei dient, sein Nachrichten- und Vortragsdienst dabei streng überparteilich zu gestalten ist. Zur Sicherstellung der Überparteilichkeit ist angeordnet, daß die Rundfunkgesellschaften nur solche politischen Nachrichten verbreiten dürfen, die ihnen von einer hierzu von der Reichsregierung bestimmten Nachrichtenstelle zugeleitet werden. Die Rundfunkgesellschaften brauchen die Nachrichten dieser Stelle nicht restlos zu verbreiten. Es ist ihnen aber untersagt — von Lokalnachrichten und den sogenannten "Auslagenachrichten" (Ziffer 5 und 6 der Richtlinien) abgesehen —, andere politische Nachrichten zu bringen als solche, die ihnen die Nachrichtenstelle vermittelt hat.

2. Zur Nachrichtenstelle im Sinne der Richtlinien hat die Reichsregierung die Drahtlose Dienst A.-G. in Berlin bestimmt. 51 v. H. der Aktien dieser Gesellschaft befinden sich in den Händen des Reichs, die restlichen 49 v. H. verteilen sich auf den Reichsverband der Deutschen Presse, die Verleger Scherl und Mosse, Wolffs Telegraphisches Büro und die Telegraphen-Union. Die Gesellschaft ist gemeinnützig. Dem Aufsichtsrat gehören zwei Vertreter der Reichsregierung, acht Vertreter der Landesregierungen, sieben Abgeordnete des Reichstags und des Preußischen Landtags, acht Vertreter der Minderheitsaktionäre und ein Vertreter der Rundfunkgesellschaften an. Die Gesellschaft hat das Recht, sich über die Abwicklung von der ihr vermittelten Nachrichten laufend berichten zu lassen, auch den Wortlaut in der verbreiteten Fassung anzufordern (Ziffer 8 der Richtlinien). Weitergehende Überwachungsrechte stehen ihr als Nachrichtenstelle nicht zu.

Reichstag. III. 1924/26. Druck. Nr. 2776. Ausgegeben am 7. Dezember 1926.

Der Druckbau d. des Reichstags sind fortlaufend und einzeln durch den Hermann Hering, Berlin 20 w, zu beziehen.

2

3. Die allgemeine politische Überwachung der Rundfunkdarbietungen der einzelnen Rundfunkgesellschaft ist den sogenannten politischen Überwachungsausschüssen übertragen. Artikel 3 Ziffer 1 der Genehmigung bestimmt darüber folgendes:

Zur Überwachung des Nachrichten- und Vortragsdienstes der Gesellschaft, der Innehaltung der Richtlinien und zur Entscheidung über alle mit der Programmgestaltung zusammenhängenden politischen Fragen wird ein Überwachungsausschuß eingesetzt. Er besteht in der Regel aus drei Mitgliedern, von denen eines vom Reich, die anderen von der zuständigen Landesregierung ernannt werden. Die Anstellung des für die Programmgestaltung verantwortlichen Vorstandsmitglieds bedarf seiner Genehmigung. Bei Verstoß gegen die Richtlinien oder Nichtbefolgung von Anweisungen hat der Überwachungsausschuß das Recht, die Abberufung dieser Persönlichkeit zu verfügen. Die Mitglieder des Überwachungsausschusses müssen in den Aufsichtsrat der Gesellschaft gewählt werden.

Die sonstigen Aufgaben und Befugnisse der Mitglieder des Überwachungsausschüsse sind in den der Genehmigung beigefügten "Bestimmungen für den Überwachungsausschuß der Sendegesellschaften" geregelt (Anlage 2).

II. Die kulturelle Überwachung des Rundfunks

Nach Artikel 3 Ziffer 2 der Genehmigung ist bei jeder Gesellschaft zur Mitwirkung an der Gestaltung des Programms hinsichtlich der Darbietungen auf dem Gebiete von Kunst, Wissenschaft und Volksbildung ein Beirat zu bestellen. Seine Mitglieder werden nach Anhörung der Gesellschaft von der zuständigen Landesregierung aus der ihr benannten Stelle im Benehmen mit dem Reichsminister des Innern berufen. Das Nähere über die Aufgaben des Beirats ist aus den als Anlage 3 angeschlossenen "Bestimmungen über den kulturellen Beirat der Sendegesellschaften" ersichtlich.

ren für das Recht, Empfänger zu betreiben. Die wirtschaftliche Verwendung dieser Einnahmen überwachten Post und Reichsrechnungshof. Die Überschüsse aus diesen Einnahmen flossen, soweit sie nicht für den Rundfunk verwendet wurden, wieder der Post zu.

Zur Überwachung der politischen Programme bestand bei jeder Rundfunkgesellschaft ein vom Reichsinnenminister in Verbindung mit den beteiligten Länderregierungen eingesetzter Überwachungsausschuß. Zur Mitwirkung an der Programmgestaltung auf kulturellem Gebiet wurde jeder Gesellschaft außerdem ein Kulturbeirat attachiert. Die organisatorische, wirtschaftliche und technische Aufsicht über die Rundfunkgesellschaften – ausgenommen die Programmgesellschaft in München – lag in den Händen einer von den Programmgesellschaften gemeinsam errichteten Dachgesellschaft, der genannten Reichs-Rundfunk-Gesellschaft mbH. In ihr hatte sich die Post einen unmittelbaren, maßgeblichen wirtschaftlichen Einfluß verschafft, indem sie sich 51 Prozent des Stammkapitals kostenfrei hatte abtreten lassen. Den gleichen Einfluß übte die Post über die RRG auch bei den Programmgesellschaften aus. Der Vorsitzende des Verwaltungsrates der RRG war nun der Rundfunk-Kommissar des Reichspostministers. Er hatte den gesamten Geschäftsbetrieb der RRG und der ihr angeschlossenen Rundfunkgesellschaften zu überwachen.

Die Sendeanlagen waren Eigentum der Post und wurden auch von ihr betrieben. Die Rundfunkgesellschaften mußten die Anlagekosten amortisieren, für den Betrieb der Sender Gebühren zahlen und die Kosten für die Überspielung der Programme aus den Funkhäusern zum Sender und für die Benutzung der Kabelverbindungen zwischen den einzelnen Sendern tragen. Die in den Funkhäusern und Studios der Rundfunkgesellschaften vorhandenen technischen Einrichtungen wurden zwar von den Gesellschaften selbst beschafft und unterhalten, aber bis 1929 von Posttechnikern bedient. Das Verhältnis der Hörer zur Post und zu den Programmgesellschaften war in den Genehmigungsbedingungen für die Errichtung und den Betrieb von Empfangsanlagen geregelt. Für die Zahlung einer Gebühr von 2 RM monatlich konnte der Hörer Empfänger aller Art benutzen, durfte jedoch nur die Darbietungen der Programmgesellschaften empfangen.

Die Rundfunkordnung von 1926 hatte das neue Medium bereits in vollem Umfang der staatlichen Verwaltung unterwor-

Rundfunkkommissar Bredow an seinem Arbeitsplatz im Funkhaus Berlin

fen. Es war eine staatliche Einrichtung, ein Teil der Reichsverwaltung geworden. Die Redensart von der »gemischtwirtschaftlichen Natur« des Rundfunks bedeutete nichts anderes, als daß die Rundfunkgesellschaften privatrechtlich organisiert waren und außerdem Privatpersonen eine Weile noch an den Gesellschaften beteiligt blieben. Diese Tatsache konnte freilich nicht darüber hinwegtäuschen, daß Reich und Länder in allen Gesellschaften und in der Dachgesellschaft die Majorität besaßen und daß diese wirtschaftspolitische Organisation weit entfernt war von dem, was Hans Bredow, in Verkennung dieses Begriffs, damals bereits eine »öffentliche Organisationsstruktur« genannt hat. Denn diese Bezeichnung führt aufs Glatteis. Zum einen setzt man allzu leichtfertig »öffentlich« mit öffentlich-rechtlicher Selbstverwaltung gleich, sodann wurde und wird, unter Verkennung der historischen Hintergründe, gern vergessen, daß staatliche Macht sich zu jeder Zeit in kulturfeudalistischer Manier mit »der Öffentlichkeit« gleichzusetzen pflegt. Drei Jahre hatte es gedauert, bis die Integration eines neuen Kommunikationsmittels vorläufig abgeschlossen werden konnte. Über sechs Jahre lang sollte die Rundfunkordnung von 1926 ein hinreichendes Fundament bilden, bis im Jahre 1932, in der Agonie der Weimarer Republik, der Rundfunk vollends ein Staatsorgan wurde.

5. Die Medienorganisationen

5.1. *Der Aufbau der Reichs-Rundfunk-Gesellschaft*
Organisation des Monopolbetriebs

In zeitgenössischen Darstellungen ist die RRG gern als reines Verwaltungsorgan geschildert worden, das sich die Rundfunkgesellschaften gegründet hätten, um, von lästiger Bürokratie befreit, sich mit um so größerem Eifer ihrer Programmarbeit widmen zu können. Gewiß wurde eingestanden, daß so etwas auch Geld kosten würde, sogleich aber hinzugefügt, die Gebühren würden am besten von einer zentralen Stelle verteilt; die Einheitsverwaltung sei jedenfalls billiger als zehn regionale. Die Überwachungskompetenz im Auftrag der Post spielte man gern

Signet der Reichs-Rundfunk-Gesellschaft. Entwurf von Wilhelm Deffke (1926)

herunter und hob stattdessen die Bearbeitung gemeinsamer Fragen hervor, wie die Pressearbeit, die Verhandlungen mit Autoren und Künstlern oder die internationale Vertretung. Aus der Satzung wurde immer wieder der Punkt über die »Finanzierung von technischen Versuchen und wissenschaftlichen Arbeiten mit dem Ziel der Vervollkommnung des Funkwesens« (§ 2) genannt. Das alles leistete die RRG mit einem ansehnlichen Apparat. Aber ihre rundfunkpolitische Funktion – sie wird noch zu erörtern sein – kam in den damaligen Schilderungen meist nur in sehr unverfänglichen Formulierungen zum Ausdruck.

Der erste Geschäftsführer der RRG, Kurt Magnus, war ein Meister solch beinahe unschuldsvoller Formulierungen. In seinem populären Beitrag über die RRG für das erste Jahrbuch der Berliner Funk-Stunde schrieb er in charakteristischer Manier, diese Gesellschaft habe den größten Teil aller mit dem Rundfunk verbundenen Verwaltungsarbeiten übernommen. Jedem Kenner wirtschaftlicher Unternehmungen sei bekannt, welche Unsummen von Verwaltungsarbeit mit der Leitung solcher Unternehmen verbunden sei. Durch Fühlungnahme mit Behörden und verschiedenartigen Organisationen, durch Besprechungen und Reisen, durch Bearbeitung juristischer und steuerrechtlicher Fragen seien die Unternehmensleitungen meist in unerfreulicher Weise überlastet und ihren eigentlichen Aufgaben entzogen. Da die RRG diese Verwaltungsaufgaben übernommen habe, seien den Leitern der Rundfunkgesellschaften ihre eigentlichen Aufgaben, die Bearbeitung und Durchführung der Programme, zurückgegeben worden. Durch die Tätigkeit der RRG seien die Rundfunkgesellschaften, die ursprünglich unabhängig voneinander arbeiteten, allmählich eng zusammengeschlossen worden; heute sei der deutsche Rundfunk in wirtschaftlicher Hinsicht nur noch ein einziges Unternehmen[1].

Nach allen Regeln der Organisationslehre entstand in den folgenden Jahren ein Verwaltungsgebilde, dessen Größe schon aus dem Personalbestand abzulesen ist. Während im Jahre 1926 neben den beiden Geschäftsführern nur achtzehn Personen im Dienst der RRG standen, waren es 1927 bereits 31 und Ende 1930 gab es, neben den beiden Geschäftsführern, zwei stellvertretende Geschäftsführer, zwei Prokuristen, zwölf Sachbearbeiter, 45 kaufmännische Angestellte und 25 gewerbliche Angestellte, insgesamt 88 Mitarbeiter. Hinzu kamen die Beschäftigten der angegliederten Abteilungen. In der Abteilung Betriebstechnik waren Ende 1930 außer dem Leiter 176 Personen tätig, im Programmausschuß elf, bei der Zentral-Funkhilfe fünf und bei den Zentralstellen für Schulfunk jeweils ebenfalls fünf. Der RRG war kassenmäßig auch das Büro des Rundfunk-Kommissars des Reichspostministers angeschlossen, in dem ein Referent (Oberpostrat a. D. Hugo Brand), ein Sekretär (Heinz Geiger) sowie drei Angestellte tätig waren[2].

---

[1] Kurt Magnus, *Die Reichs-Rundfunk-Gesellschaft.* In: *Die Funk-Stunde. Ein Jahrbuch der Berliner Rundfunk-Sendestelle.* Berlin 1926, S. 38 ff.
[2] Gerhard Laurisch, *Der Rundfunk als Arbeitgeber.* Jena 1933, S. 26 ff.

Im zweiten Geschäftsjahr der RRG wurden wegen starker Zunahme der laufenden Arbeiten und Übernahme neuer Aufgaben sieben Abteilungen eingerichtet: eine allgemeine Verwaltungsabteilung, eine Rechtsabteilung, eine literarische Abteilung mit den Unterabteilungen Archiv und Statistik, eine technische Abteilung, eine Fremdsprachenabteilung, eine Finanzabteilung mit Buchhaltung und Kasse sowie die Abteilung Registratur und Kanzlei[3].

Die allgemeine Verwaltungsabteilung leitete Postrat a. D. Max Witte, den Giesecke aus dem Reichspostministerium mitgebracht hatte. Hier wurde die Korrespondenz mit dem Ministerium und den Rundfunkgesellschaften bearbeitet, insbesondere ihre Organisation und rechtliche Stellung, ferner das Verhältnis der Teilnehmer zur Post und zu den Gesellschaften, Gebührenfragen, die Gebühreneinzugsgebiete, die Errichtung neuer Sender sowie Störschutz und Rundfunkwerbung. Die Kontakte zu Organisationen des In- und Auslandes, die Veröffentlichung der Rundfunkprogramme, Personalfragen und die geschäftliche Überwachung der Rundfunkgesellschaften gehörten ebenfalls zu den Aufgaben dieser allgemeinen Verwaltungsabteilung.

Die Rechtsabteilung bearbeitete alle Angelegenheiten, die sich aus den Aufgaben der RRG für die Rundfunkgesellschaften ergaben. Mit den Verwaltungsleitern der Gesellschaften bereitete die RRG die Beschlüsse der Generalversammlungen der Gesellschaften vor und sorgte für die Vertretung der RRG in diesen Versammlungen. Die RRG-Mitglieder nahmen im zweiten Geschäftsjahr bereits an achtzehn Generalversammlungen und an 31 Aufsichtsratssitzungen der regionalen Rundfunkgesellschaften teil. Die Verhandlungen mit den Autorenverbänden entwickelten sich bereits sehr früh zu einem Hauptbetätigungsgebiet der RRG. Ohne Zweifel war sie auch an der Entwicklung der herrschenden Lehre im Funk- und Rundfunkrecht wesentlich beteiligt. Aber auch die Randgebiete sind durch die Tätigkeit der Rechtsabteilung der RRG erheblich beeinflußt worden. Die Juristen der RRG beteiligten sich an den Sitzungen einer »Arbeitsgemeinschaft für den deutschen Rundfunk«, die an einer Vereinheitlichung der bestehenden, meist kommunalen Anten-

<hr>

[3] *Bericht des Rundfunk-Kommissars des Reichspostministers über die Wirtschaftslage des deutschen Rundfunks am 31. März 1927.* Berlin o. J. (1927), S. 9 ff. sowie *Fünf Jahre Reichs-Rundfunk-Gesellschaft.* O. O. o. J. (Berlin 1931), S. 9 ff.

nenverordnungen interessiert war. Weitere rechtspolitische Aktivitäten bestanden darin, daß Kurt Magnus als Vertreter der RRG dem Vorstand der 1925 gegründeten »Deutsche Studiengesellschaft für Funkrecht« beitrat, die auf Anregung des Deutschen Anwaltvereins in Leipzig entstanden war, und zwar unter tätiger Mitwirkung von Willy Hoffmann. Der Leiter der Rechtsabteilung gab auch die *Blätter für Funkrecht* im Auftrag der RRG heraus. Die Rechtsabteilung bearbeitete auch Steuerprobleme; so hat beispielsweise die Höhe der Umsatzsteuer und die Höhe der Körperschaftssteuer bei den zuschußleistenden Gesellschaften besonderes Interesse erregt. Auch auf dem Gebiet des Urheberrechts entfaltete die RRG Aktivitäten, denn man war sich darüber klar, daß es sich bei den Sendungen von Bühnen- und Musikwerken um öffentliche Aufführungen im Sinne des Urheberrechtsgesetzes handelte.

Die literarische Abteilung fungierte als Informations- und Dokumentationsstelle mit den Referaten für Archiv, Presse, Statistik und Werbung. Sie leitete ab 1. Januar 1927 Hans Schlee zusammen mit dem Sachbearbeiter Herbert Antoine. Das Archiv, aus dem später die RRG-Bibliothek hervorging, sammelte Einzelveröffentlichungen und Periodika über den Rundfunk und wertete sie aus. Die Ergebnisse erschienen zusammen mit den vom Reichspostministerium herausgegebenen Informationen in einem seit 1927 von dessen Pressestelle redigierten Pressedienst, den *Mitteilungen der RRG*. Die Unterabteilung Statistik stellte Übersichten zusammen, die Vergleiche der Rundfunkprogramme des In- und Auslands sowie über die Teilnehmerbewegungen erlaubten[4]. Für Messen und Ausstellungen produzierten die Mitarbeiter der Abteilung eine Fülle von Material: Bilder, Druckschriften, Lichtbilder, Dias, Schallplatten und Filme. Die Beteiligung an den Großen Deutschen Funkausstellungen in Berlin bedeutete für die RRG jeweils eine gute Gelegenheit zur Selbstdarstellung, die im übrigen vor allem die seit März 1927 durch das Reich geschickten Werbewagen besorgten. Eine selbständige Pressestelle der RRG unter Leitung von Wilhelm-Conrad Gomoll entstand erst mit Wirkung vom 1. Oktober 1929.

Die erforderliche fremdsprachliche Korrespondenz, ferner die Notwendigkeit, fremdsprachliche Schrift- und Druckwerke für zahlreiche Zwecke in die deutsche Sprache zu übertragen,

---

[4] (Hans Wipplinger), *Rundfunkstatistik*. München 1937, S. 28 ff.

Die Reichs-Rundfunk-Gesellschaft schickte seit 1927 Werbebusse durch die Rundfunkbezirke, die als Lautsprecher- und Übertragungswagen ausgerüstet waren mit Empfänger, Plattenspieler, Mikrofon mit Verstärker sowie einer ausfahrbaren Hochantenne.

machten eine eigene Übersetzungsstelle notwendig. Aus dem Auslandsbüro II des Reichspostministeriums gewann man den Beamten Wilhelm Neumann für die Fremdsprachenabteilung der RRG.

Die technische Abteilung, von 1926 bis 1927 zunächst von Walter Reisser, einem Mitbegründer der Sürag in Stuttgart, aufgebaut und ab 1929 von Walter Schäffer geleitet, hatte sich mit studiotechnischen Aufgaben zu befassen. Sie inspizierte die Aufnahmeräume der Rundfunkgesellschaften und machte Vorschläge zu deren zweckentsprechender Einrichtung. Aber erst im Sommer 1929 wurde die Zuständigkeit der RRG für technische Fragen erheblich erweitert. Durch eine Verfügung des Reichspostministeriums wurde ihr der Betrieb in den Verstärkerräumen übertragen. Aufgrund dieser Verfügung übernahm die RRG den Betrieb in den Hauptverstärkerräumen am 1. Juli 1929 und in den Nebenverstärkerräumen am 1. Dezember 1929, so daß die gesamte Haustechnik der Rundfunkgesellschaften nunmehr unter Aufsicht der RRG stand. Hierfür richtete sie eine neue Abteilung »Betriebstechnik« ein, wobei sie das Personal der Rundfunkgesellschaften, das den Verstärkerdienst besorgte, übernahm. In ihrem eigenen Labor entwickelte die RRG sowohl technische Geräte, vor allem Verstärkerkontrollgeräte und Mikrophone, aber auch die ersten Verfahren zur Schallaufzeichnung. Akustische Experimente dienten dazu, den Um- und Neubau von Studios nach den neuesten akustischen Erkenntnissen und unter Heranziehung der bisherigen Erfahrungen voranzutreiben. Auch für die technischen Probleme des Kurzwellenempfangs und der Rundfunkstörungen suchte die RRG nach Lösungen. Unter Vorsitz von Bredow bildete sich ein »Ausschuß für Rundfunkstörungen«, dessen Geschäftsstelle sich die RRG – wie bereits erwähnt – als Zentral-Funkhilfe angliederte. Mit Hilfe von Richtlinien suchten Ausschuß und Funkhilfe auf die Neukonstruktionen elektrischer Motoren einzuwirken und die Störquellen zu beseitigen[5].

Zur Finanzabteilung der RRG gehörten Buchhaltung, Kasse und die Revision. Hier wurde der gesamte Geldverkehr der RRG abgewickelt, vor allem der Finanzausgleich zwischen den Rundfunkgesellschaften. Aufgebaut und geleitet hat die Finanzabteilung Robert Ohse. Um die Wirtschaftskontrolle auszubauen, führte die Revision eine Vereinheitlichung des Wirtschaftsgebarens der einzelnen Rundfunkgesellschaften herbei. Ohse erhielt im April 1929 Prokura. Im Oktober des gleichen Jahres bekam auch der Prokurist Max Witte das Vertretungsrecht. Die Abteilungsleiter Wilhelm Wagner und Nicolaus Carstensen wurden gleichzeitig, neben Kurt Magnus und Heinrich Giesecke, zu stellvertretenden Geschäftsführern bestellt.

Am 15. Juni 1931 trat ein neuer Geschäftsverteilungsplan der RRG in Kraft[6]. Noch für knapp 1 1/2 Jahre sollte dieser Plan die Organisationsstruktur für die Dachgesellschaft des deutschen Rundfunks abgeben.

Die von einem Publizisten wie Werner Mahrholz von der *Vossischen Zeitung* häufig geforderte qualifizierte Zuständigkeit für eine zentrale Programmverantwortung dürfte dem Rundfunk-Kommissar und den Managern der RRG eine Bestätigung mehr geliefert haben für ihre zunehmenden Anstrengungen, die in der RRG-Satzung postulierte »Zentrale Leitung der ange-

---

[5] (Hugo) Brand, *Drei Jahre Zentralfunkhilfe.* Archiv für Post und Telegraphie 1933, 1, S. 1 ff.

[6] *Reichs-Rundfunk-Gesellschaft mbH. Geschäftsbericht über das siebente Geschäftsjahr 1931.* (Berlin 1932), S. 14 ff. u. S. 38 ff.

B. GESCHÄFTSVERTEILUNGSPLAN

I. Angelegenheiten, die von der Direktion unmittelbar bearbeitet werden.

II. Angelegenheiten, die von den Abteilungen bearbeitet werden.

III. Angelegenheiten, die von den angeschlossenen Ausschüssen und Gesellschaften bearbeitet werden.

Nachstehend ist im einzelnen angegeben, welche Angelegenheiten zu den vorstehend angegebenen Gruppen I, II und III gehören, bei welcher Abteilung die Sachbearbeitung liegt usw.

Angelegenheiten, die von der Direktion unmittelbar bearbeitet werden

Angelegenheiten	Die Bearbeitung erfolgt durch
Reichs-Rundfunk-Gesellschaft:	
Gesellschafterversammlung, Verwaltungsrat, Geschäftsbericht, Aufstellung des Haushaltsplans, Bilanz	Mg (Dr. Magnus) (Assistent: Dr. Pauli)
Überwachung der Einhaltung des Haushaltsplans	Wgr (Direktor Wagner)
Rundfunkgesellschaften:	
Generalversammlungen, Aufsichtsratssitzungen, grundsätzliche wirtschaftliche und organisatorische Fragen	Mg (Assistent: Dr. Pauli)
Rechtsberatung der Rundfunkgesellschaften	Cs (Oberreg.-Rat a. D. Dr. Carstensen)
Weltrundfunkverein:	
Vertretung im Präsidium sowie bei den Sitzungen des Rats und der Ausschüsse	Gk (Min.-Rat Giesecke)

Geschäftsverteilungsplan der RRG vom 15. Juni 1931

Abb. 5. Gliederung des deutschen Rundfunks

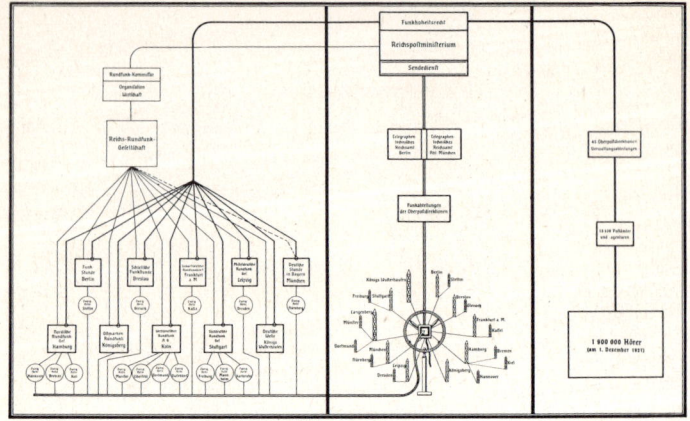

Gliederung des deutschen Rundfunks 1928

schlossenen Rundfunkgesellschaften« (§ 2) behutsam aber konsequent auch auf das Programm auszudehnen[7]. Die medienpolitische Phantasie – keineswegs nur der konservativen Publizisten – reichte aber ganz offensichtlich nicht dazu aus, sich zwischen Privatrundfunk und Staatsrundfunk eine alternative Organisationsform für Deutschland vorzustellen.

5.2. *Die Arbeit der Reichs-Rundfunk-Gesellschaft Staatsmittelbares Medienmanagement*

Mit ihrer Verpflichtungserklärung vom 10. September 1925 hatte sich die RRG bei den Rundfunkgesellschaften eingekauft. Sie versprach finanzielle, administrative, rechtliche und steuerliche Vertretungsleistungen gegenüber staatlichen und gesellschaftlichen Einrichtungen. Doch an erster Stelle hatte sie die Wirtschaftsaufsicht über sämtliche Rundfunkgesellschaften gefordert und erhalten und damit ein medienpolitisches Gewicht bekommen, wie es sich der Hoheitsträger – die Deutsche Reichspost und ihre Hauptverwaltung, das Reichspostministerium – nur wünschen konnte, mochten auch verharmlosende Bezeichnungen für die RRG wie »Zentralverwaltungsorgan«

[7] Werner Mahrholz, *Rundfunksorgen.* Vossische Zeitung (Berlin), Nr. 34 v. 9. 2. 1928 u. ders., *Radio-Reform als geistige Aufgabe.* Die Sendung Nr. 39 v. 21. 9. 1928, S. 501.

Besuch von der British Broadcasting Corporation (BBC) zur Funkausstellung im August 1930 in Berlin (vierter von links: BBC-Generaldi-
rektor John Charles Walsham Reith, 1889–1971)

kolportiert werden. Die solide Anbindung der RRG an die Post
war auf zweifache Weise erfolgt, einmal über den Verwaltungsrat der RRG und zum anderen über den Rundfunk-Kommissar
des Reichspostministers. Er war Verwaltungsratsvorsitzender
der RRG, hatte die Wünsche der Post in der RRG zu vertreten
und die Politik der RRG gegenüber den Rundfunkgesellschaften im Sinne der Post durchzusetzen. Seine Befugnis zur Haus-
haltsüberwachung der RRG, vor allem aber die Haushaltsüber-
wachung sämtlicher ihr angehörenden Rundfunkgesellschaften,
war unbestreitbar der Generalschlüssel zur Kontrolle von allem, was in den Funkhäusern getan oder unterlassen wurde;
und mittelbar betraf dies selbstverständlich auch das Programm.
    Die Wirtschaftsaufsicht der RRG vollzog sich über die Mit-
wirkung in den Organen der einzelnen Rundfunkgesellschaften,
in den Aufsichtsräten und besonders in den Gesellschafterversammlungen. Der Rundfunk-Kommissar und die beiden Geschäftsführer der RRG gehörten den Aufsichtsräten sämtlicher
Gesellschaften an. Die organisatorische Entwicklung, die Be-

schaffung von Räumen, der Bau von Funkhäusern, alle größeren Anschaffungen wurden in den Aufsichtsräten erörtert; sie beriefen auch die leitenden Persönlichkeiten. Außerdem mußten zahlreiche rundfunkpolitische, als Kulturpolitik zu verstehende Fragen – nicht selten unter Berücksichtigung ihrer leistungsrechtlichen Probleme – beantwortet werden. Der Aufbau von Orchestern und Chören, die Zusammenarbeit mit Künstlern, Konzertvereinigungen, Theatern und anderen kulturellen Einrichtungen waren immer wieder auf den Tagesordnungen der Aufsichtsräte zu finden. Die Entscheidungen freilich fielen in den Gesellschafterversammlungen der Regionalgesellschaften, wo die RRG unmittelbar mit ihrer Majorität (51 Prozent) operieren konnte.

Am 1. März 1926 verfügte die RRG in den ihr angeschlossenen Rundfunkgesellschaften über durchschnittlich 53,3 Prozent aller Stimmen. Wenn man noch die Anteile berücksichtigt, die sich in den Händen der Landesregierungen und der Dradag befanden, so erhöhte sich dieser Anteil, der den staatlichen Einfluß bestimmte, auf 62,1 Prozent. In den folgenden Jahren erwarb die RRG noch weitere Aktien hinzu, so daß der staatliche Anteil 1928 bereits 74,5 und 1929 sogar 75,5 Prozent betrug[8].

Die Wirtschaftsaufsicht über ein wachsendes Finanzvolumen – 1926/27 gingen 29,9 Millionen RM an Gebühren ein, und ein Jahr darauf bereits 45,8 Millionen RM – erforderte aus der Sicht der RRG dringend eine Neuordnung. Vor allem sollten die Einnahmen der RRG aus den wachsenden Erlösen der meisten Rundfunkgesellschaften sichergestellt werden und im übrigen die Finanzplanung im gesamten Rundfunk unter die Kontrolle der Dachgesellschaft als Agentur der Post kommen. Unmittelbarer Anlaß für eine Maßnahme in dieser Richtung war eine finanzrechtliche Auseinandersetzung über die Frage, ob neben den von der RRG selbst erwirtschafteten Erlösen auch die Einnahmen der RRG aus Überschüssen der Rundfunkgesellschaften (1925/26 rund 550000 RM, 1926/27 und 1927 jeweils rund 1,8 Millionen RM) der Körperschaftssteuer (20 Prozent) unterliegen würden, was die RRG als Doppelbesteuerung und damit als unzumutbar ansah. Der Reichsfinanzhof folgte der RRG in dieser Auffassung, verlangte jedoch eine vertragsmäßig geregelte Abwicklung der finanziellen Beziehungen zwischen der

---

[8] Laurisch, *Der Rundfunk als Arbeitgeber*, S. 13.

Sorgfältig aufbewahren!

Achtung!   Achtung!

Kostenlose Haftpflichtversicherung
für alle Rundfunkteilnehmer

———

(bei Personenschäden bis zu 100 000 RM)
(bei Sachschäden   bis zu   25 000 RM)

———

Die RRG schloß zum 1. Januar 1929 mit fünf Versicherungsgesellschaften für die postalisch gemeldeten Rundfunkhörer eine Versicherung ab für Schäden durch Rundfunkempfänger und -antennen.

RRG und den Rundfunkgesellschaften, besonders der Überschußbewirtschaftung[9].

Am 29. August 1928 schloß die RRG mit den Rundfunkgesellschaften, ausgenommen die Deutsche Stunde in Bayern und die Deutsche Welle, eine Vereinbarung, die den harmlos klingenden Namen »Interessenvertrag« trug. Dieser Vertrag faßte die wechselseitigen wirtschaftlichen Verpflichtungen der RRG und der Rundfunkgesellschaften in juristisch bindende Form. Die wichtigste Bestimmung war aber nicht die Frage der Überschußabführung, sondern die der Etatkontrolle, wie sie in § 1 zum Ausdruck kam: »Die Rundfunkgesellschaften stellen für jedes Geschäftsjahr einen Haushaltsplan auf, der von der Reichs-Rundfunk-Gesellschaft mbH zu genehmigen ist. Einhalten des Haushaltsplans ist für die Rundfunkgesellschaften verbindlich. Abweichungen, die sich im Laufe des Jahres als notwendig erweisen sollten, bedürfen der Zustimmung der Reichs-Rundfunk-Gesellschaft mbH. In den Haushaltsplan

---

[9] *Reichs-Rundfunk-Gesellschaft mbH. Geschäftsbericht über das Geschäftsjahr 1926/27.* Maschinenschr. verv. (Berlin 1927), S. 24 f.

sind sämtliche voraussehbaren Ausgaben der Rundfunkgesellschaften, einschließlich angemessener Abschreibungen und Rücklagen, besonderer Reservefonds, Dividenden und der in der Satzung vorgesehenen Gewinnanteile aufzunehmen[10].

Was über die voraussehbaren Ausgaben der Rundfunkgesellschaften hinausging, mußte an die RRG abgeführt werden. Die RRG war außerdem berechtigt (§ 3), von den Gesellschaften mit Überschüssen im Laufe eines Geschäftsjahres angemessene Vorschüsse einzufordern, während sie umgekehrt verpflichtet war, den Gesellschaften mit Verlust angemessene Zuschüsse zu zahlen. Mit der Verpflichtung zur Aufstellung von Haushaltsplänen waren die Rundfunkgesellschaften endgültig unter die vollkommene Wirtschaftsaufsicht der RRG geraten. Die regionalen Programmhersteller im deutschen Rundfunk hatten ihre finanzielle Autonomie preisgegeben. Sämtliche Ausgaben konnten nun von seiten der RRG-Vertreter auf ihre Notwendigkeit hin überprüft und die Gremien konnten durch die Berliner Vertreter auf Einsparungsmöglichkeiten verwiesen werden. Mit dem Interessenvertrag war die Konzentrationsbewegung in der Wirtschaftsführung des deutschen Rundfunks grundsätzlich abgeschlossen. Später ist die Umbildung der neuen, selbständigen Gesellschaften zu einem einheitlichen, durch die RRG zusammengefaßten Wirtschaftskörper durch einzelne Maßnahmen nur noch gefestigt und vervollkommnet worden.

Die Abgaben der Rundfunkgesellschaften an die RRG wuchsen in ansehnliche Höhen. An ihnen waren naturgemäß nur die Gesellschaften beteiligt, die finanziell dazu auch in der Lage waren. Zunächst zahlte nur die finanziell gut ausgestattete Funk-Stunde in Berlin, 1926 kamen die Mirag in Leipzig, 1927 die Werag in Köln und 1928 die Norag in Hamburg dazu. Zuschüsse erhielten die Unternehmen in Königsberg (ständig), Breslau (bis 1930), Stuttgart (mit abnehmenden Beträgen) und Frankfurt (gelegentlich)[11]. Während der Weltwirtschaftskrise trug die RRG nicht unwesentlich zur Stabilisierung der finanzschwachen Rundfunkgesellschaften bei. Die Werag führte ab 1928 jährlich mehr als 1 Million RM ab. Insgesamt wuchsen die Abgaben der Rundfunkgesellschaften an die RRG von knapp 1 Million im Jahre 1926 auf knapp 4 Millionen im Jahre 1931.

---

[10] *Interessenvertrag vom 23. 8. 1928.* In: *Fünf Jahre Reichs-Rundfunkgesellschaft.* O. O. o. J. (Berlin 1931), S. 39–41.
[11] Laurisch, *Der Rundfunk als Arbeitgeber,* Anlage 6.

Anteile

Jahr	Gebühren	DRP	Rundfunk-gesellschaften	RRG	Ausgaben RRG
	Tsd. RM	Tsd. RM	Tsd. RM	Tsd. RM	Tsd. RM
1924/25	12000	4800	7200	–	–
1925/26	23477	10095	13382	550	–
1926/27	29216	12543	16672	997	1815
1927	45825	21975	23850	1738	1864
1928	60080	27572	31508	2441	3797
1929	69920	32093	37827	3046	4722
1930	83188	43765	39423	3308	4562
1931	88725	53680	35345	3960	5041
1932	95760	54583	41176		6830
	508191	261106	246383	16040	28631

Einen großen Finanzbedarf erforderte im übrigen das von 1929 bis 1931 erbaute »Haus des Rundfunks« in der Berliner Masurenallee, dessen Kosten von rund 5,156 Millionen RM sich die RRG und die Funk-Stunde teilten[12].

Das Gebührenaufkommen des deutschen Rundfunks wurde erstmals 1927 als Titel im Reichshaushalt geführt und erregte selbstverständlich sofort politische Aufmerksamkeit. Zwar konnte sich das zuständige Reichspostministerium hinter seiner Firma, der Deutschen Reichspost und ihrem Verwaltungsrat, verschanzen, denn alle Gebührenfragen lagen allein in deren Zuständigkeit[13]. Für das Parlament waren die Rundfunkgebühren und damit das finanzielle Fundament der RRG somit unerreichbar. Der Reichstag durfte allenfalls Wünsche in Form von Entschließungen vortragen, die der Reichspostminister prüfen und an den Verwaltungsrat seiner Deutschen Reichspost weitergeben konnte. Diese Teilung der politischen Verantwortung für Hoheitsgebühren führte dazu, daß alle Versuche einiger Parteien, eine allgemeine Senkung der Rundfunkgebühren zu erreichen, im Sande verliefen.

[12] Fritz Lothar Büttner, *Das Haus des Rundfunks in Berlin.* Berlin 1965, sowie Protokoll über die Sitzung des Verwaltungsrats der RRG am 21. 10. 1930. DRA Ffm RRG-Akten.
[13] (Walter) Scheda, *Zum Reichspostfinanzgesetz.* Archiv für Post und Telegraphie 1928, 7, S. 193 ff.

Die Haushaltsberatungen im Reichstag am 21. März 1927 nahmen sowohl der Abgeordnete der SPD, Max Seppel, als auch der Abgeordnete und Vorsitzer der KPD-Fraktion, Ernst Torgler, erstmals zum Anlaß, die Herabsetzung der Rundfunkgebühren zu fordern[14]. Torgler war es auch, der ein Jahr später, im Februar 1928, im Verwaltungsrat der Post eine Senkung der Gebühren von 2,– auf 1,50 RM verlangte[15]. Als dieser Antrag abgelehnt wurde, zogen die Kommunisten in den Reichstag und forderten dort den Reichspostminister auf, unverzüglich eine Senkung der Rundfunkgebühren für sozial Schwache zu beschließen. In den folgenden Jahren brachten kommunistische Abgeordnete immer wieder bei den Beratungen des Haushaltsplans des Reichspostministeriums die Rede auf eine Gebührensenkung.

In den Genuß eines am 1. Mai 1930 erstmals möglichen Gebührenerlasses für bestimmte soziale Gruppen und karitative Einrichtungen kamen bis zum 1. Januar 1931 bereits 43 300 von insgesamt 3 509 509 Teilnehmern. Innerhalb eines Jahres versiebenfachte sich die Zahl, insbesondere durch die Befreiung mehrerer Erwerbslosengruppen auf rund 283 900 von insgesamt 3 980 852 Teilnehmern am 1. Januar 1932[16].

1931 nannte Torgler im Verwaltungsrat der Post die deutschen Rundfunkgebühren die höchsten der ganzen Welt. Ihn flankierte der sozialdemokratische Abgeordnete und Wirtschaftsspezialist der Fraktion, Paul Hertz. Aber auch die Doppelstrategie führte im Verwaltungsrat nicht weiter. Die Mitglieder überwiesen den Antrag von Hertz an einen Unterausschuß und lehnten ab. Inzwischen hatte aber die Post eine vergleichende Untersuchung über die Rundfunkgebühren in Europa anstellen lassen. Dabei kam heraus, daß tatsächlich nur in Ungarn und in Litauen die Gebühren höher waren als in Deutschland[17].

Ein letztes Mal sprach das Parlament über Gebührensenkung während der Haushaltsberatungen am 18. Mai 1931. Ein Antrag

[14] Deutscher Reichstag. III. Wahlperiode 1924/28. 292. Sitzung vom 21. 3. 1927. RTV Bd. 392, S. 9772 ff.
[15] Hans Bausch, *Der Rundfunk im politischen Kräftespiel der Weimarer Republik 1923–1933*. Tübingen 1956, S. 65 ff.
[16] *Reichs-Rundfunk-Gesellschaft mbH. Geschäftsbericht über das siebente Geschäftsjahr 1931.* (Berlin 1932), S. 12.
[17] *Über Rundfunkgebühren in Europa.* Archiv für Post und Telegraphie 1932, 2, S. 49 f.

Das 1931 fertiggestellte »Haus des Rundfunks« an der Berliner Masurenallee beherbergte die RRG, die Deutsche Welle, die Funk-Stunde
und das Rundfunkkommissariat.

der KPD, die Gebühren von 2,– auf 1,25 RM zu senken, wurde
abermals abgelehnt. Der Reichspostminister erklärte dazu, daß
bei der augenblicklichen Finanzlage eine Gebührensenkung
nicht möglich sei; das müsse besseren Zeiten vorbehalten bleiben[18]. Ganz ähnlich äußerte sich der Minister in der Sitzung des
Arbeitsausschusses des Verwaltungsrats der Post am 29. Dezember 1931, als die Reichsregierung selbst eine Gebührensenkungsaktion eingeleitet hatte; die Reichsregierung sei der Auffassung, so der Minister, »daß im gegebenen Zeitpunkt eine
Senkung der Rundfunkgebühr inopportun ist«[19]. Zu deren Befürwortern stieß 1932 schließlich noch ein Sprecher der Nationalsozialistischen Arbeiterpartei, der Frankfurter Postinspektor
und NSDAP-Gauleiter von Hessen-Nassau, Jakob Sprenger.
Er beantragte sogar eine Senkung der Gebühren auf 1,– RM[20].
Doch alle Aktionen führten zu nichts; die Rundfunkteilnehmer

---

[18] Deutscher Reichstag. V. Wahlperiode 1930/32. Sitzung vom 18. 3. 1931.
RTV Bd. 445, S. 1717 A u. 1721 B.
[19] *Über Rundfunkgebühren in Europa.* A. a. O., S. 49 f.
[20] Bausch, *Der Rundfunk im politischen Kräftespiel,* S. 69.

In seinem Schlüsselroman *Wir schalten um!* hatte der Rundfunkpublizist Reinhold Scharnke (geb. 1899) dem Rundfunkkommissar und dem Intendanten der Funk-Stunde leichtfertigen Umgang mit Hörergeldern vorgeworfen.

in Deutschland zahlten fast ein halbes Jahrhundert lang – von 1924 bis 1969 – die monatliche Gebühr von 2,– Mark.

1932 kam es noch einmal zu einer Neubestimmung der Gebührenverteilung. Der Verteilungsschlüssel für das Gebührenaufkommen aufgrund des Artikels 10 der Genehmigungen war seit 1926 mehrmals geändert worden, stets mit der Tendenz, die Postanteile gegenüber den RRG-Anteilen anzuheben. Durch eine Verfügung vom 7. Januar 1931 führte der Reichspostminister mit Wirkung vom 1. Januar 1932 eine neue Regelung herbei. Das Abrechnungsgeschäft zwischen Post und RRG wurde, wie es verharmlosend hieß, zur Vereinfachung der Kassen- und Rechnungsgeschäfte geändert[21]. In Wirklichkeit bekam nun die RRG zunächst sämtliche Gebühren von der Generalpostkasse überwiesen, um sie dann als zentrale Zuteilungsstelle nach einem neuen Schlüssel den einzelnen Rundfunkgesellschaften zuzuweisen. Die Post erhob keine pauschalen Sende- und Betriebsgebühren mehr, und auch Mieten für die von der Post bereitgestellten Grundstücke, Gebäude und Räume entfielen. Als Ausgleich verringerte sich der Gebührenanteil für die Rundfunkgesellschaften entsprechend auf 43 Prozent. Aus einem Verteilverfahren, wie es der Interessenvertrag von 1928

<hr />

[21] Verfügung des Reichspostministers vom 7. 12. 1931. *Reichs-Rundfunk-Gesellschaft mbH. Geschäftsbericht über das siebente Geschäftsjahr 1931.* (Berlin 1932), S. 10f.

BEWEISMITTEL ZUM
RUNDFUNK-PROZESS

EINE DENKSCHRIFT VON REINHOLD SCHARNKE

Ende Juni 1932 verbreitete
Reinhold Scharnke eine Flug-
schrift, deren Titel dem Schluß
der Urteilsbegründung entlehnt
war.

immerhin noch vorgesehen hatte, war ein reines Zuteilungsver-
fahren geworden. Die staatliche Holding-Gesellschaft hatte
weiteren Einfluß gewonnen.

Aber nicht nur auf wirtschaftlichem Gebiet vervollständigte
die RRG ihre Kontrollmöglichkeiten; auch die allgemeine Ver-
waltungstätigkeit verstärkte die Tendenz zur Formalisierung.
Im Mai 1931 beriefen die Rundfunkgesellschaften einen Organisationsausschuß mit der Aufgabe, die Frage einer Vereinheitlichung des gesamten Geschäftsverkehrs, der Geschäftspapiere
und der Vordrucke zu prüfen. RRG und Rundfunkgesellschaften erörterten zahlreiche Verbesserungsvorschläge, von denen
sie einige mit Wirkung vom 1. Januar 1932 einführten[22]. Bei
allen Rundfunkgesellschaften bestand nun eine einheitliche Ver-
waltungsstelle für Programmfragen, die »Programmverwal-
tung«. An sie richteten alle anderen Gesellschaften ihre das Programm, die Sendezeiten, Übertragungen und Programmänderungen betreffenden Anfragen. Diese Stelle mußte über die gesamte Programmplanung unterrichtet sein und stets in enger
Fühlung mit den Intendanzen und den einzelnen Abteilungen
stehen. Erstmals hatten außerdem sämtliche Gesellschaften einen statistischen Tagesplan für ihr Programm zu liefern, den die
RRG sammelte und weiterverarbeitete. Die Pläne boten nicht
nur eine Grundlage für eine ganze Reihe statistischer Einzeler-

[22] Ebd.

287

hebungen, sondern auch für die zentrale Programmkontrolle und Programmlenkung.

Die Arbeit der Reichs-Rundfunk-Gesellschaft gewann in wenigen Jahren alle charakteristischen Züge einer bürokratischen Organisation. Die Ausweitung ihrer Arbeitsbereiche war demnach kein zufälliges Ereignis, und sie stellte gleichzeitig eine Rechtfertigung ihrer Existenz dar. Der Zwang zur Selbstrechtfertigung führt fast immer dazu, daß sich Organisationen mit Dingen beschäftigen, die zunächst nicht in ihrem Aufgabenkatalog gestanden haben. Die Äußerungen leitender Persönlichkeiten sowie Veröffentlichungen der RRG aus den Jahren zwischen 1926 und 1932 bieten eine Fülle von Bekenntnissen für den Ausbau der Organisation, die als Spitze des deutschen Rundfunks verstanden wurde.

Der apologetische Katalog der Dachorganisation begann meist mit dem Hinweis, die Rundfunkteilnehmer könnten eine ordentliche Leistung für ihre Gebühren verlangen. Dann wurde mit dem Argument der politischen und gesellschaftlichen Integration des Funkwesens ein aufwendiger juristischer, wirtschaftlicher und technischer Apparat begründet. Hieraus stellte die RRG ein umfassendes Dienstleistungsangebot zusammen, um es den Rundfunkgesellschaften anzubieten; so konnte ihnen immer wieder deutlich vor Augen geführt werden, daß die RRG für sie kein Joch sei, sondern ein schützendes Dach darstellte. Schließlich galt für die beiden ehemaligen Vox-Vorstände – Magnus und Wagner – die alte Unternehmerregel, nach der Firmen, die nicht expandieren, notwendigerweise schrumpfen, und deshalb dürfen sie nicht ruhen.

Die ersten Jahre der RRG liefern ein Schulbeispiel für die vielfach beobachteten Entwicklungsstufen von Organisationen[23]. Auf jeder Stufe treten bei einem bestimmten Personalbestand auch charakteristische Probleme auf, zu deren Lösung meist ganz bestimmte Maßnahmen ergriffen werden:

1. Auf der ersten Stufe werden die Ziele einer Organisation formuliert, und dabei wirken weniger als 10 Personen mit. Das hat eine erste Arbeitsteilung zur Folge. In der RRG geschah dies 1925/26; im Jahre 1926 hatte die RRG 20 Mitarbeiter.

2. Auf der zweiten Stufe muß bereits Verantwortung delegiert werden, dazu sind schon mehr als 10 Mitarbeiter erforderlich.

[23] William H. Starbuck, *Organizational growth and development.* In: *Handbook of organizations.* Hrsg. von James G. March. Chicago 1965, S. 486 f.

Nun werden leitende Positionen besetzt, wie das bei der RRG 1926/27 geschehen ist; 1927 gab es dort 66 Beschäftigte.

3. Auf der dritten Stufe, wenn der Personalbestand auf 100 Personen zugeht, wird gewöhnlich die Geschäftsführung vergrößert, Stellvertreter und Prokuristen werden ernannt; dieser Vorgang war bei der RRG 1929 zu beobachten, als die Beschäftigungszahl 90 Personen erreicht hatte.

4. Auf der vierten Stufe, wenn die Hundert-Beschäftigten-Marke überschritten wird, bedarf der einzelne Geschäftsführer einer persönlichen Entlastung, und mindestens ein Direktionsassistent wird eingestellt. Magnus bekam 1930 seinen Assistenten; die RRG zählte in diesem Jahr 176 Mitarbeiter.

5. Die fünfte Entwicklungsstufe ist meist bei mehr als 200 Mitarbeitern erreicht und bedeutet neue Aufgabengebiete. Die anfallenden Probleme werden mit einer neuen Geschäftsverteilung und der Einstellung von Sachbearbeitern und Fachreferenten gelöst. Diese Entwicklung ist bei der RRG exakt auszumachen. Die Gesellschaft praktizierte seit Juli 1931 eine neue Geschäftsverteilung mit einer neuen Abteilungs- und Sachbearbeiterorganisation, mit den angeschlossenen Einheiten Betriebstechnik, Programmausschuß, Zentral-Funkhilfe, Zentralstelle für Schulfunk und einer Verwertungstochter, der Programmdienst GmbH. Ende 1931 betrug der Personalbestand der RRG (ohne Anschlußeinheiten und Hausverwaltung) 206 Beschäftigte. Am 31. Dezember 1931, am Ende des letzten Jahres der ursprünglichen Organisationsform des deutschen Rundfunks, waren bei der RRG und den angeschlossenen Rundfunkgesellschaften insgesamt 1689 fest angestellte Gehalts- und Lohnempfänger tätig[24].

5.3. *Der Aufbau des Drahtlosen Dienstes*
Mißtrauen der Fachpresse

Am 11. November 1926 fand ein Vortragsabend statt, zu dem die Gesellschaft Drahtloser Dienst AG, die Dradag, eingeladen hatte. Der Redner der Abends, Erich Scholz, Vorsitzender des Aufsichtsrats der Dradag, sprach in Anwesenheit hoher Ministerialbeamter und überraschenderweise auch des Reichskanz-

---

[24] *Reichs-Rundfunk-Gesellschaft mbH. Geschäftsbericht über das siebente Geschäftsjahr 1931.* (Berlin 1932), S. 14–16.

lers Wilhelm Marx vor geladenen Presse- und Rundfunkvertretern über »Grundsätze und Aufbau der politischen Überwachung des Rundfunks«. Er, eine Schlüsselfigur der Rundfunkpolitik, kam auf den, wie er es nannte, Kompromiß der politischen Überwachungsausschüsse zu sprechen, den Reich und Länder ausgehandelt hatten. Er zitierte den ersten Satz aus den Richtlinien für den Nachrichten- und Vortragsdienst der Sendegesellschaften: »Der Rundfunk dient keiner Partei. Sein gesamter Nachrichten- und Vortragsdienst ist daher streng überparteilich zu gestalten.« Dann schloß Scholz eine bekenntnishafte Auslegung an, die er mit den Worten begann: »Der Rundfunk soll ein Werkzeug des Friedens und des Ausgleichs sein. Parteipolitische Auseinandersetzungen müssen darum unter allen Umständen von ihm ferngehalten werden. Das bedeutet nicht, daß er sich völlig gleichgültig den politischen Tagesfragen gegenüber verhalten soll. Auch der Rundfunk soll und will – selbstverständlich auf dem Boden der Verfassung – positive politische Arbeit leisten, aber nicht in dem Sinne des Programms dieser oder jener Partei, sondern in dem Streben nach Verwirklichung eines Ideals, das allen staatsbewußten Deutschen, gleich welcher Parteizugehörigkeit, vorschwebt, des Ideals der Hebung der allgemeinen Wohlfahrt und Weltgeltung des Deutschen Reiches und Volkes.«[25] Und warnend fügte er hinzu, an dieser Grundeinstellung des Rundfunks dürfe nach seiner Überzeugung nicht gerüttelt werden. Wer hierzu seine Hand biete, treibe mit dem Bestand und der Entwicklung des Rundfunks ein gefährliches Spiel.

Scholz wies darauf hin, daß schon der Aufbau der Dradag erkennen lasse, daß die Reichsregierung in ihr den ausschlaggebenden Einfluß besitze. Das sei die natürliche Vorbedingung für ihre Anerkennung als Nachrichtenstelle gewesen. Daneben seien die Länder zur maßgebenden Mitarbeit berufen worden. Weiter bürge dieser Aufbau der Gesellschaft mit ihrem 26köpfigen Aufsichtsrat und einem acht Mitglieder zählenden Arbeitsausschuß dafür, daß ihre Tätigkeit sich auf dem Boden »strengster Überparteilichkeit« vollziehe. Die politischen Parteien seien in gleicher Stärke im Aufsichtsrat vertreten und deshalb in der Lage, sich über den Geschäftsgang der Gesellschaft auf dem laufenden zu halten und Wünsche und Beanstandungen zur

---

[25] Grundsätze und Aufbau der politischen Überwachung des Rundfunks. Vortrag von Erich Scholz vom 11. 11. 1926. BA Kblz R 43 I/2000.

Geltung zu bringen. Am Ende seines Vortrags kam Scholz noch auf das Problem des Nebeneinander von Dradag und Überwachungsausschüssen bei den einzelnen Rundfunkgesellschaften zu sprechen. Der Aufsichtsrat der Dradag fürchtete offenbar, daß ihm die Überwachungsausschüsse in die Arbeit hineinreden könnten. Deshalb war auch schon angeregt worden, anstelle besonderer Überwachungsausschüsse allein die Dradag mit der Überwachung der Programme der Rundfunkgesellschaften zu beauftragen. Dazu war von einem Mitglied eines Überwachungsausschusses die Ansicht geäußert worden, daß der Aufgabenkreis der Überwachungsausschüsse durch die Tätigkeit der Dradag eingeengt werde. Scholz gab sich große Mühe, die unterschiedlichen Funktionen der Dradag als zentraler Nachrichtenlieferantin auf der einen Seite und der Überwachungsausschüsse bei den einzelnen Rundfunkgesellschaften andererseits zu erläutern. Beide Organe hätten in voller Selbständigkeit und Unabhängigkeit ihre genau abgegrenzten Arbeitsgebiete; sie ergänzten sich erst gegenseitig zu einem »lückenlosen Überwachungssystem«. Sogleich fügte er aber hinzu, der Aufbau der politischen Überwachung des Rundfunks sei in der vorliegenden Form keineswegs für alle Zukunft unabänderlich. Seiner Meinung nach würde es einen bemerkenswerten Fortschritt bedeuten, wenn die Nachrichten der Dradag nicht, wie es jetzt noch geschehe, auf dem Umweg über die Redaktionen der Sendegesellschaften, sondern unmittelbar aus den Dradag-Räumen den Rundfunkhörern vorgetragen werden könnten. Hier kam wieder die Idee eines eigenen Senders zum Vorschein oder die Benutzung der Strahlungsanlagen in Königs Wusterhausen, die bereits früher einmal bei der Vorgängerorganisation der Dradag eine Rolle gespielt hatten. Immerhin erwähnte Scholz ganz am Rande, daß er die Entwicklung noch abwarten wolle, und deshalb halte er auch den hier und da laut werdenden Ruf nach einer gesetzlichen Regelung der Materie, wie er sagte, im Augenblick jedenfalls für verfrüht. Gerade der Gesetzgeber bedürfe der Stütze praktischer Erfahrungen, wenn sein Werk auf lange Sicht den Erfordernissen standhalten solle.

In der Zeitschrift *Funk* erhob der Chefredakteur, Ludwig Kapeller, eine laute Klage über die »Politisierung des Rundfunks«. Es sei schwer, fast unmöglich, leidenschaftslos und mit aller Sachlichkeit von der Entwicklung des Rundfunks in den letzten Monaten zu berichten; es sei sehr schwer, die heiße Erregung einer Liebe zur Sache in die Form kühler Sätze zu zwingen, die Angst um das Morgen zu unterdrücken und die Bedenken des Heute ganz objektiv darzustellen. Mit bewegten Worten trauerte er dem Unterhaltungsrundfunk nach und mochte es nicht begreifen, daß nun ein neues publizistisches Medium entstanden war, um das sich die politischen Kräfte stritten. Der Rundfunk sei – ohne daß jemals die Mehrzahl seiner Teilnehmer es gewollt hätten – auf das Gebiet des Politischen hinübergezerrt worden. Von daher lasse sich vielleicht die Notwendigkeit der politischen Überwachung rechtfertigen. Mit dem resignierenden und pessimistischen Unterton des kultivierten Zeitgenossen, der Politik und Geld unbesehen mit dem Ende aller lebenswerten Dinge in Verbindung bringen möchte, holte der Chefredakteur des *Funk* zu einer Polemik gegen die Dradag aus, in der es an apostrophierenden Wörtern nicht fehlte. Auch der politisch Empfindsamste käme wohl nicht auf den Gedanken, daß zur Überwachung eine Aktiengesellschaft notwendig wäre. Und nun auch noch ausgerechnet eine Dradag, die das unglückselige Erbe einer AG angetreten habe, die, eine private Gründung dunkelster Herkunft, nun seit Bestehen des Rundfunks in sein Räderwerk sich einzudrängen versucht habe, mit Mitteln zuweilen, die man politisch nennen müsse, um parlamentarisch zu bleiben; und es sei wohl nur der Aufmerksamkeit und dem Geschick Bredows zu verdanken, daß der Rundfunk nicht schon gleich nach seiner Geburt von politischen Dunkelmännern verseucht worden sei. In dieser Diktion ging der Beitrag weiter. Die AG werde von den Rundfunkteilnehmern alimentiert, die Nachrichtenstelle von den Hörern bezahlt, um dem Reich die Möglichkeit einer Überwachung zu geben! Das sei so, als hätten die Leser einer Zeitung während des Krieges die Zensurstelle auch noch bezahlen müssen. Die juristische Begründung eines so seltsam gemischt-wirtschaftlichen Betriebes dürfe schwer fallen. Das unerreichbare Ziel einer objektiven Nachrichtengebung solle mit bürokratischer Geistlosigkeit erreicht werden, indem man nicht weniger als 26 Personen in den Aufsichtsrat der Gesellschaft wähle, und zwar 26 politische Interessenten, von denen jeder darüber wachen solle, daß in den Nachrichtenbrei kein Körnchen politischen Gewürzes gerate, von denen jeder jedoch die heftige Neigung habe, ganze Hände möglichst scharfen Gewürzes in den Kochtopf zu schmuggeln. Man dürfe auf die Kochkunst der 26 gespannt sein. Ein Riesenapparat, den die Rundfunkteilnehmer bezahlen dürften. Über die sachlichen Bedenken eines solchen Beginnens

Ludwig Kapeller (1892–1967) leitete seit 1924 die Rundfunkzeitschrift *Funk,* von 1931 bis 1941 Ullsteins Programmillustrierte *Sieben Tage.*

könnten auch nicht die schwungvollen Phrasen des Herrn Oberregierungsrat Scholz hinwegtäuschen[26].

Wie zornig muß Ludwig Kapeller gewesen sein, denn in der nächsten Ausgabe seiner Zeitschrift veröffentlichte er unter dem Pseudonym Xaver Schnadahupf eine Dradag-Satire unter der Überschrift *Ich überwache den Rundfunk* ... Dabei schilderte er das Gründungsfestessen des 26köpfigen Aufsichtsrats einer Gesellschaft mit dem Namen »Dromedag«, der »Deutschen Reichs-Ober-Mikrophon-Erwürgungs-Dienst-Aktien-Gesellschaft«[27]. Ein paar Wochen später, in der Ausgabe vom 28. Januar 1927 derselben Zeitschrift, erschien ein Beitrag des Chefredakteurs und Vorstandsmitglieds der Dradag, Josef Räuscher. Die Redaktion stellte ein paar Zeilen an den Kopf des Beitrags: »Wir halten uns für verpflichtet, die folgenden Ausführungen über Ziele und Arbeitspraxis des Drahtlosen Dienstes unseren Lesern vorzulegen; wir freuen uns, daß aus diesen Zeilen ein ernster und bedachter Wille spricht, dem Hörer zu dienen, ein rundfunkbewußter Wille, der seine Ziele hoffentlich auch erreichen wird.«[28] Damit hatte Ludwig Kapeller offenbar seinen Frieden mit dem Nachrichtenbüro gemacht.

[26] Ludwig Kapeller, Die *Politisierung des Rundfunks.* Funk Nr. 47 v. 19. 11. 1926, S. 409f.
[27] Xaver Schnadahupf (d. i. Ludwig Kapeller), *Ich überwache den Rundfunk.* Funk, Nr. 48 v. 26. 11. 1926, S. 423.
[28] Josef Räuscher, *Der gesprochene Nachrichtendienst.* Funk, Nr. 5 v. 28. 1. 1927, S. 33f.

Josef Räuscher, der Chefredakteur der Dradag, schilderte in seinem Zeitschriftenbeitrag den Aufbau der Dradag. Die Gesellschaft sei gemeinnützig, die Mitglieder ihres Aufsichtsrats seien ehrenamtlich bestellt. Die Zusammensetzung des Aufsichtsrats bedeute wirtschaftlich keine Belastung, technisch, qualitativ und vor allem vom Standpunkt der politischen Kontrolle aus aber eine entscheidende Entlastung der Rundfunkgesellschaften zum Vorteil der Hörerschaft. Gerade die Hörerschaft, der die Arbeit der Dradag gewidmet sei, sollte Vertrauen zu der redlichen Absicht und der angestrebten steigenden Qualität des Dienstes fassen. Die Redaktion der Dradag wisse, daß sie durch ihre Arbeit den Rundfunkhörer erobern müsse, und daß sie dabei auch den Wert ihrer Leistung als Teil der Sendeprogramme durchzusetzen habe. Tatsächlich dürfte der Erfolg dieser Einrichtung seinerzeit nicht zuletzt auf die solide journalistische Arbeit von Josef Räuscher und seiner Redaktion zurückzuführen gewesen sein. Im übrigen hat Räuscher in seinen zahlreichen Beiträgen für die Fachpresse des Rundfunks und für die Tagespresse die These entwickelt, die einmal als Komplementär-Hypothese in der Kommunikationswissenschaft eine Rolle spielen sollte; diese Hypothese besagt, daß ein neues Medium nicht notwendigerweise ein älteres Medium verdrängt, daß sich vielmehr die Funktionen des älteren Mediums der neuen Situation anpassen und sich ändern. Auf das Medium Rundfunk und seine speziell publizistischen Aufgaben bezogen bedeutete dies, daß der Rundfunk und seine Nachrichtendienste die aktuelle Berichterstattung der Tagespresse zwar beeinflussen, aber nicht ersetzen können. Das neue Medium erfüllt demnach immer eine Komplementär- und keineswegs eine Supplementärfunktion. Auch die Beobachtung, daß der Rundfunk das Zeitunglesen fördern könne, und zwar durch das Nachlesen dessen, was man bereits im Rundfunk nur allzu rasch gehört hat, auch diese Beobachtung dürfte Räuscher als einer der Ersten angestellt und beschrieben haben.

Die Dradag unterhielt kein eigenes Korrespondentennetz. Sie bezog ihr Material von den Nachrichtenagenturen, von Wolff's Telegraphischem Bureau, von der Telegraphen-Union, vom Nachrichtenbüro des Vereins Deutscher Zeitungs-Verleger, vom Ullstein-Dienst, von der Nachrichtenagentur Europapress sowie von den Pressestellen der Parteien. Das für die Rundfunkverbreitung aufbereitete Material wurde den Rundfunkgesellschaften telefonisch übermittelt oder auf dem Funkwege un-

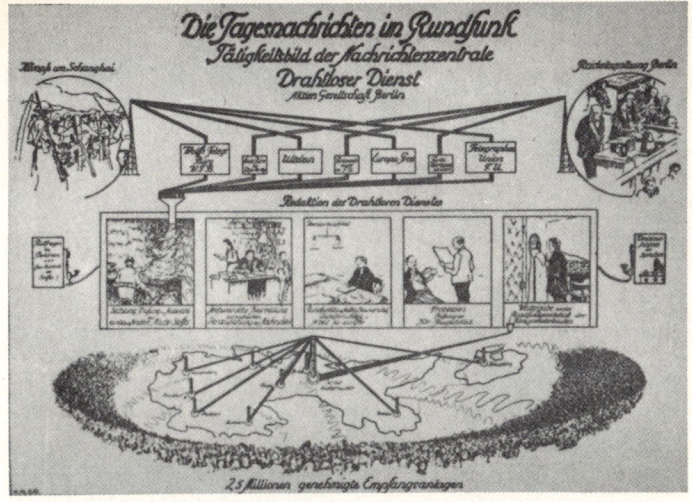

Der Drahtlose Dienst (Dradag), die zentrale Nachrichtenagentur der deutschen Rundfunkgesellschaften, erhielt ihr Nachrichtenmaterial von Agenturen, besonders vom WTB und von der TU.

ter Verwendung des Senders Königs Wusterhausen überspielt. Die Richtlinien sahen vor, daß für unverzügliche, unverkürzte und unveränderte Weiterverbreitung zu sorgen war. Den finanziellen Ausgleich für diesen Nachrichtendienst besorgte die RRG. Entsprechend den der Genehmigung beigefügten Richtlinien hatten die Rundfunkgesellschaften einzeln alle Auslagen zu vergüten, die der Dradag entstanden. Ausgenommen war nur ein Verwaltungskostenbeitrag, der sich bis einschließlich des Geschäftsjahrs 1928/29 auf 6000 RM belief und ab 1929/30 im Einvernehmen mit der RRG auf 1200 RM herabgesetzt und von der Dradag selbst getragen wurde. Zu diesen Auslagen gehörten auch die Gehälter und Mieten sowie die Ausgaben für Licht, Heizung, Dienstreisen sowie derjenige Anteil an Steuern, der sich nicht aus der Existenz als Aktiengesellschaft, sondern aus der Tätigkeit als Nachrichtenstelle des Rundfunks ergab. Die Beträge wurden der RRG in einer monatlichen Abrechnung mit Erläuterungen über die einzelnen Ausgaben und Belastungen berechnet. Vor jeder Neubelastung des Nachrichtenetats setzte sich die Dradag rechtzeitig mit der RRG in Verbindung, ebenso für die Sonderdienste, zum Beispiel bei Wahlen. Die RRG legte ihrerseits die für die Nachrichten gezahlten Beträge entsprechend der Teilnehmerzahl auf die einzelnen Rundfunkgesellschaften um.

Die Dradag hatte also ausschließlich die Aufgaben einer besonderen Nachrichtenabteilung der Rundfunkgesellschaften wahrzunehmen[29]. Sie brauchte etwa zwei Jahre, um technisch und organisatorisch in ihre Rolle als Nachrichtenredaktion des deutschen Rundfunks hineinzuwachsen. Erst im Geschäftsjahr 1928/29 trat ein gewisser Stillstand ein, der sowohl sachlich wie auch finanziell geboten war, da eigene Mittel für neue Einrichtungen nicht zur Verfügung standen. Lediglich ein Aufzeichnungsgerät, ein sogenannter Parlograph, um Meldungen abzulesen, aufzunehmen und zur Kontrolle abzuhören, konnte angeschafft werden. Bei der Abwicklung der Vergütung der Kosten durch die RRG gab es offenbar keine Schwierigkeiten.

Aufsehen und lang anhaltende öffentliche Diskussionen erregte die Dradag mit dem Beschluß ihrer Generalversammlung vom 27. November 1928, den Aufsichtsrat durch Zuwahl von 14 neuen Mitgliedern auf die satzungsgemäße Höchstzahl von 40 Personen zu erweitern. Zweifellos waren der amtierende sozialdemokratische Reichsinnenminister Carl Severing und seine Beamten an diesem Vorgang nicht unbeteiligt. Vor allem konnte Kurt Haentzschel vorübergehend Erich Scholz' Einfluß etwas beiseiteschieben. Severings rundfunkpolitisches Ziel – im wesentlichen identisch mit den Vorstellungen seiner Partei – war eine parlamentarisch vorbereitete, gesetzlich verankerte, republikanische Rundfunkordnung. Hierzu kam ihm durchaus gelegen, den Ländereinfluß in der zentralen Nachrichtenagentur des deutschen Rundfunks zunächst einmal einzuschränken, indem er deren Aufsichtsrat politisch nach allen Seiten weit öffnen und Vertreter eines breiten gesellschaftlichen Gruppenspektrums hineinholen ließ. Wenn die als Scherl-Blatt zum Hugenberg-Konzern gehörende rechte Berliner Tageszeitung *Der Tag* mit ihrer inzwischen in die Rundfunkgeschichte eingegangenen Schlagzeile »Severings Griff nach dem Rundfunk« tatsächlich treffend charakterisiert haben sollte, dann allenfalls in diesem Verständnis[30]; doch angesichts der übrigen publizistischen

[29] Laurisch, *Der Rundfunk als Arbeitgeber*, S. 63f.
[30] *Severings Griff nach dem Rundfunk*. Der Tag (Berlin), Nr. 285 v. 23. 11. 1929.

Breitseiten in den Spalten der Zeitungen des deutsch-nationalen Hugenberg-Konzerns ist anzunehmen, daß die Polemik weniger dem Reichsinnenminister als vielmehr dem SPD-Politiker Severing galt. Wenn also in jenen Wochen, bei aller Verwirrung der Begriffe in der politischen Terminologie, von »Politisierung« die Rede war, so darf wohl angenommen werden, daß damit zunächst eine zentralistische, staatsautoritative Zielvorstellung des Reichsinnenministers gemeint gewesen ist, obwohl oder gerade weil er ein SPD-Minister war.

Beruhigend meldete sich Mitte Dezember 1928 der stellvertretende Vorsitzende des Dradag-Aufsichtsrats, der Pressechef des preußischen Staatsministeriums, Hans Goslar, in der Rundfunkzeitschrift *Die Sendung* zu Wort. In der Tagespresse sei in den letzten Tagen urplötzlich Lärm um die Dradag entstanden. Je nach der persönlichen oder politischen Einstellung habe man von einer Überrumpelung der Gesellschaft oder ihres bisherigen Aufsichtsrats durch den Reichsinnenminister Severing und von seinem Versuch, die bisher völlig neutrale Gesellschaft in parteipolitischem Sinn zu beeinflussen, gesprochen. Oder aber man habe jede politische Absicht in Abrede gestellt und die im Aufsichtsrat vor sich gegangene Umgruppierung als einen regulären Schritt auf dem Weg der Weiterentwicklung der Gesellschaft zu ihrem endgültigen organisatorischen Ausbau betrachtet. Wie in solchen Fällen üblich, beteuerte Goslar, daß man den Aufsichtsrat schon lange durch Zuwahl allmählich auf die statutarisch zulässige Höhe von 40 Personen habe bringen wollen. Schon unter dem Reichsinnenminister Martin Schiele seien Anträge linksstehender Pressedienste eingegangen, die es für unerträglich gehalten hätten, daß außer Wolff's Telegraphischem Bureau von den unabhängigen Nachrichtenagenturen allein die Telegraphen-Union als Aktionär und Aufsichtsratsmitglied vertreten sei. Schon Schiele habe damals die prinzipielle Berechtigung solcher Anträge anerkannt und die Zusicherung gegeben, bei einer späteren Kapitalerhöhung die Antragsteller zu berücksichtigen. Goslar gab auch einen ganz plausiblen Grund an: Das Reich und Preußen hätten sich immer einer Ausgabe von Gratisaktien zur Ausschüttung der von der Gesellschaft erzielten Sondergewinne widersetzt, um der Dradag nicht den Charakter einer gemeinnützigen Gesellschaft zu nehmen; und im übrigen habe sich eben die Kapitaldecke der Gesellschaft für deren Bedürfnisse als ausreichend erwiesen. Nun hätte der Minister aber die berechtigten Wünsche weiterer Kreise der Presse und auch

Ministerialrat Hans Goslar (1889–1945), Pressechef des preußischen Staatsministeriums und stellv. Vorsitzender des Dradag-Aufsichtsrats, vertrat die rundfunkpolitischen Interessen seines Ministerpräsidenten.

der Rundfunkhörer, beratend und mitarbeitend am weiteren Ausbau der Dradag mitwirken zu wollen, in absehbarer Zeit in irgendeiner Form erfüllen müssen. Severing habe nun, weil eine Kapitalerhöhung aus den genannten Gründen nicht möglich gewesen sei, den technisch einzig möglichen Weg beschritten, indem er kraft der von ihm vertretenen 51 Prozent der Stimmen in der Gesellschafterversammlung die Aufstockung dieses Gremiums vorgeschlagen und durchgesetzt hätte. Goslar argumentierte – völlig zu Recht –, eine sorgfältige Überprüfung der neu hinzugewählten Männer zeige, daß hier durchaus nach klar erkennbaren Grundsätzen, die nur im Interesse der Gesellschaft lägen, verfahren worden sei. So seien z. B. den großen Korrespondenzbüros verschiedener politischer Gruppierungen, von den Deutschnationalen bis zu den Sozialdemokraten, Vertretungen gewährt worden[31].

Ein Blick auf die zugewählten vierzehn neuen Aufsichtsratsmitglieder der Dradag macht die Polemik der Rechtspresse zu diesem Ereignis vollends unverständlich. Knapp die Hälfte kam von den Parteipressediensten und zwei von journalistischen Berufsorganisationen. Zwei Hörervereinigungen hatten sich um einen Sitz im Dradag-Aufsichtsrat beworben und ihn auch bekommen[32].

---

[31] (Hans) Goslar, *Was geht in der »Dradag« vor?* Die Sendung, Nr. 51 v. 14. 12. 1928, S. 655 f.
[32] *Drahtloser Dienst AG. [1.] Jahresbericht 1928/29.* Berlin o. J.

Mitglieder aus Pressediensten:

Kristian Kraus, Mirbach's Telegraphisches Büro (WTB)*
Wilhelm von Kries, **Dammert Verlag (TU) – DNVP
Gottfried Kockelkorn, Nationalliberale Korrespondenz – DVP
Karl Spiecker, Reichsdienst der Deutschen Presse – Zentrum
Hermann Orth, Kölnische Volkszeitung, Zentrums-Pressechef
Karl Brammer, Demokratischer Zeitungsdienst – DDP
Erich Alfringhaus, Sozialdemokratischer Pressedienst – SPD

Mitglieder aus publizistischen Berufsorganisationen:

Richard Lotz, Nachrichtenbüro des Vereins Deutscher Zeitungsver-
    leger
Hanns Heinrich Bormann, Augustinusverein der Katholischen Presse
Franz Klühs, Verein Arbeiterpresse

Mitglieder aus Hörerverbänden:

Curt Baake, Arbeiter-Radio-Bund Deutschlands
Heinz Monzel, Rundfunkarbeitsgemeinschaft der katholischen Verbände

Ferner:

Ernst Jäckh, Präsident der Deutschen Hochschule für Politik, Berlin
Ernst Heilmann***, Abgeordneter des Preußischen Landtags (SPD)

---

* Das Büro befand sich im Reichsbesitz und arbeitete eng mit dem WTB zusammen.
** W. von Kries trat 1930 zugunsten von Hans Brosius, des Pressechefs der DNVP, zurück.
*** E. Heilmann trat 1930 zugunsten von Pastor Wilhelm Engelmann von der Evangelischen Reichsarbeitsgemeinschaft für Rundfunk zurück.

Von den vierzehn neuen Aufsichtsratsmitgliedern der Dradag gehörten nur vier der Partei Severings an. Hans Goslar berichtete, daß sich gegen diese Zuwahlen ein starker Protest besonders der bisherigen Aufsichtsratsmitglieder gewandt hätte, die sich um die zum Hugenberg-Konzern gehörende Nachrichtenagentur Telegraphen-Union gruppierten. Mit Recht wies er darauf hin, daß die Gesellschaft sich an die im Reichsrat von den deutschen Ländern aufgestellten Richtlinien zu halten habe. Reichsinnenminister und Reichsrat könnten somit über die Gesellschaft wachen und jederzeit Probleme vor das Forum der Gesellschaft bringen. Außerdem biete die Redaktion weitgehende personelle Garantien, da ihr zwar Mitglieder der bürgerlichen Mittelparteien, ein Deutschnationaler und ein Bayerischer Volksparteiler angehörten, aber kein SPD-Mitglied. Der Reichsinnenminister und der preußische Ministerpräsident hätten in der entscheidenden Aufsichtsratssitzung und in der anschließenden Generalversammlung absolut bindend und eindeutig erklären lassen, daß niemand es wagen dürfe, die Neutralität der Dradag anzutasten, die die Gewähr für eine unparteiische, inhaltlich hochstehende politische Berichterstattung biete[33].

Zweifellos hatte ein 40köpfiger Aufsichtsrat so gut wie keine Chance, irgendwelche Entscheidungen zu treffen. Auf seinen drei oder vier Sitzungen im Jahr mochte er allenfalls die von der Geschäftsführung vorbereiteten Anträge zustimmend zur Kenntnis nehmen.

In den folgenden Jahren gab es eine Reihe von Veränderungen im Dradag-Aufsichtsrat. Das Wolff'sche Telegraphen-Bureau und die Telegraphen-Union tauschten ihre Delegierten aus, ebenso der Verlag Mosse; und der Reichsvertreter Wolfgang Dittler machte Platz für Hermann Töpsenberger aus der Vereinigten Presseabteilung der Reichsregierung.

Wie erwähnt, war bei der Reorganisation der Dradag im Frühjahr 1926 ein »Arbeitsausschuß« als Verbindungsgremium zwischen dem vielköpfigen Aufsichtsrat und dem Vorstand vorgesehen worden. Der Ausschuß bestand zunächst aus acht, später aus fünfzehn Mitgliedern; davon waren je zwei Vertreter des Reichs oder der Länder, zehn Mitglieder stellten die Minderheitsaktionäre und eines die RRG für die Rundfunkgesellschaften.

Noch ein weiteres Ereignis bestimmte in diesen Monaten die Entwicklung der Dradag: der Austritt des Vorstandsmitglieds Friedrich Wilhelm Erlinghagen zum 2. Mai 1929 nach »Mißhelligkeiten« mit dem Leiter der politischen Abteilung im Reichsinnenministerium Kurt Haentzschel[34]. Aus der Redaktion schied der stellvertretende Chefredakteur, Wolfgang Peters, zum 30. September 1929. An seine Stelle trat Walter Aßmus, der seinen Dienst bereits am 1. Juni 1929 aufgenommen hatte.

Der Chefredakteur Räuscher machte sich viele Gedanken über die journalistische Arbeit in einer Redaktion, in der es um

[33] Goslar, *Was geht in der »Dradag« vor?* A. a. O., S. 656.
[34] Bausch, *Der Rundfunk im politischen Kräftespiel,* S. 84.

die Formulierung von Nachrichten ging, die nicht gelesen, sondern gehört wurden. Er verfaßte neunzehn »Stilregeln«, die er auf ein Plakat drucken und in sämtlichen Räumen der Dradag aushängen ließ[35]. Die Agentur beteiligte sich an den Funkausstellungen, der Chefredakteur schrieb in der Fachpresse und im Rundfunk-Jahrbuch der RRG, er hielt Vorträge in den Instituten für Zeitungswissenschaft in Berlin und Leipzig und vor zahlreichen anderen Einrichtungen und Gremien. Der Leiter der Deutschen Welle, Hermann Schubotz, hatte die Idee einer regelmäßigen wöchentlichen »Umschau«. Die Sendung, ein Pressespiegel, wurde von der Funk-Stunde, später auch über den Deutschlandsender verbreitet und von den Rundfunkgesellschaften in Breslau und Königsberg, manchmal auch von der Mirag in Leipzig übernommen. Am 23. Dezember 1930 sprach Räuscher schon seine hundertste »Zeitungsschau«. Ebenfalls bei der Funk-Stunde führte Räuscher sogenannte »Reichstags-Stimmungsbilder« ein, die immer unmittelbar im Anschluß an eine Eröffnungssitzung des Reichstags gesendet wurden, und zwar erstmals am 14. Dezember 1929[36]. Diese Programme sind von der Presse sehr gut aufgenommen worden, und es gab keine Beschwerden.

Am 1. Januar 1932 waren bei der Dradag 22 Personen beschäftigt. Für die publizistischen Aufgaben arbeiteten neben dem Chefredakteur und seinem Stellvertreter noch vier Redakteure, je zwei für die Vormittags- und für die Abendschicht. Die sechs Redakteure lieferten immerhin 5,6 Prozent des deutschen Rundfunkprogramms, für die hingegen nur 2,3 Prozent der gesamten Programmkosten aufgewendet wurden, wie der Chefredakteur in seinem Bericht über die Personalsituation vom 26. Oktober 1931 schrieb[37].

Ein Blick in die Jahresberichte der Nachrichtenagentur zeigt, daß die Dradag ständig gegen eine Unterfinanzierung kämpfte und nur unter großen Schwierigkeiten ihren Betrieb bezahlen konnte. Das Verhältnis Sachkosten zu Personalkosten betrug beispielsweise bei der Dradag 1930/31 etwa 70 : 30. Verglichen

[35] Wortlaut der Stilregeln in *Drahtloser Dienst AG. [1.] Jahresbericht 1928/29.* Berlin o. J., S. 27 f.
[36] Ebd., S. 30 sowie *[3.] Jahresbericht 1930/31.* Berlin o. J., S. 29.
[37] (Josef) Räuscher, *Begründung der Personalbesetzung der Dradag.* Berlin 26. 10. 1931. Anlage zum Geschäftsbericht des Vorstandes der Drahtloser Dienst AG (Dradag) über das Geschäftsjahr vom 1. 7. 1930 bis 30. 6. 1931. BA Kblz R 78/27.

mit anderen Nachrichtenagenturen, wo die Personalkosten oft einen doppelt so hohen Prozentsatz erreichten (55 bis 60 Prozent), war dies für den publizistischen Auftrag ein mißliches Verhältnis[38]. Im Januar 1927 wurden 9886 Nachrichten herausgegeben, 1928 waren es 10585 und 1929 schon 12315. Im Schnitt kostete eine Meldung, die sämtlichen Programmgesellschaften zuging, 30 Mark. Die Zahlungen der RRG haben sich vom Geschäftsjahr 1926/27 bis zum Geschäftsjahr 1931/32 verdoppelt. Die Kosten für das Nachrichtenmaterial sind in dem Zeitraum vom Sommer 1926 bis zum Sommer 1932 von 95000 auf 145000 RM, die Übermittlungskosten von 25000 auf 62000 RM gestiegen[39].

TABELLE 8: DIE FINANZSITUATION DER DRADAG 1926–1932

		Ausgaben	
Jahr (1. 7.–30. 6.)	Einnahmen von der RRG	Nachrichten-material	Nachrichten-übermittlung
	RM	RM	RM
1926/27	214856	95340	25330
1927/28	277148	111935	48732
1928/29	333530	143283	50347
1929/30	368449	159311	52844
1930/31	376293	164237	47785
1931/32	418750	145755	62222
1932 (1. 7–30. 9.)	116745	37369	18565
	2105771	857230	305825

Ihren offiziösen Ruf ist die Dradag offenbar niemals los geworden. Noch 1931 bat der Chefredakteur die Öffentlichkeit um Vertrauen in die Nachrichtenredaktion des Rundfunks. Viele unbegründete Beschwerden entstünden einfach daraus, daß man ihr von vornherein tendenziöse Absichten unterschiebe. Wäre erst einmal dieses unbegründete Mißtrauen ausgeräumt, dann würden begründete Beschwerden viel besser zur

[38] Ebd.
[39] Gerhard Laurisch, *Der Rundfunk als Arbeitgeber*. Jena 1933, S. 64.

Geltung kommen. Dabei sei der Rundfunknachrichtendienst gerade in dieser Zeit eine absolute Notwendigkeit geworden, denn für viele sei er der einzige Blick in die Welt[40].

5.4. *Von der Deutschen Welle zum Deutschlandsender*
Zentraler Programmauftrag durch die Hintertür

Die RRG hat sich selbst und andern gegenüber immer gern den Standpunkt vertreten, daß die Selbständigkeit der einzelnen Rundfunkgesellschaften, insbesondere der Programmverantwortlichen, nicht angetastet werden dürfe. Jede Rundfunkgesellschaft müsse ihre besondere, von der Landschaft, der kulturellen Überlieferung und dem besonderen Charakter des jeweiligen Sendegebiets geprägte geistige Haltung haben. Dennoch, so wurde immer wieder erklärt, müsse aus Zweckmäßigkeitsgründen auf einzelnen Programmgebieten zentral gearbeitet werden.

Die erste zentrale Programmaßnahme dieser Art betraf die Deutsche Welle GmbH. Neben dem geschäftsführenden Direktor, Hermann Schubotz, waren 1929 bei dieser Gesellschaft insgesamt sechs Personen als Festangestellte tätig: in der Programmabteilung Hans Roeseler und Konrad Dürre; in der Abteilung Schriftleitung Karl Würzburger; in der Abteilung Presse, die zunächst der RRG-Pressechef Wilhelm-Conrad Gomoll mitleitete, ab 1930 Kurt Wagenführ; in der Verwaltungs- und Finanzabteilung Erich Drechsler. Der technische Leiter der Strahlungsanlage für das Programm der Deutschen Welle in Königs Wusterhausen, Hans Gerlach, fehlte im Personalplan der Gesellschaft.

Die Deutsche Welle bekam zunächst einen Zuschuß der RRG in Höhe von 144 713 RM, um ihre Arbeit aufnehmen zu können. Dann verfügte sie über 5 Prozent der Gebühreneinnahmen der in Preußen ansässigen fünf Rundfunkgesellschaften. Bereits 1926 waren die Gebühreneinnahmen der Gesellschaft mit 670 934 RM höher als die der Orag in Königsberg[41]. 1930 stiegen ihre Gebühreneinnahmen auf 1,1 Millionen RM[42].

---

[40] *Drahtloser Dienst AG. [3.] Jahresbericht 1930/31.* Berlin o. J., S. 39.
[41] *Bericht des Rundfunk-Kommissars des Reichspostministers über die Wirtschaftslage des deutschen Rundfunks am 31. März 1927.* Berlin o. J., S. 20.
[42] *Bericht des Rundfunk-Kommissars ... am 31. Dezember 1930*, S. 51.

Johann Georg Hermann Schubotz (1881–1955) leitete die »Deutsche Welle« von 1926 bis 1933.

Die Deutsche Welle hatte anfangs nur für ein zweistündiges Eigenprogramm zu sorgen; im Laufe des ersten Jahres konnte sie jedoch die Sendezeit für ihr Programm auf werktäglich sechs Stunden erhöhen; meist sendete sie von 14.00 bis 20.00 Uhr. Werktags ab 20.00 Uhr und an Sonn- und Feiertagen ab 9.00 Uhr vormittags bestand das Programm auf Anordnung des Reichspostministers ausschließlich aus Übernahmen von einer der regionalen Rundfunkgesellschaften. Im Programmjahr 1927/28 kamen von insgesamt 943 Übernahmen 89,4 Prozent von der Funk-Stunde Berlin und nur 10,6 Prozent von den übrigen Gesellschaften – meist aus Köln, Hamburg, Frankfurt oder Leipzig[43]. Eine ausgeglichenere Verteilung der Übernahmen war zunächst wegen der mangelhaften Verstärkerqualität der Kabelverbindungen der Regionalsender mit den Sendeanlagen der Deutschen Welle in Königs Wusterhausen nicht möglich. Ein neuer Langwellensender mit 24 kW Leistung wurde in Zeesen bei Königs Wusterhausen für die Deutsche Welle im Jahre 1927 gebaut und am 20. Dezember in Betrieb genommen; er bekam den Namen »Deutschlandsender«, der bald auch neben der Bezeichnung »Deutsche Welle« oder »Königs Wusterhausen« als Programmname in Gebrauch kam. Bis Ende 1930

---

[43] Errechnet nach einer Übersicht in: *Rundfunk-Jahrbuch 1929.* Berlin o. J., S. 119.

Direktionssitzung der »Deutschen Welle«. Von links: Karl Würzburger (1891–1978), Konrad Dürre (1884–1940), Schubotz, Hans Roeseler (1893–1945).

veränderten sich die Anteile der Regionalgesellschaften am Abendprogramm des Deutschlandsenders nachhaltig. Zwischen dem 1. Oktober und 31. Dezember lag Berlin der guten Kabelverbindung nach Zeesen wegen zwar noch immer an der Spitze, freilich nur noch mit 27,9 Prozent, gefolgt in der früheren Reihenfolge von Köln (17,9 Prozent), Hamburg (13,8 Prozent), Leipzig (7,1 Prozent), München (8,3 Prozent), Breslau (7,1 Prozent), Königsberg (5,9 Prozent), Stuttgart (4,8 Prozent) und Frankfurt (3,6 Prozent). Bei diesen Übernahmen handelte es sich größtenteils (85,2 Prozent) um Musikprogramme[44].

Das Eigenprogramm der Deutschen Welle entsprach zunächst in jeder Hinsicht der schon im Gesellschaftsvertrag von 1924 aufgeführten Aufgabe: »Veranstaltung von Unterricht, Vorträgen und Darbietungen ...«. Angeboten wurde ein eng an der Volkshochschulidee orientiertes Bildungsprogramm in Form von meist halbstündigen Einzelvorträgen, der sogenannte

[44] Errechnet nach einer Grafik in: *Bericht des Rundfunk-Kommissars ... am 31. Dezember 1930*, S. 62.

»Vortragsdienst«. Ernst Ludwig Voss hatte schon zu Beginn seiner Rundfunkpläne offenbar eine Organisationsidee, die von einem fundamentalen Medienverständnis ausging; er erkannte den Rundfunk als ein Kommunikations- und nicht als bloßes Transmissionsmittel. Er versuchte das Publikum in die Programmarbeit mit einzubeziehen, wobei er freilich ein ständegesellschaftliches Sozialmuster annahm, nach welchem sich die unterschiedlichen Interessen dieses Publikums nach Gruppen, Verbänden und Institutionen ordnen und schließlich durch deren Vertretung am Programm beteiligen ließen.

Die Arbeitsgemeinschaft mit dem Zentralinstitut für Erziehung und Unterricht war die erste und gleichzeitig charakteristische Probe auf dieses Rundfunkkonzept. Seine Differenzierung führte schließlich zu drei für die Deutsche Welle typischen Programmgattungen: Ausbildung, Fortbildung, Bildung.

Die Ausbildungsprogramme hatten Unterrichtscharakter und wurden in den ersten Jahren unter der Bezeichnung »Pädagogischer Rundfunk« geführt. Es handelte sich dabei um Lehrerausbildung mit einem sehr umfassenden erziehungswissenschaftlichen Anspruch, einschließlich der Unterrichtskunde; ferner um Kursprogramme in Englisch, Französisch, Spanisch und Esperanto, Kurzschrift und Sprecherziehung. Diese in enger Verbindung mit dem Zentralinstitut hergestellten Programme nahmen zunächst mehr als die Hälfte der Sendezeit in Anspruch, sie gingen jedoch bald auf ein Drittel der Eigenprogramme zurück.

Die Fortbildungsprogramme waren als das angelegt, was heute Zielgruppenprogramme genannt wird; sie richteten sich sowohl an Personenstandsgruppen (Hausfrauen, Mädchen, Jugendliche, Kinder) als auch an Berufsgruppen (Arbeiter, Ärzte, Landwirte, Kaufleute, Beamte). Entsprechende Organisationen wurden als Beratungsausschüsse herangezogen, so z. B. die Spitzenverbände des Handels, der Industrie, der Landwirtschaft, der Hausfrauenvereine und die Standesverbände der Mediziner, Juristen und Beamten. Die Fortbildungsprogramme gewannen zeitlich an Umfang, wenngleich die Mannigfaltigkeit der ersten Jahre später wieder zurückging.

Die allgemeinbildenden Programme, die man als die Vorläufer der Dritten Programme nach dem Zweiten Weltkrieg bezeichnen könnte, waren an einem eher traditionellen Kulturbegriff orientiert. Sie wurden in den ersten Jahren ebenfalls sorgfältig aufgebaut; die Künste, die Kulturgeschichte, die Völker- und Länderkunde nahmen einen breiten Raum ein. Hinzu kam die Politik unter dem schützenden Mantel der Geschichte und der Staatsbürgerkunde oder der Rechts- und Wirtschaftskunde. Ab 1929 wurde diese Programmgattung jedoch wieder eingeschränkt, offenbar zugunsten der »Gedanken zur Zeit«, einer Sendereihe mit Gesprächen über Politik[45].

TABELLE 9: AUFTEILUNG DES DW–PROGRAMMS 1926–1930

Jahr	Programme		
	Ausbildung %	Fortbildung %	Allgemeinbildung %
1926	61,0	25,3	13,7
1927	38,7	27,3	39,0
1930	29,9	43,4	26,8

Das Programmkonzept eines Bildungsrundfunks der Deutschen Welle war nicht eben billig. Hier könnte der Grund dafür zu finden sein, daß diese zehnte Rundfunkgesellschaft auch dann noch von der RRG als zentrale Einrichtung gemäß ihrem ursprünglichen Programmauftrag geführt wurde, als sie durch die konsequente Ausstattung ihres Abendprogramms mit repräsentativen Produktionen der regionalen Programmgesellschaften schon längst unter der Bezeichnung »Deutschlandsender Königs Wusterhausen« eine Einrichtung der RRG geworden war. Während die Eigenprogramme der Deutschen Welle unter Mitwirkung der Institutionen und Verbände von ihrem Direktor verantwortet wurden, gehörte das Abendprogramm des »Deutschlandsenders« von Anfang an zur Planungsaufgabe eines Programmrats oder eines Programmausschusses der deutschen Rundfunkgesellschaften. So war es der RRG nicht nur möglich, sich über die Finanzierung mittelbar in die Angelegenheiten dieser zentralen Programmgesellschaft einzuschalten; über den Programmrat konnte sie unmittelbar auch die Pro-

---

[45] (Hans) Bredow, *Vier Jahre deutscher Rundfunk*. Berlin o. J. (1928), S. 109 und H. (ermann) Schubotz, *Die Deutsche Welle GmbH*. In: *Jahrbuch der Deutschen Welle GmbH 1928.* (Berlin 1929), S. 11 sowie im *Bericht des Rundfunk-Kommissars ... am 31. Dezember 1930*, S. 60.

grammplanung beeinflussen. RRG-Direktor Magnus erklärte auf der Rundfunkleiterbesprechung am 31. Oktober 1930, der Deutschlandsender sollte seiner ursprünglichen Bestimmung, Spitzenprogramme der einzelnen Gesellschaften in ganz Deutschland hören zu lassen, wieder zugeführt werden[46]. Die Rundfunkleiter verabredeten fortan längere Vorbereitungszeiten und beschlossen, mit der Zusammenstellung des Abendprogramms und des Sonntags- und Feiertagsprogramms des Deutschlandsenders, ausgenommen die der Deutschen Welle vorbehaltenen Sendezeiten, die Geschäftsstelle des Programmausschusses zu beauftragen. Die Rundfunkgesellschaften verpflichteten sich ihrerseits, Zeitwünschen der Geschäftsstelle für die Beiträge zum Deutschlandsender-Programm »soweit wie nur irgend möglich« zu entsprechen[47].

Die Geschäftsstelle des Programmausschusses wurde personell verstärkt. Außerdem erhielt die RRG eine neue Abteilung für Programmfragen, zu deren Leitung der Intendant der Orag von Königsberg nach Berlin versetzt wurde, um sich besonders um das Programm des Deutschlandsenders zu kümmern; er führte dann auch bald die Bezeichnung »Intendant des Deutschlandsenders«. Auf der Rundfunkleiterbesprechung am 10. Dezember 1931 gab er einen ersten ausführlichen Bericht über seine Tätigkeit, die sich im übrigen auch auf die von der RRG in jenen Monaten allgemein verfolgte Programmpolitik eines verstärkten, kostensparenden Programmaustausches sämtlicher Gesellschaften untereinander erstreckte[48]. Jedenfalls wurde erkennbar, daß sich die Planungskompetenz der RRG nicht mehr nur auf das Abendprogramm beziehen sollte, vielmehr ging die Vorstellung eindeutig auf den Ausbau des zentralen Deutschlandsender-Programms zu einem Vollprogramm mit Nachrichten, Berichten und Musikdarbietungen vom Frühwetter um 5.45 Uhr bis Mitternacht, wobei das Programmgerüst aus fest vereinbarten Übernahmen der Regionalgesellschaften bestehen und die Beiträge des Bildungsprogramms der Deutschen Welle allenfalls noch am Nachmittag zwischen 15.00 und 20.00 Uhr ausgestrahlt werden sollten. Der Geschäftsbe-

[46] Sitzungsbericht der Besprechung mit den Leitern der deutschen Rundfunkgesellschaften am 31. 10. 1930. BA Kblz. R 78/894.
[47] Ebd.
[48] Sitzungsbericht der Besprechung [der Rundfunkleiter] am 10. 12. 1931. BA Kblz R 78/895.

Das Ende der »Deutschen Welle«: Inventur beim Deutschlandsender. Karikatur von Erich Lesser (1933).

richt der RRG für 1931 erwähnte schließlich, die Programmbeschaffung für den Deutschlandsender sei grundsätzlich geändert worden mit dem Ziel, das Gesamtprogramm zu vereinheitlichen, so daß es im Aufbau dem eines Bezirkssenders gleiche[49].

Die neue Konzeption läßt mühelos die Deutung zu, daß die RRG nun endlich ihre eigene Rundfunkeinrichtung hatte, einen wirklichen »Reichssender« für ein repräsentatives »Reichsprogramm«. Es ist müßig, über die rechtliche Problematik nachzudenken, ob diese Entwicklung dem letzten Satz des § 2 der RRG-Satzung von 1926 noch entsprach: »Ausgeschlossen ist Funksendebetrieb und drahtlose Nachrichtenverbreitung jeder Art«. Möglicherweise wären im Anfechtungsfall Postjuristen zu dem Schluß gekommen, die RRG habe durchaus satzungskonform gehandelt. Sie hätte für ihre Aktivitäten auf der Langwelle wahrscheinlich auch keinerlei Genehmigung bedurft, solange sie sich des Organisationsmantels der Deutschen Welle sicher sein durfte und im übrigen tatsächlich keine Programmminute selbst produzierte, oder solange ihre Programmabteilung und

---

[49] *Reichs-Rundfunk-Gesellschaft mbH, Geschäftsbericht über das siebente Geschäftsjahr 1931.* (Berlin 1932), S. 20.

ihr Programmausschuß sich aus den neun Regionalprogrammen das Beste und Teuerste überspielen ließ. Dabei konnte sie sich sogar noch jeden Ärger mit den Überwachungsausschüssen und Kulturbeiräten ersparen. Vom Juli 1930 bis Juni 1931 wurden für den Deutschlandsender 5447 Betriebsstunden gezählt, davon waren 2705 bzw. 49,6 Prozent Übernahmen von anderen Gesellschaften[50].

5.5. *Der Programmrat*
Ein letzter Versuch zur Programmautonomie

Aus den Tagen des Reichsfunk-Verbandes, jener durch die RRG überflüssig gewordenen Vereinigung der Rundfunkgesellschaften, gab es noch die Direktoren-Konferenzen, in denen die Leiter der Rundfunkgesellschaften gemeinsame Programmfragen besprachen, Übertragungen und Gastspiele erörterten und sich schließlich sogar über große Veranstaltungen verständigten. Zunächst suchten die Rundfunkgesellschaften nach Gründung der RRG nach einer Nische, wo sie ihre Programmfragen unabhängig von der RRG diskutieren konnten, unabhängig im übrigen nicht nur von der Dachgesellschaft, sondern auch von den Kulturbeiräten. Am 24. Juni 1926 konstituierte sich deshalb der »Programmrat der deutschen Rundfunkgesellschaften«. Man wählte Friedrich Georg Knöpfke (Funk-Stunde) zum Vorsitzenden und Hans Bodenstedt (Norag) sowie Hans Flesch (SWR) zu dessen Stellvertretern. Das Gremium gab sich eine Geschäftsordnung, in der es als seine Ziele festlegte, »unter Wahrung der Selbständigkeit der einzelnen Sendestellen die deutschen Rundfunkprogramme nach einheitlichen Gesichtspunkten aufzustellen und aufeinander abzustimmen; ferner den Programmaustausch zwischen einzelnen Rundfunk-Stationen zu bearbeiten, Gastspiele zu vereinbaren und andere gemeinschaftliche Aufgaben, die mit der Programmgebung verbunden sind, zu erledigen«[51].

Die Rundfunkpresse beobachtete in den folgenden Monaten die neue Einrichtung sehr aufmerksam. Schon im November

---

[50] Errechnet nach einer Grafik in: *Rundfunk-Jahrbuch 1932.* Berlin o. J., S. 140.
[51] Programmrat der Deutschen Rundfunk-Gesellschaften. Geschäftsordnung, 24. 6. 1926 HStA Stuttgart E 130 II/442/105.

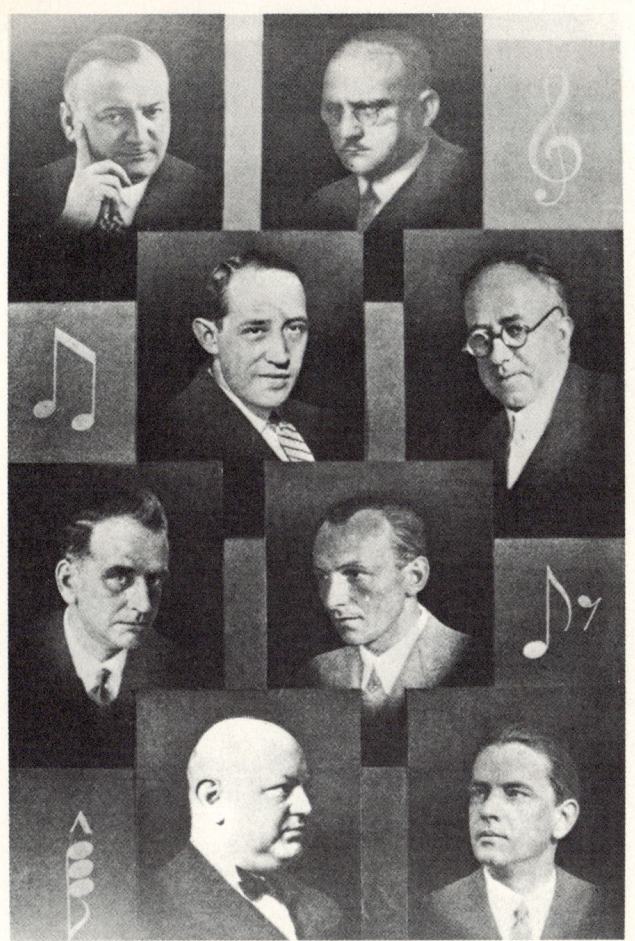

Deutsche Rundfunkintendanten 1930. Fotomontage eines zeitgenössischen Bilderdienstes. Von oben links: Josef Christean (1887–1966) Orag-Königsberg, Hans Bodenstedt (1887–1958) Norag-Hamburg, Hans Flesch (1896–1945) Funk-Stunde Berlin, Ludwig Neubeck (1882–1933) Mirag-Leipzig, Ernst Hardt (1876–1947) Werag-Köln, Fritz Walther Bischoff (1896–1976) Schles. Funkstunde Breslau, Alfred Bofinger (1891–1959) Sürag-Stuttgart, Kurt von Boeckmann (1885–1950) Deutsche Stunde in Bayern; die Frankfurter Rundfunkgesellschaft hatte damals keinen Intendanten.

1926 kritisierte die Zeitschrift *Funk,* daß die Sitzungen nicht öffentlich seien. Selbst der Vorschlag, Chefredakteure der Rundfunkpresse als Gäste zuzulassen, war abgelehnt worden[52]. Und Koordination stellte sich in der Tat als ein schwieriges Geschäft heraus, besonders, da der Kompromiß als etwas Ehrenrühriges galt, als eine faule Sache, die man nicht mit nach Hause bringen durfte, ohne sein Gesicht als harter und selbstbewußter Verhandlungsführer zu verlieren. Keiner der Rundfunkdirektoren brachte dies übers Herz. So blieb nur der Ruf nach der amtlichen Schiedsstelle, die schon alles richtig machen würde. Nach einem halben Jahr, am 15. Dezember 1926, war es dann soweit. In der vierten Sitzung des Programmrats übernahm Kurt Magnus den Vorsitz. Damit war der Programmrat von der RRG vereinnahmt.

Ludwig Kapeller schrieb einen Nachruf unter der Überschrift: *Der Programmrat der Rundfunkgesellschaften;* dahinter setzte er ein Sterbekreuz[53]. Das bittere Zeichen läßt erkennen, welch rundfunkpolitische Blindheit – mag sie aus subjektiver Sicht auch unverschuldet gewesen sein – bei einem Rundfunkpublizisten gegenüber der Wirklichkeit des neuen Mediums vorgelegen haben muß, da er offenbar ernsthaft der Meinung sein konnte, die regionalen Rundfunkgesellschaften hätten irgendeine Chance gehabt, der RRG, den Ausschüssen und Beiräten irgendetwas entgegenzusetzen.

Die regelmäßigen Zusammenkünfte der Rundfunkleiter hießen zunächst »Programmratssitzungen«, ab 1929 aber nur noch und nicht weniger deutlich »Besprechungen mit Leitern der deutschen Rundfunk-Gesellschaften«. »Programmratssitzungen« hießen nur noch die repräsentativen, anfangs auch öffentlichen Veranstaltungen, die einmal im Jahr stattfanden. Die neue Qualität des Gremiums wurde durch Umbenennung kenntlich gemacht. Am 27. März 1930 teilte der Vorsitzer Kurt Magnus mit, der Rundfunk-Kommissar wünsche einen anderen Namen. Die Versammlung beschloß sogleich, »um den zahlreichen Mißverständnissen, die in der Öffentlichkeit im Zusammenhang mit der Bezeichnung ›Programmrat‹ aufgekommen seien, entgegen-

[52] Ludwig Kapeller, *Ein Blick in die Zukunft.* Funk, Nr. 45 v. 5. 11. 1926, S. 394.
[53] kap. (d.i. Ludwig Kapeller), *Der »Programmrat der Rundfunkgesellschaften«* †. Funk, Nr. 1 v. 1. 1. 1927, S. 3.

Geschäftsordnung.

1. Der Programmrat besteht aus den Vorstandsmitgliedern der Deutschen Rundfunk-Gesellschaften oder deren Bevollmächtigten, soweit sie für die Programmgebung ihrer Stationen verantwortlich sind. Der Programmrat hat seinen Sitz in Berlin.

2. Der Programmrat bezweckt, unter Wahrung der Selbständigkeit der einzelnen Sendestellen, die deutschen Rundfunkprogramme nach einheitlichen Gesichtspunkten aufzustellen und aufeinander abzustimmen; ferner den Programmaustausch zwischen einzelnen Rundfunk-Stationen zu bearbeiten, Gastspiele zu vereinbaren und andere gemeinschaftliche Aufgaben, die mit der Programmgebung verbunden sind, zu erledigen.

3. Der Programmrat wählt aus seiner Mitte einen Vorsitzenden und zwei Stellvertreter, und zwar auf die Dauer von einem Jahre. Diese Aemter sind ehrenamtlich. Wiederwahl ist zulässig.

4. Die Mitglieder des Programmrats werden mindestens monatlich einmal von dem Vorsitzenden nach Berlin zu einer Sitzung einberufen, zu der auch die Reichs-Rundfunk-Gesellschaft geladen ist, um das für die nächsten Wochen in Aussicht genommene Programm in seinen Hauptpunkten durchzusprechen. Die Mitglieder des Programmrats sind berechtigt, zu den Sitzungen ihre künstlerischen Beiräte zuzuziehen.

5. Die mit der Geschäftsführung verbundenen Unkosten werden durch ein Umlageverfahren von den einzelnen Rundfunk-Gesellschaften getragen. Die Reisekosten nach Berlin trägt jede Rundfunk- Gesellschaft.

Geschäftsordnung des Programmrats vom Juni 1926

Programmratssitzung im Dezember 1926 in Berlin; in der Mitte (von links): Giesecke, Bredow, Magnus.

zuwirken und anstelle von ›Programmrat‹ in Zukunft ›Programmausschuß‹ zu setzen«[54].

Die Besprechungen, in den Protokollen bisweilen noch immer »Direktoren-Konferenzen« genannt, unter Vorsitz des RRG-Direktors Kurt Magnus fanden nicht, wie ursprünglich geplant, monatlich, sondern zweimonatlich statt. Die Geschäftsführung (Büro) lag zunächst kurze Zeit bei Karl Block (Orag), dann, ab Herbst 1928 bis 1932, bei Carl Friedrich Duske (Werag); später kamen noch zwei Referenten, Ernst Wolfgang Freißler und Georg Seidler, zur Geschäftsführung hinzu. Ende 1930 waren in der Geschäftsstelle des Programmausschusses insgesamt elf Personen tätig. Zur Ausführung der Beschlüsse wurde anfangs ein Vollzugsausschuß berufen, bestehend aus den drei Programmleitern der Rundfunkgesellschaften in Berlin, Köln und München. Ab August 1928 gab es einen »künstlerischen Ausschuß«, dem Hans Flesch (SWR), Carl Hagemann (Funk-Stunde), Ernst Hardt (Werag) und Duske angehörten.

[54] Sitzungsbericht der Besprechung (der Rundfunkleiter) am 27. 3. 1930. BA Kblz R 78/892.

Der „Programmrat der Rundfunkgesellschaften" †

Die Reichs-Rundfunk-Gesellschaft teilt mit: Der Programmrat der deutschen Rundfunkgesellschaften hat in seiner letzten Sitzung vom 15. Dezember 1926 den Vorsitz der Reichs-Rundfunk-Gesellschaft m. b. H. übertragen. Die Änderung erfolgte aus organisatorischen Gründen.

Als vor einigen Monaten der „Programmrat der Deutschen Rundfunkgesellschaften" gegründet wurde, da wuchsen allerlei verwegene Hoffnungen; und auch das, was man über die Aufgaben dieses „Programmrates" hörte, ermunterte zu der Annahme, daß die Leitenden des deutschen Rundfunks nun endlich eingesehen hätten, neben Wirtschaft und Organisation, neben Regelung und Reklame müsse nun auch einmal eine Stelle geschaffen werden, die den Austausch künstlerischer Erfahrungen pflegte, um die Leistungen einzelner Sendestellen dem gesamten Rundfunk zugute kommen zu lassen. Und man erwartete, daß in diesem Programmrat nicht die Kaufleute, sondern die Künstler des Rundfunks sitzen würden, um in gemeinsamer Aussprache Anregungen und Schwierigkeiten zu erörtern, technische und akustische Probleme zu diskutieren, dabei von dem Rat von Fachleuten unterstützt. Schließlich konnten in diesen Besprechungen Gastspiele vereinbart werden, drahtlich von Sender zu Sender vermittelt, konnte man die Verpflichtung hervorragender Orchester oder einzelner ausübender Künstler vorbereiten, um die Kosten zu verringern, anerkannt Minderwertiges auszuscheiden oder erfahrungsgemäß Wertvolles allen Sender zu ermöglichen.

Schon die erste Sitzung des „Programmrates" — zu dessen Vorsitzenden Knöpfke-Berlin, Bodenstedt-Hamburg und Jäger-Leipzig gewählt wurden — brachte eine Enttäuschung: es ergab sich nämlich in der Aussprache, daß Gastspiele noch gar nicht möglich sind, da die technischen Einrichtungen noch nicht genügten, um klangreine und lautstarke Übertragungen durchzuführen. Auf diese Feststellung hin hätte der „Programmrat" eigentlich wieder auseinandergehen können, denn inzwischen hatte man sich schon — noch vor der formellen Gründung — zu einer anderen, mehr wirtschaftlich-organisatorischen als künstlerischen Aufgabe bekannt: man wollte die Programme der deutschen Sender „angleichen" und „vereinheitlichen", um einen „rationelleren Betrieb" zu erreichen. Das heißt: die Sitzungen des „Programmrates" wurden zu einer Börse, auf der mit Nachmittagskonzerten, Tanzmusiken, Übertragungen, Sendespielen und ähnlichen Kunstwaren gehandelt wurde; tatsächlich wurden damals Etté und Kermbach „europäisiert", Berlin verkaufte seine Nachtmusik an sämtliche Sender einschließlich Königswusterhausen; wobei seltsam anmutet, daß die technischen Einrichtungen wohl für diese Tanzmusik ausreichen, nicht aber für künstlerische Gastspiele von Sender zu Sender.

Der zweite inoffizielle Plan scheiterte an dem Mißtrauen der einzelnen Sendeleiter: man wollte die Programmentwürfe der Sender wochenlang vorher in Berlin „ansmeln", um rechtzeitig mit „Vereinheitlichungs-Vorschlägen" hervortreten zu können; diese theoretisch höchst glückliche Anregung bedeutete jedoch in der Praxis, wie einige Beispiele bewiesen: daß Berlin seine „Einfälle" aus dem Material der anderen Sendestellen bezog oder zum mindesten die Möglichkeit dazu hatte . . . Und so ward denn, um das äußere Ansehen zu retten, einer jener Gummi-Beschlüsse gefaßt, von dem jeder wußte, daß er nur eine Verlegenheit zudeckte: jede Sendegesellschaft ist verpflichtet, ihre Programmentwürfe, „wenn es ihr möglich ist", drei Wochen vorher einzureichen . . . Diese „Möglichkeit" schrumpfte natürlich unter dem nicht ganz unbegründeten Mißtrauen zur völligen „Unmöglichkeit" zusammen.

In der ersten Sitzung begrüßte man freudig und feierlich auch — die künstlerischen Leiter; denn der „Programmrat" sollte ja künstlerische Ehrgeize haben. In der zweiten Sitzung ließ man sie schon daheim, und in der dritten . . . Denn der „Programmrat" ward zu einer der üblichen „Direktoren-Konferenzen", die über Verträge verhandelte, über schlechtes Geschäftsgang klagte, gegen Reichspost, Reklame, Techniker und alles mögliche protestierte, Bilanzen erörterte, den Etat der „Deutschen Welle" begutachtete, über Senderechte und Autorenhonorare stritt; kurz, man saß von Morgens bis Mitternacht beieinander, aber — über Programme wurde nicht gesprochen.

Jetzt hat der „Programmrat", ganz folgerichtig, seinen Bankrott angemeldet; er ist in den seligmachenden Armen der Reichs-Rundfunk-Gesellschaft süß und sanft in ein besseres Jenseits hinübergeschlummert. Denn die „aus organisatorischen Gründen" erfolgte Übertragung des Vorsitzes an die Reichs-Rundfunk-Gesellschaft bedeutet nichts anderes, als daß die künftigen Sitzungen die wirtschaftlichen und organisatorischen Belange erörtern und von dem Zentral-Exekutiv-Organ, der Reichs-Rundfunk-Gesellschaft, geführt werden, und diese Sitzungen werden „Direktoren-Konferenzen" sein, wie man sie schon längst vor der Gründung des „Programmrates" zur Besprechung gemeinsamer Fragen abhielt, wie sie schon der „Reichsrundfunkverband" kannte.

Man wird diesem „Programmrat" keine Träne nachzuweinen brauchen; und doch ist es erschütternd, mitansehen zu müssen, wie alle rein-künstlerischen Fragen immer wieder ins Wirtschaftliche und Organisatorische umgebogen werden, wie stark der Geist der Kaufleute und Organisatoren den deutschen Rundfunk beherrscht. Und gerade in diesem Augenblick ist es tief bedauerlich, daß Kunst und Kultur keine Stätte gemeinsamer Vertretung und Besprechung finden können, in diesem Augenblick, da es gerade sollte, die künstlerische Freiheit des Rundfunks gegen die behördliche Bevormundung zu verteidigen, eine breite Abwehrfront zu schließen gegen „Überwachungsausschüsse", „Kulturbeiräte" und „Nachrichtendienste"; gerade jetzt wäre es notwendig, Erfahrungen auszutauschen und die Könner und jene Wollenden von allen Sendern zusammenzuführen, um ihnen für die bevorstehenden Kämpfe das Rückgrat und das Gewissen zu stärken.

Es scheint jedoch dem deutschen Rundfunk weniger um die Kunst zu gehen, als um die Kunst . . . Und deshalb stehen wir tief und traurig erschüttert am Grabe jener Idee des „Programmrats", die ein Kraftreservoir für alle Sender, für den ganzen deutschen Rundfunk hätte werden können. *Lap.*

Die Stimme Genfs zur neuen Wellenverteilung.
Der Weltrundfunkverein ist zufrieden . . .

Am 6. und 7. Dezember hat in Genf eine Sitzung des Rates des Weltrundfunkvereins stattgefunden, in der u. a. auch die am 14. November erfolgte Änderung der europäischen Rundfunkwellen erörtert worden ist. Der Rat kam zu der Auffassung, daß der neue Wellenplan in seiner Gesamtheit zufriedenstellend sei, und daß an verschiedenen Stellen durch die Einführung der neuen Wellen hervorgerufenen Schwierigkeiten den Wert des neuen Plans selbst in keiner Weise herabmindern können.

Einige nur technischer Ausschuß vorgeschlagenen unwesentlichen Änderungen wurden angenommen. Man erwartet bestimmt, daß diese kleinen Berichtigungen des Wellenplans im Zusammenhang mit der allgemeinen Einführung der Wellenmesser des Weltrundfunkvereins und die weiteren technischen Vervollkommnung der Sendeanlagen eine merkbare Verbesserung der Gesamtlage herbeiführen werden.

Eine Reihe anderer Fragen, die die Zusammenarbeiter des Rundfunks mit anderen Verbänden betreffen, sind in einer alle beteiligten Länder befriedigenden Weise gelöst worden.

Nachruf der Zeitschrift »Funk« auf den autonomen Programmrat, Januar 1927

Für die mit Auftragstexten und Auftragskompositionen verbundenen Probleme, für deren vertragliche Abwicklung und gemeinschaftliche Finanzierung und Darbietung gab es ständige und zeitweilige Ausschüsse mit wechselnden Angehörigen. Wenn es um Wortbeiträge (beispielsweise Hörspiele) ging, war meist der Kölner Intendant Hardt federführend, bei Musikbeiträgen der Frankfurter, der spätere Berliner Intendant Flesch.

Geschäftsmäßig war der Programmrat oder Programmausschuß keine Abteilung der RRG, sondern ein ihr angeschlossener Ausschuß. Dennoch wurde das Gremium seit Bestehen offenbar von der RRG finanziert; bereits im RRG-Haushalt 1926/27 waren als Ausgaben für den Programmrat 14 693 RM ausgewiesen[55]. Folgende ca. 40 Sitzungen der RRG mit den Rundfunkleitern haben zwischen Juni 1926 und Januar 1933 stattgefunden.

RRG-RUNDFUNKLEITERTAGUNGEN 1926–1933

1926	4 (?) Sitzungen des Programmrats
1927	6 (?) Sitzungen des Programmrats
1928	3 Sitzungen des Programmrats
	1 Außerordentliche Sitzung des Programmrats in Wiesbaden
	3 Besprechungen mit den Rundfunkleitern
1929	6 Besprechungen mit den Rundfunkleitern
	1 Sitzung des Programmrats in Bremen
1930	6 Besprechungen mit den Rundfunkleitern
	1 Sitzung des Programmausschusses in Wien
1931	5 Besprechungen mit den Rundfunkleitern
	1 Sitzung des Programmausschusses in Berlin
1932	2 Besprechungen mit den Rundfunkleitern
	1 Sitzung des Programmausschusses in Berlin
1933	1 Besprechung mit den Rundfunkleitern in Berlin

In den ersten Jahren kamen von jeder der zehn Programmgesellschaften je zwei Vertreter vom Vorstand und aus der Geschäftsführung; nicht selten brachten sie Abteilungsleiter mit. 1928 kam der Leiter der Deutschen Welle mit seinen drei Sachbearbeitern hinzu. Später erschien dieser allerdings nur noch alleine. Charakteristisch ist die Zunahme der Vertreter der RRG

[55] *Bericht des Rundfunk-Kommissars … am 31. März 1927*, S. 8.

und des Programmrats, woran sich das wachsende Programminteresse der Dachgesellschaft deutlich ablesen läßt. 1928 und 1929 nahmen im Durchschnitt vier Vertreter der RRG an den Sitzungen teil, gegenüber 21 (1928) und 15 (1929) der Rundfunkgesellschaften. In den folgenden Jahren brachte Magnus immer mehr Leute mit; 1930 waren meist mehr als sieben, 1931 mehr als acht von der RRG und ihrem Programmausschuß dabei, gegenüber durchschnittlich knapp 16 (1930) und 17 (1931) von den Rundfunkgesellschaften. Die für die Januarsitzungen von 1932 und 1933 überlieferten Protokolle lassen keine allgemeinen Aussagen mehr zu; die Vertreter der Rundfunkgesellschaften kamen, 15 bis 17 an der Zahl, weiterhin[56]; Kurt Magnus behielt auch in der Januar-Sitzung 1933 noch den Vorsitz. Allerdings waren nun schon der Rundfunk-Kommissar des Reichsinnenministeriums und sein Referent anwesend. Der Rundfunk-Kommissar des Reichspostministers und sein Referent, die von September 1929 bis Januar 1932 regelmäßig an den Sitzungen teilgenommen hatten, fehlten im Januar 1933 bereits.

Als Gäste haben von Anfang an auch Vertreter der Österreichischen Radio-Verkehrs-AG (Ravag) aus Wien teilgenommen, anfangs nicht selten der Generaldirektor Oskar Czeija mit Leopold Richtera von der Programmabteilung, später der Leiter der Organisationsabteilung, Erich Kunsti. Bis 1928 waren auch Vertreter Danzigs dabei, der Direktor der Post- und Telegraphenverwaltung der Freien Stadt Danzig, Staatsrat Viktor Zander, oder der Leiter des Sendebetriebs Otto Normann.

Die Besprechungen hatten keinerlei förmliche Beschlußfähigkeit. Man traf Verabredungen, die jedoch nicht bindend waren. Der Rundfunk-Kommissar äußerte Wünsche; sie wurden eilfertig erfüllt. Die RRG-Vertreter kamen mit fertigen Konzepten, die Vertreter der Rundfunkgesellschaften berichteten allenfalls aus ihren Häusern oder aus den Ausschüssen. Die Versammlung mochte kontrovers diskutieren, die – meist vom Vorsitzer – verfaßten Sitzungsberichte verzeichnen jedoch lediglich akklamative Beschlüsse. Die Initiativen zu den behandelten Vorgängen auf diesen Besprechungen gingen bis 1928 noch zu gleichen Teilen von den Rundfunkgesellschaften und der RRG aus. Ab 1929 brachte die RRG im Jahr durchschnittlich mehr als doppelt soviel Vorgänge auf die Tagesordnung wie die Rund-

---

[56] Errechnet nach Anwesenheitslisten der Sitzungsberichte aus den Jahren 1928 bis 1933. BA Kblz R 78/889–898.

funkgesellschaften. Im Laufe der Jahre bildeten sich charakteristische Schwerpunkte heraus, die erkennen ließen, daß die RRG den Rundfunkgesellschaften einen erheblichen Teil ihrer Programmautonomie wegorganisiert hatte. Zweifellos gab es sehr stark programmbezogene Fragen, für die von der RRG als Vertretungsorgan gegenüber Dritten eine Antwort gefunden werden mußte, beispielsweise alle Fragen der Auftragserteilung und der Leistungsvergütung für Autoren und Komponisten, für Künstlerinnen und Künstler, aber auch gegenüber Institutionen und Verbänden bei Übertragungen von Veranstaltungen. Zunächst ging es der RRG nur um die Aushandlung der Formalitäten, schließlich vergab sie selbst die Aufträge. In ihrem Fünfjahresbericht räumte die RRG ein, eine mittelbare Einwirkung auf die Programmgestaltung dadurch auszuüben, daß sie – ähnlich, wie es bezüglich der wirtschaftlichen Aufgaben für die Aufsichtsräte galt – in manchen kulturpolitischen Fragen Entscheidungen träfe, weil diese von wirtschaftlichen Erwägungen abhängig seien[57]. Diese medienpolitische Mission der RRG ging bis zu Sprachregelungen für die Form der An- und Absage und schloß Aussprachprobleme, Wortwahl und Fremdwortbekämpfung ein.

Wirtschaftlichkeit ging allemal vor Programmvielfalt. Mit dem Argument der Rationalisierung wurden die Rundfunkgesellschaften angehalten, einen regen Programmaustausch zu entwickeln, zunächst durch Übernahmen, nachdem ab 1929 ein dichtes Netz sowie die technische Qualität der Übertragungskabel dies in stärkerem Umfang gestatteten. Der von der RRG beinahe auflagenmäßig geforderte Programmaustausch brachte die Gesellschaften bisweilen in Verlegenheit. Zunächst mußten sie sehr viel länger vorausplanen, um ihre Programmstruktur auf die der anderen Gesellschaften abstimmen zu können. Als Begründung führte die RRG gern an, es sei schließlich Geldverschwendung, wenn sogenannte »Spitzenleistungen« nur im Sendegebiet derjenigen Gesellschaft zu hören seien, die eine solche Programmleistung erbracht habe. Manche Vorstände der Rundfunkgesellschaften mochten sich dieses Argument wohlgefällig angehört haben, eingedenk ihres Gebührenanteils oder des Zuschusses der RRG. Andere aber dürften rasch gemerkt haben, was sie sich mit ihrer Duldung der zentralen Programmorganisation, die längst keine bloße Koordination mehr war, einge-

---

[57] *Fünf Jahre Reichs-Rundfunk-Gesellschaft.* (Berlin 1931), S. 17.

handelt hatten. Ihre einst von Hans Bredow so hochgelobte regionale landschaftliche Identität und ihre aktive Mitgestaltung an der kulturellen und kommunikativen Infrastruktur mußte in vielen Programmbereichen auf der Strecke bleiben.

Die Bewirtschaftung großer zentralisierter Einheiten ist immer rationeller als die kleiner, diversifizierter Einheiten. 1931 bereits schrieb die RRG, es erscheine heute fraglich, ob die organisatorisch weder klare noch straffe Form des Programmausschusses seinen Aufgaben und den Erfordernissen noch gewachsen sei. Vielsagend hieß es dann: »Ein Selbstverwaltungskörper hat nicht die gleichen Einwirkungsmöglichkeiten wie eine straff gegliederte Zentralstelle. Eine organisatorische Änderung muß daher für den Arbeitsbereich des Programmausschusses erwogen werden.«[58] Beim Ausbau des Programmausschusses, der ja längst kein »Selbstverwaltungskörper« mehr war, erfolgte eine Erweiterung seiner Zuständigkeit und eine Vermehrung des Personals der Geschäftsstelle. Bis 1931 hatte der Programmausschuß seine Tätigkeit auf folgende Gebiete ausgedehnt: Internationaler Programmaustausch, Länderabende, Empfehlung von Künstlern, überplanmäßige Honorare; laufender Briefwechsel mit den Gesellschaften, Umlagen, Verrechnung der Leitungsgebühren mit dem Ausland; Schallplattenarchiv; Hörspielarchiv; Notenkartei; Sitzungen des Programmausschusses[59]. Hinzugekommen war am 15. Februar 1931 eine Gesellschaft mit dem Namen »Programmdienst GmbH«, deren Geschäftsanteile von insgesamt 20 000 RM im Besitz der RRG waren. Sie sollte der Förderung, der Erforschung, dem Erwerb und der Verwertung »arteigener« Werke für den Rundfunk dienen, sowie der Ausführung aller Geschäfte, die damit in Verbindung standen. Die Gesellschaft hatte zur Aufgabe Vertragsabschlüsse, Aushandlung der Verträge, Verrechnung, Vervielfältigung der Texte, Vertrieb der Texte und Archivierung. 1931 sind von dieser Gesellschaft 263 Verträge abgeschlossen worden, davon 249 Hörspielverträge und 14 Musikverträge; die Gesamtsumme der vertraglich vereinbarten Honorare belief sich auf 82 090 RM. Das Durchschnittshonorar betrug also für den Werkvertrag 311 RM[60].

---

[58] Ebd. S. 19.
[59] Geschäftsverteilungsplan [der RRG] vom 15. 6. 1931. In: *Reichs-Rundfunk-Gesellschaft mbH. Geschäftsbericht über das siebente Geschäftsjahr 1931* [Berlin 1932], S. 42 ff.
[60] Ebd. S. 28 f.

Ab 1929 beschwor die RRG in den Rundfunkleiter-Besprechungen regelmäßig die Wirtschaftsdisziplin in Programmfragen. Mit dem Hinweis auf die neue Gebührenverteilung ab 1. Oktober 1929 zum Vorteil der Post, die ihren Schritt mit der Notwendigkeit der Großsenderbauten begründete, rief der Rundfunk-Kommissar am 29. Oktober zur »allergrößten Sparsamkeit« auf, sekundiert von RRG-Direktor Magnus, der noch »lebhafteren« Programmaustausch forderte, und zwar weniger beliebig, sondern mehr aufgrund fester Vereinbarungen. Die Mindereinnahmen der Rundfunkgesellschaften an Gebühren sollten durch Einsparungen am Programm aufgefangen werden. Die Gesellschaften wurden außerdem aufgefordert, vorläufige Bilanzen, Haushalte und Finanzpläne für 1930 aufzustellen[61]. Auf der Sitzung am 30. Januar 1930 wurde ausführlich über festvereinbarte Zusammenarbeit gesprochen, über die sogenannten Arbeitsgemeinschaften[62]. Ein halbes Jahr später ließ die Unverhohlenheit, mit der der Rundfunk-Kommissar die Rundfunkgesellschaften unter Druck setzte, keine Mißdeutung mehr zu. Am 23. August 1930 erklärte er, »daß die Steigerung der Programm- und Verwaltungskosten nicht weiter ausgedehnt werden darf«[63]. Die Großsenderbauten erforderten bis zu 1 Million höhere Betriebskosten, die von den Rundfunkgesellschaften aufgebracht werden sollten. Neben den Programmgemeinschaften müßten noch weitere Sparmaßnahmen gefunden werden. Kategorisch schloß Bredow seinen Appell: »Die Deutsche Reichspost wünscht, daß in finanziellen Dingen die Reichs-Rundfunk-Gesellschaft einen größeren Einfluß ausübt und hat die Absicht, die Geldwirtschaft bei der Reichs-Rundfunk-Gesellschaft zu zentralisieren.«[64] So sollte es denn zum 1. Januar 1932 auch kommen.

Zwei Monate später wurde vereinbart, die Sendezeit zu kürzen, um zu sparen. Die Gesellschaften sollten ab 1. April 1931 ihre Programme um 24.00 Uhr, Sonnabends um 0.30 Uhr beenden; nur die Berliner Funk-Stunde durfte eine halbe Stunde länger im Äther sein; auch die Nachtkonzerte des Deutschen

[61] Sitzungsbericht der Besprechung [der Rundfunkleiter] am 29. 10. 1929, BA Kblz R 78/891.
[62] Sitzungsbericht der Besprechung [der Rundfunkleiter] am 30. 1. 1930. BA Kblz R 78/892.
[63] Sitzungsbericht der Besprechung [der Rundfunkleiter] am 23. 8. 1930. BA Kblz R 78/893.
[64] Ebd.

Kurzwellensenders (0.30 bis 1.30 Uhr) blieben mit Rücksicht auf das ausländische Publikum im Programm. Dagegen wehrten sich die Rundfunkgesellschaften zunächst erfolgreich gegen die RRG-Forderung, lange Programmeinheiten zu den Hauptsendezeiten einzuführen, weil sie kostengünstiger herzustellen seien. Die Vertreter der Rundfunkgesellschaften machten dagegen geltend, die Erkenntnis vom Wert und von der Richtigkeit des Kurzprogramms bedeute einen entscheidenden Fortschritt in der Geschichte der Programmgestaltung. Deshalb würde die Abschaffung der Kurzprogramme einen Rückschritt bedeuten[65].

In den folgenden Monaten wurde Magnus nicht müde, die Sparsamkeitsappelle, verbunden mit der Rezeptur »Programmaustausch«, immer wieder in den Besprechungen anzubringen. Im Dezember 1931 rief seine Forderung, bestimmte Gesellschaften sollten ihre Eigenprogramme doch auf vier oder fünf Abende der Woche beschränken und im übrigen ein Verbundsystem (»Sendegruppen«) bilden, »eine sehr lebhafte Erörterung hervor, an der sich fast alle Sitzungsteilnehmer beteiligten«. Dabei gab der von Magnus verfaßte Sitzungsbericht ausschließlich zustimmende Einlassungen der Rundfunkleiter wieder, so als hätten diese selbst die Idee zu einem drastischen Eingriff in ihre eigene Programmarbeit gehabt. Magnus forderte schließlich bindende Verpflichtungen der Gesellschaften zum Programmaustausch und meinte abschließend unschuldsvoll: »Im wesentlichen ist die Frage des Programmaustauschs eine Frage der Organisation«[66].

Im Januar 1932 war es dann soweit. Die RRG legte den Rundfunkgesellschaften Pläne vor, die eine verstärkte Konzentration der Programmarbeit im gesamten Rundfunk zum Ziel hatten. Danach sollten zwei Programmgruppen gebildet werden und keine Arbeitsgemeinschaften, wie Magnus ausdrücklich bemerkte: eine Gruppe Nord-Ost (Berlin, Leipzig, Königsberg, Hamburg, Breslau) und eine Gruppe Süd-West (Köln, München, Frankfurt, Stuttgart). Abwechselnd sollte je eine Rundfunkgesellschaft jeder Gruppe zu bestimmten Tageszeiten ein Gemeinschaftsprogramm für die Mitglieder der eigenen Gruppe

---

[65] Sitzungsbericht der Besprechung [der Rundfunkleiter] am 31. 10. 1930. BA Kblz R 78/894.
[66] Sitzungsbericht der Besprechung [der Rundfunkleiter] am 10. 12. 1931. BA Kblz R 78/895.

verbreiten. Das ganze nannte man die »Normalisierung der Hauptzeiten« und meinte damit offensichtlich die Normierung. Die Abendprogramme jeder Gesellschaft sollten auf fünf Tage der Woche begrenzt werden und jede Gesellschaft sollte einen programmfreien Abend im Monat einlegen können[67]. Die Pläne wurden allerdings von der rundfunkpolitischen Entwicklung des Jahres 1932 überholt.

5.6. Der Kurzwellendienst und das Fernsehen
Zwei Neuerungen bleiben hängen

Die RRG legte Wert darauf, deutschen und internationalen funk- und rundfunktechnischen Vereinigungen und Ausschüssen anzugehören; die internationale Entwicklung des Mediums wurde von ihr aufmerksam beobachtet. Doch bei zwei – aus heutiger Sicht – folgenreichen Neuerungen stand sie der tiefen Skepsis und sparsamen Zurückhaltung des Reichspostministeriums um nichts nach. Nur mühsam konnte die RRG sich an den Gedanken eines Auslandsdienstes gewöhnen, und das Fernsehen überließ sie gar bis 1934 allein den Entwicklungstechnikern der Post.

Der stellvertretende Vorsitzende der RRG und Vorsitzende des Aufsichtsrats der Süddeutschen Rundfunk AG, Theodor Gustav Wanner, zuvor Leiter des Deutschen Auslandsinstituts (DAI) in Stuttgart, hatte schon in den Gründungsjahren der Stuttgarter Rundfunkgesellschaft die Auslandsdeutschenbewegung und das die Grenzen überschreitende Medium zusammengebracht. Im Mai 1924 war der Programmdienst der Sürag eröffnet worden, und schon ein halbes Jahr später hatte Wanner eine wöchentliche Halbstundensendung mit Vorträgen auslandskundlicher Art eingerichtet. Ab 1. Dezember 1924 folgte eine regelmäßige Nachrichtensendung mit Meldungen aus den auslandsdeutschen Siedlungsgebieten; das Material, das im Deutschen Auslandsinstitut zusammengestellt wurde, sollte auch von den übrigen Sendern übernommen werden. Schließlich hatte Wanner Bredow und Voss für ein Zukunftsprojekt gewinnen können. Von dem neuen Stuttgarter »Haus des Deutschtums« aus sollten über starke Sender Programme für

[67] Sitzungsbericht der Besprechung [der Rundfunkleiter] am 20. 1. 1932. BA Kblz R 78/896.

Fernempfangsstelle des Süddeutschen Rundfunks auf Schloß Solitude unter Leitung von Rolf Formis eingerichtet anläßlich der Amerika-Reise des Luftschiffs »Graf Zeppelin«, 1928.

Deutsche im Ausland verbreitet werden, und zwar über einen »Europa-Sender« auf Langwelle und einen »Weltsender« auf Kurzwelle. Die Programme sollten »sich an die Auslandsdeutschen selber [wenden], und zwar besonders an die zahlreichen durch das Versailler Diktat vom Mutterlande losgerissenen deutschen Männer und Frauen ... mit dem Ziel, den Gedanken und das Gefühl deutscher Kulturgemeinschaft in den abgetrennten Gebieten wachzuhalten«[68]. Es wurden zwar zunächst noch keine eigenen Sender zu diesem Zweck gebaut; die Rolle des Deutschen Auslandsinstituts blieb vielmehr auf die Lieferung von Programmbeiträgen beschränkt, die freilich eine beträchtliche Einnahmequelle für das Institut darstellten. Die Idee des Auslandsdeutschtums blieb leitend für die rundfunkpolitischen Forderungen nach einem deutschsprachigen, die Grenzen

[68] *Auslandsdeutschtum und Auslandskunde im Rundfunk.* Süddeutscher Rundfunk. Ausgabe A, Nr. 19 v. 7. 12. 1924, S. 558 sowie Sibylle Grube, *Rundfunkpolitik in Baden und Württemberg 1924–1933*. Berlin 1976, S. 24.

überschreitenden Programm im Sinne eines besonderen Kurzwellendienstes, während die Funktionen eines modernen vielsprachigen Auslandsdienstes – die nationale Selbstdarstellung, die publizistische Flankierung der Außenpolitik und die Mitsprache im internationalen Kommunikationsgeschehen – damals noch kaum verstanden worden sind.

Der Gedanke eines internationalen publizistischen Wettbewerbs im Äther war allerdings für den Rundfunkjournalisten Walther Fitze schon damals nicht mehr neu. In rascher Folge, so schrieb er im Zusammenhang mit einem Bericht über die Eröffnung des neuen Langwellensenders, des Deutschlandsenders in Zeesen bei Königs Wusterhausen am 20. Dezember 1927, entständen nicht nur in Europa, sondern auch in den Vereinigten Staaten Kurzwellensender. Mindestens vier ausländische Kurzwellensender lieferten bis spät in die Nacht hinein Unterhaltung. In technischer Hinsicht könne Deutschland auf dem Kurzwellengebiet mindestens das gleiche leisten wie die anderen Staaten. Fitze unterschied sorgfältig zwischen Kurzwellendiensten für den allgemeinen Fernmeldeverkehr und Kurzwellenrundfunk. Von den Programmen des Kurzwellenrundfunksenders erwarte man die Verwirklichung eines Programms im Sinne des Auslandsdeutschtums. Dieser Forderung genüge naturgemäß keines der üblichen deutschen Programme. Eine besondere Programmgestaltung, sogar eine besondere Programmgesellschaft sei für den Betrieb des Kurzwellensenders erforderlich. Diese neuartige Forderung bedinge eine ganz besondere Programmpolitik, über die er seitenlang sprechen könne, die aber ihre restlose Lösung finde in dem Begriff einer Sendegesellschaft, für die er den Namen »Welle des Auslandsdeutschtums« vorschlug[69]. Unter diesem Titel wiederholte Fitze ein knappes Jahr später seine Forderungen und ging ins einzelne. Es müsse in organisatorischer und in programmatischer Hinsicht für den Kurzwellenrundfunk etwas absolut Neues geschaffen werden. Eine Übertragung der jetzigen Programme würde eine Farce sein, denn sie seien nur für einen beschränkten Hörerkreis, aber nicht für die ganze Welt bestimmt. Der neue Kurzwellenrundfunk bedürfe einer eigenen, völlig unabhängigen Leitung. Das Programm müsse in erster Linie bei mehrsprachiger Ansage unterhaltend sein und in den verschiedenen

---

[69] W. H. F. (d. i. Walther H. Fitze), *Wellen des neuen Jahres auf zwölfhundertfünfzig – und darunter*. Der Deutsche Rundfunk, Nr. 1 v. 30. 12. 1927, S. 3.

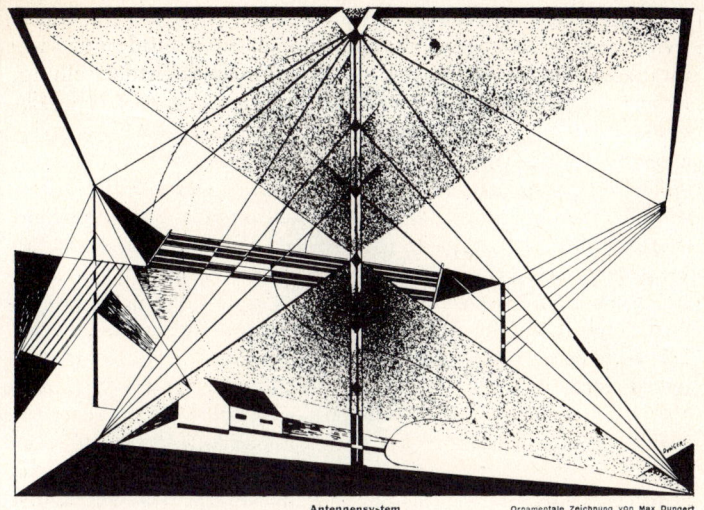

Antennensystem   Ornamentale Zeichnung von Max Dungert

Weltsprachen große, die gesamte Welt interessierende Fragen
der deutschen Wirtschaft und Wissenschaft behandeln. Die
Verwirklichung seiner Forderung solle eine eigene bestausge-
suchte und zusammengesetzte Kommission in Angriff
nehmen[70].

Das Telegraphentechnische Reichsamt hatte seine ersten
Kurzwellenversuchssendungen vom 1. September 1926 bis
Ende 1927 durchgeführt. Sie wurden mit einer neuen Versuchs-
anlage in Döberitz unter Leitung des Postrats Professor Gustav
Leithäuser fortgesetzt. 1928 bestellte das Reichspostministerium bei der Industrie einen Kurzwellensender, der in Zeesen,
im neuen Sendehaus 4, neben dem Deutschlandsender, eingebaut wurde. Im Geschäftsbericht der Deutschen Reichspost
über das Rechnungsjahr 1929 hieß es dann lakonisch: »Am
26. August 1929 wurde im Gebäude des Deutschlandsenders bei
Königs Wusterhausen der Weltrundfunk-Kurzwellensender in
Betrieb genommen, der besonders außerhalb Europas gut gehört wird.«[71] Der Programmpresse war das Ereignis beinahe

[70] W. H. F. [d. i. Walther H. Fitze], *Welle des Auslandsdeutschtums.* Der Deutsche Rundfunk, Nr. 25. v. 15. 6. 1928, S. 1639.
[71] G(erhart) Goebel, *Reichspost und Kurzwellenrundfunk.* In: *Mit 8 kW rund
um die Welt.* Hrsg. von der Deutschen Welle. Berlin 1969, S. 52.

entgangen. Die Zeitschrift »Der Deutsche Rundfunk« berichtete wenige Tage später anläßlich der 6. Großen Deutschen Funkausstellung 1929 in Berlin, die Post biete ein Modell des Kurzwellensenders, wie er in Zeesen aufgestellt sei und augenblicklich im Versuchsdienst arbeite. Aber von diesem Kurzwellensender und seinen Darbietungen dürfe man sich naturgemäß in Deutschland nicht allzu viel versprechen. Seine Hörerschaft sei das Ausland, seien die fernsten Kontinente, und seine Sendungen würden sich bald zu einem besonderen Programm der Welle des Auslandsdeutschtums konzentrieren[72]. In den eher technisch orientierten Publikationsorganen ging indessen die Diskussion über den Kurzwellenempfang weiter.

Eine besondere Programmorganisation wurde für den Kurzwellensender vor 1933 nicht mehr geschaffen. Die Programmplanung für den Kurzwellendienst war vielmehr Sache des Programmausschusses der deutschen Rundfunkgesellschaften. Ein gutes Jahr nach der Betriebsaufnahme des Deutschlandsenders – im Oktober 1930 – teilte der Geschäftsführer des Programmausschusses mit, die Programme für diesen Sender sollten auch vom »Deutschen Kurzwellensender« – diese Bezeichnung wurde gleichzeitig als verbindlich beschlossen – übernommen werden. Im übrigen wolle man »ohne zu große Kosten« das Programm den Wünschen und Bedürfnissen der Auslandshörer anpassen; beispielsweise wünschten sich die amerikanischen Hörer nach den Abendnachrichten keine Tanzmusik, sondern Unterhaltungskonzerte[73].

Das Programm umfaßte ab 1930 im Schnitt täglich acht Stunden, und zwar zwischen 14.00 und 1.30 Uhr; bestritten wurde es im wesentlichen von der Funk-Stunde Berlin, ähnlich wie beim Deutschlandsender, mit zunehmend häufigeren Übernahmen von den übrigen Rundfunkgesellschaften, manchmal auch des Auslands, beispielsweise aus Österreich. Ab 1932 wurde bisweilen eine Übertragung eigens für das Kurzwellenprogramm veranstaltet. Diese Übertragungen sowie Aufzeichnungen (»Schallplattenkonzerte«) und Wiederholungen bildeten die ersten Spuren für ein Eigenprogramm des Deutschen Kurzwellensenders. Bei der Anfang der dreißiger Jahre mit Einsparun-

---

[72] *Im Zeichen der Großen Deutschen Funkausstellung.* Der Deutsche Rundfunk, Nr. 35 v. 30. 8. 1929, S. 1114.
[73] Sitzungsbericht der Besprechung [der Rundfunkleiter] am 31. 10. 1930. BA Kblz R 78/894.

gen begründeten allgemeinen Kürzung der Sendezeiten im deutschen Rundfunk wurde der Kurzwellendienst ausgenommen; er durfte auch nach 24.00 Uhr noch eine Stunde Programm verbreiten.

Die wirtschaftliche Zurückhaltung der Post bei der Organisation eines eigenständigen Auslandsdienstes, dessen Bedeutung als »unpolitische, rein künstlerische Kulturpropaganda oder allenfalls ... (als) eine Art Heimatdienst an den Angehörigen eines Landes im Ausland« man mittlerweise zwar begriff, veranlaßte Hermann Thurn zu der Frage, »ob die zweifellos erheblichen Kosten zu dem Nutzen der internationalen Wirkung im richtigen Verhältnis stehen«[74]. Den Ministerialrat, Mitglied des Aufsichtsrats der RRG und der Deutschen Welle, plagte die bis heute für Rundfunkpolitiker unangenehme Vorstellung, einen Programmdienst für nichtzahlende Hörer finanzieren zu müssen und diese Programme von Hörern mitbezahlen zu lassen, die sie gar nicht empfangen können. Der Auslandsdienst im Weimarer Rundfunk blieb ein recht klägliches Provisorium, bis im April 1933 der propagandistische Auftrag deutlich ausformuliert worden war und der Deutsche Kurzwellensender eine eigene Intendanz und damit eine eigene institutionelle Identität bekam.

Im übrigen waren noch andere Neuerungen aufgekommen. Im Jahre 1925 wurde in den Fachzeitschriften der stereophonische Rundfunk (»plastisches Hören von Rundfunkdarbietungen«) erörtert. Am 20. November 1928 startete ein Versuchsdienst mit Bildfunk – stehende Bilder –, der ab Mai 1929 als Teil des Rundfunkprogramms lief. Der Bildgeber stand im Berliner Funkhaus, die Signale verbreitete der Deutschlandsender in Königs Wusterhausen. Die Post hatte 50 Bildfunkempfänger an Personen, Versuchsstellen und Zeitungen ausgeteilt, die ihre Erfahrungen an die RRG mitteilen sollten. Der Versuchsbetrieb lief zwar relativ glatt ab, wurde jedoch am 20. Dezember 1929 bereits wieder eingestellt, da er nur auf sehr mäßiges Interesse bei den Teilnehmern gestoßen war. Der Bildfunk war eine aufmerksam beobachtete Neuheit auf der 5. Großen Deutschen Funkausstellung 1928 in Berlin. Seinen Ausstellungsbericht überschrieb *Der Deutsche Rundfunk* mit »Die Sensationen der Funkausstellung« und meinte vor allem das »Fernkino«. Im

---

[74] H.(ermann) Thurn, *Internationale Rundfunkfragen.* In: *Rundfunk-Jahrbuch 1931.* Berlin o. J., S. 201.

übrigen bedauerte die Zeitschrift: »Was wir jedoch vermissen, ... (ist die) Einrichtung eines Bildrundfunkdienstes.«[75] Damit begann die Post erst im November 1928. Das »Fernkino« jedoch sollte noch sehr lange auf sich warten lassen. Im übrigen verstand die Fachpresse unter diesem Begriff so unterschiedliche Verfahren wie das Gleichlaufkino und das Fernsehen. Unter Gleichlaufkino hatte man sich ein Tonfilmsystem vorzustellen, bei dem der Film dezentral an mehreren Orten gleichzeitig vorgeführt und der Ton von einem zentralen Rundfunksender synchron überspielt werden sollte. Das Verfahren war mit der Weiterentwicklung des Lichttonfilms bald wieder vergessen. Doch die Idee der elektronischen Bild- und Filmübertragung begann die Grenzen des rein wissenschaftlichen und technischen Interesses zu überspringen.

Bereits 1926 hatte der Leiter des Referats für drahtlose Telegraphie und Sonderaufgaben (IV G) im Telegraphentechnischen Reichsamt, Fritz Banneitz, den Auftrag erhalten, die Fernsehentwicklung bei den meist noch zögernd von der Industrie geförderten Wissenschaftlern und Ingenieuren im Auge zu behalten. Banneitz stand damals schon seit einem Jahr mit dem seit 1924 in Berlin als beratender Ingenieur der AEG lebenden ungarischen Erfinder und Elektrophysiker Dénes von Mihàly in Verbindung. Zur Auswertung seiner Patente gründete Mihàly 1928 eine eigene Firma, die Telehor AG. Die Post erteilte der Firma im Mai 1928 die Genehmigung zur Errichtung und zum Betrieb einer Fernsehanlage. Außerdem stellte sie ihr für eine Versuchsvorführung vor geladenen Gästen am 11. Mai 1928 zwei Fernsprechleitungen zur Verfügung. Schließlich durfte Mihàly sein Fernsehsystem auch auf der Funkausstellung vorführen, und zwar im Pavillon der Post. Im Pavillon der Firma Telefunken zeigten August Karolus und Fritz Schröter ein zweites Fernsehsystem. Im Prinzip waren die Versuche, wie sie England, die Vereinigten Staaten, Frankreich und von Mihàly und Karolus in Deutschland vorzeigten, einander ähnlich: Ein stehendes Bild wurde elektrisch aufgenommen, mechanisch in seine Lichtelemente zerlegt, diese in elektrische Energie verwandelt, über eine Drahtleitung – bald auch schon drahtlos – einem Empfangsapparat zugeführt, dort wieder mechanisch in seine Lichtelemente zurückverwandelt und endlich elektrisch

[75] *Die Sensationen der Funkausstellung.* Der Deutsche Rundfunk Nr. 36 v. 31. 8. 1928, S. 2385.

wieder zu einem Bild zusammengefügt. Die technischen Probleme in jedem Abschnitt des hier stark vereinfacht geschilderten Vermittlungsvorgangs, der schon früh den Namen »Fernsehen« bekommen hat, waren beträchtlich.

Historisch von kaum zu überschätzender Bedeutung war die Tatsache, daß bei der Bildzerlegung und Bildrekonstruktion praktisch bis zum Jahre 1935 mit einer mechanischen Vorrichtung gefahren wurde, mit der Nipkow-Scheibe. Mit einem den Gesetzen der Mechanik und damit der Trägheit unterworfenen Gerät mußte eines Tages der Punkt erreicht sein, wo eine weitere Steigerung der Bildqualität technisch nicht mehr möglich war. Darum kann hier die These formuliert werden, daß die Entstehung des zweiten Rundfunkmediums so lange im Verzug war, wie an der Lösung des Problems einer trägheitslosen Anordnung, das heißt eines vollelektronischen Systems zur Aufnahme, Übertragung und Wiedergabe gearbeitet wurde. Die gegen Ende der zwanziger Jahre in Europa und in den Vereinigten Staaten mit Versuchsvorführungen propagierten Fernsehsysteme hatten keine Zukunft. Mit hoher Wahrscheinlichkeit rührte daher auch die Skepsis der Industrie und das Zögern der Post- und Rundfunkverwaltungen, dem Medium eine Chance zur Bewährung zu geben, bevor sie es in aller Form in ihre wirtschaftlichen und publizistischen Bereiche integrierten. Doch der Rundfunkpublizist Frank Warschauer schrieb schon Anfang Mai 1929: »Wir stehen am Beginn einer neuen großen Epoche des Rundfunks. Film und Funk, die stärksten Mächte der Massenbeeinflussung in dieser Zeit, bisher getrennt, werden sich nunmehr vereinen. Die Radiowelle wird uns in ganz kurzer Zeit außer dem Schall auch das bewegte Bild ins Haus tragen. Die Technik der drahtlosen Filmübertragung ist mit überraschender Schnelligkeit gefördert worden.«[76]

Dem Verwaltungsrat der RRG lag zur Sitzung am 29. Mai 1929 ein Antrag der Telehor AG vor, für die Fernsehversuche des Erfinders Dénes von Mihàly einen namhaften Betrag zur Verfügung zu stellen. Der Verwaltungsrat faßte jedoch noch keinen endgültigen Beschluß, sondern ermächtigte seinen Technischen Ausschuß, einen Betrag bis zu 50 000 RM[77] zu bewilligen,

---

[76] Frank Warschauer, *Die Zukunft des Filmfunks.* Der Deutsche Rundfunk Nr. 18 v. 3. 5. 1929, S. 547.
[77] Protokoll über die Sitzung des Verwaltungsrats der RRG am 29. 5. 1929. DRA Ffm RRG-Akten.

Fernsehen in der technischen Klemme der mechanischen Bildzerlegung: Spiegelscheiben für die Fernsehabtastung nach dem System August Karolus (Telefunken) auf der Funkausstellung 1928.

sobald die für die Beurteilung maßgeblichen technischen Fragen geklärt seien. Der Ausschuß äußerte sich auf seiner Sitzung am 16. Oktober 1929 allerdings nicht zu Mihàlys Antrag; stattdessen regte er immerhin an, »möglichst bald die Fernsehversuche ins Programm einzureihen, da es nicht mehr lange dauern wird, bis die Empfangsapparate herauskommen. Bis dahin muß die Organisation für Fernsehsendungen vorbereitet werden.«[78] Warnend fügte der Ausschuß hinzu, man müsse sich über die Grenzen klar werden, die den Fernsehverfahren beim heutigen Stand der Entwicklung gezogen seien. Die Hürde der mechanischen Bildzerlegung war noch nicht überwunden.

Von 1929 an konnten sich Banneitz und seine Abteilung in dem ein Jahr zuvor aus dem Telegraphentechnischen Reichsamt entstandenen Reichspost-Zentralamt (RPZ) ausschließlich der Fernsehentwicklung widmen. Das Ende der reinen Laborversuche kündigte sich an, als das Reichspost-Zentralamt am 8. März 1929 seine erste drahtlose Fernsehversuchssendung ausstrahlte, das heißt, der damalige Hörfunksender Berlin-Witzleben in der Zeit von 23.10 bis 0.30 Uhr mit Bildpunktsignalen (30 Zeilen) moduliert wurde. Die Versuche liefen zunächst stumm. Am 15. Juni 1930 kamen Tonversuche mit Tonfilmausschnitten

[78] Protokoll über die Sitzung des Technischen Ausschusses des Verwaltungsrats der RRG am 16. 10. 1929. Ebd.

330

Reichsinnenminister Carl Severing informierte sich auf der Funkausstellung 1929 über die Fernsehversuche. Von links: Dénes von Mihály (1894–1953), August Karolus (1893–1972), Severing, Reichspostminister Georg Schätzel, (verdeckt) Bredow.

über den Sender Döberitz hinzu. Als im Sommer 1929 die Werbung für die 6. Große Deutsche Funkausstellung anlief, kam das Fernsehen auch wieder ins allgemeine Gespräch[79]. Der Rundfunkkritiker der Wochenzeitschrift *Die Literarische Welt*, Erich Ernst Schwabach, ein sonst eher boshafter Kritiker, kam ins Schwärmen: »Der Fernseher wird also das gesamte Radiowesen von Grund aus revolutionieren. Er wird die Möglichkeit einer Reportage geben, bei der wir, wie Palmström, wirklich mitten in die Welt hineingestellt werden. Wir werden den lesenden Dichter wirklich hören; denn Worte werden erst zur Stimme, wenn wir den sehen, der sie spricht. Daß sich für das Hörspiel neue, bis jetzt noch ungeahnte Möglichkeiten ergeben werden, liegt auf der Hand. Es wäre verführerisch, ihnen schon hier nachzugehen; aber im Augenblick ist es noch zu früh dazu. Es muß aber schon jetzt gefordert werden, daß nur noch die besten Köpfe an der Spitze der Sendegesellschaft stehen dürfen. Denn

[79] (Edgar) Delvendahl. *Die 6. Große Deutsche Funkausstellung Berlin.* Archiv für Post und Telegraphie 1929, 9, S. 230 f.

das Instrument, das ihnen dann zur Verfügung steht, ist ungeheuer; somit sind alle Möglichkeiten für etwas außergewöhnlich Schönes, aber auch etwas außergewöhnlich Scheußliches gegeben.«[80] In den August-Heften beinahe sämtlicher Rundfunkzeitschriften wurde das Thema Fernsehen erörtert. In der Bastlerzeitschrift *Radio für Alle* rief Fritz Noack: »Fernsehen in Aussicht!«; im *Arbeiterfunk* wurde gefragt: »Wie weit ist das Fernsehen?«; und Eugen Nesper, enger Mitarbeiter von Mihàly, schrieb im *Funk-Magazin* über »Vorbereitungen für die Fernsehsendungen im deutschen Rundfunk«[81]. Wie im Jahr zuvor wurden die Fernsehsysteme Post/Mihàly und Telefunken/Karolus vorgestellt. Aber auch andere Geräte, darunter das einer inzwischen gegründeten Fernsehfirma mit der Bezeichnung »Volksempfänger«, waren zu sehen. Die Darbietungen auf diesen Ausstellungen waren in erster Linie technische Demonstrationen der Post oder der Firmen.

Am 11. Juni 1929 gründeten in Berlin mit einem Stammkapital von 100 000 RM die Firmen Robert Bosch AG in Stuttgart, Radio AG D.S. Loewe in Berlin, die Zeiss-Ikon AG in Dresden und die 1925 gegründete Auswertungsfirma des britischen Fernsehpioniers John Logie Baird, die Baird Television Company Ltd (BTC) in London, die »Fernseh-AG«. Ihre Geschäftsführer wurden Georg Schubert und Rolf Möller. Am 13. September 1929 gründete der Redakteur Leopold Lehmann mit seinem Kollegen Hans Philipp Weitz vom *Berliner Tageblatt* und dem Syndikus des Reichsverbandes Deutscher Funkhändler, Hans Neuert, den »Allgemeinen Deutschen Fernseh-Verein e.V.«. Dem Vorstand gehörten neben Lehmann und Neuert auch Kurt Magnus von der RRG, Gustav Leithäuser vom Reichspost-Zentralamt und der Publizist Rudolf Lothar an[82]. Der Verein stellte am 19. Februar 1930 während einer Pressekonferenz die erste Nummer seiner Zeitschrift *Fernsehen. Zeitschrift für Technik und Kultur des gesamten elektrischen Fern-*

---

[80] Erich Ernst Schwabach, *Radio und Fernsehen*. Die Literarische Welt, Nr. 35 v. 30. 8. 1929, S. 7.

[81] F.(ritz) Noack, *Fernsehen in Aussicht!* In Radio für alle, Nr. 8, August 1929, S. 337 ff.; H. N., *Wie weit ist das Fernsehen?* Arbeiterfunk, Nr. 33, S. 333 f. u. Nr. 34, S. 338; Eugen Nesper, *Vorbereitungen für die Fernsehsendungen im deutschen Rundfunk.* Funk-Magazin, Nr. 8, August 1929, S. 703 ff.

[82] Leopold Lehmann, *Was will der Allgemeine Deutsche Fernsehverein?* Fernsehen, Nr. 1, Januar 1930. S. 43 ff. und ders., *Deutsche Pionierarbeit im Fernsehen.* Rundfunk und Fernsehen 1954, 1, S. 13.

sehwesens vor. Hans Bredow hatte den Eröffnungsaufsatz geschrieben: »Das Fernsehen im Rundfunk«[83]. Die Rundfunkpresse war zu Jahresbeginn 1930 noch sehr zuversichtlich. In einem Beitrag der Zeitschrift *Radio für Alle* forderte Fritz Noack, die RRG möge eine eigene Fernsehabteilung einrichten, während im *Kunstwart* Hans Natonek pflichtgemäß bezweifelte, ob das Fernsehen als kultureller Fortschritt anzusehen sei. Im *Arbeiter-Fotograf* fragte Artur Seehof, ob das Fernsehen nun auch zu kapitalistischen Zwecken ausgenutzt würde. Die Antwort dürfte Fritz Winckel in der Werbefachzeitschrift *Seidels Reklame* gegeben haben, als er unter dem Titel »Neue Möglichkeiten der Reklame durch Fernsehen« dem neuen Medium eine bessere Wirkung als der Hörfunkwerbung zusprach[84]. Winckel veröffentlichte im Mai 1930 eine populäre technische Einführung in »Technik und Aufgaben des Fernsehens«. Man dürfe nicht vergessen, daß erst ein Anfang gemacht und ein Empfänger so primitiv wie ein Detektor zur Zeit der Einführung des Hörfunks sei. Aber man arbeite systematisch über Sende- und Empfangsverhältnisse, »um ein Fernsehen im Heim auf praktischer Grundlage vorzubereiten«. Die Lösung der Probleme des Fernsehens werde den Rundfunk vollenden, meinte der Verfasser hochgestimmt, und der Mensch würde sehen lernen, ebenso wie er durch den Hörfunk hören gelernt habe[85].

Auf den Sitzungen des Verwaltungsrats und auf den Gesellschafterversammlungen der RRG war das Fernsehen zu jener Zeit kein Thema. Auf einer Konferenz der Direktoren der Rundfunkgesellschaften am 27. März 1930 in Berlin entstand immerhin so etwas wie ein Meinungsbild. Man diskutierte, ob das Fernsehen in seiner heutigen Form bereits geeignet sei, wie es hieß, »im Rundfunk verwirklicht zu werden«. Trotz eines Lobes für die Bildqualität trete keiner dafür ein, so hieß es in der Programmpresse, »das Fernsehen jetzt schon zu einem blei-

---

[83] Hans Bredow, *Das Fernsehen im Rundfunk*. Fernsehen, Nr. 1, Januar 1930, S. 2 f.
[84] F.(ritz) N.(oack), *Zur Organisation der Fernsehübertragungen*. Radio für alle, Nr. 1, Januar 1930, S. 27 f.; Hans Natonek, *Und nun der Rundfunkseher...* Der Kunstwart 1930, 4, S. 273 f.; Artur Seehof, *Fernsehen*. Der Arbeiter-Fotograf, Nr. 1, Januar 1930, S. 13 ff.; Fritz Winckel, *Neue Möglichkeiten der Reklame durch Fernsehen*. Seidels Reklame, Nr. 1, Januar 1930, S. 6.
[85] Fritz Wilh. Winckel, *Technik und Aufgaben des Fernsehens*. Berlin 1930, S. 3.

benden und wichtigen Bestandteil der Programme zu machen«. Die Bildqualität könne noch nicht annähernd den Ansprüchen genügen. Vor allem glaubte man, daß es noch unmöglich sei, jeden Tag neue Filme zu senden, die ein aufnahmewilliges Publikum finden würden. Man wolle die ganze Angelegenheit im Auge behalten, »um den Anschluß zur Verwirklichung nicht zu verpassen«[86]. In seiner Rundfunkansprache vom 21. August 1930, am Vortag der Eröffnung der Funkausstellung, hatte der Rundfunk-Kommissar nicht mehr als drei Sätze für das Fernsehen übrig: »Das Fernsehen ist technisch weiter vervollkommnet. Die Hoffnungen auf baldige Einführung sind jedoch verfrüht. Künstlerisch zu verantwortendes, die Ansprüche des Publikums dauernd befriedigendes Fernsehprogramm läßt sich zur Zeit noch nicht durchführen.«[87] Auf der 7. Großen Deutschen Funkausstellung 1930 wandte sich das Publikum in erster Linie der Schallplatte zu. Die jungen Fernsehunternehmen hatten keine für Laien attraktiven Neuerungen anzubieten. Das veranlaßte eine Zeitschrift zu der Bemerkung, die Ansicht habe Gültigkeit, »daß zur praktischen Einführung des Fernsehens noch eine geraume Zeit ins Land gehen wird«[88].

Am Eröffnungstag der Ausstellung feierte man den 70. Geburtstag von Paul Nipkow. Seine Lochscheibe, die er sich als Student 1884 hatte patentieren lassen, diente noch immer als mechanisches Gerät zur Bildzerlegung. In jenen Wochen gelang es dem jungen Manfred von Ardenne, in seinem Labor die ersten Fernsehbilder mit Hilfe der Braunschen Röhre zu erzeugen. Die Radio AG D.S. Loewe nahm Kontakt zu ihm auf. Die Sparpolitik der Post machte sich jedoch bemerkbar. Mihály mußte seine Telehor AG 1930 an die Süddeutsche Telefonapparate-, Kabel- und Drahtwerke AG (TeKaDe) in Nürnberg verkaufen.

[86] *Die deutschen Sendeleiter über das Fernsehen.* Der Deutsche Rundfunk, Nr. 14 v. 4. 4. 1930, S. 10; der Sitzungsbericht der Besprechung [der Rundfunkleiter] am 27. 3. 1930 (BA Kblz R 78/892) enthält keinen Hinweis auf eine Aussprache zum Thema »Fernsehen«.
[87] Hans Bredow, *Vom Rundfunk* (Text eines Beitrags für den Fachpressedienst »Funk-Express« v. 20. 8. 1930). DRA Ffm Bredow-Nachlaß, ebd. die Originalfassung der Rundfunkansprache vom 21. 8. 1930, gekürzt als Hans Bredow, *Der Rundfunk in Deutschland.* Funk, Nr. 35 v. 24. 8. 1930, S. 173f.
[88] H.(erbert) U.(rban), *Augenblicksbilder von der Großen Deutschen Funkausstellung.* Der Deutsche Rundfunk, Nr. 35 v. 29. 8. 1930, S. 10.

Der Optimismus des Reichspostministers und des Rundfunk-Kommissars gegenüber dem Fernsehen war im Winter 1930 in Resignation umgeschlagen. Der zuständige Staatssekretär im Reichspostministerium, Ernst Feyerabend, hatte zum 30. November zu einer Besprechung eingeladen, die in erster Linie dem Großsenderbau galt. Geladen waren die Spitzenbeamten der Abteilungen III und VI (München) und der Präsident und mehrere Beamte des Reichspostzentralamtes sowie der Rundfunk-Kommissar; von der RRG nahm nur der Oberingenieur Walter Schäffer an diesem Gespräch teil. Gegen Ende kam die Rede aufs Fernsehen. Feyerabend wollte auf einen Punkt eingehen, der, wie er sagte, sehr umstritten sei, und zwar die Frage, inwieweit sich die Deutsche Reichspost weiter mit dem Fernsehen befassen solle. Wörtlich erklärte er: »Es kann kein Zweifel darüber bestehen, daß das Fernsehen nach dem gegenwärtigen Stand der Technik niemanden zu befriedigen vermag.«[89] Er habe mit Karolus gesprochen und mit Firmenvertretern. Übereinstimmend habe man ihm gesagt, die physikalisch-technischen Voraussetzungen seien zwar geklärt, doch sei vorläufig nicht mit einer befriedigenden praktischen Lösung zu rechnen. Auch die einschlägigen Unternehmen wollten sich auf die Beobachtung der Entwicklung beschränken und nichts überstürzen. Aus finanziellen Gründen könne die Post dem Fernsehen nicht mehr soviel Interesse entgegenbringen wie bisher. »Wir wenden meines Erachtens jetzt zuviel Personal und Geld dafür auf«, meinte der Staatssekretär und fuhr fort, das Fernsehen könne ja nur im Rahmen der Rundfunkdarbietungen eine praktische Bedeutung erlangen. Würde die Deutsche Reichspost beim primitiven Stand der Fernsehtechnik die Rundfunkteilnehmer zur Beschaffung von Fernsehempfängern verleiten, die mehrere 100 RM kosteten, so würde sie sicher bald die schwersten Vorwürfe zu hören bekommen. Er könne sich daher nicht vorstellen, daß die Post selbst in einigen Jahren berechtigte Ansprüche würde befriedigen können. Dennoch brauche man die Probleme des Fernsehens nicht ganz aus dem Gesichtskreis zu bannen, aber das praktische Weiterarbeiten solle man der Industrie überlassen, sofern diese dazu überhaupt bereit sei. Der Rundfunk-Kommissar, Hans Bredow, sekundierte seinem

[89] Protokoll über die Besprechung im Reichspostministerium am 20. 11. 1930 ... über den Ausbau des deutschen Rundfunksendernetzes. AOPD Mch F IV 1 Bd. 11.

Nachfolger im Amt in dieser Frage. Er habe die Intendanten wiederholt gefragt, wie sie ein Fernsehprogramm gestalten würden. Alle hätten ihm aber nach einer Vorführung im Reichs-post-Zentralamt erklärt, daß sie dazu nicht in der Lage seien. Um ein tägliches Fernsehprogramm zu machen, bedürfe es ganz anderer technischer Voraussetzungen als der bisherigen. Wirtschaftlich gesehen hielt Bredow sowohl die Herstellung eines eigenen Programms (»unmittelbare Übertragungen, zu der wir Leute heranzuholen hätten«) als auch die Sendung von Spielfilmen für zu teuer. Schließlich war für ihn die Frage der Versorgung des gesamten Reichsgebiets – und nicht nur des Raums Berlin – nicht zu beantworten; deshalb meinte er kategorisch: »Vom Rundfunkstandpunkt ist die Einführung abzulehnen. Natürlich nicht für dauernd, aber im Augenblick.«[90]

Im *Berliner Tageblatt* erschien Ende Januar 1931 ein mit »Skandal ums Fernsehen« überschriebener Artikel, der für die Enttäuschung in der Öffentlichkeit charakteristisch gewesen sein dürfte. Wilhelm Schrage, Autor einer Broschüre über das Fernsehen, dürfte – zumindest mit seinen Vorwürfen an die Adresse von Post und Rundfunk – offene Türen eingerannt haben: »Es ist noch gar nicht lange her, da hörte man fast täglich von irgendeiner ›völlig umwälzenden‹ Fernseherfindung, deren Einführung nur noch eine Frage von Wochen sei. Aber aus den Wochen wurden Monate, und aus den Monaten wurden Jahre, und dann wurde es still ... Die Deutsche Reichspost hat im Laufe der Jahre immerhin 200 000 Mark für Fernsehversuche ausgegeben ... Zwei größere Spezialfirmen ... steckten ebenfalls viel Geld ins Fernsehen hinein. Alle Beteiligten (die an vielen falschen Anschauungen, die jetzt beim Publikum herrschen, nicht ganz unschuldig sind) müssen aber zugeben, daß es noch lange dauern kann, bis wir einwandfrei fernsehen können.« Doch da Banken und Industrie wohl wüßten, daß hier nichts zu verdienen sei, und offenbar keinen Pfennig gäben, dürfe auch die Post jene Versuche nicht mehr aus ihren öffentlichen Mitteln subventionieren[91].

Der Postminister duldete die Versuchssendungen des Reichs-post-Zentralamtes. Alle Sendungen waren mit Lang-, Mittel- und zuletzt Kurzwellenstrahlern gefahren worden. Gleichzeitig

[90] Ebd.
[91] W.(ilhelm) Schr.(age), *Skandal ums Fernsehen*. Berliner Tageblatt, Nr. 46 v. 28. 1. 1931.

begann die RRG, allerdings mit Blick auf eine mögliche Verwendung beim Hörfunk, in Zusammenarbeit mit der Industrie unter Aufsicht des Reichspost-Zentralamtes mit der Ultrakurzwelle (UKW) zu experimentieren. Schon seit 1925 wußte man, daß sich das UKW-Band ebenfalls für Fernsehübertragungen eignen würde; diese Beobachtung konnte bis zum Jahre 1932 immer häufiger bestätigt werden, besonders bei solchen Versuchen, die der Steigerung der Bildqualität durch die Wahl höherer Zeilenzahlen und einem physiologisch adäquaten Bildwechsel dienten. Anfang 1932 strahlte das Reichspost-Zentralamt in unregelmäßigen Abständen über einen eigenen UKW-Sender Versuchssendungen mit 60-Zeilen-Bildern aus. Im Zusammenhang mit diesen Versuchen hatte sich die Fernsehtechnik dem älteren Rundfunkmedium genähert, denn im Frühjahr 1932 bezog das Fernsehreferat des Reichspost-Zentralamts drei Räume im »Haus des Rundfunks«. Der Einzug der Fernsehtechnik in ein Funkhaus, dieses auf den ersten Blick vielleicht unscheinbare Ereignis, kann als Beginn jenes Integrationsprozesses betrachtet werden, der aus einem Protomedium ein publizistisches Mittel entstehen ließ. Als Manfred von Ardenne im Dezember 1930 erstmals mit der Braunschen Röhre ein vollelektronisches Fernsehbild hergestellt hatte, rechnete er damit, daß es zehn bis 20 Jahre dauern würde, bis das Fernsehen sich gleichwertig neben Film und Hörfunk stellen könnte[92]; seine Prognose war erstaunlich genau. Bis zum Ende der ersten deutschen Republik blieb das Fernsehen jedenfalls als technisches Problem im Labor hängen.

5.7. Der Ruf nach Rundfunkeinheit: Konzentration
Der Bayerische Rundfunk kommt zur RRG

Die erste Rundfunkordnung von 1926 hatte sowohl die technische als auch die wirtschaftliche Zentralaufsicht des Reichs über das Medium besiegelt. In dieser Doppelstrategie steckte freilich noch eine dritte Komponente. Sie galt dem publizistischen Moment der Organisation des Programms. Es war zunächst ausgeklammert worden, weil bereits ein Teilproblem, nämlich die Errichtung der Nachrichtengesellschaft Dradag, weit in andere Ressorts hineinreichende, die Länderansprüche provozierende,

---

[92] Manfred von Ardenne, *Fernsehempfang*. Berlin 1935, S. 3.

langwierige Verhandlungen vom Zaun gebrochen hatte. Dennoch behielten der Reichspostminister und sein Rundfunk-Kommissar das Problem im Auge, denn die zentrale Bewirtschaftung des Mediums war auf lange Sicht nicht möglich ohne bestimmenden Einfluß auf Art und Umfang der publizistischen Leistung, ohne Programmaufsicht.

Bei der Verfolgung dieses letzten Ziels galt es mit größtem Bedacht vorzugehen; eine nochmalige Auseinandersetzung mit den Ländern wollte der Reichspostminister beinahe um jeden Preis vermeiden. Vor den Maßnahmen, die auf die zentrale Programmaufsicht abzielten, ging ein Argumentationsvorhang herunter, auf dem die unabhängige Rundfunkpresse und das Publikum nur immer Stichworte zu lesen bekamen, die einen genügend affektiven Beiklang hatten, um abzulenken und abzuwiegeln. Man sprach von Sparsamkeit, Vereinfachung, Zusammenarbeit und vor allem von Programmaustausch. Gleichwohl machte sich besonders die Fachpresse ihren Reim darauf, als die RRG kurzerhand den Programmrat der deutschen Rundfunkgesellschaften bereits ein halbes Jahr nach seiner Gründung unter ihre Kontrolle brachte. Der Rundfunk-Kommissar wie der RRG-Direktor Kurt Magnus sahen sich deshalb wiederholt genötigt, öffentlich ihre zentrale Programmpolitik zu rechtfertigen und allen Mutmaßungen über eine planmäßige Neuordnung der Programmorganisation mit einem Generalintendanten an der Spitze als bloße Gerüchte beiseite zu schieben. Bredow äußerte sich in diesem Sinn im März 1931:

»Die Vermutung, daß die Zentralisation des Rundfunks ... sich nun auch auf dem Gebiet der Programmgestaltung vorbereitet, liegt ja sehr nahe, wenn aber angenommen wird, daß hierfür feste Pläne vorliegen, die eine Aufhebung der künstlerischen Selbständigkeit der Rundfunk-Intendanten und die Berufung eines Generalintendanten für den ganzen Rundfunk zum Ziele haben, so liegen hier starke Mißverständnisse vor.«[93]

Entgegen dieser Erklärung gab es schon seit Herbst 1927 wirtschaftliche und publizistische Konzentrationsbewegungen, die jedoch nicht allein vom Rundfunk-Kommissariat und von der RRG ausgingen. Von den beiden Grundformen der Konzentration – Kooperation und Fusion – bevorzugten der Rund-

[93] Hans Bredow, Briefentwurf vom März 1931. DRA Ffm Bredow-Nachlaß. Abdruck in: *Aus dem Bredow-Nachlaß anläßlich des 100. Geburtstages von Hans Bredow am 26. November 1979,* hrsg. von der Presse- und Informationsstelle des Senders Freies Berlin. (Berlin 1979), S. 15–18.

funk-Kommissar und die RRG die erste, während bestimmte Rundfunkgesellschaften gleich die entschiedene Form der Fusion anstrebten. Konzentrationsbewegungen treten besonders bei wachsendem Kostendruck auf; dieser hat meist folgende Ursachen: Höhere Personalkosten und Kapitalkosten bei steigenden Netto-Investitionen zur Betriebsvergrößerung und kürzeren Amortisationszeiten bei rascher technischer Veraltung, ferner bei wachsenden Produktkosten in zweifacher Hinsicht: der Quantitätssteigerung und Qualitätsverbesserung.

Bei einigen Rundfunkgesellschaften war das Wagniskapital der Privataktionäre von 1924 längst aufgebraucht. Die Kosten hatten sich von 1926 bis 1928 fast verdoppelt, während die Betriebsstundenzahl nur um 25 Prozent anstieg.

Geld brauchten die Rundfunkunternehmen vor allem für den Ausbau der Sendertechnik und für die Einrichtung von Studios; das verursachte hohe Investitionskosten. Außerdem mußten die Programmleistungen quantitativ und qualitativ angehoben werden, um Teilnehmer zu halten und neue zu bekommen; hier entstanden erhebliche Produktkosten. Zwischen 1926 und 1930 machten die Programmkosten durchweg rund 40 Prozent der Gesamtkosten der Rundfunkgesellschaften aus.

Schon für das Geschäftsjahr 1927 befürchtete der Rundfunk-Kommissar, daß die Rundfunkgesellschaften wegen erhöhter

TABELLE 10: ENTWICKLUNG DER KOSTEN UND PROGRAMMLEISTUNGEN IM DEUTSCHEN RUNDFUNK 1924–1932

Jahr	Kosten Mill. RM	Programmkosten %	Programm- stunden der Hauptsender	Rundfunktag in Std. Jahres- Durchschnitt
1924	7,2	–	rd. 13 000	rd. 6.00
1925	13,4	39,8	25 780	7.51
1926	16,7	44,3	33 662	9.13
1927	23,8	40,4	37 670	10.19
1928	31,5	38,2	40 981	11.12
1929	37,8	40,9	45 201	12.23
1930	39,4	43,1	52 366	14.21
1931	35,3	42,8	54 975	15.04
1932	41,2	–	48 047	13.37

Betriebsgebühren geringere Beträge für die Programmgestaltung zur Verfügung haben würden. Bei der Sürag in Stuttgart und bei der Orag in Königsberg blieben keine Mittel für Verwaltung und Programm übrig. Die beiden Unternehmen waren völlig vom Finanzausgleich abhängig, den die RRG organisierte. Beim SWR in Frankfurt, bei der Schlesischen Funkstunde in Breslau, selbst bei der Norag in Hamburg, aber auch beim Bayerischen Rundfunk in München konnten die Kosten für Verwaltung und Programm eben noch getragen werden[94]. Verständlich, daß diese wirtschaftliche Situation die Gesellschaften in Stuttgart und in Königsberg an Konzentration denken ließ.

Seit Herbst 1927 gab es einen Plan, die südwestdeutschen Rundfunkgesellschaften in Stuttgart, Frankfurt und Köln zu einem Unternehmen mit Sitz in Frankfurt zu vereinigen.[95] Die Idee kam vom Aufsichtsratsvorsitzer der Sürag, Theodor Wanner. Er versprach sich von einer Fusion gerade dort eine Kosteneinsparung, wo der Druck am stärksten war, bei den Verwaltungs- und Programmausgaben. Er informierte am 27. Oktober 1927 Josef Vögele, das wichtigste Aufsichtsratsmitglied in Stuttgart; dieser unterrichtete zwei Monate später seine Behörde, das Württembergische Staatsministerium. Doch so sehr sich Wanner in den folgenden vier Jahren auch engagierte, sein Plan scheiterte, weil er zwei Gegner hatte, deren Bedingungen und Einwände selbst der Rundfunk-Kommissar und die RRG-Direktion, die in den zahlreichen Verhandlungen die Rolle von ehrlichen Maklern übernahmen, nicht ausräumen konnten. Während die württembergische Landesregierung kulturhoheitliche Bedenken geltend machte und anstatt Fusion eher eine verstärkte Kooperation befürwortete, stellten die privaten Anteilseigner, in Köln vertreten durch den Vorsitzer des Werag-Aufsichtsrats Richard Tormin, in Frankfurt vertreten durch die Familie Schleußner/Schüller als SWR-Aufsichtsräte und -Vorstände handfeste finanzielle Forderungen für ihre Beteiligung an einem gemeinsamen Rundfunkunternehmen[96].

[94] *Bericht des Rundfunk-Kommissars... am 31. März 1927.* Berlin o. J., S. 21 f.
[95] Sibylle Grube, *Rundfunkpolitik in Baden und Württemberg 1924 bis 1933.* Berlin 1976, S. 56 f.
[96] Wolf Bierbach, *Rundfunk zwischen Wirtschaftsinteressen und Politik.* Phil. Diss. Münster 1980, S. 349 ff.

Als die Reichspost die mehrmals modifizierten Abfindungs-
wünsche, besonders der Frankfurter Privataktionäre mit ihrem
Kranz von Verwertungsunternehmen, den sie um ihre konzessionierte Rundfunkgesellschaft gegründet hatten, nicht einlösen
mochte, obwohl sogar die RRG sie zeitweise unterstützt hatte;
und weil die Frankfurter sich mit den Kölnern über die personelle Zusammensetzung des Aufsichtsrats und des Vorstands
sowie über die Rechte und die Bezüge der Mitglieder nicht
einigen konnten, blieben die Fusionspläne im Südwesten des
Reichs ergebnislos.

Ein ähnliches Schicksal ereilte die Verhandlungen zwischen
der Berliner Funk-Stunde, der Breslauer Schlesischen Funk-
stunde und dem Königsberger Ostmarken-Rundfunk. In diesem Fall war die Initiative von der RRG ausgegangen. Vom 13.
bis 18. August 1930, also eine Woche lang, verhandelte der
RRG-Direktor Magnus in Königsberg mit dem Aufsichtsratsvorsitzer der Orag, Hans Lohmeyer, über eine Fusion; voraus-
gegangen waren Gespräche, die Magnus mit den Intendanten
Hans Flesch (Berlin), Fritz Walther Bischoff (Breslau) und Josef Christean (Königsberg) in Dresden geführt hatte. Lohmeyer
konnte sich jedoch gegen den Vorschlag einer wirtschaftlichen
Zusammenlegung der drei nordöstlichen Rundfunkgesellschaften erfolgreich zur Wehr setzen[97]. Besonders seine kulturpolitischen Einwände haben Magnus und wohl auch den Rundfunk-
Kommissar bewogen, in diesem Fall anstelle einer Fusion die
Kooperation auf der Grundlage des Programmaustauschs zu
verabreden.

Je deutlicher sich abzeichnete, daß die wirtschaftliche Konzentration durch Zusammenführung der Rundfunkunternehmen nicht erreicht werden konnte, desto stärker drängten der
Rundfunk-Kommissar und die RRG im Programmausschuß
auf publizistische Konzentration durch Zusammenarbeit auf
dem Programmgebiet. Schon auf der außerordentlichen Sitzung
des Programmrats am 5. Juni 1928 in Wiesbaden hatte der damalige Intendant der Funk-Stunde, Carl Hagemann, auf die
»Gefahr der allzu betonten Isolierung vom Großen und Ganzen« aufmerksam gemacht und bemerkt: »Jedenfalls scheint
jetzt, nach bald fünfjährigem Bestehen des deutschen Rundfunks, der Augenblick gekommen zu sein, das mit Recht und

---

[97] Wolfgang Schütte, *Regionalität und Föderalismus im Rundfunk*. Frankfurt
(Main) 1971, S. 106 f.

bewußt Dezentralisierte wiederum, bis zu einem gewissen Grade wenigstens, zu zentralisieren.«[98] Auf der nächsten ordentlichen Programmratssitzung am 30. August 1928 stand das Thema »Vereinheitlichung des Programms« als erster Punkt auf der Tagesordnung[99]. Ein Jahr später gab es bereits einige praktische Erfahrungen mit dem gelegentlichen Programmaustausch, und zwar zunächst zwischen der Frankfurter und der Stuttgarter Rundfunkgesellschaft; die Frage kam auf, ob auch bei Übernahmen der Überwachungsausschuß der übernehmenden Gesellschaft die Verantwortung tragen müsse, oder ob der Überwachungsausschuß der abgebenden Gesellschaft für alle zugeschalteten Gesellschaften verantwortlich sei; auch ein »Zentralausschuß« wurde erwogen. Man blieb bei der Feststellung, daß jede übernehmende Gesellschaft und ihr Überwachungsausschuß die Programmverantwortung trage[100].

Auf der Rundfunkleiterbesprechung am 29. Oktober 1929 lobte Magnus die Kooperation von Stuttgart und Frankfurt; er forderte von den Gesellschaften »eine feste Verabredung, nach welcher zwei Gesellschaften eine ganz bestimmte Anzahl von Übertragungen in der Woche oder im Monat vereinbaren«[101]. Am 30. Januar 1930 schilderte der Sürag-Direktor Alfred Bofinger seinen Rundfunkleiter-Kollegen ausführlich die Arbeitsgemeinschaft Frankfurt-Stuttgart. Die RRG empfahl das Konzept eindringlich auch den anderen Gesellschaften[102].

Selbstverständlich konnte ein umfassendes Austauschprogramm erst dann verwirklicht werden, als die Kabelverbindungen zwischen den einzelnen Sendern in einer entsprechenden Qualität fertiggestellt waren, was seit Anfang 1930 der Fall war. Das deutsche Rundfunkkabelnetz hatte am 31. März 1929 eine Länge von 5231 km und ein Jahr später von 7669 km, was einen

[98] Carl Hagemann, *Die künstlerisch-kulturelle Zielsetzung des deutschen Rundfunks.* In: *Rundfunk-Jahrbuch 1929.* Berlin o. J., S. 131.

[99] Sitzungsbericht der 14. Sitzung des Programmrats der deutschen Rundfunkgesellschaften ... am 30. 8. 1928. BA Kblz R 78/889.

[100] Sitzungsbericht der Besprechung [der Rundfunkleiter] am 17. 6. 1929. BA Kblz R 78/890.

[101] Sitzungsbericht der Besprechung [der Rundfunkleiter] am 29. 10. 1929. BA Kblz R 78/891.

[102] Sitzungsbericht der Besprechung [der Rundfunkleiter] am 30. u. 31. 1. 1930. BA Kblz R 78/892 sowie Protokoll der Sitzung des Verwaltungsrats der RRG am 31. 3. 1930. DRA Ffm RRG-Akten.

Zuwachs von 46,6 Prozent bedeutete[103]. In den nächsten Jahren ging die Zuwachsrate zwar wieder zurück; aber die wichtigste technische Voraussetzung für einen institutionalisierten Programmaustausch war nunmehr geschaffen.

TABELLE 11: AUSDEHNUNG DES DEUTSCHEN RUNDFUNKKABELNETZES 1928–1933

Jahr (31. 3.)	km insges.:	Zuwachs	
		km	%
1928	3 740	–	–
1929	5 231	1 491	39,8
1930	7 669	2 438	46,6
1931	9 000	1 331	17,3
1932	10 430	1 430	15,8
1933	11 640	1 210	11,6

Im Oktober 1930 sprachen Vertreter der RRG, der Werag, der Sürag und des SWR über die Angleichung ihrer Programmstrukturen, um den Austausch bestimmter Programmteile verstärken zu können. Berlin, Breslau und Königsberg führten bald darauf an drei Abenden der Woche Gemeinschaftsprogramme durch; Leipzig schaltete sich zeitweise in diese Dreiergemeinschaft ein[104].

Die Arbeitsgemeinschaften wurden in der Öffentlichkeit unterschiedlich ausgelegt. Deshalb mußte RRG-Direktor Magnus am 6. Oktober 1930 in einer Rundfunkansprache den vielfach geäußerten Forderungen nach einem Generalintendanten erneut entgegentreten[105]. Ein knappes halbes Jahr später, am 5. März 1931, trat Magnus noch einmal vors Mikrophon, um Gerüchte über eine Umorganisation des Rundfunks zurückzuweisen. Wortreich und sehr weit ausholend lobte er die dezentrale Programmgestaltung im deutschen Rundfunk. Diese Qualität der Rundfunkorganisation entbinde freilich nicht von der Forderung, gute Programme auf dem Wege des Austausches oder der Zusammenarbeit allen Hörern zugänglich zu machen.

---

[103] Errechnet nach Tabelle 6 bei Heinz Vollmann, *Rechtlich-wirtschaftlich-soziologische Grundlagen der deutschen Rundfunk-Entwicklung*. Borna 1936, S. 69.
[104] Bierbach, *Rundfunk zwischen Wirtschaftsinteressen und Politik*, S. 370 ff.
[105] Kurt Magnus, *Generalintendant und Deutschlandsender*. Der Deutsche Rundfunk, Nr. 42 v. 17. 10. 1930, S. 4 f.

Um solche Gemeinschaftsaufgaben zu sichern, seien bestimmte zentralisierende Maßnahmen unerläßlich geworden. Sie würden teils von der RRG, teils vom Programmausschuß vorgenommen. Die RRG treffe die organisatorischen Maßnahmen, während im Programmausschuß über die gemeinschaftlichen Programmpläne beschlossen würde. Irgendwelche Zentralisationspläne bestünden jedoch nicht, sagte Magnus nachdrücklich. Nur in einem Nebensatz wies er darauf hin, ihm sei auch nicht bekannt, daß eine Regierungsstelle bestimmte Pläne für eine Neuorganisation habe. Jedenfalls schienen sie ihm, wenn sie wirklich bestehen sollten, irgendwelche festen Formen noch nicht angenommen zu haben, weil weder mit dem Rundfunk-Kommissar noch mit der RRG bisher Verhandlungen geführt worden seien[106].

Diese Erklärung mag formal richtig gewesen sein: Tatsache war aber auch, daß unter Severing als Reichsminister des Innern (29. 6. 1928 – 27. 3. 1930) eine ideologisch vielseitige Rundfunkpolitik aufgekommen war, die im Parlament, in den Parteien und der politischen Öffentlichkeit ausgetragen wurde. Severings Pläne für eine Rundfunkreform standen denen, die im März 1931 von Erich Scholz, wiederum im Reichsinnenministerium, entwickelt werden sollten, diametral entgegen. Hierüber gingen wahrscheinlich bereits Mutmaßungen um, auf die sich auch Magnus in seiner Ansprache beschwichtigend bezog, als er sagte, aus einer Antwort, die der Reichsinnenminister in der vergangenen Woche im Haushaltsausschuß des Reichstags auf die Anfrage eines Reichstagsabgeordneten gegeben habe, könnten solche Schlüsse auf Zentralisationspläne und auf die Berufung eines Generalintendanten nicht gezogen werden. Der Minister habe lediglich gesagt, Anregungen seien an ihn herangetragen worden; es hätten Besprechungen stattgefunden; an ihnen würden auch die interessierten Stellen beteiligt, falls die Verhandlungen fortgesetzt werden sollten. Die Anfrage in der Haushaltssitzung vom 20. Februar 1931 war vom SPD-Abgeordneten Arthur Crispien gekommen. Laut SPD-Organ *Vorwärts* hatte Reichsinnenminister Wirth Crispiens Frage nach Plänen für eine Reform des organisatorischen Aufbaus des Rundfunks mit »Ja« beantwortet[107].

---

[106] Kurt Magnus, *Keine Umorganisation des deutschen Rundfunks!* Funk, Nr. 11 v. 13. 3. 1931, S. 81 f.
[107] *Film, Kultur und Unkultur.* Vorwärts (Berlin), Nr. 86 v. 20. 2. 1931.

In seiner Ansprache meinte Magnus knapp, mit einer grundlegenden Änderung der heutigen Rundfunkorganisation sei in absehbarer Zeit kaum zu rechnen. Er glaube aber, man werde ihm zustimmen, wenn er sage, daß kleinere organisatorische Verschiebungen stets möglich bleiben müßten, um ein Erstarren des Rundfunks zu verhindern[108]. Den Chefredakteur der Zeitschrift *Der Deutsche Rundfunk,* Hans S. von Heister, interessierte die politische Seite dieser ganzen Angelegenheit nicht. Für ihn war es nur »Pressepolemik«, die den RRG-Direktor veranlaßt hatte, jene Rundfunkansprache vom 5. März 1931 zu halten. Schließlich habe man ihm ja vorgeworfen, er betreibe eine durchgreifende Neuordnung des Rundfunks, ohne die Öffentlichkeit in genügender Weise davon zu unterrichten. Leider aber, so bedauerte der Rundfunkpublizist, sei festzustellen, daß die längst als notwendig anerkannte organisatorische Zusammenfassung des Rundfunks – auch auf dem Gebiet des Programms – nicht sehr weit gediehen und die RRG mit ihren Zentralisierungsbestrebungen schon wieder am Ende sei. Mit der Einrichtung von Programmgemeinschaften und einem lebhafteren Programmaustausch, mit der Bestellung eines Intendanten für den Deutschlandsender scheine man sich vorläufig zu begnügen. Magnus habe daher auch nichts Neues berichten können[109].

Für den Zeitraum Juli 1930 bis Juni 1931 wurden im Rundfunk-Jahrbuch 1932 Zahlen über den Umfang des innerdeutschen Programmaustauschs veröffentlicht. Die Funk-Stunde Berlin hatte über die Hälfte ihrer Programme an andere Rundfunkgesellschaften im Reich abgegeben, allerdings größtenteils an den Deutschlandsender und an den Deutschen Kurzwellensender. Immerhin annähernd 20 Prozent ihres Programms hatten Frankfurt und Stuttgart ausgetauscht. Knapp 10 Prozent gaben Hamburg und Leipzig ab, und fast 13 Prozent des Orag-Programms bestand in jenem Jahr aus Übernahmen, während sich München als relativ autark darstellte[110]. (Tabelle 12)

Die Abteilung München des Reichspostministeriums und die Bayerische Regierung hielten 51 Prozent und damit die Mehrheit der Anteile an der Münchener Rundfunkgesellschaft. Ob-

[108] Magnus, *Keine Umorganisation,* a. a. O., S. 82.
[109] v. H. (d. i. Hans S. von Heister), *Es bleibt wie es ist.* Der Deutsche Rundfunk, Nr. 11 v. 13. 3. 1931, S. 9.
[110] *Rundfunk-Jahrbuch 1932.* Berlin o. J., S. 140.

Gesellschaft	Betriebs-stunden insgesamt	Programm-abgaben Std.	%	Programm-übernahmen Std.	%
Norag Hamburg	6059	520	8,6	203	3,3
SWR Frankfurt	5734	1190	20,7	1466	25,5
Werag Köln	5706	383	6,7	245	4,3
Funk-Stunde Berlin	5637	3212	56,9	364	6,4
Orag Königsberg	5287	210	3,9	682	12,9
Sürag Stuttgart	5137	1229	23,9	1110	21,6
Mirag Leipzig	4995	472	9,4	293	5,9
Schlesische Funk-stunde Breslau	4978	177	3,5	471	9,5
BR München	4242	155	3,6	91	2,1
Insgesamt	47775	7548	15,8	4925	10,3
DW Berlin	5447	80	1,5	2705	49,6
Insgesamt	53222	7628	14,3	7630	14,3

wohl diese nicht der RRG beigetreten war, hatte sie die Zusammenarbeit mit der RRG aufgenommen und sich an der Durchführung gemeinschaftlicher Aufgaben beteiligt. An den Sitzungen der Rundfunkleiter nahm Kurt von Boeckmann, seit Herbst 1925 Direktor, seit dem 1. November 1927 Intendant in München, regelmäßig teil. Im übrigen genoß die Deutsche Stunde in Bayern alle Vor- und Nachteile der Zusammenarbeit mit der RRG; ihr war in der RRG-Satzung (§ 6) der Beitritt zur Dachgesellschaft offengehalten worden. Die seit dem 1. Januar 1931 als »Bayerischer Rundfunk GmbH« firmierende Münchener Gesellschaft lag 1930/31 mit ihrer Betriebsstundenzahl an letzter Stelle in der Reihe der Regionalgesellschaften. Der Kostendruck durch die Ausgaben für Verwaltung und Programm war so stark geworden, daß nur noch die Preisgabe ihrer Autonomie als letzter Ausweg übrig blieb. Am 26. März 1931 fand eine Versammlung der Gesellschafter statt, die – wie vorgeschlagen – den Eintritt des Bayerischen Rundfunks in die Reichs-Rundfunk-Gesellschaft zum 1. April 1931 beschlossen[111].

[111] Brief Bayerischer Rundfunk GmbH an Walberer, von Jan, Riemerschmid, Klöpfer, Böhm, 23. 3. 1931. AOPD Mch FIV 1, Bd. 11.

Das 1929 fertiggestellte Funkhaus der »Deutschen Stunde in Bayern«,
das erste eigene Haus einer deutschen Rundfunkgesellschaft.

Die Gründe für diesen Schritt legte der Verwaltungsdirektor
des Bayerischen Rundfunks, Friedrich Eicher, ein Vierteljahr
später in einer vertraulichen Aktennotiz vom 11. Juni 1931 nieder[112]. Die Einnahmen der Gesellschaft seien seit ihrem Bestehen so knapp gewesen, daß sie ihrer Hauptaufgabe, ein möglichst hochwertiges Programm zu senden, nicht im erwünschten
Maße hätte gerecht werden können. So seien Ereignisse eingetreten und andere stünden bevor, die zur Folge haben würden,
daß die Mittel für die Programmgestaltung und für die Verwaltung – es sei dies der einzige bewegliche Faktor unter den Ausgaben der Gesellschaft – noch weiter eingeschränkt werden
müßten. Die wichtigsten Gründe führte er in einem Sechs-Punkte-Katalog auf:

»1. Seit dem 1. März 1931 wird den krisen- und wohlfahrtsunterstützten Erwerbslosen die Rundfunkgebühr erlassen. Das
bedeutet für den BRf [Bayerischer Rundfunk] einen Einnahmeausfall, der für das Jahr auf 150 000 RM zu veranschlagen ist.

2. Die Reichsrundfunkgesellschaft hat angekündigt, daß sie es

---

[112] Aktenvermerk vom 11. 6. 1931. Eintritt des Bayerischen Rundfunks in die
RRG. AOPD Mch FIV 10.

ablehnen werde, weiterhin die gemeinschaftlichen Angelegenheiten des BRf kostenfrei mit zu besorgen, wie das bisher geschehen ist. Die Ausgaben, die der Gesellschaft dadurch erwachsen werden, sind für das Jahr auf mindestens 300 000 RM zu veranschlagen.

3. Es ist notwendig, vom vorigen Jahre ab an eine intensivere Tilgung der Postkredite und Hypothekenschulden heranzugehen. Die Mehrausgaben, die der Gesellschaft dadurch erwachsen, sind auf 150 000 RM für das Jahr zu veranschlagen.

4. Der Großsender, der in Bayern errichtet werden wird – als Zeit der Inbetriebnahme ist der Juli 1932 in Aussicht genommen –, wird die Gesellschaft mit 1 Million RM für das Jahr belasten.

5. Gleichzeitig mit der Inbetriebnahme des Großsenders wird der Ausbau der vorhandenen Sender in Nürnberg, Augsburg und Kaiserslautern auf den Gleichwellenrundfunk notwendig werden. Das verursacht einmalige Ausgaben in der Höhe von schätzungsweise 200 000 RM; auch die laufenden Betriebskosten für diese Sender werden sich erhöhen; in welchem Maße, darüber läßt sich heute Bestimmtes noch nicht sagen, da Erfahrungen auf diesem Gebiete fehlen.

6. Seit Jahren wird von den Rundfunkteilehmern eine Ermäßigung der Rundfunkgebühren gefordert. Die Verhandlungen über diese Sache im Verwaltungsrat der Deutschen Reichspost vom Januar heurigen Jahres [1931] haben erkennen lassen, daß die Forderung als berechtigt anerkannt wird. Die Deutsche Reichspost hat die Erfüllung zunächst abgelehnt mit der Begründung, daß ihr durch den Bau der acht Großsender so hohe Kosten erwüchsen, daß im Augenblick die Erfüllung des Wunsches der Teilnehmer unmöglich sei. Es ist aber nicht daran zu zweifeln, daß die Forderung wird erfüllt werden müssen, sobald diese Kosten ausgeglichen sind. Wenn sich der Teilnehmerstand in der bisherigen Weise weiterentwickelt, wird dies im Jahre 1933 der Fall sein. Der Ausfall, den die Gesellschaft erleiden wird, wenn die Gebühren auch nur um $^1/_4$ (= 50 Rpf pro Monat) gesenkt werden, wird 1 Million RM für das Jahr betragen.«

In besonderen Erläuterungen zu dieser Aktennotiz wies der Verwaltungsdirektor mit aller Deutlichkeit darauf hin, daß die hohen Einnahmenverluste und die gestiegenen Kosten von der Münchener Gesellschaft aus eigener Kraft nicht mehr getragen werden könnten. Von der Bayerischen Regierung, aber auch von der Reichspost habe sie keine Unterstützung zu erwarten.

Die Gesellschafter des Bayerischen Rundfunks sähen als den durch die Organisation des Rundfunks gegebenen Ausweg aus der schwierigen Lage nur den Anschluß an die RRG. Sie setzten dabei voraus, daß dieser Anschluß unter Bedingungen erfolgen könne, die die Selbständigkeit des Bayerischen Rundfunks als eigenes Unternehmen sicherstellten, die Rechte der Bayerischen Regierung hinsichtlich ihres Einflusses auf die Programmgestaltung wahren und der Gesellschaft für die Programmgestaltung und Verwaltung Mittel in einer Höhe sicherten, daß sie jederzeit in der Lage sei, ein hochwertiges, den Belangen der Hörerschaft in Bayern und der kulturellen Bedeutung Bayerns entsprechendes Programm anzubieten[113]. Die Flucht des Bayerischen Rundfunks unter die Fittiche der RRG hatte also ganz offenkundig in erster Linie wirtschaftliche Gründe.

Im deutschen Rundfunk waren 1929 die Zeiten der ungehemmten technischen Expansion und der starken Programmdifferenzierung der regionalen Rundfunkgesellschaften vorüber. Die Teilnehmerzahl stagnierte 1930 bei 3,2 Millionen. Der wirtschaftliche Abstieg im Reich erreichte kritische Ausmaße. Allein die Zahl der Arbeitslosen stieg im Monatsdurchschnitt von 1,9 Millionen 1929 auf 3,1 Millionen 1930. Kein Wunder, daß in der Beratung des Posthaushalts im Reichstag am 24. Mai 1930, als auch die Wirtschaftspolitik im deutschen Rundfunk ausgiebig erörtert wurde, die KPD besonderen Anstoß an den hohen Bezügen der Rundfunkleiter nahm[114].

Der Rundfunk-Kommissar wandte sich deshalb bald darauf vertraulich an die Rundfunkdirektoren und appellierte an ihre wirtschaftspolitische Vernunft im Dienst eines Mediums, das eine öffentliche Leistung anbietet. Die wirtschaftliche Notlage werde überall weitgehende Ersparnisse durch härteste Maßnahmen der Vereinfachung und des Abbaus erforderlich machen, die auch nicht am Rundfunk vorbeigehen würden. Er drohte sogar, indem er schrieb: »Der kommenden Entwicklung würde ich mit sehr großer Sorge entgegensehen, wenn dem Rundfunk-Kommissar und den Leitern der Rundfunkgesellschaften durch Einsetzen einer Sonderkommission das Heft aus der Hand genommen wird, da aufgezwungene Vereinfachungen und Abbaumaßnahmen von nicht sachverständiger Seite dem Rund-

---

[113] Ebd.
[114] Bausch, *Der Rundfunk im politischen Kräftespiel*, S. 71.

funkgedanken schweren Schaden zufügen könnten.«[115] Es blieb freilich nicht bei der Drohung. Tatsächlich setzte der Rundfunk-Kommissar noch 1930 eine Sparkommission ein. Er wollte sich weder von seinem Ministerium noch vom Parlament nachsagen lassen, der Rundfunk bringe der allgemeinen Rezession kein Verständnis entgegen und wirtschafte mit seinen ansehnlichen Gebühreneinkünften so, als befänden sich die Reichsfinanzen und öffentlichen Haushalte in bester Ordnung. Die Sparkommission überprüfte die Haushaltsführung sämtlicher Rundfunk-Gesellschaften und legte dem Verwaltungsrat der RRG am 21. Oktober 1930 einen Bericht vor:

»Der Vorsitzende [Bredow] führte aus, daß der Rundfunk sich ebenso wie die Öffentliche Hand und die gesamte Privatwirtschaft verpflichtet fühle, außerordentlich sparsam zu wirtschaften. Insbesondere machten auch die im Bau befindlichen neuen Großsender Mühlacker und Heilsberg sowie die bevorstehende Verstärkung der Sender Königs Wusterhausen und Langenberg Einsparungen erforderlich. Es sei folgendes beabsichtigt:

1. Die Zahl der Programme der deutschen Rundfunkgesellschaften sollte verringert werden; es sei beabsichtigt, die Arbeitsgemeinschaften weiter auszubauen.
2. Das Rundfunkorchester in Königsberg in Ostpreußen müsse im Laufe des nächsten Geschäftsjahres abgebaut werden.
3. Die Sendezeiten seien zu verkürzen.
4. Auf dem Konto »Werbungen« sollten Einsparungen vorgenommen werden; die ganze Werbung müsse vereinfacht werden.
5. In der Frage der Verringerung der Personalbezüge würde sich der Rundfunk dem Vorgehen von Reich und Ländern anschließen. Rundfunk-Kommissar und Reichs-Rundfunk-Gesellschaft hätten eine Sparkommission entsandt, die bei allen Rundfunkgesellschaften alle Einzelheiten durchgeprüft habe. Es hätten sich überall Anhaltspunkte für Einsparungen ergeben.«[116]

Die allgemeine Wirtschaftslage in Deutschland wurde noch

[115] Rundbrief des Rundfunk-Kommissars des RPM betr. Sparmaßnahmen an die Leiter der Rundfunkgesellschaften (vertraulich), 8. 7. 1930. BA Kblz R 78/ 585 zit. nach Schütte, *Regionalität und Föderalismus,* S. 103.
[116] Protokoll über die Sitzung des Verwaltungsrats der RRG am 21. 10. 1930. DRA Ffm RRG-Akten.

schwieriger. Am 1. Dezember 1930 wurde die erste Notverordnung des Reichspräsidenten zur Sicherung von Wirtschaft und Finanzen erlassen und eine sechsprozentige Kürzung der Bezüge aller Personen im Öffentlichen Dienst ab 1. Februar 1931 angeordnet. Die Rundfunkgesellschaften hatten ebenfalls nach dieser Verordnung zu verfahren. Die Gehälter der Rundfunkangestellten wurden bei einem Jahreseinkommen von 25 000,– bis 85 000,– RM um 6 bis 20 Prozent gekürzt. Diese Tatsache ist übrigens ein Beweis mehr für die Unhaltbarkeit der These vom »gemischtwirtschaftlichen« Rundfunk der Weimarer Republik. Auch die drei folgenden Wirtschaftsnotverordnungen vom 5. Juni, vom 6. Oktober und vom 8. Dezember 1931 waren für den Rundfunk-Kommissar immer wieder Anlässe, die Direktoren der Rundfunkgesellschaften auf spartanische Wirtschaftsführung in ihren Häusern einzuschwören. Wiewohl die Mahnschreiben durchweg als »Vertraulich« gekennzeichnet waren, drangen die Informationen über die Sparmaßnahmen im Rundfunk nach außen, vor allem aber konnte bald jedermann die Folgen der neuen Wirtschaftspolitik spüren: Studios wurden wieder geschlossen; in den Funkhäusern wurden Abteilungen aufgelöst; die regionale Programmarbeit wurde sehr stark eingeschränkt oder kam völlig zum Erliegen. Die publizistische Konzentration der Kräfte in Programmgemeinschaften schritt voran, während die wirtschaftliche Konzentration durch Unternehmensfusionen im Rundfunk am Ende doch nicht zustande kam.

Interessant ist in diesem Zusammenhang ein kurzer Blick auf den Dienstweg, den die Sparaufforderungen des Rundfunk-Kommissars des Reichspostministers gingen. Die numerierten Schreiben richtete Bredow zunächst an die Aufsichtsratsvorsitzenden der Rundfunkgesellschaften. Diese trugen dann die Aufforderungen auf der nächsten Aufsichtsratssitzung vor. Erst bei dieser Gelegenheit konnten die Vertreter der RRG im Aufsichtsrat förmlich Kenntnis nehmen von der Korrespondenz des Rundfunk-Kommissars mit den Gesellschaften. Im Juli 1931, als ein solches Schreiben des Rundfunk-Kommissars eben bei der Norag in Hamburg eingetroffen war, schrieb der Aufsichtsratsvorsitzende an den Direktor der RRG (Heinrich Giesecke), daß er das Erforderliche veranlaßt habe, aber mit Rücksicht auf die augenblickliche Lage keine Aufsichtsratssitzung nur wegen dieses einen Punktes einberufen möchte. Er bat Giesecke, den Vertreter der RRG in seinem Aufsichtsrat, ihm sein

Einverständnis schriftlich zu übermitteln[117]. Immerhin zeigte sich hier schon sehr deutlich, daß der Reichspostminister, vertreten durch seinen Rundfunk-Kommissar, eine Zentralverwaltung des Rundfunks durchaus an der RRG vorbei praktizieren konnte, mochte auch die politische Konsequenz aus dieser vorgeblich wirtschaftlichen Notwendigkeit von einem ganz anderen Ressort und erst ein Jahr später gezogen werden.

5.8. Gleichwellenbetrieb und Großsenderbau
Versorgungspolitik der Deutschen Reichspost

Zusammenschlüsse von Programmgemeinschaften stellten die erste Antwort dar auf wirtschaftliche Engpässe im Bereich der Programmträger RRG und Rundfunkgesellschaften. Auf dem Gebiet des technisch-wirtschaftlichen Netzträgers, des Reichspostministeriums und seiner Deutschen Reichspost, waren die Versorgungsprobleme nach dem Ende der ersten Ausbaustufe des Sendernetzes im Dezember 1927 sofort wieder auf dem Tisch. Für den uneingeschränkten Senderbau gab es jedoch physikalische und politische Grenzen. Der Genfer Wellenplan des Weltrundfunkvereins vom 15. November 1926 war die erste europäische Frequenzordnung. Ihre Durchsetzung scheiterte freilich an den mangelnden Sanktionsmöglichkeiten des Weltrundfunkvereins. Die Zahl der Sender stieg weiter, die Frequenzen wurden knapp, denn die Versorgungsprobleme stellten sich in allen Ländern ähnlich, wobei erst nach geraumer Zeit der Übergang vom Prinzip zahlreicher Sender mit geringer Leistung zum Prinzip weniger Sender mit hoher Leistung technisch und finanziell möglich war. Dieser Übergang erwies sich als neues, nun internationales Rundfunkproblem und bedeutete die über Grenzen hinausreichende technische und publizistische Beeinflussung ausländischer Rundfunksysteme. Auf Wunsch der tschechischen Fernmeldeverwaltung berief der Weltrundfunkverein 1929 eine zweite Weltfunkkonferenz nach Prag, um eine neue Ätherordnung auszuarbeiten. Der Prager Wellenplan trat am 30. Juni 1929 in Kraft, doch er sah, entgegen den deutschen Wünschen, keine förmliche Begrenzung der Sen-

[117] Brief der Nordischen Rundfunk AG (Blonck) an Heinrich Giesecke (RRG), 20. 7. 1931. BA Kblz R 78/603.

derleistung im Mittelwellenbereich vor. In Europa setzte ein Senderrüsten ein.

Das Dilemma, mit den wenigen schwachen Sendern des ersten Bauabschnitts die neun Rundfunkbezirke nicht mehr ausreichend versorgen zu können, andererseits nach dem Genfer Wellenplan nur noch über eine beschränkte Zahl von Mittelwellenfrequenzen zu verfügen, ließ das Reichspostministerium Anfang 1927 die ältere Idee aufgreifen, mehrere Neben- oder Zwischensender auf der gleichen Frequenz arbeiten zu lassen; das System wurde »Gleichwellenrundfunk« genannt. Das Telegraphentechnische Reichsamt legte am 28. Juli 1927 dem Reichspostministerium einen ersten Organisationsplan für den Gleichwellenrundfunk vor. Der Reichspostminister unterrichtete den Rundfunk-Kommissar und die RRG allerdings erst 14 Monate später, am 24. September 1928. Das Reichspost-Zentralamt meldete im Oktober 1928 für das Rechnungsjahr 1929 Mittelbedarf für den Senderbau im Bereich der Norag, der Mirag und der Sürag an. Für einen Versuchsbetrieb standen zunächst im Sendegebiet der Funk-Stunde der Nebensender Stettin seit März und der Nebensender Magdeburg seit Dezember 1928

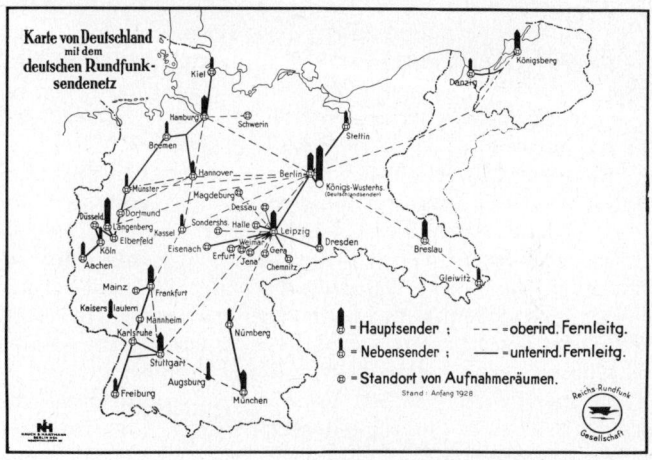

Das Sendernetz des deutschen Rundfunks in der zweiten Bauphase 1927–1929 mit Haupt- und Nebensendern sowie den Kabelverbindungen.

sowie der Nebensender Berlin-Ost (Boxhagener Straße) seit dem 16. Januar 1929 zur Verfügung. Diese drei Sender bildeten das erste Gleichwellennetz des deutschen Rundfunks.

Am 11. März 1929 bat der Reichspostminister den Rundfunk-Kommissar im Benehmen mit der RRG sowie dem Reichspost-Zentralamt um eine grundsätzliche Stellungnahme zu den Fragen, wie das deutsche Rundfunksendernetz zu gestalten sein werde, in welchen Orten Sender errichtet werden sollten, welcher Zeitraum, unabhängig von den dafür bei der Post erforderlichen Mitteln, aber unter Berücksichtigung der finanziellen Tragbarkeit für die Rundfunkgesellschaften, für den Ausbau des Sendernetzes vorzusehen sei und schließlich, welche Sender im Rechnungsjahr 1929 errichtet werden sollten[118]. Eine Fülle von Wünschen und Plänen wurde in den folgenden Monaten erörtert. In den Diskussionen spielte natürlich auch die Frage des Baues von Großsendern eine wichtige Rolle. Am 5. Juli 1929 fand unter Leitung des Ministerialdirektors im Reichspostministerium, Otto Arendt, eine Besprechung über die »Umgestaltung und den weiteren Ausbau des deutschen Rundfunksendernetzes« statt. An ihr nahmen Beamte des Reichspost-Zentralamts, der Rundfunk-Kommissar sowie Vertreter der RRG und einzelner Rundfunkgesellschaften (Sürag, Werag, SWR) teil. In seinem Einleitungsreferat zeigte sich Arendt sehr optimistisch. Die technische Erprobung des Gleichwellenrundfunks lasse hoffen, so berichtete er, daß man in der Lage sein werde, nicht nur die vorhandenen Sender im Gleichwellenbetrieb zu verwenden, sondern eine noch größere Anzahl von Sendern anzuschließen. Dies würde die technischen Bedingungen für die Rundfunkversorgung wesentlich verbessern. Für den Gleichwellenrundfunk würden vier Frequenzbereiche (Wellen) gebraucht. Wellen dieser Art müßten nach den Bestimmungen des Prager Wellenplans aus dem Bestand der dem Deutschen Reich zum ausschließlichen Gebrauch zugewiesenen Wellen, der sogenannten Exklusivwellen, genommen werden; Deutschland verfüge über zwölf solcher Exklusivwellen. Die acht übrigen Wellen sollten für die Großsender vorgesehen werden. In aller Harmlosigkeit erklärte Arendt sodann: »Da zur Zeit neun Sendebezirke bestehen, ergibt sich, daß die Sen-

---

[118] Brief Reichspostminister an Rundfunk-Kommissar des RPM, 11. 3. 1929 mit A.[kten]-V.[ermerk]. Ausbau des deutschen Rundfunksendernetzes. AOPD Mch FIV1, Bd. 10.

debezirke neu eingeteilt werden müssen. Es wird sich dabei nicht umgehen lassen, daß wir einige Verleihungen, die wir den bestehenden Sendegesellschaften gegeben haben, zurückziehen, um sie durch andere zu ersetzen, damit die Organisation den technischen Bedürfnissen angepaßt wird.«[119]

Der Abteilungsdirektor im Reichspost-Zentralamt, Hans Harbich, erläuterte diese Ausführungen mit dem Hinweis, daß man mit vier Gleichwellennetzen auskommen müsse: 1. einem mittel- und ostdeutschen Netz, 2. einem süddeutschen Netz, 3. einem südwestdeutschen Netz und 4. einem norddeutschen Netz. Der Rundfunk-Kommissar bezeichnete die Entwicklung in seiner Stellungnahme als »außerordentlich unbequem«. Man könne aber nicht verkennen, so fuhr er fort, daß sich das Reichspostministerium in einer Zwangslage befände. Ein Zögern könne zur Folge haben, daß es in einem oder in zwei Jahren nicht mehr möglich sei, die eigenen Sender in ihren Sendebezirken störungsfrei zu hören. Es handele sich um eine Abwehrmaßnahme, die aufgezwungen werde, einmal durch die technische Entwicklung und zum anderen durch die bisher erwiesene Unmöglichkeit, die Energie der Sender international auf einen niedrigen Wert zu begrenzen. Unangenehm sei die Sache auch deshalb, weil weitgehende Eingriffe in die bestehende Organisation nötig seien und weil sich schließlich für die Rundfunkgesellschaften eine wirtschaftliche Belastung ergeben würde, die vorläufig noch unübersehbar sei[120]. Die anwesenden Rundfunkvertreter äußerten sich in der Aussprache zu den Problemen des Gleichwellenrundfunks nicht.

Im April 1930 wurde mit den Sendern Köln, Münster und Aachen ein zweiter Gleichwellenversuch begonnen. Der Berliner und der Kölner Versuch unterschieden sich technisch voneinander. Bei einer Besprechung im Reichspostministerium am 20. November 1930 standen beide Versuche ausgiebig zur Diskussion. Beim Berliner Gleichwellensystem wurden die Sender von einer Stelle über Leitung gesteuert, so daß sie zwangsläufig dieselbe Frequenz hatten; dieses System hieß deshalb auch das abhängige oder leitungsgesteuerte Verfahren. Beim Kölner Gleichwellensystem wurde jeder Sender für sich unabhängig

---

[119] Protokoll der Besprechung über die Umgestaltung und den weiteren Ausbau des deutschen Rundfunksendernetzes im RPM am 5. 7. 1929 (vertraulich). Ebd.
[120] Ebd.

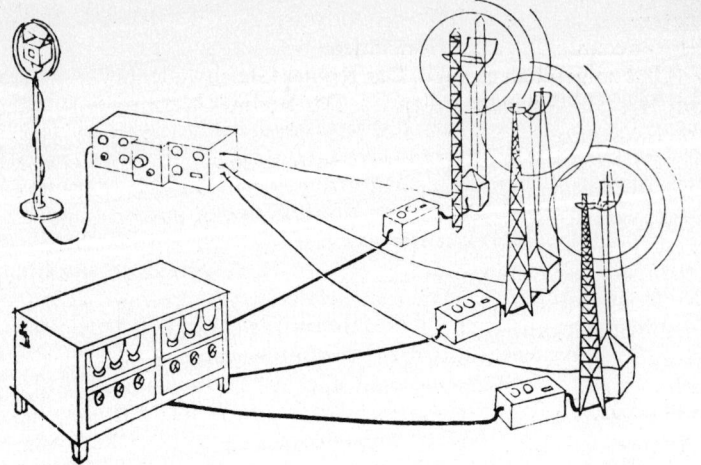

Zur Frequenzschonung und technischen Zentralisierung entschied sich die Post für leitungsgesteuerten Gleichwellenbetrieb mehrerer Rundfunksender.

und selbststeuernd auf seiner Frequenz gehalten; deshalb hieß dieses System unabhängiges oder selbststeuerndes Gleichwellensystem. Das Problem der Steuerung war damals offenbar technisch noch nicht zufriedenstellend gelöst. Auf die eindringlichen Fragen des Vorsitzenden jener Besprechung, des Staatssekretärs Feyerabend, gaben sich die Beamten des Reichspost-Zentralamtes redlich Mühe, die Vor- und Nachteile gemeinverständlich darzulegen. Der Chefingenieur der RRG, Walter Schäffer, brachte das Problem schließlich auf eine kurze Formel: »Die Entscheidung ist abhängig von der Aufgabenstellung. Wenn die Aufgabe gestellt wird, einen brauchbaren Empfang nur innerhalb der Städte zu schaffen, dann würde das selbstgesteuerte System genügen. Wenn aber die weitere Umgegend mit versorgt werden soll, bleibt nichts anderes übrig, als die Steuerung über Leitungen zu machen. Zu bedenken ist, daß das leitungsgesteuerte System erheblich komplizierter ist als das selbstgesteuerte System.«[121] Darauf erklärte der Vorsitzende entschieden, nach den übereinstimmenden Ausführungen sei die Leitungssteuerung als die bessere Methode anzusehen. Da-

[121] Protokoll der Besprechung im RPM am 20. 11. 1930 über den Ausbau des deutschen Rundfunksendernetzes. AOPD Mch FIV1, Bd. 11.

her müsse man sie auch für den weiteren Ausbau des Gleichwellenrundfunks in Aussicht nehmen.

Und so geschah es auch. Das Kölner Gleichwellennetz wurde im März 1932 wieder stillgelegt. Das Berliner Netz arbeitete bis zum 2. Januar 1934. Technische Probleme und Widerstände bei den Rundfunkgesellschaften beeinträchtigten offensichtlich die Entwicklung des Gleichwellenrundfunks stark. Als erstes ordentliches System entstand das Südwestdeutsche Gleichwellennetz mit dem Muttersender Frankfurt 3, der am 28. Oktober 1932 seinen Betrieb aufnahm; zugeschaltet wurden die Sender Trier im Februar, Kassel im September und Freiburg im Dezember 1933. 1934 kam der Sender Kaiserslautern und 1935 der Sender Koblenz hinzu. Der Muttersender Hannover 2 des Norddeutschen Gleichwellennetzes nahm erst am 13. August 1933 seinen Betrieb auf; hinzu kamen der Sender Flensburg im August, der Sender Bremen im November 1933. Die Sender Magdeburg und Stettin des ehemaligen Berliner Gleichwellennetzes wurden am 15. Januar 1934 in das Norddeutsche Gleichwellennetz integriert. Bemerkenswert bleibt der Umstand, daß wirkliche Fortschritte im Gleichwellenrundfunk erst unter politischen Voraussetzungen eintraten, die einem zentralistischen Führungs- und Einheitsgedanken zugeschrieben werden müssen.

Priorität bekam aber keineswegs der Umbau oder Neubau von Sendern für den Gleichwellenbetrieb, sondern der Bau leistungsstärkerer Sender, der sogenannten »Großsender«. Der Sender im Berliner Vox-Haus hatte im Jahr 1923/24 eine Leistung von 0,25 kW. In der ersten Bauphase (1924–1926) entstanden weitere 21 Rundfunksender im Reichsgebiet, deren Leistung insgesamt 18,7 kW erreichte, im Durchschnitt 0,85 kW (1926). In der zweiten Bauphase (1927–1929) wurde gebaut und verstärkt, bis insgesamt 28 Rundfunksender eine Leistung von 78,2 kW erreichten, im Schnitt 2,79 kW (1929). Die Versorgung sah bis zu diesem Zeitpunkt noch dürftig aus. Geographisch wurden nur rund 2 Prozent der Fläche des Deutschen Reichs von Rundfunkprogrammen erreicht. Die Bevorzugung der Ballungsgebiete beim Senderbau bewirkte immerhin, daß etwa ein Viertel der Gesamtbevölkerung, jedoch drei Viertel (77 Prozent) der Gesamthörerschaft, versorgt werden konnten[122]. Die

---

[122] *Bericht des Rundfunk-Kommissars am 31. Dezember 1930.* Berlin o.J., S. 56, 65.

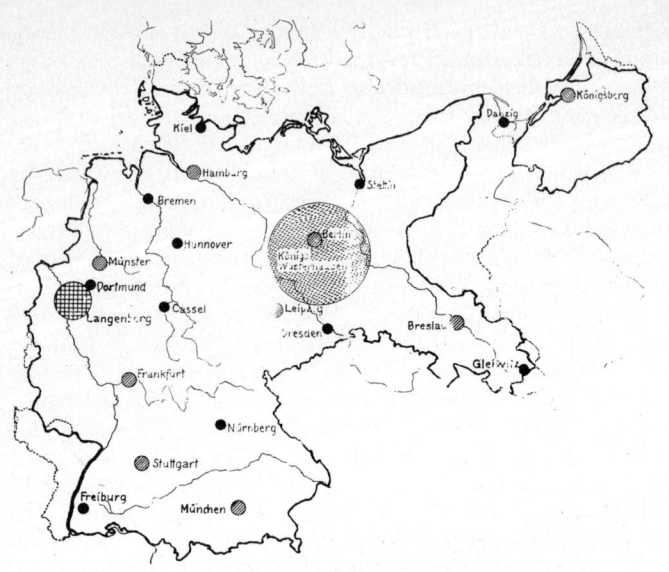

Die ersten Sender des deutschen Rundfunks waren auf Reichweiten von 5 bis 10 km ausgelegt, und sie konnten von einfachen Detektorgeräten empfangen werden. Die Detektorkreise erreichten 1,37 Prozent der Bodenfläche Deutschlands, entsprachen aber 31,3 Prozent der Einwohnerschaft am 1. April 1927.

Gewinnung neuer Hörer, besonders in dünn besiedelten Gegenden, war freilich unter diesen Umständen beinahe ausgeschlossen.

Die Prager Weltfunk-Konferenz mit ihrem seit dem 30. Juni 1929 geltenden Wellenplan bot dem Reichspostministerium die gewiß nicht ganz unwillkommene Entschuldigung für die Eröffnung einer dritten Bauphase, denn die Begrenzung der Senderleistung war nicht in die Schlußakte von Prag aufgenommen worden. In den Nachbarländern des Deutschen Reiches entstanden bereits Rundfunksender mit mehr als 10 kW. Zweifellos sind Post und Rundfunk in Deutschland bisweilen von Schreckensbildern eines Wellenchaos amerikanischen Formats geplagt worden, die auch nicht ohne politische Grundierung waren. Die Rundfunkgesellschaften mit Grenzproblemen aus dem Friedensvertrag von 1919 waren in erster Linie der Ostmarken-Rundfunk in Königsberg und die Schlesische Funkstunde in Breslau. Ihre Programme spielten, gewollt oder ungewollt, eine volkstumspolitische Rolle für die deutschsprachige Bevölkerung in den nun polnischen Gebieten Westpreußens, Posens und im oberschlesischen Industriegebiet um Kattowitz, sowie in den nun tschechischen Teilen Oberschlesiens.

Die 1925 gegründete polnische Rundfunkgesellschaft Polskie Radio baute ihren Ortssender in der Hauptstadt, aber ihre Regionalsender vornehmlich in den dichtbesiedelten Landesteilen westlich der Weichsel, wozu auch die ehemaligen deutschen Gebiete gehörten: 1927 in Poznań, Kraków und Katowice, 1929 in Lwów und 1930 in Lodz. Im Jahre 1930 eröffnete auch der Langwellensender Warszawa I in Raszyn den Betrieb. Besonders Radio Poznańskie sendete auch in deutscher Sprache. Außer dem 1927 in Wilno eröffneten Sender gab es in Ostpolen keine Rundfunkeinrichtungen[123].

Die 1923 gegründete tschechoslowakische Rundfunkgesellschaft Radiojournal sendete aus Prag seit 1925 auch in deutscher Sprache. Ihre Regionalsender eröffneten 1925 in Brno, 1926 in Bratislava, 1929 in Moravská-Ostrava ihren Betrieb; deutschsprachige Programme verbreitete auch Brno seit 1927 und Moravská-Ostrava seit 1930. Im Osten des Landes betrieb der tschechoslowakische Rundfunk seit 1927 nur den Sender in Kosice[124] (Tabelle 13 und 14).

Im Südwesten des Reichs war aufgrund des Friedensvertrags Elsaß-Lothringen an Frankreich abgetreten worden. Auf beiden Seiten der Grenze entstand daraufhin ein Nationalitätenproblem, das sich nur schwer aus den anhaltenden tagespolitischen Konflikten heraushalten ließ, unter denen die deutsch-französischen Beziehungen in jenen Jahren litten. Zwischen Verständigungsbereitschaft und Nationalismus gab es immer wieder tiefe Gräben, die auch das Medium Rundfunk nur selten überbrükken konnte. In Straßburg existierte ein privater Verein mit einem kleinen Rundfunksender, als die französische Regierung Anfang 1929 entschied, dort einen staatlichen Rundfunkbetrieb zur Unterstützung ihrer Elsaß-Politik und zur Konterkarierung

---

[123] H.(ermann) Thurn, *Das Funkwesen in Europa unter besonderer Berücksichtigung des Rundfunks.* Archiv für Post und Telegraphie 1931, 8, S. 222 f. sowie *Radio w Polsce w latach 1935–1938.* Warszawa 1938, S. 114 ff.
[124] Thurn, *Das Funkwesen in Europa* a. a. O., S. 228 f. sowie Oldrich Thorovsky, *Die Entwicklung des tschechoslowakischen Rundfunks 1918–1938.* M. A.-Arbeit Münster 1977.

TABELLE 13: RUNDFUNKKONFRONTATION IM OSTEN 1929–1932

Rundfunkgesellschaft	1929 kW	1931 kW	1932 kW
Ostmarken-Rundfunk			
– Sender Königsberg	1,5	1,5	1,5
– Sender Heilsberg	–	60,0	60,0
– Danziger Rundfunk	0,25	0,25	0,25
Schlesische Funkstunde			
– Sender Breslau	1,5	1,5	60,0
– Sender Gleiwitz	5,0	5,0	5,0
	8,25	68,25	126,75
Polskie Radio			
– Sender Poznań	1,2	1,8	1,8
– Sender Katowice	10,0	10,0	16,0
Radiojournal			
– Sender Praha	5,0	60,0	120,0
– Sender Brno	2,4	36,0	36,0
– Sender Moravská-Ostrava	10,0	11,0	11,0
	28,6	118,8	184,8

TABELLE 14: RUNDFUNKKONFRONTATION IM SÜDWESTEN 1929–1932

Rundfunkgesellschaft	1929 kW	1931 kW	1932 kW
Süddeutscher Rundfunk			
– Sender Stuttgart	1,5	–	–
– Sender Mühlacker	–	60,0	60,0
– Sender Freiburg	0,25	0,25	0,25
	1,75	60,25	60,25
Association Radio Strasbourg PTT			
– Sender Brumath	0,25	15,0	15,0
	0,25	15,0	15,0

der Programme des Süddeutschen Rundfunks einzurichten. In Brumath bei Straßburg baute der Rundfunkdienst der französischen Post- und Fernmeldeverwaltung einen modernen Mittelwellensender, der mit einer Leistung von 12 kW, die auf 60 kW verstärkt werden konnte, am 11. November 1930 eröffnet wurde; das Studio befand sich in Straßburg. Programmträger war – wie damals in Frankreich nicht selten – ein im Juli 1929 von der Post lizensierter Verein, die Association Radio Strasbourg PTT, die auch deutschsprachige Programme verbreitete, seit März 1932 sogar regelmäßig[125].

Nach dem Inkrafttreten des Prager Wellenplans machte man sich im Reichspostministerium Gedanken über die technische Entwicklung des Rundfunks im eigenen Land und im Ausland. Die Post sah auf das deutsche Rundfunknetz einschneidende Änderungen zukommen. Man trage, so Ministerialdirektor Arendt, die Verantwortung »für das technische Gelingen des Rundfunks«[126]. Dieses erscheine aber jetzt gefährdet, so daß Abwehrmaßnahmen nötig würden. Der Beamte nannte die Gefahren auch beim Namen. Es sei heute möglich, die Energie der Sender weit über das frühere Maß zu steigern, und die Nachbarn machten mehr und mehr von dieser technischen Möglichkeit Gebrauch. Leider, so warf Arendt bedauernd ein, sei in Prag der deutsche Vorschlag auf Begrenzung der Senderenergie bis zu 60 kW nicht angenommen worden. Man habe sogar erfahren, daß Sender mit sehr viel größerer Leistung im Bau seien; er erwähnte Österreich, die Tschechoslowakei, Polen, Norwegen, Schweden, Frankreich. Der britische Rundfunk verstärke sämtliche Sender auf 50 kW. Der Eindruck einer rundfunkpolitischen Einkreisung war ganz offensichtlich schon gelungen. So konnte Arendt selbstbewußt erklären: »Unter den geschilderten Umständen wird auch Deutschland nichts weiter übrig bleiben, als die Energie seiner Hauptsender durch Errichtung neuer großer Sender zu verstärken, und zwar rein aus technischen Gründen, um den Empfang zu schützen.« Mit einem Hinweis auf den bei Straßburg in Bau befindlichen Sender nannte er dann die

[125] E.(rnst) R.(itter), *Zum Projekt der staatlichen Straßburger Rundfunkstelle.* Der Deutsche Rundfunk, Nr. 4 v. 25. 1. 1929, S. 112 sowie ders., *Der neue Straßburger Großsender.* Der Deutsche Rundfunk, Nr. 47 v. 21. 11. 1930, S. 10; ferner Heinz Pohle, *Der Rundfunk als Instrument der Politik.* Hamburg 1955, S. 380 f.
[126] Protokoll der Besprechung im RPM am 5. 7. 1929 über den Ausbau des deutschen Rundfunksendernetzes. AOPD Mch F IV 1, Bd. 10.

»Südwest-Ecke unseres Vaterlandes« das am stärksten gefähr-
dete Gebiet; hier sollte der erste Großsender errichtet
werden[127].

Der Rundfunk-Kommissar kündigte bei dieser Besprechung
am 5. Juli 1929 »weitgehende Eingriffe in die bestehende Organisation« und die noch unübersehbare »wirtschaftliche Belastung« der Rundfunkgesellschaften an. Zur Sache selbst fügte er
hinzu, der Prager Wellenplan sei in dem Augenblick eine Farce,
in dem man allenthalben stärkere Sender baue und sogar ein
1,5 kW-Sender auf 100 kW vergrößert würde. Die Vergröße-
rung der Sender gebe in der jetzigen Lage zwar an sich keine
absolute Sicherheit für alle Zukunft, weil dann ein Wettrüsten
begänne, das immer Unsicherheit brächte. Man habe aber die
Hoffnung, daß in dem Augenblick, in dem die großen Sender
eine gewisse Stärke erreicht hätten, auch das wirtschaftliche
Moment bei den anderen Staaten so ins Gewicht falle, daß man
eher geneigt sei, sich endlich auf eine gewisse Höchstenergie zu
verständigen. Doch heute sei das noch nicht der Fall, und man

Wettrüsten im Aether
Michel: »Da muß ich mich aber ranhalten . . .«

[127] Ebd.

würde einen schweren rundfunkpolitischen Fehler begehen, wenn man die Sender nicht vergrößere[128].

Kurt Magnus von der RRG bot den Rundfunkgesellschaften an, die Verhandlungen mit dem Reichspostministerium zu übernehmen.

Man ging auseinander mit der Verabredung, zunächst Kostenangebote für den in Südwestdeutschland geplanten Großsender einzuholen und Vorschläge über den Aufstellungsort zu machen. Der Vorsitzer schloß die Sitzung mit dem bemerkenswerten Hinweis, diese Besprechung streng vertraulich zu behandeln, um Unruhe in den Kreisen der Teilnehmer zu vermeiden. Auch dem Ausland gegenüber, so fügte er hinzu, müsse Schweigen über den Inhalt dieser Besprechung gewahrt werden. Ein Vierteljahr später jedoch, auf einer Sitzung des Technischen Ausschusses des Verwaltungsrats der RRG am 16. Oktober 1929, berichtete der Rundfunk-Kommissar als Vorsitzer über den Großsenderbau. Es wurde beschlossen, die RRG möge zu diesem Thema einen Text zur Veröffentlichung vorbereiten. Zur Mitarbeit stellte sich Hans Harbich vom Reichspost-Zentralamt zur Verfügung; sein Text erschien als rein technische Darstellung im *Rundfunk-Jahrbuch 1930*[129].

Gleich in der nächsten Ausgabe der Zeitschrift *Der Deutsche Rundfunk* vom 1. November 1929 waren spitze Bemerkungen zu lesen: »Niemand will's gewesen sein. Jetzt schiebt jeder dem anderen die Schuld an dem allgemeinen Wettrüsten im europäischen Senderbau in die Schuhe. Aber es ist schließlich gleichgültig, wer angefangen hat: der Krieg ist da, ihm muß ein Ende gemacht werden. Deutschland fühlt sich von allen Seiten bedrängt. ... Um aus der Klemme herauszukommen, versucht man nun, Deutschland ein völlig neues Sendernetz zu geben.«[130]

Vierzehn Tage später nahm Walther Fitze, offensichtlich gut informiert, das Thema »Großsender für Deutschland« noch einmal ausführlich auf. Aus an sich beachtlichen Gründen habe man eine Reihe von Sendern unmittelbar an der deutschen Grenze aufgestellt. Nun sei es genau so gekommen, wie man es

---

[128] Ebd.
[129] Protokoll der Sitzung des Technischen Ausschusses des Verwaltungsrats der RRG am 16. 10. 1929. DRA Ffm RRG-Akten; H.(ans) Harbich, *Wellenfragen – Gleichwellenrundfunk*. In: *Rundfunk-Jahrbuch 1930. Berlin o. J.* S. 255 ff.
[130] *Neues im europäischen Rundfunk*. Der Deutsche Rundfunk, Nr. 44 v. 1. 11. 1929, S. 1395.

damals vorhergesagt habe. Das Ausland antworte mit stärkeren Grenzsendern. Tatsächlich habe man in den letzten Jahren die Leistungen der deutschen Sender nicht mehr erhöht, während die neuen Sender der Nachbarländer sofort für größere Leistungen berechnet worden seien. Deshalb liege die Gefahr nahe, daß bei gleichlaufender Verstärkung der deutschen Sender der Kampf um die Vorherrschaft der einzelnen Sender immer größere Ausmaße annehmen würde. Der Autor teilte schließlich mit, daß acht bis neun Großsender von 60 kW oder mehr den Bedarf des ganzen Landes decken könnten. Ein Netz von Großsendern und Gleichwellensendern würde, so meinte er optimistisch, auch die Beendigung jedes Kampfes um Wellen und Sender unter den Nationen bedeuten.[131]

Den Rundfunkgesellschaften bot die RRG eine besondere Gelegenheit, ihre Sorgen mit den Empfangsverhältnissen in ihren Bezirken der Post vorzutragen. Auf einer Sitzung des Verwaltungsrats der RRG am 18. November 1929 entwarfen die Vertreter einiger Rundfunkgesellschaften Bilder, die beinahe den Eindruck entstehen ließen, als arbeiteten in diesen Rundfunkbezirken allenfalls irgendwelche Geistersender. Beschwerdebriefe waren angeblich zu Hunderten eingetroffen, die Teilnehmerzahlen gingen um Tausende zurück. Der Stuttgarter Sender sei selbst in Stuttgart nicht mehr zu hören, dafür aber London, klagte Wanner. In Königsberg seien Moskau und London besser zu empfangen als der Königsberger Sender, der in der Provinz gar nicht mehr zu hören sei, berichtete Lohmeyer und sagte für Ostpreußen ähnliches voraus. Zorek und Otto stimmten ein mit dem Hinweis, Oberschlesien und Sachsen seien ebenfalls Grenzgebiete und verdienten entsprechende Berücksichtigung. Die Postbeamten spendeten, so gut sie es vermochten, Trost und versprachen Abhilfe. Ministerialrat Krukkow meinte jovial, die schlechten Empfangsverhältnisse seien dem Reichspostministerium genau bekannt. Man wolle auch alles Mögliche mit denkbarer Beschleunigung tun. Großsenderbau verlange jedoch seine Zeit; neun Monate rechnete man damals. In wenigen Tagen werde er den Bau eines Senders im süddeutschen Bezirk in Auftrag geben. Der zweite Auftrag werde bald folgen; und zwar für Ostpreußen. Die beiden Ministerialräte Goslar und Scholz erklärten, aus politischen Grün-

[131] W. H. F. (d. i. Walther H. Fitze), *Großsender für Deutschland*. Der Deutsche Rundfunk, Nr. 46 v. 15. 11. 1929, S. 1455.

den müsse in Königsberg Abhilfe gegen die »von Polen drohende Gefahr« geschaffen werden. Lohmeyer meinte salomonisch, man könne doch mehrere Sender gleichzeitig bauen; Staatssekretär Sautter widersprach, und sein Kollege Feyerabend stimmte ihm bei in der Erklärung, zwei Großsender gleichzeitig fertigstellen zu lassen, sei unmöglich. Vielleicht würde sich die Bauzeit des zweiten Senders etwas verkürzen lassen[132].

Nach dieser Aussprache konnte der Reichspostminister und sein Rundfunk-Kommissar vor die Öffentlichkeit treten. Auf einer Pressekonferenz am 28. November 1929 wurden die Pläne für Großsender und Gleichwellenrundfunk erläutert. Besonderen Beifall fand Ministerialdirektor Kruckow mit der Erklärung, daß das Reichspostministerium alle erforderlichen Geldmittel für den Umbau des deutschen Sendernetzes, insbesondere zum Bau der Großsender, unter allen Umständen zur Verfügung stellen werde. Für den Bau von acht Großsendern mit Stärken von 60 kW war eine Bauzeit von insgesamt zwei Jahren veranschlagt worden. Begonnen werden sollte mit Großsendern für Südwestdeutschland und Ostpreußen. Um die Senderstandorte zu ermitteln, habe man eine Untersuchung über die Bevölkerungsdichte Deutschlands benutzt, die Aufschluß über sogenannte Bevölkerungsschwerpunkte gegeben hätte[133]. Es dauerte aber noch viele Monate, bis man sich im Reichspostministerium über die endgültigen Standorte der nächsten Großsender geeinigt hatte. So erfreulich die Offenheit auf der Pressekonferenz des Reichspostministeriums auch gewesen war, von nun an hüllten sich Post und Rundfunk, was die Senderfragen anging, wieder in Schweigen.

Die Auswirkungen der allgemeinen Wirtschaftslage und die Empfangsprobleme trafen zwar nicht unmittelbar die Post, wohl aber die Rundfunkgesellschaften. Auf sie kamen mit dem Betrieb der Großsender Mehrausgaben zu, die mit 7 bis 10 Millionen RM beziffert wurden und die naturgemäß nur die großen Gesellschaften aufbringen konnten. Zwischen den hohen Kosten der Empfangsverbesserung durch Gleichwellen- und Großsenderbetrieb einerseits und den niedrigeren Kosten für

[132] Protokoll der Sitzung des Verwaltungsrats der RRG am 18. 11. 1929. BA Kblz R 78 RRG-Akten.
[133] W. H. F. (d. i. Walther H. Fitze), *Neuordnung des Rundfunks in Deutschland.* Der Deutsche Rundfunk, Nr. 49 v. 6. 12. 1929, S. 1545f.

Kabelmiete und Übertragungen bei Programmgemeinschaftsbetrieb andererseits saßen die Rundfunkgesellschaften fest. Zu allem Überfluß drängte das Reichspostministerium auch noch auf Abbau der sogenannten Nebenverwaltungen, der Regionalstudios, wie man heute sagen würde. Hier gerieten die Rundfunkgesellschaften jedoch ebenfalls in die Klemme, denn die Städte und Länder widersetzten sich selbstverständlich der Auflösung der mühsam entwickelten rundfunkpublizistischen Infrastruktur. Hier half auch nicht weiter, daß die RRG sich erbot, die Verantwortung zu übernehmen, und die Post beschwichtigend die Hoffnungen auf die glänzenden Möglichkeiten der Ultrakurzwelle lenkte. Die Preisgabe der Regionalisierung ging zweifellos auf Kosten der Programmvielfalt und bedeutete damit nicht selten Teilnehmerverluste; zumindest brachte sie keine Zuwächse mehr. Im Verwaltungsrat der RRG wies Hans Goslar am 18. November 1929 eigens darauf hin, daß auch bei Übertragungen der Heimatcharakter jedes Bezirks gewahrt bleiben müsse. Beim Abbau der Nebenverwaltungen müsse das soziale Moment berücksichtigt und in den Grenzgebieten müsse den politischen Verhältnissen Rechnung getragen werden[134].

Dieses Bündel offener Fragen im Interessendreieck Reichspost/RRG/Rundfunkgesellschaften wurde keineswegs in der Öffentlichkeit erörtert, wenngleich die Tagespresse und Rundfunkzeitschriften die Themen »Großsenderbau« und »Programmgemeinschaften« im Jahre 1930 häufig aufgriffen. Nicht selten gab es bittere Vorwürfe über die ausbleibenden Informationen, die Gerüchte nahmen entsprechend groteske Formen an. Gewissermaßen im Bußgewand übten Staatssekretär Feyerabend und der Rundfunk-Kommissar Selbstkritik auf jener Besprechung im Reichspostministerium am 20. November 1930, die dem Ausbau des deutschen Rundfunksendernetzes gewidmet war. Auf dieser Sitzung wurde über ständige Klagen über ungenügenden Rundfunkempfang aus Schlesien und Sachsen berichtet. Ein schlechter Rundfunk sei schlimmer als gar keiner, weil er bei den Hörern Unlustgefühle auslöse, die sich in irgendeiner Weise Luft machen müßten. In der Öffentlichkeit und bei den Behörden sei deshalb in der letzten Zeit eine für die Post unerträgliche Unzufriedenheit entstanden. Der preußische Ministerpräsident und die sächsische Gesandtschaft hätten drin-

---

[134] Protokoll der Sitzung des Verwaltungsrats der RRG am 18. 11. 1929. DRA Ffm RRG-Akten.

gend Abhilfe gefordert. Der Reichswehrminister Wilhelm Groener hätte den Reichspostminister Georg Schätzel mündlich gebeten, sich persönlich für eine Verbesserung des Rundfunks zu verwenden. Im Reichspostministerium selbst sei man unterschiedlicher Auffassung darüber, ob man rein wirtschaftlich und technisch argumentieren solle oder auch politische Gegebenheiten berücksichtigen müsse.

Der Minister selbst drängte auf eine Entscheidung. Er hatte zwar bei der Begründung des Posthaushalts am 24. Mai 1930 im Reichstag den Großsenderbau noch besonders erwähnt, aber um Zeit für die Sammlung von Erfahrungen im Versuchsbetrieb gebeten. Ein halbes Jahr später sei das Argument von der Erfahrungssammlung nicht mehr viel wert gewesen, so wenig wie der wirtschaftliche Vorbehalt, hätte sich doch der Rundfunk als das rentabelste Unternehmen der Post erwiesen. »Auf jeden Fall«, so Feyerabend, »müssen wir nunmehr sogleich zu einer Entscheidung und zu einer Erklärung über unsere Absichten in der Öffentlichkeit kommen. Wir dürfen den Vorwurf nicht länger auf uns sitzen lassen, daß wir Geheimniskrämerei treiben.« Der Rundfunk-Kommissar zog sofort nach. Die Öffentlichkeit sei ganz außerordentlich beunruhigt. Die Beunruhigung komme nicht nur durch Nachrichten über das Fortschreiten der Entwicklung der Auslandssender, sondern auch daher, daß das Reichspostministerium nicht aus sich herausgehe. Man hätte sich 90 Prozent der Angriffe sparen können, wenn zu gegebener Zeit ein Plan veröffentlicht worden wäre, wie beispielsweise in England. Da dieses aber nicht geschehen sei, habe in der Öffentlichkeit ein großes Rätselraten begonnen. Man lese fast täglich in der Zeitung die Frage, weshalb nicht alles aufgeboten würde, um durch Errichtung von Großsendern die Verhältnisse in Deutschland zu bessern[135]. Dabei würde der eine gegen den anderen ausgespielt. An dieser Stelle leitete Bredow zu einer allgemeinen Erklärung über, die im Wortlaut wiedergegeben werden soll, da sie ein Schlaglicht sowohl auf das Verhältnis des Rundfunk-Kommissars zu seinem Ministerium als auch auf das publizistische Selbstverständnis von Hans Bredow wirft:

»Ich möchte in diesem Zusammenhang im eigenen Namen bitten, daß dem Rundfunk-Kommissar in bezug auf Veröffentlichungen mehr freie Hand als bisher gelassen wird. Vielleicht

---

[135] Protokoll der Besprechung im RPM am 20. 11. 1930 über den Ausbau des deutschen Rundfunksendernetzes. AOPD Mch FIV1, Bd. 11.

war es ein Fehler, daß die Öffentlichkeit von früher her zu sehr verwöhnt worden ist. Aber die Öffentlichkeit macht einen Unterschied zwischen der Umstellung eines Handamts in ein SA-Amt [Selbstanschlußamt] und dem Bau eines Rundfunksenders. Früher haben wir die Öffentlichkeit in größerem Maße an allem, was den Rundfunk betrifft, interessiert. Wir haben es als Propaganda für den Rundfunk angesehen, daß wir die Öffentlichkeit an diesen Dingen beteiligt haben, z.B. durch Pressekonferenzen, Herausgabe von Plänen und Arbeiten des RPM, selbst wenn die Dinge noch nicht fertig waren. Dabei braucht man nicht ruhmrednerisch zu sein und persönliche Propaganda treiben. Das Vertrauen zum RPM wird aber gestärkt, wenn der Öffentlichkeit gezeigt wird, daß energisch gearbeitet wird. Tatsächlich ist man nicht nur in den Behörden – Reichsinnenministerium, Preußisches Staatsministerium – unzufrieden, sondern auch in der Presse und in den Funkvereinen, da man nicht weiß, was im Rundfunk eigentlich geschieht und was beabsichtigt ist ... Ich möchte bitten, die Arbeit, die in der Verwaltung geleistet wird, nicht hinter den Kulissen zu leisten, sondern sie auch in die Öffentlichkeit zu geben. Ich bekomme häufig Vorgänge amtlich zugeschickt, die sich sehr gut zur Veröffentlichung eignen würden und die ein klares Bild darüber geben, wie energisch für den Rundfunk gearbeitet wird. Diese amtlichen Vorgänge tragen aber vielfach den Vermerk ›Geheim, nicht zu veröffentlichen‹ ... Man schneidet sich ins eigene Fleisch, wenn man solche Sachen nicht in die Öffentlichkeit bringt. Ich habe das Gefühl, daß man glaubt, daß man sich bei einer Veröffentlichung solcher Dinge die Hände bindet oder sich der öffentlichen Kritik aussetzt. Ich habe aber immer gefunden, daß die Kritik viel schlimmer ist, wenn man nichts sagt. Die Initiative im Rundfunk ist da, aber das Verhältnis zur Öffentlichkeit ist ein außerordentlich schlechtes.«[136]

Nach diesem Appell las der Rundfunk-Kommissar des Reichspostministers auch noch zur Sache die Leviten. Die kulturellen und politischen Ziele des Rundfunks müßten erreicht werden. Die Sender seien nur Mittel zum Zweck, während der Rundfunk an sich das Entscheidende und Primäre sei. Jedenfalls müsse man versuchen, die technischen Einrichtungen seinen Zielen anzupassen und unterzuordnen und nicht umgekehrt sagen, der technischen Idee müßten sich alle anderen Dinge unter-

[136] Ebd.

ordnen. Man könne nicht einfach Rundfunkbezirke, die unter ganz verschiedenen politischen und kulturellen Gesichtspunkten arbeiteten, zusammenlegen, wenn man nicht die »schrecklichsten Schwierigkeiten« bekommen wolle. Der Rundfunk habe die Aufgabe, für die einzelnen Gebiete geeignete Programme festzusetzen. Ob dieses oder jenes Gebiet zusammengelegt werden sollte und damit über Gleichwellensender ein gemeinsames Programm erhalte, über diese Fragen könne nicht ohne Mitwirkung der politischen Ressorts entschieden werden. Würde man den Gedanken, Dresden und Gleiwitz mit Berlin auf eine Welle und ein Programm zu legen, auch nur aussprechen, so würde dem Ansehen der Post schwerster Schaden zugefügt. Das Reichspostministerium dürfe sich der Öffentlichkeit gegenüber nicht mehr hinter fehlender Erfahrung verschanzen und die Bezirke, aus denen Klagen kämen, nicht mit theoretischen Erörterungen zu beruhigen versuchen. Er, Bredow, glaube, daß die ganze Rundfunkbeunruhigung mit einem Schlag beseitigt werden würde, wenn sich das Reichspostministerium zu einem Plan bekennen könnte. Diesen müßte man dann gegen jedermann durchkämpfen, denn »wir sind die Sachverständigen«[137]. Ganz anders sehe die Angelegenheit jedoch aus dem Blickwinkel der Rundfunkgesellschaften aus. Sie könnten schließlich keine Bankrottpolitik treiben. Wenn das Reichspostministerium auf der einen Seite die Einnahmen der Gesellschaften heruntersetze, so würden auf der anderen Seite diese Gesellschaften nicht einem beschleunigten Bau von Großrundfunksendern das Wort reden, wenn nicht gleichzeitig die Frage gelöst werde, woher sie denn das Geld nehmen sollten.

Auf dieser Sitzung war man sich über eins jedoch einig, daß man mit den vier Großsendern in Württemberg, Ostpreußen, im Rheinland und in Schlesien allein nicht auskommen würde. In Bayern und in Sachsen, in Berlin und Hamburg sollten die übrigen vier Großsender entstehen. In diesem Zusammenhang empfahl übrigens Bredow, bei einer Veröffentlichung über den Bau der Großsender aus taktischen Gründen Frankfurt nicht auszulassen. Der Sender werde voraussichtlich zwar nur mit 15 kW arbeiten, aber der Begriff »Großrundfunksender« liege ja nicht absolut fest. Wenn man Frankfurt in dieser Reihe nicht nenne, dann gingen die Treibereien wieder los[138]. Hier spielte

[137] Ebd.

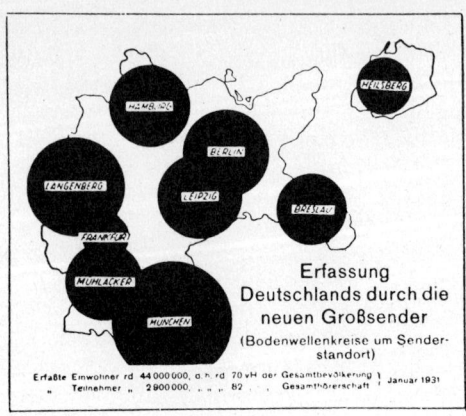

Erfassung
Deutschlands durch die
neue Großsender
(Bodenwellenkreise um Sender-
standort)

Erfaßte Einwohner rd. 44 000 000, d. h. rd. 70 vH der Gesamtbevölkerung } Januar 1931
„   Teilnehmer „   2 900 000, „ „ „ 82 „ „ Gesamthörerschaft

Durch die Großsender sollte die Programmversorgung der Bevölkerung von rund 25 Prozent (1927) auf rund 70 Prozent erhöht werden.

der Rundfunk-Kommissar offenbar auf die Autonomiebestre-
bungen der Privataktionäre der Rundfunkgesellschaften an, bei
denen die Frankfurter die Wortführer waren. Außerdem
mochte die Privataktionäre auch die Vorstellung irritieren, daß
die Berliner Rundfunkgesellschaft für viele Millionen Mark ein
großes modernes Funkhaus bekommen hatte, an dessen Finanzierung sie zumindest mittelbar durch ihre Beiträge an die RRG
beteiligt worden waren; bei den Betriebskosten für die Großsender – der Bau eines Senders kostete die Post etwa
800 000 RM – sollten sie nun erneut und auf Jahre zur Kasse
gebeten werden.

Zum Jahresende 1930 nahmen die beiden ersten Großsender
des deutschen Rundfunks mit einer Leistung von jeweils 60 kW
in Mühlacker und in Heilsberg ihren Betrieb auf. Es dauerte
noch ein volles Jahr, bis der nächste Sender fertig wurde. Der
Bau des ersten Großsendernetzes nahm rund vier Jahre in Anspruch[139].

In der dritten Senderbauphase der Post (1930–1933) ging die
Gesamtzahl der Rundfunksender von 29 auf 24 zurück, bedingt

[139] (Hermann) Thurn, *Die deutschen Großrundfunksender*. Archiv für Post
und Telegraphie 1932, 10, S. 241–252.

TABELLE 15: DAS ERSTE GROSSSENDERNETZ 1930–1934

Betriebs- eröffnung	Sender	Leistung kW	Fabrikat	Rundfunkgesellschaft Bezirk
21. 11. 1930	Mühlacker	60	Telefunken	Sürag, Stuttgart
15. 12. 1930	Heilsberg	60	Lorenz	Orag, Königsberg
20. 12. 1931	Langenberg	60	Telefunken	Werag, Köln
27. 8. 1932	Breslau	60	Telefunken	Schlesische FS, Breslau
3. 12. 1932	München	60	Lorenz	Bayerischer Rundfunk
28. 10. 1932	Leipzig	120	Lorenz	Mirag, Leipzig
28. 10. 1932	Frankfurt	15	Lorenz	Südwestfunk, Frankfurt
20. 12. 1933	Berlin	100	Telefunken	Funk-Stunde, Berlin
15. 1. 1934	Hamburg	100	Telefunken	Norag, Hamburg

durch die Maßnahmen im Zusammenhang mit dem Aufbau der Gleichwellennetze; dagegen stieg die Gesamtleistung von 238,1 kW auf 525,25 kW. Die durchschnittliche Senderleistung wuchs in diesem Zeitraum von 8,21 kW (1930) auf 21,89 kW (1933)[140]. Die Aufträge für den Bau der ersten neun Großsender gingen zu fast gleichen Teilen an zwei Unternehmen, fünf an die Telefunken GmbH und vier an die C. Lorenz AG.

[140] Vollmann, *Rechtlich-wirtschaftlich-soziologische Grundlagen*, S. 69.

6. Rundfunk ohne publizistisches Mandat

6.1. *Die politischen Überwachungsausschüsse Zensurgremien fürs politische Programm*

Durch die Annahme ihrer Konzessionen hatten sich die Rundfunkgesellschaften mit einer Überwachung ihrer Programme einverstanden erklärt, die als eine Zensur bezeichnet werden kann. Denn wo immer durch Gesetze oder Verordnungen einem Medium inhaltliche Richtlinien vorgeschrieben werden, ist die publizistische Autonomie aufgehoben oder zumindest sehr eingeschränkt. Die dazu vorgesehenen Verfahren heißen nun einmal »Zensur«, seit es staatliche Kommunikationskontrollen gibt. Man mag für den Rundfunk gelten lassen, daß seine publizistische Qualität anfangs noch unter dem Mantel seiner Organisation als eines unter mehreren postalischen Fernmeldediensten verborgen war. Doch die Auseinandersetzungen mit dem Reichsinnenministerium und mit den Ländern hätten ohne Zweifel hinreichend Gelegenheit geboten, das neue Kommunikationsmittel in seiner verfassungsrechtlichen Schutzbedürftigkeit zu erkennen. Daß diese Einsicht ausblieb – anders als beispielsweise in Großbritannien –, mag mit der Demokratieverspätung der ersten deutschen Republik allgemein und mit dem blinden Vertrauen in die kulturbewahrende Tradition staatlicher Verwaltungsorgane im besonderen zu erklären sein, was in Deutschland, aber auch in Frankreich den Rundfunk immer wieder zu einem willkommenen Objekt politischer Ansprüche von Regierungen, Parlamenten und Parteien verkommen läßt.

In Artikel 3, Ziffer 1 der Genehmigung heißt es, daß zur Überwachung des Nachrichten- und Vortragsdienstes und der Einhaltung der Richtlinien sowie zur Entscheidung über alle mit der Programmgestaltung zusammenhängenden politischen Fragen ein Überwachungsausschuß eingesetzt wird[1]. Er sollte in der Regel aus drei Mitgliedern bestehen, von denen eines vom Reich, die anderen von den zuständigen Landesregierungen bestimmt würden. Wichtig war die Bestimmung, daß die Anstellung des für die Programmgestaltung verantwortlichen Vorstandsmitglieds der Genehmigung dieses Überwachungsaus-

---

[1] Genehmigung zur Benutzung einer Funksendeanlage der DRP für die Zwecke des Unterhaltungsrundfunks vom 4. 3. 1926.

schusses bedurfte. Bei Verstoß gegen die Richtlinien oder bei Nichtbefolgung seiner Anweisungen hatte der Überwachungsausschuß das Recht, die Abberufung der Persönlichkeit zu verlangen. Im übrigen mußten die Mitglieder des Überwachungsausschusses in den Aufsichtsrat der jeweiligen Rundfunkgesellschaft aufgenommen werden. Die Aufgaben und Befugnisse der Ausschußmitglieder definierten die in den Genehmigungen enthaltenen besonderen »Bestimmungen für den Überwachungsausschuß der Sendegesellschaften«[2]. Damit war über dem Überwachungsausschuß der unmittelbare Eingriff ins Programm möglich. Gegenvorstellungen haben die Rundfunkgesellschaften gegen diese staatliche Programmkontrolle unter dem Gesichtspunkt der publizistischen Freiheitsrechte offenbar nicht geltend gemacht. Die unbefangene Anerkennung der Rundfunkzensur war charakteristisch für das Selbstverständnis, mit dem sich Rundfunkgesellschaften und Hoheitsträger arrangierten.

Mit einem Erlaß vom 14. August 1926 wandte sich der Reichsinnenminister an die Beamten, die er sich als seine Vertreter – durchweg höhere Beamte der Finanzverwaltung – in den Ausschüssen ausgesucht hatte. Der Minister – Wilhelm Külz (DDP) – referierte zunächst den Artikel 3, Ziffer 1 der Genehmigung und schrieb dann: »Ich ersuche Sie ergebenst, die Aufnahme der Tätigkeit des Überwachungsausschusses in die Wege zu leiten und sich zu diesem Zwecke mit den anderen Mitgliedern des Ausschusses baldmöglichst ins Benehmen zu setzen. Von der erfolgten Aufnahme der Tätigkeit des Ausschusses und dem Ergebnis der Wahl des Vorsitzenden und eines Stellvertreters bitte ich mir Mitteilung zu machen.«[3] Er bat um halbjährlichen Bericht und um Benachrichtigung der Gesellschaft über die Zuwahl in den Aufsichtsrat. Dem Erlaß beigefügt waren die Texte der Bestimmungen für den Überwachungsausschuß sowie die Richtlinien für den Nachrichten- und Vortragsdienst der Sendegesellschaften. Wenig später bestimmten auch die Länder ihre Vertreter.

Im August und im September 1926 konnten bei den meisten Gesellschaften die konstituierenden Sitzungen der Überwa-

---

[2] Richtlinien über die Regelung des Rundfunks vom 2. 12. 1926. Anlage 2: Bestimmungen für den Überwachungsausschuß der Sendegesellschaften.
[3] Brief Reichsinnenminister an ORgR Weber (Frankfurt), 14. 8. 1926. BA Kblz R 78/630.

chungsausschüsse stattfinden. Bei den Mehrländergesellschaften kam es nicht selten zu langwierigen Verhandlungen über die Ländervertreter, die bereits ressort- und parteibestimmte Aspekte erkennen ließen. Bei der Funk-Stunde (Berlin) schickte der Reichsinnenminister als seinen Vertreter Erich Scholz in den Ausschuß, Preußen die beiden SPD-Landtagsabgeordneten Ernst Heilmann und Oswald Riedel. Bei der Schlesischen Funkstunde (Breslau) kam als Reichsvertreter Oberregierungsrat Franz Nowag aus dem Finanzamt Breslau-Süd, während Preußen den Oberschulrat Rudolf Tschersig und den Universitätsprofessor Franz Xaver Seppelt delegierte. Reichsvertreter beim Südwestdeutschen Rundfunk in Frankfurt war der Vorsteher des Finanzamtes West, Oberregierungsrat Werner Weber. Preußen benannte den Ortsnamenforscher Wilhelm Sturmfels und den Arbeitersekretär Gerhard Gotthardt, für Hessen trat der Polizeidirektor von Offenbach, Gustav Dittmar, und für Bayern Oberregierungsrat Wilhelm Wagner von der Bezirksregierung in Speyer ein. In Hamburg bei der Norag wurde zum Reichsvertreter Regierungsrat Erich Stoltz vom Finanzamt Altstadt ernannt, während Senatsrat Alexander Zinn den Senat von Hamburg, Senator Carl Thalenhorst den Senat von Bremen und Landrat Eduard Adler Preußen vertraten. Bei der Werag in Münster konnte der endgültige Überwachungsausschuß erst gebildet werden, nachdem die Gesellschaft nach Köln umgezogen war. Bei dessen Konstituierung am 14. März 1927 setzte sich der Überwachungsausschuß der Werag dann endgültig aus dem Oberregierungsrat Walter Luyken, Leiter des Präsidialbüros im Landesfinanzamt Düsseldorf, als Reichsvertreter, dem Sekretär des Christlichen Gewerkschaftsbundes, Jacob Kaiser (Zentrum), und dem Bildungssekretär der Freien Gewerkschaften in Köln, Wilhelm Schack (SPD), als preußischen Vertretern zusammen. Dem politischen Überwachungsausschuß in Königsberg gehörten Oberregierungsrat Heinz Kuntze vom Landesfinanzamt Königsberg als Vertreter des Reiches und Stadtrat Friedrich Legatis und Justizrat Carl Siehr als Mitglieder Preußens an. Reichsmitglied bei der Mirag in Leipzig war der Finanzgerichtspräsident Holm Gerlach, Sachsen bestimmte den Oberregierungsrat Friedrich Walter Hünefeld aus dem sächsischen Wirtschaftsministerium, Thüringen ernannte den Ministerialdirektor Ernst Jahn vom Ministerium für Inneres und Wirtschaft, während Preußen Ernst Heilmann in den Ausschuß schickte. Bei der Deutschen Stunde in München war der

Reichsvertreter Oberregierungsrat Anton Schlecht vom Landesfinanzamt München; der bayerische Staat schickte aus seinem Ministerium für Unterricht und Kultus den Ministerialrat Siegfried von Jan und aus seinem Innenministerium den Ministerialrat Josef Zetlmeier. Auch bei der Sürag in Stuttgart kam der Reichsvertreter vom Landesfinanzamt, es war der Oberregierungsrat Heinz Schanzenbach. Württemberg ernannte den Regierungsrat Josef Vögele und Baden den Regierungsrat Paul Baer aus dem badischen Innenministerium in Karlsruhe, der bald schon von Regierungsrat Carl Müller aus derselben Behörde abgelöst wurde. Schließlich bekam auch die Deutsche Welle ihren Überwachungsausschuß. Hier schickte der Reichsinnenminister gleich zwei Vertreter, beides Referenten aus seinem Politischen Büro, und zwar Ministerialrat Wagner und Oberregierungsrat Erich Scholz. Preußen delegierte auch hier wieder zwei Mitglieder aus seinem Landtag, den Oberstudiendirektor Theodor Bohner (DDP) und den Studienrat Leo Schwering (Zentrum). Die Überwachungsausschüsse der preußischen Rundfunkgesellschaften bestimmten durchweg den jeweiligen Reichsvertreter zum Vorsitzenden, während in Hamburg und Stuttgart jeweils der Leiter der staatlichen Pressestelle den Vorsitz übernahm. In München wurde der Vertreter Bayerns aus dem Kultusministerium Vorsitzender des Überwachungsgremiums.

Die Zeitschrift *Funk* vermochte in der Zusammensetzung der Überwachungsausschüsse kein politisches Programm zu erkennen[4]. Dagegen meinte das Organ des Arbeiter-Radio-Klubs zufrieden, der preußische Ministerpräsident habe bei der Auswahl eine sehr glückliche Hand bewiesen. Je nach der Zusammensetzung der Hörerschaft seien von ihm Sozialdemokraten, Demokraten und Angehörige des Zentrums gewählt worden. Freilich habe man zu Vertretern des Reichs merkwürdigerweise durchweg Landesfinanzbeamte gewählt. Bei Herrn Külz, dem Reichsinnenminister, könne man sich schon von vornherein auf einiges gefaßt machen, aber einen Schildbürgerstreich, wie er hier vorliege, habe man ihm doch nicht zugetraut. Die Herren Finanzamtsleiter seien gewiß in ihrem Fach recht verwendbar und tüchtig, aber für politische Streitfragen dürften ihnen die Sachkunde und das Verständnis abgehen. Das Blatt fragte weiter, ob es denn durchaus Reichsbeamte hätten sein müssen und

[4] *Die Entpolitisierung des Rundfunks.* Funk, Nr. 40 v. 1. 10. 1926, S. 350.

wenn dies schon nicht zu umgehen gewesen sei, ob denn dann unbedingt nur die »Finanzoberbonzen« zur engeren Wahl übrig geblieben seien[5]. Was die Rundfunkpresse offenbar nicht gleich durchschaute, war ein Schachzug des Reichsinnenministers, durch den er sich mit einem sachverständigen hohen Finanzbeamten als Reichsvertreter in den Überwachungsausschüssen und damit auch in den Aufsichtsräten der Rundfunkgesellschaften eine gewisse wirtschaftliche Gegenkontrolle zur umfassenden Finanzaufsicht von seiten der RRG und der Post versprechen konnte.

Die Arbeit der Überwachungsausschüsse erstreckte sich prinzipiell auf die Vor- und Nachzensur des Programms. Der Ausschuß war verpflichtet, sich über das laufende Programm zu unterrichten. Seine Mitglieder hörten zunächst systematisch die Programme ab und beschränkten sich vorerst auf nachträgliche Kenntnisnahme. Der Rundfunk-Kommissar hatte die Rundfunkgesellschaften veranlaßt, den Mitgliedern der Ausschüsse auf Kosten der Gesellschaft Rundfunkempfänger zur Verfügung zu stellen. Die Frankfurter Rundfunkgesellschaft übernahm auch noch die Gebühren für den preußischen und den hessischen Vertreter, während der Vorsitzende, der Reichsvertreter, für seinen Dienstapparat Gebührenbefreiung beantragt und bekommen hat. Der im Bekenntnis zur bloßen Nachzensur in der Praxis erkennbare Vertrauensbeweis für die Selbstkontrolle der Rundfunkgesellschaft mag in der ersten Zeit noch eine Rolle gespielt haben, aber die Verhältnisse bei den zehn Gesellschaften haben zu einer unterschiedlichen Entwicklung geführt. Die übliche Praxis war jedenfalls alsbald die Vorzensur. Die Rundfunkgesellschaften wurden nicht nur verpflichtet, »sich in allen politischen Fragen der Programmgestaltung mit dem Überwachungsausschuß in Verbindung zu setzen und seine Entscheidung abzuwarten«, wie es in den Bestimmungen hieß, sie gaben auch regelmäßig auf den Sitzungen der Ausschüsse ihre Programmpläne bekannt oder wandten sich im Zweifel auch informell an den Vorsitzenden oder an die Mitglieder ihres Ausschusses[6]. Der Mut zur autonomen publizistischen Verantwortung war jedoch in den zehn Direktionen oder Intendanzen gewiß nicht gleich verteilt, genauso wenig wie die Vorsitzenden

[5] Karl Wilhelm, *Die politische Überwachung des Rundfunks.* Der Neue Rundfunk, Nr. 27 v. 3. 10. 1926.
[6] Deutscher Reichstag. III. Wahlperiode 1924/26. Drucksache Nr. 2776.

ihre Kompetenzen mangels eindeutiger Einzelanweisungen einheitlich ausgelegt haben. Dabei ist zu bedenken, daß die Überwachungsausschüsse keineswegs unabhängige Gremien waren, sondern politische Delegationen des Staates darstellten, die auf die Einhaltung parlamentarisch verordneter Richtlinien für das Programm zu achten hatten. Insgesamt betrachtet lag die politische Überwachung des Rundfunks in der Weimarer Republik in den Händen von rund 35 Personen.

Die Überwachungsausschüsse bekamen die Manuskripte entweder vorgelegt oder sie forderten sie bei der Direktion an. Der Ausschußvorsitzende entschied dann, je nach Schwierigkeitsgrad, entweder informell alleine oder er konsultierte seinen Stellvertreter oder andere Mitglieder. Mehrheitsmeinungen kamen durch Umlauf oder durch Abstimmung in den Sitzungen der Überwachungsausschüsse zustande. Gerade die informelle Kontrolle hat sich im Laufe der Jahre zu einer nach außen gut abgeschirmten, fast geräuschlosen Programmaufsicht entwickelt; nur vergleichsweise wenige Fälle wurden öffentlich erörtert. Andererseits mußte der Überwachungsausschuß Beschwerden aus der Öffentlichkeit behandeln, die der Rundfunkgesellschaft oder dem Ausschuß unmittelbar zugegangen waren. Bei der Frankfurter Rundfunkgesellschaft verzeichnete der Vorsitzende des Überwachungsausschusses in den Jahren 1931 und 1932 eine besonders häufige Kritik durch die Presse[7].

Der Einfluß auf die Programminhalte bestand in der zwar seltenen, gleichwohl ausdrücklichen Genehmigung oder in der Beanstandung einzelner Programmbeiträge. Bei Beanstandungen haben die Überwachungsausschüsse entweder die Ausstrahlung des Programms ganz untersagt oder mit der Auflage bestimmter Änderungen zugelassen. War ein Überwachungsausschuß unsicher über seine zu treffende Entscheidung, so wurde die entsprechende Landesregierung, der Reichsinnenminister, bisweilen auch andere Reichsministerien, um nähere Anweisungen gebeten, bei außenpolitischen Problemen beispielsweise das Auswärtige Amt[8].

Ein Blick auf die Sitzungshäufigkeit der Überwachungsausschüsse vermittelt einen groben Eindruck von ihren Aktivitä-

---

[7] Tätigkeitsberichte des Überwachungsausschusses beim Südwestdeutschen Rundfunk, Frankfurt (Main) 1926–1932. BA Kblz R 78/632.
[8] Sibylle Grube, *Rundfunkpolitik in Baden und Württemberg 1924 bis 1933*. Berlin 1976, S. 126 u. 136 f.

ten. Unterschiede werden deutlich zwischen einer eher unbüro-
kratischen, doch nicht unbedingt weniger entschiedenen Aufsicht auf der einen Seite und einer verwaltungsmäßig korrekten,
jedoch nicht notwendigerweise rigiden Überwachung andererseits. Der Sürag-Ausschuß in Stuttgart trat zwischen 1926 und
1932 nur sechzehnmal zusammen[9]. Der Ausschuß des Südwestdeutschen Rundfunks in Frankfurt wurde in dieser Zeit doppelt
so häufig (33 mal) zusammengerufen, im Jahre 1931 allein elf-
mal[10]. Der Norag-Ausschuß in Hamburg tagte insgesamt
26 mal, allein achtmal im Jahre 1931[11].

Mit der Zunahme des Programmaustauschs kam die Frage
auf, welcher Überwachungsausschuß zuständig sein sollte, das
Gremium der das Programm herstellenden oder das der übernehmenden Gesellschaft oder beide Gremien. Die gemeinsame
Direktorenkonferenz erörterte bereits am 17. Juni 1929, ob bei
Übertragungen nicht der Überwachungsausschuß einer Gesellschaft die politische Verantwortung für alle anderen Gesellschaften übernehmen könne, oder ob nicht für solche Fälle sogar ein zentraler Überwachungsausschuß gebildet werden
müsse. Die Rundfunkdirektoren lehnten beides ab mit dem
Hinweis, daß jede Gesellschaft für ihr Programm selbst verantwortlich sei, folglich müsse jeder Überwachungsausschuß auch
im Falle von Übernahmen seine politische Aufsichtspflicht
selbst wahrnehmen können[12]. Dieses Prinzip bestätigte ein Erlaß des Reichsinnenministers vom 19. März 1931, nachdem der
Überwachungsausschuß für jedes politische Programm zuständig sein sollte, das von seiner Rundfunkgesellschaft verbreitet
wurde, gleichgültig, ob es sich um ein Originalprogramm oder
um eine Übernahme im Rahmen einer Programmgemeinschaft
handelte[13].

[9] Ebd.
[10] Errechnet nach den Tätigkeitsberichten des Überwachungsausschusses beim
Südwestdeutschen Rundfunk, Frankfurt (Main) 1926–1932. BA Kblz R 78/632.
[11] Errechnet nach den Sitzungsprotokollen des Überwachungsausschusses
beim Nordischen Rundfunk, Hamburg 1926–1932. StA Hamburg Staatl. Pressestelle IZ II Ba 5.
[12] Sitzungsbericht der Besprechung [der Rundfunkleiter] am 17. 6. 1929. BA
Kblz R 78/890.
[13] Brief Reichsinnenminister an Reichsvertreter in den Überwachungsausschüssen, 19. 3. 1931, zit. im Tätigkeitsbericht des Überwachungsausschusses
beim Südwestdeutschen Rundfunk, Frankfurt (Main) vom 6. 7. 1931. BA Kblz R
78/632.

In den folgenden Monaten kam es naturgemäß zu widersprüchlichen Entscheidungen verschiedener Überwachungsausschüsse über ein und denselben Programmbeitrag. Schon auf der Sitzung des Stuttgarter Überwachungsausschusses vom 20. November 1930 war die Klage erhoben worden, die »Auslegung der Richtlinien für den Vortrags- und Nachrichtendienst durch den Überwachungsausschuß der Frankfurter Sendegesellschaft [sei] so weitherzig, daß die Richtlinien dabei vollkommen in den Hintergrund« träten[14]. Der Vorsitzende des Frankfurter Überwachungsausschusses nahm daraufhin im Januar 1931 an einer Sitzung des Stuttgarter Überwachungsausschusses teil. Die Frankfurter Beiträge zum Gemeinschaftsprogramm SWR-Sürag mußten sich im Frühjahr 1931 jedoch weiterhin heftige Kritik aus der Stuttgarter Hörerschaft gefallen lassen. Daraufhin arrangierte der Frankfurter Vorsitzende des Überwachungsausschusses eine gemeinsame Sitzung seines Gremiums mit dem Stuttgarter Überwachungsausschuß am 10. Juni 1931 in Heidelberg. Auch je ein Direktionsmitglied aus Frankfurt und Stuttgart nahm an diesem Treffen teil, das zu gemeinsamen Entscheidungskriterien führen sollte. Im Juni 1932 fand abermals eine solche gemeinsame Gremiensitzung statt[15].

Allgemeine und gleiche Grundsätze für die Spruchpraxis der Überwachungsausschüsse, die der Mannigfaltigkeit der Programme hätten entsprechen können, hat es wohl bei keiner Rundfunkgesellschaft gegeben. Die Definition der von den Überwachungsausschüssen zu kontrollierenden Programme war nicht nur sehr ungenau, sondern zur Hälfte auch unrichtig, denn einen allgemeinen Nachrichtendienst verbreitete keine Gesellschaft in eigener Verantwortung; dieser kam bereits in politisch verbürgter Zuverlässigkeit von der Dradag. Der Begriff »Vortragsdienst« dagegen stammte noch aus der Frühzeit des Unterhaltungsrundfunks. Gemeint war damit zunächst nichts anderes als das gesamte Wortprogramm, wobei die »Fragen der Kunst, Wissenschaft und Volksbildung« nach den Bestimmungen nicht in die Zuständigkeit der Überwachungsausschüsse fallen sollten. Alle Wortbeiträge also, die nichts mit Kunst, Wissenschaft oder Volksbildung zu tun hatten, gehörten damit prinzipiell zum Kontrollauftrag der Überwachungsaus-

---

[14] Grube, *Rundfunkpolitik,* S. 136.
[15] Tätigkeitsberichte des Überwachungsausschusses beim Südwestdeutschen Rundfunk, Frankfurt (Main) 1926–1932. BA Kblz R 78/632.

schüsse. Wenn dabei in den ersten Jahren noch Spielräume vorhanden gewesen sind, dann war dies nicht unbedingt mit Großzügigkeit zu erklären, sondern eher mit Unerfahrenheit im Zensurgeschäft gegenüber dem neuen Medium.

Die ersten Erfahrungen dürften gemacht worden sein, als die Form des Rundfunkvortrags sich aufzulösen begann in eine Reihe anderer, meist kürzerer publizistischer Darbietungsformen. Vor allem die Berichterstattung, anfangs aus dem Studio, später direkt vom Ort des Geschehens, führte zu medienspezifischen Programmformen, die zu verstehen und zu beurteilen die Überwachungsausschüsse offenbar erst einmal überfordert waren. Zusammengesetzte Programme wie Übertragungen öffentlicher Ereignisse und Veranstaltungen mit Ansprachen, Zwischenberichten und Musikbeiträgen waren den Überwachungsausschüssen von Anfang an nicht recht geheuer, weil sie die Manuskripte der Reden selten früh genug vorgelegt bekamen; was die Stegreifberichte der ersten Rundfunkreporter betraf, so mochten sie sich auf die politische und journalistische Zuverlässigkeit eines Alfred Braun in Berlin oder eines Paul Laven in Frankfurt, eines Bernhard Ernst in Köln oder eines Fritz Wenzel in Breslau verlassen.

Je differenzierter die Ausdrucksformen eines Mediums werden, desto schwerer pflegt es die Zensur zu haben. Den Überwachungsausschüssen gelang nach einigen Jahren die ohnedies problematische, gleichwohl von den Richtlinien geforderte Trennung von »politischen« Programmen einerseits und künstlerischen, wissenschaftlichen und volksbildenden Programmen andererseits nur noch mit Mühe. Sie entdeckten die Politik in literarischen Programmbeiträgen und in Übertragungen von kulturellen Veranstaltungen und sahen sich mit ihrem Kontrollauftrag, für eine »streng überparteiliche« Programmgestaltung zu sorgen, unversehens in Schwierigkeiten. Die versichernden Rückfragen der Mitglieder der Überwachungsausschüsse bei ihren Staatsministerien und bei verschiedenen Reichsministerien nahmen zu[16]. Auch die Aufmerksamkeit der Presse war nicht mehr zu verhindern, seit ein paar spektakuläre Fälle in die Öffentlichkeit gelangt waren. So faßte der Verband Deutscher Rundfunkkritiker – den Vorstand bildeten Hans von Heister *(Der Deutsche Rundfunk)*, Hans Philipp Weitz *(Berliner Tage-*

---

[16] Tätigkeitsberichte des Überwachungsausschusses bei der Funk-Stunde, Berlin 1926–1932. BA Kblz R 55 DC/491–493.

Vorstandsmitglieder des Ende 1926 gegründeten Verbandes Deutscher Rundfunkkritiker. Von links: Hans S. von Heister (1888–1967) und Hans Philipp Weitz (1884–1937). Schatzmeister war Lothar Band (1886–1960).

blatt), Rolf Nürnberg *(12-Uhr-Mittags-Zeitung),* Werner Menzel *(Funk-Expreß)* und Lothar Band *(Funk)* – bei einer Kundgebung der Deutschen Liga für Menschenrechte im Januar 1929 eine Resolution »Gegen die Rundfunkzensur«, als eine Kabarettübertragung der Funk-Stunde für die Dauer eines Couplets von Paul Graetz unterbrochen worden war, weil das Manuskript nicht zur Prüfung vorgelegen hatte[17]. Ein Jahr darauf mußte der Intendant der Funk-Stunde die für einen Vorlesungsabend des Verbandes Deutscher Erzähler bereits angekündigte Lesung von Leonhard Frank aus seinem Roman *Bruder und Schwester* (1929) wieder aus dem Programm herausnehmen; vor der Presse verteidigte Flesch diese Maßnahme als eine rein redaktionelle Entscheidung[18].

Auf der Programmratssitzung am 23. Mai 1929 in Bremen bot der Werag-Intendant, Ernst Hardt, in seinem Grundsatzreferat den Kollegen eine neue Auslegung der Richtlinien an. Er wollte

[17] Hans S. von Heister, *Gegen die Rundfunkzensur!* Der Deutsche Rundfunk, Nr. 5 v. 1. 2. 1929, S. 129.
[18] Felix Stiemer, *Rundfunkzensur.* Der Deutsche Rundfunk, Nr. 5 v. 31. 1. 1930, S. 9.

sie nicht als Zensurbestimmungen, sondern als Anleitungen für die redaktionelle Arbeit verstanden wissen, ähnlich der Richtlinienkompetenz von Herausgebern und Chefredakteuren bei der Presse. Die Rundfunkdirektoren griffen diese ihnen zweifellos schmeichelhaft erscheinende Auslegung eilfertig auf und versicherten sich in der Diskussion gegenseitig ihrer publizistischen Befugnisse bei Programmentscheidungen, so als gebe es die Überwachungsgremien gar nicht. Hans Flesch (Funk-Stunde) und Hans Roeseler (Deutsche Welle) schimpften unter dem Beifall der Anwesenden auf die »Schreier gegen die Zensur im Rundfunk« (Flesch) und die »Pressekampagnen gegen die Zensur« (Roeseler)[19]. Sie schienen nicht einen Augenblick daran zu zweifeln, daß es ihre Gremien seien, die ihnen genug redaktionellen Spielraum ließen, während sie den Mahnern vom anderen Medium eine gehörige Portion Voreingenommenheit gegen den Rundfunk unterstellten. Daß Kritikern des Rundfunks an publizistischer Freiheit gelegen sein könnte, lag offenbar außerhalb ihres Vorstellungsvermögens.

In seinem Tätigkeitsbericht über das zweite Halbjahr 1931 teilte der Vorsitzer des Frankfurter Überwachungsausschusses dem Reichsinnenminister mit, dieses Halbjahr sei »die unruhigste Zeit« seit Bestehen des Gremiums gewesen. Unter den 19 Sendemanuskripten, die vorgelegt worden waren, hatten sich – in Frankfurt offenbar zum ersten Mal – auch Hörspielmanuskripte befunden[20]. Bei anderen Rundfunkgesellschaften waren literarische Programmbeiträge bereits früher dem Kunstvorbehalt entzogen und den politischen Überwachungsausschüssen vorgelegt worden. Der Frankfurter Überwachungsausschuß hatte sich 1931 mit vier Übertragungen zu befassen, mit einer Reichsbannerfeier in Koblenz, mit dem Reichsarbeiterjugendtag, mit dem Kongreß der Freien Gewerkschaften in Frankfurt und mit dem Stahlhelm-Gautag in Mainz. Wegen der Genehmigung der Übertragungen der Reichsbannerfeier und des Arbeiterjugendtags bekamen der Ausschuß und der SWR Vorwürfe in der Presse zu hören. Der Vorsitzer mußte dem Reichsinnenministerium darüber ausführlich berichten und sich rechtfertigen, obwohl er sich an den vorliegenden »Richtlinien für die

[19] Niederschrift der Sitzung des Programmrats der deutschen Rundfunkgesellschaften in Bremen am 22. u. 23. Mai 1929. Berlin o. J., S. 59, 69 f.
[20] Tätigkeitsbericht des Überwachungsausschusses beim Südwestdeutschen Rundfunk, Frankfurt (Main) vom 4. 1. 1932. BA Kblz R 78/632.

Übertragung besonderer Ereignisse« des Reichsinnenministeriums orientiert hatte. Diese Bestimmungen waren erlassen worden, nachdem 1929 die Kölner Werag mutig genug gewesen war, vor der Übertragung einer Rede des Reichspräsidenten vom Präsidialamt die Versicherung zu erbitten, daß auch das Staatsoberhaupt die Richtlinien für den Nachrichten- und Vortragsdienst beachten werde[21].

Alljährlich mußten sich die Überwachungsausschüsse einer besonderen Art politischer Übertragungen erwehren, der Feiern zum 1. Mai. Schon seit 1926 erwies sich die regelmäßig öffentlich geäußerte Forderung des Arbeiter-Radio-Bundes Deutschlands (ARBD) und anderer sozialistischer Gruppen nach Übertragung der Feiern zum 1. Mai als publikumswirksamer Dauerbrenner. Das Preußische Staatsministerium sperrte im März 1927, im Einvernehmen mit dem Reichsinnenminister, die Mai-Feiern als politische Veranstaltungen für Rundfunkübertragungen. Der Reichsinnenminister gab dieses Verbot mit einem Erlaß vom 11. März 1927 den Überwachungsausschüssen bekannt[22]. Ein helles Schlaglicht auf die so geschaffene Situation werfen die Antwortbriefe des Rundfunk-Kommissars, des Programmrats und mehrerer Rundfunkgesellschaften auf eine Anfrage des Arbeiter-Radio-Bundes vom 5. April 1928, was man denn zum 1. Mai in diesem Jahr zu tun gedenke. Der Rundfunk-Kommissar und der Programmrat erklärten sich für unzuständig, die Deutsche Welle verwies korrekt auf den Erlaß des Reichsinnenministers vom Vorjahr, versprach jedoch einen dem Anlaß gemäßen Vortrag. Ähnlich antwortete auch die Werag. Mehr oder minder verbindliche Ankündigungen besonderer Wortprogramme machten die Gesellschaften in Berlin, Breslau und Leipzig, während in Königsberg und Stuttgart die Courage gerade noch einen Arbeiterchor vertrug[23].

---

[21] Wolf Bierbach, *Rundfunk zwischen Wirtschaftsinteressen und Politik*. Phil. Diss. Münster 1980, S. 568.

[22] Brief Reichsinnenminister an Reichsvertreter in den Überwachungsausschüssen, 11. 3. 1927. BA Kblz R 55 DC/490.

[23] Abdrucke in: Arbeiterfunk, Nr. 18 v. 27. 4. 1928, S. 275 f.

Der Rundfunkkommissar des Reichspostministers
Berlin W 9, den 16. April 1928

Sehr geehrte Herren!
Auf Ihr Schreiben vom 5. d. Mts. teile ich Ihnen mit, daß ich Ihre Wünsche betreffs Würdigung des 1. Mai als Feiertag der Arbeiterschaft in dem Rundfunkprogramm den Leitungen der Rundfunkgesellschaften übermittelt habe. Einen unmittelbaren Einfluß auf die Angelegenheit besitze ich nicht, da nach § 3 der Bestimmungen über den Überwachungsausschuß die Rundfunkgesellschaften verpflichtet sind, sich in allen politischen Fragen der Programmgestaltung mit dem Überwachungsausschuß in Verbindung zu setzen und seine Entscheidung abzuwarten.
Mit vorzüglicher Hochachtung
gez. Bredow

Programmrat der deutschen Rundfunkgesellschaften
Berlin W 9, den 14. April 1928

Wir danken Ihnen für Ihr Schreiben vom 5. April d. Jrs. und gestatten uns, Ihnen mitzuteilen, daß der Programmrat sich grundsätzlich eine Einflußnahme auf die Gesellschaften enthält, und es somit den Gesellschaften selbst überlassen ist, im Benehmen mit den Überwachungsausschüssen Ihren Vorschlägen näherzutreten.
Mit vorzüglicher Hochachtung
gez. Dr. Magnus/Giesecke

Die Deutsche Welle GmbH, Direktion
Berlin W 9, den 17. April 1928

Auf das gefl. Schreiben vom 5. d. Mts. erwidern wir erg., daß nach dem im Einvernehmen mit dem Herrn Preußischen Ministerpräsidenten erfolgten Erlaß des Herrn Reichsministers des Innern vom 11. März 1927 eine Verbreitung von Maifeiern durch den Rundfunk unterbleiben muß; dagegen sind Vorträge, die auf die Bedeutung des 1. Mai in der Arbeiterbewegung hinweisen, gestattet. Wir werden einen solchen Vortrag veranstalten.
In vorzüglicher Hochachtung
gez. Schubotz

Ostmarken-Rundfunk AG., Königsberg/Pr., den 19. April 1928

Sehr geehrte Herren!
Wir bestätigen den Eingang Ihres Schreibens vom 5. d. M. Wir werden in Übereinstimmung mit unserem politischen Überwachungs-Ausschuß und unserem Kultur-Beirat ein besonders wertvolles Abendprogramm am 1. Mai d. J. veranstalten, an dem nach Möglichkeit auch Arbeiterchöre mitwirken sollen. Die Orag handelt im Einvernehmen mit dem politischen Überwachungs-Ausschuß und dem Kultur-Beirat, wenn sie von einem besonderen Hinweis auf die Bedeutung dieses Tages Abstand genommen hat.
Die Verspätung der Antwort auf Ihr obiges Schreiben erklärt sich daraus, daß zunächst die Sendegesellschaft mit den erwähnten Ausschüssen hat Fühlung aufnehmen müssen.
Mit vorzüglicher Hochachtung
Ostmarken-Rundfunk A.G.
(Unterschriften)

Süddeutscher Rundfunk, Stuttgart, den 19. April 1928

Sehr geehrte Herren!
Wir bestätigen den Empfang Ihres geehrten Schreibens vom 5. d. M. und teilen Ihnen ergebenst mit, daß wir am 1. Mai eine Abendveranstaltung mit einem Arbeiter-Chor in unserer Sendefolge vorgesehen haben.
Mit vorzüglicher Hochachtung
Süddeutscher Rundfunk
(Unterschriften)

Mitteldeutsche Rundfunk A.G., Leipzig, den 14. April 1928

Der 1. Mai ist in Sachsen Feiertag, soviel wir wissen, in Thüringen und Provinz Sachsen nicht. Unser politischer Überwachungsausschuß ist der Meinung, daß wir dem 1. Mai als Feiertag Rechnung tragen sollen. Wir bereiten daher ein entsprechendes Programm vor.
Mit vorzüglicher Hochachtung
gez. Dr. Jaeger

Schlesische Funkstunde AG, Breslau, den 10. April 1928

In Erledigung Ihres Schreibens vom 5. d. M. teilen wir Ihnen mit, daß wir berechtigten Wünschen der Ortsgruppe Breslau des Arbeiter-Radio-Bundes Deutschlands e. V., soweit es möglich war, entgegengekommen sind. Sowohl im Vortragsprogramm wie auch im Abendprogramm sind dem 1. Mai entsprechende Themen berücksichtigt worden.
Mit vorzüglicher Hochachtung
gez. W. Hadert

Funkstunde AG Berlin, Berlin, den 11. April 1928

Sehr geehrte Herren!
Auf Ihre gefl. Zuschrift vom 5. d. Mts. teilen wir erg. mit, daß wir für
den 1. Mai in unser Programm einen Vortrag aufnehmen werden, durch
welchen der Bedeutung des 1. Mai Rechnung getragen werden soll.
Mit vorzüglicher Hochachtung
gez. Wagner   gez. Hagemann

Westdeutscher Rundfunk AG, Köln, den 13. April 1928

Sehr geehrte Herren!
In Beantwortung Ihrer Zuschrift vom 5. April teilen wir ergebenst mit,
daß ja die Verfügung des Herrn Reichsministers des Innern, wonach
die Übertragung einer eigentlichen Mai-Feier verboten ist, noch
besteht.
Wir hoffen jedoch, aus der Trinitatis-Kirche in Köln eine Feier des
Herrn Pastors Fritze übertragen zu können.
Mit vorzüglicher Hochachtung
gez. Hardt

In demokratischen Kommunikationssystemen spielen die Medien bei politischen Wahlen für die Berichterstattung und
Meinungsbildung eine hervorragende Rolle. Das zweifelhafte
Neutralitätsverständnis, das die Gründer des Weimarer Rundfunks dem Medium mitgegeben hatten, beeinträchtigte nicht
nur die rundfunkpublizistische Wahrnehmung politischer Ereignisse während der Wahlkämpfe. Auch Wahlsendungen der
Parteien, wie sie heute selbstverständlich sind, durften – von
anfänglichen Ausnahmen abgesehen – bis 1932 im Rundfunk
nicht stattfinden. Über die Kandidaten für die Wahlen zum
Reichspräsidentenamt, über die Parteien und ihre Kandidaten
bei den Reichstags- und Landtagswahlen konnte die Hörerschaft des ersten Rundfunkjahrzehnts nur Zufälliges erfahren.
    In den noch von unbefangener Programmarbeit gekennzeich-
neten ersten Monaten nach der Programmeröffnung der Funk-
Stunde in Berlin, zu einer Zeit, als erst die Hälfte der Rundfunkgesellschaften ihren Betrieb aufgenommen und die Zahl der
Teilnehmer gerade die 16 000-Marke überschritten hatte, sprachen erstmals fünf Parteienvertreter im Rundfunk, und zwar
zur Reichstagswahl am 4. Mai 1924. Von Dienstag bis Samstag
hatten sie jeweils eine Viertelstunde Redezeit im Abendpro-

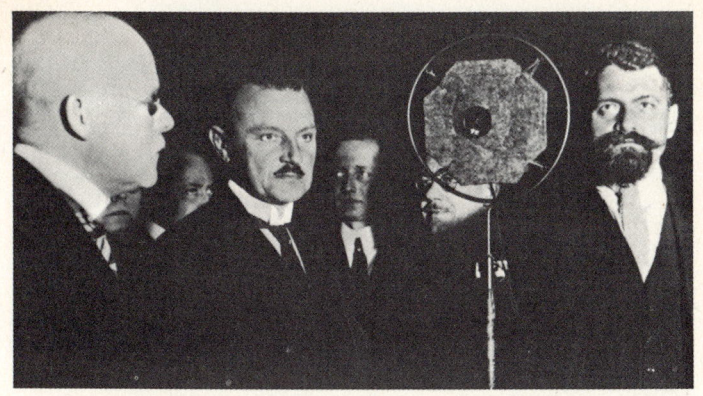

Am 25. Dezember 1923 standen zum ersten Mal Politiker vor dem Rundfunkmikrofon. Von links: Reichskanzler Wilhelm Marx (Zentrum), Ernst Scholz (MdR/DVP), Anton Erkelenz (MdR/DDP) und (nicht im Bild) Paul Fleischer (MdR/Zentrum). Sie richteten einen »Politischen Weihnachtsgruß« an die Hörer.

gramm der Funk-Stunde erhalten: Am 29. April sprach der Reichskanzler Wilhelm Marx (Zentrum), am 30. April Kuno Graf Westarp (DNVP), am 1. Mai Rudolf Breitscheid (SPD), am 2. Mai Gustav Stresemann (DVP) und zuletzt, am 3. Mai, Erich Koch-Weser (DDP). Auch vor der Reichstagswahl am 7. Dezember 1924 konnten noch einmal Parteienvertreter im Rundfunk sprechen[24].

Im folgenden Frühjahr sprachen erstmals zwei Kandidaten für das Amt des Reichspräsidenten über den Rundfunk: Paul von Hindenburg (Reichsblock) und Wilhelm Marx (Volksblock). Der eine stand in Hannover am Freitag abend vor dem Wahlsonntag, der andere am selben Abend, aber eine Stunde später in Nürnberg vor dem Mikrofon; man schrieb den 24. April 1925.

Die technische Qualität der beiden Übertragungen war laut zeitgenössischen Urteilen miserabel. Immerhin hatte das Reichskabinett seine Zustimmung geben müssen. Aufgrund eines Antrags der DDP war am 24. März das Thema erstmals in

[24] Heinz Pohle, *Der Rundfunk als Instrument der Politik.* Hamburg 1955, S. 90.

Der „berühmte Redner".
Ein Zukunftsbild aus der Wahlversammlung.

Das Medium als Mittel der Wahlreform in der Vorstellung des Karikaturisten Willibald Krain, 1924.

der Ministerbesprechung erörtert worden. Der parteilose Reichskanzler, Hans Luther, hatte die Freigabe des Rundfunks für Wahlreden der Kandidaten zum absehbaren zweiten Wahlgang in Aussicht gestellt. So beschloß das Kabinett auf seiner Sitzung am 10. April: »Der Funkdienst wird für den zweiten Wahlgang der Reichspräsidentenwahl den Kandidaten zur Verfügung gestellt, die glaubhaft versichern, daß sie bei dieser Gelegenheit nicht zu Gewalttätigkeiten oder zur gewaltsamen Änderung der Verfassung auffordern werden.«[25] Reichsinnen- und Reichspostministerium konnten den Rundfunkgesellschaften nun entsprechende Anweisungen geben, wobei dem KPD-Kandidaten Ernst Thälmann, der offenbar gar nicht erst einen Antrag gestellt hatte, der Weg zum Mikrofon versperrt blieb.

[25] Auszüge aus den Ministerbesprechungen vom 24. 3. u. vom 10. 4. 1925. BA Kblz R 43 I/1999.

Mit dem Erlaß der ersten Rundfunkordnung, der Richtlinien über die Regelung des Rundfunks vom 2. Dezember 1926, kam schon das Ende der Parteisendungen. Das Neutralitätsgebot wurde besonders gegen die Parteien angewandt, obgleich man mit dem Ideologieverdacht auch bei anderen politischen Beiträgen schnell bei der Hand war. Im Laufe der Jahre legten einzelne Überwachungsausschüsse die Zensurbestimmungen freilich nach rechts zunehmend großzügiger aus. Bereits im Oktober 1927 war beispielsweise der Hamburger KPD vom Reichsinnenministerium ein Antrag strikt abgelehnt worden, dem Reichstagsabgeordneten Ernst Thälmann aus Anlaß der Hamburger Bürgerschaftswahlen Redezeit im Programm der Norag zu gewähren; der Reichsinnenminister bezog sich in seiner Ablehnung vom 6. Oktober 1927 ausdrücklich auf die Richtlinien vom 2. Dezember 1926[26].

Nur folgerichtig war dann die Grundsatzentscheidung des Reichsinnenministers Walter von Keudell (DNVP) für die Rolle des Rundfunks in den Wahlkämpfen zu den Reichstagswahlen und den Landtagswahlen in Preußen, Bayern und Württemberg im Mai 1928. Mit einem Erlaß vom 5. April 1928 teilte der Minister den Reichsvertretern in den Überwachungsausschüssen mit, daß Wahlreden mit der politischen Neutralität nicht vereinbar seien. Diesen Standpunkt vertrete übereinstimmend auch der Ältestenrat des Reichstags sowie die Mehrheit der Parteien[27].

Im Wahlkampf vor den Reichstagswahlen am 14. September 1930 sprachen zwar wiederum Politiker im Rundfunk, doch Reichsinnenminister Joseph Wirth (Zentrum) hatte sie bereits in seiner Rundfunkansprache »Zum Aufmarsch der Parteien« am 26. Juli zur Zurückhaltung bei der Parteipropaganda ermahnt und sie aufs Gemeinwohl verpflichtet. Im übrigen sorgte er dafür, daß NSDAP und KPD keine Redezeiten im Rundfunk bekamen[28]. Die Rundfunkrede des Reichsinnenministers hatte

---

[26] Brief KPD Bezirk Wasserkante (Hamburg) an Reichspostminister, 3. 10. 1927 sowie Brief Reichsinnenminister an KPD Bezirk Wasserkante (Hamburg), 6. 10. 1927. StA Hamburg Staatl. Pressestelle IZ Ba 1 Bd. 2.
[27] Brief Reichsinnenminister an Reichsvertreter in den Überwachungsausschüssen, 5. 4. 1928. BA Kblz R 78/2.
[28] Joseph Wirth, *Zum Aufmarsch der Parteien* [Rundfunkansprache vom 26. 7. 1930]. Die Werag, Nr. 37 v. 14. 9. 1930; Auszüge bei Hans Bausch, *Der Rundfunk im politischen Kräftespiel der Weimarer Republik 1923–1933*. Tübingen 1956, S. 175f.

Reichspräsident Paul von Hindenburg sprach am 1. und 10. März 1932 aus seinem Palais während des Wahlkampfes um die Reichspräsidentenschaft über alle deutschen Sender.

wahrscheinlich dessen Rundfunkreferent, der gleichzeitige Vorsitzende des Überwachungsausschusses der Funk-Stunde und der Deutschen Welle, Erich Scholz, geschrieben. Jedenfalls schloß der Minister seine Ansprache mit der Hoffnung auf eine baldige einheitliche Lösung der Probleme der Parteien- und Wahlpropaganda für das gesamte Reichsgebiet. Nicht auszuschließen ist, daß Scholz hier seinen Minister bereits Vorstellungen äußern ließ, die er zwei Jahre später als Rundfunk-Kommissar des Reichsinnenministers mit einer neuen Rundfunkordnung verwirklichen sollte, die dem Reich fast uneingeschränkten Einfluß auf den Rundfunk einräumte.

Am 17. März 1932 schrieb der Kandidat der NSDAP für das Reichspräsidentenamt, Adolf Hitler, an einzelne Rundfunkgesellschaften, darunter auch an die Norag, und beantragte Redezeit für sich. Zur Begründung führte er an, »daß im Verlauf des Wahlkampfes der Herr Reichspräsident von Hindenburg und der Herr Reichskanzler Brüning bereits zu dem deutschen Volke gesprochen haben, so daß nach den Konzessionsbestim-

Der Simplicissimus-Zeichner Karl Arnold (1883–1953) gab seiner Karikatur die Unterschrift: »Parlamentsreden durch Radio«. Live-Übertragungen von Sitzungen des Deutschen Reichstags hat es jedoch in der Weimarer Republik niemals gegeben. (1924)

mungen in Anbetracht der Überparteilichkeit des Rundfunks meinem Wunsche nichts entgegenstehen dürfte«[29]. Doch eine Woche später, am 23. März, gab der Reichsinnenminister in einem Erlaß den Überwachungsausschüssen bekannt, daß Wahlreden im Rundfunk im zweiten Wahlgang um die Reichspräsidentenschaft nicht zugelassen werden könnten. Im Einvernehmen mit ihrem Überwachungsausschuß teilte die Norag deshalb Hitler am 31. März die Ablehnung seines Antrags mit[30]. Nur noch wenige Wochen sollte es dauern, bis auch seine Partei ein Mikrofon bekam.

Die Voraussetzungen dazu schuf die neue Regierung Franz von Papen bereits eine knappe Woche nach ihrem Antritt. Am 7. Juni 1932 berichtete der Reichsinnenminister – es war nun

[29] Brief Adolf Hitler an Nordische Rundfunk AG, 17. 3. 1932. StA Hamburg Staatl. Pressestelle IZ Ba 1, Bd. 7.
[30] Brief Nordische Rundfunk AG an Adolf Hitler, 31. 3. 1932. StA Hamburg Staatl. Ebd.

Wilhelm von Gayl (DNVP) – auf einer Sitzung des Reichskabinetts, daß insbesondere die NSDAP den Antrag gestellt habe, den Rundfunk zur Wahlpropaganda benutzen zu können[31]. Der Minister schlug vor, jeder Partei eine Stunde Redezeit zur Verfügung zu stellen. Der Redner habe das Konzept seines Vortrags vorher einzureichen. Die Prüfung werde durch das Reichsinnenministerium und durch die Überwachungsausschüsse erfolgen. Außerdem sollte die Rede von einem Beamten des Reichsinnenministeriums und einem Beamten des Reichspostministeriums während der Sendung überwacht werden. Man wolle geringfügige Abweichungen vom Konzept zulassen, doch bei grobem Mißbrauch den Vortrag unterbrechen. Alle Parteien des Reichstags, die Fraktionsstärke hätten, sollten zugelassen werden, mit Ausnahme der KPD. Staatssekretär Zweigert schlug außerdem vor, die Prüfung der Konzepte dem Überwachungsausschuß der Deutschen Welle zu übertragen, denn diese entscheide in der Zusammensetzung von zwei Vertretern der Reichsregierung und zwei Vertretern Preußens, während der vorsitzende Reichsbeamte – Erich Scholz – nötigenfalls den Ausschlag geben würde. Die Rundfunkgesellschaften sollten angewiesen werden, den Vortrag zu übernehmen. Dabei hätten sie zwar das Recht auf Einspruch, aber nicht auf Einsicht in das Manuskript. Der neue Reichspostminister, Paul von Eltz-Rübenach, äußerte immerhin Bedenken gegen den durch nichts zu rechtfertigenden Ausschluß der KPD, der im übrigen auch auf dieser Kabinettssitzung nicht eigens begründet wurde, doch der Postminister konnte sich nicht durchsetzen[32]. Schon am nächsten Tag schrieb der Reichsinnenminister an die Reichsvertreter in den Überwachungsausschüssen, den Anträgen der NSDAP auf Redezeit sollte nach Möglichkeit entsprochen werden[33]. Die fatale Umarmungspolitik, die man sich im Reichswehrministerium und im Präsidialbüro ausgedacht hatte, nahm ihren Lauf. Der förmliche Erlaß, der den Parteien die Rundfunkprogramme öffnete, folgte am 11. Juni 1932. Der Reichsinnenminister wies seine Vertreter in den Überwachungsausschüssen an, Wahlreden solcher Parteien zu genehmigen, »deren Wahlvorschläge zur bevorstehenden Reichs-

---

[31] Auszug aus der Ministerbesprechung vom 7. 6. 1932. BA Kblz R 43 I/2001.
[32] Ebd.
[33] Brief Reichsinnenminister an Reichsvertreter in den Überwachungsausschüssen und an die Landesregierungen, 8. 6. 1932. BA Kblz R 55 DC/490.

tagswahl zugelassen werden, sofern jede dieser Parteien im Zeitpunkt der Auflösung des letzten Reichstags mindestens in Fraktionsstärke (15) vertreten war«. Auch Wählergemeinschaften mit dieser Abgeordnetenzahl sollten zugelassen werden. Doch im Sinn des Kabinettsbeschlusses hieß es ausdrücklich: »Auf die Kommunistische Partei findet dies keine Anwendung.«[34] Die Bestimmungen wurden am 15. Juni der Presse übergeben[35]. Die KPD nahm ihre Diskriminierung nicht gelassen hin. In ihren Zeitungen erschienen zahlreiche Proteste. Erich Weinert schrieb eigens ein Kampfgedicht und beklagte den Ausschluß der Kommunisten[36]. Als sich die KPD daraufhin an die Regierung der Sowjetunion wandte, ihren Rednern Sendezeit im deutschsprachigen Programm von »Radio Moskau« zur Verfügung zu stellen, lehnte diese mit der Begründung ab, man wolle sich nicht in innerdeutsche Angelegenheiten einmischen[37].

Zwischen dem 25. und 30. Juni 1932 sprachen insgesamt zehn Parteienvertreter – zwei am gleichen Tag – jeweils 25 Minuten lang aus verschiedenen Funkhäusern zu ihren Wählern, darunter Eduard Dingelday für die DVP aus Berlin und Alfred Hugenberg für die DNVP aus Königsberg, Gregor Strasser für die NSDAP aus München und Hugo Mönnig für das Zentrum aus Köln. Für die SPD sprach Carl Severing am Vortag der Wahl aus Berlin; ihm folgte noch am selben Abend der Kanzler mit einem Wahlaufruf[38].

Gleichzeitig mit diesem Beginn eines parteipolitischen Ausverkaufs des Rundfunks – außer diesen Wahlrednern begehrten und erhielten weitere Politiker mit anderen aktuellen Beiträgen im Rundfunk das Wort – verschaffte sich die Reichsregierung zum ersten Mal, seit es das Medium gab, selbst unmittelbaren Zugang zum Programm mit der »Stunde der Reichsregierung«; von dieser Sendereihe wird noch die Rede sein.

Mit der Zulassung von Wahlsendungen der Parteien und einer regelmäßigen Regierungssendung hatte das Reichsinnenministerium als Zentralgewalt die Kompetenzen der Überwachungs-

---

[34] Brief Reichsinnenminister an Reichspostminister, Rundfunk-Kommissar des RPM, StSekr Reichskanzlei, Büro Reichspräsident, Presseabt. Reichsregierung, Reichsvertreter in den Überwachungsausschüssen, 11. 6. 1932. Ebd.

[35] Beispiel: Berliner Tageblatt, Nr. 81 v. 15. 6. 1932.

[36] Erich Weinert, *Mit Ausnahme der Kommunisten.* Die Rote Fahne (Berlin), Nr. 131 v. 16. 6. 1932.

[37] *Politische Wahlreden im Rundfunk.* Funk, Nr. 30 v. 22. 7. 1932, S. 118.

[38] Pohle, *Der Rundfunk als Instrument der Politik,* S. 107 f.

ausschüsse entscheidend eingeschränkt. Die Länder waren durch die Blitzaktionen des Rundfunkreferenten im Reichsinnenministerium in den ersten vierzehn Tagen der Regierung Papen überrumpelt worden. Die Rundfunkgesellschaften hatte man gar nicht erst gefragt. Doch alle diese Maßnahmen waren nur ein Vorspiel zu der bald darauf wirksam werdenden Rundfunkordnung vom Sommer 1932, die das Ende der politischen Überwachungsausschüsse nach den Bestimmungen der Richtlinien vom 2. Dezember 1926 brachte.

6.2. *Die Kulturbeiräte*
Zensurgremien fürs kulturelle Programm

Das zweite Aufsichtsgremium, das nach Artikel 3, Ziffer 2 der postalischen Betriebsgenehmigung bei jeder Rundfunkgesellschaft gebildet werden mußte, trug die Bezeichnung »Kultureller Beirat«, kurz: Kulturbeirat[39]. Seine Aufgabe wurde allgemein als »Mitwirkung an der Gestaltung des Programms hinsichtlich der Darbietungen auf dem Gebiete von Kunst, Wissenschaft und Volksbildung« bestimmt. Diese Mitwirkung war in besonderen Bestimmungen näher definiert als »Beratung« und »Überwachung«[40]. Die Beiräte waren berechtigt und verpflichtet, selbst Programmvorschläge zu machen. Dieses Recht stand den Überwachungsausschüssen nicht zu, obwohl auch von ihnen Programmvorschläge gekommen sind, allerdings erst 1932. Wie die Überwachungsausschüsse mußten auch die Kulturbeiräte über das Programm unterrichtet und den Gremienmitgliedern mußten auf Anforderung die Sendemanuskripte vorgelegt werden. Bei Beanstandungen hatte der Beirat Einspruchsrecht, dem die Rundfunkgesellschaft folgen mußte. Der Beirat hatte auch darauf zu achten, »daß Parteipolitik bei den Darbietungen ausgeschaltet« blieb; im Zweifel sollte er sich mit dem Überwachungsausschuß in Verbindung setzen[41].

Die Zahl der Mitglieder war auf mindestens drei, höchstens sieben Personen festgesetzt. Sie wurden nach Anhörung der Sendegesellschaft von der zuständigen Landesregierung im Be-

---

[39] Genehmigung zur Benutzung einer Funksendeanlage der DRP für die Zwecke des Unterhaltungsrundfunks vom 4. 3. 1926.
[40] Richtlinien über die Regelung des Rundfunks vom 2. 12. 1926.
[41] Ebd; Ziffer 10.

nehmen mit dem Reichsinnenminister berufen. Außerdem durften Reichs- und Landesregierungen zu den Sitzungen des Beirats je einen Vertreter entsenden, die alle Rechte eines Mitglieds genossen. Von diesem Recht haben Reich und Länder auch Gebrauch gemacht. Viele Wochen nach der Konstituierung der Überwachungsausschüsse ernannte der Reichsinnenminister im Januar 1927 zunächst einmal die Vertreter der Reichsregierung in den Kulturbeiräten. In Berlin schickte er seinen Staatssekretär Heinrich Schulz in die Beiräte von Funk-Stunde und Deutscher Welle. In Breslau war der Vertreter des Reichsinnenministers Stadtrat Friedrich Schmidt und in Frankfurt zunächst Professor Erik Nölting, der später vom Geschäftsführer des Rhein-Mainischen Verbandes für Volksbildung, Carl Gebhardt, abgelöst wurde; Nölting blieb als Vertreter der Preußischen Staatsregierung im SWR-Beirat. In Hamburg trat der Präsident der Bürgerschaft, Rudolf Roß, als Reichsvertreter auf; in Köln der Religionslehrer und katholische Verbandspolitiker Bernhard Marschall; in Königsberg Landesrat Fritz Genzen; in Leipzig war es der Direktor der Deutschen Bibiliothek, Heinrich Uhlendahl, und in München Staatssekretär a. D. Edgar Haniel von Haimhausen; in den Stuttgarter Kulturbeirat entsandte der Reichsinnenminister Ministerialdirektor Adolf Götz.

Vor der Berufung der Ländervertreter kam es in den einzelnen Rundfunkstädten – wie es in der Kulturorganisation bis auf den heutigen Tag üblich ist – zu teilweise heftigen Personaldebatten, sowohl in den Staatsministerien und Provinzialregierungen als auch in den Parteien und Regionalverbänden[42]. Im Februar und im März 1927 konnten sich offenbar die meisten Kulturbeiräte konstituieren. Den Beginn machte die Funk-Stunde in Berlin, deren Kulturbeirat sich am 5. Februar 1927 zum ersten Mal traf. Das Gremium bestand aus neun Personen unter dem Vorsitz von Professor Wilhelm Waetzoldt, dem Generaldirektor der Staatlichen Museen in Berlin; Waetzoldt gehörte auch dem Kulturbeirat der Deutschen Welle an. Der Kulturbeirat der Mirag in Leipzig konstituierte sich am 8. Februar; der Vertreter der sächsischen Regierung, Regierungsrat Fritz Kaphahn, hatte den Vorsitz in dem zehnköpfigen Gremium.

[42] Wolf Bierbach, *Rundfunk zwischen Wirtschaftsinteressen und Politik*. Phil. Diss. Münster 1980, S. 514 ff.

Vorsitzer des Beirats des SWR in Frankfurt mit zehn Mitgliedern war Professor Fritz Wichert, der Direktor der Städtischen Kunstgewerbeschule und Bezirkskonservator für den Regierungsbezirk Wiesbaden; der Beirat in Frankfurt konstituierte sich am 14. Februar 1927. Den Beirat der Schlesischen Funkstunde in Breslau mit neun Mitgliedern leitete der Philosophieprofessor Siegfried Marck. Bei der Norag in Hamburg wurde der Oberschulrat Carl Götze zum Vorsitzenden des Kulturbeirats gewählt, der insgesamt zwölf Personen zählte, übrigens die höchste Zahl unter den Beiräten; das Gremium trat zum ersten Mal am 15. März 1927 zusammen. In Königsberg übernahm Otto Wyrgatsch, der Chefredakteur der sozialdemokratischen *Königsberger Volkszeitung,* den Vorsitz des neunköpfigen Kulturbeirats der Orag. Der Ministerialrat im Bayerischen Staatsministerium für Unterricht und Kultus, Siegfried von Jan – er gehörte auch dem Überwachungsausschuß an –, war der Vorsitzende des Kulturbeirats der Deutsche Stunde in München, eines Gremiums von zehn Mitgliedern. Ebenfalls zehn Mitglieder zählte der Kulturbeirat der Sürag unter seinem Vorsitzenden, dem Oberstudiendirektor Hermann Binder; das Stuttgarter Gremium kam erst am 20. Juli 1927 erstmals zusammen. Bei der Werag hatte man zunächst den Umzug von Münster nach Köln abgewartet. Am 7. Februar 1928, ein Jahr nach der Gründung des Berliner Kulturbeirats, war auch das Kölner Gremium unter seinem Vorsitzenden Professor Walter Braunsfeld, Direktor der Kölner Musikhochschule, komplett. Braunsfeld war auf Vorschlag des Kölner Oberbürgermeisters Konrad Adenauer in den achtköpfigen Kulturbeirat entsandt worden.

Zwei Frauen sollten in den Kulturbeiräten tätig werden. In Stuttgart wirkte als Vertreterin Württembergs die Landtagsabgeordnete Luise Rist (Zentrum), bei der Funk-Stunde rückte im Jahre 1930 die Publizistin Elly Heuß-Knapp in den Beirat. Fast einhundert Personen, beinahe ausnahmslos Honoratioren und zu einem guten Teil Kultusbeamte, wachten über das Schöne, Gute und Wahre im deutschen Rundfunk.

Noch bevor die Kulturbeiräte sich gebildet und ihre Arbeit aufgenommen hatten, waren sie ins Gerede der Rundfunkpresse gekommen. Während die Bildung der Überwachungsausschüsse kaum wahrgenommen worden war, wartete man beim Arbeiter-Radio-Bund, aber auch in der Redaktion des *Funk* gespannt auf genaue Informationen über die Kulturbeiräte, ganz offensichtlich deshalb, weil hier eine Möglichkeit zur Hörerbeteiligung vermutet wurde, mindestens aber eine Beteiligung der Rundfunkverbände[43].

Im September 1926 veröffentlichte der *Funk* einen langen und betulichen Beitrag eines Beamten aus dem preußischen Ministerium für Wissenschaft, Kunst und Volksbildung über die Rechte und Pflichten der Kulturbeiräte; der Beirat sei kein mit absoluter Macht ausgestattetes Aufsichtsorgan, keine Zensurbehörde, versicherte der Beamte. Er könne auch kein Vertretungsorgan sein, sondern es gehe allein um »tüchtige Persönlichkeiten« in diesen Gremien. Am Ende mußte der Ministerialbeamte aber doch zugeben, daß »der Staat einen amtlichen Vertreter« bestellen werde, der für die Einhaltung der Richtlinien zu sorgen habe[44]. Das Blatt des Arbeiter-Radio-Bundes, *Der Neue Rundfunk,* griff diesen Beitrag auf und spottete, wenn bei den Kulturbeiräten nicht mehr herauskommen würde, als was ihnen jener Beamte huldvoll zugestanden habe, dann sei die ganze Einrichtung überflüssig. Man müsse schon fähige Persönlichkeiten finden, die dann aber auch nicht als bloße Statisten fungieren dürften. Mit »Kultureunuchen«, so schloß das Blatt, denen nur Pflichten aufgehalst aber keine Rechte eingeräumt würden, wolle man sich nicht abspeisen lassen[45]. Wenn auch der Arbeiter-Radio-Bund sich arg verrechnete, als er die Kulturbeiräte als Ersatz oder Vorstufe für Hörerparlamente verstanden wissen wollte, so hat er doch die Statistenrolle der Beiratsmitglieder schon sehr früh deutlich erkannt.

Die Zeitschrift *Funk* nannte die Vorschlagsliste Preußens für die Kulturbeiräte eine Enttäuschung. Sieben Mitglieder habe man für die Berliner Funk-Stunde ernannt. Von diesen sieben seien fünf unmittelbar oder mittelbar Angehörige des Ministeriums selbst. Wie immer in Deutschland verwechsle man Kultur mit Bildung und identifiziere Bildung mit Pädagogik und Schulmeisterei. Man spreche von Persönlichkeiten und meine Titel oder Amtsbezeichnungen, man weise Bürokratismus weit von sich und bilde einen Beamtenbeirat. Beschwörend schloß der Chefredakteur, Ludwig Kapeller, seinen Beitrag: »Jene jedoch,

---

[43] *Eine »kleine Anfrage« im [preußischen] Landtag.* Funk, Nr. 6 v. 5. 2. 1926, S. 42; Dr. Bttsn. (d. i. Otto Brattskoven), *Wie steht es mit den Kulturbeiräten?* Der Neue Rundfunk, Nr. 14 v. 4. 7. 1926, S. 317.
[44] (Leo) Schnitzler, *Die Kulturbeiräte im Rundfunk.* Funk, Nr. 36 v. 3. 9. 1926, S. 291.
[45] Karl Wilhelm, *Kulturbeiräte oder Kultureunuchen?* Der Neue Rundfunk, Nr. 25 v. 19. 9. 1926, S. 579.

Der sozialdemokratische Kulturpolitiker Curt Baake (1864–1938), seit 1927 erster Vorsitzer des Arbeiter-Radio-Bundes und Mitglied des Kulturbeirats der Deutschen Welle, einer der wenigen Vertreter einer Hörerorganisation in einem Rundfunkgremium.

die nun durch drei Jahre dem Rundfunk Treue gehalten: Wir werden, ob verlacht oder gepriesen, mißachtet oder anerkannt – für die Freiheit des Rundfunks kämpfen, sei es nun gegen politische oder kulturelle, gegen behördliche oder kommerzielle und aktiengesellschaftliche Bevormundung und Verkümmerung!«[46] Schließlich erschien im *Neuen Rundfunk* Anfang Dezember die programmatische Überschrift: *Demokratisierung des Rundfunks.* Der Verband forderte nicht Entpolitisierung, sondern Demokratisierung. Ihm lag weder an Überwachung noch an »Beiräten«[47]. Der Arbeiter-Radio-Bund kam mit seiner Forderung jedoch zu spät. Immerhin gelang es ihm noch, seinen neuen Vorsitzenden, Curt Baake, in den Kulturbeirat der Deutschen Welle zu schicken.

Bei aller publizistischen Problematik der Kulturbeiräte stellten diese Gremien im allgemeinen doch ungefährlichere Kontrollorgane dar als die Überwachungsausschüsse. Sie waren durch die für sie erlassenen Richtlinien zur Harmlosigkeit verurteilt. Wenn das Rundfunkprogramm nicht eben die Vorhut des für Weimar heute als charakteristisch geltenden kulturellen Experiments abzugeben vermochte, dann lag das keineswegs an

[46] Ludwig Kapeller, *Die Ernennung der Kulturbeiräte.* Funk, Nr. 48 v. 26. 11. 1926, S. 417f.
[47] Klaus Neukrantz, *Demokratisierung des Rundfunks.* Der Neue Rundfunk, Nr. 36 v. 5. 12. 1926, S. 843.

den Kulturbeiräten, sondern an den Direktoren und Intendanten der einzelnen Rundfunkgesellschaften und an ihren Abteilungsleitern. Die Tatsache, daß immerhin bestimmte Rundfunkgesellschaften die künstlerischen und literarischen Zeitzeichen besser darzustellen wußten als andere, die eher einem traditionellen Kulturverständnis zugetan waren, spricht ebenfalls für die im Vergleich zu den Überwachungsausschüssen geringen Einflußmöglichkeiten und die seltenen Eingriffe der Kulturbeiräte[48].

Man mag unter publizistischen Gesichtspunkten eine solche Beurteilung der Kulturbeiräte zunächst einmal zufrieden zur Kenntnis nehmen mit der Bemerkung, wenigstens das kulturelle Programm sei also offenbar nicht rigoros der staatlichen Zensur unterworfen worden. Doch wie wohlgefällig diese Charakterisierung der Kulturbeiräte auch sein mag, sie ist ebenso vordergründig. Denn alles, was die Rundfunkforschung und die zeitgenössischen Zeugnisse erkennen lassen, deutet darauf hin, daß die Kulturbeiräte zwar keine wirksamen Unterdrückungs- oder Verhinderungsinstrumente der Kultusbürokratie waren – von seltenen Ausnahmen abgesehen; dafür gaben sie sich aber meist allzu willfährig zu einer exklusiven, kulturkonservativen und bisweilen philiströsen Kulturkumpanei mit den Rundfunkdirektoren her. Das ging so weit, daß z. B. Beiratsmitglieder bei der Werag zu häufig beschäftigten Mitarbeitern im Programm wurden[49].

Auch bei der Mirag waren die Beiratsmitglieder im Vortragsprogramm nicht selten ihre eigenen Kontrolleure[50]. Ein Blick in die Programmzeitschriften liefert außerdem zureichende Beispiele dafür, daß dieses bemerkenswerte Rückkoppelungsphänomen auch bei den anderen Gesellschaften aufgetreten sein muß und daß einzelne Beiratsmitglieder den Auftrag der »Mitwirkung an der Gestaltung des Programms« weniger korporativ auf das Gremium als vielmehr ganz persönlich auf sich selbst bezogen haben. Listige Direktoren und Intendanten lernten rasch, wie sie sich ihrer Kulturbeiräte versichern konnten. Um dem einen Riegel vorzuschieben, erließ der Preußische Minister

[48] Grube, *Rundfunkpolitik,* S. 137 ff.
[49] Bierbach, *Rundfunk zwischen Wirtschaftsinteressen und Politik.*
[50] Fritz Kaphahn (Hrsg.), *Zum fünfjährigen Bestehen des Mitteldeutschen Rundfunks.* Leipzig 1929 sowie ders., *Die kulturellen Beiräte.* Rufer und Hörer 1931/32, 5, S. 263–268.

für Wissenschaft, Kunst und Volksbildung, Adolf Grimme (SPD) – später (1948–1956) Generaldirektor des Nordwestdeutschen Rundfunks –, am 28. Dezember 1931 Ergänzungsbestimmungen für die Kulturbeiräte[51]. In ihnen wurde verfügt, daß die Mitgliedschaft in einem Kulturbeirat unvereinbar sei mit honorierter Tätigkeit für die jeweilige Rundfunkgesellschaft. Einschränkend hieß es freilich, daß vor allem keine »laufenden Darbietungsfolgen«, also keine Vortragsreihen, wohl aber Einzeldarbietungen erlaubt seien; hierzu müsse jedoch der Auftrag von der Rundfunkgesellschaft erteilt und der Kulturbeirat unterrichtet werden. Charakteristisch reagierten die Honoratioren des Beirats der Werag. Das Gremium fühlte sich offenbar ertappt, denn es hielt den Ministererlaß für »Ehrabschneidung«[52].

Wollte eine Rundfunkgesellschaft sich und ihren Beirat nicht in Konflikte bringen, dann machte sie nur allzu gern von der Möglichkeit Gebrauch, eine problematisch erscheinende Programmentscheidung nicht ihrem Kulturbeirat, sondern als Politikum ihrem Überwachungsausschuß vorzulegen. Diese Gremien-Strategie ist schon aus den kurz erwähnten Fällen Graetz und Frank erkennbar, doch exemplarisch ist der Fall des *Berliner Requiem. Kleine Kantate,* nach Texten von Bert Brecht, Musik von Kurt Weill. Das Werk hätte nach einer unbefangenen Auslegung der Richtlinien eine Angelegenheit der Kulturbeiräte bleiben müssen, doch es geriet – beinahe selbstverständlich – in die Mühlen mehrerer politischer Überwachungsausschüsse.

Das Berliner Requiem war der fünfte Kompositionsauftrag der RRG, den der Frankfurter SWR auf Initiative von Hans Flesch mit dem Komponisten und dem Textautor abschloß. Brecht sollte seinen Text vor der Komposition dem SWR vorlegen, hielt sich jedoch nicht an diese Vereinbarung. Gleichwohl wollte der SWR das Werk abnehmen und produzieren. Im Anschluß an eine Intendantenkonferenz am 1. März 1929 in Berlin spielte Kurt Weill den Herren seine Komposition vor, damit sie sich wegen der Übernahme in ihre Programme einen Eindruck verschaffen könnten. Schon bei dieser Gelegenheit winkten of-

---

[51] Brief Preußischer Minister für Wissenschaft, Kunst und Volksbildung an Oberpräsidium Koblenz, 28. 12. 1931 [Ergänzungsbestimmungen über den kulturellen Beirat der Sendegesellschaften], zit. nach Bierbach, *Rundfunk,* S. 545.
[52] Protokoll der Sitzung des Kulturbeirats des Westdeutschen Rundfunks, Köln, vom 20. 2. 1932, zit. nach Bierbach, *Rundfunk,* S. 545.

fenbar einige Intendanten ab, während andere bereit waren, das Stück zu übernehmen. Direktor Fritz Kohl von der Leipziger Mirag fragte bezeichnenderweise gar nicht erst seinen Kulturbeirat, sondern gleich seinen politischen Überwachungsausschuß; der lehnte die Übernahme des Brecht-Weill-Stücks ab. Damit lieferte dieses Gremium eine praktische Handhabe für andere Rundfunkgesellschaften; eine Lawine kam ins Rollen. Das Mitglied des Leipziger Überwachungsausschusses und des entsprechenden Berliner Aufsichtsgremiums, der preußische Landtagsabgeordnete und SPD-Fraktionsvorsitzer Ernst Heilmann, so berichtet der Frankfurter Direktor Hans Flesch, informierte den Überwachungsausschuß der Funk-Stunde in Berlin, der nun auch für die Berliner Rundfunkgesellschaft die Übernahme ablehnte[53]. Die RRG als Geschäftsführerin der Direktorenkonferenzen teilte eilfertig diese Entscheidung allen übrigen Gesellschaften mit und schlug vor, die ganze Sache auf Eis zu legen. Doch der SWR in Frankfurt und die Werag in Köln ließen sich nicht beirren. Sie befragten zwar ebenfalls ihre Überwachungsausschüsse, aber die beiden Gremien ließen das Werk passieren, monierten nur den Titel *Berliner Requiem,* ohne damit eine Aufführung verhindern zu wollen.

Am 22. Mai 1929 sendete der SWR in Frankfurt die Kantate; die Kölner Werag übernahm das Programm. Kurt Weill hatte das Stück der Frankfurter Rundfunkgesellschaft gewidmet. Er schrieb damals: »Über die sonderbaren Vorgänge hinter den Kulissen dieser Aufführung wird vielleicht später noch einiges zu sagen sein.«[54] Der Rundfunkkritiker Felix Stiemer nahm diese Anregung schon wenig später mit der Bemerkung auf, unter allen künstlerischen Leitern des Rundfunks habe sich selbstverständlich keine einzige Stimme gegen das Werk erhoben. Der Widerspruch sei in den »anonymen Überwachungsausschüssen« entstanden, in denen keiner zu seinem Urteil persönlich und in aller Öffentlichkeit stehen müsse. Ein geübter Zensor werde von seiner Partei schon so instruiert, daß er unter allen Umständen als heiler Mann aus der Blamage hervorgehe[55].

[53] Sitzungsbericht der Besprechung [der Rundfunkleiter] am 1. 5. 1929. BA Kblz R 78/890.
[54] Kurt Weill, *Notiz zum »Berliner Requiem«.* Der Deutsche Rundfunk, Nr. 20 v. 17. 5. 1929, S. 613.
[55] Sti. (d.i. Felix Stiemer), *Geschichte eines Requiems.* Der Deutsche Rundfunk, Nr. 22 v. 31. 5. 1929, S. 731.

An den Bericht Fleschs hatte sich in der Intendantensitzung vom 1. Mai 1929 eine Diskussion über die Befugnisse der Überwachungsausschüsse angeschlossen. Dabei ging es um die Frage, ob eine Gesellschaft, die selbst gar nicht beabsichtige, ein Stück zu senden, dennoch ihren Überwachungsausschuß wegen dieses Stückes befragen dürfe. Möglicherweise war im Fall des *Berliner Requiem* eine Taktik angewandt worden, durch die der Leipziger gegen den Berliner Überwachungsausschuß ausgespielt werden sollte. Manches spricht dafür, daß auch die Berliner Gesellschaft ursprünglich das Brecht-Weill-Stück vom SWR übernehmen wollte und nur die Leipziger vorsichtshalber doch noch ihren Überwachungsausschuß gefragt hatten. Als dieser negativ entschied, mußten die Berliner ihren von Heilmann ja bereits informierten Überwachungsausschuß ebenfalls befragen, und der konnte sich offenbar nicht dazu durchringen, den Spruch des Leipziger Gremiums zu konterkarieren; das gelang nur in Frankfurt und in Köln. Die Intendanten verabredeten aufgrund dieser ihrer Erfahrungen, bei Gemeinschaftsproduktionen solle die Gesellschaft, die das Stück ihrem Überwachungsausschuß vorlegen wolle, dies gefälligst den anderen umgehend mitteilen, damit diese möglichst gar nicht erst in Schwierigkeiten mit ihren Gremien kämen[56].

Jedenfalls spielten, wie dieses taktische Beispiel zeigt, die Kulturbeiräte bei wirklich entscheidenden publizistischen Fragen keine Rolle. Mochte sich doch der Überwachungsausschuß als politisch gut abgeschirmtes Gremium die Finger schmutzig machen. Weder die Rundfunkgesellschaft noch ihr ehrbarer Kulturbeirat brauchten sich dann so etwas Unanständiges und Etatistisches wie Zensur nachsagen zu lassen.

Zeugnisse für diese Einstellung liefern mit ihrer heute eher angestrengt wirkenden Argumentation beispielsweise die Protokolle der öffentlichen Programmratssitzungen 1928 in Wiesbaden oder 1929 in Bremen, wo der Kölner Intendant, wie erwähnt, über Zensur referierte und in der Diskussion die Gremien gegen die böse Rundfunkkritik zu Hilfe gerufen wurden; oder auch das Protokoll der Arbeitstagung der RRG und der Sektion für Dichtkunst der Preußischen Akademie der Künste am 30. September und am 1. Oktober 1929 in Kassel, wo Alfred

---

[56] Sitzungsbericht der Besprechung [der Rundfunkleiter] am 1. 5. 1929. BA Kblz R 78/890.

Döblin das Einführungsreferat hielt und meinte, die Kulturbeiräte seinen skeptischen Schriftstellerkollegen gegenüber eher in Schutz nehmen zu müssen[57].

Der Kulturbeirat war den Rundfunkgesellschaften allenfalls gut genug, um hinter den breiten Rücken seiner gewichtigen Mitglieder in Deckung zu gehen, wenn öffentliche Kritik geübt wurde. Nur folgerichtig war deshalb auch der Wunsch des Berliner Beiratsvorsitzers Wilhelm Waetzoldt, nicht nur über die Programmpläne, sondern auch über die Personalpolitik informiert zu werden. Bei der Regiesitzung der Funk-Stunde mit ihrem Kulturbeirat zur Besprechung des Winterprogramms 1928/29 am 20. August 1928 konstatierte Waetzoldt in der Presse zunehmende »kritische Stimmung dem Berliner Rundfunk gegenüber«. Es sei für den Kulturbeirat, »der sich nicht als ein bloßes Ornament an der Palastfassade der Berliner Funkstunde« betrachte, peinlich, aus der Presse zu erfahren, daß ein »bedeutender Dichter« wie Arnolt Bronnen engagiert sei[58]. Auf der gleichen Sitzung führte der Direktor der Funk-Stunde Friedrich Georg Knöpfke bittere Klage über Beeinflussungsversuche der Zeitschrift *Funk-Woche* und des Rundfunkhändlerverbandes und appellierte hilfesuchend an seinen Kulturbeirat: »Wenn wir jetzt gewisse Konzessionen machen müssen, so ist das letzten Endes darauf zurückzuführen, daß wir festgestellt haben und auch einsehen mußten, daß wir uns nicht einfach nach Herrn Piefke richten können, um das mal kraß auszudrücken, sondern daß die Ansicht des Kulturbeirats maßgebend für uns ist und sein wird. Aber wir müssen bitten, daß, wenn es zu einem ernsthaften Kampfe vielleicht mit Tausenden oder Hunderttausenden kommt, wir jetzt schon die Hoffnung haben dürfen, die Herren des Kulturbeirats hinter uns zu finden.«[59] Eher zurückhaltend spendeten die anwesenden Beiratsmitglieder, vor allem der Komponist Max Butting, Trost. Waetzoldt versicherte in seinem Schlußwort: »Und wenn es zu einer Auseinandersetzung mit den großen Hörerkreisen und Interessenverbänden kommen sollte, dann kann die Leitung der Funk-

[57] Niederschrift der Sitzung des Programmrats der deutschen Rundfunkgesellschaften in Bremen am 22. und 23. Mai 1929. Berlin o. J., S. 57 ff., *Dichtung und Rundfunk*. Berlin 1930, S. 7 ff.
[58] Regiesitzung [der Funk-Stunde Berlin] in Anwesenheit des Kulturbeirats am 20. 8. 1928. O. O. o. J., S. 9.
[59] Ebd., S. 88.

Stunde vollkommen gewiß sein, daß der Kulturbeirat an ihrer Seite stehen wird.«[60]

Als Abschirmorgan mochte der Kulturbeirat noch herhalten. Im Gegensatz zum Überwachungsausschuß aber waren seine Aufgaben eher vage bestimmt. Bei den Rundfunkgesellschaften bildete sich die Praxis heraus, den Beirat nur noch dann zu aktivieren, wenn es galt, kleine programmpolitische Zimmerbrände schnell zu löschen und im nachhinein umständlich über mögliche Brandursachen zu diskutieren oder bei Programmplanungen interessiert zur Kenntnis zu nehmen, was sich die Rundfunkleute einfallen ließen; dabei paßten sie allenfalls noch auf, ob die Anregungen aus ihrem Kreise auch berücksichtigt worden waren. Ärger gab es allenfalls – wie im Kulturbeirat der Werag noch im Februar 1932 –, als ein Beiratsmitglied, der Dortmunder SPD-Bildungssekretär Max Skuhr es gewagt hatte, die einträgliche Programm-Mitwirkung eines anderen Mitglieds, und zwar des Vorsitzenden selber, offenzulegen und sich dabei belehren lassen mußte, er habe »Fachgebiete und Lebensräume« zu vertreten, nicht jedoch eine Gruppe. Ironischerweise gab diese Belehrung auch noch der Direktor des Zentralbildungsausschusses der katholischen Verbände Deutschlands, Prälat Bernhard Marschall, der freilich alles andere als »Fachgebiete und Lebensräume« vertrat. Doch der Kölner Kulturbeirat war über sein unbotmäßiges Mitglied empört, da es die fruchtbare Zusammenarbeit mit der Rundfunkgesellschaft gestört hatte[61]. Aus dem Kulturbeirat der Sürag in Stuttgart ist bekannt, daß sich seine Mitglieder gern mit eigenen Grundsatzerklärungen über aktuelle Probleme und die eigene Ohnmacht, sie zu lösen, hinweg halfen. Auf den seltenen Sitzungen kam es zu eher akademischen Erörterungen über das Programm im allgemeinen, allenfalls über einzelne Programmsparten im besonderen, und dies meist in der Rückschau. Der Stuttgarter Kulturbeirat tagte 1931 nur noch zweimal[62]. Andererseits lehnte es der Kulturbeirat des SWR in Frankfurt im April 1930 ab, über einen programmpolitischen Grundsatzvortrag eines leitenden Mitarbeiters aus dem Hause, des künstlerischen Leiters Ernst Schoen, zu diskutieren; man gab Schoen jovial

[60] Ebd., S. 96.
[61] Bierbach, *Rundfunk*, S. 545 f.
[62] Grube, *Rundfunkpolitik*, S. 139 ff.

den Rat, seinen Beitrag doch in der Rundfunkzeitschrift zu veröffentlichen[63].

Der Fall des *Berliner Requiem* im Frühjahr 1929, der aus der Kompetenz der kulturellen Beiräte unversehens in die der politischen Überwachungsausschüsse geraten war, hatte die Direktoren und Intendanten, was die Kompetenzen ihrer beiden Gremien anging, offenbar unsicher gemacht. Auf der Intendantenkonferenz am 17. Juni 1929 gab der Rundfunk-Kommissar selbst dazu eine Erklärung ab als Kommentar zu den einschlägigen Bestimmungen. Hans Bredow – diesen Schluß lassen seine Ausführungen zu – wollte den Überwachungsausschuß auf eine passive Aufsichtsfunktion mit Veto-Recht beschränkt wissen, den Kulturbeirat dagegen als Organ der aktiven Mitwirkung durch Vorschläge zur Programmgestaltung aufwerten[64]. Er wußte offenbar sehr wohl, daß derlei Aufgabenbestimmungen den Vorstellungen der Rundfunkgesellschaften entgegenkommen mußten. Letzten Endes brachte aber auch diese Auslegung keine grundsätzliche Änderung in der Praxis der Gremienarbeit. Bis 1932 bestimmten der Reichsvertreter und die Ländervertreter vor allem im politischen Überwachungsausschuß, ganz selten im Kulturbeirat, ob ein Programm und welches kontrolliert wurde und wann Vorzensur oder Nachzensur anzuwenden war. Es blieb dabei: Der Überwachungsausschuß war der Wachhund, der Kulturbeirat war der Schoßhund der Rundfunkgesellschaften.

6.3. *Der publizistische Auftrag des Weimarer Rundfunks* *Das Medium als interministerielle Kommunikationsbehörde*

Heute steht außer Zweifel, daß der Rundfunk in Deutschland nicht als ein publizistisches Mittel, sondern als eine interministerielle Verwaltung gegründet worden ist. An diesem bürokratischen Gebilde waren das Reichspost- und das Reichsinnenministerium sowie Länderministerien in überwiegender Zahl be-

---

[63] Brief Ernst Schoen an Walter Benjamin, 10. 4. 1930. Walter Benjamin, *Gesammelte Schriften.* Bd. II, T. 3. Frankfurt (Main) 1977, S. 1503 sowie Ernst Schoen, *Aufgaben und Grenzen des Rundfunk-Programms.* S. R. Z.-Südwestdeutsche Rundfunk-Zeitung, Nr. 21 v. 25. 5. 1930 (mit drei Fortsetzungen; mehr nicht erschienen).
[64] Sitzungsbericht der Besprechung [mit Rundfunkleitern] am 17. 6. 1929. BA Kblz R 78/890.

teilgt. Die auf der Grundlage der Richtlinien von 1926 eingesetzten Honoratiorengremien, die Überwachungsausschüsse
und die Kulturbeiräte, stellten allenfalls Ornamente dar auf den
beiden soliden Säulen, auf die sich der Rundfunk in der Weimarer Republik stützte, auf den Rundfunk-Kommissar des Reichspostministers und die RRG.

Man kann drei Zeitabschnitte festhalten, die zum Verständnis
der ersten Entwicklung des Mediums hilfreich sind: 1. In den
Jahren 1926 bis 1928 wurde das Medium Rundfunk als politische Verwaltung verstanden. Die Verwaltungspraxis bestand in
der Ausübung einer politischen Zensur durch die Überwachungsausschüsse und die Kulturbeiräte. 2. In den Jahren 1928
bis 1932 wurde das Medium Rundfunk als öffentliche Verwaltung verstanden; in der rundfunkpolitischen Diskussion ist die
Reform der Arbeit der Überwachungsgremien in Richtung auf
öffentliche Kontrolle, anstelle der politischen Zensur, gefordert
worden. Es handelte sich im Grunde um den Versuch einer
demokratischen Reform des Rundfunks mit Konsequenzen für
die Programmarbeit. 3. 1932 schließlich wurde das Medium
Rundfunk als staatliche Verwaltung reorganisiert. Die Arbeit
der neuen Überwachungseinrichtungen kann unbesehen als
staatliche Zensur angesehen werden. Das Scheitern der demokratischen Reform führte zu einer staatsautoritativen Neuordnung und zu einem national ausgerichteten Programm.

Mit unbeholfenen Begriffen tastete sich die rundfunkpolitische Diskussion auf diesen Ebenen in die Richtung einer publizistischen Vorstellung vom neuen Ausdrucksmittel. Aus
»Überparteilichkeit«, einer Kategorie aus den Richtlinien von
1926, wurde polemisch »Entpolitisierung«. Aus der abwerten-
den Bedeutungsecke hervorgeholt, bekam »Überparteilichkeit«
sodann das aufwertende Etikett »Neutralität«. Doch man ist
mit dieser Etikettierung nicht recht froh geworden, denn der
Beiklang des Nichtssagenden, des politischen Neutrums, war
nicht gerade schmeichelhaft. Von Neutralität konnte seit 1928
auch nicht mehr die Rede sein, wenn es um die Finanzierung
der technischen und publizistischen Entwicklung des Mediums
ging, ob im Reichstag bei den Beratungen des Post-Haushalts,
in den Länderparlamenten oder in den Sitzungen der Aufsichtsgremien von RRG und Rundfunkgesellschaften. Politisch unbefangene Stimmen aus den Reihen der preußischen SPD oder der
Demokraten in den Reichsbehörden waren bald bereit, den subjektiv gewiß nicht selten schuldlos unpolitischen Staatsdienern

in der Rundfunkverwaltung und den Staatsaufsehern in der Rundfunküberwachung ihre demokratischen Defizite nachzusehen. Das mag, gemessen am Schicksal der ersten deutschen Republik, aus heutiger Sicht zweifellos ein Fehler gewesen sein. Sie suchten stattdessen um paritätische – heute würde man sagen: ausgewogene – Berücksichtigung, selten um Beteiligung nach. Es entstanden entsprechende Programmformen, die bei aller Problematik der jeweiligen Diskussionsteilnehmer und des von ihnen behandelten Themas zusätzlich noch unter der rundfunkjournalistischen Unbeholfenheit solcher Darbietungen zu leiden hatten. Die Auswahl der Personen, die Dauer, die Gesprächsanordnung und die – modern gesprochen – Moderation gaben immer wieder Anlaß zur häufig auch professionellen Klage. Äußerst bemerkenswert ist freilich der Umstand, daß, ebenfalls ab 1928 der Ruf nach Aufgabe der weder politisch noch gesellschaftlich begründbaren Kategorie der Neutralität häufig verbunden war mit der Forderung nach einer ausdrücklich publizistischen Eigenschaft, nach Aktualität. Dieser Begriff wurde alsbald zu einem wirklichen Schlüsselwort für alle Versuche, doch noch eine demokratische Reform des Mediums zu erreichen. Wenn das Medium auch eine Verwaltung bleiben sollte, dann doch wenigstens eine öffentliche Verwaltung; und wenn Überwachung, dann doch wenigstens durch öffentlich bestellte und kontrollierte Gremien. Der Ruf nach Aktualität war beinahe am Ende ein Wort der Sklavensprache, dessen sich die Rundfunkjournalisten bedienten, um ihrem Medium endlich einen publizistischen Status zu verschaffen, wie ihn das Nachbarmedium Presse nach der Weimarer Verfassung immerhin beanspruchen konnte und in den besseren Jahren der Republik auch durchaus gehabt hat.

Im März 1928 kommentierte der *Arbeiterfunk* die Verhandlungen über den Rundfunkhaushalt im Haushaltsausschuß des Reichstags. Das Blatt schrieb, für die bürgerlichen Parteien scheine im deutschen Rundfunk alles zum besten zu stehen. Kein Abgeordneter rühre sich, niemand habe Beschwerden, allein von links kämen immer wieder die Klagen. Ein Wunder sei dieses allerdings kaum, denn die deutschen Sender seien für die Reaktion die besten Helfer, die man sich denken könne. Sie agitierten für den Militarismus, für die Kriegshetze, für die Kirche; sie unterdrückten alle freiheitlichen und republikanischen Dinge, kurz: sie seien die Agitationskontore für die gesamte, vereinigte Reaktion. Die sich anschließenden Bemerkungen lesen sich gar nicht so erstaunlich: Wo einsichtige Sendedirektionen gerecht zu verfahren suchten, würden sie, oftmals auf Umwegen über das deutsch-nationale Reichsinnenministerium, auf den »rechten Weg« zurückgeführt; und da die Knute über ihnen schwebe, wagten sie nicht, aufzumucken oder auch nur gerecht und wirklich neutral zu sein. Im Zusammenhang mit diesen Worten wird der Rundfunkpolitiker der SPD, Arthur Crispien, mit seiner Rede im Haushaltsausschuß des Reichstags vom 8. März 1928 zitiert: Nach den Richtlinien sollte der Rundfunk politisch neutral sein, meinte der Genosse, die Preußische Staatsregierung habe aber erst dafür Sorge tragen müssen, daß die republikanischen Grundsätze auch Berücksichtigung fänden. Die Neutralität bestehe in Wirklichkeit nicht, die Darbietungen seien meist im Stile des Generalanzeigers gehalten. Entweder seien sie nationalistisch oder so charakterlos und von jeder wahren Tendenz frei, daß sie für die große Zahl der Arbeiterschaft wertlos seien. Wer die Rundfunkprogramme kontrolliere, werde feststellen, daß man den Begriff der Neutralität nicht aufrecht erhalten könne. Man müsse oft sogar von einer Hetze gegen die Republik, gegen den Frieden sprechen. Wie auf Kommando setze regelmäßig eine Rechtshetze gegen einen Sender ein, wenn er den Arbeitern mal entgegenkomme. Er, Crispien, bedauere, daß das Reichsinnenministerium dem nicht entgegentrete. Die Dinge lägen so, daß die Klagen aus dem Lande sich mehr und mehr in die Richtung bewegten, daß die Direktoren und die verantwortlichen Künstler zwar der Arbeiterschaft entgegenkommen wollten, daß aber die Hemmungen bei manchen Überwachungsausschüssen lägen[65]. Dem Abgeordneten war die politische Problematik des Begriffs der Neutralität offensichtlich völlig klar, Schwierigkeiten bereitete ihm jedoch der publizistische Aspekt dieser Kategorie.

Ein paar Wochen später kommentierte ein gewiß unverdächtiges Rundfunkblatt, die Zeitschrift *Der Deutsche Rundfunk,* das Verhältnis zwischen Arbeiterschaft und Rundfunk: Es bleibe gar nichts anderes übrig, als die Gegensätze in ihrer ganzen Schärfe zu sehen und auszutragen. Der Gegensatz zwischen Rundfunk und Arbeiterschaft bilde heute das gewichtigste Hindernis für diese Verständigung. Der Kampf gehe seit drei Jahren hin und her, und nur die Mittel wechselten. Die RRG wolle mit

[65] *Der deutsche Rundfunk im Haushaltsausschuß des Reichstages.* Arbeiterfunk, Nr. 13 v. 23. 3. 1928, S. 194.

statistischen Mitteln die Arbeiterschaft nur als eine Minderheit der Teilnehmer hinstellen. Statistisch sei dies vielleicht richtig, doch den wirklich aktiven Hörer finde man eben im Arbeiterhaushalt. Und diese Hörer wollten, das ließe sich mit drei Worten sagen, den überparteilichen (nicht unparteiischen!) politischen Rundfunk. Es sei weder Zufall noch Widerspruchsgeist, daß diese Forderung vom Arbeiterhörer am nachdrücklichsten erhoben würde; denn keine Bevölkerungsschicht erlebe den Zusammenhang zwischen Politik und persönlichem Schicksal so deutlich am eigenen Leibe wie sie, keiner wisse so genau, was sich hinter Parteilosigkeit nur allzu gern verstecke. Der Rundfunk werde stets Partei sein, meinte das Blatt, wenn er irgendwie mit dem geistigen und wirtschaftlichen Leben zusammenhänge. Dem Lebensraum des Arbeiters jedenfalls stehe der Rundfunk erschreckend fremd gegenüber. Daran könnten auch die wenigen Stunden Arbeiterfunk nichts ändern[66].

Die Rundfunkzeitschrift ließ 1928 das Thema »Aktualität« nicht mehr los; man könnte fast von einer Kampagne für die aktuelle politische Berichterstattung sprechen[67]. Zur 5. Großen Deutschen Funkausstellung veranstaltete das Blatt eine der damals beliebten Umfragen: Was erwarten Sie von der Zukunft des Rundfunks? Kurt Tucholskys Antwort lautete, wie schon 1926 und später unbeirrt bis 1932: »Fort mit der Zensur! Ich erwarte mir von der Zukunft des Rundfunks den Fortfall der Zensur, die Aufgabe eines falschen Ideals: nämlich des unpolitischen Rundfunks, den es nicht gibt und auch nicht geben kann, und die Einführung eines politisch neutralen Rundfunks, den wir nicht haben.«[68]

Anfang November desselben Jahres meldete sich zum gleichen Thema der Rundfunkpublizist Werner Mahrholz, Redakteur der *Vossischen Zeitung* in Berlin und vormals Mitglied des

---

[66] Sti. (d. i. Felix Stiemer), *Arbeiterfunk*. Der Deutsche Rundfunk, Nr. 23 v. 1. 6. 1928, S. 1501.
[67] Die Schriftleitung, *Wir fordern!* Der Deutsche Rundfunk, Nr. 42 v. 12. 10. 1928, S. 2813 f., Hermann Tölle, *Rundfunk, Aktualität und Hörerschaft*. Der Deutsche Rundfunk, Nr. 45 v. 2. 11. 1928, S. 3028, Hanns Schmiedel, *Aktualität, der Lebensnerv*. Der Deutsche Rundfunk, Nr. 46 v. 9. 11. 1928, S. 3097.
[68] Kurt Tucholsky, *Fort mit der Zensur*. Der Deutsche Rundfunk, Nr. 36 v. 31. 8. 1928, S. 2390; Ignaz Wrobel (d. i. Kurt Tucholsky), *Rundfunkzensur*. Die Weltbühne, Nr. 16 v. 17. 4. 1928, S. 590 ff. sowie ders., *Der politische Rundfunk*. Die Weltbühne, Nr. 20 v. 18. 5. 1926, S. 788, nachgedruckt in: Der Neue Rundfunk, Nr. 18 v. 1. 8. 1926, S. 411.

Kulturbeirats der Deutschen Welle, zu Wort. Klipp und klar begann er mit der These: »Bei einem Staatsmonopol für geistige Dinge ist eine gewisse Zensur nicht zu vermeiden: der Funk ist Staatsmonopol, und so hat er eine Zensur.« Mit eben solcher Deutlichkeit trug er ein Reformkonzept vor, das wegen seiner publizistischen Entschiedenheit hier angeführt werden soll:

»1. Die Rundfunksendung muß aus dem Telegraphengesetz herausgenommen, ihre Rechtsverhältnisse müssen durch eigenes Reichsgesetz geordnet werden.

2. Die Stellung des Programmleiters muß so ausgestaltet werden, daß er sich frei regen und bewegen, nach bestem Wissen und Gewissen arbeiten kann. Selbstverständlich muß eine Handhabe gegen Mißbrauch seiner Dienststelle vorhanden sein, aber diese Disziplinargewalt über ihn muß Regel und Formen haben. Die Amtsenthebung muß nur unter bestimmten, festumschriebenen Verhältnissen möglich sein.

3. Das Verfahren der offiziellen Zensur muß in bestimmte Formen gebracht werden, und zwar etwa nach folgenden Grundsätzen:

a. Eine Zensur über künstlerische Darbietungen ist überhaupt unzulässig;

b. eine Zensur über gedankliche Darbietungen, soweit sie nicht das politische Gebiet berühren, ist unzulässig;

c. der eigentliche Zensurvorgang ist so zu regeln, daß Beanstandungen in jedem Falle zunächst mit dem Autor besprochen werden müssen. Kommt eine Einigung nicht zustande, so soll in zwei Instanzen (erste Instanz und Berufungsinstanz) entschieden werden. Als Beisitzer sind Sachverständige, zur Hälfte von der Sendegesellschaft, zur anderen Hälfte vom Autor, zu benennen. Eine Entscheidung über aktuelle Vorträge, die ihren Wert und Sinn durch längeres Lagern verlieren, hat längstens innerhalb einer Woche zu erfolgen; über nichtaktuelle Vorträge, die bei Beanstandung vorerst abgesetzt werden, innerhalb von vier Wochen. Vorträge, die die Zensur passiert haben, müssen innerhalb von drei Monaten dann auch tatsächlich gesendet werden.«[69]

Die Umständlichkeit des Zensurvorgangs entschuldigte Mahrholz mit dem Hinweis, daß weite Gebiete des Programms zensurfrei bleiben sollten und daß nur sehr wenige Vorträge

[69] Werner Mahrholz, *Zur Rundfunkzensur.* Die Sendung, Nr. 45 v. 2. 11. 1928, S. 577.

Werner Mahrholz (1889–1930), Redakteur der *Vossischen Zeitung,* forderte 1928 ein Reichsrundfunkgesetz als verfassungsrechtliche Grundlage der staatlichen Rundfunkaufsicht.

überhaupt zu Beanstandungen, die nicht in Rücksprache mit dem Autor zu beheben seien, Anlaß geben würden. Hier sprach ganz offensichtlich journalistische Kompetenz. Im übrigen ist es erstaunlich, daß möglicherweise mit Ausnahme des Chefredakteurs der Dradag, Josef Räuscher, kaum ein anderer politischer Journalist sich grundsätzlich über das neue Medium und seine bestmögliche Organisation geäußert haben dürfte. Allenfalls Essays über literarische Darbietungen im Rundfunk druckten die Rundfunkzeitschriften ab. Selbst das Thema »Aktualität« wurde literarisiert[70]. In den allgemeinen Rundfunkzeitschriften haben sich lediglich jüngere Journalisten, wie Hans Tasiemka, Hugo Ramm oder Felix Stiemer, gelegentlich grundsätzlichen Fragen zugewandt und die Beziehungen zwischen Politik und Programm erörtert[71].

Zur 6. Großen Deutschen Funkausstellung (1929) veranstaltete die Zeitschrift *Der Deutsche Rundfunk* abermals eine Umfrage, diesmal zu folgenden Fragenkomplexen: 1. Fördert der

[70] Arthur Silbergleit, *Wahre und falsche Aktualität.* Die Sendung, Nr. 50 v. 7. 12. 1928, S. 443 f.
[71] Hugo Ramm, *Leerlauf?* Der Deutsche Rundfunk, Nr. 3 v. 17. 1. 1930, S. 3 und ders., *Aktueller Rundfunk und Rundfunkpolitik.* Der Deutsche Rundfunk, Nr. 25 v. 20. 6. 1930, S. 3 f. sowie Felix Stiemer, *Rundfunkzensur.* Der Deutsche Rundfunk, Nr. 5 v. 31. 1. 1930, S. 9.

Rundfunk Musik und Literatur der Lebenden? 2. Genügt Ihnen die bisherige Leistung auf diesem Gebiet? 3. Welche Forderungen stellen Sie noch? Wieder wurde Tucholsky gefragt; er antwortete unter der gleichen Überschrift wie im vergangenen Jahr: »Fort mit der Zensur ... Nein, die bisherige Leistung genügt ganz und gar nicht. Und hat einen Grund, und dieser Grund heißt: die Zensur. Solange die Deutschen nicht lernen, daß es nichts Unpolitisches auf der Welt gibt und geben kann, solange ist der Rundfunk elend unvollkommen. Es kann keinen unpolitischen Rundfunk geben – es kann nur einen politischen neutralen Rundfunk geben (was er heute nicht ist). Selbstverständlich hat auch der schärfste Hitler-Mann das Recht, seine Bücher und seine Helden, seine Gedenktage und seine Ideale im Rundfunk zu propagieren – solange er damit keine strafbare Handlung begeht. Der Kommunist hat das gleiche Recht. Der steuerfeindliche Bauer hat es. Die Großindustrie. Der Arbeiter. Die Frau, die für den Gebärzwang ist. Die Frau, die gegen den Gebärzwang ist. Nur eines geht nicht: daß eine Partei auf Kosten der anderen bevorzugt wird. Fort mit der Zensur! Und fort mit dem intoleranten Hörer, der überschäumt, wenn ihm da etwas ins Haus gesprochen wird, mit dem er nicht einverstanden ist. Dann soll er die Antenne erden. So lange der Spießer, der seine Ruh haben will, das Programm durch Druckbriefe bestimmt, so lange kann der Rundfunk seiner Aufgabe nicht gerecht werden.«[72] Kurt Tucholsky brachte seine Forderungen nach publizistischer Freiheit für die neuen Medien bis zuletzt vor. Noch im April 1932 schrieb er, Pressefreiheit sei einmal ein gutes politisches Schlagwort gewesen: »Was heute verlangt werden muß, ist: Filmfreiheit und Rundfunkfreiheit. Die Zensoren machen aus beiden einen Kindergarten.«[73]

Ein Schlaglicht auf parteipolitische Intoleranz wirft ein Ereignis, das als der »Fall Westarp« in die Rundfunkgeschichte einging. Der deutschnationale Abgeordnete Kuno Graf Westarp meldete Anfang Mai 1929 sein Rundfunkgerät ab. Die konservative *Neue Preußische [Kreuz-]Zeitung* druckte seine Begründung ab: »Hiermit kündige ich zum ersten zulässigen Termin

---

[72] Peter Panter (d.i. Kurt Tucholsky), *Fort mit der Zensur.* Der Deutsche Rundfunk, Nr. 36 v. 6. 9. 1929, S. 1145.
[73] Peter Panter (d.i. Kurt Tucholsky), *Schnipsel.* Die Weltbühne, Nr. 14 v. 5. 4. 1932, S. 521 sowie Ignaz Wrobel (d.i. Kurt Tucholsky), *Freier Funk! Freier Film!* Die Weltbühne, Nr. 18 v. 3. 5. 1932, S. 660 ff.

meine Beteiligung am Rundfunk. Ich muß es ablehnen, mir dauernd einseitig parteipolitische und agitatorische sozialdemokratische Kundgebungen bieten zu lassen, wie sie in den klassenkämpferischen Reden der Herren [Wilhelm] Sollmann und Minister [Rudolf] Wissell zum 1. Mai ihren Höhepunkt erreicht haben. Außerdem verzichte ich auf den Rundfunk, weil der größte Teil der Darbietungen des Berliner Rundfunks auch in kultureller Beziehung immer wertloser wird.«[74] Der Rundfunk gehe Wege, so fuhr Westarp fort, die nur noch die in ihm tätigen Parteifunktionäre der Linken verantworten könnten. Überall und bei jeder passenden Gelegenheit würden dem Hörer parteipolitische Darbietungen in unverhüllter Form als Propaganda und Agitation aufgezwungen. Zwei Monate später begann dasselbe Blatt einen Artikel, der mit der Frage überschrieben war: *Wird Severing Rundfunkdiktator?* mit der mokant fingierten Ansage: »Hier ist Berlin auf der Welle der Sozialdemokratie – hier ist Deutschland auf der Welle des Marxismus! Sie hören jetzt Mitteilungen über den beabsichtigten sozialdemokratischen Putsch auf den deutschen Rundfunk. Wir übertragen diese Nachrichten nach eigenen Informationen.«[75] Erbost erinnerte das hochkonservative Blatt an die Tatsache, daß die Reichspost ihr Einspruchsrecht politischer und kultureller Art dem Reichsinnenministerium übertragen habe. Deshalb sei es für Severing leicht, seine neue Gewaltherrschaft auszunutzen und Rundfunkdiktator zu werden. Mit der Übernahme der politischen und kulturellen Diktatur durch Severing werde der gesamte deutsche Rundfunk eine marxistische Kulturwaffe. Das Trauma eines SPD-Innenministers, der angeblich nicht nur die Exekutive als Miliz für einen Putsch bereithielt, sondern zu allem Überfluß auch noch den Rundfunk in seine Gewalt gebracht hatte, war für die rechten Parteien und ihre Presse unerträglich geworden.

Im Herbst 1929 hatten Georg Knöpfke, der Direktor der Funk-Stunde, und sein Abteilungsleiter Alfred Braun es für richtig gehalten, die Partei zu wechseln und Mitglieder der SPD zu werden. Als die Presse das erfuhr, gab es Wirbel, die bis in die Sitzung des Verwaltungsrats der RRG zu spüren waren.

[74] *Der unmögliche Rundfunk.* Neue Preußische [Kreuz-]Zeitung (Berlin), Nr. 168 v. 5. 5. 1929.
[75] *Wird Severing Rundfunkdiktator?* Neue Preußische [Kreuz-]Zeitung (Berlin), Nr. 229 v. 7. 7. 1929.

Theodor Wanner bemerkte, daß die Parteieinstellung von Angestellten der Rundfunkgesellschaften deren Privatsache sei und die übergeordnete Aufsichtsinstanz nichts angehe. Er bedauerte jedoch, daß mit dieser Privatangelegenheit die Öffentlichkeit befaßt worden sei und regte an, in künftigen Fällen Zeitungsnotizen nach Möglichkeit zu verhindern[76]. Wenige Tage später gab der Rundfunk-Kommissar zu Beginn einer Pressekonferenz eine Erklärung zur »Überparteilichkeit des Rundfunks« ab, die die rundfunkeigene Fachkorrespondenz *Funk-Express* am 28. November 1929 verbreitete[77]. Die Rundfunkmitarbeiter seien, so lautete der Kern von Bredows Text, keine Beauftragten von Parteien und Interessengruppen, sondern Diener der Allgemeinheit. Die subjektiv gewiß aufrichtige Darlegung ist ein Zeugnis mehr für die These von der politischen Selbstentäußerung des Rundfunks in der Weimarer Republik; sie kann als Prototyp des modernen Theorems der Ausgewogenheit gelten.

»Seitdem die Reichsregierung in Ausübung eines ihr zustehenden Rechts das Mittel der elektrischen Welle zu Kundgebungen verwendet hat, hören die Angriffe und Verdächtigungen gegen den Rundfunk und dessen leitende Personen nicht mehr auf. Es wird den Rundfunkleitern, besonders auch im Hinblick auf den Übertritt eines Rundfunkleiters in eine andere Partei, vielfach in der häßlichsten Form vorgeworfen, daß sie Parteipolitik fördern. Da bisher von der Rundfunkseite niemals öffentlich gegen derartige Angriffe Stellung genommen worden ist, halte ich es für nötig, mich vor meine Kollegen zu stellen. Natürlich kann das Rundfunkprogramm nicht von Menschen gemacht werden, die keine eigene Meinung haben. Jeder wird als denkender Mensch seine Weltanschauung besitzen. Aber das ist seine eigene Angelegenheit, ebenso wie bei jedem anderen Staatsbürger und auch bei den Beamten. Im Rundfunk ist deshalb noch nie jemand nach seinem Glaubensbekenntnis oder seiner Parteizugehörigkeit gefragt worden, aber desto mehr nach seinen Fähigkeiten. Im Rundfunk gibt es keine Persönlichkeiten, die ihr Amt als Beauftragte von Parteien ansehen, sondern alle stehen auf einer gemeinsamen Plattform: nämlich Diener der Allgemeinheit zu sein und nicht einer Interessengruppe.

[76] Protokoll über die Sitzung des Verwaltungsrats der RRG am 18. 11. 1929. DRA Ffm RRG-Akten.
[77] Funk-Express, Nr. 96 v. 28. 11. 1929, S. 4, auch in: Der Deutsche Rundfunk, Nr. 49 v. 6. 12. 1929, S. 1546.

Das ist im Rundfunk durchaus erreicht. Jedenfalls würden meine Kollegen ebenso wie ich jeden Versuch einer einseitigen parteipolitischen Beeinflussung als eine gegen unsere Berufsehre gerichtete Zumutung betrachten. Diese ganz klare Auffassung ist auch der Grund dafür, daß die politischen Überwachungsausschüsse so wenig Anlaß zum Eingreifen gehabt haben. Jede leitende Person im Rundfunk überwacht sich selbst und ist durch die Art der Organisation gezwungen, so zu arbeiten, daß ihre Handlungsweise stets vor den Mitarbeitern offen darliegt. Wir betrachten Reichs- und Landesregierungen nicht als parteipolitische Koalitionen, sondern als die verfassungsmäßigen obersten Autoritäten, denen wir bei ihrer Aufgabe, den Staatsgedanken zu fördern, behilflich sein müssen.«

6.4. Politische Rundfunkreform
Mißlungene Versuche: Reichsrundfunkgesetze

Die Erklärung des Rundfunk-Kommissars vom 28. November 1929 wurde zu einem Zeitpunkt abgegeben, als sich die Große Koalition in die Regierungsgeschäfte eingearbeitet hatte, und die wirtschaftliche Katastrophe sich noch nicht in ihrer weltweiten Dimension darstellte. Carl Severing (SPD) war seit sechzehn Monaten als Reichminister des Innern im Amt und die Zahl der Rundfunkteilnehmer hatte soeben die dritte Million überschritten. Die von Kurt Tucholsky wie von zahlreichen anderen Publizisten geforderte Abschaffung der Zensur im Rundfunk war im Gespräch[78]. Mit seiner Geißelung der deutschen Unduldsamkeit befand sich Peter Panter alias Tucholsky – wahrscheinlich ohne es zu wissen – im Einverständnis mit dem Rundfunk-Kommissar des Reichspostministers. Die allgegenwärtige Vokabel von der Rundfunkzensur hatte immerhin Kurt Haentzschel bereits im Oktober 1928 in einer Berliner Tageszeitung unter seine verfassungsrechtliche Lupe genommen und den technischen Vorbehalt als Gebot für einen überparteilichen Staatsbetrieb angeführt. Wären, ebenso wie im Zeitungswesen, mehrere und verschiedene Rundfunkunternehmen nebeneinander möglich, so argumentierte er, dann sei es an der Zeit, neben der »Freiheit der Presse auch die Freiheit des Rund-

[78] Wolf Zucker, *Rundfunkzensur und Rundfunkkritik*. Die Literarische Welt, Nr. 35 v. 30. 8. 1929, S. 1 f.

funks« einzuführen[79]. Der Ministerialbeamte aus dem Reichsinnenministerium scheint der einzige Jurist gewesen zu sein, der überhaupt einmal die verfassungsrechtliche Frage der Rundfunkorganisation am Beispiel der Zensurpraxis der Aufsichtsgremien gestellt hat. Im übrigen sind allenfalls Bedenken aufgetreten, ob eine strafrechtliche Analogie zwischen den Medien Presse und Rundfunk bestehen könnte.

Die RRG veranstaltete 1928 – zusammen mit der Deutschen Studiengesellschaft für Funkrecht – ein Preisausschreiben zum Thema »Rundfunk und Reichspreßgesetzgebung«. Der österreichische Jurist Leopold Rauscher reichte gleich einen fertigen Gesetzentwurf ein. Dabei sortierte er in seinen Erläuterungen die Rechtsmaterie und verlangte der Rechtssicherheit halber eine gesetzliche Regelung durch besonderes Rundfunkrecht. Ein solches Rundfunkrecht sei dort erforderlich, wo durch das neue Medium Verhältnisse geschaffen worden seien, »welche dem Rundfunk im Vergleich mit anderen Verständigungs- und Verkehrsmitteln eigentümlich sind«. Doch dieser Vergleich sollte keineswegs bis an die konstitutionellen Wurzeln gesellschaftlicher Kommunikation getrieben werden. In beinahe rührender rechtspolitischer Unschuld argumentierte Rauscher: »Während die Presse von dem aus dem verfassungsmäßigen Recht der freien Meinungsäußerung folgenden System der Preßfreiheit beherrscht ist, gilt für den Rundfunk das System der Gebundenheit.«[80] Aufgrund des Postmonopols, als dessen Bestandteil der Rundfunk angesehen werde, übe der Staat über diesen die Funkhoheit aus. Hieraus ergebe sich die Gebundenheit auf allen Gebieten des Funkverkehrs. Entgegen einer der Presse wesentlichen freien Meinungsäußerung unterlägen die Funkprogramme der Aufsicht von Überwachungs- und Kulturausschüssen. Überhaupt, so Rauscher, herrsche allenthalben die Tendenz vor, den Funkbetrieb mit Rücksicht auf seine überwiegend kulturellen Aufgaben als öffentlichen Dienst zu behandeln.

Dieses ungebrochen gouvernementale Denken ließ selbstverständlich keinen Ausbruch in Grundrechtsprobleme des Rundfunks zu. Der Rauscher-Entwurf stellte lediglich einen Versuch

[79] Kurt Haentzschel, *Ist Rundfunkzensur verfassungswidrig?* Berliner Tageblatt, Nr. 508 v. 26. 10. 1928.
[80] Leopold Rauscher, *Entwurf eines Reichsgesetzes über Rundfunkdarbietungen.* Archiv für Funkrecht 1929, 2, S. 214 f.

dar, für das Programm »presserechtsähnliche Grundsätze und Normen zu entwickeln«[81]. Der Entwurf wurde in der von der RRG finanzierten Fachzeitschrift *Archiv für Funkrecht* veröffentlicht und dort auch diskutiert[82]. Unmittelbare Folgen hatte der Rauscher-Entwurf nicht. Die RRG verlautbarte kühl, gegenüber den Bestrebungen mancher Kreise, die auf Erlaß eines besonderen Rundfunkgesetzes abzielten, habe sich die RRG stets ablehnend verhalten[83].

Kurt Haentzschels freiheitliches Rundfunkkonzept mag auch die Vorstellungen seines Ministers mitbestimmt haben, als dieser im Herbst 1929 »Rundfunk-Reformvorschläge« zu Papier brachte. Die Grundidee entstand auf dem Hintergrund der rundfunkpolitischen Diskussion des Arbeiter-Radio-Bundes sowie der Bildungsorganisationen der SPD und der Freien Gewerkschaften[84]. Nicht zuletzt konnte gerade die Arbeiter-Rundfunkorganisation ihre eigene Rundfunkpolitik formulieren, nachdem die Kommunistische Internationale die Proletarische Einheitsfront im selben Jahr ausgezählt und den kommunistischen Parteien die weitere Zusammenarbeit mit Sozialdemokraten und Gewerkschaften verboten hatte.

Der Reformplan der SPD war ähnlich ausgelegt wie der Mahrholz-Vorschlag aus dem Jahr zuvor, vor allem was die Forderung nach einem Reichsrundfunkgesetz betraf. Parlamentarische Kontrolle sollte auf diese Weise über neue Gremien möglich sein. Die politische Rundfunkverwaltung sollte durch eine öffentliche Verwaltung, die allein das Kriterium einer rechtmäßigen Verwaltung erfüllen konnte, ersetzt werden. Statt politischer Honoratioren in den Überwachungsgremien war an eine öffentliche Aufsicht, wiederum auf gesetzlicher Grundlage, gedacht.

Die Minimalverschiebungen auf der Skala der Kommunikationsfreiheit ließen indessen eine Fülle rechtlicher, politischer und publizistischer Fragen offen. Das Ziel mag klar gewesen

---

[81] Ingo Fessmann, *Rundfunk und Rundfunkrecht in der Weimarer Republik.* Frankfurt (Main) 1973, S. 132.

[82] Rudolf Cahn-Speyer, *Kritische Bemerkungen zu Rauschers Entwurf eines Reichsgesetzes über Rundfunkdarbietungen.* Archiv für Funkrecht 1929, 3, S. 315 ff. sowie Leopold Rauscher, *Entgegnungen auf Cahn-Speyers kritische Bemerkungen ...* Archiv für Funkrecht 1929, 5, S. 519 ff.

[83] *Fünf Jahre Reichs-Rundfunk-Gesellschaft.* (Berlin 1931), S. 24.

[84] Wolf Bierbach, *Reform oder Reaktion?* In: Winfried B. Lerg u. Rolf Steininger (Hrsg.), *Rundfunk und Politik 1923–1973.* Berlin 1975, S. 37 ff.

Rundfunkkommissar Hans Bredow führte 1929 durch die Funkausstellung. Von links: Bredow (ohne Hut), Reichsinnenminister Carl Severing, Staatssekretär Erich Zweigert, Reichspostminister Georg Schätzel (mit Zylinder).

sein: Der Rundfunk sollte eine gesellschaftlich kontrollierte, staatspublizistische Organisation werden zur ausgedehnten Verlautbarung von Nachrichten, Meinungen, Belehrungen und Unterhaltungsdarbietungen. Haentzschels Rundfunkfreiheit war freilich mit keinem Silberstreif am Horizont zu erkennen, denn der Reichspostminister der Großen Koalition hieß Georg Schätzel und war Mitglied der Bayerischen Volkspartei. Welche Chance also hat Carl Severing tatsächlich gehabt? Vielleicht war er nur der alten politischen Regel gefolgt, daß man niemals den Schritt tun soll, den der Gegner am sehnlichsten wünscht. Den wirklich handfesten Griff nach dem Rundfunk leisteten sich ganz andere – zwei Jahre später.

6.5. *Publizistische Rundfunkreform*
Ein fast gelungener Versuch: Gesprächsprogramme

Ein einziges Beispiel mag zeigen, welcher Aufwand erforderlich war, bis im deutschen Rundfunk eine Programmform Eingang finden konnte, die auf dem einfachen kommunikativen Grundsatz des Meinungsaustauschs in einer Gesprächsrunde beruht. Als Gemeinschaftsprogramm der Deutschen Welle und des Südwestdeutschen Rundfunks lief von November 1927 bis

März 1929 eine Sendung unter dem Titel »Gedanken zur Zeit«. Die Idee stammte von Hermann Schubotz, Hans Flesch und Fritz Wichert, dem Vorsitzer des Kulturbeirats des SWR. Zunächst wurden nur Themen aus Wissenschaft, Kunst und Technik in unmittelbar aufeinander folgenden Vorträgen oder bereits in sogenannten »Kontradiktorischen Gesprächen« erörtert[85]. Der Vorsitzer des Überwachungsausschusses des SWR hatte sich offenbar beim Reichsinnenministerium abgesichert und die Genehmigung mit der Auflage erhalten, bei dieser Vortragsreihe besonders auf die Einhaltung der Bestimmungen zu achten, um die politische Neutralität zu wahren. Schon am 1. Dezember 1927 hatte er in einem besonderen Bericht an den Reichsinnenminister eine solche Versicherung abgegeben; in seinem Tätigkeitsbericht über das zweite Halbjahr 1927 fügte er hinzu, daß bisher nur Wohnungsprobleme erörtert worden seien[86]. Tatsächlich kamen politische Themen mit Rücksicht auf die Richtlinien zunächst nicht in Frage.

Nach Bildung der Großen Koalition im Juni 1928 wurde jedoch auch dieser Gedanke aufgegriffen. Oberregierungsrat Wilhelm Ziegler, der stellvertretende Leiter der Reichszentrale für Heimatdienst, griff Anfang November 1928 in der Rundfunkzeitschrift *Die Sendung* einen Vorschlag der *Frankfurter Zeitung* auf, im Rundfunk eine »Stunde der Politik« einzurichten. Aufgabe und Ziel eines solchen Programms müsse der politische Dialog sein, die Diskussion zwischen zwei verschiedenen Vertretern, in der die verschiedensten Reflexe nacheinander aufleuchten könnten. Dazu, so meinte der Beamte, gehöre allerdings ein eingespieltes Rednerpaar, eine Art Doppel-Ensemble, genau wie im Theater und bei sonstigen Darbietungen der Deutschen Welle. In dieser Richtung wollte Ziegler die Entwicklungslinie des politischen Vortragswesens sehen[87]. Der Reichsinnenminister ging in seiner Rundfunkansprache zum zehnten Jahrestag des 9. November 1918 am Rande auch auf die Absicht der Einführung einer »Stunde der Politik« ein. Am 12. Dezember 1928, also knapp einen Monat nach der Ansprache Severings, gab die RRG in ihrem Pressedienst folgende Er-

---

[85] Pohle, *Der Rundfunk als Instrument der Politik,* S. 80 ff.

[86] Tätigkeitsbericht des Überwachungsausschusses beim Südwestdeutschen Rundfunk Frankfurt (Main) vom 1. 1. 1928. BA Kblz R 78/632.

[87] Wilhelm Ziegler, *»Stunde der Politik«?* Die Sendung, Nr. 46 v. 9. 11. 1928, S. 590 ff.

klärung ab: »Im Einvernehmen mit der Preußischen Staatsregierung haben der Herr Reichsminister des Innern und der Herr Reichspostminister die Rundfunkgesellschaft Deutsche Welle GmbH ermächtigt, kontradiktorische Vortragsreihen und Gespräche über aktuelle Tagesfragen zu veranstalten ... Mit diesen Veranstaltungen wird ein Versuch gemacht, die in der Öffentlichkeit vielfach geäußerten Wünsche nach Aktualisierung des Rundfunks zu erfüllen. Die gleichfalls vielfach erhobene Forderung, den Rundfunk den politischen Parteien uneingeschränkt zur Verfügung zu stellen, ist von allen Beteiligten als unerfüllbar abgelehnt worden. Dagegen soll auch die Erörterung solcher Tagesfragen nicht ausgeschlossen bleiben, die das Gebiet des Politischen berühren.«[88]

Die Pressestelle des Preußischen Staatsministeriums kommentierte diesen Plan. Der Leiter dieser Pressestelle, Ministerialrat Hans Goslar, schrieb in der Zeitschrift *Die Sendung* einen umfangreichen Beitrag über die »Verknüpfung des Rundfunks mit der lebendigen Gegenwart in Politik und Geistesleben«. Man könne, so meinte Goslar, mit lebhaftem Interesse und angespannten Erwartungen einer neuen Institution im Rundfunk entgegensehen, die den Rundfunk, entsprechend der Forderung vieler seiner Hörer, aktualisieren werde. Man werde in Zukunft nicht mehr eine interessante, zeitweise das ganze Volk bewegende Frage nur deshalb aus dem Rundfunk ausschalten, weil sie eben aktuell und dem Streit der Parteien noch nicht entrückt sei. Man werde sie vielmehr beherzt anpacken und durch eine von sittlichem Ernst und hohem Verantwortungsgefühl getragene kontradiktorische Auseinandersetzung von der gehässig-umstrittenen auf die Ebene sachlicher und leidenschaftsloser Klärung hinaufheben. Damit könne die Atmosphäre im Volk entgiftet werden. Das aber zu erreichen und die Menschen zu zwingen, einander anzuhören, anstatt sich gegenseitig zu beschimpfen, werde ein wahrhaft nationales Verdienst des Rundfunks sein[89].

Für die neue Sendereihe erließ der Reichsinnenminister nicht nur besondere Richtlinien, sondern er verlangte auch die Bildung eines zusätzlichen, sogenannten »parlamentarischen

---

[88] Mitteilungen der RRG Nr. 108 v. 11. 12. 1928, zit. nach Pohle, *Der Rundfunk als Instrument der Politik,* S. 82.

[89] Hans Goslar, *Die Stunde der Zeit. Die Sendung,* Nr. 53 v. 28. 12. 1928, S. 682 f.

Überwachungsausschusses«, neben dem politischen Überwachungsausschuß der Deutschen Welle. Zwei Beamte und zehn Politiker aus fünf Parteien gehörten diesem Gremium an. Aus dem Reichsinnenministerium war es Kurt Haentzschel, als Vertreter der Preußischen Staatsregierung Ministerialrat Hans Hirschfeld, der Leiter der Pressestelle des Preußischen Innenministeriums; zwei Vertreter der Deutschnationalen Volkspartei (Paul Baecker und Hans-Erdmann von Lindeiner-Wildau), zwei Vertreter der Deutschen Volkspartei (Josef Buchhorn und Carl Cremer), zwei Vertreter des Zentrums (Heinrich Krone und Leo Schwering), zwei Vertreter der Deutschen Demokratischen Partei (Georg Bernhard und Otto Nuschke) sowie zwei Vertreter der Sozialdemokratischen Partei (Ernst Heilmann und Erich Kuttner).

Die im folgenden wiedergegebenen, eigens für die neue Reihe vom Reichsinnenminister erlassenen Programmrichtlinien zeigen den guten Willen, offenbar Unvereinbares, nämlich verordnete Neutralitätsaufsicht und publizistische Selbstkontrolle miteinander zu verbinden.

»1. Die ›Gedanken zur Zeit‹ dienen keiner Partei. Ihre Darbietungen sind streng überparteilich zu gestalten.

2. Im Rahmen der ›Gedanken zur Zeit‹ sollen in Vorträgen und Gesprächen aktuelle Tagesfragen behandelt werden, die im Mittelpunkt der öffentlichen Erörterung stehen; Fragen, die breiteste Kreise der Bevölkerung bewegen und deren kontra-diktorische Behandlung geeignet ist, aufklärend zu wirken und dem Einzelnen die Möglichkeit der eigenen Meinungsbildung zu erleichtern. Die Auswahl der Themen erfolgt durch den Vorstand der Deutschen Welle GmbH. Aufgabe des für die ›Gedanken zur Zeit‹ eingesetzten Überwachungsausschusses ist es, für die erforderliche Überparteilichkeit zu sorgen. Er hat das Recht, zu diesem Zwecke Änderungen des Programms und der dafür ausersehenen Redner zu fordern und im Falle der Ablehnung das Thema abzusetzen.

3. Die ›Gedanken zur Zeit‹ sollen eine überparteiliche Plattform für alle geistigen Richtungen sein. Eine Überwachung des Inhalts der Vorträge findet nur insofern statt, als sie den Gesetzen und den guten Sitten nicht zuwider laufen dürfen und unter Ausschluß jeder gehässigen oder unaufrichtigen Polemik rein sachlich gehalten sein müssen. Vorträge, deren Zweck es ist, einzelne Volkskreise, insbesondere auch in ihren religiösen und sittlichen Gefühlen zu verletzen oder die republikanische

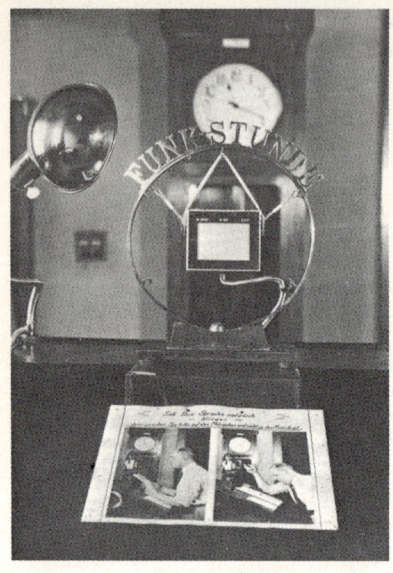

Anweisung für die Vortra-
genden im Studio: »Soll ihre
Sprache natürlich klingen,
dann sprechen Sie bitte auf
das Mikrophon und nicht in
das Manuskript«.

Staatsform zu untergraben oder ihre Repräsentanten verächtlich
zu machen, sind ausgeschlossen.
4. Die Vorträge sind dem Überwachungsausschuß vorher regelmäßig im Manuskript vorzulegen, sofern der Ausschuß nicht
ausnahmsweise etwas anderes bestimmt.«[90]

Dieses Programm, das nicht »Stunde der Politik«, sondern
»Gedanken zur Zeit« hieß, produzierte die Deutsche Welle
meistens gemeinsam mit der Funk-Stunde. Von den übrigen
Rundfunkgesellschaften übernahm zunächst nur der SWR
Frankfurt die Reihe.

Noch im Dezember 1928 erschienen die beiden ersten Sendungen. Am 9. Dezember sprach der Publizist Richard von
Coudenhove-Kalergi für und Erich Raemisch gegen »Paneu-
ropa«, am 16. Dezember der Publizist Wilhelm Heile (DDP)
für eine europäische Verständigung und der Nationalökonom
Franz Eulenburg gegen eine europäische Zollunion. Die Bezeichnung »kontradiktorische Vorträge« bedeutete, daß die beiden Kontrahenten nicht miteinander diskutierten, sondern zeit-

---

[90] H.(ermann) Schubotz, *Politik und Rundfunk*. In: *Rundfunk-Jahrbuch 1930*.
Berlin o.J., S. 108f.

lich nacheinander ihre Texte vorlasen, Coudenhove von 18.05
bis 18.30 Uhr, Raemisch von 18.30 bis 18.55 Uhr; der Rae-
misch-Vortrag mußte wegen technischer Störungen am 6. Januar 1929 wiederholt werden. Sobald die Autoren aber ihre
Manuskripte unabhängig voneinander verfaßten, was meist der
Fall war, dann fiel – wie es schon ein zeitgenössischer Kritiker
zutreffend formulierte – »das kontradiktorische Element doch
wieder weg«[91]. Das erste wirkliche Gespräch in dieser Sendereihe, in den Programmausdrucken als »Zwiegespräch« bezeichnet, führten der damalige Ministerialdirektor im Reichsinnenministerium, Arnold Brecht, und der DVP-Reichstagsabge-
ordnete Carl Cremer am 3. März 1929 von 18.00 bis 18.30 Uhr
über die Frage: »Soll der Staat Titel und Orden verleihen?«
Veranstalter war allerdings die Funk-Stunde; die Deutsche
Welle übernahm die Sendung nicht. Erst eine weitere Diskussion zur selben Frage, ebenfalls von der Funk-Stunde am
14. März von 20.00 bis 20.45 Uhr veranstaltet, dieses Mal mit
den Abgeordneten Willy Hellpach (DDP) und Johann Viktor
Bredt (Wirtschaftspartei), wurde auch von der Deutschen Welle
ins Programm aufgenommen.

DIE BEITRÄGE DER SENDEREIHE »GEDANKEN ZUR ZEIT« IM JAHRE 1929

	Sendedatum	Veranstalter u. Verfasser	Thema
So	20. Januar	*DW*	Maßregeln der Bes-
	18.00–18.30	Hans Bell (Zentrum)	serung und Siche-
	18.30–19.00	Alwin Saenger (SPD)*	rung im neuen
			Strafgesetzentwurf
So	27. Januar	*DW/Funk-Stunde*	Für und wider die
	18.00–18.30	Albert Zapf (DVP)	Todesstrafe
	18.30–19.00	Otto Landsberg (SPD)	
So	3. Februar	*Funk-Stunde***	Darf man Gott auf
	18.00–18.15	Bernhard Diebold	die Bühne bringen?
	18.15–18.30	Friedrich Mucker-	
	18.30–18.45	mann S. J.	
		Hans José Rehfisch	

---

[91] Sti. (d. i. Felix Stiemer), *Die Deutsche Welle*. Der Deutsche Rundfunk,
Nr. 48 v. 29. 11. 1929, S. 1525.

So	10. Februar 18.30–19.00	*DW/Funk-Stunde* Ernst Wagemann	Die Beziehungen zwischen Löhnen, Preisen und Konjunktur
So	17. Februar 18.00–18.30	*DW/Funk-Stunde* Berthold Sagawe	Einkommen, Kaufkraft und Wirtschaftsentwicklung in der Landwirtschaft
	18.30–18.55	Ernst Lemmer (DDP)	Löhne und Wirtschaftskonjunktur
	18.55–19.20	Fritz Tarnow (SPD)	Löhne und Kaufkraft der Arbeiterschaft
So	3. März 18.00–18.30	*Funk-Stunde* Arnold Brecht Carl Cremer (DVP)	Soll der Staat Titel und Orden verleihen?
So	10. März 18.00–19.00	*DW/Funk-Stunde* Erich Koch-Weser (DDP) Friedrich Grebe	Das Problem des Einheitsstaates
Do	14. März 20.00–20.45	*DW/Funk-Stunde* Willy Hellpach (DDP) Johann Viktor Bredt (WP)	Soll der Staat Titel und Orden verleihen?
So	17. März 18.00–18.30 18.30–19.00	*DW/Funk-Stunde* Martin Spahn (DNVP) Hans Luther (DVP)	Das Problem des Einheitsstaates
So	24. März 18.00–18.50	Wilhelm Sollmann (SPD) Theodor Heuß (DDP)	Alkoholmißbrauch
So	14. April 18.00–18.30 18.30–19.00	*DW/Funk-Stunde* Fritz Naphtali (SPD) Leon Zeitlin (DDP)	Individualisierte Wirtschaftsdemokratie
So	24. April 18.00–18.45	*DW/Funk-Stunde* Otto Nuschke (DDP) Paul Baecker (DNVP)	Wahlrechtsreform
So	28. April 18.15–19.00	*DW/Funk-Stunde* Johann Viktor Bredt (WP) Adolf Damaschke (DDP)	Wohnung und Heimstätte
So	5. Mai 18.00–18.45	*DW/Funk-Stunde* Friedrich Brunstäd Wolfgang Heine (SPD)	Der Kampf um die Zensur

So	24. Mai 19.00–19.45	*DW/Funk-Stunde* Erich Koch-Weser (DDP) Artur Mahraun	Parlamentarismus, wie er ist und wie er sein sollte
Mi	19. Juni 19.10–19.55	*DW/Funk-Stunde* Karl Siegert Karl Klee	Die Reform unserer Schwurgerichte
Mi	3. Juli 19.10–19.55	*DW/Funk-Stunde* Gerhard Erdmann (VdAV) Peter Graßmann (ADGB/SPD)	Arbeitslosenversicherungsreform
Mi	10. Juli 19.10–19.55	*DW/Funk-Stunde* Wilhelm Külz (DDP) Clara Bohm-Schuch (SPD) Magdalene v. Tiling (DNVP)	Ist das Gesetz gegen Schmutz und Schund ein wirksamer Schutz für die Jugend?
Mi	9. Oktober 19.50–20.30	*DW* Paul Baecker (DNVP) Wilhelm Heile (DDP)	Vereinigte Staaten von Europa – eine Utopie?
Mi	13. November 19.50–20.30	*DW/Funk-Stunde* Franz Willi Brüninghaus (DVP) Julius Leber (SPD)	Aussprache über die deutsche Wehrmacht
Di	19. November 20.00–20.25 20.25–20.50	*DW/Funk-Stunde* Axel v. Freytag-Loringhoven (DNVP) Rudolf Breitscheid (SPD)	Die außenpolitische Seite des Young-Plans
Mo	25. November 20.00–20.25 20.25–20.50	Georg Bernhard (DDP) Reinhold Quaatz (DNVP)	Die finanz- und wirtschaftspolitischen Auswirkungen des Young-Plans

* Sendung ungesichert; Saenger starb am 18. 2. 1929 in München.
** DW-Wiederholung am 24. 2. als »Dreigespräch«.

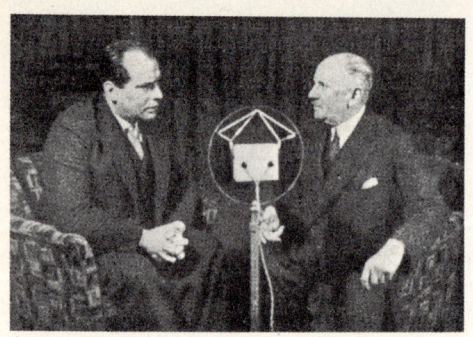

Die Sendereihe *Gedanken zur Zeit* war ein Versuch, politische Diskussionen im Rundfunk zu wagen. Julius Leber (SPD) (links) und Franz Willi Brüninghaus (DVP) am 13. November 1929 vor dem Mikrofon.

Nicht auszuschließen ist eine gewisse Rivalität zwischen der Funk-Stunde und der Deutschen Welle, was die Serie »Gedanken zur Zeit« betrifft. Das als »Aussprache über die deutsche Wehrmacht« von der Funk-Stunde am 13. November 1929 von 19.15 bis 20.30 Uhr gesendete Gespräch zwischen den Abgeordneten Franz Willi Brüninghaus (DVP) und Julius Leber (SPD) lief als Programm der Deutschen Welle und als Programm der »Aktuellen Abteilung der Funk-Stunde«, die von Hans Flesch – in Frankfurt seinerzeit Miturheber des Prototyps der Sendereihe – bald nach seinem Amtsantritt als Intendant der Berliner Funk-Stunde (15. Juni 1929) eingerichtet worden war. Anfangs standen die »Gedanken zur Zeit« von 18.00 bis 19.00 Uhr im Sonntagsprogramm. Im Juni 1929 verlegte man sie auf den Mittwoch, und der Sendetermin rückte aus dem Vorabendprogramm schließlich im November 1929 auf 20.00 Uhr. Diese Sendezeit war auf Wunsch der preußischen Regierung gewählt worden, um ein möglichst großes Hörerpublikum zu erreichen, doch sie stand offensichtlich der Übernahme der Reihe durch andere Rundfunkgesellschaften im Wege. Als Schubotz das Programm ihnen immer wieder anbot, scheinen die Direktoren Probleme mit der Sendezeit als Gründe für ihr Desinteresse geltend gemacht zu haben. Auf der Direktorenkonferenz am 31. Oktober 1930 trug Schubotz seine Sorgen vor, doch die Rundfunkleiter beteuerten, wenn die Reihe auf die Zeit von 19.30 bis 20.00 Uhr verlegt würde, sei man gern bereit, sie zu übernehmen. Schubotz versprach, sich bei der Preußischen Regierung dafür einzusetzen, daß das Programm eine halbe Stunde früher gesendet werden könnte[92]. Ganz offensichtlich war man bei den Rundfunkgesellschaften nicht überall gewillt, sich als Ouvertüre zum Abendprogramm einen Halbstundenvortrag oder eine politische Diskussion überspielen zu lassen.

Die Sendereihe stellte zunächst einen sehr schüchternen Versuch dar, die rundfunkpublizistische Programmform der Debatte einzuführen als Mittel zur Einübung rationaler und humaner Auseinandersetzung, um im Widerstreit der Meinungen einen Standpunkt zu ermitteln und dabei die Toleranz zu lernen, diesen Standpunkt nicht als allein gültige Wahrheit zu beanspruchen. Immerhin zwölf von insgesamt 21 Sendungen der Reihe im ersten Jahr 1929 stellten wirkliche Gespräche dar. Die übrigen waren »kontradiktorische Vorträge«, eine für das Zeitmedium Rundfunk recht unglückliche Darbietungsform, die häufig ihren publizistischen Zweck nicht erfüllt haben dürfte, vor allem wenn Hörer der von ihnen nicht geteilten Meinung auswichen, indem sie gerade den widersprüchlichen Vortrag abschalteten. In solchen Fällen hob sich die dieser Sendereihe zugrunde liegende Idee von selbst auf.

Der katholische Rundfunkpolitiker Heinz Monzel, Mitglied des Kulturbeirats der Funk-Stunde, vermißte bei den »Gedanken zur Zeit« als Diskussionsprogramm das »Prinzip der geistigen Mitte« und drohte, daß der Rundfunk sich mitschuldig mache am allmählichen Zerfall »unserer Kultur« in eine »Rechts- und Linkskultur«, wenn er so weitermache[93]. Dieser Vorwurf der Förderung von Standpunktlosigkeit und der kulturellen Polarisierung ging am Grundsatz der Kritik als einer Funktion des öffentlichen und aktuellen Austauschs vorbei, einem Grundsatz, der noch heute unverstanden ist, wenn – mit dem Vorwurf der Konfliktfixierung und der Unfähigkeit zum Konsens – für bestimmte Rundfunkanstalten eine wirksamere politische Beaufsichtigung gefordert wird. Schon in einer 1941 erschienenen rundfunkkundlichen Untersuchung hieß es rück-

[92] Sitzungsbericht der Besprechung [der Rundfunkleiter] am 31. 10. 1930. BA Kblz R 78/894.
[93] Heinz Monzel, *Der Rundfunk und die Katholiken*. Stimmen der Zeit 1930, 2, S. 131 und ders.: *Die Berufung des Deutschlandsenders*. In. *Rundfunk-Jahrbuch 1931*. Berlin o. J., S. 348.

blickend über die »Gedanken zur Zeit« bezeichnenderweise:
»Durch diese Art Zwiegespräche führte man nicht, sondern
man machte das Volk zu schweigenden Teilnehmern einer theoretischen Unterhaltung und Meinungsgegenüberstellung. Gerade diese Zwiegespräche, durch die der Rundfunk seine Überparteilichkeit beweisen wollte, zeugten gegen ihn selbst. Das
Zwiegespräch im Rundfunk war der sprechendste Ausdruck
jener liberalistischen Sowohl-als-auch-Haltung, der die Meinungsfreiheit wichtiger war als die Verbreitung klarer und allen
einleuchtender Grundsätze.« Mit der Überwindung des »politischen Dualismus«, so hieß es weiter, sei auch die Zeit des Zwie-
gesprächs untergegangen[94].

6.6. Konfessionelle Programmansprüche
Die Morgenfeiern am Sonntag

Die Berliner Rundfunkgesellschaft hieß noch »Radio-Stunde«,
als bereits hoher kirchlicher Besuch im Vox-Haus eintraf: der
Apostolische Nuntius, Eugenio Pacelli, und der Berliner Weih-
bischof Joseph Deitmer, begleitet von Ministerialrat Hans
Buntkirchen aus dem Reichspostministerium – in Vertretung
des evangelischen Hans Bredow – sowie vom Leiter der Vereinigten Presseabteilung der Reichsregierung, dem Zentrumspu-
blizisten Ministerialdirektor Carl Spiecker. Direktor Friedrich
Georg Knöpfke und der Leiter der Vortragsabteilung, Theodor
Weldert, führten die Herren durch die Aufnahmeräume und
zeigten ihnen die Technik; man schrieb den 8. Januar 1924[95]. Im
Jahr 1924, dem ersten Jahr des Rundfunks, kam es zu örtlich
höchst unterschiedlichen Kontakten mit den Kirchen, die im
Programm des Sonntagvormittags ihren Niederschlag fanden
und meist als »Morgenfeiern« angekündigt wurden. Eine Zusammenarbeit zwischen Rundfunkgesellschaften und Kirchen
scheint es jedoch 1924 nur in Frankfurt beim SWR, in Königsberg bei der Orag und in Stuttgart bei der Sürag gegeben zu
haben. Die Norag in Hamburg weigerte sich zuerst einmal prinzipiell, ein kirchliches oder religiöses Programm am Sonntagvormittag zu verbreiten, weil sie das Neutralitätsgebot streng

[94] Gerhard Eckert, *Der Rundfunk als Führungsmittel*. Heidelberg-Berlin-
Magdeburg 1941, S. 121.
[95] Abbildung in: Der Deutsche Rundfunk, Nr. 3 v. 20. 1. 1924, S. 52.

Am 8. Januar 1924, zwei Monate nach der Programmeröffnung, besuchte der päpstliche Nuntius Eugenio Pacelli die »Radio-Stunde AG« im Vox-Haus.

nicht nur auf politische, sondern auch auf religiöse Weltanschauungen anwenden wollte.

Es gab aber auch noch andere Gründe für die anfängliche Zurückhaltung der Kirchen, vom allgemeinen antimodernistischen Vorbehalt einmal abgesehen. Das Rundfunkprogramm am Sonntagmorgen, sei es religiös oder literarisch-musikalisch, könnte, so die Meinung, womöglich den Gottesdienstbesuch beeinträchtigen. Katholische und evangelische Geistliche und Laien sprachen vereinzelt bei den örtlichen Rundfunkgesellschaften im Rahmen der Morgenfeiern[96]. Den Gesellschaften und den Kirchenbehörden gingen überdies zahlreiche Programmwünsche aus der Hörerschaft zu, die jedoch unterschiedlich behandelt wurden.

Im überwiegend protestantischen Berlin machte die evangelische Kirche den ersten Versuch, sich eine Programmbeteiligung zu sichern. Nicht zuletzt wegen der Nähe zur zuständigen politischen Behörde, zum Reichspostministerium, vor allem aber bedingt durch die Existenz einer wirksamen Organisation für kirchliche Öffentlichkeitsarbeit, des Evangelischen Preßverbandes für Deutschland (EPD) unter der Leitung von August Hinderer, kam es im August 1924 zur Bildung einer »Rundfunkarbeitsgemeinschaft« der interessierten Verbände. Als Gründe für ihren Zusammenschluß, der mit Billigung des Deutschen Evan-

---

[96] *Der drahtlos übertragene Gottesdienst.* Funk, Nr. 11 v. 13. 3. 1925, S. 127.

gelischen Kirchenausschusses (DEKA) erfolgte, wurden die zu erwartende katholische Rundfunkarbeit und die Ansprüche von Sekten und kirchengegnerischen Weltanschauungsverbänden genannt. Auch die Tatsache, daß der Rundfunk »Monopolcharakter« habe und die amtlichen Stellen nur mit einer Instanz jeder einzelnen Kirche verhandeln wollten, spielte eine Rolle. Man vereinbarte, bei jeder Rundfunkgesellschaft örtliche Vertrauensleute zu bestellen[97].

Die Berliner protestantische Kirchenbehörde, der Evangelische Oberkirchenrat, genehmigte in einem Erlaß an die Konsistorien vom 29. Januar 1925 grundsätzlich die religiöse Morgenfeier. Doch die Veranstaltung dürfe weder gottesdienstähnlich angelegt sein noch Predigten enthalten[98]. Auf einen ähnlichen, freilich prohibitiv formulierten Standpunkt zog sich ein Jahr später auch der deutsche Episkopat zurück. Der Beschluß der Fuldaer Bischofskonferenz von 1926 über Kirche und Rundfunk empfahl, von der Übertragung von Gottesdiensten und Predigten Abstand zu nehmen, Kirchenmusik sei jedoch erlaubt. Was die religiösen und weltanschaulichen Vorträge betraf, so versprach man »nach weiteren Erfahrungen« klare Richtlinien auszugeben[99], die allerdings noch zwei Jahre auf sich warten ließen.

Dagegen hatte der Evangelische Preßverband in seinen Verhandlungen mit dem Reichspostministerium und der Funk-Stunde seit Sommer 1924 bereits sehr viel erreicht. Eine Stunde Sendezeit, an drei Sonntagen, vormittags von 9.00 bis 10.00 Uhr, wurde ihm für eine religiöse Veranstaltung zur Verfügung gestellt; den vierten Sonntag bekam die katholische Kirche für ihre Morgenfeier zugestanden. Bei der Auswahl der Redner hatte der Verband freie Hand und sogar das Recht, religiöse Vorträge von anderen protestantischen Religionsgemeinschaften abzulehnen. Predigten waren jedoch nicht zugelassen, um den Gottesdienstbesuch nicht zu beeinträchtigen. Außerdem mußte aus diesem Grund nach der Morgenfeier eine Sendepause bis 12.00 Uhr eingehalten werden[100]. Auf diese

[97] Günther Bauer, *Kirchliche Rundfunkarbeit 1924–1939*. Frankfurt (Main) 1966, S. 21 f.
[98] Brief Evangelischer Ober-Kirchenrat an Konsistorium Koblenz, 29. 1. 1925, zit. nach Bierbach, *Rundfunk*, S. 698.
[99] Bauer, *Kirchliche Rundfunkarbeit*, S. 32, 128 (Anlage 5).
[100] Brief Deutscher Evangelischer Kirchenausschuß an die Deutschen Kirchenregierungen, 17. 3. 1925, zit. nach Bierbach, *Rundfunk*, S. 698.

Weise war die Berücksichtigung der evangelischen Ansprüche grundsätzlich gesichert. Aber ein Jahr darauf mußte der Kirchenausschuß seinen Programmbesitzstand bereits verteidigen, als das Reichspostministerium der Deutschen Welle gestatten wollte, am Sonntagvormittag von 10.00 bis 11.00 Uhr ein Programm mit »gemeinnützigen Vorträgen für werktätige Rundfunkteilnehmer« einzurichten. Das Preußische Ministerium für Wissenschaft, Kunst und Volksbildung fragte im Mai 1926 vorsichtig bei den Evangelischen Landeskirchenämtern an und bekam entschlossenen Protest zu hören. Auch der Kirchenausschuß lehnte Anfang Juni ab und teilte dies dem Preußischen Kultusministerium am 25. Juni und dem Reichspostministerium am 8. September mit. Am 15. September ließ dann der Reichspostminister den Kirchenausschuß wissen, auf Wunsch des Preußischen Kultusministers »soll nach Mitteilung der Reichs-Rundfunk-Gesellschaft von der Durchführung des Planes abgesehen werden«[101].

Der Kirchenausschuß richtete an das Reichsinnenministerium im Jahr darauf noch einmal ausdrücklich die Bitte, sonntags zwischen 10.00 und 11.00 Uhr keine Programme zu verbreiten, um das kirchliche Leben nicht zu schädigen; der Reichsinnenminister gab den Brief befürwortend an seine Vertreter in den Überwachungsausschüssen weiter[102]. Mittelbaren Anlaß für diesen Vorgang hatte eine Morgenfeier des Arbeiter-Kultur-Kartells am Sonntag, dem 30. März 1927, gegeben, die von der Funk-Stunde von 10.20 bis 11.00 Uhr übertragen worden war. Schon am folgenden Montag unterrichtete der Preßverband den Kirchenausschuß; dieser beschwerte sich am 4. April beim Reichsinnenminister. Drei Monate später teilte das Ministerium dem Kirchenausschuß mit, der Rundfunk-Kommissar des Reichspostministers habe die Rundfunkgesellschaften darauf hingewiesen, »daß an der bisherigen Gepflogenheit, mit Rücksicht auf den Gottesdienst die Vormittagsstunde von 10 bis 11 Uhr an Sonn- und Feiertagen rundfunkfrei zu lassen, unbedingt festgehalten werden muß«. Eine Rückversicherung er-

---

[101] Brief Deutscher Evangelischer Kirchenausschuß an Preußisches Ministerium für Wissenschaft, Kunst u. Volksbildung, 25. 6. 1926 sowie Brief Reichspostminister an Deutschen Evangelischen Kirchenausschuß, 15. 9. 1926. BA Kblz R 55 DC/490.
[102] Brief Deutscher Evangelischer Kirchenausschuß an Reichsinnenminister, 4. 4. 1927, abschriftlich durch Reichsinnenminister an Reichsvertreter in den Überwachungsausschüssen, 24. 4. 1927. Ebd.

Der Kölner Religionslehrer Bernhard Marschall (1888–1963) leitete seit 1926 im Auftrag der deutschen Bischöfe die katholische Rundfunkarbeit.

laubte sich der Reichsinnenminister allerdings mit Blick für aktuelle Ereignisse. Ausnahmen dürften zugelassen werden im Einvernehmen mit der Reichs-Rundfunk-Gesellschaft bei »Übertragungen von ganz besonders wichtigen, im allgemeinen Interesse liegenden Veranstaltungen ..., auf deren Zeitbeginn die Rundfunk-Gesellschaften ohne Einfluß sind«[103].

Die katholische Rundfunkarbeit begann sich von Köln aus erst im Februar 1926, eineinhalb Jahre nach den Protestanten, zu organisieren. Während bei der evangelischen Kirche ein publizistischer Verein als Organisationsmantel diente, war es bei der katholischen Kirche eine pädagogische Organisation: der Zentralbildungsausschuß der Katholischen Verbände Deutschlands (ZBA). Sein Vorsitzender war der Kölner Religionslehrer und spätere Prälat Bernhard Marschall[104]. Entsprechend schwierig gestaltete sich auch die Begründung der katholischen Rundfunkarbeit als Volksbildungsaufgabe, vor sich selbst als katholischem Bildungsverband, besonders aber gegenüber den meist kulturkonservativen kirchlichen Einrichtungen und Behörden. Die publizistischen Ziele wurden schließlich in Verbindung mit

[103] Brief Reichsinnenminister an Deutschen Evangelischen Kirchenausschuß, 1. 7. 1927. Ebd.
[104] Bierbach, *Rundfunk,* S. 667 ff. (Beispiel Werag Köln) sowie Grube, *Rundfunkpolitik,* S. 163 f. (Beispiel Sürag Stuttgart).

der Zentrums-Partei durch konsequente Gremienpolitik verfolgt.

Den Pädagogen des Zentralbildungsausschusses fehlte es anfangs nicht an Originalität. Sie plädierten für Mitarbeit und wollten am Sonntagnachmittag zwischen 17.00 und 19.00 Uhr eine Programmstunde haben, die jedoch keineswegs religiös, sondern kulturell als »Bildungsstunde« gestaltet sein sollte. Katholiken sollten am Programm mitwirken, auch am allgemeinen Programm; »Anstößiges« und »Minderwertiges« sollte kritisiert werden. In vertraulichen Zusatzrichtlinien wurde verabredet zu versuchen, »die verschiedenen weltanschaulichen Stunden überhaupt aus dem Radio zu entfernen, aber doch einstweilen vorsichtig mit [zu] tun«. Sollte es jedoch nicht gelingen, die religiösen Morgenfeiern der »Nichtkatholiken« zu verdrängen, dann würde man die eigene Programmstunde ebenfalls religiös und nicht nur kulturell gestalten müssen[105].

Darauf lief die weitere Entwicklung auch hinaus, denn es war reichlich kurzsichtig zu hoffen, die evangelischen Morgenfeiern könnten aus dem Programm verdrängt werden. Am Ende richteten sich die beiden Konfessionen auf Paritäten ein, freilich nicht überall statistisch genau dem jeweiligen katholischen oder evangelischen Bevölkerungsanteil in den Sendegebieten der Rundfunkgesellschaften entsprechend[106]. Das erforderte langwierige und umständliche Verhandlungen, die erst zu Beginn des Jahres 1928 zu einem ersten Ergebnis führten.

Die Verhandlungen mit dem Reichspost- und dem Reichsinnenministerium führte auf katholischer Seite der Zentralbildungsausschuß, dem am 20. Februar 1926 vom Kölner Erzbischöflichen Generalvikariat die Rundfunkfragen als Aufgabengebiet zugewiesen worden waren. Ähnlich wie der evangelische Preßverband unter August Hinderer ausführendes rundfunkpolitisches Organ des Deutschen Evangelischen Kirchenausschusses wurde, fungierte der Zentralbildungsausschuß der Katholischen Verbände Deutschlands unter Bernhard Marschall als rundfunkpolitische Geschäftsführung des deutschen Episkopats. Wie die regionalen Vertrauensleute des Evangelischen Preßverbandes, die späteren Evangelischen Arbeitsgemein-

---

[105] Ergänzende Richtlinien des ZBA vom 9. u. 10. 2. 1926, zit. nach Bauer, *Kirchliche Rundfunkarbeit*, S. 126 (Anlage 2).
[106] Tabelle der Morgenfeiern der Werag Köln 1927–1932 bei Bierbach, *Rundfunk*, S. 680.

schaften für Rundfunk, die Programm- und Gremienpolitik in die Hände nahmen, so waren unter dem Dach des Zentralbildungsausschusses bei jeder Rundfunkgesellschaft regionale Leiter – nicht zu verwechseln mit den bischöflichen Beauftragten, obwohl bisweilen beide Funktionen in einer Person zusammentrafen – der seit 1928 so genannten Rundfunkarbeitsgemeinschaften Deutscher Katholiken im selben Sinn tätig. Zu dieser Programm- und Gremienpolitik kam dann noch die Personalpolitik in den Funkhäusern hinzu, denn Verhinderung oder Kritik moralisch oder ideologisch unliebsamer Programme pflegt immer aufwendiger zu sein und meist geräuschvoller vor sich zu gehen als die vorbeugende Personalpolitik, die kirchentreue Leute in Schlüsselstellungen zu bringen versucht, und dies nicht nur in den Funkhäusern selbst, sondern auch in den Gremien. Gleichwohl waren sich, was die Programmüberwachung anging, Staat und Kirche einig: »Sie benutzten einander zu diesem Zweck.«[107]

Als die katholische Stellung zum Rundfunk – nach heftigen Auseinandersetzungen in den verschiedenen Bildungsvereinigungen – an Profil gewonnen hatte und die evangelische Kirche keine Anstalten machte, sich aus den sonntäglichen Morgenfeiern wieder zurückzuziehen, lenkte der Zentralbildungsausschuß ein und wandte sich im September 1926 an die Bischöfe mit der Bitte, am Sitz einer jeden Rundfunkgesellschaft besondere Beauftragte für die Morgenfeier zu ernennen. Diese Beauftragten sollten den örtlichen Rundfunkarbeitsgemeinschaften angehören[108].

Nach Berlin (1924) und Breslau (1925) entstanden im Jahr 1927 in Köln und in Stuttgart, 1928 in Frankfurt und in München konfessionell paritätisch angelegte Morgenfeiern; Königsberg und Hamburg folgten 1930. Die Vereinbarungen darüber sind zwischen den Kultusministerien der Länder auf der einen und den Konsistorien, Landeskirchenämtern oder bischöflichen Generalvikariaten auf der anderen Seite getroffen worden. Grundlage für diese Verhandlungen war ein Erlaß des Reichsinnenministers vom 2. Januar 1928, der möglicherweise nicht ohne Druck des Zentrums und der DNVP unter dem Eindruck der Schulpolitik des Reichsinnenministeriums im Jahre 1927

---

[107] Bauer, *Kirchliche Rundfunkarbeit*, S. 46, 70 f. sowie Grube, *Rundfunkpolitik*, S. 160 ff.
[108] Bauer, *Kirchliche Rundfunkarbeit*, S. 56 ff.

In Andacht hört der fromme Mann
Die Früh-Mess' sich im Bette an.

Rundfunk als Ersatz für den Kirchenbesuch – gerade das wollten die
Rundfunkpolitiker beider Konfessionen vermeiden.

zustande gekommen ist. Die Reichsvertreter in den Überwachungsausschüssen erhielten folgende Anweisung:

»1. Es ist mit den für den Rundfunk erlassenen Richtlinien
nicht vereinbar, weltanschauliche Vereinigungen, die in dem in
Frage kommenden Sendebezirk einen beträchtlichen Teil der
Bevölkerung vertreten, grundsätzlich vom Rundfunk auszuschließen, vorausgesetzt, daß ihre Darbietungen sich im Rahmen der genannten Richtlinien halten.

2. Als Schlüssel für die Häufigkeit der Berücksichtigung welt-
anschaulicher Vereinigungen wird aus praktischen Gründen die
Bevölkerungsstatistik heranzuziehen sein. Hinzuwirken ist aber
möglichst auf gütliche Einigung mit denjenigen, die eine Berücksichtigung erbitten. Sonntägliche Morgenfeiern sind den
staatlich anerkannten Religionsgemeinschaften (Art. 137 RV)
vorzubehalten, falls nicht eine anderweitige Verständigung mit
den Beteiligten erfolgt.«[109]

Den Artikel 137 der Weimarer Verfassung hatte die katholische Kirche 1919 als Autonomie-Erklärung für alle Religionsgemeinschaften besonders begrüßt. Der Staat und die Gemeinden
hatten keine Mitwirkungsrechte mehr bei der Verleihung kirch-

---

[109] Brief Reichsinnenminister und Reichspostminister an Reichsvertreter in
den Überwachungsausschüssen, 2. 1. 1928, zit. nach Bierbach, *Rundfunk,* S. 681.

licher Ämter, obwohl die juristische Form der Konfession als Körperschaft des öffentlichen Rechts unangetastet blieb.

Nach diesem Erlaß, der zwei Wochen später auch den preußischen Ländervertretern in den Überwachungsausschüssen zugestellt wurde, war die Mitwirkung der beiden christlichen Kirchen gesichert. Die der Deutschen Stunde in Bayern vom Bayerischen Staatsministerium für Unterricht und Kultus mit dem Datum vom 21. Dezember 1928 übermittelten Bestimmungen sahen nur religiöse Morgenfeiern von Katholiken und Protestanten nach dem Schlüssel 2 : 1 an Sonntagen und an bestimmten kirchlichen Feiertagen vor. Sie sollten im Studio veranstaltet werden; man wollte keine Übertragungen aus Kirchen. Bei anderen Rundfunkgesellschaften geschah eben dies bewußt und wurde von den Kirchenbehörden offenbar geduldet[110]. Die allgemeinen Richtlinien für den Rundfunk waren bei der Morgenfeier zu beachten, wie es der Erlaß des Reichsinnenministers vorschrieb. Den Text mußten die Sprecher meist sowohl der Rundfunkgesellschaft als auch den kirchlichen Beauftragten zur Vorprüfung einreichen. Für das musikalische Rahmenprogramm zeichnete die Rundfunkgesellschaft verantwortlich, doch die Auswahl wurde mit den kirchlichen Beauftragten abgestimmt.

Im Jahre 1930 gab es bei allen neun regionalen Rundfunkgesellschaften im Sonntagvormittagprogramm religiöse Morgenfeiern. Bei der Mirag in Leipzig bestand die Sendung nur aus kirchenmusikalischen Darbietungen. Die Freidenker-Verbände konfessionsloser und atheistischer Observanz hatten in diesem Stichjahr sonntägliche Sendezeiten in Berlin, Breslau, Frankfurt, Hamburg und Stuttgart. Überkonfessionelle Morgenfeiern veranstalteten die Werag in Köln und die Norag in Hamburg.

Eine ordentliche Beteiligung der jüdischen Religionsgemeinschaft am Rundfunk ist offenbar nicht erfolgt, obwohl 1925 – in diesem Jahr lebten im Deutschen Reich 564 379 Juden, zwei Drittel davon in Preußen – der Preußische Landesverband jüdischer Gemeinden gebildet wurde und wenigstens hier wohl eine Organisation zur Vertretung der Ansprüche zur Verfügung gestanden hätte.

Keine gesellschaftliche Institution oder Gruppe hat im Weimarer Rundfunk einen so weit reichenden Zugang zum Pro-

[110] Sitzungsbericht der Besprechung [der Rundfunkleiter] am 29. 10. 1929. BA Kblz R 78/891.

gramm gefordert und auch erhalten wie die beiden christlichen Konfessionen. Sie erreichten ihre Position, indem sie beanspruchten, den gesellschaftlichen Ausdruck ihrer Religionspraxis, den Verkündigungskultus, im neuen Medium publizistisch anzuwenden. Die staatlichen Rundfunkverwaltungen gingen auf diesen Anspruch bereitwillig ein.

7. Die zweite Rundfunkordnung 1932

7.1. *Gelegenheit macht Staatsrundfunk*
Der Landrichter aus Ratibor hat einen Plan

Im folgenden geht es nicht um eine publizistische Pathologie der ersten deutschen Republik. Das Jahr 1932, das Jahr ihrer Agonie, ist einige Male schon mit unterschiedlichem Besteck diagnostisch untersucht worden. Wir wissen, daß der Aufstieg des Nationalsozialismus keineswegs unvermittelt geschah. Er entfachte eine antinationale, pseudopolitische Erneuerungsbewegung, die sich klassenunabhängig auszubreiten vermochte, und zwar mit Hilfe einer hochbürokratischen Parteiverwaltung und einer paramilitärischen Organisation – so recht nach dem Herzen eines jeden recht und billig denkenden, ordnungsliebenden Zeitgenossen. Die NSDAP arbeitete genau und generalstabsmäßig. So etwas imponierte. Rekruten salutierten vor einer SA-Uniform. Eine bloße Reflexbewegung?

Im August 1932 machte sich im *Berliner Tageblatt* ein anonym bleibender »Leiter einer großen Bibliothek in Mitteldeutschland«, vielleicht Heinrich Uhlendahl, Direktor der Deutschen Bibliothek in Leipzig und Reichsvertreter im Kulturbeirat der Mirag, Gedanken über die politische Heimatlosigkeit »jener großen Mittelschicht republikanischer und pazifistischer Demokraten mit einem starken sozialen Einschlag« und forderte in letzter Minute eine Gewinnung und straffe Organisation aller republikanischen Kräfte. Die nationalsozialistische Bewegung habe erstaunlich gut gelernt und sich auf die Übernahme der Macht planmäßig vorbereitet. »Alle Ministerien sind fix und fertig ausgearbeitet, ... jeder erprobte Anhänger hat sozusagen seinen Mobilmachungsbefehl zu Hause liegen und weiß genau, was er im Falle einer Übernahme der Macht, legal oder illegal, zu tun hat. Dazu gehört selbstverständlich auch, daß die Stellung des Gegners genau erkundet ist, wofür gleichfalls bestimmte Organe geschaffen sind. Von jedem höheren Beamten in den Ämtern und in den Ministerien steht fest, ob er gefährlich ist oder nicht, und wer zu verschwinden hat. Das Gerippe des Dritten Reiches ist da; auf alles ist man vorbereitet.«[1]

---

[1] (Heinrich Uhlendahl?) *Einzelgänger und Massenorganisation.* Berliner Tageblatt, Nr. 384 v. 14. 8. 1932.

Auch im Rundfunk war man auf alles vorbereitet. Nur hieß der Karrierebeamte selbstverständlich nicht Hans Bredow; im Reichspostministerium ahnte man allenfalls, was auf das Ziehkind Rundfunk zukommen würde. Vielmehr saß der neue Mann im Reichsministerium des Innern, außerdem auf dem Stuhl des Aufsichtsratsvorsitzers der Dradag und auf dem Vorsitzerstuhl der Überwachungsausschüsse für die Deutsche Welle und für die Funk-Stunde; es war niemand anderes als Erich Scholz. Der 1882 in Kattowitz geborene Jurist war vor dem Krieg Landrichter in Ratibor gewesen. Im März 1918 kam er als Schwerkriegsbeschädigter aus russischer Gefangenschaft zurück. Zunächst arbeitete er in der von Oberst Hans von Haeften geleiteten Militärischen Stelle des Auswärtigen Amtes (MAA), einer der Obersten Heeresleitung unterstellten Dienststelle, vorwiegend für Auslandspropaganda. Im Juni 1918 wurde er in die einen Monat zuvor eingerichtete Reichsstelle für deutsche Rückwanderung und Auswanderung versetzt. Im Oktober 1920 konnte er ins Reichsinnenministerium übertreten, wo er 1923 zum Oberregierungsrat befördert wurde und im Politischen Büro seinen Schreibtisch hatte. 1924 übernahm Scholz in diesem Ministerium das Rundfunkreferat, zu einer Zeit, als Haentzschel sich bereits aus dem Blickfeld Bredows wegbewegte. Hier galt es bereits rundfunkpolitische Organisationsprobleme systematisch anzupacken. Die Aktiengesellschaft für Buch und Presse, die spätere Dradag, mußte für das Reichsinnenministerium gewonnen werden und Scholz wurde ihr Aufsichtsratsvorsitzer. Die Länder ihrerseits mußten für die politische Kontrolle des neuen Mediums eingenommen werden und Scholz schrieb im Sommer 1925 eine Schlüsseldenkschrift. Seine Beförderung war schon unter dem Reichsinnenminister Walter von Keudell fällig gewesen, aber sie kam nicht durch, sie lag noch auf dem Tisch, als Severing im Juni 1928 ins Amt kam. Scholz soll Hans Goslar seine Orientierung am Stresemann-Flügel der DVP und seine republikanische Beamtentreue beteuert haben. Goslar, der Pressechef der Preußischen Staatsregierung und Parteifreund von Severing, war immerhin der stellvertretende Vorsitzer des Dradag-Aufsichtsrats. Im Jahre 1929 wurde Scholz zum Ministerialrat befördert, und es dauerte nicht mehr lange, bis er seine deutschnationalen Gesinnungskräfte spürte und der DNVP von Alfred Hugenberg beitrat. Manches spricht dafür, daß Scholz in seinem Amt nur ein einziges Ziel im Auge hatte: den ungehinderten Einfluß des Reichsministers des Innern auf den Rundfunk. Allzu vieles spricht dafür, daß man dieses so einfach sehen muß.

Bei der Einigung mit den Ländern hatte das Reichsinnenministerium zurückstecken müssen, damit es zur ersten Rundfunkordnung von 1926 kommen konnte; hier war das Reichspostministerium auch noch als ausgleichende Kraft im Spiel, wenngleich die Post alles erreicht hatte, was damals für sie zu erreichen gewesen ist, nämlich die wirtschaftliche Kontrolle über den gesamten Rundfunk. Das Reichsinnenministerium dagegen mußte sich die politische Kontrolle mit den Ländern teilen und schnitt dabei auch noch miserabel ab. Die listige Konstruktion der Dradag, mit deren Hilfe das Reichsinnenministerium wenigstens den spezifisch tagespublizistischen Einfluß erreichen und halten wollte, Severing hatte es auf seine Weise besonders eindrucksvoll versucht, dieses Gebilde bereitete dem Reichsinnenminister zunehmend Sorgen, zumal sich der ebenso eilfertige wie aufrechte Chefredakteur Räuscher in den Kopf gesetzt zu haben schien, einen unabhängigen Nachrichtendienst zu betreiben und kein PR-Büro des Reichsinnenministeriums, etwa als Nebenstelle der Reichszentrale für Heimatdienst.

Anfang August 1930, vierzehn Tage vor Beginn der 7. Großen Deutschen Funkausstellung, hatte Hans Bredow als Auftakt einen Rundfunkvortrag gehalten und besonders darauf hingewiesen, daß sich der Rundfunk seit einiger Zeit auch auf dem Gebiete der Reportage und der Übertragung von Zeitereignissen sehr stark betätige. Die seit 1928 dem Rundfunk immer wieder vorgehaltenen Forderungen nach aktuellen Programmen waren offenbar erst jetzt verstanden worden. Vorwürfe politischer Art, die in diesem Zusammenhang erhoben würden, so der Rundfunk-Kommissar, bestünden zu unrecht, da der Rundfunk sich nur als objektiver Mittler betrachte, ohne Stellung zu nehmen. Das Recht, den Rundfunk auch politisch zu nutzen, stehe nur der Regierung zu, nicht den Rundfunkgesellschaften, so fügte Bredow vorsichtshalber hinzu[2]. Zwei Wochen später sprach der Rundfunk-Kommissar das Thema noch einmal an mit der Bemerkung, daß die Mission des Rundfunks als Zeitspiegel immer mehr in den Vordergrund geriete. An wichtigen Zeiterscheinungen könne der Rundfunk nicht mehr vorübergehen. Er sei bei Übertragungen in erster Linie technisches Mittel

---

[2] Rundfunkvortrag des Staatssekretärs Dr. Bredow. [Zusammenfassung eines Rundfunkvortrags vom 7. 8. 1930 für die Presse]. DRA Ffm Bredow-Nachlaß.

Albert Einstein hielt am 22. August 1930 den Festvortrag zur Eröffnung der Funkausstellung in Berlin: »Wenn ihr den Rundfunk hört, so denkt daran, wie die Menschen in den Besitz dieses wunderbaren Werkzeugs der Mitteilung gekommen sind.«

und nehme zu den Dingen keine Stellung. Es sei deshalb völlig verfehlt, dem Rundfunk bei Veranstaltungen, die der einen oder anderen Volksgruppe unerfreulich erschienen, Vorwürfe zu machen. Andererseits wolle kein Rundfunkmann die Einrichtung zum ausgesprochenen parteipolitischen Kampfmittel machen[3]. Mit diesem Vortrag vom 21. August 1930 eröffnete der Rundfunk-Kommissar übrigens eine Sendereihe der Funk-Stunde mit dem Titel »Vom Rundfunk«, in der Persönlichkeiten des öffentlichen Lebens über ihr Verständnis der Aufgaben des Mediums sprechen sollten.

Die Produktion dieser und anderer Programme hatte die bereits erwähnte Aktuelle Abteilung der Funk-Stunde in Berlin übernommen, deren Leitung Arthur Kürschner übertragen worden war. Der Intendant der Funk-Stunde, Hans Flesch, das noch nicht 35jährige Wunderkind unter den deutschen Rundfunkleitern, hatte in seiner Neujahrsansprache am 1. Januar 1930 »die Gleichzeitigkeit von Begebenheiten hinter dem Mikrophon und ihre Aufnahme durch den Hörer« als Grund-

[3] H.(ans) Bredow, *Vom Rundfunk* (Text der Rundfunkansprache vom 21. 8. 1930), gekürzt in: Funk, Nr. 35 v. 24. 8. 1930, S. 173 f.

441

eigenschaft des Rundfunks beschrieben[4]. Kaum ein anderer Intendant hat sich in jenen Monaten so genaue und einsichtige Gedanken über sein Medium und die publizistische Ausgestaltung des Programms gemacht. Das verblüffte ihn offenbar gelegentlich selbst, wie einer Charakterisierung noch heute anzumerken ist, die sich wie eine Definition des Rundfunks liest: »Rundfunk bedeutet die erstaunliche Möglichkeit, einen Vorgang in seinem Ablauf, während seines Ablaufs einer unbeschränkten Menge ohne Rücksicht auf räumliche Entfernung zu vermitteln. Man kann jemanden etwas miterleben lassen, ohne daß er körperlich dabei ist. Das ist die reinste Form des Rundfunks und zugleich seine Besonderheit gegenüber allen anderen Verbreitungsinstrumenten (Zeitung, Buch, Grammophon, Kino).«[5] Flesch sprach noch bei zahlreichen Anlässen in jenen Monaten im Herbst 1930 über diese publizistischen Besonderheiten des Rundfunks[6]. Zur Funkausstellung 1930 erschien übrigens ein Sonderheft der Fachzeitschrift des Journalistenverbandes zum Thema *Journalismus und Rundfunk,* in dem zahlreiche Beiträge zum Thema Aktualität und Rundfunk nachzulesen waren[7].

Einer der Autoren dieses Heftes war der Chefredakteur der Dradag, Josef Räuscher; er beobachtete die Arbeit der Aktuellen Abteilung der Funk-Stunde mit sehr großem Mißtrauen. Noch während der Funkausstellung dieses Jahres 1930 war es im Reichsinnnenministerium zu einer Besprechung gekommen, auf der Räuscher aus dem Munde von Flesch bestürzende Nachrichten zu hören bekam. Flesch plante nichts Geringeres als den Aufbau einer eigenen Nachrichtenredaktion. Sie sollte unmittelbar für solche Nachrichten zuständig sein, die den Rundfunkgesellschaften ohnedies zur eigenen Bearbeitung überlassen worden waren, für die Lokalnachrichten und Sportmeldungen. Flesch deutete auf dieser Sitzung außerdem an, daß man die von der Dradag bezogenen Meldungen vergleichen wolle und auf die jeweiligen Programmerfordernisse der Funk-Stunde abzustimmen gedenke. Räuscher befürchtete mit Recht,

---

[4] Hans Flesch, *Der Rundfunk im neuen Jahr.* Der Deutsche Rundfunk, Nr. 2 v. 10. 1. 1930, S. 9.
[5] Hans Flesch, *Rundfunk heute.* Der Querschnitt 1930, 4, S. 245.
[6] (Hans) Flesch, *Zukünftige Entwicklung des Funkprogramms.* In: Niederschrift der Sitzung des Programmausschusses der deutschen Rundfunkgesellschaften am 22. und 23. September 1930 ... in Wien. O.O. o. J., S. 60 ff.
[7] *Journalismus und Rundfunk.* Deutsche Presse, Nr. 34 v. 23. 8. 1930.

daß allmählich die eigene Nachrichtenarbeit der Berliner Rundfunkgesellschaft die von der Dradag gelieferten Meldungen verdrängen würde, zumal da die Funk-Stunde den unmittelbaren
Zugriff zum Mikrophon hatte. Zwangsläufig stellte sich die
Frage, wozu die komplizierte Konstruktion des politischen
Nachrichtendienstes der Dradag beibehalten werden sollte,
wenn eine bei den Rundfunkgesellschaften eingerichtete Nachrichtenredaktion sich als praktisch erweisen sollte. Schon am
nächsten Tag schrieb Räuscher einen fünfseitigen Brief an den
Vorsitzenden seines Aufsichtsrats, Ministerialrat Scholz. Unter
dem Eindruck des Flesch-Plans klagte Räuscher: »Sie wissen,
sehr verehrter Herr Ministerialrat, wie schwer es bisher in der
Dradag gewesen ist, wirklich sachlich geeignete und journali-
stisch lebendige Kräfte einzustellen. Die Ankündigung des Berliner Rundfunk-Intendanten ist also für uns keineswegs so ge-
fahrlos, wie sie äußerlich vielleicht klang. Ich möchte nicht
versäumt haben, darauf aufmerksam zu machen, daß die Befürchtungen sich dadurch bestätigten, welche ich auf der letzten
Arbeitsausschußsitzung der Dradag im Juni ausgesprochen
habe: Die Befürchtung nämlich, daß auf Umwegen die Arbeit
der Dradag immer mehr verkümmert und ausgehöhlt wird. Ich
halte mich für verpflichtet, rechtzeitig darauf aufmerksam zu
machen, jetzt schon in aller Form die Verantwortung für solche
Leistungsrückgänge abzulehnen, welche sich technisch ergeben.
Die Verantwortung also, für die durch Ablehnung der direkten
Sendung notwendigerweise eintretende Aktualitätsminderung,
und auch die Verantwortung dafür, daß die Dradag niemals zur
vollen Auswirkung dessen gelangt, wozu sie eigentlich berufen
ist. Ich darf für mich in Anspruch nehmen, daß ich immer
wieder auf diese Gefahren aufmerksam gemacht und alle
Versuche unternommen habe, in den die Dradag umgebenden
Ring von Kompetenzen und Widerständen eine Bresche zu
schlagen.«[8]

Wie ernst es Räuscher mit seinen Mahnungen und Warnun-
gen meinte, mag daraus hervorgehen, daß er außerdem erklärte,
die Entwicklung der nächsten Zukunft werde entscheidend sein
für die Frage, welchen Weg er zu wählen habe, um offen klarzu-
stellen, daß ihn persönlich keine Schuld an der Zurückdrängung
der Gesellschaft treffen könne. Es war nicht so, als habe Räuscher keine Vorstellung davon gehabt, was geschehen müßte.

[8] Brief Räuscher an Scholz, 28. 8. 1930. BA Kblz R 78/27.

Tatsächlich machte er auch in diesem Brief und damit zum wiederholten Male den Vorschlag, die Richtlinien zu ändern. Er stelle sich das so vor, daß die Dradag eine tatsächliche publizistische Monopolstellung für die aktuellen Programmteile in allen Rundfunkgesellschaften bekommen sollte, und zwar verbunden mit der technischen Möglichkeit, mit ihren Nachrichtendiensten unmittelbar ins laufende Programm hineinzugehen. Der sich abzeichnenden Entwicklung bei den einzelnen Rundfunkgesellschaften könne man, so meinte er am Schluß, nur dadurch vorbeugen, daß irgendwie von der Dradag aus, dies hieße aber auch von dem der Dradag vorgesetzten Ministerium aus, die Führung ergriffen würde. Wenn der rechte Augenblick versäumt würde, dann komme die Entwicklung dennoch, sie würde sich dann aber ohne oder gar gegen die Dradag vollziehen. Schließlich schloß er mit der Überlegung: »Ich habe es, wie gesagt, für meine Pflicht gehalten, Ihnen als dem Vorsitzenden unseres Aufsichtsrates diese Ausführungen vorzulegen, denn es handelt sich um einen entscheidenden Wendepunkt in der Existenz unserer Gesellschaft. Eine zweckmäßige Durchführung der journalistischen Konzentration im Rundfunk soll dabei keineswegs die äußerlichen Formen der heutigen Organisation unbedingt schonen. Denn es kommt auf die Sache an, nicht auf Titel und Aktiengesellschaften. Lediglich soll die Entwicklung nicht über uns hinweggehen, sondern durch uns geführt werden.«[9] Zweifellos dürfte Räuscher noch häufiger ähnliche Briefe geschrieben haben. Auch sein Chef im Ministerium, Kurt Haentzschel, vielleicht auch der stellvertretende Dradag-Vorsitzende, Hans Goslar, werden bisweilen auf die Notwendigkeit hingewiesen haben, der Dradag das Rückgrat gegenüber den Rundfunkgesellschaften zu stärken. Schließlich ging es ja nicht um dieses Nachrichtenbüro, sondern um den Einfluß des Reichsinnenministeriums im deutschen Rundfunk.

Für den Ministerialrat Erich Scholz war dies alles wieder einmal Anlaß, einige Grundsätze zu Papier zu bringen. Der wichtigste Grundsatz, der ihm dabei einfiel, war die Zusammengehörigkeit der Rundfunkordnung mit dem Reich-Länder-Problem. Aus diesem Grunde lehnte er, ähnlich wie Magnus für die RRG im Oktober 1930, die Schaffung eines Einheitsprogramms mit einem Generalintendanten für den Rundfunk ab. Einzelne Formen der Zusammenarbeit wie Arbeitsgemeinschaften und

[9] Ebd.

Programmaustausch dürften die Autonomie der einzelnen Rundfunkgesellschaften nicht beeinträchtigen. Außerdem hielt er die Einflußmöglichkeiten des Reichsinnenministeriums sowohl bei der RRG und deren Programmausschuß als auch über die Regierungsvertreter in den politischen Überwachungsausschüssen und in den Kulturbeiräten der Rundfunkgesellschaften für zu gering. Scholz störten in den Aufsichtsräten der regionalen Rundfunkgesellschaften allerdings nicht nur die Vertreter der Länder, sondern auch die Vertreter der privaten Anteilseigner. Aus diesem Grunde meinte er, es erscheine angesichts des öffentlichen und gemeinnützigen Charakters des Rundfunks schwer vertretbar, die Privataktionäre an den nicht unbeträchtlichen Überschüssen teilnehmen zu lassen. Man müsse dazu kommen, den gesamten Privatkapitalbesitz in die öffentliche Hand zu leiten. Scholz wußte indes sehr wohl, daß zunächst noch die erteilten Konzessionen bis zum Jahre 1937 einer solchen Maßnahme im Wege standen. Mit einem neuen administrativen Modell wollte Scholz dieses Problem umgehen. Er stellte sich ein Rundfunkkommissariat beim Reichsinnenministerium vor, bestehend aus je einem Rundfunkkommissar für das politische und für das kulturelle Programm. Zu diesem Rundfunkkommissariat sollte auch der Rundfunkkommissar des Reichspostministers gehören. Die verwaltungstechnische Bequemlichkeit war dem gewieften Beamten schon eingefallen. Zur Einrichtung eines solchen Rundfunkkommissariates hätte es lediglich eines Kabinettsbeschlusses in einer Verwaltungsanordnung bedurft. Die Landesregierungen hätten vorher nicht angehört werden müssen, denn die Zuständigkeit der Überwachungsausschüsse und Kulturbeiräte wollte er nicht antasten. Für den Fall, daß die Länder doch opponieren sollten, hatte er auch ein Trostpflaster parat: Ein Ausschuß aus Vertretern der Länder, der politischen Parteien und der weltanschaulichen Gruppen wäre einzurichten, der beratende und begutachtende Funktionen übernehmen könne. Aber, um keine Mißverständnisse aufkommen zu lassen, die Exekutive sollte dem Rundfunkkommissariat und damit ausschließlich der Reichsregierung vorbehalten bleiben. Auch für die Dradag sollte gesorgt werden, denn auch Räuscher war offenbar mit der Organisationsform der Dradag als Aktiengesellschaft nicht so recht zufrieden. Der saurierhafte Aufsichtsrat und der nicht weniger monströse Arbeitsausschuß hatten die Arbeit der Dradag nicht gerade gefördert. Die Jahresberichte der Gesellschaft vermittelten die wirtschaftliche Bedrängnis, unter der der Nachrichtendienst für den gesamten deutschen Rundfunk stand. Wenn diese Einrichtung irgendeinen publizistischen Sinn haben sollte, und sei es die Aufgabe, als Sprachrohr der Reichsregierung zu fungieren, dann mußte sie anders organisiert sein. Folgerichtig dachte sich Scholz eine Lösung aus, nach der die Dradag als Aktiengesellschaft zu liquidieren und ihre Aufgaben einer Redaktion im Rahmen der RRG zu übertragen sei. Als RRG-Abteilung wäre eine solche Nachrichtenredaktion auch in unmittelbarer Reichweite des Rundfunkkommissariats angesiedelt gewesen.

Am 10. März 1931 lagen Scholz' Gedanken über die Neuordnung des Rundfunks dem Reichsinnenminister Joseph Wirth (Zentrum) vor[10]. Das zweite Republikschutzgesetz war um diese Zeit gerade ein Jahr alt; am 28. März 1931 war eine neue Notverordnung zur Bekämpfung politischer Ausschreitungen erlassen worden. Vielleicht hatte Scholz darauf spekuliert, daß sich ihm im Zuge einer solchen Notverordnung eine Chance bieten könnte, seine Rundfunkpläne zu verwirklichen. Doch mit seinem Minister konnte er zu jener Zeit wahrscheinlich nicht mehr rechnen. Ein Mann vom linken Flügel des Zentrums mit einer ausgeprägten republikanischen Einstellung eignete sich offenbar nicht für ein Spiel mit der Macht[11]. Es kann aber nicht nur daran gelegen haben, daß die Pläne von Scholz in der Schublade blieben, denn schließlich hätte der aktive Staatssekretär im Innenministerium, Zweigert, zu diesem Zeitpunkt genau das tun können, was er sechs Jahre zuvor, bei der ersten Auseinandersetzung des Reichsinnenministeriums mit den Ländern, bereits mit Erfolg durchexerziert hatte: Eine souveräne Herrschaft der Staatssekretäre. Wahrscheinlich ist die Antwort auf die Frage, weshalb die Prozedur von 1925 nicht wiederholbar war, woanders zu suchen, und zwar bei den beiden streng republikanischen Spitzenbeamten im Reichsinnenministerium, dem Leiter der Abteilung I, Ministerialdirektor Hans Menzel, einem SPD-Mitglied, sowie dem Leiter der Unterabteilung Politik, Ministerialdirigent Kurt Haentzschel. Vieles spricht dafür,

[10] Zur Neuordnung des Rundfunks. (Aktenvortrag von MinR im RMI Erich Scholz vom 10. 3. 1931). Abdruck als Dokument 6 bei Hans Bausch, *Der Rundfunk im politischen Kräftespiel der Weimarer Republik* 1923–1933. Tübingen 1956, S. 202–204.
[11] Dorothea Groener-Geyer, *General Groener*. Frankfurt (Main) 1955, S. 280.

daß sie es waren, die den revisionistischen Scholz-Plan blockierten. Und wenn Scholz über Goslar und das Preußische Staatsministerium weiterzukommen suchte, dann traf er dort auf Haentzschels Mann, den Ministerialrat Kurt Schönner, Referent der Abteilung für Verfassungs- und Rechtsfragen und ebenfalls Mitglied des Aufsichtsrats der Dradag.

Daran änderte sich grundsätzlich auch nichts, als Wilhelm Groener im Oktober 1931 als Reichswehrminister das Innenressort mitverwaltete. Der neue Minister nahm den Rundfunk nur als eine Maßnahme unter anderen in seinen Katalog publizistischer Aktivitäten zur Bekämpfung des politischen Radikalismus auf, wobei er im übrigen nur fortsetzte, was seine Vorgänger im Amt und andere Minister seit Anfang 1931 praktiziert hatten[12]. Immerhin bildete Groener im November 1931 eine besondere »Operationsabteilung«, der Zweigert, Menzel, Haentzschel und andere angehörten, um die staats- und verfassungsschützenden Aktionen des Reichsinnenministeriums zu koordinieren. Als erste Aufgabe für die »Gruppe M«, wie die zur besonderen Verfügung des Ministers gehaltene Operationsabteilung bald genannt wurde, forderte Groener: »Ansprache an das deutsche Volk durch den Rundfunk«[13]. Der Reichsinnenminister hielt noch im Dezember 1931 zwei Rundfunkansprachen. Regierungsmitglieder bekamen weiterhin durchweg ein Mikrophon, wenn sie es forderten. Selbstverständlich konnte auch der Reichspräsident nicht abgewiesen werden, was im Wahlkampf um sein Amt im März 1932 besonderes rundfunkpolitisches Aufsehen erregte. Paul von Hindenburg sprach am 1. März und am 10. März. Der Kandidat der NSDAP, Adolf Hitler, war – wie bereits geschildert – abgewiesen worden, doch Zweigert mußte die Entscheidung seines Ministers eigens mit einem Schreiben vom 24. März gegenüber der Reichsleitung der NSDAP rechtfertigen mit dem Hinweis auf den RMI-Erlaß vom Vortag, nach dem Wahlreden im Rundfunk im zweiten Wahlgang um die Reichspräsidentschaft nicht zugelassen waren. Die Gruppe M hatte sich noch einmal durchsetzen können, aber ihre Tage waren gezählt. Eines ihrer Mitglieder begann

[12] Heinz Pohle, *Der Rundfunk als Instrument der Politik.* Hamburg 1955, S. 101–104.

[13] Anordnung Groeners für StSekr Zweigert. Bekämpfung des politischen Radikalismus, 18. 11. 1931. MA Freiburg. Nachlaß Groener N 46/152. Abdruck als Dokument 42 in: *Staat und NSDAP 1930–1932. Quellen zur Ära Brüning.* Düsseldorf 1977, S. 228.

bereits Anfang April 1932 heftig gegen Haentzschel und den »Linkskurs« im Reichsinnenministerium zu intrigieren[14]. Aber auch unter Groener war die Zeit für Scholz und seine Rundfunkneuordnung noch nicht gekommen.

7.2. Reichsregierung und Parteien greifen zu
Die Juni-Erlasse des Reichsinnenministers

Am 30. Mai 1932 trat die Regierung Brüning zurück. Noch am Nachmittag des gleichen Tages begann der Reichspräsident im Reichstag seine Besprechungen mit den Fraktionsführern. Nach Abschluß dieser Besprechungen am 31. Mai beauftragte der Reichspräsident den Politiker Franz von Papen mit der Bildung einer Regierung der »Nationalen Konzentration«. Am 1. Juni ernannte er Papen zum Reichskanzler und auf dessen Vorschlag das Mitglied des Reichsrats Wilhelm von Gayl zum Reichsminister des Innern und den Präsidenten der Reichsbahndirektion Karlsruhe, Paul von Eltz-Rübenach, zum Reichspost- und zum Reichsverkehrsminister. Am 3. Juni beschloß das Kabinett, die Auflösung des Reichstags vorzuschlagen, und am Tag darauf verordnete der Reichspräsident Neuwahlen nach Artikel 25 der Reichsverfassung.

Beim neuen Hausherrn des Reichsinnenministeriums – er trat am 10. Juni aus der DNVP aus – scheint Scholz nun endlich offene Ohren für seine Rundfunkpläne gefunden zu haben. Zunächst wurden mit dem Erlaß des Reichsinnenministeriums vom 11. Juni 1932 den Parteien – auch der NSDAP, nicht aber der KPD – die Rundfunkprogramme für ihre Werbung zur Reichstagswahl am 31. Juli 1932 geöffnet[15]. Der neue Reichsinnenminister gewann seinen neuen Kollegen vom Reichspostministerium auch noch für eine andere Idee, die zweifellos in der Schublade des Rundfunkreferenten Scholz gereift war. Am gleichen 11. Juni 1932 ging der Erlaß zur Einrichtung einer Rundfunk-»Stunde der Reichsregierung« an den Rundfunk-Kommissar des Reichspostministers und an die Reichsvertreter in den Überwachungsausschüssen. Dieses Mal hatte der Minister

---

[14] Brief ORgR Erbe (RMI) an Dingeldey, 9. 4. 1932. BA Kblz Nachlaß Dingeldey 36. Abdruck als Dokument 64 in: *Staat und NSDAP 1930–1932*, S. 309 ff.
[15] Brief Reichsinnenminister an Reichspostminister, 11. 6. 1932. BA Kblz R 43 I/2001.

Reichsinnenminister Wilhelm Frhr. von Gayl (1879–1950) besiegelte 1932 die Verstaatlichung des Rundfunks in Deutschland. Am 15. Juni 1932 eröffnete er die Sendereihe *Stunde der Reichsregierung.*

sogar etwas anzubieten, und zwar täglich eine halbe Stunde Sendezeit für die Reichsregierung, um ihr Gelegenheit zu geben, wie von Gayl schrieb, ihre Auffassungen und ihre Tätigkeit frei von Parteipolitik jederzeit durch den Rundfunk der breiten Öffentlichkeit näherzubringen. Die Produktion der Programme wurde der Dradag übertragen, zu zahlen hatte die RRG. Zwischen 18.30 und 19.30 Uhr, später sogar zwischen 19.30 und 20.00 Uhr mußten alle Rundfunkgesellschaften das vom Deutschlandsender verbreitete Programm übernehmen. Die Dradag wurde beauftragt, die Durchführung des Erlasses im Einvernehmen mit der Presseabteilung der Reichsregierung, der Programmleitung des Deutschlandsenders und, wie es noch einmal eigens hieß, mit dem Sachbearbeiter Ministerialrat Scholz unverzüglich in die Wege zu leiten[16].

Am 15. Juni 1932 setzte sich der Reichsinnenminister persönlich vor das Mikrophon der nunmehr nur noch Deutschlandsender genannten Deutschen Welle und leitete die »Stunde der Reichsregierung« ein. Eine zeitgenössische Photographie zeigt den Preußen, ernsthaft und mit einem etwas selbstironischen Zug um den Mund, neben sich auf dem Mikrophonpult die Karaffe und Gläser[17]. Er proklamierte den Beamtenfunk:

[16] Brief Reichsinnenminister an Reichsvertreter in den Überwachungsausschüssen, 11. 6. 1932. BA Kblz R 78/609.
[17] Abbildung in: Der Deutsche Rundfunk, Nr. 26 v. 24. 6. 1932, S. 10.

»Soweit es die Umstände erlauben, werden nacheinander die Reichsminister persönlich zu Worte kommen. Wir wollen und werden keine Partei- und Wahlreden halten, denn wir sind entweder parteilos gewesen oder vor Antritt unseres Amtes geworden. Das ist das Neue an unseren Rundfunkansprachen, daß wir nicht als Parteiredner für eine Regierungsmehrheit und ihre einzelnen Gruppen, für keinen Berufsstand und keine Klasse reden, sondern einzig und allein als die Reichsminister, welche das Vertrauen unseres allverehrten Herrn Reichspräsidenten von Hindenburg auf ihren schweren Posten berufen hat.«[18] Man beachte den Plural in diesen Sätzen! Endlich war er also Wirklichkeit geworden: der Rundfunk als Publikationsorgan der Reichsregierung. Am Tag darauf geschah etwas, das innenpolitisch ganz gewiß von weiterreichender Bedeutung war. Eine Notverordnung der Reichsregierung brachte Maßnahmen, deren Absicht es war, »die durch die früheren Notverordnungen erheblich eingeschränkte politische Freiheit namentlich für die wichtige bevorstehende Wahlentscheidung teilweise wieder herzustellen«; damit war das Verbot der Arbeit der paramilitärischen Organisationen der NSDAP, der SA und der SS, wieder aufgehoben. Man mag kaum glauben, daß der Minister der Meinung gewesen sein könnte, mit dem Rundfunk fest in der Hand und ein paar Zeitungsverboten könne man den Nationalsozialismus unter Kontrolle bekommen.

Bereits am 10. Juni hatte die völkisch-nationale Berliner Tageszeitung *Deutsche Zeitung* in einer Überschrift hämisch gefragt: *Wozu Rundfunk?* Das Blatt wollte wissen, weshalb die neue Regierung noch nicht den Rundfunk politisch und geistig besetzt habe. Noch immer herrsche die »Literatur- und Geistesfeme« gegen die nationale Kulturbewegung. Doch nun sei der Augenblick gekommen, wo eine neue Regierung die staatspolitische Hoheit über den Rundfunk innehabe und ihn also gebrauchen müßte, wie es ihr notwendig erscheine. Der Rundfunk sei heute das größte technische Werkzeug für amtliche Kundgebungen, innerpolitische Auseinandersetzungen und nationale Appelle. Man erwarte die völlige Umbesetzung einiger Intendanzen und aller hauptsächlichen Programmleitungen des deutschen Sendebetriebs. Man wolle sich nicht mehr von andersgesinnten Intendanten, Dramaturgen und Spielleitern un-

[18] Wolf's Telegraphisches Buero (WTB) Nr. 1252 v. 15. 6. 1932, BA Kblz R 43 I/2001 – Tondokument C 858 DRA Ffm.

sere Dichter, unsere Werke und unsere Weltanschauung kolportieren lassen. »Unsere Bewegung«, so schrieb das Blatt, »will selbst die Verantwortung und Leitung im Rundfunk übernehmen.« In allen Abteilungen solle sich der Geist der nationalen Front bekennen. Emphatisch schloß der Beitrag: »Es fehlt nur die politische Tat der Reichsregierung: die amtliche Einflußnahme auf den Rundfunk. Dann beginnt die von uns erkämpfte, geforderte, in allernächster Zeit zu erwartende Erneuerung des Rundfunks und damit die Erneuerung der deutschen Kultur und Kunst, die uns auf dem Wege dieser technischen Erfindung vermittelt werden kann. Das Kabinett ist vor die Entscheidung über den Rundfunk gestellt – die Nation erwartet es.«[19] Im sozialdemokratischen *Vorwärts* schmunzelten die Genossen noch über folgendes Gedicht:

RUNDFUNK 1932

Ich hör' mir den Minister an
Am Vormittag.
Und dann kommt noch ein zweiter 'ran
Am Nachmittag.
Und dann der Kanzler noch, ich wett'
Abends um halb acht.
Ich hör' das ganze Kabinett
Bis mitten in die Nacht.
Militärmusike gibt's sehr früh
Am Vormittag.
Ein nationales Potpourri
Am Nachmittag.
Ein deutsches Lied, aus deutschem Mund
Abends um halb acht.
Ich tanz' mich national gesund
Bis mitten in die Nacht[20].

Eine zeitlos gültige Parole gelang dem *Berliner Tageblatt* am 1. Juli: »Wer im Funkhaus sitzt, soll nicht mit Steinen werfen.« Und das Blatt fügte hinzu: »Besonders heute nicht, wo die Wogen der Reaktion in die Ätherwellen einbrechen«. Darum sei auch die Programmrede des Intendanten Flesch friedlich und

[19] *Wozu Rundfunk?* Deutsche Zeitung (Berlin), Nr. 134 v. 10. 6. 1932.
[20] Zit. n. Volksfunk, Nr. 38 v. 16. 9. 1932, Programmteil S. 29.

schiedlich, sanft und rundlich gewesen. Nein, er habe nicht mit Steinen geworfen, sondern er warf sich auf die Musik und sonstige neutrale Dinge. Die Auflösung der Aktuellen Abteilung als Ressort hänge wohl auch damit zusammen, daß die neuen politischen Herren sich des Rundfunks ohne die Hemmungen der bisherigen Regierungen bedienen wollten. Die Rundfunkhörer aber würden ihre blauen Wunder und grauen Enttäuschungen erleben[21]. Spätestens seit den das politische Programm betreffenden Erlassen des Reichsinnenministers von Anfang Juni waren die Intendanten und Direktoren der Rundfunkgesellschaften und ihre Überwachungsausschüsse und Kulturbeiräte aufmerksam geworden. Ein neuer Kurs im Rundfunk wurde nachgerade erwartet.

Es ist freilich nicht anzunehmen, daß die politische Richtung dem Rundfunk-Kommissar des Reichspostministers völlig zuwider gewesen wäre. Zunächst wird sich Bredow mit dem zufrieden gegeben haben, was man ihm im Reichsinnenministerium auf seine Anfrage hin antwortete: Es handele sich ausschließlich um die politische Seite des Rundfunks, um eine Neuregelung des gesamten Überwachungswesens. Damit, so mochte sich Bredow trösten, waren die Interessen seines Ministers, aber auch der RRG zumindest nicht unmittelbar berührt. Am 6. Juli 1932 wurde anläßlich einer Ministerbesprechung im Reichsinnenministerium ein Plan zur Reorganisation des Rundfunkwesens vorgetragen, nach welchem zunächst mit den am Rundfunk beteiligten Ländern gesprochen und anschließend weitere Entscheidungen, insbesondere hinsichtlich der etwaigen Aufhebung der Genehmigung der Rundfunkgesellschaften, getroffen werden sollten. In einem auffallend unbeteiligten Ton schrieb Bredow etwa eine Woche später an die Rundfunkgesellschaften, er sei erst tags darauf, am 7. Juli, im Reichspostministerium unterrichtet worden. Bredow unterstellte, daß man in den Intendanzen mindestens ebenso gut unterrichtet gewesen sei wie er, denn es seien ja Einzelheiten über die Pläne des Reichsinnenministers in der Presse veröffentlicht worden. Beinahe verschnupft lehnte er es ab, an irgendwelchen Besprechungen in dieser Angelegenheit bei den Rundfunkgesellschaften teilzunehmen, bevor nicht amtliche Unterlagen vorlägen. Auch die RRG sei dazu nicht in der Lage, fügte er hinzu. Man hatte ihm offensichtlich nichts Schriftliches in die Hand gegeben, und

---

[21] *Provinzlerei im Rundfunk.* Berliner Tageblatt, Nr. 309 v. 1. 7. 1932.

Reichskanzler Franz von Papen sprach während seiner sechseinhalb Monate währenden Amtszeit achtzehnmal über alle deutschen Sender.

deshalb riet er auch den Rundfunkgesellschaften, bei Anfragen hinhaltend zu argumentieren und konkrete Stellungnahmen abzulehnen. Derselbe Brief ging auch an den RRG-Direktor Kurt Magnus[22]. Zu dieser Zeit kursierte bereits ein mehrseitiges Papier mit der Überschrift »Leitsätze für die Neuregelung des Rundfunks«, das der Reichsinnenminister am 13. Juli als Schnellbrief an die Reichsvertreter in den Überwachungsausschüssen und an die Ländervertretungen im Reichsrat verbreitete[23]. Ein plausibler Grund für die Zurückhaltung Bredows zu diesem Zeitpunkt könnte gewesen sein, daß er abermals, wie bereits 1925, aus dem sicheren politischen Windschatten heraus beobachten wollte, wie sich die zu erwartende Auseinandersetzung zwischen Reich und Ländern entwickeln würde. Doch dieses Mal versprach ein Streit mit den Ländern ungleich aufregender zu werden als noch vor sieben Jahren. NSDAP-Politiker forderten einen Reichskommissar für Preußen, während der Reichsinnenminister vor den Reichstagswahlen offenbar nichts mehr tun wollte, weil er einen Konflikt mit den Ländern scheute, um den Linken nicht auch noch diese Wahlparole zu liefern.

[22] Briefe Rundfunk-Kommissar RPM an Direktoren der Rundfunkgesellschaften u. Kurt Magnus (RRG), 14. 7. 1932. BA Kblz R 78/585.
[23] Briefe an Ländervertretungen im Reichsrat u. an Reichsvertreter in den Überwachungsausschüssen, 13. 7. 1932 mit Anlage »Leitsätze«. StA Oldenburg 47/194.

7.3. Das Konzept eines Reichsrundfunks
Die Post hält still

Am Vormittag des 15. Juli 1932 begann im Reichsministerium des Innern eine Konferenz mit den Ländern über die Rundfunkpläne der Reichsregierung. Die Länder, vor allem die süddeutschen, sträubten sich gegen die Absicht, den Rundfunk ausschließlich dem Reichsinnenministerium und den von ihm neu einzusetzenden Organen auszuliefern. Auch die geplante Monopolstellung eines Deutschlandsenders gefiel den Ländern nicht. Ebenso wenig waren sie natürlich mit der Zurückdrängung ihres Einflusses in den Rundfunkgesellschaften und mit der Beseitigung der Überwachungsausschüsse einverstanden. Am gleichen Tag erschien auch in der Rundfunkkorrespondenz *Funk-Express* ein außerordentlich gut informierter Bericht unter dem Titel *Die Vorbereitungen zum Deutschen Reichs-Rundfunk!* Diese Korrespondenz erschien übrigens im Verlag Funk-Dienst, einer Tochtergesellschaft der Berliner Funk-Stunde AG. Es ist nicht ausgeschlossen, daß der verantwortliche Redakteur, Werner Menzel, über gute Verbindungen zu Scholz verfügte. Der ungezeichnete Bericht begann mit dem Hinweis, daß gleichzeitig mit der politischen Neuorientierung der Reichsregierung der politische Kampf um den Rundfunk begonnen habe, und eine der ersten Regierungshandlungen des neuen Kabinetts sei die Inangriffnahme eines Planes zur Neuorganisation des Rundfunkwesens gewesen. Diese Neuorganisation sei eng mit dem Funkreferenten des Reichsinnenministers, Ministerialrat Scholz, in Verbindung zu bringen, der verschiedene Pläne ausgearbeitet habe und dessen Name als einer der kommenden Männer des deutschen Rundfunkwesens zu bezeichnen sei. Dann wurde behauptet, schon vor vielen Jahren seien Pläne mit ähnlicher Absicht von seiten des Rundfunk-Kommissars des Reichspostministers und der RRG ausgearbeitet worden. Allerdings sei diesen Plänen keine so hohe politische Bedeutung zugekommen, wie dem neuen Entwurf, der dem Reichskabinett nun zur Beschlußfassung vorliege. Es zeige sich, daß solche Pläne hinter verschlossenen Türen ausgearbeitet würden und unter Umständen diktatorisch gegen die Länder durchgesetzt werden sollten. Inwieweit bei den einzelnen Rundfunkgesellschaften Personalveränderungen einträten, sei natürlich vollkommen offen. Unter dem politischen Druck der großen Parteien seien Änderungen, besonders bei den Intendantenposten, nicht ausgeschlossen, wenn sie vielleicht auch nicht sofort vorgenommen würden, fügte die Korrespondenz vorsichtig hinzu. Im übrigen werde die Neuorganisation von der Linkspresse abgelehnt, von der Presse der Mitte sehr vorsichtig aufgenommen und von der Rechtspresse als ein Schritt zur nationalen Gesundung des Rundfunks angesehen. Bei den Länderregierungen stoße der Plan auf heftigen Widerstand, denn diese wollten sich ihren Einfluß nicht nehmen lassen. Die Länder seien umso mehr verärgert, als sie kaum über die Neuorganisation unterrichtet worden seien[24].

Am 16. Juli 1932 standen die »Organisatorischen Veränderungen im Rundfunkwesen« auf der Tagesordnung für die Ministerbesprechung. Reichsinnenminister von Gayl trug vor, daß der Rundfunk sich in den letzten Jahren technisch gut, in innenpolitischer Hinsicht jedoch schlecht entwickelt habe. Eine Neuregelung des gesamten Rundfunkwesens sei notwendig. Zu diesem Zweck habe das Reichsinnenministerium eine Reihe von Leitsätzen ausgearbeitet. Der Minister erläuterte deren Inhalt und fügte hinzu, daß der Rundfunk an sich zur Zuständigkeit des Reichspost- und des Reichsinnenministers gehöre. Bei der Bedeutung der Angelegenheit habe er aber das Reichskabinett von den beabsichtigten Maßnahmen unterrichten wollen, ebenso wie die zuständigen Reichsratsausschüsse. Entschieden wurde auf dieser Sitzung noch nichts, das Reichskabinett nahm lediglich den Inhalt der Leitsätze zur Kenntnis[25]. Am nächsten Tag leitete das Reichsinnenministerium die Leitsätze als Umdruckvorlage den Vereinigten Ausschüssen des Reichsrats mit der Bitte um Stellungnahme zu. An diesem 17. Juli 1932 erschien auch eine Stellungnahme des Rundfunk-Kommissars des Reichspostministers in der Presse, und zwar ausgerechnet im deutsch-nationalen *Berliner Lokal-Anzeiger*. Bredow hatte offenbar seinem Verbindungsmann im Scherl-Verlag wieder einmal einen Exklusivbeitrag zur Verfügung gestellt; der Mann hieß übrigens Felix Buttersack und war nach dem Zweiten Weltkrieg Lizenzträger des *Münchner Merkur*. Ein besonderes Engagement oder eine pointierte Haltung ließ Bredow nicht erkennen. Unverkennbar in der Pose dessen, der dieses Mal

---

[24] *Die Vorbereitungen zum Deutschen Reichs-Rundfunk.* Funk-Express Nr. 54 v. 15. 7. 1932.
[25] Auszug aus der Niederschrift über die Ministerbesprechung vom 16. 7. 1932. BA Kblz R 43 I/2001.

zwar nichts mehr zu sagen hat, der seine Meinung aber gern beisteuert, wenn man ihn schon danach fragt, begrüßte er die geplante Neuorganisation, allerdings unter der Voraussetzung, daß sie zu folgenden Ergebnissen führen werde:

1. Noch schärfere Zentralisation in organisatorischer, wirtschaftlicher und technischer Beziehung durch die Reichs-Rundfunk-Gesellschaft.

2. Selbständigkeit der Programmgestaltung bei den Rundfunkgesellschaften, soweit örtliche Belange oder Länderinteressen berührt werden. Einrichtung eines Zentralorgans zur Bearbeitung und Entscheidung großer grundsätzlicher, den ganzen Rundfunk betreffender Programmangelegenheiten politischer und kultureller Art.

3. Aufstellung neuer Richtlinien für den Vortrags- und Nachrichtendienst, insbesondere hinsichtlich der Verwendung des Rundfunks durch Reich und Länder. Bestimmungen über Auflagennachrichten und -vorträge sowie parteipolitische oder allgemeinpolitische Reden.

4. Vereinfachung der Überwachungseinrichtung. Eindeutige Klärung der Zuständigkeit und der Verantwortung der Überwachungsorgane.

5. Auswahl der für die Programmgestaltung maßgebenden Persönlichkeiten nicht nur nach der geistigen Eignung, sondern auch nach ihrer Eignung als Kulturführer. Stärkung ihrer Stellung gegenüber äußeren Einflüssen[26].

Diese als Konditionalkatalog aufgeputzte Adresse stellte nichts anderes dar als ein Bekenntnis des Rundfunk-Kommissars zu der Neuordnung; es enthielt keinerlei explizite Alternativen zu irgendeinem Punkt der Leitsätze. Aber weder die RRG, noch das Rundfunkkommissariat, noch der Reichspostminister waren gegenwärtig bei der politischen Diskussion der Leitsätze gefragt. Die Post sollte die wirtschaftliche Bestimmungsmehrheit behalten, das Privatkapital möglichst verdrängt werden. Was wollte das Reichspostministerium mehr?

Während in den Ländern der Entwurf der Leitsätze, der den Vereinigten Ausschüssen des Reichsrats am 17. Juli vorgelegt worden war, noch diskutiert wurde, ernannte der Reichspräsident durch eine Verordnung aufgrund des Artikel 48 der Verfassung am 20. Juli 1932 den Reichskanzler zum Reichskom-

---

[26] Funk-Express, Nr. 55 v. 19. 7. 1932 sowie Pohle, *Der Rundfunk als Instrument der Politik*, S. 122.

Franz Bracht (1877–1933) vertrat als kommissarischer preußischer Innenminister seit Juli 1932 die preußischen Rundfunkinteressen in den Reichsratsverhandlungen.

missar in Preußen. Papen enthob den geschäftsführenden Ministerpräsidenten Otto Braun sowie den preußischen Innenminister Carl Severing ihrer Ämter und ernannte den Essener Oberbürgermeister Franz Bracht zu seinem Bevollmächtigten und kommissarischen preußischen Innenminister. Die Reichsregierung begründete diesen Schritt damit, Preußen besitze angesichts der schweren Krise der inneren Sicherheit – Terrorakte und Universitätsschließungen – nicht mehr die innere Unabhängigkeit, die zur Erfüllung ihrer administrativen Aufgaben erforderlich sei. Gegen das Reich reichte die preußische Regierung Klage beim Staatsgerichtshof ein, die Landtagsfraktionen der SPD und des Zentrums schlossen sich ihr an. Auch Bayern und Baden erhoben Verfassungsklage. In dieser politisch vergifteten Atmosphäre kam es in den Vereinigten Ausschüssen des Reichsrats zu den Verhandlungen über die Leitsätze zur Neuregelung der Rundfunkorganisation.

Am 22. Juli wurde im Preußischen Staatsministerium beschlossen, daß die Anträge Preußens zu den Leitsätzen, wie sie am 17. Juli den Vereinigten Ausschüssen des Reichsrats vorgelegt worden waren, nicht im Reichsrat gestellt, sondern durch ein Schreiben des neuen Reichskommissars Bracht dem Reichsinnenminister mit der Bitte um Berücksichtigung übermittelt werden sollten.

Am gleichen Tag meldete die Presse, der Rundfunkreferent im Reichsinnenministerium, Ministerialrat Erich Scholz, sei offiziell der NSDAP beigetreten; dies beweise zur Genüge, in

457

welche Richtung sich die Neuregelung des Rundfunks bewegen würde, wenn man aus den täglichen Beispielen nicht schon längst wüßte, wie der Kurswechsel im Rundfunk tatsächlich aussähe[27]. Die sozialdemokratische Rundfunkzeitschrift *Volksfunk* wurde deutlicher. Die gegenwärtige Reichsregierung habe über den Rundfunk einen unausgesprochenen Ausnahmezustand verhängt, schrieb das Blatt und griff damit einen zeitgenössischen Begriff auf. Das gegenwärtige Reichskabinett stelle nationalsozialistischen Rednern den Rundfunk zur Verfügung, der den Kommunisten verboten würde. Früher habe sich die Organisation des Rundfunks nach dem demokratischen Aufbau der Reichsverfassung gerichtet, die Länder hätten Mitbestimmungsrechte gehabt. Heute strebe das Reichsministerium des Innern eine »Zentralisation« des Rundfunks an, um die Staatsregierungen auszuschalten und damit die Möglichkeit zu haben zu einer einseitigen Partei- und Regierungspolitik. Früher sei der Rundfunk ein Mittel zur Stärkung des Staatsgedankens und der Reichsverfassung gewesen. Heute sei er nur offizielles Organ einer Reichsregierung, die von den Nationalsozialisten toleriert werde. Man müsse durchaus damit rechnen, daß der Rundfunk, sobald sich die Verhältnisse zuspitzten, völlig unter die Aufsicht der Reichsregierung gestellt würde[28].

Die Nationalsozialisten waren jedoch keineswegs mehr zu Toleranz aufgelegt. Sie vermochten noch nicht zu erkennen, daß die ihnen verhaßten Überwachungsausschüsse bald abgeschafft würden, und noch immer waren ihnen in den Programmen zu viele Juden und Sozialdemokraten am Werk. In der Rundfunkabteilung der Reichsleitung der NSDAP hatte man das Vortragsprogramm der preußischen Rundfunkgesellschaften untersucht und zu 22 Prozent kommunistischen, zu 40 Prozent sozialdemokratischen, zu 25 Prozent sonstigen politischen, zu 12,5 Prozent deutschnationalen und nur zu einem halben Prozent nationalsozialistischen Stoff ermittelt; bei außerpreußischen Gesellschaften kämen die Nationalsozialisten überhaupt nicht zu Wort. Der Rundfunkreferent in der Reichsleitung der NSDAP, der 31jährige Horst Dreßler-Andreß, mochte den Referentenentwurf aus dem Reichsinnenministerium nicht. Er schien ihm aus »liberalem Parlamentsgeist« zu kommen, wäh-

[27] *Das Ergebnis der Untersuchungen gegen den Rundfunk.* Berliner Tageblatt, Nr. 345 v. 22. 7. 1932.
[28] *Der Deutschlandsender.* Der Volksfunk, Nr. 31 v. 29. 7. 1932, S. 2.

rend überlegener Sieger offenbar die Reichspost sei, die weiterhin ganz allein die wirtschaftliche Ausbeutung betreiben dürfe. »Das ist ein höchst unglücklicher Entwurf mit grundsätzlichen Unmöglichkeiten und schablonisierten Erneuerungsabsichten ... Was wir bisher über den Entwurf zu hören bekamen, lehnen wir ab!« Im Reichsinnenministerium sollten alle Energien erst einmal darauf verwandt werden, im Sinne der nationalsozialistischen Forderungen die politische Überwachung des Rundfunks zu regeln, schrieb der Rundfunkfunktionär im Zentralorgan seiner Partei, dem *Völkischen Beobachter*[29].

Für den 27. Juli 1932 war die Sitzung der Vereinigten Reichsratausschüsse über die Neuregelung des Rundfunks einberufen worden, auf der die Anträge der Länder erörtert werden sollten. Noch vor der Sitzung kam es zu einem charakteristischen Zwischenfall, über den die Darstellungen auseinandergehen. Der preußische Minister für Volkswohlfahrt und Bevollmächtigte im Reichsrat, Heinrich Hirtsiefer, Zentrumsmitglied und Gewerkschaftler, wollte Preußen auf dieser Sitzung vertreten. Er soll erst verzichtet haben, als man ihm androhte, ihn mit Gewalt aus dem Sitzungssaal zu entfernen. Das Reichsinnenministerium ließ später eine etwas andere Version verbreiten, nach der der Reichsinnenminister selbst, als er das Reichstagsgebäude betreten habe, auf Hirtsiefer aufmerksam gemacht worden sei; er habe diesen dann in das Ministerzimmer gebeten und ihm die Sachlage auseinandergelegt. Seine Meinung könne er, Hirtsiefer, auch durch ein Protestschreiben an den Reichskanzler zum Ausdruck bringen. Der Reichsinnenminister habe dabei den Standpunkt der Landesregierung vertreten, daß mit der Ausübung der Tätigkeit des Ministeramts auch das Amt als preußischer Bevollmächtigter zum Reichsrat ruhen müsse. Im übrigen trete eine Beeinträchtigung der Rechte des Landes Preußen durch Stimmverlust nicht ein, da die preußischen Regierungsstimmen einheitlich von einem Bevollmächtigten abgegeben würden. Beide Herren seien nicht im Sitzungssaal gewesen. Von einem Hinausweisen und einer Androhung von Gewalt könne daher nicht die Rede sein. Beide hätten sich in den »angenehmsten äußeren Formen« unterhalten und durch Handschlag verabschiedet. Die Episode sei als Schlaglicht auf die politische Stimmung bei diesen Verhandlungen im Reichsrat erwähnt. Es

---

[29] Horst Dreßler-Andreß, *Reform des Rundfunks.* Völkischer Beobachter, Nr. 208 v. 26. 7. 1932.

handelte sich immerhin um die erste Ausschußsitzung des Reichsrats nach der Reichsexekution gegen Preußen.

Reichsinnenminister von Gayl leitete die Sitzung persönlich. Für Preußen nahmen teil der Nachfolger des Staatssekretärs Robert Weismann, Ministerialdirektor Ludwig Eduard Nobis, der übrigens auch Mitglied des Verwaltungsrats der Post für den Reichsrat war, ferner Ministerialrat Hans Strunden. Ein Vertagungsantrag des bayerischen Bevollmächtigten, begründet mit dem Hinweis, daß er noch keine endgültigen Instruktionen habe, blieb unbeachtet. Dann kamen die Länder zu Wort; ihr Sprecher war der braunschweigische Gesandte Friedrich Boden. In seiner Einführungsrede lobte er die Rundfunkorganisation von 1925 als ein Werk Bredows und der risikofreudigen Privataktionäre. Inzwischen sei jedoch eine Reform notwendig geworden. Ein Seitenhieb auf das Reichsinnenministerium fehlte nicht. In den politischen Überwachungsausschüssen hätten sich parteipolitische Einflüsse zu stark bemerkbar gemacht, die auf alle Fälle zurückgedrängt werden müßten. Dann kam zwar das Bekenntnis zu den Leitsätzen, aber Boden trug auch folgende drei Vorbehalte vor:

1. Keine überspannte Zentralisierung, vielmehr stärkere Betonung der Dezentralisierung ist zu fordern; deshalb dürfen die Länder nicht nur angehört werden, sondern sie müssen im Plenum des Reichsrats und über ihre Landesregierung aktiv mitwirken können.

2. Von einer Verstaatlichung des Rundfunkbetriebs muß abgesehen und die volle Selbständigkeit der Intendanten gefordert werden.

3. Parteipolitische Darbietungen müssen möglichst vom Programm ausgeschlossen werden[30].

Boden schlug außerdem kurzerhand vor, die Rechtsfrage, ob der Reichsrat nur anzuhören sei oder seine Zustimmung zu geben habe, offenzulassen und sie dadurch zu erledigen, daß man sich über die Leitsätze einige. Das konnte dem Reichsinnenminister in dieser Situation nur recht sein. Deshalb erwiderte von Gayl, eine endgültige Regelung sollte »zusammen mit den Reichsratsausschüssen« erfolgen, und zur Legitimation erklärte er, die Reichsregierung stehe nach wie vor auf dem Standpunkt, daß es verfassungsrechtlich nur einer Anhörung der

---

[30] Bericht der Vertretung Oldenburgs beim Reich vom 28. 7. 1932. StA Oldenburg 47/194.

Reichsratsausschüsse bedürfe. Er werde aber bestrebt sein, in allen Fällen eine Einigung mit den Ausschüssen herbeizuführen, also die neue Regelung in Übereinstimmung mit den Ländern zu treffen. Zur Bekräftigung fügte er anschließend noch eine eigene schriftliche Erklärung hinzu. In diesem, offenbar im Kabinett und mit dem Reichspostminister abgesprochenen Papier hieß es, die Reichsregierung vertrete wie bisher den Standpunkt, daß die Regelung der Rundfunkorganisation einen Ausfluß des dem Reiche zustehenden Hoheitsrechts im Sinne des Fernmeldegesetzes darstelle und das Reich deshalb berechtigt sei, die Grundsätze des Rundfunks unter Wahrung des Artikels 67 der Reichsverfassung aus eigener Zuständigkeit zu ordnen. Sie erkenne jedoch durchaus an, daß durch die Darbietungen des Rundfunks die kulturellen und polizeilichen Hoheitsrechte der Länder berührt würden und die Länder daher mit Recht erwarten könnten, an der Rundfunkregelung zur Sicherung ihrer Interessen weitgehend beteiligt zu werden. In dieser Erkenntnis werde die Reichsregierung, entsprechend ihrem bisherigen Verhalten, sich bemühen, die zur Durchführung der Leitsätze erforderlichen Maßnahmen in enger Zusammenarbeit mit den Ländern zu treffen und, soweit mit einzelnen Ländern Sondervereinbarungen bestünden, neue Verhältnisse gleichfalls im Wege der Vereinbarung mit ihnen zu schaffen[31].

An Gayls Vortrag schloß sich die Aussprache über die nach einer Verabredung unter den Ländern von Baden und von Hamburg vorgelegten Anträge zu den Leitsätzen an. Zunächst machten die süddeutschen Länder freilich noch einmal ihre abweichende Auffassung klar und wiesen darauf hin, daß der Reichsrat einen Anspruch auf Zustimmung zu den Leitsätzen habe. Hamburg verlangte noch einmal ein klärendes Wort vom Reichsinnenminister. Dieser meinte, er verstehe unter Zusammenarbeit mit den Reichsratsausschüssen, daß mit diesen eine Einigung erzielt werde. Zu den vorliegenden Anträgen reichte der sächsische Vertreter, Georg Gradnauer, weitere Instruktionen ein. Der Bevollmächtigte für die Rheinprovinz, Wilhelm Hamacher (Zentrum), stellte dann drei weitere Forderungen auf: 1. müsse die RRG eine kollegiale Leitung erhalten, 2. sollte der Rundfunk nicht entpolitisiert, sondern vielmehr entparteipolitisiert werden und schließlich müsse 3. Preußen in den Beiräten stärker als vorgesehen vertreten sein. Danach konnten die

[31] Ebd.

Einzelberatungen beginnen. Das Reichsinnenministerium kam den Ländern jedoch nur in wenigen wirklich wichtigen Punkten entgegen. Weil diese aber keine Möglichkeit des Widerstandes sahen, konnte es in den Berichten über diese Sitzung vom 27. Juli heißen, mit den Ländern sei »volle Einigung« erzielt worden. Zunächst machte sich jedoch am Ende der Sitzung ein Redaktionsausschuß an die Ausformulierung der neuen Fassung der Leitsätze, denn man wollte offenbar noch vor der für den 31. Juli vorgesehenen Wahl zum 6. Deutschen Reichstag mit dem Text an die Öffentlichkeit treten.

7.4. Ein Funkmedium zur staatlichen Selbstdarstellung
Die Leitsätze vom 27. Juli 1932

Am 29. Juli 1932 konnten die Leitsätze veröffentlicht werden[32]. Die halbamtliche Nachrichtenagentur Wolff's Telegraphisches Bureau brachte in ihrer ersten Nachmittagsausgabe den Text mit einer Einführung, beides wurde in den Abendausgaben der Berliner Tageszeitungen nachgedruckt[33]. Am selben Abend sprach Scholz »über alle deutschen Sender« um 19.35 Uhr über die neuen Richtlinien im Rahmen der »Stunde der Reichsregierung«, wie es von nun an sehr oft heißen sollte. Er begann seinen Vortrag mit dem forschen Aufruf: »Deutsche Rundfunkhörer! Der Reichsminister des Innern und der Reichspostminister haben gestern in engem Einvernehmen mit den Ländern Bestimmungen über eine Neuregelung des Rundfunks verabschiedet, die das Interesse der Rundfunkhörer in besonderem Maß beanspruchen dürften. Es handelt sich vorläufig um ein loses Gerippe, das aber in der schon jetzt vorliegenden Form zeigt, wie künftig sich die Organisation des Rundfunks gestalten wird.« In heute kaum noch erträglichem Amtsdeutsch legte der Ministerialrat penibel auseinander, was es mit der Neuregelung auf sich hatte, weshalb sie eine staatspolitische Notwendigkeit sei und warum der Rundfunk in die fürsorglichen öffentlichen Hände gehöre. Mit der List des vormaligen Landrichters nahm er vorweg zu möglichen Einwänden Stellung: »Es

[32] Wolff's Telegraphisches Bureau (WTB) Nr. 1609 v. 29. 7. 1932. BA Kblz R 43 I/2001. Abdruck als Dokument 8 bei Bausch, *Der Rundfunk im politischen Kräftespiel*, S. 205–210.
[33] Berliner Tageblatt, Nr. 357 v. 29. 7. 1932 (Abendausgabe).

Der Ministerialrat im Reichsinnenministerium Erich Scholz (1882–1954) hatte sein Ziel erreicht: Am 29. Juli 1932 gab er den Rundfunkhörern seine Pläne für eine staatsautoritäre Rundfunkordnung bekannt.

wird befürchtet, daß die Neuregelung zu einer Bürokratisierung des Rundfunks führen und ihn zu einem Beamten-Rundfunk stempeln werde. Nichts ist unbegründeter als das. In den Verhandlungen zwischen Reich und Ländern bestand volle Einigkeit darüber, daß der Rundfunk als Kulturinstrument eine derartige Hemmung seiner freien Entwicklung nicht vertragen würde. Die Bewegungsfreiheit der Rundfunkintendanten soll und wird daher im Rahmen der zu erlassenden Richtlinien keinerlei Einengung erfahren.«[34]

»Im Rahmen der zu erlassenden Richtlinien« – da liege der Hase im Pfeffer, spottete Erich Burger im *Berliner Tageblatt.* Auch die lebhaftesten Beteuerungen, daß man den Schaffenden des Rundfunks ihre Freiheit lassen werde, könnten nichts daran ändern, daß von dieser Neuregelung die freiheitlich denkenden Autoren nicht allzu viel erwarten dürften. Herr Scholz sei zwar auch auf das Kulturelle zu sprechen gekommen, doch er bewege sich dabei nur in den bekannten ungenauen Ausdrücken von »deutscher Seele«, »deutschem Denken und Fühlen«, dem »Dienst am deutschen Volkstum«, ohne näher darauf einzugehen, wie die neuen Machthaber des Rundfunks sich die Einzelheiten ihres Programms vorstellten. Wir haben ja heute schon Beispiele genug, so hieß es weiter, wie eine solche amtlich ver-

[34] Rundfunkansprache von MinR Erich Scholz (RMI) vom 29. 7. 1932. Privatarchiv Rudolf Maus (Sammlung Wolf Bierbach). Auszug als Dokument 9 bei Bausch, *Der Rundfunk im politischen Kräftespiel,* S. 210–212.

ordnete Kultur auszusehen pflegt. Die Gefahr eines Beamten-Rundfunks sei also keineswegs so fern, wie Herr Scholz meine. Diese Gefahr zu beseitigen, dazu würden allerdings alle Kräfte notwendig sein, die auch heute noch in Deutschland für die Freiheit des Geistes anträten[35]. Aber es war schon zu spät.

Anläßlich des blutigen Überfalls von SA-Leuten auf den sozialdemokratischen Journalisten und Vorsitzer des Orag-Kulturbeirats, Otto Wyrgatsch, in der Nacht nach der Reichstagswahl vom 31. Juli 1932, griff Thomas Mann in einem Leitartikel des *Berliner Tageblatt* das schleierhafte Schlagwort auf, mit dem auch die Leitsätze garniert worden waren und mit dem ihre Propheten hausieren gingen: »Überparteilich, das ist ein verfängliches Wort, mit dem gefährlicher Mißbrauch getrieben werden kann und schon getrieben worden ist. Nur zu gern nennt der Wille zur Unterdrückung aller anderen Willensmeinungen sich überparteilich, nur zu gern schmeichelt eine dumpf-rückschrittliche Politik sich, unpolitisch-vaterländisch zu sein. Dazu birgt der zweideutige Begriff, wir wissen es wohl, eine Verführung für das deutsche Gemüt in sich. Er kommt gewissen romantisch-antipolitischen Instinkten unserer Natur entgegen, die sich leicht in einer zugleich hochmütigen und untertanenhaften Abwendung von politischen Entscheidungen und einem frommen Hinnehmen des Gottgegebenen gefällt ... Und ich für meine Person, wenn ich schon sprechen soll, kann mich auch hier und heute nur zu der Überzeugung bekennen, daß die soziale Republik, die gewiß bis jetzt noch in keinem Augenblick verwirklicht war, die politische und gesellschaftliche Verfassung ist, in der allein Deutschland die ihm historisch zugewiesenen Weltaufgaben erfüllen kann.«[36] Ein halbes Jahr später schon kehrte Thomas Mann nach einer Auslandsfahrt nicht mehr in dieses Deutschland zurück.

Die Leitsätze fanden bezeichnender Weise nur in wenigen Rundfunkzeitschriften kein gutes Echo. Bei den unabhängigen Fachblättern vermochte offenbar nur Lothar Band im *Funk* kritischen Abstand zu bewahren[37]. Im *Deutschen Rundfunk*

---

[35] -er. (d. i. Erich Burger?), *Beamten-Rundfunk?* Berliner Tageblatt, Nr. 359 v. 30. 7. 1932.
[36] Thomas Mann, *Was wir verlangen müssen.* Berliner Tageblatt, Nr. 373 v. 8. 8. 1932.
[37] Lothar Band, *Auf dem Wege der Umorganisation.* Funk, Nr. 34 v. 19. 8. 1932, S. 133 und ders., *Zwischenbilanz der Umorganisation.* Funk, Nr. 40 v. 30. 9. 1932, S. 157.

schrieb Hans von Heister in aller rundfunkpolitischen Naivität: »Das Positive der neuen Ordnung liegt in der völligen Verstaatlichung des Rundfunks und dem damit verbundenen Wechsel des Systems.«[38] Die Programmblätter der Rundfunkgesellschaften hielten sich vorsichtig zurück. Im gut informierten *Volksfunk* ging es dagegen etwas lebhafter zu: »Pg. Scholz läßt die Katze aus dem Sack.«[39] Wann die Neuordnung der Rundfunkorganisation in Kraft trete, sei zwar noch nicht bekannt. Vorläufig hätten die Staatsregierungen im Reichsrat nur gezwungenermaßen einen Kompromiß geschlossen, schrieb das Blatt in einem Leitartikel. In diesem Zusammenhang sei es übrigens sehr interessant, so hieß es weiter, daß jetzt Gerüchte verbreitet würden, nach denen das Reichsministerium des Innern unter der Leitung Severings die gleichen »Zentralisierungspläne« gehabt habe. Demgegenüber sei eindeutig festzustellen, daß unter der Amtsführung dieses Ministers weder von ihm noch durch einen von ihm beauftragten Vertreter solche oder ähnliche Pläne aufgestellt worden seien, was schon aus verfassungsrechtlichen Gründen unmöglich gewesen wäre. Wahrscheinlich aber habe schon damals die gleiche Vorlage, wie sie die jetzige Reichsregierung herausgebracht habe, im Schreibtisch eines Referenten gelegen, der erst bei einem deutschnationalen, »parteilosen« Minister Zustimmung dafür fand[40].

Faule Boten sind fleißige Propheten. Wie sah der von Scholz in seiner Rundfunkrede mit einer unwillkürlich makabren Metapher als »ein loses Gerippe von Leitsätzen« bezeichnete Katalog von Organisationsanweisungen aus?

1. Der Rundfunk soll dem Reich und den Ländern gemeinsam gehören. Privatkapital soll künftig am Rundfunk nicht mehr beteiligt sein.

2. Neue Richtlinien für das politische und kulturelle Programm werden mit den zuständigen Reichsratsausschüssen aufgestellt.

3. Die RRG ist als Dachgesellschaft der örtlichen Rundfunkgesellschaften das zentrale Betriebsunternehmen, organisiert als gemeinnützige GmbH, deren Geschäftsanteile zu 51 Prozent

---

[38] Hans S. v. Heister, *Deutschlands neue Rundfunkorganisation.* Der Deutsche Rundfunk, Nr. 34 v. 19. 8. 1932, S. 5.
[39] *Pg.* [= Parteigenosse] *Scholz läßt die Katze aus dem Sack.* Volksfunk, Nr. 32 v. 5. 8. 1932, Programmteil S. 1.
[40] *Der Deutschlandsender.* Volksfunk, Nr. 33 v. 12. 8. 1932, S. 2.

der Post gehören und zu 49 Prozent auf die Länder Preußen, Bayern, Sachsen, Württemberg, Baden und Hamburg verteilt werden.

4. Die staatliche Aufsicht wird von zwei Reichskommissaren wahrgenommen, ein Rundfunk-Kommissar des Reichspostministers für Organisation, Wirtschaft und Technik und ein Rundfunk-Kommissar des Reichsinnenministers für sämtliche Fragen des Programms.

5. Die staatliche Exekutive bei der RRG repräsentieren zwei Gremien: Ein Verwaltungsrat der RRG unter Vorsitz des Rundfunk-Kommissars des Reichspostministers mit den beiden Reichskommissaren, je drei vom Reichsinnenminister und vom Reichspostminister und sieben von den Ländern zu stellenden Mitgliedern, von denen zwei Preußen und je eines Bayern, Sachsen, Württemberg, Baden und Hamburg ernennen. Ein Programmbeirat der RRG unter Vorsitz des Rundfunk-Kommissars des Reichsinnenministers, der die fünfzehn Mitglieder aus dem ganzen Reichsgebiet beruft und ernennt.

6. Die staatliche Exekutive bei den Rundfunkgesellschaften vertreten: ein vom Reichsinnenminister und den zuständigen Ländern ernannter Staatskommissar; ein Ausschuß von Regierungsvertretern der zuständigen Länder; ein Programmbeirat mit höchstens elf Mitgliedern, ernannt vom Reichsinnenminister und den zuständigen Ländern.

7. Die RRG verfügt über einen eigenen Reichssender, den Deutschlandsender.

8. Die RRG verfügt über eine zentrale Nachrichtenabteilung; die Dradag wird aufgelöst.

Bredow hatte noch am Tage der Veröffentlichung der neuen Leitsätze den Direktor der RRG, Kurt Magnus, kurz über den Inhalt der Beschlüsse in den Reichsratsausschüssen informiert[41]. Erst nach der Reichstagswahl, am 2. August 1932, schickte er auch den Rundfunkgesellschaften den Text der Leitsätze zu. Was Hans Bredow den Intendanten jedoch schon in seinem erwähnten Brief vom 14. Juli vertraulich mitgeteilt hatte, flatterte nun als Erlaß des Reichspostministers von Eltz-Rübenach mit dem Datum vom 4. August 1932 den ohnedies durch die politische Entwicklung verunsicherten Rundfunkdirektoren auf den Schreibtisch: Die Kündigung der Betriebskonzession zum

[41] Brief Rundfunk-Kommissar RPM an Magnus (RRG), 29. 7. 1932. BA Kblz R 78/585.

30. September 1932[42]. Damit hatte sich wieder jener Zustand der Pionierzeit vor dem 1. März 1926 ergeben, dem Tag des Inkrafttretens der seinerzeit seit 1924 über fast zwei Jahre sehnlich erwarteten und der Post durch schmerzliche finanzielle Zugeständnisse abgetrotzten »Genehmigung zur Benutzung einer Funksendeanlage der Deutschen Reichspost für die Zwecke des Unterhaltungsrundfunks«. Das Kündigungsschreiben begründete die Maßnahme mit Artikel 11, Ziffer 2a der Genehmigung, nach der die Post fristlos die Genehmigung entziehen konnte, wenn technische Entwicklungen oder das öffentliche Interesse es zwingend erforderten. Zur Erläuterung wurde geltend gemacht, die Geschäftsgrundlage sei ab 1. Oktober 1932 eine andere, wenn die Rundfunkgesellschaften keine nur mehrheitlich gemeinwirtschaftlichen Aktiengesellschaften mehr sein sollten, sondern gemeinnützige Gesellschaften mit beschränkter Haftung. Die Privataktionäre wußten nun, daß ihre Tage als Rundfunkunternehmer gezählt sein würden. Eine sozial-konservative Wirtschaftsideologie forderte ihr Recht zurück; die das Gemeinwohl beanspruchende Verkehrsbehörde, vertreten durch ein Reichsministerium, bestand wieder auf einem ungeteilten Staatsbetrieb.

Am 6. September 1932 schrieb der Rundfunk-Kommissar des Reichspostministers an die Aufsichtsräte der Rundfunkgesellschaften, die Geschäftsleitungen müßten angewiesen werden, einen ungestörten Sendebetrieb bis zum Inkrafttreten der Neuorganisation zu gewährleisten, um auch über den 30. September hinaus den Betrieb wie bisher durchzuführen. Bredow ließ sich von den Aufsichtsratsmitgliedern der Rundfunkgesellschaften einen Revers unterschreiben, nach dem die Vorstände damit beauftragt werden sollten, bis auf Widerruf alle Maßnahmen zur Durchführung eines geordneten Programmbetriebs zu treffen, hierbei jedoch darauf zu achten, daß finanzielle Verpflichtungen über den 31. Dezember 1932 hinaus nicht eingegangen würden. Die RRG habe sich verpflichtet, ab 1. Oktober alle durch den Geschäftsbetrieb entstehenden Unkosten zu übernehmen. Im übrigen, so hieß es in dieser Erklärung, sollten Kündigungen von Personal nur im Einvernehmen mit der RRG vorgenommen werden; es kämen zur Zeit Kündigungen nur bei

[42] Brief Reichspostminister (III 5210-0/1) an Süddeutscher Rundfunk AG Stuttgart, 4. 8. 1932. StA Freiburg C 4 XVI/16/7 als Beispiel nach Sibylle Grube, *Rundfunkpolitik in Baden und Württemberg 1924–1933*. Berlin 1976, S. 80.

Personen in Betracht, bei denen der Vorstand aus besonderen
Gründen eine Lösung des Dienstverhältnisses für wünschens-
wert halte[43]. Inzwischen hatte nämlich Scholz bei der Funk-
Stunde schon mit der Säuberung begonnen. Die Rundfunkgesellschaften reagierten auf den Entzug der Genehmigung selbstverständlich nicht sehr freundlich. Aber die Möglichkeiten der
Privatgesellschafter waren in den vergangenen Jahren immer
geringer geworden; die Post hatte es verstanden, sich zunehm-
mend der Geschäftsanteile in den einzelnen Gesellschaften zu
versichern.

7.5. *Alternativen ohne Chance*
Die Schleußner-Pläne

Die Minderheitsaktionäre sämtlicher Gesellschaften standen
unter wachsendem Druck aus Berlin. Nur wenige scheinen
versucht zu haben, sich diesem Druck zu widersetzen. In Stuttgart mag dies zunächst aus landespolitischen Gründen noch
geschehen sein, während in Frankfurt die Privataktionäre sich
zunächst aus wirtschaftlichem Selbstbewußtsein zurückzuhal-
ten versuchten, zumindest solange sie glaubten, noch irgendeine
Chance zu haben. Im Mittelpunkt dieses Widerstandes stand
die Gründerfamilie der Frankfurter Rundfunkgesellschaft,
Schleußner. Frankfurt hatte sich immer schon allen wirtschaftlichen Fusionsplänen widersetzt; man hatte dort seine Gründe,
wie ein Memorandum – heute würde man sagen, ein Positions-
papier – zeigt, das Anfang 1932 entstanden ist und das aus der
Feder des Aufsichtsratsmitglieds Carl Adolf Schleußner stam-
men dürfte[44]. In einem kurzen Abriß wurde die Geschichte des
Rundfunks als ein Prozeß wachsender Abhängigkeit von der
Post geschildert. Der privatwirtschaftliche Charakter sei den
Gesellschaften dadurch genommen worden, daß die Dividende
zunächst auf 10 Prozent, in den letzten Jahren gar auf 8 Prozent
herabgesetzt worden sei, ohne daß hierzu finanzielle Gründe
vorgelegen hätten. Außerdem seien bei den meisten Gesellschaften allmählich die bestehenden Minderheitsaktien aufge-

[43] Brief Rundfunk-Kommissar RPM an Aufsichtsräte der Rundfunkgesellschaften, 6. 9. 1932. BA Kblz R 78/6.
[44] Schleußner-Memorandum (Typoskript ohne Titel o. D., wahrscheinlich Anfang 1932). Privatarchiv Familie Schleußner (Sammlung d. V.).

kauft worden, so daß selbständige Minoritäten von mehr als 25 Prozent nur noch in Hamburg und Frankfurt vorhanden seien. Im Jahre 1931 seien überdies mit diesen Minoritäten Verträge abgeschlossen worden, wonach im Falle der Liquidation der Gesellschaft ein bestimmter Betrag garantiert worden sei. Ein finanzielles Interesse der Privataktionäre an der Entwicklung der Gesellschaft habe seit dieser Zeit nicht mehr bestanden. Die Schleußners irritierte, daß sie im Reichspostministerium kein rechtes Verständnis für die Programmarbeit, für »die künstlerischen Leistungen der Rundfunkgesellschaften« finden konnten. Das andere am Rundfunk interessierte Ressort, das Reichsinnenministerium, gefiel den Frankfurtern als Bezugsbehörde freilich auch nicht, denn dort würde man am Ende doch wieder nur von parteipolitischen Konstellationen abhängig sein, wie die Arbeit in den Überwachungsausschüssen und Kulturbeiräten inzwischen überdeutlich gezeigt habe.

Den Ausweg sah Schleußner in einem am britischen Rundfunksystem orientierten, auf deutsche Verhältnisse zugeschnittenen gemeinwirtschaftlichen Organisationsmodell, mit dem man folgendes erreichen wollte:

1. Eine Erhöhung der Selbstverwaltungsrechte der einzelnen Rundfunkgesellschaften.

2. Eine Umverteilung der staatlichen Aufsicht.

3. Eine Wiederherstellung der gleichberechtigten Zusammenarbeit »von staatlichen und privaten Kräften« in der RRG.

Im einzelnen sah dieser Schleußner-Plan Maßnahmen vor, von denen hier zur Illustration des rundfunkpolitischen und rundfunkwirtschaftlichen Diskussionsstandes jener Monate nur einige aufgezählt seien:

1. Die Rundfunkgesellschaften werden zu sechs selbständigen Gesellschaften zusammengefaßt; die Deutsche Welle soll daneben bestehen und dem Reich oder den Ländern zu politischen Zwecken zur Verfügung stehen. Die Anteile der Rundfunkgesellschaften sollten jeweils zu 51 Prozent der RRG und zu 49 Prozent den privaten Aktionären zufallen.

2. Ein der Reichsregierung verantwortlicher Reichsrundfunk-Kommissar sollte an der Spitze der RRG die staatliche Aufsicht repräsentieren.

3. Der Verwaltungsrat der RRG sollte aus insgesamt neun Personen bestehen, dem Reichskommissar, den Vorsitzenden der Aufsichtsräte, aus je einem Vertreter des Reichspostministeriums, des Reichsinnenministeriums, des Reichsrats, des Städte-

Die Privataktionäre der Südwestdeutschen Rundfunk AG in Frankfurt am Main versuchten 1932 die Verstaatlichung zu verhindern. Von links: Carl Schleußner (1868–1943), Carl Adolf Schleußner (1895–1959) und Wilhelm Schüller (1897–1967).

tages, der Handelskammer oder einer sonstigen führenden Persönlichkeit mit der Möglichkeit einer Personalunion.

Die Vorstellungen des Schleußner-Plans zur Organisation der staatlichen Aufsicht lassen vermuten, daß möglicherweise die Grundgedanken des Scholz-Planes vom März 1931 mindestens in Frankfurt bekannt waren, möglicherweise über den Aufsichtsratsvorsitzenden und Mitglied des RRG-Verwaltungsrats, Schleußner junior. Reich und Länder sollten ihre eigenen Rundfunkeinrichtungen haben und über den Deutschlandsender verfügen können. Überdies bot man der Reichsregierung eine halbe Stunde Sendezeit täglich an. Dafür sollte das übrige Programm von Politik frei bleiben. Die Überwachungsausschüsse seien somit überflüssig, während die Kulturbeiräte bestehen bleiben könnten. Die gesamte Technik sollte den Rundfunkgesellschaften übertragen werden, einschließlich sämtlicher Leitungen, offenbar auch die Sender. Übrigens erwog Schleußner auch eine Senkung der Teilnehmergebühr auf 1,50 Mark, zusammen mit einem neuen Abrechnungsverfahren mit der Post. Zur Finanzierung dieses Projekts dachte man an die Neuauflage von Aktien und an eine öffentliche Anleihe. Die so gewonnenen Mittel sollten vor allem für den Kauf der Sendeanlagen und der Leitungen von der Post aufgewandt werden. Man rechnete mit einer Summe von 40 bis 50 Millionen Mark, für die das Reich sicher eine Verwendung haben würde. Die Verselbständigung sollte eine kulturelle Belebung zur Folge haben und die Gewähr gegen einseitige Verwendung des Mediums zugunsten einzelner politischer Richtungen bieten. Schließlich versprach man sich auch eine Verbilligung der Verwaltung und eine stärkere Abführung laufender Mittel an das Reich. Doch dieser Plan mußte schon bald in der Schublade verschwinden.

Bredows zurückhaltender Brief an die Rundfunkgesellschaften vom 14. Juli 1932 schreckte die Intendanten und Direktoren nicht mehr auf; dafür war rundfunkpolitisch seit Anfang Juni zuviel geschehen. Am 18. Juli kamen Schleußner und Schüller, der Vorstand des SWR, nach Berlin, sie überreichten im Reichsinnenministerium eine Denkschrift. Ihr Inhalt und ein zusätzlicher Brief vom 17. Juli 1932 sind charakteristisch nicht nur für die Gründer und Minderheitseigner der Südwestdeutschen Rundfunk AG in Frankfurt. Der Verfasser der Denkschrift ließ nicht den geringsten Zweifel an seiner deutschnationalen Überzeugung; er mochte freilich den Rundfunk auch nicht völlig der zentralen Staatsaufsicht ausgeliefert sehen, und zwar um der Privatinitiative willen. Wörtlich schrieb Schleußner: »Es mag dahin gestellt sein, ob es der Wunsch der Öffentlichkeit ist, daß freie Kräfte aufgrund einer kapitalistischen Beteiligung heute im Rundfunk nicht mehr tragbar seien. In der geplanten Neuorganisation ist der Ausschluß dieser Kräfte vorgesehen, wobei als selbstverständlich angenommen werden kann, daß die Abwicklung im Sinne der getroffenen Vereinbarungen erfolgt. Wichtiger jedoch scheint mir die Frage zu sein, ob überhaupt im Rundfunk die Mitarbeit von Kräften möglich ist, die anders als in beamtenmäßiger Stellung in die Organisation des Rundfunks eingebaut sind. ... Diejenigen, die seit Jahren an dem Aufbau des Rundfunks mitgearbeitet haben und denen der Rundfunk ans Herz gewachsen ist, wie jedes Werk, das mit eigener Hand geschaffen wurde, werden sich nur dann bereit finden, ihren Einfluß im Rundfunk, den sie heute noch aufgrund von Verträgen besitzen, aufzugeben, wenn die Gewähr geboten ist, daß die Zukunft des Rundfunks nicht gefährdet erscheint. Wir leben in der Zeit des Umbruchs aller Dinge. Auch an dem Rundfunk kann die Zeit nicht vorübergehen. Daß der Rundfunk für den Aufbau einer nationalen Volksgemeinschaft von grundlegender Bedeutung sein wird, war den Gründern des Rundfunks bekannt. Wenn diese Aufgabe in den vergangenen Jahren nicht in dem nötigen Maße berücksichtigt wurde, so kann diese die Schuld hieran nicht treffen. Es muß jedoch der Neubau unter

Berücksichtigung der Erfahrungen der Vergangenheit erfolgen, denn nur so kann die Neuorganisation des Rundfunks zum Vorteil des Rundfunks und zum Vorteil der Deutschen Volksgemeinschaft sein!«[45]

Gleich nach seiner Rückkehr nach Frankfurt setzte sich Schleußner noch einmal hin und verfaßte eine Stellungnahme zu den Leitsätzen, die bei seinem Besuch in Berlin den Vereinigten Ausschüssen des Reichsrats bereits vorgelegen hatten.

In dieser Stellungnahme wandte Schleußner sich prinzipiell gegen eine Neuregelung, denn nach seiner Ansicht sei ein behördlicher Betrieb für den Rundfunk völlig untragbar; er würde ihm seine künstlerische Initiative nehmen und im übrigen erheblich ungünstigere Wirtschaftsergebnisse zur Folge haben. Zum geplanten Entzug der Genehmigung meinte er, es müsse auf das entschiedenste in Abrede gestellt werden, daß der Konzessionsentzug aus öffentlichem Interesse zwingend geboten sei. Die staatspolitisch gebotene und auch anerkannte Einflußnahme der Reichsregierung auf ein nationales und aufbauendes Kulturprogramm könne bei der bestehenden Organisation des Rundfunks auch durchgeführt werden. Die Konzession selber sei öffentliches Recht. Der Entzug greife aber derart einschneidend in die Privatrechtsverhältnisse der Rundfunkgesellschaften ein, daß er einer Enteignung der Gesellschaften gleichkomme. Abgesehen davon sei auch bei einer Überleitung des Sendebetriebs auf neu zu gründende Gesellschaften unter Umständen eine Enteignung der Funkhäuser und teilweise der Sendergebäude notwendig, da diese Eigentum der alten Gesellschaften seien und eine Liquidation der alten Gesellschaften nicht ohne weiteres möglich sei[46].

Schleußners Stellungnahme war das letzte Aufbegehren der privaten Gründerväter des deutschen Rundfunks. Im Juli 1932 war ihr Ziehkind, der Rundfunk, schon nicht mehr vor dem allumfassenden Zugriff der autoritären Staatsmacht zu retten. Ministerialrat Scholz dürfte es im übrigen nie versäumt haben, den Rundfunkdirektoren bei ihren zahlreichen Besuchen in Berlin unmißverständlich die letzte Möglichkeit einer Notverordnung

---

[45] Brief C. A. Schleußner Frankfurt (Main) an Reichsinnenminister, 17. 7. 1932 (Entwurf). StadtA Ffm S 1/58/162 sowie Denkschrift! (Typoskript o. D., wahrscheinlich Juli 1932). StadtA Ffm S 1/58/327.
[46] Brief C. A. Schleußner Frankfurt (Main) an Reichsinnenminister, 21. 7. 1932. StadtA Ffm S 1/58/71.

zur Durchsetzung der rundfunkpolitischen Ziele des Reichsinnenministeriums vor Augen zu führen. Und was das Argument der Enteignung betraf, so hatte der Referent für Funkrecht im Reichspostministerium, Eberhard Neugebauer, schnell Argumente zur Hand. Die Anteile der Privataktionäre sollten selbstverständlich von der Post erworben werden, um welchen Preis, das sei Gegenstand ausgedehnter Verhandlungen, die Ministerialdirektor August Kruckow vom Postministerium auf einer Rundreise mit den Rundfunkgesellschaften im Herbst 1932 führen sollte.

7.6. Der Anfang vom Ende
Der eiserne Besen des neuen Rundfunk-Kommissars

Am 10. August 1932 erreichte Scholz sein persönliches Ziel: Er wurde zum Rundfunk-Kommissar des Reichsministers des Innern ernannt. Hans Bredow blieb Rundfunk-Kommissar des Reichspostministers. Damit war die erste Forderung aus den Leitsätzen eingelöst; die beiden obersten Rundfunkbeamten des deutschen Rundfunks waren ernannt. Der Tag nach Scholz' Ernennung war der 11. August 1932, ein Verfassungstag. In den Ansprachen des Kanzlers und seines Innenministers kam das Wort »Republik« nicht mehr vor. Am Freitag, dem 12. August, trat der neue Rundfunk-Kommissar des Reichsinnenministers in einem Zimmer im »Haus des Rundfunks« seinen Dienst an. Als erstes rief er den Hausherrn, den Intendanten Hans Flesch, aus dem Urlaub zurück. Was immer die Gründe für diese, wie man damals gerne sagte, »schlagartige Aktion« gewesen sein mögen: Hans Flesch war das erste Opfer des politischen Rundfunkkommissars Scholz. Flesch wurde am 13. August zum Rücktritt gezwungen.

Am gleichen Tag verlängerte die Funk-Stunde auch den Vertrag des Leiters ihrer Aktuellen Abteilung, Arthur Kürschner, nicht mehr. Aber Kürschner verklagte die Funk-Stunde vor dem Arbeitsgericht, das die Berliner Rundfunkgesellschaft verurteilte, ihn entweder wieder einzustellen oder 3000 Mark Abfindung zu zahlen. Er kehrte übrigens nicht ins Funkhaus zurück, denn dort hatte sich bereits Arnolt Bronnen auf seinem Platz niedergelassen. Die politischen und – wie schon im Fall Kürschner – unverhohlen rassistisch begründeten Entlassungen sollten von nun an bei sämtlichen Rundfunkgesellschaften für viele Monate nicht mehr aufhören. Ohne Unterbrechung, über den 30. Januar 1933 hinaus, wurden nun eiserne Besen geschwungen, und manche alte personalpolitische Rechnung mußte bezahlt werden.

So sehr sich Scholz auch um die Gunst seiner neuen Parteifreunde von der NSDAP bemühte, er war ihnen offenbar noch zu lasch. Am 14. August berief er Gustav Krukenberg aus dem Reichsinnenministerium zu seinem persönlichen Referenten. Am gleichen Tag tauchten auch in der Direktion der RRG zwei neue Gesichter auf. Aus Hamburg hatte sich Scholz das kaufmännische Vorstandsmitglied der Norag, Kurt Stapelfeldt, kommen lassen, der ihm die Programmabteilung der RRG aufbauen sollte; auf Weisung des Reichswehrministeriums nahm er Walther Beumelburg mit dem Auftrag hinzu, die Nachrichtenabteilung der RRG einzurichten, die als Auffangstelle für die Dradag gedacht war. Beide Herren galten als deutschnational, aber bei Beumelburg wird die mitgebrachte Empfehlung aus dem Reichswehrministerium erst verständlich, wenn man seine Berufung im Zusammenhang mit zwei anderen Stellenbesetzungen jener Tage sieht: Die Chefstelle der Presseabteilung der Reichsregierung und die Leitung der Pressestelle des Preußischen Staatsministeriums gingen an zwei Vertrauensleute des Reichswehrministers Kurt von Schleicher, der es sich besonders angelegen sein ließ, publizistische Schlüsselstellungen zu besetzen. Indessen holte Ministerialrat Scholz einen Berliner und einen Preußischen Staatskommissar und weitere Direktoren in die RRG. Diese weigerte sich zunächst einmal, die Gehälter zu zahlen.

Am 19. August 1932 eröffnete Reichspostminister Freiherr von Eltz die 9. Große Deutsche Funkausstellung in Berlin. In seiner Ansprache meinte er, wohl noch zu keiner Zeit habe der Rundfunk so im Mittelpunkt des öffentlichen Interesses gestanden wie im letzten Jahr und seine Bedeutung auch für die Bedürfnisse des Staates so deutlich erkennen lassen wie in den letzten Wochen und Tagen. Einige der Ehrengäste in der vorderen Reihe, darunter die Rundfunk-Kommissare, wußten, wovon er sprach. Nur einmal mag Scholz zusammengezuckt sein, als von Eltz betonte, daß der in der Praxis bewährte Grundgedanke der bisherigen Rundfunkregelung, nämlich Selbständigkeit der Rundfunkgesellschaften für die Programmgestaltung und die Zusammenfassung aller gemeinsamen Rundfunkaufgaben in der RRG, auch bei der Neuregelung erhalten blieben.

Reichspost- und -verkehrsminister Paul Frhr. von Eltz-Rübenach (1875–1943), hier auf der Deutschen Luftsport-Ausstellung im Sommer 1932, nahm die neue Rundfunkordnung des Reichsinnenministers hin.

Die klare Abgrenzung der Zuständigkeiten werde die Aufgaben der einzelnen Gesellschaften vereinfachen und der Programmentwicklung zugute kommen. Damit würden der weiteren gesunden Entwicklung des deutschen Rundfunks, wie er zuversichtlich hoffe, die Wege geebnet sein[47].

Der Griff der staatlichen Autorität wurde fester. Zwei Tage nach der Eröffnung der Funkausstellung sind die ersten Staatskommissare bei den Rundfunkgesellschaften ernannt worden. Für alle preußischen Rundfunkgesellschaften war nun der Rundfunkreferent im Preußischen Staatsministerium, Ministerialrat Hans Strunden (Zentrum), zuständig. Mit Ausnahme von Hamburg und Stuttgart, wo die Leiter der Staatlichen Pressestellen ernannt wurden – in Hamburg Alexander Zinn und in Stuttgart Joseph Vögele –, sind durchweg Beamte aus den Regierungspräsidien eingesetzt worden, so in Berlin, Breslau, Königsberg, Köln und Frankfurt; in Leipzig wurde ein Ministerialrat vom Sächsischen Wirtschaftsministerium zum Staatskommissar ernannt. Offenbar war man aufgrund einer zur Entlastung der Oberpräsidien in Preußen durchgeführten Verwaltungsreform froh, daß die Referenten zu Rundfunk-Kommissaren bei den Ländergesellschaften ernannt werden konnten. Aus der Rückschau betrachtet, blieb den Kommissaren allerdings nicht sehr viel Zeit, sich zu entfalten.

[47] Ansprache des Reichspostministers am 19. 8. 1932. Funk, Nr. 35 v. 19. 8. 1932, S. 137.

Aber auch innerhalb der Reichsverwaltung mußte der Rundfunk ins rechte Licht gerückt werden. Ein dezenter Hinweis auf die »Stunde der Reichsregierung« war der Anlaß für ein persönliches Schreiben des Reichsinnenministers vom 27. August 1932 an seine Ministerkollegen, mit dem er ihnen seinen neuernannten Rundfunk-Kommissar vorstellte. Dieser werde, nachdem die politischen Überwachungsausschüsse der Rundfunkgesellschaften weggefallen seien, dafür zu sorgen haben, daß die Programmdarbietungen des Rundfunks mit den Interessen und Zielen der Reichsregierung nicht im Widerspruch stünden. Doch, so fuhr der Minister fort, bedinge die Durchführung dieser Aufgaben eine enge Verbindung zwischen diesem seinem Rundfunkkommissar und den einzelnen Ressorts. Der Reichsinnenminister regte an, in jedem Ministerium einen Referenten mit der Bearbeitung aller das Ressort berührenden Rundfunkfragen zu betrauen und bat um Benennung dieses Referenten[48]. Bald gab es eine Namensliste, dann eine Zusammenkunft und schließlich wurden sogar einige Leitsätze für die Zusammenarbeit zwischen den Rundfunkreferenten der Reichsministerien und dem Rundfunk-Kommissar des Reichsinnenministers niedergeschrieben[49].

Im September kam die Reorganisation in Schwung. Während die Staatskommissare ihre Tätigkeit aufnahmen und die ersten Namen für die Programmbeiräte fielen, hielt das Revirement unter den leitenden Personen in den Funkhäusern an. Im Rundfunkkommissariat des Reichsinnenministeriums im Haus des Rundfunks nahm Scholz die Umgestaltung der RRG in Angriff; immerhin war ihm in den Leitsätzen die politische Verantwortung für die zentralen Programmfragen zugesprochen worden. Der Rundfunk-Kommissar des Reichspostministers, Hans Bredow, war offenbar loyal genug, ihm dabei nicht allzuviel Stolperdrähte zu legen. Die Rundfunk-Kommissare kamen nicht umhin, sich gelegentlich zusammenzusetzen; regelmäßige Besprechungen scheint es jedoch nicht gegeben zu haben. Auf einer dieser Besprechungen, am 13. September 1932 unter Vorsitz von Bredow, referierte Stapelfeldt über die Einrichtung ei-

---

[48] Brief Reichsinnenminister an die Reichsministerien, 27. 8. 1932. BA Kblz R43 I/2001.

[49] Leitsätze für die Zusammenarbeit zwischen den Rundfunkreferenten der Reichsministerien und dem Rundfunk-Kommissar des Reichsinnenministers, 21. 9. 1932. BA Kblz R 43 I/2001.

Die beiden Rundfunkkommissare bei der Eröffnung der Funkausstellung am 19. August 1932 in Berlin. Erste Reihe, von links: Polizeipräsident Kurt Melcher, Scholz, von Gayl, Feyerabend, Bürgermeister Fritz Elsaß, Bredow.

ner Programmabteilung bei der RRG; sein Plan wurde grundsätzlich genehmigt. Auch die neue Verwaltungsstruktur für die Funk-Stunde, die der Nachfolger Fleschs, Friedrich Duske, bei dieser Gelegenheit vorlegte, wurde gutgeheißen. An dieser Besprechung nahmen auch die RRG-Direktoren Giesecke und Magnus sowie Beamte aus dem Reichspostministerium teil[50].

Drei Tage später saßen dieselben Herren abermals zusammen; nur anstelle von Duske war nun der Intendant der Deutschen Welle, Hermann Schubotz, erschienen. Seine Anwesenheit hing mit der vorgesehenen Namensänderung der von ihm seit 1926 geleiteten Rundfunkeinrichtung zusammen. Der Name »Deutsche Welle« sollte verschwinden und durch den schon seit langer Zeit für den Sender Königs Wusterhausen verwendeten Namen »Deutschlandsender« ersetzt werden; im übrigen wollte man die Gesellschaftsform (GmbH) versuchsweise, wie es hieß, beibehalten. Außerdem wurde Schubotz klargemacht, daß er den Wünschen der Programmabteilung der RRG und den Weisungen des Rundfunk-Kommissars des

[50] Niederschrift über die Besprechung der Rundfunk-Kommissare am 13. 9. 1932. BA Kblz R 78/6.

Reichsinnenministers nicht nur für die »Stunde der Reichsregierung« Rechnung zu tragen habe. Scholz berichtete ferner über Personalangelegenheiten in der RRG und in der Funk-Stunde, über seine Rekrutierungsaktion von Rundfunkreferenten in den Reichsministerien, vor allem aber über den Stand der Dradag-Auflösung[51]. Hier hatte Scholz ebenfalls prinzipiell erreicht, was er, möglicherweise schon seit Jahren, vorgehabt hatte: die weisungsgebundene Einbindung dieser publizistischen Einrichtung in einen regierungsamtlichen Rundfunkapparat.

7.7. Kommunikationskontrolle der Staatsautorität
Umbau der zentralen Medienorganisation

Josef Räuscher, der damals 43jährige Vorstand und Chefredakteur der Dradag, war es leid, ständig den Sündenbock hergeben zu müssen, wenn eine politische Gruppe sich in den Rundfunknachrichten unterrepräsentiert fühlte. Und Scholz dürfte sich inzwischen nur allzu gern an jene Tage im Sommer 1926 erinnert haben, als er nur widerwillig dem Dradag-Aufsichtsrat den vom Preußischen Staatsministerium eingeführten Telegraphen-Union-Redakteur Räuscher zur Wahl vorgeschlagen hatte. Der Kandidat des Reichsinnenministeriums war Räuscher nie gewesen. Beide hatten sich aber in den Jahren der Zusammenarbeit wohl arrangiert. Räuscher wurde in der Fachwelt ein anerkannter Nachrichtenmann, der nach der klassischen journalistischen Berufsideologie Nachricht und Meinung zu unterscheiden gelernt und die alternative Darstellung gegensätzlicher Standpunkte zu seinem täglichen Brot gemacht hatte. Mit allen hielt er guten Kontakt bis hin zum Staatssekretär in der Reichskanzlei, Hermann Pünder, der ihn oft genug abgeschirmt hatte, wenn die Dradag ins Kreuzfeuer der Parteien und politischen Gruppen geraten war. Auch Bredow trat für ihn bei der RRG und bei den Rundfunkgesellschaften ein. Aber seit Herbst 1931 war Räuschers Stellung nicht mehr zu halten. Vor allen Dingen mit dem deutsch-völkischen Berliner Blatt *Deutsche Zeitung* und dessen Feuilletonchef Alfred Mühr war es über den Volksentscheid-Sonderdienst der Dradag im August 1931 zu einer anhaltenden Auseinandersetzung gekommen.

[51] Niederschrift über die Besprechung der Rundfunk-Kommissare am 16. 9. 1932. Ebd.

Im April 1932 wollte Räuscher das Handtuch werfen. Zweigert und Scholz waren auf der Suche nach einem Nachfolger im Aufsichtsrat der Dradag bereits fündig geworden. Gegen den Pressevertreter im Parteivorstand des Zentrums und Leiter des Berliner Büros der *Kölnischen Volkszeitung,* Hermann Orth, wollte oder konnte selbst Pünder den wackeren Dradag-Vorstand nicht mehr schützen. Vielmehr war diese Kandidatur für die Dradag-Chefredaktion offenbar so wichtig, daß Pünder sogar seinen Kanzler Heinrich Brüning in Genf anrief, um dessen Stellungnahme zu erfahren. Am 21. April 1932 schrieb Pünder dann an den Reichsinnenminister Wilhelm Groener, der Reichskanzler würde die etwaige Wahl von Orth als außerordentlich glücklich bezeichnen. Außerdem würde dieses Urteil von allen Amtsstellen, die seit vielen Jahren dienstlich mit Herrn Orth zu tun hätten, in vollem Umfang bestätigt. Orth dürfte wegen seiner ruhigen und bedächtigen Art sowie seiner auf Ausgleich eingestellten politischen Linie wie kaum ein Zweiter für das Amt des Chefredakteurs der Dradag, das ein ganz besonderes Maß von Objektivität verlange, geeignet sein[52].

Doch alles sollte anders kommen, denn der am 1. Juni 1932 zum Reichskanzler ernannte Papen ließ neben dem *Vorwärts* auch Orths Blatt, die *Kölnische Volkszeitung,* am 6. Juli für drei Tage vom Reichsgericht verbieten. Auf diese Weise war der profilierte Pressemann der Zentrums-Partei Hermann Orth fürs erste einmal aus dem Spiel. Räuscher mußte noch auf seinem Chefredakteursposten bleiben, der in diesen Zeiten der Zeitungsverbote für einen dem Zentrum nahestehenden Journalisten ohnedies ein Schleudersitz war.

Scholz hatte sich kurz nach seinem Amtsantritt als Sachbearbeiter für Grundsatzfragen des politischen Programms Walther Beumelburg geholt; dieser überführte die Geschäfte der Dradag auf die in den Leitsätzen (Ziffer 9) vorgesehene Nachrichtenstelle mit der Bezeichnung »Der Drahtlose Dienst«. In vier Wochen war der Organisationsrahmen fertiggestellt. Am 19. September legte Scholz seinen Plan zur Errichtung der Nachrichtenstelle vor. In diesem Plan sah Scholz vor, sich den Leiter des Drahtlosen Dienstes zu unterstellen, ihn an seine Weisungen zu binden und ihn als Referenten für die Vortragsabteilung zu verpflichten; diese Vorstellungen von Scholz wurden jedoch gestri-

---

[52] Brief StSekr Reichskanzlei [Pünder] an Reichsinnenminster 21. 4. 1932. BA Kblz R 43 I/2001.

Walther Beumelburg (1894–1944) richtete die Nachrichtenabteilung der RRG »Der Drahtlose Dienst (DDD)« anstelle der »Dradag« ein.

chen. Außerdem sollte die von der RRG zu erlassende Geschäftsanweisung zunächst nur seiner Zustimmung bedürfen; aber schließlich mußten beide Rundfunk-Kommissare zustimmen. Mit dem Erlaß vom 24. September 1932 legte der Reichsinnenminister folgendes fest:

1. Die Aufgaben der in Liquidation befindlichen Drahtloser Dienst AG gehen am 1. Oktober 1932 auf die Stelle »Der Drahtlose Dienst« über.

2. Die Aufgaben des Drahtlosen Dienstes umfassen:

a. Die Beschaffung und Verbreitung von Tagesnachrichten im Rundfunk nach Maßgabe der dafür erlassenen Richtlinien,

b. die Vorbereitung und Verbreitung von Vorträgen und sonstigen Mitteilungen im Rundfunk, welche die Reichsregierung zur Darlegung ihrer Ziele und zur Unterrichtung der Öffentlichkeit über ihre Tätigkeit für angebracht und erforderlich hält.

3. Der Drahtlose Dienst gliedert sich:

a. in die Nachrichtenabteilung (Abteilung N), die die Aufgabe zu 2a,

b. in die Vortragsabteilung (Abteilung V), die die Aufgabe zu 2b bearbeitet.

4. Der Drahtlose Dienst wird an die Reichs-Rundfunk-Gesellschaft angegliedert. Seine Geschäftsführung wird durch eine Geschäftsanweisung geregelt, die die Reichs-Rundfunk-Gesellschaft mit Zustimmung der beiden Rundfunkkommissare erläßt.

5. Die Zusammenarbeit zwischen der Nachrichtenabteilung und der Presseabteilung der Reichsregierung ist durch einen Beauftragten des Drahtlosen Dienstes bei der Presseabteilung sicherzustellen.

6. Die Vortragsabteilung des Drahtlosen Dienstes sichert die Durchführung ihrer Aufgaben durch enge Fühlungnahme mit den bei den Reichsministerien ernannten Rundfunkreferenten.

7. Der Drahtlose Dienst wickelt den Nachrichten- und Vortragsdienst im unmittelbaren Verkehr mit der Programmabteilung der Reichs-Rundfunk-Gesellschaft und den zuständigen Stellen der Rundfunkgesellschaften ab[53].

Die erst vier Monate später, am 18. Januar 1933, von der RRG verabschiedete Geschäftsanweisung brachte unmißverständlich zum Ausdruck, daß es sich beim DDD, so lautete die offizielle Abkürzung für »Der Drahtlose Dienst«, um eine Dienststelle der RRG handelte[54]. Vom Reichsinnenministerium und von einem Rundfunk-Kommissar war nicht mehr die Rede. Räuscher konnte zum 30. September 1932 gehen; das *Berliner Tageblatt* bot ihm eine Redakteurstelle an, die er annahm; später ging er für seine Zeitung als Korrespondent nach Paris[55]. Hinzu kam – auf Vorschlag von Otto Mejer, Mitglied des Dradag-Aufsichtsrats und Direktor der Telegraphen-Union, – ein Mann von Hugenbergs Nachrichtenagentur, Hans Fritzsche, der seit 1924 einen Informationsdienst der Telegraphen-Union, die *Auslandsbriefe,* redigiert hatte. Für diesen knapp 32jährigen Journalisten begann mit dem Eintritt in den Drahtlosen Dienst eine publizistische Karriere, die ihn bis vor das Tribunal der Sieger in Nürnberg bringen sollte[56].

Der Rundfunk-Kommissar des Reichsinnenministers wollte schon Mitte September eine Pressekonferenz über den Stand der Neuorganisation des Rundfunks veranstalten, aber das Reichspostministerium hatte noch um Aufschub gebeten. Darauf wandte sich Scholz am 13. September im Alleingang mit einer Mitteilung an die Presse, die er über die RRG verbreiten ließ: Die durch die Reichstagsauflösung geschaffene Lage habe

[53] Brief Reichsinnenminister an Rundfunk-Kommissar RMI, 24. 9. 1932. Ebd.

[54] Geschäftsanweisung der RRG vom 18. 1. 1933. BA Kblz R 78/6.

[55] Margret Boveri *Wir lügen alle*. Olten, Freiburg 1965, S. 84.

[56] Michael Groth, *Ein Publizist im Dritten Reich*. Vorstudien zu einer Biographie von Hans Fritzsche. M. A.-Arbeit Münster 1979, S. 30 ff.

den Rundfunk-Kommissar des Reichsinnenministers veranlaßt, um jeden Anschein parteipolitischer Rücksichten in seiner Amtstätigkeit zu vermeiden, im Einvernehmen mit der Parteileitung der NSDAP als deren Mitglied auszuscheiden[57]. Scholz hatte allerdings bei der Rückgabe seines Parteibuches an Gregor Straßer leider den falschen Mann in der Parteileitung erwischt.[58]. In Rundfunkfragen kam gerade der Berliner Gauleiter und Propagandaleiter der NSDAP, Joseph Goebbels, in Schwung; am 20. September 1932 jubelte dieser in seinem Tagebuch, eigentlich fehle nur noch, »daß wir die Sender benutzen können«[59]. Am 10. Oktober wählte man Goebbels zum Vorsitzenden des Reichsverbandes Deutscher Rundfunkteilnehmer e. V.

Die Zeitschrift dieser nunmehr rein nationalsozialistischen Hörervereinigung, *Der Deutsche Sender,* ließ fortan an dem Rundfunk-Kommissar des Reichsinnenministers kein gutes Haar mehr. Scholz kam praktisch gar nicht mehr dazu, sich zwischen zwei Stühle zu setzen, ein Umstand, der seinem Minister gar nicht zu gefallen schien. Die Tage des Landrichters aus Ratibor in den viel zu großen Schuhen des obersten politischen Rundfunkbeamten waren gezählt.

Als am 29. September 1932 in den Räumen der Presseabteilung der Reichsregierung die langerwartete Pressekonferenz eröffnet wurde, fehlte zur Verblüffung aller Anwesenden der Rundfunk-Kommissar des Reichsinnenministers. Deshalb konnte Lothar Band auch enttäuscht schreiben, der berufene Berichterstatter wäre natürlich einzig und allein Scholz gewesen, dieser habe es aber vorgezogen, der Sitzung fernzubleiben und dafür seine Mitarbeiter Einzelreferate halten lassen. Auf diese Weise sei vermieden worden, daß in der anschließenden Diskussion Fragen entscheidend hätten beantwortet werden müssen, denn der an sich gut orientierte Verhandlungsleiter (Magnus) hätte seinen Chef selbstverständlich durch keine bindende Erklärung festlegen dürfen. So sei die Pressekonferenz nichts anderes als eine Geste gewesen und nicht einmal eine schöne, wenn man sich an die Worte erinnere, die Beumelburg wenig taktvoll über seinen Vorgänger Räuscher geäußert habe

[57] *Scholz tritt aus der N.S.D.A.P. aus.* Berliner Tageblatt Nr. 436 v. 14. 9. 1932.
[58] Bausch, *Der Rundfunk im politischen Kräftespiel,* S. 98.
[59] Joseph Goebbels, *Vom Kaiserhof zur Reichskanzlei.* München 1934, S. 167 (= Eintragung für den 20. 9. 1932).

oder wie er die Versammlung temperamentvoll zur Ordnung gerufen habe. Wer an so verantwortungsvoller Stelle ein Amt verwalte, meinte Band ahnungsvoll, von dem müsse in erster Linie Sicherheit im persönlichen Verkehr und im Gebrauch des Ausdrucks erwartet werden[60].

Auf dieser Pressekonferenz wurde immerhin eine Zwischensumme der Reorganisation des deutschen Rundfunks gezogen, nach der ersten Bekanntgabe der Leitsätze im Juli und wenige Wochen vor der endgültigen Verabschiedung der Ausführungsbestimmungen. Vier Referate wurden gehalten: Magnus sprach über Grundsätzliches zur Neuorganisation der RRG, Stapelfeldt über die Einteilung und Aufgaben der Programmabteilung der RRG, Beumelburg über die Neugestaltung des Drahtlosen Dienstes und Duske über Veränderungen in der Berliner Funk-Stunde[61]. Nur ein Jahr nach dem Inkrafttreten eines neuen Geschäftsverteilungsplanes für die RRG war wieder eine neue Abteilungsstruktur verordnet worden. Vier Abteilungen wurden geschaffen:

I. Allgemeine Verwaltung;Leitung: Kurt Magnus.
II. Ausland, Werbung und Betriebstechnik; Leitung: Heinrich Giesecke.
III. Wirtschaft und Finanzen; Leitung: Walter Leberke.
IV. Programmabteilung; Leitung: Kurt Stapelfeldt.

Magnus erwähnte die beiden Rundfunk-Kommissare, die die Interessen der Reichsregierung im allgemeinen und ihrer Ministerien im besonderen zu vertreten und die Geschäftsführung der RRG zu beaufsichtigen hätten. Der aus Hamburg ausgeliehene Norag-Direktor Stapelfeldt berichtete über den Stand seiner Arbeiten beim Aufbau der Programmabteilung der RRG, in der sich fünf neue Sachgebiete abzeichneten.

In die Abteilung Vortragswesen, Volksbildung und Sprachen, geleitet von Karl Friebel, würden die bisherige Zentralstelle für Schulfunk sowie die Redaktion der Zeitschrift *Rufer und Hörer* unter Leitung von Theodor Hüpgens eingegliedert; im Sachgebiet Literaturprogramm sollten die bisher von der Programmdienst GmbH wahrgenommenen Aufgaben erledigt werden; hierzu hatte man sich den literarischen Leiter der Mirag aus

---

[60] Lothar Band, *Zukünftiger Regelung vorbehalten* ... Funk, Nr. 41 v. 7. 10. 1932, S. 161.
[61] Auszüge aus den Referaten der Pressekonferenz der RRG am 29. 9. 1932 in: Der Schulfunk Nr. 20 v. 15. 10. 1932, S. 529–531.

Leipzig, Eugen Kurt Fischer, herangeholt. Der Programmaustausch sollte vorläufig weiterhin von dem Königsberger Intendanten Josef Christean bearbeitet werden, unterstützt von Arthur Rathke, der sich mit dem Kurzwellenprogramm befaßte. Das Sachgebiet Schallplattendienst und den Aufbau eines Lautarchivs hatte Fritz Knöpfke, ein Sohn des Direktors der Funk-Stunde, übernommen.

Im Gegensatz zum alten Programmausschuß der RRG konzentrierte sich in der Programmabteilung eine Fülle neuer Aufgaben. Aus diesem Grunde war ein besonderer Programmbeirat vorgesehen, dessen Mitglieder der Reichsinnenminister zu ernennen hatte und der zu allen grundsätzlichen Programmfragen gehört werden sollte. Beumelburg erläuterte die Reorganisation und die Arbeitsweise in den beiden Abteilungen des Drahtlosen Dienstes. Bei der Nachrichtenabteilung sollten außer den Tagesnachrichten und den Sonderdiensten, in Erweiterung der bisherigen »Politischen Zeitungsschau«, unter dem Titel »Zeitspiegel« regelmäßige Berichte freier Mitarbeiter untergebracht werden; auch Telephonberichte aus dem Ausland wollte man unmittelbar in den Zeitspiegel einspielen.

Zur RRG teilte Magnus unter anderem mit, es würde ein neuer Verwaltungsrat bestellt, der unter dem Vorsitz des Rundfunk-Kommissars des Reichspostministers stehen und in dem neben acht Vertretern der Reichsregierung sieben Vertreter der Länder Preußen, Bayern, Sachsen, Württemberg, Baden und Hamburg sitzen würden. Das »private Element«, das bisher in der RRG und in den Rundfunkgesellschaften vertreten gewesen sei, scheide aus. Der Verwaltungsrat habe, ähnlich wie jeder Aufsichtsrat, die gesamte Geschäftsführung der Gesellschaft in allen Zweigen zu überwachen. In bezug auf die finanziellen Fragen im Zusammenhang mit den Rundfunkgesellschaften verhielt sich Magnus außerordentlich zurückhaltend. Er wies lediglich darauf hin, daß die Gesellschaften eine gemeinnützige Form erhalten und Dividende nicht ausgeschüttet würden. Vom Gebührenaufkommen würden 43 Prozent der RRG zufließen. Dieser Beitrag sollte ausschließlich Rundfunkzwecken dienen. Den Gesellschaften würde durch die RRG nach Maßgabe der örtlichen Verhältnisse ein bestimmter Betrag überwiesen.

Das Fehlen von Ministerialrat Erich Scholz auf der Pressekonferenz am 29. September hatte den Gerüchten wieder Auftrieb gegeben, die von seinem Rücktritt wissen wollten. Zwar wurde sofort dementiert, aber die Spekulationen ließen nicht nach. Die Organisationsfehler, die er sich seit einer Weile geleistet hatte, waren Gegenstand anhaltender Kritik in der Presse. Vor allem wurde ihm die planlose Schaffung neuer Stellen vorgeworfen, während er die seit langem angekündigte Umwandlung der Rundfunkgesellschaften in gemeinnützige Unternehmen bisher nicht zustande gebracht habe. Weiter rügte man, daß noch immer nicht die Ausführungsbestimmungen für die Leitsätze, durch die eine einheitliche Regelung aller Programmfragen erfolgen sollte, herausgebracht worden seien. Das *Berliner Tageblatt* wollte wissen, daß auch der Reichsinnenminister die Berechtigung dieser Kritik anerkannt habe. In einer Besprechung am 3. Oktober im Reichsinnenministerium wurden diese Vorwürfe, namentlich aufgrund der von Preußen, aber auch von anderer Seite erhobenen Klagen ausführlich erörtert. Diese Klagen bezogen sich in erster Linie auf die Untätigkeit des Rundfunk-Kommissars auf wichtigen Gebieten, nicht zuletzt auch auf seine Eingriffe in Entscheidungen der Rundfunkgesellschaften, die teilweise unter Umgehung der neuen, von ihm selbst eingesetzten Staatskommissare der Länder erfolgt seien[62].

Am 4. Oktober meldete die deutschnationale Nachrichtenagentur Telegraphen-Union, Scholz habe sein Rücktrittsgesuch eingereicht. Die nationalsozialistische Tageszeitung *Der Angriff* schrieb an diesem Tag, im Augenblick herrsche Krisenstimmung um den Reichsrundfunk-Kommissar Scholz; mit Ausnahme der Deutschnationalen hätten sich sämtliche Parteien gegen ihn ausgesprochen. Die Unzulänglichkeit seiner Rundfunkreform, die man von Anfang an in Bausch und Bogen abgelehnt habe, trete nun immer stärker hervor. Die Gerüchte von einem Rücktritt würden zwar als verfrüht bezeichnet, doch dürften die Tage des Herrn Scholz, so schrieb das Blatt, nach diesem Fiasko auf der ganzen Linie gezählt sein. Die Nationalsozialisten würden keine Träne darum vergießen[63]. Am darauffolgenden Tag nahm sich das Blatt der Angelegenheit noch einmal ausführlich an. Offensichtlich habe der Reichsinnenminister ein größeres Interesse am Verbleiben des Rundfunk-Kommissars in seinem Amt als dieser selber. Herr Scholz sei gewissermaßen zu einer Prestigefrage für das Reichsinnenministerium geworden. Der Minister werde deshalb versuchen, Scholz noch bis zur

[62] *Kritik an Scholz.* Berliner Tageblatt, Nr. 469 v. 3. 10. 1932.
[63] Dr. Eska (d. i. Stefan Kayser), *Geht der Reichsrundfunkkommissar?* Der Angriff, Nr. 201 v. 4. 10. 1932.

Wahl zu halten, um den Gegnern des Kabinetts durch das Eingeständnis der eigenen Schwäche nicht die Propaganda zu erleichtern[64]. Die Rücktrittsspekulationen hielten an. Für die Nachfolge wurden bereits Namen gehandelt; die katholische Seite schlug den Rundfunkreferenten im Preußischen Staatsministerium, Ministerialrat Hans Strunden, vor, die evangelische Seite den Intendanten der Deutschen Welle, Hermann Schubotz. Der umstrittene Rundfunk-Kommissar ging jedenfalls zunächst einmal in Urlaub, die Angriffe in der Presse verstummten. Dann durfte er seinen Part zu Ende aufsagen, bevor er endlich von der Bühne verschwand.

7.8. *Eingriffe in die Regionalgesellschaften*
»Verreichlichung und Zentralisierung«

Einer der Vorwürfe, die Scholz in den ersten Tagen des Oktober 1932 gemacht wurden, betraf seine wirkliche oder vermeintliche Bayernblindheit. Besonders in den Staatsministerien der übrigen Länder, aber auch in den Aufsichtsräten zwischen Stuttgart und Hamburg, zwischen Breslau und Köln, fragte man sich verwundert, ob der Bayerische Rundfunk nicht unverdientes Glück im toten Winkel der Rundfunkreorganisation genieße. Zwar hatte Bayern den Leitsätzen zugestimmt, sich aber den Formulierungen der Ausführungsbestimmungen widersetzt. Dabei hatten bereits am 11. Januar 1932 die drei letzten Privatgesellschafter, der Mitgründersenior Robert Riemerschmid und die Mitgründersöhne Reinhart Klöpfer und Adolf Böhm, ihre Anteile der Post und dem bayerischen Staat, letzterer vertreten durch das Staatsministerium für Unterricht und Kultus, übergeben; damit war die Bayerische Rundfunk GmbH in sicheren staatlichen Händen, während andernorts darüber noch hart verhandelt wurde. Einer politischen Einvernahme durch den zuständigen Berliner Rundfunk-Kommissar war man an der Isar jedoch bislang mit Erfolg ausgewichen. Man machte vielmehr geltend, eines eigenen Staatskommissars bedürfe es nicht, das würde schon der Vorsitzer des alten politischen Überwachungsausschusses und des Kulturbeirats, der Ministerialrat im Staatsministerium für Unterricht und Kultur, Sieg-

---

[64] Dr. Eska (d. i. Stefan Kayser), *Schluß mit der Zwickelbürokratie im Rundfunk!* Der Angriff, Nr. 202 v. 5. 10. 1932.

fried von Jan, miterledigen. Auch die erweiterte Programmkompetenz der RRG wurde in München mißtrauisch und besorgt beobachtet.

Für die übrigen Rundfunkgesellschaften hatten sich die beiden Kommissare Mitte Oktober darüber geeinigt, wie die Verstaatlichung formal abgewickelt werden solle. Die RRG konnte überall 51 Prozent beanspruchen, die zuständigen Länder hatten sich die restlichen 49 Prozent gütlich zu teilen. In Berlin, Köln, Breslau und Königsberg war dies allein Preußen, in München allein Bayern; in Hamburg waren es vier, in Leipzig drei, in Frankfurt zwei, in Stuttgart ebenfalls zwei Länder, die sich über diese 49 Prozent zu verständigen hatten. Die Aktiengesellschaften sollten in gemeinnützige Gesellschaften gemäß § 80 GmbH-Gesetz umgewandelt werden. Da das Kapital dieser GmbHs nur 5000 RM betragen durfte, mußte vor der Umwandlung der AG eine Kapitalherabsetzung stattfinden. Die für diese Umänderungen erforderlichen Beschlüsse sollten im Laufe des November gefaßt werden. Bredow nahm an, die Änderungen würden bis Anfang 1933 abgeschlossen sein, so daß die Gesellschaften mit beschränkter Haftung im Januar ihren Betrieb in der neuen Form würden aufnehmen können. In einem Brief an Magnus vom 17. Oktober 1932 schrieb Bredow, daß die Aufsichtsräte der Aktiengesellschaften zum letzten Mal zusammentreten würden, um den Auflösungsbeschluß zu fassen. Er nähme an, daß diese Sitzungen im November stattfinden könnten, selbstverständlich beabsichtige er, an diesen Sitzungen teilzunehmen, er wolle sich bei dieser Gelegenheit von den Aufsichtsräten verabschieden. Über die übrigen mit der Neuregelung in Zusammenhang stehenden Bestimmungen lägen, wie er Magnus weiter schrieb, noch keine endgültigen Beschlüsse vor, doch sei anzunehmen, daß die zuständigen Stellen sämtliche Vorlagen (Programmrichtlinien, Anweisungen für die Staatskommissare, Satzungen der GmbH und Geschäftsanweisungen) bis Ende Oktober verabschiedet haben würden[65].

Bei den von Bredow erwähnten Materialien handelte es sich um ein Konvolut von Entwürfen, die der Reichsinnenminister den Ländern am 15. Oktober zur Stellungnahme zugesandt hatte:

[65] Brief Rundfunk-Kommissar RPM an Magnus (RRG), 17. 10. 1932. BA Kblz R 78/585.

1. Richtlinien für die Sendungen des deutschen Rundfunks,
2. Satzung der Reichs-Rundfunk-Gesellschaft,
3. Satzung der Rundfunkgesellschaften,
4. Geschäftsanweisung für die RRG,
5. Geschäftsanweisung für die Rundfunkgesellschaften,
6. Geschäftsanweisung für die Rundfunk-Kommissare und Arbeitsausschüsse,
7. Bestimmungen für die Programmbeiräte.

Dieses also war die wetterfeste Wattierung der dürftigen Leitsätze vom Juli. Vom 20. bis 22. Oktober fanden in Berlin die ersten Besprechungen zwischen den Referenten vom Reichspost- und Reichsinnenministerium und den Ländervertretern statt. Mißtrauisch verfolgte der sozialdemokratische *Volksfunk* die Entwicklung. Die Reichsregierung habe stets betont, daß die Rundfunkbefugnisse der Länder und sogar die Selbständigkeit der Sendegesellschaften unangetastet bleiben sollten. Wie es jedoch um diese Versprechungen aussähe, zeige die Wirklichkeit. Nach den geplanten Richtlinien für den Rundfunk behalte sich das Reichsinnenministerium einen entscheidenden Einfluß vor, der die Hoheitsrechte der Länder praktisch ausschalte. Künftig sollten wichtige politische Gebiete nur nach unmittelbarer Weisung des Reichsinnenministers behandelt werden. Diese Maßnahme würde eine Zensur bedeuten, wie sie selbst während der Vorkriegszeit nicht ausgeübt worden sei. Es sei zu erwarten, daß eine solche Brüskierung der Länder zu unangenehmen Auseinandersetzungen im Reichsrat führen werde. Welch ein unerhörtes und beinahe unnatürliches Armutszeugnis stelle sich die Reichsregierung aus, so meinte das Blatt, falls sie derartige Richtlinien der Öffentlichkeit vorlegen werde[66].

Ganz anderer Ansicht war zum selben Zeitpunkt der nationalsozialistische *Angriff:* »Der Rundfunk wird an die Länder verschachert!« Unter dieser Überschrift veröffentlichte das Blatt einen beinahe satirischen Beitrag über die laufenden Verhandlungen: »Bekanntlich wurden kurz nach der Verkündigung Gayls, dem Rundfunk deutschen Geist einzuimpfen, und seinen ersten Maßnahmen der Zentralisation des Rundfunks statt der bisher üblichen Ministersessel Drehstühle angeschafft, die es erlaubten, die den Ländern zugekehrten breiten Rücken plötzlich den Nazis zu zeigen und die diesen zuerst zulächelnden Gesichter den Ländern entgegenzudrehen.« Dadurch sei

[66] *Die neuen Richtlinien.* Volksfunk, Nr. 43 v. 21. 10. 1932, S. 5.

die Verwirrung im Rundfunk entstanden, die die Programme lahmgelegt habe und die Organisationsmaßnahmen einfrieren ließ. Da man kein Volk hinter sich habe, werbe man um die Regierungen der Länder und wolle um eines Lächelns willen die noch gar nicht fertiggebackene Rundfunktorte an die Länder verteilen. Das geschehe ganz heimlich bei den gegenwärtigen Verhandlungen, damit niemand mehr dazwischenfunken könne. Erst habe die Presse versucht, den Reichsrundfunk-Kommissar Scholz sturmreif zu schießen. Die Kanonade sei die Vorbereitung zum Hauptangriff gewesen. Jetzt rückten die Länder an, vertreten durch ihre Staatskommissare, um den Bären Rundfunk zu Fall zu bringen und dann im Reichsrat sein Fell zu teilen: Herr von Gayl aber werde von Herrn Bredow den Rundfunkorden 1. Klasse mit Mikrophon und gekreuzten Sendetürmen erhalten[67].

Die zweite Runde der Referentenbesprechungen fand am 28. Oktober, wiederum in Berlin, statt. Die Zeitschrift *Funk* druckte einen mäßig optimistischen Beitrag und meinte, die Richtlinien für die Regelung der wichtigen Verwaltungsfragen des Rundfunks seien »im Schoße des RMI« fertiggestellt worden. Sie rührten das Problem der Zukunft des Rundfunks aber nur zum einen Teil an. Die andere Frage sei, ob man überhaupt einen zweiten Rundfunk-Kommissar brauche, ob man überhaupt Staatskommissare für den Rundfunk haben wolle. Wenn die Rundfunkreform wirklich zum Erfolg geführt werden solle, so würde der Reichsrat gut daran tun, sich auf seinen eigenen Beschluß zurückzuziehen und die Führung des Rundfunks der RRG zu überantworten. Man möge einen Generaldirektor, einen Fachmann, an die Spitze setzen[68]. Mit diesem Vorschlag war ganz offensichtlich an Hans Bredow gedacht worden.

Am 1. November 1932 schickte der Reichsinnenminister die überarbeiteten Entwürfe an die Mitglieder der Reichsratsausschüsse[69]; gleichzeitig lud er für den 8. November ins Reichstagsgebäude zur Diskussion über diese Unterlagen ein, zwei Tage nach der für den 6. November 1932 vorgesehenen Wahl zum 7. Deutschen Reichstag. Die Berliner Presse meldete be-

[67] *Der Rundfunk wird an die Länder verschachert!* Der Angriff, Nr. 217 v. 22. 10. 1932.

[68] Hans Hammer, *Vorschläge zur Rundfunk-Reform.* Funk, Nr. 44 v. 28. 10. 1932, S. 173 f.

[69] Brief Reichsinnenminister an Reichsratsausschüsse II, III, IV und VII mit 7 Anlagen, 1. 11. 1932. StA Oldenburg 47/194.

reits am 2. November die wichtigsten Bestimmungen der geplanten Neuordnung. Das *Berliner Tageblatt* kommentierte lustlos, die ersten offiziellen Mitteilungen über die seit langem versprochenen Richtlinien brächten im wesentlichen nichts Neues. Vielmehr bestätigten sie in mancher Hinsicht nur die Befürchtungen, die schon immer gegenüber der großartig angekündigten Neuordnung bestanden hätten, so vor allem hinsichtlich der großen Machtzuteilung an die Rundfunk-Kommissare[70]. Die Beratung der Rundfunkvorlagen in den Ausschüssen des Reichsrats gerieten in die allgemeinen Auseinandersetzungen zwischen Reich und Preußen, die sich nach Papens Staatsstreich an der Frage der Vertretung im Reichsrat entzündet hatten. Die Reichstagswahl vom 6. November 1932 brachte zwar für die NSDAP Verluste, doch blieb sie die stärkste Partei; Gewinner waren KPD und die DNVP. Hochgestimmt veröffentlichte der Vorsitzende des Reichsverbandes Deutscher Rundfunkteilnehmer (RDR), Joseph Goebbels, einen Aufruf an die Mitglieder: »Jetzt gilt unser umfassender Angriff dem Deutschen Rundfunk in allen seinen Sparten ... So wollen wir in den Ortsgruppen des RDR als Reichsverbandsmitglieder kämpfen, bis wir einmal sagen können, wir brauchen auch diesen Kampf um den Rundfunk nicht länger zu führen, denn er ist nun durch unsere Arbeit nationalsozialistisch geworden!«[71] An eine rundfunkpolitische Entspannung war in dieser Situation nicht mehr zu denken.

Die mit hohem Verwaltungsaufwand begonnene Reorganisation des Rundfunks lief weiter, zwar langsam, doch mit den gleichen Zielen, mit denen sie begonnen worden war. Auf einen wenig schönen, aber treffenden Begriff gebracht war dies: »Die Verreichlichung und Zentralisierung des Rundfunkwesens in einem Ausmaße, für das wir ausreichende dringende Gründe nicht anerkennen können«, wie es im thüringischen Innenministerium hieß[72]. Den Rundfunkgesellschaften waren selbstverständlich die Verhandlungen zwischen dem Reichsinnenministerium und den Ländern im letzten Oktoberdrittel nicht verborgen geblieben. Am 1. November hatte der Reichsinnenmini-

---

[70] *Die Neuordnung des Rundfunk.* Berliner Tageblatt, Nr. 251 v. 2. 11. 1932.
[71] (Joseph) Goebbels, *Parteigenossen! Volksgenossen!* Der Angriff, Nr. 231 v. 8. 11. 1932.
[72] Fernmündliche Unterweisung des Thüringischen Ministeriums des Innern vom 7. 11. 1932. StA Oldenburg 47/194.

ster auch die Presse informiert und noch einmal erwähnt, daß die Rundfunkgesellschaften zwar ihre Programme selbständig und unter eigener Verantwortung aufstellten, aber im Rahmen der Richtlinien für die Programmgestaltung. Die maßgebliche Persönlichkeit dafür sei jeweils der Intendant. Dagegen würden grundsätzliche Programmfragen und solche des Programmaustausches von der RRG bearbeitet. Als beratende Organe für den Programmdienst wirkten Programmbeiräte mit, die bei der RRG mit fünfzehn und bei den einzelnen Rundfunkgesellschaften mit sieben bis elf Mitgliedern besetzt sein würden. Im übrigen verpflichteten die geplanten Richtlinien für den Programmdienst den Rundfunk zur »Aufbauarbeit an Volk und Staat, die frei von Parteieinflüssen und bürokratischem Zwang sein sollen«.[73]

Als diese Berichte und Kommentare Anfang November 1932 in der Presse erschienen, befanden sich die Intendanten und Rundfunkdirektoren gerade auf einer gemeinsamen Tagung in Hannover. Die Herren erörterten die angekündigten Richtlinien; vor allen Dingen mußten sie bestürzt erkennen, daß offenbar ihre Ländervertreter bei den Beratungen allenfalls ihre eigenen wirtschaftlichen, vor allem aber mit Mühe und Not ihre politischen Schäfchen ins Trockene gebracht hatten; die Privatinteressen, gar nicht zu reden von den publizistischen, waren den Beamten aus den Staatsministerien wahrscheinlich eher lästig gewesen. Bei einer Rundfunkreform war einmal wieder niemand störender als Rundfunkleute[74]. Die Intendanten wagten einen letzten Versuch und richteten ein Telegramm an den Reichsminister des Innern mit der »dringenden Bitte, ihnen Einblick in diese Bestimmungen vor ihrer endgültigen Verabschiedung im Reichsrat zu verschaffen, damit sie aufgrund ihrer langjährigen Programmarbeit ihre Erfahrungen und ihren Rat zur Verfügung stellen können«[75]. Die Unterzeichner waren Fritz Beyse (Orag), Fritz Walther Bischoff (Schlesische Funkstunde), Hans Bodenstedt (Norag), Carl Friedrich Duske (Funk-Stunde, Berlin), Ernst Hardt (Werag), Ludwig Neubeck (Mirag) und Wilhelm Schüller (Südwestfunk, Frankfurt). Doch das Angebot kam zu spät; drei Wochen darauf, nach der Verab-

[73] Berliner Tageblatt, Nr. 521 vom 2. 11. 1932.
[74] Peter W. Leers, *Rundfunkreform ohne Fachleute.* Funk, Nr. 47 v. 18. 11. 1932, S. 185.
[75] Bausch, *Der Rundfunk im politischen Kräftespiel,* S. 101.

schiedung der Richtlinien, tröstete der scheidende Innenminister sie, daß ihm das Telegramm leider zu spät zugegangen sei; er habe ihrem durchaus berechtigten Wunsch, die Richtlinien noch einmal mit ihnen durchzusprechen, nicht mehr entsprechen können; einige Tage früher wäre dies noch durchführbar gewesen. Die Unterschriften der Direktoren des Süddeutschen Rundfunks und des Bayerischen Rundfunks fehlten übrigens auf diesem Telegramm[76].

7.9. *Das Alibi der Reichsratsverhandlungen*
Die Richtlinien vom 18. November 1932

Auf der Sitzung der Vereinigten Reichsratsausschüsse am 8. November 1932 unter Leitung von Reichsinnenminister von Gayl konnten die Länder ihre Einwände vorbringen; Beschlüsse wurden aber nicht gefaßt. Zwar forderten, wie schon im Juli, Bayern und Württemberg, daß der Reichsrat zu den Entwürfen seine Zustimmung zu geben habe, und sämtliche Länder schlossen sich dieser wiederholten Rechtsverwahrung an. Demgegenüber blieb der Reichsinnenminister bei seiner Ansicht, die er als die der Reichsregierung ausgab, daß der Rundfunk einen »Ausfluß des Postmonopols« darstelle und deshalb auch die Reichsregierung für eine Rundfunkregelung zuständig sei. Er erklärte aber wiederholt, daß diese Regelung durchaus im Einvernehmen mit den Ländern gefunden werden müsse. Nach dieser schon rituellen Eröffnung begann die Aussprache über die vorliegenden Entwürfe. Zu einem Wortgeplänkel kam es, als der thüringische Bevollmächtigte sich beklagte, sämtliche deutschen Länder, die keinen eigenen Sender besäßen, seien von den Vorverhandlungen mit der Reichsregierung völlig ausgeschlossen gewesen. Man habe sie vor vollendete Tatsachen gestellt, und deshalb müßten sie heute gewisse Forderungen auf Mitwirkung, sowohl bei der RRG als auch bei den örtlichen Rundfunkgesellschaften, vorbringen. Dieselbe Klage äußerten auch die Provinzialbevollmächtigten für die Rheinprovinz und für Westfalen. Der Bevollmächtigte für die Rheinprovinz tadelte, daß sämtliche Entwürfe zwar systematisch durchgesehen worden seien, doch sei die Gefahr der Bürokratisierung oder Verbeamtung des Rundfunkwesens nicht ganz zu vermeiden.

[76] Grube, *Rundfunkpolitik,* S. 80.

Im übrigen scheine eine Folge der Neuordnung zu sein, daß sich im August nicht weniger als 45 000 Hörer abgemeldet hätten. Schließlich genüge ihm persönlich ein Rundfunk-Kommissar. Sofort antwortete der Staatssekretär im Reichspostministerium Karl Sautter, die Bestellung von zwei Rundfunk-Kommissaren sei »absolut beschlossene Sache«, die in diesem Stadium der Verhandlungen nicht mehr rückgängig gemacht werden könnte. Und was die Abmeldungen anginge, so seien 63 Prozent davon mit wirtschaftlicher Notlage, 35,8 Prozent durch Umzug, Todesfall, Auswanderung und dergleichen und nur 1,2 Prozent damit begründet worden, daß den Hörern das Programm nicht gefalle oder kein Interesse mehr am Rundfunk bestünde[77].

In sehr umständlichen, wegen der großen Zahl der Anwesenden und Diskussionsteilnehmer auch sehr langwierigen Verhandlungen wurden die Satzung der RRG, eine Mustersatzung für die Rundfunkgesellschaften, die Geschäftsanweisungen für die Rundfunk-Kommissare und Arbeitsausschüsse, die Bestimmungen über die Programmbeiräte der RRG und der Rundfunkgesellschaften und schließlich die Richtlinien für die Sendungen des deutschen Rundfunks durchgesprochen. Die Länder waren zwar keinesweg zurückhaltend, scheiterten aber mit ihrem Vorschlag meist am entschiedenen Veto des Reichsinnenministers, wenn es um den politischen Einfluß ging, und des Reichspostministers, wenn auch nur ein kleines wirtschaftliches Zugeständnis gewünscht wurde; die Abstimmungskoalitionen unter den Ländern wechselten bisweilen, was sich die Reichsbeamten selbstverständlich für ihre Position sofort zunutze machten. Im Ergebnis waren die Länder der zentralistischen, machtpolitischen Energie der Ministerialbürokratie wieder einmal nicht gewachsen; in manchen Fragen gewinnt man aus den Protokollen den Eindruck, als hätten wenigstens einige Länder dies in einer Art nationaler Opfergesinnung auch gar nicht als besonders störend empfunden. Das ist an den Formulierungen der neuen Richtlinien für die Programmgestaltung erkennbar. Doch haben diese Bestimmungen ebensowenig weiterreichende praktische Bedeutung bekommen wie alle übrigen in jenen Tagen so mühselig durchgesprochenen Satzungen und Ordnungen, denn

---

[77] Bericht des Oldenburgischen Gesandten bei der Reichsregierung [Johann Friedrich Ahlhorn] an das Oldenburgische Ministerium des Innern und an die Landesregierung Detmold vom 9. 11. 1932. StA Oldenburg 47/194.

ein Vierteljahr später war der Rundfunk, waren die RRG und die Rundfunkgesellschaften ohnehin der unmittelbaren Dienstaufsicht eines einzigen Ministeriums unterstellt und es bedurfte keiner komplizierten Regulatorien mehr.

Die Richtlinien sollten freilich einmal ein Dokument der publizistischen Geschichte werden; nur deshalb wird von ihnen auch noch die Rede sein. Den zweiten Teil der Sitzung eröffnete zunächst der Stellvertreter des Reichsinnenministers, der Leiter der Abteilung I, Ministerialdirektor Georg Gottheiner, der am 2. Juni 1932 an die Stelle von Haentzschel gesetzt worden war. Zu den Richtlinien hatten Preußen und Bayern, Baden und Württemberg Veränderungs- und Verbesserungsvorschläge eingebracht. Zur redaktionellen und inhaltlichen Überarbeitung wurde jedoch ein siebenköpfiger Unterausschuß eingesetzt.

Erst nach weiteren Beratungstagen konnte am 11. November ein Ergebnis vorgelegt werden. Der Unterausschuß brachte eine neue Fassung der Programmrichtlinien mit. Der bevollmächtigte Stimmführer für Oldenburg im Reichsrat, Gesandter Johann Friedrich Ahlhorn, konnte es sich nicht verkneifen, in seinem Bericht nach Hause zu schreiben, daß die Richtlinien seines Erachtens bei ihrer stark nationalen und kulturellen Einstellung außerordentliches Aufsehen erregen und starker Kritik begegnen würden. Am Schluß fügte er hinzu, mit dieser Verhandlung in den Reichsratsausschüssen sei die bedeutungsvolle Angelegenheit für den Reichsrat erledigt. Die Reichsregierung werde, wie er durch persönliche Erkundigungen erfahren habe, nur die Richtlinien und wahrscheinlich die Bestimmungen für die Programmbeiräte und die Arbeitsausschüsse vollständig veröffentlichen. Dagegen sollten die beiden Satzungen und die drei Geschäftsanweisungen nicht im vollen Umfang veröffentlicht, sondern nur durch eine Verlautbarung in der Presse inhaltlich bekanntgegeben werden[78]. Am 17. November gingen tatsächlich nur die zur Veröffentlichung vorgesehenen Texte an die Presse. Am 18. November traten sämtliche Bestimmmungen in Kraft, die Reichsinnen- und Reichspostminister gemeinsam an die Landesregierungen schickten[79]. Der RRG war die In-

---

[78] Bericht des Oldenburgischen Gesandten [...] vom 9. 11. 1932. Ebd.

[79] Gemeinsamer Brief Reichsinnenminister und Reichspostminister an die Landesregierungen, Preußisches Staatsministerium, Preußisches Ministerium des Innern, Preußisches Ministerium für Wissenschaft, Kunst u. Volksbildung, 18. 11. 1932. Ebd.

kraftsetzung der Mustersatzung und der Geschäftsanweisung für die Rundfunkgesellschaften übertragen worden. Die Landesregierungen wurden angewiesen, in Sachen Anweisung der Staatskommissare, Bildung der Arbeitsausschüsse und Programmbeiräte das Weitere zu veranlassen.

Das Presseecho war vorhersagbar. Rechts gab es Genugtuung zu hören, links Befürchtungen. Im Zentrum erteilte die *Germania* die Note »durchaus befriedigend«[80]. Die DVP-nahe *Kölnische Zeitung* störte lediglich zuviel Bürokratie[81]. Das demokratische *Berliner Tageblatt* hatte schon während der Beratung genau dieses Haar in der Suppe gefunden und ihren Bericht mit dem Unwort »Reichs-Rundfunk-Apparatur« überschrieben. Zu den Richtlinien schrieb das Blatt – wahrscheinlich Lothar Band vom *Funk* – bereits am 9. November: »Am Anfang, auf dem Wege und am Ende dieser Richtlinien stehen, wie Schlagbäume, die Kommissariate: Reichskommissar, Landeskommissar und Programmbeirat. Was alles gesprochen werden kann oder soll, dagegen gibt es auch einen Einspruch. Die Initiative der Rundfunkintendanten und ihrer fachlichen Mitarbeiter muß dadurch notwendig gelähmt werden. Die Bürokratie ist über ihnen, wie einst die Philister über Simson waren. So kann sich kein Gebild gestalten. Und dazu kommen noch die ›Richtlinien‹, das heißt: ein Weltanschauungsreglement, das mit den Schlagworten ›christlich‹ und ›national‹ nicht etwa eine kulturelle Höhe, sondern eine kulturelle Enge kennzeichnet. Diese Enge in Verbindung mit der Breite der Einspruchs- und Überwachungsrechte – das kann den deutschen Sendern den letzten Rest an Atem und Geist rauben. Das muß aus ihrer Beweglichkeit Schwerfälligkeit und aus dem Reichtum der Themen, Probleme und Formen, die der Behandlung, Lösung und Gestaltung durch sie harren, eine ärmliche Wassersuppenkost machen. Es ist keine Übertreibung: der deutsche Rundfunk ist in Gefahr. Er ist ein Kulturinstrument. Um ihn als solches zu gebrauchen, muß man Kultur haben. In den Kanzleien aber und bei den Bürokraten war sie bisher nicht zu finden. Es erübrigt sich, daraus den Schluß auf die künftige Gebarung der deutschen Sender zu ziehen. Arme Rundfunkhörer!«[82]

[80] Germania (Berlin), Nr. 322 v. 19. 11. 1932.
[81] Kölnische Zeitung, Nr. 633 v. 19. 11. 1932.
[82] *Reichs-Rundfunk-Apparatur.* Berliner Tageblatt, Nr. 533 v. 9. 11. 1932 sowie *Die Herrschaft der Kommissare.* Berliner Tageblatt, Nr. 547 v. 18. 11. 1932.

Das Zusammentreffen des letzten Aktes der Rundfunkordnung mit dem Ende der Regierung, die politisch diese Maßnahme zu verantworten hatte und historisch immer zu verantworten haben wird, trägt symptomatische Züge. Das Kabinett Papen trat am 17. November zurück und wurde vom Reichspräsidenten beauftragt, die Geschäfte weiterzuführen. Verhandlungen mit Adolf Hitler über eine Regierungsbildung begannen und endeten am 24. November, zunächst ergebnislos. Beinahe, aber auch nur beinahe unbemerkt verschwand zwei Tage vorher ein Mann aus den rundfunkpolitischen Kulissen. Am 22. November 1932 um 16.30 Uhr lief über das Wolff'sche Telegraphen-Bureau die Meldung, daß der Rundfunk-Kommissar des seit knapp einer Woche nur noch geschäftsführenden Reichsministers des Inneren, Erich Scholz, zurückgetreten sei. »Er beherrschte den Rundfunk seit dem 10. August und hinterläßt ein organisatorisches Trümmerfeld und eine schmerzhafte Senkung des kulturpolitischen Programmniveaus«, kommentierte das *Berliner Tageblatt* diese Meldung kurz und bissig[83].

Die NSDAP war übrigens gar nicht mehr sonderlich auf die Abberufung aus gewesen. Im *Angriff* war noch am 19. November zu lesen, das Reichsinnenministerium habe Scholz noch vor dem Rücktritt des Kabinetts abberufen wollen. Die nach dem Kabinettsrücktritt nun völlig veränderte innenpolitische Lage werde hoffentlich die Durchführung dieser Pläne noch im letzten Augenblick vereiteln. Der hierfür angegebene Grund ist aus der Sicht der reichspolitischen Erwartungen der NSDAP in jenen Tagen einleuchtend: Die personelle Frage interessiere die Partei nicht. Ihr gehe es vielmehr um die Erhaltung der Funkhoheitsrechte des Reichs, die das bisher amtierende Kabinett drauf und dran gewesen sei, an die Länder zu verschachern. Die plötzliche Bereitschaft zur Preisgabe von Scholz im Reichsinnenministerium sei allein auf den Druck von Preußen zurückzuführen, denn Preußen vertrete die Forderung, daß die Ernennung des Rundfunk-Kommissars nicht, wie bisher, Sache des Reiches bleiben dürfe, sondern mit Zustimmung des Reichsrates, das heißt mit Genehmigung der Länder, erfolgen müsse. In erheblicher Verkennung von Geist und Buchstabe der eben verabschiedeten Richtlinien meinte der mit »Dr. Eska« zeichnende Autor des Beitrags – wahrscheinlich Stefan Kayser, Kulturre-

[83] *Rücktritt des politischen Rundfunk-Kommissars Scholz.* Berliner Tageblatt, Nr. 554 v. 22. 11. 1932.

dakteur des *Angriff* –, der Reichsinnenminister habe sich noch in den Reichsratsverhandlungen über die Forderungen Preußens hinweggesetzt, doch nun spreche alles dafür, daß er auch den letzten Rest seines Einflusses auf den Rundfunk durch die Auslieferung des Rundfunkkommissariats an die Länder verlieren wolle[84].

Drei Tage nach Erscheinen dieses Artikels war es soweit. »Nach Abschluß der Neuordnung des Rundfunks tritt der Rundfunk-Kommissar, Ministerialrat Scholz, wieder in das Reichsministerium des Inneren zurück.« So begann die zitierte Meldung. Er wurde im Reichsinnenministerium übrigens zunächst Sachbearbeiter für Staatshoheits- und Ordensangelegenheiten. Vielleicht kam der sozialdemokratische *Volksfunk* mit seiner knappen Bildunterschrift diesem geschäftigen und endlich gescheiterten Rundfunkadministrator am nächsten: »Er wird noch lange als der Don Quichotte des deutschen Rundfunks in der Erinnerung bleiben.«[85] Doch das *Berliner Tageblatt* ließ diesen sonst nur mit ein paar Zeilen von der Art, das habe man ja kommen sehen, bedachten Fall nicht auf sich beruhen. Am 23. November erschien auf der ersten Seite der Morgenausgabe ein ausführlicher, ungewöhnlich gut informierter und den Vorfall überzeugend als allgemeines rundfunkpolitisches Problem spiegelnder Leitartikel mit der Überschrift »Rundfunk-Krise«[86]. Beinahe etwas selbstkritisch meinte das Blatt, der Oberregierungsrat und spätere Ministerialrat Erich Scholz habe ein Referat verwaltet, welches ihm schließlich die Chance gab, unter dem letzten Reichsinnenminister den Reformator- und Kommissarstuhl zu besteigen; das sei die Schuld der Personalpolitik mehrerer republikanischer Innenminister oder ihrer Berater gewesen. Daß der pünktliche und routinierte mittlere Ministerialbeamte sich schließlich selbst zu dem berufen glaubte, wozu ihn dann der Herr von Gayl berufen habe, sei ehrgeizige Selbsttäuschung gewesen, deren nunmehriger Zusammenbruch als private Angelegenheit nicht weiter zu erörtern sei. Viel wesentlicher seien eine Reihe sachlicher Fragen, die sich an den Rücktritt von Scholz knüpften.

Politisch bedeute der Rücktritt keinen grundsätzlichen Wan-

---

[84] Dr. Eska (d. i. Stefan Kayser), *Um die Abberufung des Rundfunkkommissars.* Der Angriff, Nr. 240 v. 19. 11. 1932.

[85] Bildunterschrift in: Volksfunk, Nr. 30 v. 9. 12. 1932, S. 16.

[86] *Rundfunk-Krise.* Berliner Tageblatt, Nr. 555 v. 23. 11. 1932.

del. Man habe nun die Verbeamtung des Rundfunks erreicht. Man könne sie nicht so schnell wieder loswerden, weil sie schon früher als das politische Kommissariat begonnen habe, und wenn diese Verbeamtung sich einmal zu jenem Wärmetod steigern sollte, der die letzte Folge solcher Vorgänge sei, dann würde eines schönen Tages der Schrei nach der Privatisierung des Rundfunks ertönen, unterstützt von der längst begonnenen Abwanderung der Hörer. Diese Privatisierung aber, die zuletzt den staatlichen Einfluß geringer machen würde, als er vor der Reform war, könne heute noch als Rückschritt gegenüber der früheren Rundfunkverfassung bezeichnet werden. Die älteren Rundfunkführer müßten jetzt noch einmal die Chance erhalten, der Privatisierung des Rundfunks dadurch vorzubeugen, daß sie seine Bürokratisierung hemmten.

Bei aller bewundernswerten Einsicht in die Mechanismen des Mediums, waren dem Leitartikler offenbar für die Dauer seiner Niederschrift die politischen Realitäten auf einer höchst abschüssigen Straße der Demokratie aus den Augen geraten. Spätestens am übernächsten Tag hatte die rundfunkpolitische Realität den Leitartikler wieder eingeholt. Goebbels richtete am 25. November ein Brieftelegramm an die Reichsregierung, mit dem er »vor der deutschen Öffentlichkeit schärfsten Einspruch gegen die endgültige Verabschiedung der Rundfunkrichtlinien unter der Geschäftsführenden Regierung Papens« erhob[87]. Die endgültige Reform des Rundfunks und der Aufbau der Reichssender seien Sache einer kommenden Hitlerregierung. Versteht man in aller Sprachstrenge unter einer »endgültigen Reform« das Ende aller Reform, dann sollte der Gaupropagandaleiter von Berlin recht behalten. Im *Angriff* veröffentlichte er einen zornigen rundfunkpolitischen Nachruf auf die Regierung Papen, die dieses Medium wie ihre schlechteste Karte an die Länder verspielt habe. Die demissionierte Regierung Papen habe in der Rundfunkpolitik endgültig Schiffbruch erlitten und das Gegenteil dessen erreicht, was sie sich zum Ziel gesetzt habe. Nach den Vorstellungen von Goebbels hatten die Länder im Reichsrat gewonnen. Die Regierung Papen habe ihre Rundfunkpolitik mit der Ankündigung des Einsatzes aller nationalen Kräfte am Rundfunk begonnen und sie mit der völligen Ausschaltung der nationalsozialistischen Millionenbewegung und Weltanschau-

---

[87] Brieftelegramm Goebbels an Reichsregierung, 25. 11. 1932. BA Kblz R 43 I/2001.

ung beendet. Sie habe mit der Verkündigung der Autorität der
Reichsregierung gegenüber den Ländern begonnen und mit einer juristischen Niederlage in Leipzig, einem gefährlichen Dualismus Reich/Preußen gegen übrige Länder und einem völligen
Bankrott ihrer ideologischen und nationalerzieherischen Absichten geendet, wie er sich in der völligen Verzichtleistung auf
eine einheitliche Rundfunkpolitik ausdrückte[88]. In einem am
27. November an die Reichsregierung gerichteten, zweiten Telegramm protestierte Goebbels noch einmal besonders gegen
die Auslieferung des Reichssenders, gemeint war offensichtlich
der Deutschlandsender, auf dem Wege über finanzielle Beiträge
an die Länder: »Das stärkste Instrument der öffentlichen Meinung, das keine Landes- und Stammesgrenzen kennt, gehört
unbedingt in die Hände der Reichsführung.«[89]

Der Nachfolger von Scholz im Rundfunkreferat des Reichsinnenministers wurde auch sein Nachfolger im Amt des Rundfunk-Kommissars. In der Meldung des Wolffschen Telegraphen-Bureaus vom 22. November hatte es geheißen, mit der
vorläufigen Vertretung von Scholz sei der Rundfunkreferent im
Reichsinnenministerium, Oberregierungsrat Walter Conrad,

[88] *Der Reichssender unter Landesaufsicht?* Der Angriff, Nr. 246 v. 26. 11. 1932.
[89] Telegrammtext ebd.

beauftragt worden. Die endgültige Besetzung der Stelle, die ausschließlich Sache des Reichsinnenministers sei, bleibe vorbehalten. Ein Beamter des Reichsinnenministeriums, so lautete der letzte Satz der Meldung geheimnisvoll, sei dafür nicht in Aussicht genommen. Tatsächlich hatte man bereits seit Ende Oktober spekuliert, daß Franz Bracht (Zentrum) einen Kandidaten aus seiner Partei für das Amt des Rundfunk-Kommissars des Reichsinnenministers ins Spiel bringen wollte; man nannte den Namen des Oberregierungsrats Adolf Morsbach aus der Universitätsabteilung des preußischen Ministeriums für Wissenschaft, Kunst und Volksbildung, der die Akademische Austauschstelle leitete und erster Geschäftsführer der Kaiser Wilhelm-Gesellschaft war.

7.10. *Ergebnis und Befund des Rundfunkreglements* *Ein staatspublizistisches Organisationsgebilde*

Die Verstaatlichung des Rundfunks in Deutschland durch die Richtlinien des Reichspost- und des Reichsinnenministers vom 18. November 1932 läßt sich auf drei kurze Formeln bringen:
 1. Staatliche Aufsicht
Die Ausübung der Staatsaufsicht teilten sich das Reich (Rundfunk-Kommissar des Reichspostministers für Verwaltung und Technik, Rundfunk-Kommissar des Reichsinnenministers für das Programm) und die Länder (Landesregierungen des Standorts der Rundfunkgesellschaft mit Staatskommissar, übrige Länder des Sendebezirks mit Vertretern in einem Arbeitsausschuß). Die Befugnisse der Kommissare erstreckten sich auf Fragen der Personalpolitik und des Programms. Die Besetzung der für Verwaltung und Programm maßgeblichen Stellen erforderte bei der RRG die Zustimmung des zuständigen Reichskommissars, bei den Rundfunkgesellschaften die des zuständigen Staatskommissars. Bei schweren Pflichtverletzungen dieser maßgeblichen Persönlichkeiten konnten die zuständigen Kommissare die Abberufung veranlassen. Der Einfluß des Reichs auf die Personalpolitik bei den Rundfunkgesellschaften war auf dem Wege über die RRG gesichert. Die Kommissare konnten einzelne Darbietungen aus politischen Gründen verbieten oder die Genehmigung von Änderungen abhängig machen.
 2. Zentralverwaltung
Die RRG gewährleistete eine Einheitsverwaltung. Alle im

Rundfunk tätigen Gesellschaften erhielten die Form einer GmbH. Die Anteile an der RRG lagen zu 51 Prozent bei der Post, zu 49 Prozent bei den Ländern, in deren Gebiet sich die Rundfunkgesellschaften befanden (Preußen, Bayern, Sachsen, Württemberg und Baden, Hamburg). An den Rundfunkgesellschaften waren zu 51 Prozent wiederum die RRG, zu 49 Prozent die im Sendebezirk liegenden Länder nach einem bestimmten Schlüssel beteiligt. Als Aufsichtsorgan für die RRG wirkte ein Verwaltungsrat, in dem der Reichspostminister und der Reichsinnenminister durch je vier, die Länder mit Rundfunkgesellschaften durch insgesamt sieben Mitglieder vertreten waren.

3. Programmkontrolle

Die Rundfunkgesellschaften stellten ihre Programme selbständig und unter eigener Verantwortung, allerdings im Rahmen der Richtlinien für die Programmgestaltung auf. Maßgebliche Persönlichkeit war dafür der Intendant. Innerhalb der Gesamtsumme, die jeder Sender für den Programmdienst von der RRG zugeteilt bekam, konnte die jeweilige Rundfunkgesellschaft über ihre Finanzmittel frei verfügen. Grundsätzliche Programmfragen und Fragen des Programmaustausches bearbeitete die RRG. Als beratende Organe für das Programm wirkten Programmbeiräte mit. Die Richtlinien für das Programm verpflichteten den Rundfunk zur Aufbauarbeit an Volk und Staat[90].

Die Richtlinien hatten sich schon gleich nach ihrem Erscheinen nicht nur stilistische, sondern auch ideologieanalytische Kritik gefallen lassen müssen. Ein in diesem Zusammenhang völlig unangebrachtes, christlich-konservatives Vokabular diente der Formulierung deutschnationaler Ziele des Rundfunks, die offenbar unvermittelt aus dem wilhelminischen Kulturfeudalismus tradiert worden waren.

Im Dezember 1932 erschien bereits in der Wochenzeitschrift *Die Literarische Welt,* die sich im übrigen relativ selten mit dem Rundfunk beschäftigte, eine ausführliche Kritik. Die Zeitschrift nahm die eindeutige Tendenz der Richtlinien zum Anlaß, die am Gesamtbewußtsein der Tausende von Gebenden und der Millionen von Empfangenden vorbeigehe, zu untersuchen. Dieses Gesamtbewußtsein wäre nicht einmal dann eindeutig zu

---

[90] Text bei Bausch, *Der Rundfunk im politischen Kräftespiel,* S. 212–214; Synopse bei Wolf Bierbach, *Rundfunk zwischen Wirtschaftsinteressen und Politik.* Phil. Diss. Münster 1980, Anhang (Übersichten 12–16).

nennen, wenn man von der ganzen riesigen Links-Opposition
absehe, denn auch rechts gäbe es alle möglichen Spielarten vom
Revolutionären bis zum Reaktionären, vom Klassenkämpferischen bis zum scharf Antisozialistischen. Auch hier sei eine
selbstverständliche, aus sich selbst entstehende einheitliche Be-
wußtseinsbildung nicht stillschweigend vorauszusetzen. Folglich könne man auch hier keine »Richtlinien« geben; folglich
seien Richtlinien, die man dennoch gebe, gleichzeitig unbrauch-
bar und gefährlich[91].

Es wäre nicht nur historisch nützlich, dem Autor bzw. den
Autoren der neuen Richtlinien nachzugehen; manches spricht
dafür, daß ein erstes Konzept aus der Feder von Scholz kam.
Möglicherweise hat dann der 1932 ins Reichsinnenministerium
übergetretene ehemalige stellvertretende Leiter der Abteilung
VI (Kulturpolitik) des Auswärtigen Amts, Ministerialrat Her-
mann Terdenge, daran gearbeitet, und schließlich dürfte der
Entwurf noch durch die Abteilung III (Wissenschaft, Bildung,
Schule) des Reichsinnenministeriums gelaufen sein. Vielleicht
ist das die Erklärung dafür, daß Ministerialrat Nießen aus der
Abteilung III zu den Beratungen über die Richtlinien in den
Vereinigten Reichsratsausschüssen hinzugezogen worden war.
Auch ein Unterausschuß redigierte noch am Entwurf. Jedenfalls stellen die Richtlinien ein Dokument zur Kommunikationsgeschichte der Weimarer Republik dar. Ihre politische Se-
mantik liefert noch heute Schlüsselbegriffe zum Verständnis der
Ereignisse des Jahres 1932 und der Einstellung derer, die an
hervorragender Stelle dieses Geschehen gefördert haben, blind
oder sehenden Auges, das soll hier nicht entschieden werden.
Der Unterausschuß hatte bereits einige allzu kräftige deutschtü-
melnde Partien ausgekämmt. Dennoch blieben im Text zahlreiche Formulierungen hängen wie »deutsche Menschen«, oder
»deutsches Volk«, und so weihevolle Alliterationen wie »Volk
und Familie«, »Gesinnung und Gesittung«, »Kräfte und Gü-
ter«, »Bedingungen und Bedürfnisse«, das »Gemeinsame und
Ganze«; durchgehend wird verpflichtet, verbunden und ausgeschlossen, wird gebildet und geformt, gestärkt und gepflegt,
vertieft und gewahrt. Bei aller sprachhistorischen Gerechtigkeit,
die man diesem völkischen Hymnus auf ein Medium angedeihen lassen muß, sollte das Urteil erlaubt sein, daß hier eine

[91] B. (d.i. Fritz Bieber ?), Die »Richtlinien«. Die Literarische Welt, Nr. 50 v.
2. 12. 1932, S. 1 f.

PAUSENZEICHEN DER RUNDFUNKSENDER

Die Pausenzeichen der Regionalgesellschaften sollten die Rundfunkeinheit in der kulturellen Vielfalt erkennen lassen.

Kommunikationsideologie aufgebrochen war, die keiner Apostrophierung durch einen Fackelzug am 30. Januar 1933 mehr bedurfte.

Wenige Tage vor dem Ende seiner Amtszeit, am 28. November 1932, holte Reichsinnenminister von Gayl noch schleunigst nach, was ihm – wie er beteuerte – in den bisherigen Monaten seiner Ministerschaft nicht möglich gewesen war: Ein Treffen mit den Intendanten der Rundfunkgesellschaften[92]. Es schien, als wolle er sogar etwas Selbstkritik wagen. Er bedauerte »vom staatspolitischen Gesichtspunkt aus«, daß durch das Eingreifen des Reichsinnenministers in die Organisation des Rundfunks eine gewisse Unruhe gekommen sei. Aber man habe vor der Notwendigkeit gestanden, das Rundfunkwesen einer »Umorganisation« zu unterziehen. Es sei eine Einrichtung, um die sich in erster Linie das Reich zu kümmern habe. Je mehr sich der Rundfunk entwickelt habe, desto mehr sei er zu einer Angelegenheit des Reichs geworden, und deshalb sei man an die Ausarbeitung der Richtlinien herangegangen. Er sei von der Voraussetzung ausgegangen, daß bei der ersten Bearbeitung eine gewisse »Fühlung mit der Praxis« bestanden habe. Wenn dies jedoch nicht der Fall gewesen sei, so habe das nicht seinen persönlichen Intentionen entsprochen. Damit distanzierte er sich sehr vorsichtig auch von seinem bisherigen Rundfunk-Kommissar. Der Minister legte den Intendanten die Richtlinien

[92] Texte der Referate für die Besprechung mit den Rundfunkleitern am 28. 11. 1932 in BA Kblz R 78/6.

noch einmal ans Herz; er wünsche und hoffe, daß alle im Sinne gegenseitiger Verständigung von den Richtlinien Gebrauch machten. Dann griff er einen Gedanken auf, den auch der Rundfunk-Kommissar des Reichspostministers zuvor bei seiner einführenden Ansprache geäußert hatte. Bredow hatte gesagt, daß die neuen Bestimmungen selbstverständlich »dem Buchstaben und auch dem Sinne nach eingehalten werden«, aber soweit es an ihm und den Leitern der RRG liege, werde in dem Sinne gearbeitet werden, daß die gemeinschaftlich anvertraute Aufgabe, den deutschen Rundfunk so zu gestalten, daß er seinen Namen auch verdiene, allem anderen vorangestellt werde. Der Reichsinnenminister bekräftigte: »Vor allem dem Sinne nach!« Er hoffe, daß die gemeinsame Arbeit in die Richtlinien den richtigen Sinn hineinlegen werde.

Anschließend stellte sich der neue Rundfunk-Kommissar des Reichsinnenministers, Oberregierungsrat Walter Conrad, vor. Der neue Mann trat bescheiden auf und meinte, die Stunde des Inkrafttretens der Neuregelung habe unter keinem glücklichen Stern gestanden. Er gab freilich die Schuld daran der Presse, die mit Blick auf die Kommissare das Schlagwort von der Bürokratisierung in Umlauf gebracht hätte. Doch die Kommissare seien nun einmal nötig, und zwar aus zwei Gründen: 1. zur Abwicklung der Auflagedarbietungen und 2. zur staatspolitischen Programmkontrolle. Er gab den Intendanten großzügig die Möglichkeit der Selbstzensur an die Hand mit dem Hinweis, sie selbst könnten wesentlich dazu beitragen, daß »das ganze Verbotssystem« (!) so wenig wie möglich praktiziert werden müsse. Schließlich wies er die Kritik zurück, die man am personalpolitischen Einfluß der Kommissare geübt hatte. Er sehe auch hier keinen Konstruktionsfehler und, so fügte er in aller, möglicherweise echten Naivität hinzu, die Fehlerquellen seien dabei nicht größer als von der privatwirtschaftlichen Seite her. Zu den Richtlinien meinte er zum Schluß nur kurz, daß sie keine neue Botschaft bringen wollten, sondern in knappen Worten das zum Ausdruck brächten, was die Reichsregierung vom Rundfunk erwarte. Im übrigen würden die neuen »Verfassungsbestimmungen des Rundfunks« die Entwicklung nicht erschweren, sondern hoffentlich erleichtern. Voraussetzung sei freilich »die innere Mitarbeit« aller Beteiligten, vor allem der Herren, in deren Kreis zu sprechen er als einen besonderen Vorzug empfinde; seinerseits dürfe er erklären, daß es an Unterstützung niemals fehlen werde.

Die vom Minister erwähnte Ansprache des anderen Rundfunk-Kommissars kann als programmatische Stellungnahme Bredows zur Neuregelung von 1932 angesehen werden[93]. Bredow wurde, besonders was die mangelhafte rundfunkpraktische Qualität der Bestimmungen betraf, so deutlich, wie es in seiner Position möglich war: »Die Bestimmungen sind das Ergebnis eines ursprünglich weitergehenden Planes, dessen Durchführung sich für deutsche Verhältnisse als unmöglich erwiesen hat. Ich halte mich zwar für berufen, aber nicht für befugt, im einzelnen kritische Betrachtungen über das anzustellen, was in den letzten Monaten im Rundfunk vor sich gegangen ist. Ich darf aber wohl sagen, daß wir alle vorbehaltlos bereit gewesen waren, unsere Rundfunkerfahrungen bei den vergangenen Verhandlungen zur Verfügung zu stellen, wenn dies gewünscht worden wäre ... So sind wir, die wir den Rundfunk aufgebaut und von Erfolg zu Erfolg geführt haben, von einem zum anderen Tage vor eine vollendete Tatsache gestellt worden, eine Tatsache, die zu unserem großen Schmerz sich für den Rundfunk verheerend ausgewirkt hat.«[94] Bredows Ziel war, zerschlagenes Porzellan zu kitten; man müsse sich arrangieren und versuchen, aus der neuen Lage das Beste zu machen. Vor allem dachte er, diesen Weg über gute Beziehungen zwischen der RRG und den Rundfunkgesellschaften zu erreichen. Mit einer Verbeugung und einem Seitenhieb zugleich in Richtung auf den Reichsinnenminister versprach er, alle Machtmittel müßten natürlich angewandt werden, wenn durch Eigenbrötelei und persönliche Rechthaberei der gemeinsamen Sache des Rundfunks Schaden zugefügt und willkürlich gegen Geist und Sinn des Rundfunks verstoßen werde. Aber er wolle nicht mit diesem Hinweis schließen, sondern mit einem erneuten freudigen Bekenntnis zum deutschen Rundfunk.

Inzwischen wechselte die innenpolitische Szene bereits wieder. Nachdem sich der Auftrag an Hitler zur Regierungsbildung zerschlagen hatte, übernahm es der Zentrums-Führer Prälat Ludwig Kaas, die noch vorhandenen »Möglichkeiten zur Bildung einer Not- und Arbeitsmehrheit« zu ermitteln. Am 25. November mußte er dem Reichspräsidenten jedoch mitteilen, daß seine Bemühungen an der ablehnenden Haltung der NSDAP und der DNVP gescheitert seien. Nunmehr setzten

[93] Pohle, *Der Rundfunk als Instrument der Politik,* S. 141 f.
[94] Ebd.

mit Ermächtigung des Reichspräsidenten Bemühungen des bisherigen Reichswehrministers Kurt von Schleicher ein, eine parlamentarische Grundlage für eine neue Regierung zu schaffen. Zunächst rechnete man ziemlich sicher mit einem neuen Kabinett Papen. Als jedoch in einer Sitzung des geschäftsführenden Kabinetts am Vormittag des 2. Dezember mehrere Mitglieder erklärten, sich nicht mehr für ein neues Kabinett Papen zur Verfügung stellen zu wollen, darunter übrigens Franz Bracht, bat Papen selbst den Reichspräsidenten, von seiner Wiederbetrauung abzusehen und General von Schleicher mit der Neubildung der Regierung zu beauftragen. Am 3. Dezember erfolgte die Ernennung der Reichsregierung Kurt von Schleicher. Der bisherige Reichsinnenminister Wilhelm Freiherr von Gayl wurde gegen den bisherigen Reichsminister ohne Geschäftsbereich, Franz Bracht, ausgetauscht. Reichspostminister blieb Paul Freiherr von Eltz-Rübenach. Der scheidende Kanzler hatte übrigens während seiner Amtszeit insgesamt achtzehnmal, sein Innenminister achtmal vor Mikrophonen des deutschen Rundfunks gestanden.

Der letzte Akt konnte beginnen. Ursprünglich war man im Reichsinnenministerium guter Hoffnung gewesen, den Auftrag zur Reorganisation des Rundfunks bis zum Jahresende 1932 zu erfüllen. Aber es gab noch einiges zu tun, wobei die Beamten aus dem Reichspostministerium zwar unverzüglich, doch keineswegs eilfertig ans Werk gingen. Die Verhandlungen mit den neun Rundfunkgesellschaften brauchten offenbar Zeit und Geduld. Da von einer Medienpolitik oder gar Rundfunkpolitik im modernen Sinn noch keine Rede sein konnte, waren die Stimmen in Presse, Parteien und Verbänden sowohl zu den Juli-Leitsätzen als auch zu den November-Richtlinien keineswegs konsonant. Bei der NSDAP kritisierte man, trotz der starken Worte des Reichspropagandaleiters, nur die angebliche Preisgabe der Reichsautorität in der Rundfunkorganisation zugunsten der Länder und allenfalls einige noch nicht in ihrem Sinne vollzogene Personalveränderungen. Dabei gab es durchaus Differenzen in der rundfunkpolitischen Argumentation des, wenn man so will, nationalen und des sozialen Flügels dieser Partei. Der Widerstand bei der konservativen Rechten war sehr gering; hier herrschte eher Genugtuung. Dagegen war bei der republikanischen Mitte und bei der Linken wenigstens als Maßstab eine Grundrechtsposition gefunden worden, die sich endlich an den publizistischen Freiheiten orientieren konnte. Die beiden christlichen Konfessionen taten sich in ihrer kulturpolitischen Zwiespältigkeit zwischen gesellschaftlichem Anspruch und staatlicher Autorität beim kaum zehn Jahre alten Rundfunk besonders schwer.

Über die Leitsätze hatte der westfälische Zentrums-Abgeordnete Professor Georg Schreiber, Kirchenhistoriker an der Universität Münster, Anfang Oktober geschrieben: »Wir haben hier den autoritären Rundfunk in Reinkultur vor uns als eine Spielart des pouvoir neutre, als eine Erscheinungsform der vielerörterten Koalition von auctoritas und potestas. Was diese drahtlosen Drahtzieher in Ausführung dieser Richtlinien eigentlich wollen, das haben sie bisher dem Rundfunkhörer nicht so verständlich mitgeteilt, daß dieser sich ein Bild daraus machen könnte. Soweit sie die Richtlinien aber nicht durch Worte, sondern durch Taten umschrieben haben, so ergibt sich eine recht eindeutig parteimäßige Neubesetzung entscheidender Rundfunkämter zu einer Zeit, in der man die Losung des Parteilosen und Überparteilichen ausgibt. Eindeutig deshalb, weil es schwierig sein wird, unter diesen neuen Leuten Persönlichkeiten zu finden, die nicht zum Umkreis entweder der deutschnationalen oder zum Teil noch der Nationalsozialistischen Partei gehören.«[95] Einen anderen Ton schlug die linkskonservative Zeitschrift *Die Tat* an. Nach ihrer Meinung, so hieß es in einem ungezeichneten Beitrag mit der Überschrift *Auf den Trümmern des Rundfunks,* sei die Zwiespältigkeit des Kabinetts von Papen auch dem deutschen Rundfunk schlecht bekommen, obwohl man an die Neuordnung des gesamten Rundfunkwesens unter dem Eindruck der Juni-Wahlen herangegangen sei aus der ganz richtigen Erkenntnis heraus, daß es sich bei dem Rundfunk um das wertvollste Aufklärungsinstrument einer zielbewußten Reichspolitik handele. Immerhin bedauerte das Blatt, daß die von der Reichsregierung versprochene Vereinfachung des Rundfunkwesens durch die Neuregelung nicht zustandegekommen sei. »Wer die Mitte November fertiggestellten Rundfunkbestimmungen liest, ist über den mehr als bürokratischen Aufbau, der den Keim von Kompetenzkonflikten und Lahmlegung aller selbständigen Persönlichkeiten in sich trägt, entsetzt. Fragt man sich, wie es – unabhängig vom Versagen des Reichskommissars – dazu kommen

---

[95] Georg Schreiber, *Bürokratisierung des Rundfunks.* Kölnische Volkszeitung, Nr. 270 v. 1. 10. 1932.

konnte, so muß man sich klar machen, wer alles gegen das Reich bei jenen Verhandlungen zusammenstand.«[96] Daran anschließend wurden die Widersacher aufgezählt, die abgebauten Rundfunkbeamten und ihre Freunde, Dutzende von bisherigen Beratern der Sendegesellschaften und der Länderregierungen. Erschwerend sei hinzugekommen, daß die Rundfunkverhandlungen zwischen Reich und Ländern in eine Zeit gefallen seien, in der dem Kabinett Papen an einem Entgegenkommen gegenüber dem Reichsrat in der Hoffnung gelegen war, durch solche Zugeständnisse auf kulturpolitischem Gebiet gut Wetter für die Pläne der großen Reichsreform herbeizuführen. Nur aus diesem Grunde sei es zu erklären, daß die Neuregelung des Rundfunks genau entgegengesetzt zu den Absichten, mit denen die Regierung Papen sie im Herbst begonnen habe, mit der Preisgabe einer Position der Regierung nach der anderen geendet habe. Die Zeitschrift *Deutsches Volkstum* griff wenig später das Thema der Richtlinien auf. Hier schrieb der Herausgeber selbst, der völkische Publizist Wilhelm Stapel, daß er an der ganzen Neuordnung für wirklich sinnvoll nur die Ablösung des Privatkapitals halte. Bei der Reform der Organisation und der Kompetenzen sei das Reich dagegen für seine Begriffe zu sehr zurückgewichen. Für »pflaumenweich« hielt er die Richtlinien für die Programmgestaltung. Ihm fehlte eine ausdrückliche Aufgabenstellung in der Richtung, daß der deutsche Rundfunk der »Nationalerziehung« diene. Stapel verurteilte die Anmaßung der Länder gegenüber dem Reich und fragte sich, wie sie dieses Vorrecht begründeten. Vor allem beklagte er, daß die Landessender ihre »Kraut-und-Rüben-Selbständigkeit« behalten hätten[97].

In der dem rechten Flügel der Deutschen Volkspartei zugerechneten *Deutschen Allgemeinen Zeitung* sah auch Paul Fechter »Gefahr im Verzug!« Für ihn war freilich alles nur eine Frage der richtigen Leute. Und Erich Scholz war offensichtlich der verkehrte Mann. »Man setzte einen neuen Mann an die Spitze, der erklärte, die Schweinerei muß ausgeräumt werden. Ausgeräumt aber ist nichts: was bis heute vorliegt, ist lediglich Wirrwarr und dazu eine Zerstörung der guten, bereits bestehenden Einrichtungen, vor der man es mit der Angst kriegen kann,

---

[96] *Auf den Trümmern des Rundfunks.* Die Tat 1932, 9, S. 809 f.
[97] Wilhelm Stapel, *Rundfunkpolitik.* Deutsches Volkstum 1933, 1, S. 7–14.

und vor der die Kräfte von der Gegenseite, von Links, mit Recht Morgenluft zu wittern beginnen.«[98]

Die Interessenvertreter verwahrten sich gegen die Angriffe und gaben sich schließlich drein. Das war so bei den Intendanten wie auch bei den Rundfunkbeauftragten der Kirchen. Der Direktor des Evangelischen Preßverbandes für Deutschland und Leiter der Evangelischen Arbeitsgemeinschaft für Rundfunk (EAG), August Hinderer, erklärte lediglich, den Richtlinien fehle die Verbindung mit der inneren Gesetzlichkeit des Rundfunks und mit den Hörern, die einen beachtenswerten, wenn nicht den wichtigsten Teil des Rundfunks, darstellten. Vor allem aber sei wichtig, daß die Persönlichkeiten, die das Programm zu gestalten hätten, von fachmännischen Gesichtspunkten aus bestimmt würden. Im übrigen forderte er, daß die evangelische Hörerschaft mehr als bisher berücksichtigt werde[99]. Nur um weniges differenzierter fiel eine Stellungnahme des Direktors der Rundfunkarbeitsgemeinschaft der deutschen Katholiken (RDK), Bernhard Marschall, aus. Für ihn war noch immer der Fetisch der »Neutralität« im Sinne der Parität der Grundsatz aller Rundfunkarbeit. Die autoritäre Rundfunkführung verkenne völlig die Eigengesetzlichkeit der Programmgestaltung. Vom Standpunkt dieser Parität aus müsse sich in maßgebenden Programmstellen der Sendegesellschaften auch die katholische Einzelpersönlichkeit auswirken können[100]. Mit diesen Forderungen nach ausgewogener Fachkompetenz und autonomer Programmverantwortung waren die beiden Kirchenmänner gar nicht so weit von einem völkisch-konservativen Reformvorschlag entfernt, den der Chefredakteur der *Bayerischen Radio-Zeitung* und seit September 1932 nationalsozialistischer Gaufunkwart von München, Richard Kolb, wenige Wochen zuvor veröffentlicht hatte[101].

Programmautonomie hieß auch der einzige konkrete Wunsch der allgemeinen Programmpresse. Lothar Band äußerte im *Funk* Bestürzung über so wenig Verständnis der Beamten für das Medium und kritisierte im übrigen die sprachliche Unbe-

[98] Paul Fechter, *Gefahr im Verzug!* Deutsche Allgemeine Zeitung, Nr. 453–454 (Reichsausgabe) v. 28. 9. 1932.
[99] *Der überflüssige Reichssender. Die konfessionellen Verbände protestieren.* Volksfunk, Nr. 50 v. 9. 12. 1932, Programmteil S. 5.
[100] Ebd.
[101] Richard Kolb, *Schicksalsstunde des Rundfunks.* Berlin o. J. (1932), S. 24 ff.

stimmtheit der »Dienstanweisungen«[102]. In seinem *Deutschen Rundfunk* schrieb sich Hans von Heister, noch vor der endgültigen Verabschiedung der Bestimmungen, seine Enttäuschung von der Seele, er forderte »Freiheit den Funkintendanten!« und hing einem Rundfunk nach, der sich entwickelt habe, »ohne im Grunde von den verschiedenen staatspolitschen und parlamentarischen Konstellationen berührt zu werden«[103]. Die parteipolitischen Beeinflussungen hätte man beseitigen und langsam und überlegt die »staatliche Konzentration« durchführen sollen. Der Rundfunkpublizist wünschte sich ausdrücklich eine nationale Reform, wozu er an den Patriotismus des deutschen Soldaten im Krieg, an das »deutsche Wesen« und an das Vorbild des Reichspräsidenten glaubte erinnern zu müssen. Als die Richtlinien dann heraus waren, war der *Deutsche Rundfunk* eher unsicher und milde resigniert: Man könne nicht sagen, ob das Gegengewicht der Länder ein Versinken in Bürokratismus verhütet hätte oder ob durch den erzielten Kompromiß erst recht ein lebensunfähiges bürokratisches Monstrum entstanden sei. »Der Rundfunk ist um Jahre in seiner Entwicklung zurückgeworfen«, so hieß übrigens auch eine in der SPD-Presse damals gern vorgetragene Beurteilung der Richtlinien. Nun müsse erst wieder aufgebaut werden, »um zu jener abgewogenen, allseitigen Erfüllung der Kultursendung des Rundfunks zu kommen, die beinahe schon erreicht schien«[104]. Wiederum war auch in diesen Fachkommentaren kein einziges Wort zu lesen, mit dem womöglich die Mißachtung von Grundrechten moniert oder gar der Grundsatz einer Rundfunkfreiheit dem publizistischen Staatsstreich der Richtlinien entgegengestellt worden wäre.

An dieser Stelle muß freilich daran erinnert werden, daß die bürgerlichen Freiheiten in der ersten deutschen Republik im Laufe der Jahre stark gelitten hatten[105]. Besonders das ältere Medium, die Presse, war durch die politische Schutzgesetzgebung von 1922 und 1930, erst recht durch die Verordnungen nach Artikel 48, Abs. 2 der Reichsverfassung, die Notverord-

[102] Lothar Band, *Die Durchführung der Rundfunkreform.* Funk, Nr. 48 v. 25. 11. 1932, S. 189 f.
[103] Hans von Heister, *Die Rundfunkreform. I. Wir fordern: Freiheit den Funkintendanten!* Der Deutsche Rundfunk, Nr. 44 v. 28. 10. 1932, S. 3 f. (Teil) *II. Schlüsselbewahrer des nationalen Rundfunks.* Ebd. Nr. 45 v. 4. 11. 1932, S. 3 f.
[104] Ebd.
[105] Carl v. Ossietzky, *Das Ende der Pressefreiheit.* Die Weltbühne, Nr. 13 v. 29. 4. 1932, S. 463–467.

nungen vom März, Juli und Oktober 1931, ständig von Verboten bedroht; durch die Verordnungen vom 14. Juni 1932 und vom 19. Dezember 1932 waren diese Bestimmungen zwar etwas gemildert worden bis zur erneuten Verschärfung auf dem Weg in die Diktatur durch die Verordnung vom 4. Februar 1933. Die kommunikationsrechtliche Lage war jedenfalls beinahe während der ganzen Dauer der Weimarer Republik keineswegs dazu angetan, das Vertrauen in die publizistischen Elementarien der Demokratie zu fördern. Dem Medium Rundfunk nun auch noch zu gewähren, was nur unter dem Damoklesschwert der Notverordnungen und unter Ausnahmerecht der Presse eben noch vergönnt war, darauf mochte allenfalls Kurt Haentzschel einmal einen – selbst dann wahrscheinlich noch akademischen – Gedanken verwandt haben[106].

Immerhin, der sozialdemokratische *Volksfunk* bezeichnete die Richtlinien noch ausdrücklich als Mittel zur »Ausschaltung eines freiheitlichen Geistes«. Das Blatt erkannte, daß die herrschenden reaktionären Kräfte ihre Macht im Reich und in Preußen zu einem verhängnisvollen Schlag gegen alle geistigen und künstlerischen Freiheiten nutzten[107]. Nach der Veröffentlichung der Leitsätze im August 1932 entstand beim Arbeiter-Radio-Bund Deutschlands die Front werktätiger Rundfunkhörer, die dann in einer Aktionsgemeinschaft unter der Bezeichnung Freie Funkzentrale (FFZ) aufging. Für die Mitwirkung in der Funkzentrale waren der Allgemeine Deutsche Gewerkschaftsbund, der Allgemeine freie Angestellten-Bund, der Allgemeine Deutsche Beamtenbund und der Sozialistische Kulturbund gewonnen worden. Auf einer Konferenz Ende November 1932 verabschiedete die Funkzentrale ein umfangreiches Programm von Forderungen und Abwehrmaßnahmen unter der Parole: »Gegen die Diktatur im Rundfunk!«. In der Präambel hieß es: »Durch die Politik der Reichsregierung ist der Rundfunk in den Mittelpunkt der Kulturreaktion gerückt. Die Reichsregierung, die die politische Meinungsfreiheit durch Zeitungsverbote knebelt, macht den Rundfunk zu einem Instrument ihrer Propaganda, um durch die von ihr geförderte Einseitigkeit der Darbietung jede geistige und künstlerische Kultur

---

[106] Ingo Fessmann, *Rundfunk und Rundfunkrecht in der Weimarer Republik.* Frankfurt (Main) 1973, S. 39 f.

[107] L. Z. (d. i. Leon Zeitlin ?), *Die »Richtlinien« für den Rundfunk.* Volksfunk, Nr. 47 v. 18. 11. 1932, Programmteil S. 5.

abzutöten. In dieser Stunde der Gefahr gilt es, alle freiheitlich gesinnten Hörer aufzurufen für Geistesfreiheit – gegen Diktatur; für Kunst und Aufklärung – gegen Kitsch und Verdummung; für Gleichberechtigung der Weltanschauungen – gegen einseitige nationalistische Programmgestaltung!«[108] Den Mitgliedern der Einzelverbände wurden vier Aufgaben gestellt: 1. Information und Propaganda, 2. Organisation und Hören, 3. Protestaktionen, 4. Hörerstreik. Der Hörerstreik war zunächst als letzte Waffe ausgesetzt worden; er sollte wo nötig besonders beschlossen werden, wohl wissend, daß man auf diese Weise seinen Gegner aus dem Ohr haben und ihm das Leben leichter machen, ihm nicht mehr lästig fallen würde.

Vier Wochen später, kurz vor Weihnachten, veranstaltete der Sozialistische Kulturbund eine Tagung, auf der sein Vorsitzer, der ehemalige preußische Kultusminister Adolf Grimme, der SPD-Kulturpolitiker Kurt Löwenstein sowie der Vorsitzer des Arbeiter-Radio-Bundes und des Allgemeinen Deutschen Beamtenbundes, Albert Falkenberg, sprachen. Falkenberg zerpflückte die Rundfunkpolitik der vergangenen vier Monate und kritisierte die Richtlinien ausgiebig, die »den sozialistischen Menschen keine Gewähr für die Berücksichtigung ihres eigenen Lebensstils« böten; die sozialistischen Hörer hätten deshalb die Pflicht, den Rundfunk »aus den Fesseln zu reißen, die ihm der verbeamtete Normalbürger als Hörer« auferlege[109]. In der Diskussion äußerte sich der Chefredakteur des *Volksfunk,* Albert Baumeister; er vertrat die Auffassung, daß die Bedeutung des Rundfunks die der Presse bald übersteigen werde, deshalb müsse man schnell in den Rundfunk einzudringen versuchen. Baumeister sprach sich gegen einen Hörerstreik aus, forderte Gemeinschaftsempfangsanlagen von der Post und eine einheitliche Rundfunkkritik mit positiven Programmvorschlägen in der Parteipresse.

Eines kann man den sozialdemokratischen Rundfunkpolitikern nicht vorwerfen, eine falsche Einschätzung der Lage zu Jahresbeginn 1933. Die neuen amtlichen Richtlinien ließen keinen Zweifel, daß es auch im Rundfunk beim autoritären System verbleiben sollte, und daß der Kanzler Schleicher keinerlei Sinn

[108] *Die Front freiheitlicher Hörer. Gegen die Diktatur im Rundfunk!* Volksfunk, Nr. 49 v. 2. 12. 1932, Programmteil S. 5.
[109] *Gemeinsame Abwehr gegen die Kulturreaktion.* Volksfunk, Nr. 1 v. 1. 1. 1933, Programmteil S. 13, fortgesetzt in Nr. 2 v. 6. 1. 1933, Programmteil S. 13.

für demokratische Selbstverwaltung zu entwickeln bereit war. Für die aufgelösten Überwachungsausschüsse, für die parlamentarische Kontrolle sei kein ausreichender Ersatz geschaffen worden, so monierte der *Volksfunk.* Und all die großen technischen Projekte der Reichspost, den Rundfunk durch den Neubau von Kilowattriesen zu bereichern, würden vergeblich sein, solange es bei dem reaktionären Tendenzbetrieb verbleibe. Entscheidend sei, daß auch unter der Regierung Schleicher der Rundfunk als volkserzieherisches Machtinstrument politisch benutzt werde. Militärische Belehrungen und heldische Gedenkfeiern fänden nach wie vor weit über den Bedarf statt. Der Kampf gegen Freiheit und Marxismus gehe weiter[110]. Mit einem Hinweis auf den »Tendenzbetrieb« spielte das Blatt übrigens auf ein Argument der RRG an, das gegenüber dem Berliner Arbeitsgericht als Begründung nach dem Betriebsrätegesetz für Entlassungen aus politischen oder weltanschaulichen Gründen angeführt worden war[111].

Die – wie sich zeigen sollte – letzte Anstrengung zur Verteidigung des Rundfunks machte die Freie Funkzentrale mit einer Protestveranstaltung im Plenarsaal des Preußischen Staatsrats am 11. Januar 1933. Die Versammlung nahm eine Entschließung an, bei der sich »natürlich« zahlreiche Vertreter des Rundfunks enthielten und in der noch einmal gegen reaktionäre und militärische Tendenzen im Rundfunk protestiert und die Heranziehung »aller geeigneten Kräfte der sozialistischen Kulturbewegung« gefordert wurde[112]. Als letzte oppositionelle Äußerung konnte der *Volksfunk,* das Organ des Arbeiter-Radio-Bundes, die Ansprachen der Redner noch abdrucken, denn am 3. März 1933 gaben vier unauffällige Zeilen Zeugnis vom Ende der rundfunkpolitischen Verteidigung: »Aus technischen Gründen mußten viele für dieses Heft vorgesehene aktuelle Beiträge zurückbleiben. Das darf unsere Freunde nicht abhalten, jetzt erst recht für ihren Volksfunk zu werben!«[113] Danach fiel die Zeitschrift durch nichts mehr aus ihrer neuen, zwangsweise ge-

[110] Ebd.
[111] *Rundfunk – ein Tendenzbetrieb.* Berliner Tageblatt, Nr. 407 v. 27. 8. 1932 sowie: *Rundfunkangestellte im Wirtschaftskampf.* Volksfunk, Nr. 3 v. 13. 1. 1933, Programmteil S. 13.
[112] *Entschließung.* Volksfunk, Nr. 4 v. 20. 1. 1933, S. 2 sowie Programmteil S. 13.
[113] *Aus technischen Gründen.* Volksfunk, Nr. 10 v. 3. 3. 1933, Programmteil S. 13.

lernten Rolle als braves Programmblatt bis zu ihrem Ende vier Monate später. Die äußerste Linke – organisiert im einst vom Arbeiter-Radio-Bund abgespaltenen Freien Radio-Bund – prangerte in ihrem Organ *Arbeiter-Sender* nicht die Leitsätze und die Richtlinien selbst an, sondern deren personalpolitische Folgen, beispielsweise die Anstellung von Walther Beumelburg. Über ihren Bericht über die Eröffnung der 9. Großen Deutschen Funkausstellung 1932 stellte *Die Rote Fahne* die Parole: »Fort mit dem faschistischen Scholz-Funk! – Rundfunk frei für die Antifaschistische Aktion!«[114] Und zum bevorstehenden Rücktritt des »Funkdiktators Scholz« meinte das KPD-Blatt, er habe sich »durch eine offene Faschisierung des Rundfunks verhaßt gemacht«[115]. Die versprochene, ausführliche Stellungnahme zu den Richtlinien ist offenbar nicht erschienen; wenige Tage später wurde *Die Rote Fahne* zum 50. Mal verboten. In den immer kürzer werdenden Erscheinungszeiten hatte das Blatt genug damit zu tun, das liegengebliebene Material zu veröffentlichen, vor allen Dingen scharfe Polemik sowohl gegen SPD als auch gegen NSDAP, Lobpreisungen zum 15jährigen Jubiläum der Sowjetunion und selbstverständlich Berichte über Massenveranstaltungen. Eine Protestkundgebung gegen die Rundfunkreaktion organisierte der Freie Radio-Bund, Bezirk Berlin-Brandenburg, am 20. Oktober 1932 in Berlin. Diese und weitere Kundgebungen in jenen Tagen waren im übrigen als flankierende Propagandaveranstaltungen für die Reichstagswahl am 6. November unter dem Motto: »Rundfunk frei für Liste 3« gedacht. Im *Arbeiter-Sender* hieß es dazu: »Die Rundfunkhörer sitzen nicht mehr allein in ihren Stuben, die Rundfunkreaktion hat endlich bewirkt, daß der Kampf der Hörer hinausgetragen wurde auf die Straßen und Plätze, in die großen Versammlungssäle der Arbeiterviertel, auf die Tribüne des politischen und öffentlichen Massenkampfes.« Jetzt sei es genug mit dem arbeiterfeindlichen Programm, mit dem Mißbrauch des Rundfunks gegen die Arbeiterklasse, »jetzt bilden wir die proletarische Einheitsfront aller werktätigen Rundfunkhörer, jetzt fordern wir die Aktion«[116]. Damit mündete die Rundfunkpoli-

---

[114] Sm (d. i. Kurt Smettan), *»Rundfunk frei für Antifaschistische Aktion!«* Die Rote Fahne (Berlin), Nr. 173 v. 20. 8. 1932.

[115] *Funkdiktator Scholz vor dem Rücktritt.* Die Rote Fahne (Berlin), Nr. 207 v. 18. 11. 1932.

[116] Arbeitersender, Nr. 45 v. 28. 10. 1932.

tik der KPD endgültig ein in den histrionischen Aktivismus der radikalen Oppositionspartei, der schließlich als Folge des vom Reichskommissar für das preußische Innenministerium erlassenen Demonstrationsverbots für die KP und die ihr angeschlossenen Organisationen am 2. Februar 1933 in die Illegalität gezwungen wurde.

7.11. *Die Maßnahmen greifen gerade noch*
Eine Morgengabe für den Reichspropagandaleiter

Zwei Tage nach dem Gut-Wetter-Besuch des scheidenden Reichsinnenministers im Berliner Haus des Rundfunks am 28. November 1932 hatte die RRG bereits Einwände gegen die neue Einheitssatzung der Rundfunkgesellschaften in einem Schreiben an das Reichspostministerium vorgetragen. Der Hausjurist der Post, Eberhard Neugebauer, fertigte ein sechsseitiges Gutachten an, das der RRG am 14. Dezember zuging. Bereits am 19. Dezember einigten sich Kruckow und Magnus über die Änderungen, der Reichspostminister gab den Änderungserlaß am 22. Dezember der RRG und dem Reichsinnenministerium bekannt. Der Reichsinnenminister informierte am 30. Dezember die Landesregierungen, in Preußen den ständigen Vertreter des Reichskommissars, während die RRG am 3. Januar 1933 die Rundfunkgesellschaften verständigte. Die Änderungen waren geringfügig; die Schilderung soll nur zeigen, wie effizient zu dieser Zeit das Medium bereits verwaltet wurde.

Seit der Kündigung der Betriebsgenehmigungen durch den Reichspostminister am 4. August 1932 liefen die Verhandlungen des Ministers, meist vertreten durch den Ministerialdirektor August Kruckow, mit den Rundfunkgesellschaften über die wirtschaftlichen Transaktionen im Zusammenhang mit der Umwandlung der Aktiengesellschaften mit privaten Minderheitseignern in staatliche Gesellschaften mit beschränkter Haftung. Meist gaben die Privateigner im ersten Schritt ihre Anteile ab. Dann beschloß als nächstes die Gesellschafterversammlung die Umverteilung der Stammanteile auf die RRG und die entsprechenden Länder. Im dritten Schritt beschloß eine Gesellschafterversammlung dann die Änderung der Gesellschaftsform, die Umwandlung der AG in eine GmbH.

Selbstverständlich gab es bei manchen Privataktionären Verstimmung oder gar Ärger, entweder aus Gründen der Abfindungshöhe oder einfach, weil man sie, die risikobereiten Pioniere von 1923 und 1924, nun kurzerhand hinausdrängte, immerhin nicht ohne Abfindung. Die Gesellschafterversammlungen bei den einzelnen Rundfunkgesellschaften zur Umfirmierung und zur Umverteilung des Kapitals fanden größtenteils im Januar und Februar 1933 statt. In Köln, bei der ehemaligen Werag, besaßen nach der Gesellschafterversammlung am 11. Januar 1933 die RRG 51 Prozent und das Land Preußen 49 Prozent am Stammkapital der neuen Westdeutschen Rundfunk-GmbH, die am 7. Februar eingetragen wurde[117]. Acht Tage später, am 19. Januar, wurde in Hamburg die Kapitalumsetzung und Umfirmierung vorgenommen. Zunächst übernahm hier die RRG 80 Prozent, entsprechend 40000 RM vom Gesellschaftskapital, der Mitgründer Friedrich Blonck als Treuhänder für die beteiligten Länder 10000 RM oder 20 Prozent. Wahrscheinlich hat die RRG später von ihrem Anteil 28 Prozent oder Anteile im Werte von 14000 RM an Preußen weitergegeben. Blonck gab in den folgenden Monaten 15 Prozent seiner Anteile (7500 RM) an Hamburg, am 25. August 1933 an Bremen 3 (1500 RM) und an Mecklenburg/Schwerin 2 Prozent (1000 RM); 1 Prozent der Anteile bekam dieses Land wahrscheinlich von Preußen. Die Norag wurde unter der Firma Norddeutscher Rundfunk GmbH am 1. Februar neu eingetragen[118]. Am 20. Januar gingen in Berlin ebenfalls 51 Prozent an die RRG und 49 Prozent an Preußen; die Gesellschaft firmierte nun als Funk-Stunde GmbH. In Breslau fand die Generalversammlung vier Tage später, am 24. Januar, statt; hier gingen die Anteile wiederum in der Verteilung 51 : 49 an die RRG und an Preußen; die Gesellschaft firmierte als Schlesische Rundfunk-GmbH. In Königsberg teilten sich ebenfalls RRG und Preußen die Stammanteile mit 51 : 49 an der ehemaligen Orag, aus der die Ostmarken Rundfunk-GmbH wurde. In Leipzig wurde am 28. Februar 1933 aus der Mirag die Mitteldeutsche Rundfunk-GmbH, deren Anteile zu 51 Prozent an die RRG gingen; die übrigen 49 Prozent teilten sich die Länder Preußen (10), Sachsen (32) und Thüringen (7). Am 1. Februar 1933 hatte auch in Frankfurt die Gesellschafterversammlung nachgezogen. Aus

[117] Bierbach, *Rundfunk*, S. 643 ff.
[118] Umwandlungsvertrag (Abschrift). Nr. 164 Notariatsregister 1933. BA Kblz R 78/695 sowie StA Hamburg Staatliche Pressestelle IZ II A 10b. StA Bremen 3–12 Nr. 142. StA Oldenburg 47/194.

der Südwestdeutschen Rundfunk AG ging die Südwestdeutsche Rundfunk-GmbH, kurz Südwestfunk genannt, hervor. Neben der RRG (51 Prozent) waren Preußen mit 34 und Hessen mit 15 Prozent am Stammkapital beteiligt. Die Eintragung erfolgte am 14. März 1933[119]. In Stuttgart dauerte die Umwandlung etwas länger, weil Württemberg zunächst Sicherheiten haben wollte. Schließlich kam es am 27. Mai 1933 zur Auflösung der ehemaligen Sürag und zur Gründung der Süddeutschen Rundfunk-GmbH, kurz Südfunk genannt. Die Anteile waren mit 25 000 RM (51 Prozent) bei der RRG und mit 24 500 RM (49 Prozent) beim Land Württemberg, das alsbald Anteile für 11 000 RM (22 Prozent) an das Land Baden abtrat[120]. In München bestand von Anfang an eine GmbH, deren Stammeinlagen schon am 11. Januar 1932 von den Privatgesellschaftern abgegeben worden waren und auf die Post (51 Prozent) und den bayerischen Staat (49 Prozent) übergegangen waren.

Die Dachorganisation, die Reichs-Rundfunk-Gesellschaft mbH, bekam durch die Novemberbestimmungen eine neue Satzung. Nach dieser neuen Satzung, die zum 1. April 1933 in Kraft treten sollte, war das Stammkapital der RRG wiederum auf 100 000 RM beziffert. Dazu war in den Reichsratsverhandlungen die Verteilung der Stammeinlagen – bei 51 Prozent Post-Anteil – für die Länder bemessen worden, mit 21 Prozent für Preußen, 8 Prozent für Württemberg und je 4 Prozent für Sachsen, Baden, Thüringen, Hessen und Hamburg; die genannten Länder hielten also sowohl Anteile an der RRG als auch an den Rundfunkgesellschaften. Bayern war nicht an der RRG beteiligt, wohl aber an der Bayerischen Rundfunk-GmbH[121]. Am 18. Januar 1933 trat der Verwaltungsrat der RRG zum letztenmal in seiner alten Besetzung zusammen. Bis auf Blonck (Hamburg), Lohmeyer (Königsberg), Tormin (Köln/Münster) und Zorek (Breslau) waren alle noch einmal gekommen. Der Rundfunk-Kommissar des Reichsinnenministers, Walter Conrad, war als Gast dabei. Hans Bredow ergriff als Vorsitzender das Wort, um »die Bedeutung der Mitarbeit der Vertreter des Privatkapitals« bei der Entwicklung des deutschen Rundfunks zu würdigen. Insbesondere den im Verwaltungsrat tätigen Vorsit-

[119] StadtA Ffm S 1/58 und StAO 47/194.
[120] Grube, *Rundfunkpolitik,* S. 79 f.
[121] Satzung der Reichs-Rundfunk-Gesellschaft mit beschränkter Haftung in der Fassung vom 18. 11. 1932. BA Kblz R 78/6.

zenden der Aufsichtsräte der Rundfunkgesellschaften dankte er. Von den Angesprochenen antwortete der Rechtsanwalt und Aufsichtsratsvorsitzende der Mirag in Leipzig, Hans Otto. Er brachte, wie es im Protokoll in dürren Worten hieß, »das lebhafte Bedauern zum Ausdruck, mit dem die beteiligten Herren aus einer Tätigkeit scheiden, in der sie stets mit ganzem Herzen an den großen Aufgaben des Rundfunks mitgewirkt haben. Den Ausführungen des Herrn Vorsitzenden habe er gern entnommen, daß der Erfolg dieser Bemühungen anerkannt werde, und er sei sicher, im Namen aller ausscheidenden Herren zu sprechen, wenn er sage, daß sie auch weiterhin die Entwicklung des deutschen Rundfunks stets mit dem größten Interesse und den besten Wünschen begleiten würden.«[122] Die Sitzung dauerte eine Stunde. So ging nach knapp acht Jahren ein Stück deutscher Rundfunkgeschichte zu Ende.

Die in den Geschäftsanweisungen vorgesehenen Überwachungsorgane für die RRG (§ 9) und für die Rundfunkgesellschaften (§ 7) wurden im Winter 1932/33 zusammengestellt. Während die Staatskommissare bereits im August 1932 berufen worden waren, gab es über die Zusammensetzung der Programmbeiräte wochenlange Auseinandersetzungen zwischen Reichs- und Ländervertretern, insbesondere in allen Mehrländergesellschaften, und zwar unter landsmannschaftlichen, politischen und kulturpolitischen Gesichtspunkten. All diesen Mühen zum Trotz waren die Programmbeiräte aber schon nach wenigen Wochen durch die allgemeine und kommunikationspolitische Entwicklung überholt. Mehr als drei oder vier Sitzungen dürfte keines der Gremien erlebt haben. Die Mitglieder kamen bisweilen aus den früheren Kulturbeiräten. Dabei fehlten allerdings alle Persönlichkeiten, die man links von der politischen Mitte vermuten konnte. Selbstverständlich gab es keine ausdrücklich mit SPD-Mitgliedschaft oder linker Gewerkschaftsposition delegierten Mitglieder mehr. Die Gremien setzten sich durchweg im Januar oder sogar noch im Februar 1933 zum erstenmal zusammen: in Köln am 10. und in Frankfurt am 12. Januar; sehr wahrscheinlich trafen sich die Programmräte in Berlin, Breslau und Königsberg ebenfalls im Januar. In Hamburg konstituierte man sich am 9., in Stuttgart sogar noch am 15. Februar. In diesem Monat trat schließlich auch das Gre-

---

[122] Protokoll über die Sitzung des Verwaltungsrats der RRG am 18. 1. 1933. DRA Ffm RRG-Akten.

mium in Leipzig erstmals zusammen. Die Zusammensetzung der Programmbeiräte läßt drei große Personengruppen erkennen: 1. die Kultusbeamten, meist aus den Schulbehörden, aber auch aus Bibliotheks- und Museumsverwaltungen, 2. konfessionelle Vertreter aus den Rundfunk- und aus den christlichen Verbänden und 3. Persönlichkeiten aus den Künsten und Wissenschaften, unter die bisweilen auch ein Publizist geriet. Vorsitzer waren beispielsweise in Köln der christliche Sozialwissenschaftler Professor Theodor Brauer, in Frankfurt der Geschäftsführer des Rhein-Mainischen Verbandes für Volksbildung, Carl Gebhardt, in Hamburg der nationalkonservative Publizist Wilhelm Stapel, in Stuttgart der Oberstudiendirektor Hermann Binder, der ehemalige Vorsitzende des Kulturbeirats. Auch im Programmbeirat der Funk-Stunde in Berlin übernahm der vormalige Kulturbeiratsvorsitzer, Professor Wilhelm Waetzoldt, wieder den Vorsitz. Bezeichnend für das Verständnis der Kultusbürokratie vom Medium Rundfunk ist übrigens der Umstand, daß sie eine Reihe von Hochschulprofessoren in die Programmbeiräte schickten, darunter allein drei Historiker: Willy Andreas in Stuttgart, Hermann Oncken in Berlin und Hans Rothfels in Königsberg; außerdem den Sozialwissenschaftler Theodor Brauer in Köln, den Zeitungswissenschaftler Emil Dovifat in Berlin, den Pädagogen Theodor Litt und den evangelischen Theologen Dedo Müller in Leipzig und den Germanisten Walther Ziesemer in Königsberg.

Wären die Programmbeiräte tatsächlich von der NSDAP ernstgenommen worden, dann hätten Goebbels und seine Propagandisten zweifellos alle Hebel in Bewegung gesetzt, um in diesen Gremien ordentlich vertreten zu sein. Doch die Nationalsozialisten waren sich zu jener Zeit ihrer Ziele offenbar schon so sicher, daß sie sich nur für Schlüsselstellungen interessierten.

Dennoch war überraschenderweise in jedem der acht Gremien wenigstens eine Person aufgetaucht, die in mehr oder minder enger Verbindung mit dem Nationalsozialismus oder mit der NSDAP stand. In Köln wurde noch am 6. Februar flugs Heinrich Glasmeier in den Programmbeirat aufgenommen, der gute zwei Monate später den Westdeutschen Rundfunk als Intendant übernehmen sollte, und zwar in SS-Uniform. In Frankfurt wurde ein Major Max Zimmer für die NSDAP zum Mitglied des Programmbeirats ernannt; er avancierte noch am 1. Juli 1933 zum Staatskommissar für den Südwestfunk. In Königsberg kam der Bildhauer Walter Wolff, Professor an der Kunstakademie, in den Programmbeirat; er schuf 1933 eine der ersten Hitler-Büsten. In Berlin erschien ebenfalls ein Bildhauer im Programmbeirat, der die völkische Kunst künftig nicht hoch genug preisen konnte; es war Professor Max Kutschmann. Beim Schlesischen Rundfunk in Breslau wurde der Kreisleiter der NSDAP in Öls, Mitglied der Partei seit 1930, Wolfgang Graf Yorck von Wartenburg, zum Beiratsmitglied ernannt. In Hamburg entfaltete der Braunschweiger Stadtrat Rudolf Benze im Beirat rege antisemitische Aktivität; er sollte als Referent für Rassefragen alsbald im Reichs- und Preußischen Erziehungsministerium Karriere machen. In Stuttgart ließ sich der Gaufunkwart der NSDAP in Baden, Paul Lambert Werber, in den Beirat holen; er wurde für ein paar Monate – von April bis Juli 1933 – Staatskommissar des Süddeutschen Rundfunks und 1938 schließlich Rundfunkintendant in Frankfurt. In Leipzig gelang es dem Hauptschriftleiter der Parteizeitung *Der Nationalsozialist* in Weimar, Hans Severus Ziegler, Reichsredner der NSDAP und langjähriger Mitarbeiter des Gauleiters Fritz Sauckel, für Thüringen in den Programmbeirat des Mitteldeutschen Rundfunks zu kommen; Ziegler wurde bald darauf Staatskommissar für die Thüringischen Landestheater.

Im Februar schon war die Arbeit der Programmbeiräte zur Farce geworden. Man wechselte Mitglieder aus, andere legten ihre Ämter nieder, wie beispielsweise Alfred Mette, Mitglied der Hamburger Bürgerschaft, der am 8. März an den Senat schrieb: »Die völlige Mißachtung der Richtlinien der Reichsregierung für den Rundfunk bei der Programmgestaltung macht es mir unmöglich, im Programmbeirat der Norddeutschen Rundfunk GmbH weiter mitzuarbeiten.«[123]

Ob beim Deutschlandsender und bei der RRG jemals ein Programmbeirat konstituiert wurde, ist ungeklärt. Vieles spricht dagegen, denn in den Akten finden sich noch Anfang Februar 1933 Spuren von Verhandlungen über die Ländervorschläge, die keineswegs darauf schließen lassen, daß eine Einigung zu erwarten war. Wahrscheinlich war das Problem vier Wochen später mit der Hineinnahme der RRG in ein neues Ministerium und der Gleichschaltung der Länder ohnehin einfach erledigt.

[123] Brief Alfred Mette an Senat Hamburg, 8. 3. 1933. StA Hamburg Staatliche Pressestelle IZ II A 10b.

Das Programm war im übrigen längst auf den neuen Kurs eingestimmt. Eine Untersuchung der Rundfunkdarbietungen seit 1930 würde sehr wahrscheinlich den Nachweis dafür liefern, was Zeitgenossen damals unsystematisch beobachtet und mitgeteilt haben. Was offensichtlich nicht wenigen Hörern auffiel, mochten auch viele damit einverstanden sein, war die Zunahme nationaler, damals konnte man noch sagen »vaterländischer« Wort- und Musikprogramme. Die Abteilung Statistik der RRG hat naturgemäß solche tendenzanalytischen Untersuchungen nicht angestellt. Dennoch verstummten in der allgemeinen wie in der Rundfunkpresse, besonders von Juli 1932 an, die Stimmen nicht mehr, die in den Programmen eine eindeutige nationale Einfärbung ausmachten. Als heute nur noch schwer in seiner Qualität einschätzbarer Indikator wurde häufig die Marsch- und Militärmusik verwandt. Die nationale Einfärbung des Programms war die Folge der Reorganisation des Rundfunks, dessen Programm, ganz ohne Dazutun der alten Überwachungsorgane, allein durch einige gezielte Personalveränderungen, wie sie Scholz im Sommer 1932 vornahm, erkennbar von der seit 1928 mühsam erreichten Mitte wieder nach rechts abdriftete. Die beiden Programmreferenten, die Scholz im August 1932 der RRG angehängt hatte, sind offenbar unverzüglich und erfolgreich tätig geworden: der damals 34jährige, stramm deutschnationale Norag-Geschäftsführer Kurt Stapelfeldt für den kulturellen Programmteil und der 38jährige Berufsoffizier Walther Beumelburg fürs politische Programm. Beumelburg war Scholz vom Reichswehrministerium für die RRG empfohlen worden. Er war es übrigens auch, dessen Kommandoton auf der Pressekonferenz der RRG am 29. September 1932 unangenehm aufgefallen war. Die Zunahme der Militärmusik mag Ausdruck einer wachsenden Unsicherheit der neuen Programmverantwortlichen gewesen sein, die im Zweifel mit einem »flotten Marsch« über ihre Verlegenheit hinwegzukommen suchten.

Das *Berliner Tageblatt* schrieb im August 1932 gewiß nicht leichthin: »Von einem Programm kann keine Rede mehr sein, sondern die vorrätigen Sendungen und Vorträge werden abgewickelt, soweit sich's um harmlose, das heißt wohl immer auch belanglose Angelegenheiten handelt. Man macht kein Programm, man läßt sich treiben, und das könnte der Rundfunkhörer allenfalls entschuldigen und gelten lassen für die Tage des Übergangs. Aber für den nächsten Monat auch noch?« Nichts

Neues sei zu hören, schreibt das Blatt, außer vielleicht noch ein bißchen mehr Militärmusik; und daß nun auch ein so großer Musiker wie der Herr Fuhsel, der Name sei keine boshaft kulturbolschewistische Erfindung, diesen Namen trage vielmehr der Herr Kapellmeister, der die Nazi-Musiker dirigiere, nicht bloß Trommler und Pfeifer, sondern auch Trompeter und Fagottisten, daß also auch Herrn Fuhsel mittlerweile der Weg in den Rundfunk geebnet worden sei, auch diese Errungenschaft des neuen Regimes sei nicht welterschütternd[124]. Tatsächlich, Johannes Fuhsel war der Leiter des Musikzugs der SA-Gruppe Berlin-Brandenburg, und für seinen Namen konnte er natürlich nichts. Politisch ganz selbstverständlich, reagierte die sozialdemokratische Programmzeitschrift am empfindlichsten auf solche Erscheinungen. Anfang September 1932 machte sich das Blatt lustig über einen Fachbeitrag in der Zeitschrift *Die Sendung,* die einen ausgezeichneten Musikschriftsteller über das im Zeichen der Militärmusik besonders aktuelle Thema »Trompetenbau – Trompeten blasen« habe schreiben lassen[125]. Doch selbst ein Zentrumspolitiker wie Georg Schreiber bemerkte vier Wochen darauf, eher am Rande seines bereits angeführten Beitrags über den neuen »autoritären Rundfunk«, daß die durch die bürokratischen Eingriffe nun notwendigerweise aufbrechenden Programmlücken nicht unbedingt durch ein Übermaß an Militärmärschen gefüllt werden müßten: »Wir hören diese Märsche an sich recht gern, um ihrer herzhaften, frischen Art willen, zumal wenn Manöverzeit ist«, bekannte der Theologieprofessor verschmitzt und fuhr fort: »Aber man soll sie nicht ... dazu mißbrauchen, einen Systemwechsel geräuschvoll zu übertönen, bei dem bisher nur der Wechsel und weniger die abgeklärte Leistung wirklich greifbar ist.«[126] Als die RRG im September, wie alljährlich, die Programmpläne der Gesellschaften für den Winter 1932/33 bekanntgegeben hatte, wurde für die Programmpresse die Misere deutlich erkennbar.

Selbst die in ihrer Kritik meist eher zurückhaltende, stets verständnisvolle Zeitschrift *Der Deutsche Rundfunk* erkannte, daß die für den Hörer unangenehmste Folge der derzeitigen Rund-

---

[124] *Der verschüchterte Rundfunk.* Berliner Tageblatt, Nr. 392 v. 19. 8. 1932.

[125] *Querschnitt durch die Funkpresse.* Volksfunk, Nr. 37 v. 2. 9. 1932, Programmteil, S. 2.

[126] Georg Schreiber, *Bürokratisierung des Rundfunks,* Kölnische Volkszeitung Nr. 270 v. 1. 10. 1932.

Der politische Rechtsruck machte geordnete Programmarbeit zunichte. Im Oktober 1932 kritisierte auch die Zeitschrift *Der Deutsche Rundfunk* die ständigen Programmänderungen.

funkreform der in allen Programmdispositionen spürbare Zustand von Unklarheit und Unsicherheit sei. In allen Erklärungen werde mit Betonung von der »Pflege nationalen Kulturgutes« gesprochen. Das Blatt meinte, dies sei doch eine Selbstverständlichkeit und sah in der überschwenglichen Hervorhebung nur eine Konjukturmache. Im übrigen verwechsele man bei der Mirag in Leipzig national mit reaktionär, denn hier gebe es, abgesehen von einigen neuen Hörspielen, keine eigenschöpferischen Programme, sondern nur Ausgrabungen und Auferstehungen[127]. Gegen das Leipziger Programm hatte sich bereits vier Wochen zuvor eine Erklärung der in der Eisernen Front zusammengeschlossenen Leipziger Hörer und des sozialistischen Arbeiter-Bildungs-Instituts (ABI) gerichtet, in der es hieß, man erhebe Protest gegen die politische und kulturelle Einseitigkeit und die Programmverflachung im Mitteldeutschen Rundfunk[128]. Der *Volksfunk* veröffentlichte kurze Zeit später

[127] *Programmpläne für den Winter [1932/33].* Der Deutsche Rundfunk, Nr. 40 v. 30. 9. 1932, S. 10 sowie ***, *Mariauxnetten des Rundfunks.* Die Weltbühne, Nr. 46 v. 15. 11. 1932, S. 728–730 (»Mariauxnetten« nach Franz Mariaux, neuer Leiter der Abteilung Zeitfunk der Funk-Stunde Berlin).
[128] *Protest der Leipziger Rundfunkhörer.* Berliner Tageblatt, Nr. 412 v. 31. 8. 1932.

einen Vergleich zwischen einer Oktoberwoche von 1931 und 1932 und kam, bei allen methodischen Vorbehalten, zu einigen heute noch bemerkenswerten Ergebnissen. Danach waren Militärkapellen im Untersuchungszeitraum im Jahr 1931 nur dreimal zu hören, im Jahr 1932 jedoch siebzehnmal, dabei wurden Zwischenmusik, Konzerte im Rahmen der Funkwerbung und Musik bei den in jenen Wochen häufigen Programmänderungen nicht mitgezählt. Dieselbe Untersuchung ergab, daß im Oktober 1932 26mal Konzerte mit Erwerbslosenorchestern ins Programm gekommen waren gegenüber nur neunmal im gleichen Zeitraum des Vorjahres; allerdings waren nur neunmal Erwerbslosenorchester tatsächlich verpflichtet worden, was immerhin eine geringfügige Zunahme gegenüber fünfmal im Jahr 1931 bedeutete[129]. Im *Vorwärts* war indes bereits im August zu lesen, daß überall arbeitslose Musiker auf Beschäftigung warteten, aber die Übertragung von Militärkonzerten, veranstaltet von Militärkapellen und nicht selten als Unterhaltungsmusik getarnt, täglich zunähme. Das SPD-Blatt erklärte unumwunden: »Der Geist Adolf Hitlers spukt schon lebhaft in fast allen Programmen.«[130]

Die Rundfunkreform von 1932 hatte das Medium so zugerichtet, daß ein neuer Minister im März 1933 nicht einmal besonders herzhaft zugreifen mußte; es wurde ihm als Morgengabe vom Reichsminister des Innern – vielleicht ein wenig ramponiert – feierlich überreicht.

7.12. *Das ohnmächtige Publikum*
Vier Millionen Hörer zahlen und schweigen

Die Hörerschaft des deutschen Rundfunks war in den ersten zehn Jahren seit der Programmeröffnung fast stetig gewachsen. Die erste Million war am 1. Januar 1926 erreicht (1,022), die zweite Million zwei Jahre später am 1. Januar 1928 (2,009). Wieder knapp zwei Jahre dauerte es, bis die dritte Million registriert wurde, am 1. Dezember 1929 (3,000). Bis zur vierten

[129] *Rund um den Rundfunk*. Volksfunk, Nr. 42 v. 14. 10. 1932, Programmteil, S. 16 fortgesetzt mit: *Die Statistik enthüllt*. Volksfunk, Nr. 43 v. 21. 10. 1932, Programmteil, S. 16.
[130] *Kriegsgeist oder Verständigung?* Vorwärts (Berlin), Nr. 370 v. 8. 8. 1932.

Million dauerte es wegen der Wirtschaftskrise etwas länger, bis zum 1. Februar 1932 (4,099)[131].

In diesem Zweijahresrhythmus hatte das deutsche Rundfunkpublikum sich rein zahlenmäßig an die zweite Stelle der europäischen Rundfunkländer – nach Großbritannien – geschoben. Nach publizistischen Versorgungsgesichtspunkten, gemessen an der Rundfunkdichte, lag das Deutsche Reich 1932 aber gerade in der Mitte der Skala. Die Rezessionen ab 1929 waren von einem Rückgang der Abmeldungen und von einer Zunahme der Teilnehmer begleitet. Die Statistik erklärt diese Erscheinung damit, daß man am Rundfunkgerät als dem billigsten Unterhaltungsmittel trotz wirtschaftlicher Probleme festhielt, andererseits größere Abmeldebewegungen durch die Möglichkeit der Gebührenbefreiung seit 1929 verhindert werden konnten. Die Gebührenbefreiungen stiegen von 19 800 (1929) auf 134 100, (1931) und 356 800 (1932); sie erreichten mit 555 100 (1933) ihren Höhepunkt. Allerdings wuchsen die Teilnehmerzahlen zwischen 1929 und 1933 auch geringer als vor und nach diesem Zeitraum[132].

Insgesamt hat die Weltwirtschaftskrise dem Rundfunk keine allzu schweren Verluste oder Entwicklungshindernisse gebracht. Das war vor allem auf den Bau leistungsstarker Sender, der sogenannten Großsender, auf der einen Seite und die Verbesserung und Vereinfachung der Empfänger – bei gleichzeitiger Verbilligung durch Serienherstellung – auf der anderen Seite zurückzuführen. Von 1931 auf 1932 verzeichnete besonders die Schweiz eine starke Hörerzunahme (64 gegenüber 31 Prozent). In Großbritannien betrug der Zuwachs 26 gegenüber 20 Prozent; in der Tschechoslowakei 25 gegenüber 16 Prozent. Gute Zuwächse meldeten auch die Fernmeldeverwaltungen in Frankreich, Italien und in der Sowjetunion. In den übrigen Ländern lag die Zuwachsrate von Mitte 1931 bis Mitte 1932 nur bei 10 bis 15 Prozent. In Deutschland erhöhte sich die Zahl der Rundfunkteilnehmer von 1931 auf 1932 nur noch um 11 gegenüber

---

[131] Die Rundfunkteilnehmer Deutschlands vom 1. 12. 1923 bis 1. 11. 1937. Tabelle bei Kurt Vaessen, *Daten aus der Entwicklung des Rundfunks.* Würzburg 1938, S. 53.
[132] Rundfunkgebühren-Befreiungen (1929–1935). Schaubild 37 bei Heinz Vollmann, *Rechtlich-wirtschaftlich-soziologische Grundlagen der deutschen Rundfunk-Entwicklung.* Borna 1936, S. 223.

Länder*	Rund-funk-teilneh-mer**	Fern-sprech-an-schlüsse***	Per-sonen-kraft-wagen	Rund-funk-teil-nehmer	Fern-sprech-an-schlüsse	Per-sonen-kraft-wagen
	in 1000			je 1000 Einwohner		
Europa	18732	10589	3990	35	20	7
Dänemark	520	354	86	146	100	24
Großbritannien ..	4764	1997	1155	104	43	25
Schweden	587	536	105	96	87	17
Österreich	538	234	19	80	35	3
Niederlande	550	307	76	69	39	10
Deutschland	4120	3249	497	66	52	8
Norwegen	139	193	29	49	69	10
Schweiz	195	298	70	48	73	17
Belgien	322	293	108	40	36	13
Ungarn	330	115	12	38	13	1
Finnland	115	128	22	32	35	6
Tschechoslow. ...	456	164	58	31	11	4
Spanien	600	222	123	25	9	5
Frankreich	900	1154	1249	22	28	30
Italien	763	382	212	19	9	5
Polen	314	199	19	10	6	0,5
Amerika	17968	22456	24075	72	91	97
Ver. Staaten	16100	20202	22421	131	165	183
Kanada	825	1403	1024	80	136	99
Argentinien	500	303	257	45	27	23
Mexiko	135	92	49	8	6	3
Brasilien	200	163	112	5	4	3
Asien	1251	1250	370	1	1	0,3
Japan	1177	913	58	18	14	1
Afrika	120	247	291	1	2	2
Südafrik. Union ..	80	113	139	10	14	18
Ozeanien	455	794	565	51	88	63
Australien	370	520	410	57	80	63
Neuseeland	80	165	153	54	111	103
Welt	38526	35336	29291	19	17	14

* Innerhalb der Erdteile geordnet nach der Rundfunkdichte.
** Stand von Mitte 1932; einschl. Schwarzhörer, teilweise geschätzt.
*** Stand von Anfang 1931; nach *Telephone and telegraph statistics of the world*,
USA, März 1932.

15 Prozent (von 1930 auf 1931)[133]. Das Rundfunkgerät war zum Gebrauchsgegenstand geworden, aber der allgemeine Kaufkraftschwund hatte sich dennoch auf die Zahl der erteilten Neugenehmigungen ausgewirkt, obwohl die Preise niedrig waren und durch Händlernachlässe noch unterboten wurden. Die geringe Teilnehmerzunahme vom 1. April 1931 zum 1. April 1932 stellte sich in der geographischen Aufschlüsselung deutlich als Sättigungsproblem dar; sie war nicht so sehr wirtschaftlich bedingt. Der geringste Zuwachs von 5 Prozent war in Großstädten mit mehr als 500 000 Einwohnern zu verzeichnen, der größte Zuwachs (27 Prozent) dagegen in Mittelstädten von 20 000 bis 100 000 Einwohnern, gefolgt von Orten mit 2500 und weniger Einwohnern (20 Prozent), Orten zwischen 2500 und 20 000 Einwohnern (18 Prozent) und im weiten Abstand die letzte Größenklasse der Orte zwischen 100 000 und 500 000 Einwohnern, wo die Dichte 7 Prozent betrug[134].

Als Folge schwerer Agrarprobleme stagnierten die Hörerzahlen in den Ländern Dänemark, Litauen, Polen, Jugoslawien und Ungarn. Um die Jahresmitte 1932 gab es in der Welt rund 38,5 Millionen Rundfunkempfänger, was nach damaliger Rechnung (Faktor 4) ein Rundfunkauditorium von rund 150 Millionen Menschen ergab. Die Rundfunkdichte wurde damals für den internationalen Vergleich als die Zahl der Teilnehmer auf je 1000 Einwohner berechnet. In der europäischen Skala der Rundfunkdichte rangierte danach Deutschland 1932 mit 66 Teilnehmern auf 1000 Einwohner an sechster Stelle, nach Dänemark (146), Großbritannien (104), Schweden (96), Österreich (80) und den Niederlanden (69). Deutschland lag damit noch gut über der mittleren europäischen Dichte von 35. Große Rundfunkländer wie Frankreich (Dichte 22) und Italien (Dichte 19) lagen dagegen am unteren Ende der Versorgungsskala[135]. Die für nationale Rezipientenschaften auch damals schon übliche Dichteberechnung bezog sich auf die Zahl der Teilnehmer auf 100 Einwohner oder 100 Haushaltungen: in der Terminologie der Abteilung Statistik der RRG hieß das: Rundfunkverbreitungsgrad. Bis heute wird meist die Haushaltsziffer berech-

[133] *Die Ausbreitung des Rundfunks in der Welt.* Wochenbericht des Instituts für Konjunkturforschung, Nr. 32 v. 9. 11. 1932, S. 130.

[134] *Vor der neuen Funksaison.* Berliner Tageblatt, Nr. 386 v. 16. 8. 1932.

[135] *Die Ausbreitung des Rundfunks in der Welt.* Wochenbericht des Instituts für Konjunkturforschung, Nr. 32 v. 9. 11. 1932, S. 130.

net, weil sie zur Ermittlung von Sättigkeitswerten besonders brauchbar ist. In Deutschland betrug die Rundfunkdichte am 1. April 1932 24 Geräte auf 100 Haushaltungen; hier zeigte sich, daß die größte Dichte (46) in den Großstädten über 500000 Einwohnern lag, die geringste (10) in kleinen Gemeinden von 2500 und weniger Einwohnern. Den Mittelwert von 23 erreichten die Orte mit 2500 bis 20000 Einwohnern[136]. Der jeweils am 1. August ermittelte Verbreitungsgrad wuchs von 21 (1931) über 23 (1932) auf 25 (1933)[137].

Das starke Interesse an technischer Innovation und die Statusanpassung an Gerätebesitzer im Bekanntenkreis wird für die höhere Dichte in Großstädten angeführt. Die Rundfunkwerbung durch RRG und Rundfunkhandel war gezielt wirksam geworden, und im übrigen waren auch die Sender innerhalb oder am Rande der Städte mit einfachen oder gar selbstgebastelten Geräten besser zu empfangen. Alles dies war in den Kleinstädten und auf dem Lande wieder anders, wo das Durchschnittseinkommen niedriger und die kulturellen Bedürfnisse damals noch wenig ausgeprägt waren; außerdem fehlten Zeit und Interesse, wenn beispielsweise Nebenerwerb notwendig war oder Formen des sozialen Lebens in privaten Gruppen und Vereinen den Feierabend füllten. In der Presse, aber auch in internen Gesprächen war 1932 bisweilen die Meinung zu hören, die rundfunkpolitischen Vorgänge hätten zu Hörereinbußen geführt. Gleichwohl lassen sich in den kritischen Monaten vom Juni 1932 bis zum Februar 1933 keine außergewöhnlichen Teilnehmerbewegungen beobachten, außer der gewohnten Sommerflaute und der Zunahme im Winter. Die vom Arbeiter-Radio-Bund in Gang gesetzten Protestaktionen hatten auf die Entwicklung der Hörerzahlen keinen Einfluß; um die Programme des niederländischen sozialistischen Rundfunkvereins abzuhören, wie das der Arbeiter-Radio-Bund bisweilen empfahl, benutzten die deutschen Hörer ein ordnungsgemäß angemeldetes Rundfunkgerät. Zum Hörerstreik aufzurufen, konnte sich die Freie Funkzentrale bis zum Schluß nicht entschließen. Die Übertragung des Fackelzugs am Abend des 30. Januar 1933 in Berlin konnte von 4099112 angemeldeten Geräten empfangen werden.

Die Jahreswende von 1932 auf 1933 hatten die beiden Rund-

---

[136] *Vor der neuen Funksaison.* Berliner Tageblatt, Nr. 386 v. 16. 8. 1932.
[137] Vollmann, *Rechtlich-wirtschaftlich-soziologische Grundlagen*, S. 244.

funk-Kommissare und die beiden Altdirektoren der RRG zu öffentlichen Erklärungen, »Neujahrsbetrachtungen«, benutzt. Der Rundfunk-Kommissar des Reichspostministers, Hans Bredow, legte besonderen Wert auf die in den Jahren seit 1923 unterschiedlich beantwortete Frage einer zentralen oder dezentralen Rundfunkorganisation. Rückblickend meinte er, jeder Versuch, 1923 eine andere als die dezentrale Lösung durchzusetzen, hätte zu jahrelangen Kämpfen mit den Ländern geführt. Die Gründung der RRG im Jahre 1925 und die Bildung des Programmrats der deutschen Rundfunkgesellschaften im Jahr darauf hätten sich »zwanglos aus der Praxis« ergeben, und weder das Reichsinnenministerium noch die Länder oder die Hörer hätten daran Anstoß genommen. Mit kaum verhülltem Unmut kritisierte Bredow dann die Ereignisse des Jahres 1932. Die Rundfunkreform sei nur »im Gefolge einer Reichsreform« möglich gewesen. Selbstverständlich hätte eine solche Reichsreform keineswegs stattgefunden, und so sei die Rundfunkreform »mit allen betrübenden Begleiterscheinungen der Jetztzeit umkämpft« gewesen. Er hoffe freilich noch auf die positiven Auswirkungen der Gemeinnützigkeit, denn Reich und Länder, die Allgemeinheit, wie er sagte, sei nun Besitzer dieser »Volkseinrichtung«. Dennoch schien er die Selbständigkeit der Intendanten bei der Programmgestaltung noch nicht in Gefahr zu sehen[138]. Der noch immer kommissarische Rundfunk-Kommissar des Reichsinnenministers, Walter Conrad, erging sich in einer Bildergeschichte, in der pausbäckige Gesichter von Windgöttern und Meeresungeheuer mit dem Namen »Bürokratius« vorkamen. Den beiden RRG-Direktoren, Kurt Magnus und Heinrich Giesecke, durfte wohl, außer ein paar Gemeinplätzen, nichts mehr einfallen. Es stand offensichtlich nicht mehr zum besten im deutschen Rundfunk, und seine Kommissare, Direktoren und Intendanten wußten das sehr wohl.

Am 18. Januar 1933 brachte die Fraktion der NSDAP im Preußischen Landtag eine Reihe von Anträgen zu Rundfunkfragen ein, die jedoch alle abgelehnt wurden. Ein Antrag forderte die Abberufung des Rundfunk-Kommissars des Reichspostministers, Hans Bredow. Zehn Tage später trat die Regierung Schleicher zurück, nachdem der Reichspräsident die Unterzeichnung einer Auflösungsorder für den Reichstag abgelehnt

---

[138] *Neujahrsbetrachtungen der Führer [sic!] des Rundfunks.* Funk, Nr. 1 v. 1. 1. 1933, S. 2.

hatte. Der ehemalige Reichskanzler Franz von Papen erhielt den Auftrag, zur Klärung der politischen Lage Verhandlungen mit den Parteien zu führen. Am 30. Januar ernannte der Reichspräsident Adolf Hitler zum Reichskanzler und den ehemaligen Reichskanzler Franz von Papen zum Vizekanzler und Reichskommissar für Preußen. Gleichzeitig wurde die neue Regierung gebildet. Neuer Reichsminister des Inneren war Wilhelm Frick (NSDAP); Post- und Verkehrsminister blieb Paul Freiherr von Eltz-Rübenach. Nach der ersten Kabinettssitzung verkündete der neue Reichsinnenminister, er lege großen Wert auf ein vertrauensvolles Zusammenarbeiten von Regierung und Presse und er hoffe, daß die Presse Vertrauen zur neuen Regierung gewinne. Die Regierung lege Wert auf freie Meinungsäußerungen in Deutschland und wolle nicht mit Hilfe des Artikels 48 die Presse knebeln. Wenn allerdings durch beunruhigende Nachrichten Ruhe und Ordnung gefährdet würden, drohte der Minister, wenn zu Ausschreitungen gehetzt würde, dann könne die Regierung nicht untätig sein und würde Wege finden, um diesen Übelständen abzuhelfen[139]. Die Doppelzüngigkeit dieser Erklärungen sollte sich schon wenige Tage später herausstellen. Am 2. Februar wurde zunächst die unzutreffende Meldung diskutiert, Joseph Goebbels sei zum Rundfunk-Kommissar des Reichsinnenministers ernannt worden[140]. Am 16. Februar wurde Walter Conrad tatsächlich abgelöst, doch sein Nachfolger hieß nicht Joseph Goebbels, sondern Gustav Krukenberg; Erich Scholz hatte ihn noch als Referenten in sein Rundfunkkommissariat berufen.

Inzwischen war auf dem bewährten Verordnungswege der publizistische Notstand verhängt worden. Am 6. Februar erließ der Reichspräsident aufgrund von Artikel 48, Abs. 2, der Verfassung eine »Verordnung zum Schutze des deutschen Volkes«; durch sie wurden die publizistischen Freiheiten wieder erheblich eingeschränkt[141]. Nicht nur kommunistische und sozialdemokratische Zeitungen sind beschlagnahmt oder für mehrere Tage verboten worden, auch Zentrumsblätter und das Berliner Kaufblatt aus dem Ullstein-Verlag *Tempo*. Die Presseverbände

[139] (Reichsinnenminister) *Frick verkündet legalen Kurs.* Berliner Börsen-Courier, Nr. 51 v. 31. 1. 1933.
[140] *Wird Goebbels Rundfunkkommissar?* Berliner Börsen-Courier, Nr. 55 v. 1. 2. 1933 sowie Berliner Tageblatt, Nr. 54 v. 1. 2. 1933.
[141] *Verordnung zum Schutze des deutschen Volkes vom 4. 2. 1933.* Reichsgesetzblatt, 1933 I, S. 35 ff.

veröffentlichten Protestentschließungen. In der zweiten Februarhälfte nahmen die Zeitungsverbote ein Ausmaß an, daß die Berliner Tageszeitung *Berliner Börsen-Courier* eine tägliche Rubrik für die anfallenden Zeitungsverbote einrichtete und die *Weltbühne* eine »Verlustliste« zu führen begann[142].

Als der Rundfunk-Kommissar des Reichspostministers, Hans Bredow, am Mittag des 30. Januar 1933 aus der Reichskanzlei über die Bildung des Kabinetts Hitler informiert worden war, wußte er offensichtlich sogleich, was er zu tun hatte. Er schrieb seinem Minister noch am selben Tag einen Brief, in dem er um seine Entlassung bat. Dabei bezog er sich ausdrücklich auf die Berufung eines Nationalsozialisten zum Reichsinnenminister. Bredow reagierte mit seinem Brief aber auch auf den am 2. Juni 1932 von der NSDAP-Fraktion im Preußischen Landtag gestellten Antrag, die Preußische Staatsregierung möge bei der Reichsregierung für die Abberufung des Reichsrundfunk-Kommissars sorgen. Der Antrag wurde zwar auf der 28. Plenarsitzung des Preußischen Landtags am 16. Dezember 1932 abgelehnt, doch die NSDAP und ihre Presse behielten den Rundfunk-Kommissar des Reichspostministers im Visier[143]. So ist nur allzu verständlich, daß Bredow sein Rücktrittsgesuch am Tag der Machtergreifung mit dem Hinweis begann, die NSDAP fordere seit längerer Zeit seinen Rücktritt und die heute, am 30. Januar 1933, erfolgte »politische Änderung« und die Besetzung des Reichsinnenministers »mit einem Vertreter einer mich grundsätzlich ablehnenden Partei« schafften eine für ihn unhaltbare Lage[144].

Doch der Minister ließ vorerst nichts von sich hören. Bredow selbst meinte, sein Rücktrittsgesuch habe dem Reichspostminister »anscheinend Kopfzerbrechen verursacht«[145]. Er schrieb am 3. Februar 1933 einen dreiseitigen Abschiedsbrief »An meine Mitarbeiter im Rundfunk!«, mit dem er seine Bitte um

---

[142] *Verlustliste.* Die Weltbühne, Nr. 8 v. 21. 2. 1933, S. 296; Nr. 9. v. 28. 2. 1933, S. 335 f; Nr. 10 v. 7. 3. 1933, S. 369 f. (= letzte Ausgabe der »Weltbühne«).

[143] Urantrag der NSDAP-Fraktion im Preußischen Landtag vom 2. 6. 1932. Drucksache 169 sowie: *Der Scholz-Funk vor dem Preußischen Landtag.* Volksfunk, Nr. 52 v. 23. 12. 1932, Programmteil, S. 5.

[144] Brief (Abschrift) Rundfunk-Kommissar RPM [Bredow] an Reichspostminister, 30. 1. 1933. DRA Ffm Bredow-Nachlaß. Abdruck bei E. Kurt Fischer, *Dokumente zur Geschichte des deutschen Rundfunks und Fernsehens.* Göttingen 1957, S. 256.

[145] Hans Bredow, *Im Banne der Ätherwellen.* Bd. 2. Stuttgart 1956, S. 325.

Abberufung ausführlich begründete[146]. Da die Genehmigung des Ministers jedoch auf sich warten ließ, ist dieser Brief möglicherweise nicht abgeschickt worden. Doch übers Wochenende muß etwas durchgesickert sein; vielleicht hat sogar Bredow selbst diskret nachgeholfen, um den Reichspostminister aus seiner Reserve zu locken. Jedenfalls meldete der RRG-nahe Informationsdienst *Funk-Express* am 7. Februar: »Gerüchtweise verlautet, daß der Rundfunk-Kommissar Dr. Hans Bredow vor einiger Zeit sein Amt dem Reichspostminister zur Verfügung gestellt hat ... Eine amtliche Bestätigung der Nachricht war nicht zu erlangen. Die Nachricht trifft unseren Informationen nach zu und hat auch sonst große Wahrscheinlichkeit für sich, da Dr. Bredow sich im starken sachlichen Gegensatz zu der ursprünglichen und verunglückten Scholzschen Rundfunkreform befand und infolge der dadurch entstandenen Schwierigkeiten schon lange entschlossen war, den Rundfunk zu verlassen.«[147]

Die Presse griff diese unbestätigte Meldung sofort auf, aber nur das *Berliner Tageblatt* – in seiner Berlin-Ausgabe – kommentierte bereits ausführlich. Die Zeitung schrieb, wenn auch die Dienstbefugnisse des Kommissariats des Reichspostministers nicht eigentlich politisch gewesen seien, so sei doch der Rücktritt Bredows politisch begründet. Bredow, der niemals ein Mann der Linken gewesen sei, müsse als Vertreter derjenigen Grundauffassung vom Wesen des Rundfunks gelten, die diese Einrichtung als wahre »Stimme an alle« verstehe und sie dieser Funktion gemäß einzurichten bestrebt gewesen sei. Bredows Einfluß, so fuhr das Blatt fort, sei jahrelang über die eigentliche Kompetenz seines Amtes weit hinausgegangen. Wenn der geschickte Taktiker und Kenner seiner Sache jetzt seinen Rücktritt erkläre, dann lasse dies Schlüsse zu auf die neuesten Pläne, die für den Rundfunk bestünden. Seit Anfang 1933 sei Bredow von den Blättern der äußersten Rechten heftig angegriffen worden, obwohl er als Mann der Rechten gegolten habe. Ahnungsvoll schloß das Blatt seinen Kommentar mit dem Hinweis, die nächste Zukunft könne Änderungen bringen, die den Rücktritt Bredows erst erklärten[148].

[146] Brief Rundfunk-Kommissar RPM [Bredow] »An meine Mitarbeiter im Rundfunk!«, 3. 2. 1933. DRA Ffm Bredow-Nachlaß. Abdruck bei Fischer, *Dokumente*, S. 257 f.

[147] *Staatssekretär Dr. Bredow tritt zurück!* Funk-Express, Nr. 11 v. 7. 2. 1933.

[148] *Rundfunkkommissar Bredow will zurücktreten.* Berliner Tageblatt, Nr. 65 v. 8. 2. 1933 (Ausgabe B – nicht in Ausgabe A!).

Aber die zweite Februarwoche verging, ohne daß aus dem Reichspostministerium etwas zu hören war. Zweifellos gab es Leute, die Bredow zur Rücknahme seines Rücktrittsgesuchs bewegen wollten oder auf seinen Minister einwirkten, dem Gesuch seine Genehmigung zu versagen. Der Vorsitzer des RRG-Aufsichtsrats und des Aufsichtsrats der Stuttgarter Rundfunkgesellschaft Sürag, Theodor Wanner, hatte in jenen Tagen die Aufsichtsgremien und Direktionen der Rundfunkgesellschaften für eine Loyalitätsgeste gewonnen. Er und sechs weitere Rundfunkleiter teilten am 13. Februar in einem Telegramm dem Reichspostminister mit, sie hofften, Bredow, »die Seele des Rundfunks«, bleibe ihnen erhalten[149]. Bredow selbst wandte sich jedoch gegen diese Aktivitäten und ließ das Ministerium wissen, er habe keineswegs die Vertrauensfrage stellen wollen, und sein Gesuch beruhe nicht auf einer vorübergehenden Verärgerung und Enttäuschung, sondern auf der festen Überzeugung, daß sein Rücktritt »für Reichspost, Rundfunk und auch für mich selbst die beste Lösung« sei[150]. Der Rundfunk-Kommissar des Reichspostministers meinte es also ernst. Tags darauf war es endlich soweit. Am 15. Februar teilte der Reichspostminister seinem Rundfunk-Kommissar mit, daß er ihn auf seinen Antrag vom 30. Januar von seiner Stellung zum 1. März 1933 entbinde. Vom 16. bis 28. Februar gewährte er ihm Urlaub. Zum vorläufigen Nachfolger wurde ab 16. Februar der Staatssekretär im Reichspostministerium, August Kruckow, bestimmt[151].

Die RRG verbreitete die amtliche Sieben-Zeilen-Meldung und einen beruflichen Lebenslauf Bredows noch am selben Tag. Nun konnte Bredow offenbar auch den Brief an seine Mitarbeiter abschicken. Allerdings fehlten in dieser Fassung seines Briefs die Anspielungen auf die aktuelle Kritik am Rundfunk sowie rechtfertigende Bemerkungen für seine vielgescholtenen Maßnahmen zur Zurückdrängung der »privat-wirtschaftlichen Ideengänge« im Rundfunk. Da es seiner Auffassung widerspre-

---

[149] Telegramm (Abschrift) an Reichspostminister vom 13. 2. 1933, unterzeichnet von Blonck (Hamburg), Lohmeyer (Königsberg), Otto (Leipzig), Schleußner (Frankfurt/Main), Tormin (Köln), Wanner (Stuttgart), Zorek (Breslau). DRA Ffm Bredow-Nachlaß.
[150] Brief (Abschrift) Rundfunk-Kommissar RPM [Bredow] an StSekr im Reichspostministerium [Sautter], 14. 2. 1933. Ebd.
[151] Brief (Abschrift) Reichspostminister [von Eltz] an StSekr a. D. Dr. Bredow, 15. 2. 1933. Ebd.

Bredows Nachfolger als Rundfunk-Kommissar des Reichspostministers wurde noch am 16. Februar 1933 Staatssekretär Carl August Kruckow (1874–1939). Er blieb nur vier Wochen in diesem Amt.

che, sich auf »irgendeine Partei« zu stützen, um seine Stellung zu sichern, und da er »die zunehmende Politisierung des Rundfunks nicht mitmachen« könne, wolle er gehen[152]. Ein fatales Politikverständnis stand dem hohen Reichsbeamten bis zur letzten Stunde im Weg. Aber selbst wenn er in den kommenden, bisweilen leidvollen Wochen und Monaten gelernt haben sollte – es war zu spät.

Am Nachmittag des 16. Februar 1933 richteten die RRG und die beiden Berliner Rundfunkgesellschaften im Haus des Rundfunks eine kleine Feier für Bredow aus, wobei bereits registriert wurde, wer gekommen war und wer fehlte. Kurt Magnus hielt die zehnminütige Abschiedsansprache, eher eine Laudatio. Für die Betriebsvertretung verlas Herbert Antoine von der Abteilung Statistik eine Adresse. Auch Bredow sprach ein kurzes Abschiedswort. Die Veranstaltung – sie dauerte keine 20 Minuten – wurde immerhin auf Wachsplatten aufgezeichnet[153].

An den folgenden Tagen schrieb der scheidende Rundfunk-Kommissar kurze Abschieds- und Dankesbriefe an Freunde, Bekannte und Mitarbeiter in den Behörden, in den Rundfunkgesellschaften und ihren Gremien. Er erwähnte »unerquickliche

---

[152] Brief (Abschrift) Rundfunk-Kommissar RPM [Bredow] »An meine Mitarbeiter im Rundfunk!«, 15. 2. 1933. DRA Ffm Bredow-Nachlaß. Text in Funk-Express, Nr. 14 v. 17. 2. 1933.
[153] Tonaufzeichnung C 533 DRA Ffm sowie Texte der Ansprachen von Herbert Antoine, Kurt Magnus und Hans Bredow. DRA Ffm Bredow-Nachlaß.

Verhältnisse«, die sich seit der Neuregelung des Rundfunks für seine Person ergeben hätten, darunter auch die »Zuspitzung der politischen Lage im Hause des Rundfunks« und gestand dann unumwunden: »Es war mir schwer, mein Lebenswerk zu verlassen, aber ich glaube, daß mein Schritt bei den derzeitigen Verhältnissen richtig war.«[154] Die kommunistische Zeitung *Berlin am Morgen* konnte sich eine polternde Nachrede nicht verkneifen. Wenn Bredow seit Jahr und Tag die Idee von einem »überparteilichen Rundfunk« vertreten habe, so habe ihn diese prinzipielle Einstellung zu seiner Arbeit und zu der ständig wachsenden Hörerschaft nicht daran gehindert, den Rundfunk zu einem Instrument der herrschenden Klasse gegen die Arbeiterschaft ausarten zu lassen. Durch die rigorose Unterdrückung proletarischer Stimmen im Rundfunk, so meinte das Münzenberg-Blatt, habe Bredow seinen »Neutralitäts-Gedanken« als eine praktisch undurchführbare Illusion selber entlarvt. Wenn jetzt sein Rücktrittsgesuch vielfach als Demonstration gegen die rücksichtslose Überleitung des Rundfunkbetriebs in den Propaganda-Apparat der Harzburger Front aufgefaßt werde, so dürfe diese Auffassung in keiner Hinsicht mit den »Verdiensten« Bredows und mit seinem Intrigenspiel hinter den Kulissen um seinen einflußreichen Posten in Übereinstimmung gebracht werden[155]. Der nationalsozialistische Reichsverband deutscher Rundfunkteilnehmer meinte in seinem Organ *Der Deutsche Sender* kühl und knapp: »Staatssekretär a.D. Bredow, der Funkkommissar der Reichspost, hat seinen Rücktritt erklärt. Er wollte sich, anscheinend noch in letzter Minute, einen anständigen Abgang sichern. Wir haben seinem Wunsch nichts hinzuzufügen.«[156]

War das nun das Ende? Fast auf den Tag einen Monat später übergab Reichsinnenminister Frick dem neuen Kollegen, dem Reichsminister für Volksaufklärung und Propaganda, »die personellen, politischen, kulturellen und programmäßigen Aufgaben des Rundfunks«[157]. Noch zu Weihnachten 1932 hatte der sozialdemokratische *Volksfunk* behauptet, der weitaus größte

---

[154] Brief Bredow an Senator [August] Nebelthau (Bremen), 17. 2. 1933. StA Bremen 3-T 2 Nr. 142 (18).

[155] *Die ewige Rundfunk-Krise.* Berlin am Morgen, Nr. 34 v. 9. 2. 1933.

[156] *Im Schatten der Reichstagswahlen.* Der Deutsche Sender, Nr.8 v. 17. 2. 1933.

[157] *Dr. Goebbels übernahm den Rundfunk. 16. 3. 1933.* In: Das Archiv. Nachtragsband 1. 1933, S. 241.

FUNK-EXPRESS
RUNDFUNK-NACHRICHTEN-SCHNELLDIENST

BERLIN SW 68, Schützenstraße 13
Fernsprecher: A 7 Dönhoff 3336 · Postscheck: Berlin 102377
Abdruck gemäß Vereinbarung · Als Manuskript gedruckt

Dr. Bredow an seine Mitarbeiter im Rundfunk

Am Donnerstagnachmittag verabschiedete sich Staatssekretär a. D. Dr. Hans Bredow von all seinen Mitarbeitern im Haus des Rundfunks, es war ein überaus herzlicher Abschied und die Angestelltenschaft überreichte dem scheidenden Rundfunkkommissar eine Dankadresse. Dr. Bredow hat im übrigen an all seine Mitarbeiter folgendes Schreiben gerichtet:

„Ich habe am 30. Januar 1933 den Herrn Reichspostminister um meine Abberufung gebeten, die inzwischen genehmigt worden ist.

Ein fast 14jähriger Kampf im Interesse des Rundfunks liegt hinter mir. Nur Sie als Kampfgenossen wissen, wie zermürbend dieser Kampf war. Sie wissen am besten, daß es im Rundfunk ein hoffnungsloses Bestreben ist, es der Öffentlichkeit recht zu machen. Auch mein Rücktritt in diesem Augenblick wird verschieden beurteilt werden. Ich muß die Urteile von Freund und Gegner sowie auch Ihre durchaus verständliche Kritik in Kauf nehmen, bin aber überzeugt, daß es genügend Stellen gibt, die meine Haltung zu würdigen wissen.

Wichtig war für mich die Überlegung, daß der gegen mich geführte persönliche und politische Kampf letzten Endes Sie alle und den Rundfunk trifft. Ich bin viel zu sehr verwachsen mit dem Werk, das ein Stück meines Lebens ist, daß ich nicht die Opferwilligkeit aufbringen könnte, den Stein des Anstoßes, d. h. mich selbst, zu beseitigen, um unserm gemeinsamen Werk die Ruhe wiederzugeben. Alles muß daran gesetzt werden, den Rundfunk wieder in ruhige Bahnen zu bringen.

Heute ist die Lage des Rundfunks sehr kritisch, und wenn ich weiter in meiner Stellung bleibe, wird zum Schaden des Rundfunks verschärfter Kampf um meine Person bzw. meine Stellung einsetzen, dem ich doch bald erliegen würde. Sie wissen, daß ich mein Amt stets überparteilich geführt habe und für einen überparteilichen Rundfunk eingetreten bin. Es widerspricht meiner Auffassung, mich auf irgendeine Partei zu stützen, um meine Stellung zu sichern, und da ich die zunehmende Politisierung des Rundfunks nicht mitmachen kann, wünsche ich das große Werk, das ich zusammen mit Ihnen nach unendlichem Mühen aufgebaut habe, zu verlassen.

Der Rundfunk wird sicherlich in seiner nächsten Entwicklungszeit noch große Schwierigkeiten zu überwinden haben, aber ich bin überzeugt, daß diese Entwicklung unaufhaltsam ist."

Nr. 14   Berlin, 17. Februar 1933   Blatt 2

Teil des deutschen Volkes sei republikanisch gesinnt, sei gegen den nationalistisch-militaristischen Ungeist, der Deutschland und seinen Rundfunk regiere. Sodann hatte das Blatt gefragt: »Und dieser entscheidende Teil der Bevölkerung sollte machtlos sein?«[158] Er war machtlos. Weder das Medium noch seine Hörerschaft hatten in zehn Jahren die Möglichkeit gehabt zu lernen, wie man einem totalitären Zugriff wirksam Widerstand entgegensetzen kann.

[158] E-r, *Der Aufmarsch der Hörer*. Volksfunk, Nr. 52 v. 23. 12. 1932, S. 2.

Quellen- und Literaturverzeichnis

Allgemeine Hilfsmittel, Quellen und Darstellungen zur Geschichte der Weimarer Republik werden nicht mehr besonders aufgeführt. Einzelne Quellen und Darstellungen zur Rundfunkgeschichte sind aus praktischen Gründen nur in den Anmerkungen nachgewiesen.

Quellen

1. Ungedruckte Quellen

Bundesarchiv Koblenz

R 43 I	Reichskanzlei
	Post und Telegraphie 4. Akten betr. Funkerwesen. Bd. 1–3. 1919–1933
R 55	Reichsministerium für Volksaufklärung und Propaganda
DC 491–493	Handakten Erich Scholz 1929–1932
549	Drahtloser Dienst AG, Liquidation 1932–33
R 78	Reichs-Rundfunk-Gesellschaft mbH (RRG)
1	Allgemeines
2	Weisungen des Reichsinnenministers an die Reichsvertreter in den Überwachungsausschüssen 1927–1932
6	Neuordnung des Rundfunks 1932–1933
27	Drahtloser Dienst AG 1924–1933
28	Drahtloser Dienst AG 1932–1933
570 ff	Protokolle der Gesellschafterversammlungen
	Protokolle der Verwaltungsratssitzungen
	Protokolle der Programmratssitzungen und Besprechungen mit den Leitern der Rundfunkgesellschaften
	Briefwechsel der RRG mit den Rundfunkgesellschaften
	Handakten der Geschäftsführer der RRG
	Handakten der Vorsitzer der Überwachungsausschüsse bei den Rundfunkgesellschaften
1269	Drahtloser Dienst. Auflagenprogramme 1932–33

Auswärtiges Amt. Politisches Archiv Bonn

P 7	Vereinigte Presseabteilung
	Akten Funkdienst. Bd. 1–3. 1919–1921
	Akten Post-, Telefon-, Telegramm- und Funkdienst. Bd. 1–2. 1920–1924

Oberpostdirektion München. Archiv

F IV	Rundfunkakten der Abteilung IV (München) des Reichspostministeriums 1922–1936

Stadtarchiv Frankfurt am Main
S 1/58   Nachlaß Carl Adolf Schleußner
Deutsches Rundfunkarchiv Frankfurt am Main
         Nachlaß Hans Bredow
         RRG-Akten

2. Gedruckte Quellen

2.1 Hilfsmittel

2.1.1 Quellenkunde und -verzeichnisse

Bettauer, Fritz Ernst: *Die Rundfunkpresse und ihre Aufgaben.* Schlesische Funkstunde 1927, 12, S. 1f.

Boelcke, Willi A.: *Die archivalischen Grundlagen der deutschen Rundfunkgeschichte 1923 bis 1945.* Rundfunk und Fernsehen 1963, 2, S. 161–179.

Degen, Fritz: *Sinn der Programmzeitung.* In: *Norag-Magazin,* hrsg. von A.[lban] Patzschger. Hamburg 1929, S. 94f.

Diller, Ansgar: *Quellen und Darstellungen aus der DDR zur Geschichte des deutschen Rundfunks.* Rundfunk und Fernsehen 1972, 1, S. 46–56.

Diller, Ansgar: *Die »Akten zur Deutschen Auswärtigen Politik 1918–1945« als Quellen für den Rundfunkhistoriker.* Rundfunk und Fernsehen 1975, 1–2, S. 100–102.

Diller, Ansgar: *Rundfunkakten im Archiv der Oberpostdirektion München.* Rundfunk und Fernsehen 1976, 4, S. 395–398.

Enke, Friedemann: *Programmzeitschriften.* Rufer und Hörer 1950–51, 12, S. 556–562.

Grunicke, Wilhelm: *Über Aufgaben und Inhalt der Rundfunkzeitschriften.* Deutsche Presse 1926, 14, S. 1f.

Halefeldt, Horst O.: *Quellen aus DDR-Archiven zur Geschichte des Weimarer Rundfunks.* Rundfunk und Fernsehen 1975, 3–4, S. 325–328.

Heister, Hans S. von: *Die Bedeutung der Rundfunkpresse für den deutschen Rundfunk.* In: *Funkalmanach 1928.* Berlin 1928, S. 83–88.

Lademann, U.[lrich]: *Die Funkpresse.* in: *Rundfunk-Jahrbuch 1929.* Berlin o. J., S. 392–397.

Lademann, U.[lrich]: *Die Funkpresse.* In: *Rundfunk-Jahrbuch 1929. funk-Jahrbuch 1931.* Berlin o. J., S. 385–390.

Oenro, F.[ranz] W.[ilhelm]: *Die deutsche Rundfunkpresse in den letzten zehn Jahren.* Zeitungswissenschaft 1934, 2, S. 62–65.

Pariser, E.[rnst] A.[lbert]: *1 Million Funkzeitschriften auf 1 ¹/₂ Millionen Hörer.* Berliner Tageblatt Nr. 85 v. 19. Februar 1927.

Quellen zur Geschichte des Rundfunks in Aktenbeständen des Bundesarchivs. Findbuch, hrsg. von der Historischen Kommission der ARD. 2 Bde. Koblenz o. J. (1967).

Smettan, Kurt: *Am »Arbeiter-Sender«* [= KPD-Rundfunkzeitschrift] *ohne Mikrophon.* Beiträge zur Geschichte des Rundfunks 1973, 1, S. 4–31.

Traub, Hans: *Funk- und Rundfunk-Zeitschriften.* Die Reklame 1932, 15, S. 526–530.

Thurn, Hermann: *Wesen und Bedeutung der Funkfachpresse.* Funk 1930, 13, S. 54f.

Vaessen, Kurt: *Die Entwicklung der deutschen Rundfunkpresse.* Zeitungswissenschaft 1937, 7, S. 473f.

Voß, Richard: *Rundfunkpresse und Industrie.* Arbeiterfunk 1928, 27, S. 417–420.

2.1.2 Bibliographien und Verzeichnisse

Anschriften-Verzeichnis für den Bereich der deutschen Rundfunkgesellschaften. Nach dem Stande vom 1. Juli 1931 zusammengestellt von der Reichs-Rundfunk-Gesellschaft mbH. Berlin o. J.

Bücherei der Reichs-Rundfunk-Gesellschaft mbH: Zeitschriften-Verzeichnis. Berlin-Charlottenburg 1931.

Deutsches Rundfunkschrifttum. Hrsg. von der Reichs-Rundfunk-Gesellschaft. Bearbeitet von der Deutschen Bücherei. 1. 1930 bis 6. 1935. Berlin 1930–1935.

Die Entwicklung des deutschen Rundfunks in Zahlen 1923–1930. Hrsg. von der Reichs-Rundfunk-Gesellschaft mbH. Berlin o. J. (1931).

Eulen, Focko: *Bibliographie zur Geschichte des Rundfunks.* Technikgeschichte 1973, 2, S. 132–147.

Lang, Rudolf: *Rundfunkgeschichte. Ein Literaturverzeichnis.* Köln (WDR) 1977.

Pariser, E.[rnst] A.[lbert]: *Die Radiopresse der Welt.* In: *Radio-Jahrbuch 1927.* Berlin o. J.

Praesent, Hans: *Die deutschen Rundfunkzeitschriften.* Literarisches Zentralblatt für Deutschland 1924, 5, Sp. 401–406.

Praesent, Hans: *Bibliographie der deutschen Radio-Literatur.* Das Deutsche Buch 1924, 5–6, S. 273–275.

Praesent, Hans: *Bibliographie des Funkrechts.* Teil I: *Deutschsprachige Literatur.* Anhang: *Bibliographie der deutschsprachigen Rundfunk-Zeitschriften und -jahrbücher.* Leipzig 1926. – Teil II: *Deutschsprachige Literatur* [und] III: *Fremdsprachige Literatur.* Anhang: *Bibliographie der deutschsprachigen Rundfunk-Zeitschriften und -jahrbücher.* Leipzig 1929.

Schallaufnahmen der Reichs-Rundfunk-Gesellschaft mbH von Ende 1929 bis Anfang 1936. O.O., o. J.

Schiller, Ludwig: *Deutsche Radioliteratur.* Literarisches Zentralblatt für Deutschland 1924, 5, Sp. 393–400.

Spiess, Volker: *Bibliographie zu Rundfunk und Fernsehen.* Hamburg 1966.

Tonaufnahmen zur deutschen Rundfunkgeschichte 1924–1945. Hrsg. vom Deutschen Rundfunkarchiv. Frankfurt a. M. 1972.

Vaessen, Kurt: *Daten aus der Entwicklung des Rundfunks mit Vergleichszahlen aus der Geschichte des Films, der Presse und des Verkehrswesens.* Würzburg 1938.

2.2 Berichte und Protokolle

Bericht des Rundfunk-Kommissars des Reichspostministers über die Wirtschaftslage des deutschen Rundfunks. 1. 1925–26 bis 4. 1930. Berlin o. J., [fortgesetzt als:] *Geschäftsbericht über das siebte Geschäftsjahr 1931,* hrsg. von der Reichs-Rundfunk-Gesellschaft mbH. O. O., o. J.

Drahtloser Dienst AG. Jahresbericht. 1. 1926–27 bis 6. 1931/32. Berlin o. J.

Niederschrift der Sitzung des Programmrats der deutschen Rundfunkgesellschaften in Bremen am 22. und 23. Mai 1929. Berlin o. J.

Niederschrift der Sitzung des Programmrats der deutschen Rundfunkgesellschaften am 22. und 23. September 1930 in Wien. Berlin o. J.

Regiesitzung in Anwesenheit des Kulturbeirats [der Funk-Stunde] *am 20. August 1928.* [Maschinenschrift vervielfältigt].

Satzungen der Reichs-Rundfunk-Gesellschaft mit beschränkter Haftung. Berlin 1926.

Sitzung der Reichs-Rundfunk-Gesellschaft mbH am 15. Mai 1930. O. O., o. J.

Tagung der Reichs-Rundfunk-Gesellschaft mbH am 26. und 27. Februar 1926 in Stuttgart. Berlin 1926.

Vertrag zwischen der Deutschen Welle GmbH und dem Zentralinstitut für Erziehung und Unterricht vom 19. Februar 1925 [sowie] *Vertrag zwischen der Reichs-Rundfunk-Gesellschaft mbH und der Deutschen Welle GmbH vom 3. Juli 1925.* Nachdruck in: *Deutschlandfunk-Jahrbuch 1965–66.* Köln 1966, S. I–V.

Vortragsabend der Reichs-Rundfunk-Gesellschaft [...] am 6. Februar 1928. O. O., o. J.

[Voß, Ernst Ludwig:] *Der Gemeinde-Rundfunk (Deutsche Welle).* Berlin, im Oktober 1924.

Voß, Ernst Ludwig: *Der Gemeinde-Rundfunk (Deutsche Welle).* Berlin, im November 1924.

2.3 Kalender und Jahrbücher

Deutsches Rundfunk-Adreßbuch (Reichs-Radio-Adreßbuch) 1924. Leipzig o. J.

Funk-Almanach. Offizieller Ausstellungskatalog zur Großen Deutschen Funk-Ausstellung Berlin. 1. 1924; 2. 1926 ff. Berlin 1924 ff.

Die Funk-Stunde. Ein Jahrbuch der Berliner Rundfunk-Sendestelle. Berlin 1926.

Fitze, Walther H.: *Handbuch des Rundfunk-Teilnehmers.* Berlin 1924.

Fünf Jahre Berliner Rundfunk. Ein Rückblick 1923–1928. Hrsg. von der Funk-Stunde AG. Berlin o. J.

Fünf Jahre Reichs-Rundfunk-Gesellschaft. Hrsg. von der Reichs-Rundfunk-Gesellschaft mbH. [Berlin 1931].

Jahrbuch der Deutschen Welle 1928. [Berlin 1928].

Jahrbuch des Westdeutschen Rundfunks 1929. Köln 1928.

Jahrbuch für das gesamte Funkwesen. Hrsg. von E.[rnst] L.[udwig] Voß. Berlin 1925.

Kalender für den deutschen Funkverkehr. 1. 1925 bis 2. 1925. [Fortsetzung als:] *Der deutsche Funkverkehr.* 3. 1926 ff. Berlin 1924 ff.

Das Norag-Magazin 1924–25. Hamburg o. J. [Fortsetzung als:] *Norag-Jahrbuch 1926.* Hamburg o. J. [Fortsetzung als:] *Die Norag.* 3. Jahrbuch »Frauenschaffen der Gegenwart«. Hamburg o. J. [Fortsetzung als:] *Das Norag-Magazin.* Das 5. Jahr der Norag. Hrsg. von A.[lban] Patzschger. Hamburg 1929; [Fortsetzung als:] *Das Norag-Magazin.* Das 6. Jahr [1930]. Hamburg o. J.

Radio-Kalender 1928. Hrsg. von [Viktor] Noack und H.[ans] Henning. Leipzig-Magdeburg-Dresden 1927.

Rundfunk. Ein Handbuch 1930. Berlin 1929.

Rundfunk-Jahrbuch. 1. 1929 bis 5. 1933. Hrsg. von der Reichs-Rundfunk-Gesellschaft mbH. Berlin o. J.

Rundfunk-Jahrbuch. Ostmark-Kalender 1930. Hrsg. von Robert Budzinski und Ludwig Goldstein. Königsberg o. J.

Schlesische Funkstunde. [...] Jahrbuch 1927–28. Breslau 1927; [fortgesetzt als:] *Schlesischer Funkkalender 1930.* Hrsg. von Fritz Ernst Bettauer. Breslau 1930. Dasselbe 1931. Breslau 1931.

Ullsteins Rundfunkführer für das Jahr 1925. Hrsg. von Albert Neuburger. Berlin 1924.

2.4 Zeitungen und Zeitschriften
(systematisch ausgewertet oder häufig zitiert)

2.4.1 Tageszeitungen

Der Angriff (Berlin)
Berliner Tageblatt (Berlin)

Berliner Börsen-Courier (Berlin)
Deutsche Allgemeine Zeitung (Berlin)
Deutsche Zeitung (Berlin)
Frankfurter Zeitung (Frankfurt a. M.)
Germania (Berlin)
Kölnische Zeitung (Köln)
Kölnische Volkszeitung (Köln)
Neue Preußische [Kreuz-] Zeitung (Berlin)
Die Rote Fahne (Berlin)
Der Tag (Berlin)
Völkischer Beobachter (Berlin)
Vorwärts (Berlin)

2.4.2 Zeitschriften

Amtsblatt des Reichspostministeriums (Berlin)
Arbeiterfunk (Berlin)
Berliner Illustrirte Zeitung (Berlin)
Der Deutsche Rundfunk (Berlin)
Deutsche Presse (Berlin)
Deutsches Volkstum (Hamburg)
Deutsche Verkehrs-Zeitung (Berlin)
Fernsehen (Berlin)
Funkstunde (Berlin)
Illustrirte Zeitung (Leipzig)
Die Literarische Welt (Berlin)
Nachrichtenblatt des Reichspostministeriums (Berlin)
Der Neue Rundfunk (Berlin)
Der Querschnitt (Berlin)
Radio für alle (Stuttgart)
Reichsgesetzblatt Teil I (Berlin)
Schulfunk (Langensalza)
Die Sendung (Berlin)
S.R.Z. – Südwestdeutsche Rundfunk-Zeitung (Frankfurt a. M.)
Die Tat (Berlin)
Volksfunk (Berlin)
Die Weltbühne (Berlin)
Die Woche (Berlin)
Zeitungs-Verlag (Berlin)

2.5 Bücher und Quellensammlungen

Braun, Otto: *Von Weimar zu Hitler.* Hamburg 1949.
Bredow, [Hans]: *Vier Jahre deutscher Rundfunk.* Berlin o. J. [1927].
Bredow, Hans: *Vergleichende Betrachtungen über Rundfunk und Fernsehen.* Heidelberg 1951.

Bredow, Hans: *Im Banne der Ätherwellen.* 2 Bde. Stuttgart 1954 und 1956.

Brüning, Heinrich: *Memoiren 1918–1934.* Stuttgart 1970.

Delvendahl, Edgar: *Der Mitteldeutsche Rundfunk.* Leipzig 1927.

Fischer, E.[ugen] Kurt: *Dokumente zur Geschichte des deutschen Rundfunks und Fernsehens.* Göttingen-Berlin-Frankfurt 1957.

Giesecke, [Heinrich]: *Entwicklung und Aufbau des deutschen Rundfunks.* Berlin 1929.

Goebbels, Joseph: *Vom Kaiserhof zur Reichskanzlei.* München 1934.

Groener-Geyer, Dorothea: *General Groener.* Frankfurt a.M. 1955.

Hagemann, Carl: *Bühne und Welt.* Wiesbaden 1948.

Halefeldt, Horst O.: *Schul- und Bildungsfunk in Deutschland 1923–1945.* Frankfurt a.M. 1976.

Heister, Hans S. von: *Das Buch der Ansager.* Berlin 1932.

Jolowicz, Ernst: *Der Rundfunk.* Berlin-Schöneberg 1932.

Klamfoth, Hermann: *Die Rechtlosigkeit der Rundfunkhörer.* Berlin 1929.

Kolb, Richard: *Schicksalsstunde des Rundfunks.* Berlin o.J. [1932].

Fünfzig Jahre Lorenz 1880–1930. Berlin 1930.

Nairz, Otto: *Das Groß-Senderproblem.* Berlin 1931.

Nesper, Eugen: *Ein Leben für den Funk.* München 1950.

Reinken, Liselotte von: *Rundfunk in Bremen 1924–1974.* Bremen 1975.

Scharnke, Reinhold: *Wir schalten um! Ein Zeitroman vom Rundfunk.* Berlin 1932 [Schlüsselroman].

Schelle-Noetzel, A.H. [d.i. Arnolt Bronnen]: *Kampf im Äther oder die Unsichtbaren.* Berlin 1935 [Schlüsselroman].

Schrage, Wilhelm: *Fernsehen.* München o.J. [1930].

Schütte, Wolfgang: *Die Westdeutsche Funkstunde. Frühgeschichte des WDR in Dokumenten.* Köln-Berlin 1973.

Severing, Carl: *Mein Lebensweg.* 2 Bde. Köln 1950.

Fünfundzwanzig Jahre Telefunken. Berlin 1928.

Das Deutsche Telegraphen-, Fernsprech- und Funkwesen 1899 bis 1924. Anhang: *Die deutsche Telegraphie im Weltkrieg.* Berlin 1925.

Thurn, H.[ermann]: *Der Rundfunk.* Oldenburg i.O. 1924.

Vögele, Josef: *Der Rundfunk und wir Katholiken.* Stuttgart 1929. [2]1930.

Winckel, Fritz W.[ilhelm]: *Technik und Aufgaben des Fernsehens.* Berlin 1930.

2.6 Aufsätze und Aufsatzsammlungen*

Antenna, Georg [Josef Räuscher?]: *Rundfunknachrichtendienst und Rundfunkjournalisten.* Deutsche Presse 1926, 16, S. 3–5.

Arbeiterschaft und Rundfunk [Themenheft]. Kulturwille 1927, 2.

Arkmann, Erich: *Hörerparlament – stärkeres Fundament?* Arbeiterfunk 1928, 32, S. 492 f.

Band, Lothar: *Auf dem Wege der Umorganisation.* Funk 1932, 34, S. 133.

Band, Lothar: *Zwischenbilanz der Umorganisation.* Funk 1932, 40, S. 157.

Band, Lothar: *Zukünftiger Regelung vorbehalten* ... Funk 1932, 41, S. 161.

Band, Lothar: *Die Durchführung der Rundfunkreform.* Funk 1932, 48, S. 189 f.

Bettauer, Fritz Ernst: *Vorzensur im Rundfunk.* Schlesische Funkstunde 1926, 5, S. 2 f.

Bettauer, Fritz Ernst: *Ein Jahr Reichsrundfunkgesellschaft.* Die Sendung 1927, 10, S. 121 f.

B.[Fritz Bieber?]: *Die »Richtlinien«.* Die Literarische Welt 1932, 50, S. 1 f.

Biesenthal, Georg: *Soll der Rundfunk Reichstagsreden übertragen?* Der Deutsche Rundfunk 1928, 51, S. 3457 f.

Bormann, Hanns Heinrich: *Uniformierung des deutschen Rundfunks.* Das neue Reich 1930, 32, S. 667 f.

Brand, [Hugo]: *Drei Jahre Zentralfunkhilfe.* Archiv für Post und Telegraphie 1933, 1, S. 1 ff.

[Brattskoven, Otto]: *Wie steht es mit den Kulturbeiräten?* Der Neue Rundfunk 1926, 14, S. 317.

Bredow, [Hans]: *Aufgaben und Befugnisse der Kulturbeiräte.* Der Deutsche Rundfunk 1927, 7, S. 438.

Bredow, Hans: *Das Fernsehen im Rundfunk.* Fernsehen 1930, 1, S. 2 f.

[Bredow, Hans]: *»... angeschlossen der Landessender Danzig«.* Welt-Rundfunk 1939, 4, S. 4 ff.

Bredow, Hans (Hrsg.): *Aus meinem Archiv.* Heidelberg 1950.

Brennert, Hans: *Rundfunkkunst und Rundfunkpresse.* Deutsche Presse 1925, 49, S. 1–4 und 50, S. 2 f.

[Burger, Erich?]: *Beamten-Rundfunk?* Berliner Tageblatt Nr. 359 vom 30. 7. 1932.

Büscher, W.[alter]: *Rundfunk und Gewerkschaften.* Gewerkschaftsarchiv 1926, 2, S. 76–79.

---

* Die Liste bietet zunächst eine Auswahl rundfunkpublizistischer Meinungen und genügt erst in zweiter Linie faktologischen Ansprüchen. Einzelbeiträge aus Themenheften, Sammlungen, Kalendern und Jahrbüchern werden nicht mehr besonders nachgewiesen.

Butting, Max: *Von der Arbeit des Berliner Kulturbeirats.* Der Deutsche Rundfunk 1928, 9, S. 545 f.

Cahn-Speyer, Rudolf: *Kritische Bemerkungen zu Rauschers Entwurf eines Reichsgesetzes über Rundfunkdarbietungen.* Archiv für Funkrecht 1929, 3, S. 315–321.

Dahmer, C.[arl] F.[riedrich]: *Der wirtschaftliche Aufbau der Radio-Industrie.* Radio 1926, 6, S. 194–198.

Decker, Georg: *Die Funkvereine und ihre Mitglieder.* Funk 1926, 37, S. 441.

Dencker, Friedrich: *Überwachungsausschüsse und Kulturbeiräte im Lichte des Rechts.* Blätter für Funkrecht 1927, 1–2, S. 9–16.

Dominik, H.[ans]: *Funkentelegraphie und Presse.* Berliner Lokal-Anzeiger Nr. 554 vom 18. 11. 1919.

Dreßler-Andreß, Horst: *Reform des Rundfunks.* Völkischer Beobachter Nr. 208 vom 26. 7. 1932.

Fechter, Paul: *Gefahr im Verzug!* Deutsche Allgemeine Zeitung Nr. 453–454 vom 28. 9. 1932.

Film und Funk. Sozialistischer Kulturtag in Frankfurt a.M. am 28.–29. September 1929. Berlin 1930.

Film und Funk [Themenheft]. Kulturwille 1930, 7–8.

[Fitze, Walther H.]: *Welle des Auslandsdeutschtums.*Der Deutsche Rundfunk 1928, 25, S. 1639.

[Fitze, Walther H.]: *Großsender für Deutschland.* Der Deutsche Rundfunk 1929, 46, S. 1455.

[Fitze, Walther H.]: *Neuordnung des Rundfunks in Deutschland.* Der Deutsche Rundfunk 1929, 49, S. 1545 f.

[Fitze, Walther H.]: *Reichstagswahl und Neutralität im Rundfunk.* Der Deutsche Rundfunk 1930, 32, S. 3.

Flatau, Alfred: *Hugenberg macht sich eine Rundfunkorganisation.* Arbeiterfunk 1930, 35, S. 379.

Flesch, Hans: *Der Rundfunk im neuen Jahr.* Der Deutsche Rundfunk 1930, 1, S. 9.

Flesch, Hans: *Rundfunk heute.* Der Querschnitt 1930, 4, S. 245–247.

Gehne, P.[aul]: *Der deutsche Rundfunk.* Der Radio-Amateur 1926, 24, S. 477–479.

Goebbels, [Joseph]: *Parteigenossen! Volksgenossen!* Der Angriff Nr. 231 vom 8. 11. 1932.

Goslar, [Hans]: *Was geht in der »Dradag« vor?* Die Sendung 1928, 51, S. 655.

Goslar, Hans: *Die Stunde der Zeit.* Die Sendung 1928, 53, S. 682 f.

Goslar Hans: *Reichstagsübertragungen durch den Rundfunk?* Die Sendung 1929, 29, S. 460 f.

Goslar, [Hans]: *Das Volk im Rundfunk.* Die Sendung 1930, 2, S. 122.

Goslar, Hans: *Rundfunk und Zeitung.* Die Sendung 1930, 13, S. 207 f.

Goslar, Hans: *Staatliche Führung des Rundfunks.* Rufer und Hörer 1931–32, 5, S. 207–211.

Günther, Hans [Walter De Haas]: *Zur Erhöhung der deutschen Rundfunkgebühren.* Radio für alle 1924, 1, S. 51.

[Günther, Hans]: *Der Gemeinde-Rundfunk.* Radio für alle 1924, 13, S. 219.

Haentzschel, [Kurt]: *Rundfunk und Staat.* Die Sendung 1924, 1, S. 36–38.

Haentzschel, Kurt: *Rundfunk, Staatsgedanke und Wiederaufstieg.* Die Sendung 1924, 3, S. 19–21.

Haentzschel, Kurt: *Ist Rundfunkzensur verfassungswidrig?* Berliner Tageblatt Nr. 508 vom 26. 10. 1928.

Hammer, Hans: *Vorschläge zur Rundfunk-Reform.* Funk 1932, 44, S. 173 f.

Hartig, Alfred: *Das deutsche Funkwesen.* Der Deutsche Rundfunk Nr. 1 vom 14. 10. 1923, S. 3.

Heister, Hans S.[iebert] von: *Gegen die Rundfunkzensur!* Der Deutsche Rundfunk 1929, 5, S. 129.

[Heister, Hans S. von]: *Es bleibt wie es ist.* Der Deutsche Rundfunk 1931, 11, S. 9.

[Heister, Hans S. von]: *Parteipolitik im Rundfunk.* Der Deutsche Rundfunk 1931, 47, S. 9 f.

Heister, Hans S. von: *Deutschlands neue Rundfunkorganisation.* Der Deutsche Rundfunk 1932, 34, S. 5.

Heister, Hans S. von: *Die Rundfunkreform.* Der Deutsche Rundfunk 1932, 44, S. 3 f. [fortgesetzt mit:] *Schlüsselbewahrer des nationalen Rundfunks.* In: Der Deutsche Rundfunk 1932, 45, S. 3 f.

Kaisenberg, [Georg]: *Im Dienste des Parlaments und der Parlamentswahlen.* Die Sendung 1924, 1, S. 38–40.

Kapeller, Ludwig: *Der Rundfunk am Scheidewege.* Funk 1925, 37, S. 453.

[Kapeller, Ludwig]: *Nutznießer am Rundfunk. Das »Teilnehmer-Parlament«.* Funk 1926, 7, S. 49 f.

Kapeller, Ludwig: *Ein Blick in die Zukunft.* Funk 1926, 45, S. 394.

Kapeller, Ludwig: *Die Politisierung des Rundfunks.* Funk 1926, 47, S. 409 f.

Kapeller, Ludwig: *Die Ernennung der Kulturbeiräte.* Funk 1926, 48, S. 417 f.

[Kapeller, Ludwig]: *Der Programmrat der Rundfunkgesellschaften.* Funk 1927, 1, S. 3.

Kaphahn, Fritz (Hrsg.): *Zum fünfjährigen Bestehen des Mitteldeutschen Rundfunks.* Leipzig 1929.

Kaphahn, Fritz: *Die kulturellen Beiräte.* Rufer und Hörer 1931–32, 5, S. 263–268.

Kaphahn, Fritz: *Kultur, Volksbildung und Rundfunk.* Rufer und Hörer 1931–32, 7, S. 280–299.

[Kayser, Stefan]: *Geht der Reichsrundfunkkommissar [Scholz]?* Der Angriff Nr. 201 v. 4. 10. 1932.

[Kayser, Stefan]: *Schluß mit der Zwickelbürokratie im Rundfunk!* In: Der Angriff Nr. 202 v. 5. 10. 1932.

[Kayser, Stefan]: *Um die Abberufung des Rundfunkkommissars.* Der Angriff Nr. 240 v. 19. 11. 1932.

Kolb, Richard und Heinrich Siekmeier (Hrsg.): *Rundfunk und Film im Dienste nationaler Kultur.* Düsseldorf o. J. [1933].

Leers, Peter W.: *Die politische Rede im Rundfunk.* Funk 1932, 33, S. 129 f.

Leers, Peter W.: *Rundfunkreform ohne Fachleute.* Funk 1932, 47, S. 185 f.

Lehmann, Leopold: *Was will der Allgemeine Deutsche Fernsehverein?* Fernsehen 1930, 1, S. 43–48.

Lehmann, Leopold: *Deutsche Pionierarbeit im Fernsehen.* Rundfunk und Fernsehen 1954, 1, S. 9–13.

[Lindow, Arnim]: *Von der Draht-Telephonie zum drahtlosen Rundspruch.* Deutsche Verkehrs-Zeitung 1923, 2, S. 7.

[Linke, Felix]: *Wahl und Rundfunkhörer.* Arbeiterfunk 1928, 20, S. 305–308.

List, Friedrich: *Der Begriff der Öffentlichkeit unter besonderer Berücksichtigung des Rundfunks.* Archiv für Funkrecht 1929, 2, S. 119–156 und 264–314.

Lyon, Marcel: *Radio Reklame.* Zeitungs-Verlag 1924, 18, Sp. 649.

Magnus, Kurt: *Die Organisation des deutschen Rundfunks.* Blätter für Funkrecht 1927, 3, S. 53–58.

Magnus, Kurt: *Die Rundfunkbewegung im Jahre 1927.* Archiv für Funkrecht 1928, 1, S. 1–11.

Magnus, Kurt: *Generalintendant und Deutschlandsender.* Der Deutsche Rundfunk 1930, 42, S. 4 f.

Magnus, Kurt: *Keine Umorganisation des deutschen Rundfunks!* Funk 1931, 11, S. 81 f.

Magnus, Kurt: *Die Entwicklung des Rundfunks in Deutschland.* Rundfunk und Fernsehen 1948–49, 2, S. 5–12.

Mahrholz, Werner: *Rundfunksorgen. Reichsverfassung und Rundfunkzensur* [...] Vossische Zeitung Nr. 34 v. 9. 2. 1928.

Mahrholz, Werner: *Radio-Reform als geistige Aufgabe.* Die Sendung 1928, 39, S. 501.

Mahrholz, Werner: *Zur Rundfunkzensur.* Die Sendung 1928, 45, S. 577.

Mahrholz, Werner: *Vereinfachung der Rundfunkorganisation.* Die Sendung 1929, 21, S. 327.

Marck, Siegfried: *Rundfunk, Kultur, Arbeiterschaft.* Sozialistische Bildung 1929, 9, S. 239 ff.

Monzel, Heinz: *Der Rundfunk und die Katholiken.* Stimmen der Zeit 1930, 2, S. 123 ff.

Mühr, Alfred (Hrsg.): *Im Banne des Mikrophons.* Berlin o. J. [1931].

Mumm, Reinhard: *Weltanschauung und Rundfunk.* Rufer und Hörer 1931–32, 6, S. 249 ff.

Nairz, Otto (Hrsg.): *Der Telefunken-Konzern.* Charlottenburg 1925.

Natonek, Hans: *Und nun der Rundfunkseher ...* Der Kunstwart 1930, 4, S. 273 ff.

Nesper, Eugen: *Vorbereitungen für die Fernsehsendungen im deutschen Rundfunk.* Funk-Magazin 1929, 8, S. 703 ff.

[Neuert, Hans]: *Wie weit ist das Fernsehen?* Arbeiterfunk 1929, 33, S. 333 f und 34, S. 338.

Neukrantz, Klaus: *Demokratisierung des Rundfunks.* Der Neue Rundfunk 1926, 36, S. 843.

Nithack-Stahn, Walter: *Im Dienst der evangelischen Kirche.* Die Sendung 1924, 1, S. 68 ff.

Noack, F.[ritz]: *Fernsehen in Aussicht!* Radio für alle 1929, 8, S. 337 ff.

[Noack, Fritz]: *Zur Organisation der Fernsehübertragungen.* Radio für alle 1930, 1, S. 27 ff.

Nowag, [Franz]: *Die politische Überwachung des Rundfunks.* Die Sendung 1930, 1, S. 2 f.

Ramm, Hugo: *Aktueller Rundfunk und Rundfunkpolitik.* Der Deutsche Rundfunk 1930, 25, S. 3 f.

[Ramm, Hugo]: *Die Überwachung des Rundfunks durch Reich und Länder.* Funk 1930, 46, S. 217 f.

Rauscher, Leopold: *Entwurf eines Reichsgesetzes über Rundfunkdarbietungen.* Archiv für Funkrecht 1929, 2, S. 210–223.

Rauscher, Leopold: *Entgegnungen auf Cahn-Speyers kritische Bemerkungen [...]* Archiv für Funkrecht 1929, 5, S. 519–524.

[Josef Räuscher] Viator: *Die Aufgaben einer Rundfunkredaktion.* Deutsche Presse 1926, 15, S. 15 f.

Räuscher, Josef: *Der gesprochene Nachrichtendienst.* In: Funk 1927, 5, S. 33 f.

Räuscher, Josef: *Bedeutung und Grenzen, Stil und Methode des gesprochenen Nachrichtendienstes.* Deutsche Presse 1927, 22–23, S. 344 ff.

Räuscher, Josef: *Staat und Rundfunk.* Die Sendung 1930, 2, S. 21 f.

Räuscher, Josef: *Rundfunk und Presse.* Die Sendung 1930, 27, S. 421 f.

Reichard, Ottomar: *Rundfunk und Zeitung.* Die Sendung 1924, 1, S. 75 ff.

[Ritter, Ernst]: *Zum Projekt der staatlichen Straßburger Rundfunkstelle.* Der Deutsche Rundfunk 1929, 4, S. 112.

Ritter, E.[rnst]: *Der neue Straßburger Großsender.* Der Deutsche Rundfunk 1930, 47, S. 10.

Schmitz, C.[arl]: *Gewerkschaften und Rundfunk.* Gewerkschaft 1930, 21, Sp. 451.

Schmitz, Heinrich: *Religiöse Möglichkeiten des Rundfunks.* Schönere Zukunft 1930, 32, S. 764 f.

Schnitzler, [Leo]: *Die Kulturbeiräte im Rundfunk.* Funk 1926, 36, S. 291.

[Schrage, Wilhelm]: Skandal ums Fernsehen. Berliner Tageblatt Nr. 46 v. 28. 1. 1931.

Schreiber, Georg: *Bürokratisierung des Rundfunks.* Kölnische Volkszeitung Nr. 270 v. 1. 10. 1932.

Schwabach, Erich Ernst: *Radio und Fernsehen.* Die Literarische Welt 1929, 35, S. 7.

Seehof, Artur: *Fernsehen.* Arbeiter-Fotograf 1930, 1, S. 13 ff.

Segall, F.[ritz]: *Partei, Gewerkschaft, Arbeiter-Radio-Bund.* Arbeiterfunk 1930, 11, S. 137 f.

Seibt, Georg: *Entwicklung und gegenwärtiger Stand der deutschen Radioindustrie.* Die Sendung 1924, 3, S. 51 ff.

[Smettan, Kurt]: *Rundfunk frei für Antifaschistische Aktion!* Die Rote Fahne Nr. 173 vom 20. 8. 1932.

Solff, K.[arl]: *Die deutsche Rundfunk-Bewegung.* Bayerische Radio-Zeitung 1924, 1, S. 4 ff.

[Stapel, Wilhelm]: *Errungenschaftliches, 1. Radiofunk.* Deutsches Volkstum 1924, 7, S. 309 ff.

Stapel, Wilhelm: *Rundfunkpolitik.* Deutsches Volkstum 1933, 1, S. 7 ff.

Stein, Fritz: *Die gesprochene Zeitung.* Die Sendung 1924, 2, S. 43 ff.

Stiemer, Felix: *Das Rundfunkpublikum.* Der Deutsche Rundfunk 1926, 34, S. 2337 ff.

[Stiemer, Felix]: *Arbeiterfunk.* Der Deutsche Rundfunk 1928, 23, S. 1501.

[Stiemer, Felix]: *Geschichte eines Requiem* [von Brecht-Weill]. Der Deutsche Rundfunk 1929, 22, S. 731.

[Stiemer, Felix]: *Die Deutsche Welle.* Der Deutsche Rundfunk 1929, 48, S. 1525.

Stiemer, Felix: *Rundfunkzensur.* Der Deutsche Rundfunk 1930, 5, S. 9.

[Tasiemka, Hans]: *Endlich – Mikrophone im Parlament.* Der Deutsche Rundfunk 1930, 7, S. 12.

Thurn, H.[ermann]:*Die Neuorganisation des Rundfunks.* Archiv für Post und Telegraphie 1926, 4, S. 77 ff.

Thurn, H.[ermann]: *Das Funkwesen in Europa unter besonderer Berücksichtigung des Rundfunks.* Archiv für Post und Telegraphie 1931, 8, S. 222 ff.

Thurn, [Hermann]: *Die deutschen Großrundfunksender.* Archiv für Post und Telegraphie 1932, 10, S. 241 ff.

[Tucholsky, Kurt] Ignaz Wrobel: *Der politische Rundfunk.* Die Weltbühne 1926, 20, S. 788; nachgedruckt in: Der Neue Rundfunk 1926, 18, S. 411.

[Tucholsky, Kurt] Ignaz Wrobel: *Rundfunkzensur.* Die Weltbühne 1928, 16, S. 590.

Tucholsky, Kurt: *Fort mit der Zensur!* Der Deutsche Rundfunk 1928, 36, S. 2390.

[Tucholsky, Kurt] Peter Panter: *Fort mit der Zensur!* Der Deutsche Rundfunk 1929, 36, S. 1145.

[Tucholsky, Kurt] Ignaz Wrobel: *Freier Funk! Freier Film!* Die Welt-bühne 1932, 18, S. 660 ff.

Urban, Herbert: *Rundfunk, Presse, Rundfunkpresse.* Der Deutsche Rundfunk 1926, 30, S. 2061 f.

[Urban, Herbert]: *Augenblicksbilder von der [7.] Großen Deutschen Funkausstellung.* Der Deutsche Rundfunk 1930, 35, S. 10.

Vieregge, [Walther]: *Der besteuerte Rundfunk.* Funk 1924, 10, S. 187 f.

Voß, Ernst Ludwig: »Die Deutsche Stunde«. Der Deutsche Rundfunk 1923, 1, S. 9.

Wagemann, Ernst: *Die deutsche Funkindustrie im internationalen Wettbewerb.* Archiv für Post und Telegraphie 1929, 10, S. 249 ff.

Warschauer, Frank: *Presse und Rundfunk.* Deutsche Presse 1927, 10, S. 74 f.

Warschauer, Frank: *Die Zukunft des Filmfunks.* Der Deutsche Rundfunk 1929, 18, S. 547.

Weldert, Theodor: *Rundfunk und Presse.* Deutsche Presse 1924, 49, S. 8 ff.

Weinert, Erich: *Mit Ausnahme der Kommunisten.* Die Rote Fahne Nr. 131 v. 16. 6. 1932.

Wilczynski, Karl (Hrsg.): *Funkköpfe. 46 literarische Portraits.* Berlin 1927.

Wilhelm, Karl: *Kulturbeiräte oder Kultureunuchen?* Der Neue Rund-funk 1926, 25, S. 579.

Wilhelm, Karl: *Die politische Überwachung des Rundfunks.* Der Neue Rundfunk 1926, 27, S. 627.

Winckel, Fritz: *Neue Möglichkeiten der Reklame durch Fernsehen.* Seidels Reklame 1930, 1, S. 6.

[Zeitlin, Leon?]: *Die »Richtlinien« für den Rundfunk.* Volksfunk 1932, 47, S. 5 (Programmteil).

Ziegler, Wilhelm: *»Stunde der Politik«?* Die Sendung 1928, 46, S. 590 ff.

Zucker, Wolf: *Rundfunkzensur und Rundfunkkritik.* Die Literarische Welt 1929, 35, S. 1 f.

Ohne Verfasser – in chronologischer Reihenfolge:

Die weitere Entwicklung der drahtlosen Telegraphie in Deutschland. Archiv für Post und Telegraphie 1919, 7, S. 245–252.

Eröffnung des drahtlosen Telephondienstes in Deutschland. Deutsche Verkehrs-Zeitung 1922, 36, S. 263.

Verbreitung von Musik- und Gesangsvorträgen durch den Rundfunk-dienst. Deutsche Verkehrs-Zeitung 1922, 50, S. 355 f.

Der Posthaushalt im Reichstag. Deutsche Verkehrs-Zeitung 1923, 14, S. 99.

Der deutsche Rundfunkdienst. Deutsche Verkehrs-Zeitung 1923, 30 [27. Juli], S. 230.

Der Unterhaltungs-Rundfunkdienst. Deutsche Verkehrs-Zeitung 1923, 43 [26. Oktober], S. 329 f.

Verband deutscher Radiohändler e. V. Berliner Börsen-Courier Nr. 602 v. 24. 12. 1923.

Aus der Radioindustrie. Radio für alle 1924, 3, S. 176 f.

Die Tagung des Reichsfunkverbandes. Funk 1924, 8, S. 18 (Programmteil).

Der Rundfunk und der Verein Deutscher Elektrotechniker. Der Deutsche Rundfunk 1924, 9, S. 286.

Auslandsdeutschtum und Auslandskunde im Rundfunk. Süddeutscher Rundfunk (Ausgabe A) 1924, 19, S. 558.

Die Entpolitisierung des Rundfunks. Funk 1926, 40, S. 350.

Die Kulturbeiräte. Der Neue Rundfunk 1929, 29, S. 2.

Neues vom europäischen Rundfunk. Der Deutsche Rundfunk 1929, 44, S. 1395.

Der unmögliche Rundfunk. Neue Preußische [Kreuz-]Zeitung Nr. 168 v. 5. 5. 1929.

Wird Severing Rundfunkdiktator? Neue Preußische [Kreuz-]Zeitung Nr. 222 v. 7. 7. 1929.

Rundfunk-Zeitungswesen-Funkpresse [Themenbeilage]. Deutsche Presse 1929, 35.

Severings Griff nach dem Rundfunk. Der Tag Nr. 285 v. 23. 11. 1929.

Die deutschen Sendeleiter über das Fernsehen. Der Deutsche Rundfunk 1930, 14, S. 10.

Journalismus und Rundfunk [Themenbeilage]. Deutsche Presse 1930, 34.

Der Rundfunk im Dienste der christlichen Arbeiterbewegung. Zentralblatt der christlichen Gewerkschaften Deutschlands 1930, 11, S. 169 ff.

Rundfunk im Reichstag. Die Sendung 1930, 41, S. 655.

Presse und Rundfunk [Themenbeilage]. Deutsche Presse 1931, 34.

Über Rundfunkgebühren in Europa. Archiv für Post und Telegraphie 1932, 2, S. 49 ff.

Wozu Rundfunk? Deutsche Zeitung Nr. 134 v. 10. 6. 1932.

Provinzlerei im Rundfunk. Berliner Tageblatt Nr. 309 v. 1. 7. 1932.

Politische Wahlreden im Rundfunk. Funk 1932, 30, S. 118.

Zur Neuregelung des Rundfunks. Frankfurter Zeitung Nr. 572 v. 5. 8. 1932 und Nr. 573 v. 5. 8. 1932.

Der verschüchterte Rundfunk. Berliner Tageblatt Nr. 392 v. 19. 8. 1932.

Rundfunk 1932. Volksfunk 1932, 38, S. 29 (Programmteil).

Die neuen Richtlinien. Volksfunk 1932, 43, S. 5.

Der Rundfunk wird an die Länder verschachert! Der Angriff Nr. 217 v. 22. 10. 1932.

Die Neuordnung des Rundfunks. Berliner Tageblatt Nr. 251 v. 2. 11. 1932.

Reichs-Rundfunk-Apparatur. Berliner Tageblatt Nr. 533 v. 9. 11. 1932.

Die Ausbreitung des Rundfunks in der Welt. Wochenbericht des Instituts für Konjunkturforschung 1932, 32, S. 130.

Mariauxnetten (sic!) *des Rundfunks.* Die Weltbühne 1932, 46, S. 728 ff.

Die Herrschaft der Kommissare. Berliner Tageblatt Nr. 547 v. 18. 11. 1932.

Funkdiktator Scholz vor dem Rücktritt. Die Rote Fahne Nr. 207 vom 18. 11. 1932.

Rundfunk-Krise. Berliner Tageblatt Nr. 555 v. 23. 11. 1932.

Die Front freiheitlicher Hörer. Volksfunk 1932, 49, S. 5 (Programmteil).

Auf den Trümmern des Rundfunks. Die Tat 1932, 9, S. 809 f.

Gemeinsame Abwehr gegen die Kulturreaktion. Volksfunk 1933, 1, S. 13 (Programmteil); [fortgesetzt in:] 2, S. 13.

Entschließung [der Front freiheitlicher Hörer]. Volksfunk 1933, 4, S. 2; [fortgesetzt im:] Programmteil S. 13.

Rundfunkkommissar Bredow will zurücktreten. Berliner Tageblatt Nr. 65 v. 8. 2. 1933 [Berlin-Ausgabe!].

Darstellungen

1. Bücher und Hochschulschriften

Arnheim, Rudolf: *Radio.* London 1936; deutsche Ausgabe: *Rundfunk als Hörkunst.* München 1972.

Bauer, Günther: *Kirchliche Rundfunkarbeit 1924–1939.* Frankfurt a. M. 1966.

Bausch, Hans: *Der Rundfunk im politischen Kräftespiel der Weimarer Republik 1923–1933.* Tübingen 1956.

Barnouw, Erik: *A History of Broadcasting in the United States.* 3 Bde. New York 1966–1970.

Bierbach, Wolf: *Rundfunk zwischen Wirtschaftsinteressen und Politik. Der Weimarer Rundfunk unter besonderer Berücksichtigung des Westdeutschen Rundfunks Münster/Köln und der alliierten Rundfunkpolitik nach dem ersten Weltkrieg.* Phil. Diss. Münster 1980.

Boer, J.[acoba] de: *Omroep en publiek in Nederland tot 1940.* Leiden 1946.

Briggs, Asa: *The History of Broadcasting in the United Kingdom.* 4 Bde. London 1961–1979.

Bruch, Walter: *Kleine Geschichte des deutschen Fernsehens.* Berlin 1967.

Büttner, Fritz Lothar: *Das Haus des Rundfunks in Berlin.* Berlin 1965.

Czada, Peter: *Die Berliner Elektroindustrie in der Weimarer Zeit.* Berlin 1969.

Dahl, Peter: *Arbeitersender und Volksempfänger. Proletarische Radio-Bewegung und bürgerlicher Rundfunk bis 1945.* Frankfurt a. M. 1978.

Deiters, Heinz Günter: *Fenster zur Welt. 50 Jahre Rundfunk in Norddeutschland.* Hamburg 1973.

Diller, Ansgar: *Der Frankfurter Rundfunk 1923–1945 unter besonderer Berücksichtigung der Zeit des Nationalsozialismus.* Phil. Diss. Frankfurt 1973. Frankfurt a.M. 1975.

Elven, Gisela: *Der schlesische Rundfunk 1924–1939 unter besonderer Berücksichtigung seiner politischen und volkstumspolitischen Aufgaben.* Phil. Diss. Leipzig 1945.

Ergert, Viktor: *Fünfzig Jahre Rundfunk in Österreich.* 3 Bde. Wien 1974–1977.

Fessmann, Ingo: *Rundfunk und Rundfunkrecht in der Weimarer Republik.* Frankfurt a.M. 1973.

Freiberg, Harald: *Das deutsche Rundfunkwesen unter besonderer Berücksichtigung des Unterhaltungsrundfunks.* WiSo. Diss. Köln 1929. Leipzig 1930.

Freund, Martin: *Der deutsche Rundfunk. Seine öffentlich-rechtlichen Grundlagen und seine Organisation.* Jur. Diss. Würzburg 1933. Aschaffenburg 1933.

Götzfried, Rita: *Der Pariser Rundfunk.* Phil. Diss. Bonn 1939. Köln 1939.

Groth, Michael: *Ein Publizist im Dritten Reich. Vorstudien zu einer Biographie von Hans Fritzsche.* Magisterarbeit Münster 1979.

Grube, Sibylle: *Rundfunkpolitik in Baden und Württemberg 1924–1933.* Berlin 1976.

Hanzl, Horst: *Der Rundfunk der Weimarer Republik als Klasseninstrument der Bourgeoisie und der Kampf der Arbeiterklasse um das Mitbestimmungsrecht.* Journalistik Diss. Leipzig 1961.

Haubrich, Sophie: *Der französische Provinzrundfunk.* Phil. Diss. Bonn 1940. Würzburg 1939.

Klöckler, Ernst: *Das Funkwesen in Deutschland und die wirtschaftliche Bedeutung des Rundfunks.* Phil. Diss. Erlangen 1928. Löningen o.J.

Krawitz, Rainer: *Geschichte der Drahtlosen Dienst AG 1923–33.* Phil. Diss. Köln 1979.

Kurylo, Friedrich: *Ferdinand Braun.* München 1965.

Laurisch, Gerhard: *Der Rundfunk als Arbeitgeber.* Staatswiss. Diss. Leipzig 1933. Jena 1933.

Lerg, Winfried B.: *Die Entstehung des Rundfunks in Deutschland. Herkunft und Entwicklung eines publizistischen Mittels.* Frankfurt a.M.[2]1970

Lucae, Gustav: *Vierzig Jahre Rundfunkwirtschaft in Deutschland 1923–1963.* Düsseldorf o.J. (1963).

Ohse, R.[obert]: *Chronik vom wirtschaftlichen Aufbau des deutschen Rundfunks.* Hrsg. von der Historischen Kommission der ARD. (Frankfurt a.M.) 1971.

Pohle, Heinz: *Der Rundfunk als Instrument der Politik. Zur Geschichte des deutschen Rundfunks von 1923–1938.* Hamburg 1955.

Regul, Dagmar: *Konservative Kritik am Medium Rundfunk in den ersten zehn Jahren seines Bestehens (1923–1933).* Magisterarbeit Münster 1976.

Reichert, Hans Ulrich: *Der Kampf um die Autonomie des deutschen Rundfunks.* Heidelberg-Stuttgart 1955.

Reininger, Georg: *Der deutsche Funkverkehr. Ein Beitrag zur Verkehrswirtschaft der drahtlosen Nachrichtenmittel.* T.H. Diss. München 1926. Halle 1926.

Ristow, Alfred: *Die internationale Entwicklung und Bedeutung der Funkentelegraphie.* Staatswiss. Diss. Königsberg 1926.

Russi Jr., Bernard A.: *The History and Development of German Broadcasting as an Instrument of Social Control.* Wayne State University Diss. Detroit/Michigan 1963.

Schreiber, Hans-Joachim: *Die geschichtliche Entwicklung des Rundfunks in Bayern 1922–1949.* Phil. Diss. München 1950.

Schütte, Wolfgang: *Regionalität und Föderalismus im Rundfunk. Die geschichtliche Entwicklung in Deutschland 1923–1945.* Frankfurt a.M. 1971.

Schwarz, Walter: *August Hinderer, Leben und Werk.* Stuttgart 1951.

Stehmann, Otto Paul: *Geschichte und Bedeutung der Leipziger Sender. Ein Beitrag zur Publizistik des Rundfunks.* Phil. Diss. Leipzig 1938. Dresden 1939.

Sterling, Christopher H. and John M. Kittross: *Stay Tuned. A Concise History of American Broadcasting.* Belmont/California 1978.

Stohl, Hertha: *Der drahtlose Nachrichtendienst für Wirtschaft und Politik.* Berlin 1931.

Thorovsky, Oldrich: *Die Entwicklung des tschechoslowakischen Rundfunks 1918–1938.* Magisterarbeit Münster 1977.

Vollmann, Heinz: *Rechtlich-wirtschaftlich-soziologische Grundlagen der deutschen Rundfunk-Entwicklung.* Borna-Leipzig 1936.

Walther, Herbert Lothar: *Die Entstehung des Rundfunks in Deutschland im Spiegel der zeitgenössischen Tagespresse. Berliner Zeitungen 1923 bis 1926.* Magisterarbeit F.U. Berlin 1979.

Der Weltrundfunkverein. Seine Geschichte. Seine Tätigkeit. Hrsg. von der Union Internationale de Radiodiffusion. Genf 1942.

Wipplinger, Hans: *Rundfunkstatistik.* München 1937.

2. Aufsätze und Aufsatzsammlungen

Bausch, Hans: *Fünfzig Jahre Rundfunk in Deutschland.* Publizistik 1973, 4, S. 293–299.

Bierbach, Wolf: *Die Rundfunkreformvorschläge Severings.* Studienkreis Rundfunk und Geschichte – Mitteilungen 1975, 3, S. 20–23.

Mit 8 kW rund um die Welt. Deutscher Weltrundfunk in der Weimarer Zeit. Hrsg. von der Deutschen Welle. Berlin 1969.

Drubba, Helmut: *Zur Etymologie des Wortes Rundfunk.* Publizistik 1978, 3, S. 240–249.

Först, Walter (Hrsg.): *Aus Köln in die Welt. Beiträge zur Rundfunkgeschichte.* Köln-Berlin 1974.

Giesecke, H.[einrich]: *Der Weltrundfunkverein.* In: *Studien zum Weltrundfunk und Fernsehrundfunk.* Bd. 2. Heidelberg-Berlin-Magdeburg 1941, S. 39–93.

Gieß, [Hermann]: *Die Einführung des Rundfunks in den ehemals besetzten Gebieten des Rheinlandes 1925.* Archiv für Post und Telegraphie 1935, 5, S. 125–132.

Gieß, H.[ermann]: *Die Entwicklung der Weltnachrichtenverträge.* In: *Studien zum Weltrundfunk und Fernsehrundfunk.* Bd. 2. Heidelberg-Berlin-Magdeburg 1941, S. 5–37.

Goebel, Gerhart: *Der deutsche Rundfunk bis zum Inkrafttreten des Kopenhagener Wellenplans.* Archiv für das Post- und Fernmeldewesen 1950, 6, S. 353–454.

Goebel, G.[erhart]: *Das Fernsehen in Deutschland bis zum Jahre 1945.* Archiv für das Post- und Fernmeldewesen 1953, 5, S. 259–393.

Goebel, Gerhart: *Staatssekretär a. D. Dr.-Ing. E. h. Hans Bredow und der deutsche Funk.* Archiv für das Post- und Fernmeldewesen 1955, 3, S. 173–190.

Hartmann, Heinrich: *Vorgeschichte und Beginn des Rundfunks in Bayern.* Archiv für Postgeschichte in Bayern 1961, 2, S. 49–71.

Hay, Gerhard (Hrsg.): *Literatur und Rundfunk 1923–1933.* Hildesheim 1975.

Kurt Magnus zum 75. Geburtstag. Fünf Darstellungen seiner Arbeit. Hrsg. vom Hessischen Rundfunk. Frankfurt a. M. 1962.

Kronjäger, Wilhelm, Hans Preßler und Karl Vogt (Hrsg.): *Fünfzig Jahre Rundfunk aus der Sicht der Deutschen Fernmeldeverwaltung.* Archiv für das Post- und Fernmeldewesen 1973, 5/6, S. 411–831.

Lerg, Winfried B.: *Die Anfänge der Rundfunkwerbung in Deutschland.* Publizistik 1963, 4, S. 296–307.

Lerg, Winfried B.: *Funk und Presse 1919–1924.* Rundfunk und Fernsehen 1965, 2, S. 152–166.

Lerg, Winfried B.: *Zur Entstehung des Fernsehens in Deutschland.* Rundfunk und Fernsehen 1967, 4, S. 349–375.

Lerg, Winfried B.: *Der preußische Pressechef 1919–1932. Ein biobibliographischer Hinweis auf Hans Goslar.* Publizistik 1969, 2, S. 223–229.

Lerg, Winfried B. und Rolf Steininger (Hrsg.): *Rundfunk und Politik 1923–1973.* Berlin 1975.

Lerg, Winfried B.: *Die zweite Runde der Rundfunkforschung.* Studienkreis Rundfunk und Geschichte – Mitteilungen 1975, 2, S. 6–8.

Lerg, Winfried B.: *Rundfunkgeschichte als Kommunikationsgeschichte.* Studienkreis Rundfunk und Geschichte – Mitteilungen 1977, 3, S. 18–22.

Lindner, Rolf: *Fünfzig Jahre deutscher Rundfunk*. Ästhetik und Kommunikation 1974, 14, S. 13–18.

Piel, Edgar: *Der »ehrliche Makler« oder Die Provision. Zur frühen Problematik eines Massenmediums*. Sprache im technischen Zeitalter 1978, 67, S. 241–254.

Roß, Dieter: *Hans Bredow – Legende und Wirklichkeit*. Rundfunk und Fernsehen 1966, 2, S. 150–158.

Scholz, Manfred: *Möglichkeiten, Erfahrungen und Nutzen rundfunkhistorischer Arbeit* [in der DDR]. Beiträge zur Geschichte des Rundfunks 1975, 3, S. 24–37.

Soppe, August: *Die Einführung des Rundfunks in Deutschland*. In: *Massen/Medien/Politik*. Hrsg. von W.F. Haug. Karlsruhe 1976, S. 115–149.

Treue, Wilhelm: *Rundfunkgeschichte nach zehn Jahren*. Studienkreis Rundfunk und Geschichte – Mitteilungen 1979, 3, S. 127–143.

Walther, Willy: *Die Weimarer Parallele zum Bonner Rundfunkstreit*. Zeitschrift für Journalistik 1960, 1, S. 42–48.

ZEITSCHRIFTEN

Archiv für Funkrecht (Berlin) 1–10. 1928–1937, [fortgesetzt als:] *Rundfunk-Archiv* (Berlin) 11–17. 1938–1944.

Archiv für Post und Telegraphie (Berlin) 1–72. 1873–1944.

Archiv für das Post- und Fernmeldewesen (Frankfurt, Bonn). 1. 1949ff.

Beiträge zur Geschichte des Rundfunks (Berlin-Ost) 1. 1967ff.

Publizistik (München, Bremen, Konstanz) 1. 1956ff.

Rufer und Hörer (Berlin, Stuttgart) 1–3. 1931/32–1933/34 [fortgesetzt:] 4–8. 1949/50–1953/54.

Rundfunk und Fernsehen (Hamburg) 1–8/9. 1948–1950.

Rundfunk und Fernsehen [Neue Folge] (Hamburg) 1. 1953ff.

Studienkreis Rundfunk und Geschichte – Mitteilungen (Köln) 1. 1974/75ff.

Welt-Rundfunk (Heidelberg-Berlin) 1–8. 1937–1944.

Zeitungswissenschaft (Berlin, Essen, Berlin) 1–19. 1926–1944.

Verzeichnis der Abbildungen, Dokumente und Tabellen

Abbildungen und Faksimiles

TABELLEN

Abkürzungen

AA	Auswärtiges Amt
ABI	Arbeiter-Bildungs-Institut
ADGB	Allgemeiner Deutscher Gewerkschaftsbund
AEG	Allgemeine Elektricitäts-Gesellschaft
ARBD	Arbeiter-Radio-Bund Deutschland
Bayr. R. Z.	Bayerische Radio-Zeitung
BBC	The British Broadcasting Corporation
BRf	Bayerische Rundfunk GmbH (München)
BTC	Baird Television Company Ltd
BVP	Bayerische Volkspartei
DAI	Deutsches Auslandsinstitut
DDD	Der Drahtlose Dienst
DDP	Deutsche Demokratische Partei
Debeg	Deutsche Betriebsgesellschaft für drahtlose Telegraphie mbH
DEKA	Deutscher Evangelischer Kirchenausschuß
DNVP	Deutschnationale Volkspartei
DRA	Deutsches Rundfunkarchiv
Dradag	Drahtlose Dienst AG (Berlin)
DRP	Deutsche Reichspost
DVP	Deutsche Volkspartei
D.W.	Deutsche Welle GmbH (Berlin)
EAG	Evangelische Arbeitsgemeinschaft für Rundfunk
EPD	Evangelischer Preßverband für Deutschland
ERU	Evangelischer Rundfunk
FAG	Fernmeldeanlagen-Gesetz
FFZ	Freie Funkzentrale
FS	Fernsehen
Funk-Stunde	Funk-Stunde AG (Berlin)
Itechnach	Inspektion der Technischen Abteilung der Nachrichtentruppe
KPD	Kommunistische Partei Deutschlands
kW	Kilowatt
MAA	Militärische Stelle des Auswärtigen Amtes
MinR	Ministerialrat
Mirag	Mitteldeutsche Rundfunk AG (Leipzig)
NDVP	Nationaldemokratische Volkspartei
Norag	Nordische Rundfunk AG (Hamburg)
Noru	Norddeutsche Rundschau für Funk und Film
NSDAP	Nationalsozialistische Deutsche Arbeiterpartei
OPD	Oberpostdirektion
Orag	Ostmarken Rundfunk AG (Königsberg)

Orga	Rundfunk-Organisation-GmbH
ORgR	Oberregierungsrat
Pg	Parteigenosse
PTT	Poste, Télégraphie, Téléphone (Post- und Fernmelde-wesen)
PTV	Post- und Telegraphenverwaltung
Ravag	Radio-Verkehrs-AG (Wien)
RDK	Rundfunkarbeitsgemeinschaft der deutschen Katho-liken
RDR	Reichsverband Deutscher Rundfunkteilnehmer
RFBV	Reichsfunkbetriebsverwaltung
RFK	Reichsfunkkommission
RM	Reichsmark
RMI	Reichsministerium des Innern
Rpf	Reichspfennig
RPM	Reichspostministerium
RPZ	Reichspost-Zentralamt
RRG	Reichs-Rundfunk-Gesellschaft mbH (Berlin)
RTV	Reichstelegraphenverwaltung/Reichstagsverhand-lungen
RV	Reichsverfassung
SA	Sturmabteilung
SPD	Sozialdemokratische Partei Deutschlands
S.R.Z.	Südwestdeutsche Rundfunk-Zeitung
SS	Schutzstaffel
StSekr	Staatssekretär
Sürag	Süddeutsche Rundfunk AG (Stuttgart)
SWR	Südwestdeutsche Rundfunkdienst AG (Frankfurt am Main)
Tafunk	Technische Abteilung für Funkgerät
TeKaDe	Süddeutsche Telefonapparate-, Kabel- und Drahtwer-ke AG
TRA	Telegraphentechnisches Reichsamt
TU	Telegraphen-Union
UKW	Ultrakurzwelle
VdAV	Vereinigung deutscher Arbeitgeberverbände
VDE	Verein Deutscher Elektrotechniker
VDZV	Verein Deutscher Zeitungs-Verleger
VP	Volkspartei
Wefag	Westdeutsche Funkstunde AG (Münster/Köln)
Werag	Westdeutsche Rundfunk AG (Köln)
WTB	Wolff's Telegraphisches Bureau
ZBA	Zentralbildungsausschuß der Katholischen Verbände Deutschlands
ZFL	Zentralfunkleitung
Z.I.	Zentralinstitut für Erziehung und Unterricht

Register

567

571